国家示范校精品教材系列丛书

供中等职业教育药剂、农村医学等专业使用

药理学与药物治疗学基础

主　编　赵海霞
副主编　冉龙泉　钱永静　罗忠俊
编　者　（按姓氏汉语拼音排序）
　　　　曹弟勇　（川北医学院）
　　　　何　成　（南充卫生学校）
　　　　李常春　（南充卫生学校）
　　　　李姣娇　（南充卫生学校）
　　　　罗忠俊　（南充卫生学校）
　　　　罗宗伟　（西充县人民医院）
　　　　蒲春蓉　（南充卫生学校）
　　　　钱永静　（南充卫生学校）
　　　　杨思芸　（南充市中心医院）
　　　　赵海霞　（南充卫生学校）

科学出版社
北　京

·版权所有 侵权必究·

举报电话:010-64030229;010-64034315;13501151303(打假办)

内 容 简 介

本教材按144学时编写,共分二十章。本教材每章的主干内容均分成"导学"、"正文"、"常用制剂及用法"、"小结"、"目标检测"五个部分,对应"预习"、"学习"、"复习"、"巩固"四个教学环节,并设计"相关链接"、"课堂互动"、"案例"等辅学内容穿插于正文,有助于提高学生学习兴趣和教师课堂组织能力。章节编排以药理学通用的药物分类法为主干,融入了药物治疗学所特有的疾病分类法,并加入了"药源性疾病与不良反应监测"内容,提醒学生重视药物滥用的危害并加强药物不良反应的监测。在编写内容上加入了疾病发生和药物作用发挥的机制,同时注意结合国家职称考试和国家执业药师资格考试的要求,加强了对国家基本药物的重点介绍。

本教材可供中等职业教育药剂农村医学等专业学生使用,也可供相关教学人员参考。

图书在版编目(CIP)数据

药理学与药物治疗学基础/赵海霞主编.—北京:科学出版社,2014.8
(国家示范校精品教材系列丛书)
ISBN 978-7-03-041660-5

Ⅰ.药… Ⅱ.赵… Ⅲ.①药理学-中等专业学校-教材 ②药物疗法-中等专业学校-教材 Ⅳ.①R96 ②R453

中国版本图书馆CIP数据核字(2014)第190419号

责任编辑:张 茵／责任校对:蒋 萍
责任印制:赵 博／封面设计:范璧合

版权所有,违者必究。未经本社许可,数字图书馆不得使用

科学出版社 出版
北京东黄城根北街16号
邮政编码:100717
http://www.sciencep.com

北京中石油彩色印刷有限责任公司印刷
科学出版社发行 各地新华书店经销

*

2014年8月第 一 版 开本:787×1092 1/16
2025年9月第九次印刷 印张:22 1/2
字数:535 000
定价:64.80元
(如有印装质量问题,我社负责调换)

前 言

党的二十大报告指出:"人民健康是民族昌盛和国家强盛的重要标志。把保障人民健康放在优先发展的战略位置,完善人民健康促进政策。"贯彻落实党的二十大决策部署,积极推动健康事业发展,离不开人才队伍建设。党的二十大报告指出:"培养造就大批德才兼备的高素质人才,是国家和民族长远发展大计。"教材是教学内容的重要载体,是教学的重要依据、培养人才的重要保障。本次教材编写旨在贯彻党的二十大报告精神和党的教育方针,落实立德树人根本任务,坚持为党育人、为国育才。

根据卫生职业教育教学指导委员会组织编写和颁布的《中等职业教育医药卫生类专业教学计划和教学大纲》及教育部、人力资源社会保障部、财政部提出的《关于实施国家中等职业教育改革发展示范学校建设计划的意见》,围绕"培养能在各级各类医药卫生机构和行业从事药品生产、营销、应用和药学服务等工作,具有职业生涯发展基础的技能型、服务型的高素质劳动者"这一目标,四川省南充卫生学校组织校内药学专业教师及合作单位行业专家编写了本教材,主要供药剂及农村医学等专业教学使用。

本教材在编写过程中,注重突出能力培养目标,强调对基本理论、基本知识、基本实践技能的学习和掌握,注重体现教材的思想性、科学性、先进性、启发性和适用性。同时,编写组力求在药剂专业特色上下工夫,以培养学生具有药物应用基本知识和用药指导基本能力为重任。为此本教材在继承的基础上,优化组合了药理学和药物治疗学有关内容,设计了由药理基本知识和用药指导构成的"两段式"框架,前者强调基本理论的传授和基础知识的铺垫,是传统药理学作用、用途、不良反应的体现和应用,后者则突出能力培养,是药物治疗学在本专业的具体运用,这样既层次清楚,详略得当,又体现了"药重在用,用好在理"的课程内在规律,融会贯通、学以致用。

本教材为适应中职学生的认知特点,在教材风格和编写体例上进行了创新。全书力求简洁明快、条理清晰,每一章的主干内容均分成了"导学""正文""常用制剂及用法""小结""目标检测"五个部分,对应了"预习""学习""复习""巩固"的四个教学环节;还设计了"相关链接"、"课堂互动"、"案例"等辅学内容穿插在正文中,有助于提高学生学习兴趣和教师课堂组织能力。

本教材按144学时编写,共分二十章。章节编排以药理学通用的药物分类法为主干,融入了药物治疗学所特有的疾病分类法,并结合实际需要,加入了"药源性疾病与不良反应监测"内容,强调了"是药三分毒"的原理,让我们的学生重视药物滥用的危害并加强药物不良反应的监测。在编写内容上加入了疾病发生和药物作用发挥的机制,以帮助学生理解,同时注意结合国家职称考试和国家执业药师资格考试的要求,加强了对国家基本药物的重点介绍,并收集了一些最新药物简介,目标检测内容及题型尽可能与其相符合。教材的药品名称采用中国药品通用名称,计量单位采用国家法定计量单位。

教材在编写上参考了医学、药学等专业本科、专科、中职卫生部规划教材《药理学》、《药物学》以及国内药剂专业教材《药理学与药物治疗学基础》等,在此特向各教材的编写专家表示崇高的敬意。限于本教材编写人员对校本教材编写指导思想认识不够全面,该教材定会有很多欠妥和不足之处,恳请广大师生予以批评指正。

编　者

2023 年 7 月

目 录

第一章 药理学与药物治疗学总论 … (1)
  第一节 概述 … (1)
    一、药物、药理学、药物治疗学的概念及任务 … (1)
    二、药理学和药物治疗学发展简史 … (2)
    三、药物治疗的一般原则 … (3)
    四、学习药理学与药物治疗学的意义和方法 … (3)
  第二节 药物效应动力学——药物对机体的作用 … (4)
    一、药物作用的类型及特点 … (4)
    二、药物作用的动态变化规律 … (9)
    三、药物的作用机制 … (11)
  第三节 药物代谢动力学——机体对药物的影响 … (12)
    一、药物的跨膜转运 … (12)
    二、药物的体内过程 … (13)
    三、药物的速率过程 … (17)
  第四节 影响药物作用的因素 … (19)
    一、药物方面的影响因素 … (20)
    二、机体方面的影响因素 … (21)

第二章 传出神经系统药物 … (26)
  第一节 概述 … (26)
    一、传出神经系统的分类 … (26)
    二、传出神经系统的受体类型、分布及生理效应 … (27)
    三、传出神经系统药物的作用方式及分类 … (29)
  第二节 拟胆碱药 … (30)
    一、胆碱受体激动药 … (30)
    二、胆碱酯酶抑制药 … (32)
  第三节 胆碱受体阻断药 … (37)
    一、M 受体阻断药 … (37)
    二、N 受体阻断药 … (39)
  第四节 肾上腺素受体激动药 … (41)
    一、α、β 受体激动药 … (41)
    二、α 受体激动药 … (44)
    三、β 受体激动药 … (45)
  第五节 肾上腺素受体阻断药 … (47)
    一、α 受体阻断药 … (47)
    二、β 受体阻断药 … (48)
    三、α、β 受体阻断药 … (49)
  第六节 休克的药物治疗学基础 … (50)

第三章 麻醉药 … (55)
  第一节 局部麻醉药 … (55)
    一、概述 … (55)
    二、临床常用局部麻醉药 … (56)
  第二节 全身麻醉药 … (58)
    一、概述 … (58)
    二、临床常用全身麻醉药 … (58)
  第三节 复合麻醉 … (60)
  第四节 手术麻醉的药物治疗学基础 … (61)
    一、手术麻醉药物应用基本原则 … (61)
    二、手术麻醉药物用药注意事项 … (62)
    三、手术麻醉药物不良反应防治 … (62)

第四章 中枢神经系统药物 … (66)
  第一节 镇静催眠药 … (66)
    一、苯二氮䓬类 … (67)
    二、巴比妥类 … (68)
    三、其他镇静催眠药 … (69)
  第二节 抗癫痫药 … (69)
    一、癫痫的分类 … (69)
    二、常用抗癫痫药 … (70)
  第三节 抗惊厥药 … (72)
  第四节 抗精神失常药 … (73)
    一、常用抗精神失常药 … (73)
    二、精神失常的药物治疗学基础

.... (79)
第五节　治疗中枢神经退行性疾病
　　　　的药物 .... (80)
　　一、抗帕金森病药 .... (81)
　　二、治疗阿尔茨海默病药 .... (83)
第六节　镇痛药 .... (84)
　　一、阿片生物碱类镇痛药 .... (84)
　　二、人工合成镇痛药 .... (86)
　　三、非麻醉性镇痛药 .... (88)
　　四、阿片受体拮抗剂 .... (89)
第七节　解热镇痛抗炎药 .... (89)
　　一、解热镇痛抗炎药的药理作用
　　　　及作用机制 .... (89)
　　二、常用解热镇痛抗炎药 .... (90)
　　三、发热的药物治疗学基础 .... (94)
　　四、疼痛的药物治疗学基础 .... (95)
第八节　中枢兴奋药与促大脑功能
　　　　恢复药 .... (96)
　　一、中枢兴奋药 .... (96)
　　二、促大脑功能恢复药 .... (98)

第五章　影响自体活性物质的药物
.... (103)
第一节　组胺和抗组胺药 .... (103)
　　一、组胺及组胺受体激动药 ..... (103)
　　二、抗组胺药 .... (104)
第二节　影响5-羟色胺的药物 ..... (106)
　　一、5-羟色胺及其受体激动药
.... (106)
　　二、5-羟色胺受体阻断药 .... (107)

第六章　作用于消化系统药物 .... (110)
第一节　抗消化性溃疡药 .... (110)
　　一、常用抗消化性溃疡药 .... (110)
　　二、消化性溃疡的药物治疗学基础
.... (115)
第二节　助消化药 .... (115)
第三节　胃肠运动功能调节药 ..... (115)
　　一、促胃肠动力药 .... (115)
　　二、胃肠解痉药 .... (116)
第四节　催吐药与止吐药 .... (117)
　　一、催吐药 .... (117)

　　二、止吐药 .... (117)
第五节　泻药与止泻药 .... (117)
　　一、泻药 .... (117)
　　二、止泻药 .... (119)
第六节　肝性脑病与肝胆、胰腺
　　　　疾病辅助治疗药 .... (120)
　　一、肝性脑病治疗药物 .... (120)
　　二、肝胆疾病辅助治疗药 .... (121)
　　三、胰腺疾病的辅助治疗 .... (122)

第七章　作用于呼吸系统药物 ...... (125)
第一节　镇咳药 .... (125)
　　一、常用镇咳药 .... (125)
　　二、咳嗽的药物治疗学基础 ..... (127)
第二节　祛痰药 .... (127)
　　一、常用祛痰药 .... (127)
　　二、多痰的药物治疗学基础 ..... (128)
第三节　平喘药 .... (129)
　　一、常用平喘药 .... (129)
　　二、哮喘的药物治疗学基础 ..... (133)

第八章　利尿药和脱水药 .... (136)
第一节　利尿药 .... (136)
　　一、利尿药作用的生理学基础
.... (136)
　　二、常用利尿药 .... (138)
第二节　脱水药 .... (141)
第三节　水肿性疾病的药物治疗学
　　　　基础 .... (142)

第九章　作用于心血管系统药物 ... (146)
第一节　抗高血压药 .... (146)
　　一、高血压的概述 .... (146)
　　二、抗高血压药的分类 .... (147)
　　三、常用抗高血压药 .... (148)
　　四、其他抗高血压药 .... (154)
　　五、高血压的药物治疗学基础
.... (156)
第二节　抗心律失常药 .... (157)
　　一、抗心律失常药对心肌电生理
　　　　的影响与药物分类 .... (157)
　　二、常用抗心律失常药 .... (160)
　　三、心律失常的药物治疗学基础

第三节 抗心功能不全药 ………… (166)
一、心功能不全的概述及治疗药物分类 ………… (166)
二、常用抗心功能不全药物 … (167)
三、心功能不全的药物治疗学基础 ………… (172)

第四节 抗心绞痛药 ………… (173)
一、心绞痛的概述及治疗药物分类 ………… (173)
二、常用抗心绞痛药 ………… (174)
三、心绞痛的药物治疗学基础 ………… (178)

第五节 抗动脉粥样硬化药 …… (179)
一、动脉粥样硬化概述及抗动脉粥样硬化药分类 ………… (179)
二、常用抗动脉粥样硬化药 … (180)
三、动脉粥样硬化的药物治疗学基础 ………… (184)

第十章 作用于血液和造血系统药物 ………… (190)

第一节 抗凝血药、抗血小板药和纤维蛋白溶解药 ………… (190)
一、抗凝血药 ………… (190)
二、抗血小板药 ………… (193)
三、纤维蛋白溶解药 ………… (193)
四、血栓栓塞性疾病的药物治疗学基础 ………… (194)

第二节 促凝血药 ………… (195)
一、促凝血因子生成药 ………… (195)
二、抗纤维蛋白溶解药 ………… (195)
三、血管收缩药 ………… (196)
四、促血小板生成药 ………… (197)
五、出血性疾病的药物治疗学基础 ………… (197)

第三节 抗贫血药 ………… (197)
一、贫血的分类及发病机制 … (197)
二、常用抗贫血药 ………… (197)
三、贫血的药物治疗学基础 … (200)

第四节 促白细胞生成药 ………… (200)
一、常用促白细胞生成药 …… (200)
二、白细胞减少症的药物治疗学基础 ………… (201)

第五节 血容量维持药、电解质和酸碱平衡调节药 ………… (202)
一、血容量维持药 ………… (202)
二、电解质平衡调节药 ………… (202)
三、酸碱平衡调节药 ………… (204)

第十一章 作用于生殖系统药物 …… (208)

第一节 子宫平滑肌兴奋药和抑制药 ………… (208)
一、子宫平滑肌兴奋药 ………… (208)
二、子宫平滑肌抑制药 ………… (211)

第二节 治疗前列腺良性增生症药 ………… (211)
一、α受体阻断药 ………… (211)
二、抗雄性激素作用药 ………… (212)
三、其他 ………… (212)

第十二章 内分泌系统药物 ………… (214)

第一节 性激素类药及抗生育药 ………… (214)
一、性激素的分泌、调节及作用机制 ………… (214)
二、常用性激素类药 ………… (215)
三、常用抗生育药 ………… (219)

第二节 肾上腺皮质激素类药 … (221)
一、肾上腺皮质激素的分泌、调节及分类 ………… (221)
二、常用肾上腺皮质激素类药 ………… (222)
三、促皮质素与皮质激素抑制药 ………… (225)

第三节 甲状腺激素类药及抗甲状腺药 ………… (226)
一、甲状腺激素的合成、分泌与调节 ………… (226)
二、常用甲状腺激素类药 …… (226)
三、常用抗甲状腺药 ………… (228)
四、甲状腺功能亢进症的药物治疗学基础 ………… (230)

第四节　胰岛素及口服降血糖药
　　　　　　　　　　　　……（231）
　一、糖尿病的概述 ……（231）
　二、胰岛素 ……（231）
　三、常用口服降血糖药 ……（233）
　四、糖尿病的药物治疗学基础
　　　　　　　　　　　　……（235）

第十三章　抗微生物药 ……（239）
第一节　概述 ……（239）
　一、抗微生物药的常用概念 …（240）
　二、抗微生物药的作用机制 …（240）
　三、病原微生物耐药性产生的
　　　机制 ……（241）
第二节　抗生素 ……（242）
　一、β-内酰胺类抗生素……（242）
　二、大环内酯类、林可霉素类及
　　　多肽类抗生素 ……（247）
　三、氨基糖苷类抗生素 ……（251）
　四、四环素类和氯霉素类抗生素
　　　　　　　　　　　　……（253）
第三节　化学合成抗微生物药 …（256）
　一、喹诺酮类 ……（257）
　二、磺胺类 ……（258）
　三、甲氧苄啶 ……（260）
　四、硝基咪唑类 ……（260）
　五、硝基呋喃类 ……（261）
第四节　抗结核杆菌药 ……（262）
　一、常用抗结核杆菌药 ……（262）
　二、结核病的药物治疗学基础
　　　　　　　　　　　　……（264）
第五节　抗真菌药 ……（264）
　一、抗生素类抗真菌药 ……（265）
　二、唑类抗真菌药 ……（265）
　三、丙烯胺类抗真菌药 ……（266）
　四、嘧啶类抗真菌药 ……（266）
第六节　抗病毒药 ……（266）
　一、常用抗病毒药 ……（267）
　二、抗人类免疫缺陷病毒药 …（268）
第七节　消毒防腐药 ……（269）
第八节　感染性疾病的药物治疗

学基础 ……（271）
　一、抗菌药物选药原则 ……（271）
　二、抗菌药的预防性应用 …（271）
　三、抗菌药物的联合应用 …（271）
　四、严格控制抗菌药应用的几种
　　　情况 ……（272）
　五、抗菌药物的用法与疗程 …（272）
　六、患者的其他因素与抗菌药物
　　　的应用 ……（273）

第十四章　抗寄生虫药 ……（279）
第一节　抗疟药 ……（279）
　一、疟原虫生活史及抗疟药的
　　　作用环节 ……（279）
　二、抗疟药的分类 ……（280）
　三、常用抗疟药 ……（280）
　四、疟疾的药物治疗学基础 …（282）
第二节　抗阿米巴病药及抗滴虫
　　　　病药 ……（283）
　一、抗阿米巴病药 ……（283）
　二、抗滴虫病药 ……（284）
第三节　抗血吸虫病药和抗丝虫
　　　　病药 ……（285）
　一、抗血吸虫病药 ……（285）
　二、抗丝虫病药 ……（286）
第四节　抗肠道蠕虫病药 ……（286）
　一、常用抗肠道蠕虫病药 …（286）
　二、肠道蠕虫病的药物治疗学
　　　基础 ……（286）

第十五章　抗恶性肿瘤药 ……（290）
第一节　概述 ……（290）
　一、细胞增殖周期 ……（290）
　二、抗恶性肿瘤药物分类 …（290）
　三、抗恶性肿瘤药物常见的
　　　不良反应 ……（292）
第二节　常用抗恶性肿瘤药 ……（293）
　一、干扰核酸生物合成的药物 …（293）
　二、影响DNA结构与功能的药物
　　　　　　　　　　　　……（295）
　三、干扰转录过程和阻止RNA
　　　合成的药物 ……（296）

四、抑制蛋白质合成与功能的
　　　　药物 …………………………（297）
　　五、调节体内激素平衡的药物
　　　　 ……………………………………（297）
第三节　恶性肿瘤的药物治疗学
　　　　基础 …………………………（298）
第十六章　调节免疫功能的药物 …（302）
第一节　免疫应答反应和免疫病理
　　　　反应 …………………………（302）
　　一、免疫应答反应 ………………（302）
　　二、免疫病理反应 ………………（303）
第二节　免疫抑制药 ………………（304）
　　一、真菌代谢产物 ………………（305）
　　二、肾上腺皮质激素 ……………（306）
　　三、烷化剂 ………………………（306）
　　四、抗代谢药 ……………………（307）
第三节　免疫增强药 ………………（307）
　　一、微生物制剂 …………………（307）
　　二、化学制剂 ……………………（308）
　　三、免疫系统产物 ………………（309）
第十七章　维生素类药物 …………（313）
第一节　水溶性维生素 ……………（313）
第二节　脂溶性维生素 ……………（315）
第十八章　常见化合物中毒和解救
　　　　　药物 ………………………（318）
第一节　氰化物中毒解救药物 …（318）
　　一、氰化物中毒及解毒机制 …（318）
　　二、氰化物中毒解毒药 …………（318）
第二节　金属和类金属中毒及解
　　　　毒药 …………………………（319）
　　一、金属和类金属中毒及解毒
　　　　机制 …………………………（319）
　　二、常用解毒药 …………………（319）
第十九章　临床部分科室常用药物
　　　　　和社区合理用药 ………（323）
第一节　皮肤科常用药物 …………（323）
　　一、皮肤疾病用药原则 …………（323）
　　二、皮肤科常用药物 ……………（323）

第二节　五官科常用药物 ………（324）
　　一、眼科常用药物 ………………（324）
　　二、口腔科常用药物 ……………（325）
　　三、耳鼻咽喉科常用药物 ………（326）
第三节　诊断用药 …………………（326）
　　一、X线造影剂 …………………（327）
　　二、器官功能检查用药 …………（328）
第四节　社区合理用药指导与宣传
　　　　教育 …………………………（328）
　　一、社区合理用药指导的目的和
　　　　意义 …………………………（328）
　　二、社区合理用药指导的主要方法
　　　　 ……………………………………（329）
　　三、开展社区合理用药宣传教育
　　　　的主要方法 …………………（329）
第五节　药物滥用和药物依赖的防治
　　　　 ……………………………………（330）
　　一、药物滥用和药物依赖 ………（330）
　　二、药物依赖性的防治 …………（331）
第二十章　药源性疾病与不良反应监测
　　　　 ……………………………………（335）
第一节　药源性疾病 ………………（335）
　　一、药源性疾病的诊断及处理
　　　　 ……………………………………（335）
　　二、常见的药源性疾病 …………（336）
第二节　不良反应的监测 …………（338）
　　一、药物不良反应监测现状 …（338）
　　二、药物不良反应监测办法 …（338）
药理学与药物治疗学基础教学大纲
　　 ……………………………………（340）
　　一、课程任务 ……………………（340）
　　二、课程目标 ……………………（340）
　　三、教学时间分配 ………………（340）
　　四、教学内容和要求 ……………（341）
　　五、大纲说明 ……………………（346）
目标检测参考答案 ………………（347）
主要参考文献 ……………………（349）

第一章 药理学与药物治疗学总论

内容提要

药理学与药物治疗学是药剂专业一门重要的专业课程,旨在培养学生具有药物应用基本知识和用药指导基本能力。本章介绍了药物、药理学、药物治疗学的基本概念、原理和主要内容,以及药物治疗和合理用药的基本原则。

学习目标

识记药理学与药物治疗学的主要研究内容、基本概念、药物的基本作用及类型、不良反应及分类、受体机制、影响药物作用的因素等,根据识记内容能简单解释临床用药相关问题。

重点难点

本章重点是学习药物的作用、不良反应、体内过程等有关内容。难点是药物的受体作用机制和重要的药动学参数。

课时数

理论12,实践6

第一节 概 述

一、药物、药理学、药物治疗学的概念及任务

药物(drug)是指能够影响机体器官生理功能和(或)细胞代谢活动,用于预防、诊断、治疗疾病的化学物质。

药理学(pharmacology)是研究药物与机体(包括病原体)相互作用规律及其作用机制的一门学科。药理学研究的主要对象是机体。药理学一方面研究药物对机体的作用,包括药物的药理作用、作用机制、临床应用和不良反应等;另一方面研究机体对药物的影响,包括药物在体内的吸收、分布、生物转化和排泄等体内过程,以及药物血药浓度随时间变化的动态变化规律。前者称为药物效应动力学,简称药效学;后者称为药物代谢动力学,简称药动学。

药物的药效学过程与药动学过程同时发生,相互关联。药理学通过研究药效学与药动学这两方面的内容,目的在于充分发挥药物治疗效果的同时能够减少不良反应的发生,提高用药安全性,从而为指导临床合理用药提供理论依据。

药物治疗学(pharmaco-therapeusis)是研究药物预防、治疗疾病的理论和方法的一门学科。药物治疗学的任务是针对疾病的病因和临床发展过程,依据患者的病理、生理、心理和遗传特征,制订和实施合理的个体化药物治疗方案,以获得最佳的治疗效果,承受最低的治疗风险。药物治疗学是医学与药学的结合点。

药理学和药物治疗学都是研究药物与人体相互作用的科学,但各有侧重,他们互相依托,互为补充。药理学侧重于药物作用的理论研究,主要从药物角度研究药物治疗疾病的作用、作用机制,以及影响因素,为药物治疗学制订治疗方案提供理论依据;药物治疗学是药理学理论在临床的实际应用,主要是从疾病角度研究药物治疗方案、合理用药原则和注意事项,是药理学与临床医学之间的桥梁课程。

二、药理学和药物治疗学发展简史

相关链接   **药物的起源**

关于药物的起源有好多学说,广为认同的是"药食同源"说。古人在获取食物的劳动中,逐渐认识到有些食物(主要是植物的根、茎、叶、果等可食用部分)对病痛有缓解或治疗作用,这些食物就被有目的地使用,最终成为有治疗作用的药物。药的繁体字"藥"就内含了"草""木"的寓意。药的英文"drug"来自于希腊文"drogen",意指干草,也体现了这一观点。

    药理学的建立和发展与药物的发现、发展紧密联系在一起。远古时代人类在认识自然、改造自然的实践活动中,逐渐认识到某些天然物质对病痛有缓解或治疗作用,这些物质就被有目的地使用,这便是药物的起源。日积月累,这些实践经验被流传、累积并集成本草,这就是萌芽状态的医药学,也是现代医药科学的共同鼻祖。这在我国及古埃及、古希腊、古罗马等地均有记载,如公元1世纪前后问世的《神农本草经》就是世界上第一部药物学著作。唐代苏敬等人编写的《新修本草》,于公元659年由唐政府颁布实施,是世界上第一部药典。明代李时珍于公元1596年编著完成的医药学巨著《本草纲目》,全书共52卷,约190万字,收载药物1892种,插图1160帧,药方11000余条,已被译成日、法、朝、德、英、俄、拉丁7种文本,传播到世界各地,成为世界性经典药物学文献,为医药学发展做出了巨大贡献。此外,古埃及的药物学《埃伯斯医药集》、古希腊医生狄奥斯库莱底斯编著的《古代药物学》、古罗马医生盖林编著的《药物学》等著作在医药学发展史上也都产生了巨大的推动作用。

    药理学和药物治疗学从萌芽阶段逐渐形成独立的学科体系与现代科学技术的发展密切相关。18世纪意大利生理学家F. Fontana(1720—1805)通过动物实验对千余种药物进行了毒性测试,得出结论,认为"天然药物都有其活性成分,并且选择性作用于机体某个部位而引起典型反应"。这一结论于1804年被德国化学家F. W. Serturner(1783—1841)首先从罂粟中分离提纯吗啡所证实。18世纪后期英国工业革命开始,不仅促进了工业生产也带动了自然科学的发展。其中有机化学的发展为医药科学发展提供了物质基础,如从植物药中不断提纯其活性成分,得到纯度较高的药物,如奎宁、士的宁、可卡因等。药理学作为独立的学科应从19世纪算起,世界上第一位药理学教授德国人R. Buchheim(1820—1879)建立了第一个药理实验室,编写了第一本药理教科书。其学生Schmiedeberg(1838—1921)继续发展了实验药理学,开始研究药物的作用部位,被称为器官药理学。1878年英国生理学家J. N. Langley(1852—1925)在研究阿托品与毛果芸香碱对猫唾液腺分泌的作用时发现,这些药物的作用不是通过作用于神经或腺体,而是通过作用于体内某些"接受物质"而起效的,并且认为药物必须先与之结合才能产生效应。此为受体学说的产生奠定了基础,也推动了药物作用机制的发展。进入20世纪,开始了人工合成新药,如德国微生物学家P. Ehrlich从近千种有机砷化物中筛选出对治疗梅毒有效的砷凡纳明。第二次世界大战(1939—1945)结束后出现了许多新药,如抗生素、抗癌药、抗精神病药、抗高血压药、抗组胺药、抗肾上腺素药等。疾病的药物治疗进入了化学治疗阶段,一些长期危害人类健康的疾病得到了有效控制。药理学在新药研究的推动下也飞速发展,出现了生化药理学、分子药理学、临床药理学等众多分支。

    然而随着化学药的发展,药物的不良反应也日趋严重,引起了世界各国的高度重视。

同时随着新药和新的药物治疗方案的不断涌现,合理用药、安全用药、经济用药就成为进一步提高药物治疗水平的关键,这就推动了药理学与临床医学之间建立起桥梁学科,即药物治疗学。20世纪70年代末,西方发达国家开始重视药物治疗学的研究和教学。1980年美国设置药学博士(Pharm D),召开第一届国际临床药理与治疗学会议,以后每隔3~4年召开一次,药物治疗学开始从药理学中分离出来,成为独立的学科体系。1981年《药物治疗杂志》(Pharmacotherapy)创刊,1982年WHO成立了基本药物应用专家委员会。药物治疗学的研究成果对临床医学的推动作用也日益显现。

三、药物治疗的一般原则

药物治疗是临床上最常用、最基本的治疗手段。一般来说,疾病不同选用的药物也不同;疾病相同,患者不同或处于不同的疾病进程,制订的药物治疗方案也不尽相同。制订药物治疗方案是科学严谨而又复杂的,应遵循以下基本原则。

1. 药物治疗的必要性 药物都有严格的适应证和相应的不良反应,既要认识到药物治疗具有不可替代性,又要充分考虑到药物可能给患者安全带来的风险。要根据疾病和药物的特点权衡利弊,非药物手段可以治愈的疾病和自限性疾病一般不主张采用药物治疗,预防性用药和联合用药也必须要有确切的疗效证据。要坚持药物治疗的适度性,科学设计用药方案。只有采取适当的剂量、疗程与给药方案,才能充分发挥药物的作用。过度治疗或治疗不足都会延误病情,损害患者的健康和经济利益。

2. 药物治疗的有效性 药物治疗效果首先取决于选用药物的药效学特性和用药方案设计的科学性,其次还要充分考虑影响药物疗效的各种因素,如药物方面因素和患者机体方面因素,特别是患者接受药物治疗的依从性。因此在药物治疗过程中要合理调整用药方案,确保药物发挥最佳疗效。

3. 药物治疗的安全性 药物治疗的不安全因素主要有两方面,一方面是药物固有的特性,即药物的不良反应;另一方面是药物在生产、保管、销售和应用过程中增加的不安全因素。不安全用药将延误病情,并会给患者带来新的痛苦及疾病。根据WHO的统计资料,全球死亡患者中有1/3是死于不合理用药,因此确保用药安全是合理用药的首要任务。

4. 药物治疗的经济性 以消耗最低的药物成本实现最佳的治疗效果,这是每一个用药方案都必须遵循的重要原则。要注意改变盲目追求新药、进口药、高价药的现象;要控制被经济利益驱动导致的过度药物治疗行为;引入药物经济学方法,控制药费不合理增长和有限药物资源在地区或群体间分配的不合理现象。

5. 药物治疗的规范性 规范应用药物是疾病规范治疗的重要组成部分,是确保人民群众健康水平的重要手段。为了科学合理地使用药物,许多疾病的诊治都已制订了公认、权威、规范的指南或标准。广大医药卫生人员要了解掌握相应专业中的治疗规范,尽量按公认的指南或标准去选药用药,减少随意性和盲目性,同时要帮助、引导患者和家属了解规范治疗的意义和内容,促进合理用药的实施。

四、学习药理学与药物治疗学的意义和方法

新形势下的中等卫生职业教育药剂专业的培养目标是"培养能在各级各类医药卫生机构和行业从事药品生产、营销、应用和药学服务等工作,具有职业生涯发展基础的技能型、

服务型的高素质劳动者"。在药师的指导下开展一定层次的药学服务工作就必须具有药物基础知识和指导用药的基本技能。通过学习药理学与药物治疗学这门课程,学生可以获得相应知识和技能,为今后的岗位工作打下坚实的基础。

学好药理学与药物治疗学,首先要把握课程的核心问题和基本规律。本课程的根本目标是帮助学生获得开展合理用药和用药指导的基础知识和基本技能,为此全课程把药理学和药物治疗学的内容合理组合,每一个药物先介绍药理基础知识,然后过渡到临床应用,前者是"理",后者是"用",先理后用,体现了认知规律,同时后者是前者的升华和总结,实践进一步验证理论,学生要处理好药理学和药物治疗学两部分内容的关系,不可偏废一方。

其次,无论是药理学还是药物治疗学内容,都是理论知识讲授与实践技能训练密切结合的学科,要坚持理论联系实际,充分用好辅学部分提供的"相关链接"、"案例"、"课堂互动"等内容,积极思考,开拓思路,同时认真阅读每章节后的小结,积极完成课后习题,只有多总结多练习才能牢固掌握知识和技能。

药理学和药物治疗学内容繁杂,与药学学科和医学学科各门课程的关系都非常密切,特别是药物和疾病的种类及名称繁多而复杂,要注意每个知识点的逻辑关系和异同点,特别注意学习的条理性,要考虑到学习能力的差异和实际需要,制订不同的学习目标,突出重点,克服难点,提高学习效率。

总之,学好药理学与药物治疗学的关键就是"目标明确,层次清晰,详略得当,联系实际,融会贯通"。

第二节 药物效应动力学——药物对机体的作用

药物效应动力学(简称药效学)主要研究药物对机体的作用及作用机制,为临床合理用药和新药研究提供依据。

一、药物作用的类型及特点

药物对机体的作用是药效学研究的主要内容,也是应用药物防治疾病的依据。药物作用是指药物对机体细胞的初始作用。药理效应是药物作用的结果,是机体反应的表现。例如,肾上腺素兴奋血管上的 α 受体为药物的作用,血管收缩、血压升高为药物的效应。这种区分有助于分析药物的作用机制,但在一般情况下,二者常互相通用。

(一)药物的基本作用

课堂互动

人们在喝酒时,往往开始表现为多语、多动,然后逐渐出现四肢无力、反应迟钝、昏睡等现象,请问这是为什么?

药物的基本作用是指药物对机体器官原有功能水平或状态的改变。根据药物的作用结果,将其分为兴奋作用和抑制作用。

1. 兴奋作用 凡是能使机体器官原有功能水平或状态增强或提高的作用称为兴奋作用,如肾上腺素升高血压、呋塞米增加尿量均属兴奋作用。

2. 抑制作用 凡是能使机体器官原有功能水平或状态减弱或降低的作用称为抑制作用,如阿司匹林退热、吗啡镇痛均属抑制作用。

在一定条件下,药物的兴奋作用和抑制作用可相互转化,如使用吸入性麻醉药时,随着剂量的增加先表现为中枢兴奋,后表现为中枢抑制。有些药物的兴奋作用和抑制作用并不是单一出现的,在同一机体内药物对不同的器官可以产生不同的作用,如肾上腺素使心肌收缩力加强呈现兴奋作用,而使支气管平滑肌松弛呈现抑制作用。

(二)药物作用的类型

1. 局部作用和吸收作用 根据药物作用的范围,可将药物作用分为局部作用和吸收作用。局部作用是指药物被吸收入血之前,在用药部位出现的作用,如乙醇(酒精)与碘酒对皮肤黏膜表面的消毒作用、局麻药的局部麻醉作用等。吸收作用是指药物进入血液循环后,随血流分布到机体相应组织器官后所发生的作用,又称为全身作用,如舌下含服硝酸甘油后产生的扩张血管作用、口服阿托品后产生的解痉作用等。药物产生局部作用还是吸收作用与给药方式有关,两者的主要区别是药物是否吸收入血,如口服硫酸镁导泻是局部作用,而注射硫酸镁抗惊厥就是吸收作用。

2. 直接作用和间接作用 根据药物作用的方式,可将药物作用分为直接作用和间接作用。直接作用是指药物在其所分布的组织器官直接产生的作用。间接作用是指由药物的直接作用通过机体的反射机制或生理性调节而引发的相关作用。例如,去甲肾上腺素激动血管平滑肌上的 α 受体,使血管收缩、血压升高,属于直接作用;当血压升高后,通过机体压力感受性反射而使心率减慢,则属于间接作用。又如新斯的明兴奋骨骼肌作用,既直接兴奋 N_2 受体,也可以通过抑制乙酰胆碱酯酶使乙酰胆碱增多,从而兴奋 N_2 受体,两者虽然产生的兴奋骨骼肌作用相同,但是前者是直接作用,后者是间接作用。

(三)药物作用的特点

课堂互动

请问世界上有没有"包治百病"的灵丹妙药?如果有,这样的药临床治疗效果好不好?

1. 药物作用的选择性 是指在一定剂量下,药物对机体某些组织器官产生明显的作用,而对其他组织器官的作用不明显或无作用的现象,又称为药物的选择作用。出现选择作用的主要原因是机体各组织器官对药物的敏感性不同或药物在不同组织器官间的分布有明显差异。

选择性决定药物对机体产生效应的范围。选择性高的药物其作用专一,作用范围窄,大多数药理活性也较高,用药时针对性强,无关的效应相对较少,如尼可刹米治疗剂量时,可选择性兴奋延髓呼吸中枢。而选择性低的药物,通常作用较广泛,用药的针对性不强,不良反应较多,如抗肿瘤药物等。

药物作用的选择性使药物有不同的适应证和不良反应,这就成为药物分类的依据和临床选择用药的基础。在治疗疾病过程中,应尽可能选用那些选择性高的药物。同时也应该注意药物作用的选择性是相对的,与用药剂量有关,随着给药剂量加大,其选择性可能逐步下降,作用范围逐渐扩大,甚至出现毒性反应,如尼可刹米用量增大时,可广泛兴奋中枢神经系统,甚至导致惊厥。所以临床用药时,既要考虑药物的选择性,同时还应考虑药物的给药剂量。

2. 药物作用的两重性 药物作用具有两重性,既可呈现对机体有利达到防治疾病的防治作用,又可产生对机体不利或有害的不良反应。临床用药主要发挥药物的防治作用,同时应尽量避免或减轻药物的不良反应。

课堂互动

　　试分析下列用药方案中哪些是预防用药,哪些是治疗用药?治疗用药中哪些是对因治疗,哪些是对症治疗?

　　①缺碘区儿童定期口服碘丸。②高脂血症患者长期服用小剂量阿司匹林。③感冒患者口服阿司匹林降低体温。④痢疾患者口服庆大霉素溶液。

　　(1) 防治作用:凡是符合用药目的或能达到防治疾病效果的作用,称为防治作用。根据用药目的不同,可将其分为预防作用和治疗作用。

　　1) 预防作用:是指提前用药以防止疾病的发生,如某些无菌手术前给抗菌药物避免术后感染、注射卡介苗预防结核病、使用维生素D预防佝偻病等。

　　2) 治疗作用:可分为对因治疗和对症治疗。凡是能消除致病原因的治疗称为对因治疗,如肺结核患者应用异烟肼杀灭体内致病菌——结核分枝杆菌。凡是能缓解疾病症状或减轻患者痛苦的治疗称为对症治疗,如发热患者应用阿司匹林退热等。

　　一般情况下,对因治疗比对症治疗重要,它可以彻底治愈疾病。对症治疗虽然不能根除病因,但对诊断未明或病因未明暂时无法根治的疾病却是必不可少的。在某些急危重症如休克、惊厥、心力衰竭、高热、剧痛时,对症治疗比对因治疗更为迫切、更为重要,它可以防止病情恶化、维持重要的生命体征,为对因治疗争得时间。因此,临床药物治疗时,应根据患者的具体情况,遵循"急则治其标,缓则治其本,标本兼治"的原则。

 医学小故事

扁鹊三兄弟名气与医技

　　魏文王问扁鹊:"你们家兄弟三人都精于医术,到底哪一位最好呢?"扁鹊答:"长兄最好,中兄次之,我最差。"文王又问:"那为什么你却最出名呢?"扁鹊答:"长兄治病于病情发作之前,诊疗前后无甚感觉,一般人不知他事先已除病因,所以名气全无;中兄治病于病情初起之时,一般人以为他只能治小病,所以他的名气只及本乡;而我治病于严重时,人们总看到我在经脉上穿针放血,在皮肤上开刀敷药,以为我的医术最高,因此名气响遍全国。"

　　(2) 不良反应:药物不良反应(adverse drug reaction,ADR)WHO定义,在正常用法用量下,药物用于预防、诊断、治疗疾病或调节生理功能时出现的有害的或与用药目的无关的反应称为药物不良反应。

相关链接

　　我国《药品不良反应报告和监测管理办法》中指出合格药品在正常用法用量下出现的与用药目的无关的有害反应称为药物不良反应。合格药品是指药品质量符合药典或其他药品标准。正常的用法用量是指按药品说明书、国家处方集等应用。

　　药源性疾病(drug induced diseases,DID)是指在预防、诊断、治疗或调节生理功能过程中,与用药有关的人体功能异常或组织损伤引起的临床症状。它不仅包括正常用法用量情况下所发生的ADR,而且还包括超量、误用、错用及不正常使用药物引起的疾病。

　　药品不良反应和药源性疾病难以划分。抽象地说,后者是前者一定条件下形成的"终产物"。

　　根据不良反应发生的特点,通常将其分为两类,即A型药物不良反应和B型药物不良反应。

1) A型药物不良反应（量变型异常）：又称剂量相关的不良反应，主要是药物药理学作用的延伸，或是由于药物的药理作用增强所致。其特点是可以预知，通常与剂量有关，停药或减量后症状减轻或消失。在人群中发生率高，但死亡率低。

A. 副反应：又称副作用，是指药物在治疗剂量时与治疗目的无关的药理学作用所引起的反应。

副反应的多少与药物作用的选择性有关，药物选择性低，涉及多个效应器官，当某一效应用作治疗目的时，其他效应就成为副反应。例如阿托品用于解除胃肠痉挛时，将会引起口干、心悸、便秘等副反应。副反应是在治疗量下发生的，是药物本身固有的作用，一般不严重，可以预知，但是难以避免。随着用药目的的不同，副反应和治疗作用可以相互转化，如阿托品用于严重的流涎主要就是利用其抑制腺体分泌作用。

B. 毒性反应：是指药物剂量过大或用药时间过长对机体造成的危害性反应。

毒性反应一般是由于患者的个体差异，病理状态或合用其他药物引起敏感性增加而造成的。情况较严重，但是可以预知，也是可以避免发生的不良反应。

药物剂量过大，用药后短时间内出现的毒性反应称为急性毒性反应，多损害循环、呼吸及神经系统功能；长期应用药物逐渐引起的毒性反应称为慢性毒性反应，多损害肝、肾、骨髓、内分泌等功能。因此，临床上企图通过增加剂量或延长疗程以达到治疗目的是有限度的，过量用药十分危险，会导致患者机体器官功能损伤，甚至出现死亡。

相关链接

药物损伤DNA或干扰DNA复制引起的基因变异或染色体畸变称为致突变；基因突变发生于胚胎生长细胞，影响其正常发育，使之畸变称为致畸；药物作用使得机体抑癌基因失活或原癌基因激活，导致正常细胞转为癌细胞的作用称为致癌。

"反应停"事件

1959年起，前联邦德国、美国、荷兰、日本等国陆续报道了多例手脚发育畸形的新生儿，他们手脚明显短于正常婴儿，甚至缺失，故被称为"海豹儿"。1961年前联邦德国科学家伦茨博士在大量调查的基础上，提出"导致畸形的原因是母亲在妊娠早期服用了治疗孕吐反应的药物'反应停'，化学名为酞胺哌啶酮（沙利度胺）"。这一报告使人们大为震惊，然而12 000个"海豹儿"已经在世界各地出生，人们在痛心疾首的同时，强烈意识到致畸反应等特殊毒性对人类健康的巨大危害性。从此，各国都规定新药上市前都必须进行严格的特殊毒性试验。

另外，有些药物会有特殊毒性反应，包括致畸反应、致癌反应、致突变反应，简称"三致"反应，属于慢性毒性反应。因为隐蔽性强，危害范围广，所以用药时应格外注意。常见的可以引起"三致"反应的药物见表1-1。

表1-1 具有"三致"作用的常见药物

反应类型	主要机制	常见药物
致突变反应	药物损伤DNA或干扰DNA复制，引起基因变异或染色体畸变	烷化剂、秋水仙素等
致畸反应	药物通过妊娠母体进入胚胎干扰正常胚胎发育，导致胎儿发生永久性形态结构异常的作用	阿司匹林、华法林、苯二氮䓬类、苯妥英钠、沙利度胺及多数抗癌药
致癌反应	药物作用使机体抑癌基因失活或原癌基因激活，导致正常细胞转为癌细胞的作用	阿霉素、环磷酰胺、柔红霉素、己烯雌酚等

C. 后遗效应:是指停药后仍残留在体内的低于最低有效治疗浓度的药物所引起的药理效应,如夜间服用地西泮催眠,次日清晨起床后仍有困倦、头晕、乏力等现象。

D. 停药反应:又称反跳现象,是指长期使用某种药物,机体对药物产生了适应性,突然停药或减量过快使机体调节功能失调,出现病情或症状重现或加剧等现象,如长期服用普萘洛尔降血压,停药次日血压将激烈回升。

E. 继发反应:是指药物在发挥治疗作用时,由治疗作用带来的不良后果,是药物治疗作用引起的间接结果,也叫治疗矛盾,如长期用广谱抗菌药物治疗肠道感染,破坏了肠道正常菌群的共生平衡,导致伪膜性肠炎发生;又如青霉素治疗梅毒引起的赫氏反应也属于继发反应。

F. 首剂效应:是指某些药物在开始应用时,由于机体对药物的作用尚未适应,按常规剂量给药就会引起强烈反应的现象,多为一过性。对于这类药物,应用时宜从小剂量开始,逐渐加量至常用量,使机体逐步适应,如首次服用降压药哌唑嗪导致血压骤降。

G. 药物依赖性:是指长期连续应用某药物,突然停药后患者产生心理或生理不适,渴望继续用药的现象。

根据是否出现"戒断症状"可分为心理依赖性(精神依赖性)和生理依赖性(躯体依赖性),有时又称为习惯性和成瘾性。药物依赖会导致药物滥用现象的发生,不但影响用药者的身心健康,还会带来社会危害,因此临床应用时应特别慎重,以防滥用造成严重后果。

相关链接

"戒断症状"指停止使用药物或减少使用剂量或使用拮抗剂占据受体后所出现的特殊心理生理症状群。其机制是由于长期用药后,突然停药引起的适应性反跳,不同药物所致的戒断症状因其药理特性不同而不同,一般表现为与所使用药物作用相反的症状。例如酒精戒断后出现的是兴奋、失眠,甚至癫痫发作等症状群,又如苯二氮䓬类戒断综合征表现为焦虑、震颤、恶心或呕吐、心慌、头痛、虚弱、失眠,严重者表现类似震颤谵妄或癫痫发作。绝大多数具有依赖性的药物同时兼有精神依赖性和躯体依赖性。

H. 药物耐受性:是指连续用药后机体对药物反应性降低,必须增加药物剂量方可达到原有药物效应的现象。一般停药后机体对药物的反应性可逐渐恢复到原有水平。长期应用化疗药物后,病原微生物或肿瘤细胞对药物的敏感性降低的现象,称为耐药性或抗药性(相关内容见抗微生物药)。

2) B型药物不良反应(质变型异常):又称剂量不相关的不良反应,是与药物正常药理作用无关的异常反应。特点是与用药剂量无关,一般难以预测。其发生率低,但死亡率高。本型主要与患者的遗传因素或免疫机制有关。

A. 变态反应:是指机体因事先致敏而对某药或结构与之相似的药物发生的病理性免疫反应,又称过敏反应。

反应性质与药物作用和用药剂量无关,难预知。临床表现各药不同,各人也不同。反应程度差异较大,从轻微的皮疹、发热至造血功能障碍、肝肾功能损害、休克,甚至危及生命等。可能只有一种症状,也可能多种症状同时出现。停药后反应逐渐消失,再用时可能再发。致敏物质可能是药物本身或其代谢物,也可能是药物制剂中的杂质。

临床用药前常做皮肤过敏试验,但仍有少数假阳性或假阴性反应。此反应常见于过敏体质者。

B. 特异质反应:是指药物引起的一类遗传学性异常反应。

特异质反应可发生于有遗传性药物代谢或药物反应变异的个体。由于先天遗传异常导致此类患者机体对某些药物反应特别敏感,反应性质也与常人不同,但与药物固有药理作用基本一致。大多是因机体缺乏某种酶,使药物在体内代谢受阻所致。即使很小剂量也会发生,其反应严重程度与剂量成正比,药理性拮抗药救治可能有效。这种反应不是免疫遗传反应,因此没有预先致敏过程。

特异质反应通常是有害的,甚至是致命的,如葡萄糖-6-磷酸脱氢酶缺乏的患者使用磺胺类药物可致溶血性贫血。

二、药物作用的动态变化规律

药物的剂量-效应关系(简称量效关系)是指在一定范围内,药物剂量或血药浓度与效应之间的规律性变化。通过量效关系的研究,可定量分析和阐明药物剂量与效应之间的规律,有助于了解药物作用的性质,并为临床用药提供参考。

(一) 药物的剂量与效应

剂量,即用药的分量。剂量的大小决定血药浓度的高低,血药浓度又决定药理效应。因此,药物剂量决定药理效应强弱,在一定剂量范围内,剂量越大,效应也随着越强(图1-1)。根据剂量与效应的关系,将剂量分类如下。

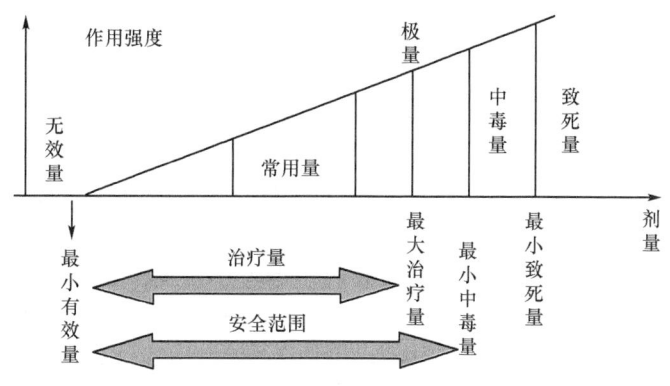

图1-1 剂量与作用的关系示意图

1. **无效量** 指药物剂量太小,在体内达不到有效浓度,不能产生明显药理效应的剂量。
2. **最小有效量** 指刚能引起药理效应的剂量,又称阈剂量。
3. **有效量** 指介于最小有效量和极量之间的量,又称治疗量。
4. **临床常用量** 指在治疗量中,大于最小有效量而小于极量、疗效显著而安全的剂量。
5. **极量** 指能引起最大效应而不至于中毒的剂量,又称最大治疗量。极量是国家《药典》明确规定允许使用的最大剂量,即安全剂量的极限,超过极量有中毒的危险。
6. **最小中毒量** 指药物引起毒性反应的最小剂量。介于最小中毒量和最小致死量之间的剂量为中毒量。
7. **最小致死量** 指药物引起死亡的最小剂量。用量大于最小致死量即为致死量。
8. **安全范围** 指最小有效量与最小中毒量之间的剂量范围。此范围越大该药越安全。

(二) 量效曲线

药物的量效关系可以用图解说明,以纵坐标表示药理效应强度,以横坐标表示药物的剂量或血药浓度,所绘制出的曲线称为量效关系曲线,简称量效曲线。通常效应量用百分率(%)表示,剂量用算数值表示,量效曲线常呈长尾"S"形,如果剂量改为对数剂量时,则曲线呈对称性"S"形(图 1-2)。

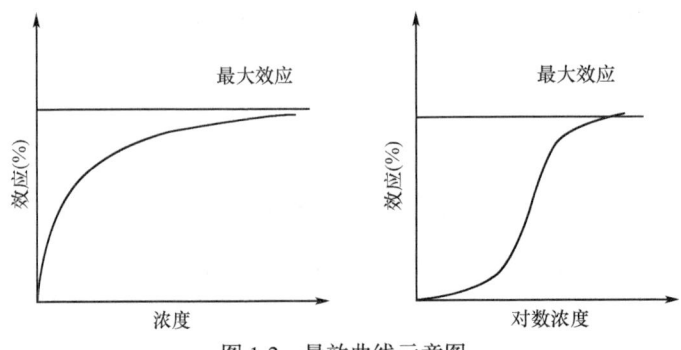

图 1-2 量效曲线示意图

一般按照性质特点把药物效应分为量反应和质反应。药物效应的强弱呈连续增减的变化,可以用计数值表示变化的为量反应,如心率快慢、血压高低、尿量多少等效应指标。药物效应是以有或无、阳性或阴性、生存或死亡等表示变化的为质反应。这样量效曲线也分为量反应量效曲线和质反应量效曲线,两者最显著的区别就是纵坐标药物效应选用的指标不同。

(三)量效曲线的意义和价值

研究量效曲线在药理学上有非常重要的意义。

1. 可以评价同一类药物之间效应的强度,一般采用效价和效能两个指标。

(1) 效价:是指引起同等效应所需要的剂量。产生等效时各药所需剂量越小,其效价越大。例如,10mg 吗啡的镇痛作用强度与 100mg 哌替啶的镇痛作用强度相当,则吗啡的效价为哌替啶的 10 倍。

(2) 效能:是指药物所能产生的最大效应。随着药物剂量或血药浓度增加,效应强度相应增强,当效应达到一定程度后,再增加剂量或血药浓度,效应不再继续增强,这一药理效应的极限即为效能。它反映了药物内在活性的大小。高效能药物所产生的最大效应是低效能药物无论多大剂量也无法产生的。例如,吗啡是高效能镇痛药,用于剧痛;吲哚美辛是低效能镇痛药,对钝痛有效,但对剧痛效果差。

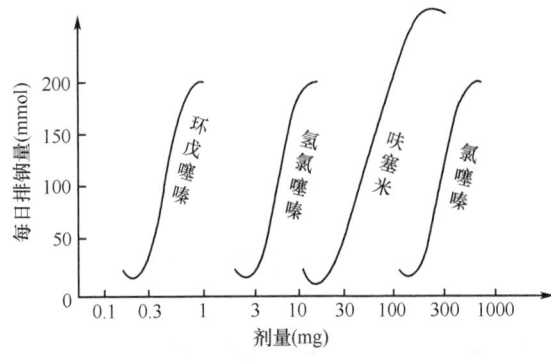

图 1-3 利尿药效价和效能比较示意图

效能与效价从不同角度反映药物作用的强度,但两者并不完全平行,即效能高的药物效价并不一定大,反之亦然。例如,利尿药以每日排钠量为效应指标进行比较,氢氯噻嗪的效价大于呋塞米,但呋塞米的最大效应远远大于氢氯噻嗪(图 1-3)。在临床治疗时,药物的效价和效能可作为选择药物和确定药物剂量的依据。

2. 可以评价药物安全性的大小 药物的安全性可以用治疗指数(the rapeutic index,TI)表示,一般来说其值越大,药物的安全性就越高。治疗指数等于半数致死量(LD_{50})与半数有效量(ED_{50})的比值。LD_{50} 是指能引起 50% 实验动物死亡的剂量。ED_{50}是指能引起50%实验动物出现阳性反应的剂量。

三、药物的作用机制

药物的作用机制主要是研究药物为什么能起作用和如何发挥作用的。通过药物作用机制的研究,有助于阐明药物防治作用和不良反应的本质,为提高药物疗效、避免或减少不良反应发生提供理论依据。药物的作用机制繁多而复杂,其中最为重要的是受体作用机制。

(一) 受体作用机制

1. 受体的概念 受体是存在于细胞膜或细胞内,能识别、结合特异性配体并通过信息传递引起特定生物效应的大分子蛋白质。配体是指能与受体特异性结合的物质,如神经递质、激素、自体活性物质或化学结构与之相似的药物等。

依据受体存在的部位,可将其分为:①细胞膜受体,如乙酰胆碱、肾上腺素、多巴胺等物质的受体。②细胞浆受体,如肾上腺皮质激素、性激素等物质的受体。③细胞核内受体,如甲状腺素受体。各种受体在体内有特定的分布部位和功能,有些组织细胞可同时存在着多种受体,如心肌细胞同时存在乙酰胆碱受体、肾上腺素受体和组胺受体等。

2. 受体的特点 受体与配体的结合常表现为以下特性:①特异性,指受体与其结构相适应的配体特异性结合。②敏感性,指受体能与低微浓度的配体结合并产生显著的效应。③饱和性,指受体的数目是一定的,受体与配体的结合具有最大限度。作用于同一受体的配体之间存在竞争现象。④可逆性,指受体与配体的结合是可逆的,受体与配体结合物可以解离,解离后可得到原来的配体而非代谢物。⑤多样性,指同一类型受体可广泛分布在不同的细胞并产生不同的效应,受体多样性是受体亚型分类的基础。

3. 作用于受体的药物分类 受体机制认为药物是通过与相应的受体结合而发挥作用或效应的。药物与受体结合产生效应,必须具备两个条件:①药物具有与受体结合的能力,即亲和力。②药物与受体结合后,具有激活受体产生特异性药理效应的能力,即内在活性,又称效应力。

根据药物与受体结合情况,可将药物分为以下几类。

(1) 受体激动药:是指与受体既有较强亲和力,又有较强内在活性的药物。它们通过结合并激动受体而发挥药物作用或效应。

(2) 受体阻断药:又称受体拮抗药,是指与受体有较强亲和力,但无内在活性的药物。它们通过占据受体,阻断激动药与受体的结合而发挥药物作用或效应。

(3) 受体部分激动药或受体部分阻断药:是指与受体虽有较强亲和力,但仅有较弱内在活性的药物。单独应用时可产生较弱的激动效应,如与受体激动药合用时,则呈现对抗激动药的作用。这类药物具有激动药与阻断药的双重特性,所以称为受体部分激动药或受体部分阻断药。

4. 受体的调节 受体虽是遗传获得的固有蛋白,但并不是固定不变的,而是经常代谢转换处于动态平衡状态,其数量、亲和力、内在活性经常受到药物、疾病等因素的影响而发生变化,这种现象称为受体调节。主要包括两种形式:①受体上调,是指长期使用受体阻断药,使受体数目增加、亲和力增大或效应力增强的现象。这是造成某些药物突然停药后出现反跳现象的原因。临床用药时应予以注意。②受体下调,是指长期使用受体激动药,使受体数目减少、亲和力减弱或效应力减弱的现象。这是造成某些药物产生耐受性的原因。

(二) 其他作用机制

1. 影响酶的活性　机体的许多功能和代谢过程是在酶的催化下进行的,某些药物通过改变酶的活性而发挥药理作用,如毒扁豆碱就是通过抑制胆碱酯酶、减少乙酰胆碱的水解而发挥拟胆碱作用。

2. 参与或干扰机体的代谢过程　某些药物通过补充生命代谢物质,参与机体代谢过程,治疗机体相应物质缺乏症,如铁剂补充治疗贫血、胰岛素补充治疗糖尿病等。

3. 影响物质转运过程　许多物质在体内的转运需要载体参与,某些药物通过干扰载体转运产生药理效应。如利尿药通过抑制肾小管 Na^+-K^+、Na^+-H^+ 交换而发挥排钠利尿作用;利多卡因阻滞 Na^+ 通道治疗室性心律失常。

4. 影响体内活性物质的合成、释放或储存　某些药物通过改变体内活性物质的合成、释放或储存而发挥药理作用。如麻黄碱通过促进肾上腺素能神经末梢释放去甲肾上腺素而发挥升压作用。

5. 影响内环境的理化性质　某些药物能够使机体细胞及其周围体液的 pH、渗透压等发生改变而发挥药理作用,如抗酸药中和胃酸以治疗溃疡;甘露醇在肾小管内提高渗透压而利尿等。

第三节　药物代谢动力学——机体对药物的影响

药物代谢动力学(简称药动学)主要研究药物的体内过程及体内药物浓度随时间变化的动态规律,这对制订合理的给药方案,确保用药安全性具有重要的实际意义。

药物的体内过程主要包括吸收、分布、生物转化和排泄四个过程。这些过程可以归纳为两大方面:一是药物在体内位置的变化,即药物的转运,如吸收、分布和排泄;二是药物化学结构的改变,即药物的生物转化。

一、药物的跨膜转运

药物转运是药物在体内发挥作用的基础,药物的吸收、分布、排泄均需通过体内的各种生物膜,包括细胞膜和各种细胞器膜,如溶酶体膜、线粒体膜等。药物通过生物膜的过程称为药物的跨膜转运,其方式主要有被动转运和主动转运两种。

(一) 被动转运

被动转运是指药物从高浓度一侧向低浓度一侧的转运,又称为下山转运。其主要动力是膜两侧的浓度差。其特点是不耗能,顺浓度差方向转运,转运速度与膜两侧的浓度差成正比。大多数药物在体内的转运是按这种方式进行的。被动转运主要有以下三种类型。

1. 简单扩散　是最主要的被动转运方式。绝大多数小分子、高脂溶性药物按此方式通过生物膜。转运过程不需要载体、不消耗能量、无饱和现象,且不同药物之间无竞争抑制现象,当膜两侧浓度达到平衡时转运保持在动态稳定水平。

影响药物简单扩散的因素主要有药物相对分子质量、溶解度、解离度等。一般相对分子质量小、脂溶性大、解离度小的药物易进行简单扩散。

药物多为有机弱酸类或有机弱碱类,在一定的 pH 环境下可发生解离,解离型药物脂溶性较低,不易跨膜转运,而非解离型药物脂溶性较高,容易通过简单扩散的方式进行跨膜转运。这种非解离型药物可以自由穿透生物膜,而解离型药物就被限制在膜的一侧的现象称为离子屏障。

影响弱酸性或弱碱性药物解离的因素主要是体液的pH。在酸性环境中,弱酸性药物不易解离,脂溶性高,易进行跨膜转运;而弱碱性药物则易解离,脂溶性低,不易进行跨膜转运。在碱性环境中,两者恰好相反。例如,弱酸性药物在胃液中非解离型多,在胃中即可被吸收;弱碱性药物在酸性胃液中离子型多,主要在小肠吸收。因此临床上可以通过改变体液的pH,使药物的解离程度发生变化,从而影响药物的吸收和分布。

2. 膜孔转运 药物在生物膜两侧流体静压或渗透压差的作用下通过膜孔的扩散过程,又称滤过。一般是水溶性小分子药物以此方式进行跨膜转运,如药物经肾小球的滤过。

3. 易化扩散 包括载体转运和离子通道转运两种类型。前者受生物膜两侧浓度差的影响,后者转运受生物膜两侧电位差的影响。其特点是不消耗能量,但需要载体或离子通道,故有饱和现象,当两种药物由同一载体转运时,两者之间可出现竞争抑制现象。一般采取此方式进行转运的药物较少。

(二)主动转运

主动转运是指药物从低浓度一侧向高浓度一侧的转运,又称为上山转运。其特点是逆浓度差方向转运,需要消耗能量,并需特异性载体,故有饱和现象和竞争抑制现象。如位于突触间隙的去甲肾上腺素可被突触前膜上的胺泵摄取到神经末梢内并被储存起来。

二、药物的体内过程

(一)吸收

药物的吸收是指药物自给药部位进入血液循环的过程。药物吸收的速度(快慢)和程度(多少)直接影响着药物起效的快慢和作用的强度。影响药物吸收的因素很多,主要归纳为两大类:药物因素和机体因素。

1. 药物因素

(1)给药途径:是影响药物吸收的首要因素。常规给药途径分为消化道给药和非消化道给药两种形式,前者主要有口服、舌下、直肠给药;后者主要有注射(皮下、肌内、静脉注射)、呼吸道、皮肤黏膜给药等。不同给药方法对药物吸收的影响各不相同。按药物吸收速度由快到慢排序依次为:吸入>舌下>直肠>肌内注射>皮下注射>口服>黏膜>皮肤;按药物吸收程度,吸入、肌内注射、皮下注射、舌下及直肠给药吸收较完全,口服次之,少数脂溶性大的药物可通过皮肤、黏膜吸收。

1)口服给药:是最常用、最经济、最安全、最方便的给药途径。由于胃的吸收面积较小,排空较快,所以,除少数弱酸性药物可在胃内部分吸收外,绝大多数口服药物主要在小肠吸收。小肠内pH接近中性,黏膜吸收面广,缓慢蠕动增加药物与黏膜接触机会,血流丰富等特点,适合大多数药物的溶解和吸收。

药物从胃肠道吸收后,通过门静脉进入肝脏,再进入血液循环。有些药物口服后在经过肠黏膜及肝脏时被生物转化而灭活,使进入体循环的药量明显减少,药物效应明显下降,这种现象叫做首关消除,也称首过效应。首关消除明显的药物不易口服给药,如硝酸甘油、普萘洛尔等。

口服给药虽然方便,但其缺点是吸收较慢,吸收不完全,而且不适用于对胃黏膜刺激大,首关消除多的药物,也不适用于昏迷、婴儿等患者。

2) 舌下及直肠给药:局部血流供应丰富,吸收较迅速,且可避免首关消除,但其吸收面积小,吸收量少,因此应用常受限制。舌下给药仅适用于用量小、脂溶性高、需要迅速起效的药物,如硝酸甘油舌下给药控制心绞痛急性发作;而直肠给药仅适用于少数刺激性强的药物(如水合氯醛)或不能口服给药的患者(如小儿、严重呕吐、昏迷患者)。

相关链接　　　　　直肠给药深与浅,首关消除存或免

直肠给药是一种很好的给药途径。将栓剂推入肛门内2~4cm,药物通过直肠中、下段的毛细血管吸收进入下痔静脉和中痔静脉,然后经下腔静脉回流入右心房,其间不经过肝脏,因此避免了首关消除。但是如果药物塞入肛门内超过6cm,这时药物被吸收后经上痔静脉进入门静脉系统,虽然上痔静脉和中痔静脉有广泛交通,但也约有50%药物不能绕过肝脏,因而发生首关消除。

3) 注射给药:药物的吸收效果与选择的注射部位和药物的剂型有关。静脉注射可使药物迅速而准确地进入体循环,没有吸收过程,因此起效最快;肌肉组织血管分布及血流量较皮下组织好,故肌内注射比皮下注射吸收快;另外水溶性高的注射剂吸收较快,而油剂、混悬剂等则吸收较慢。

4) 呼吸道给药:肺泡表面积较大且血流丰富,一般小分子、脂溶性高、易挥发性液体或气雾剂都可从支气管黏膜和肺泡上皮细胞迅速吸收进入血液循环。吸入给药也能用于鼻咽部的局部治疗。

5) 皮肤黏膜给药:完整皮肤吸收能力很差,外用药物时,因皮脂腺分泌物覆盖在皮肤表面,可阻止水溶性药物的吸收,仅可使部分脂溶性高的药物通过,且多发挥局部作用。同样条件下,黏膜吸收要好于皮肤,如鼻黏膜给药等。

(2) 药物的理化性质:一般情况下,药物的分子越小,脂溶性越高,越易吸收;反之则很难吸收。由于生物膜的两性特点,完全水溶性或完全脂溶性的药物也很难吸收。临床上可通过改变吸收环境的pH来调节药物的脂溶性,从而改变吸收效果。

(3) 药物的剂型:药物可制成多种剂型,如溶液剂、糖浆剂、片剂、胶囊剂、颗粒剂、注射剂、气雾剂、栓剂等。剂型不同,药物的吸收速度也不同。一般规律是液体制剂吸收好于固体制剂,在给药部位分散度好的剂型吸收较好。近年来,随着药动学的发展,生物药剂学为临床提供了许多新的剂型,如缓释制剂,利用无药理活性的基质或包衣阻止药物迅速溶出以达非恒速缓慢释放的效果;控释制剂,可以控制药物按零级动力学恒速或近恒速释放,以保持恒速吸收,既保证疗效的持久性,又方便使用。

2. 机体因素　给药部位的生理状态和解剖结构将影响药物的吸收效果,如吸收面积的大小、吸收部位的血流情况、局部环境pH、胃排空和肠蠕动情况、胃内容物等都可对药物的吸收产生直接或间接的影响。因此,选择血流丰富、生理功能强的部位给药有利于吸收。

(二) 分布

药物的分布是指进入体循环的药物随血流转运至机体各组织器官的过程。药物在体内分布是不均匀的,因此药物对各组织器官的作用强弱也不同。影响药物分布的因素主要如下。

1. 药物的血浆蛋白结合率　是指血液中的药物与血浆蛋白结合的百分率。大多数药物进入血液循环后可不同程度地与血浆中的可溶性蛋白(白蛋白、珠蛋白等)结合。药物与血浆蛋白结合具有如下特点:①药物与血浆蛋白的结合是可逆性的。②结合后药物药理活性暂时消失。当血中游离型药物减少时,部分结合型药物解离为游离型药物,发挥药理作用。③结合型药物相对分子质量增大,不易通过毛细血管壁,暂时"储存"于血液循环中,不被代谢或排泄。因此,血浆蛋白结合率高的药物在体内消除较慢,作用维持时间较长。④血浆蛋白结合点有限,结合具有饱和性。当血药浓度过高,结合达饱和时,血浆内游离型药物浓度可骤升,作用可增强,甚至出现毒性。⑤药物与血浆蛋白结合特异性低,与同一种血浆蛋白结合的两种药物可在结合部位发生竞争置换现象。结合能力强的药物可将另一种药物置换下来,使后者的血药浓度突然增高,甚至出现中毒现象。

2. 局部器官血流量和药物与组织的亲和力　人体各组织器官的血流量差别很大。在肝、肾、肺等高血流灌注器官,药物分布快且分布较多。有些药物对某些组织器官有特殊的亲和力,使药物在该组织中浓度较高。例如碘浓集于甲状腺中,氯喹则在肝中浓度高于血液中数百倍。

3. 药物的理化性质和体液 pH　一般脂溶性药物或水溶性小分子药物易通过毛细血管壁进入组织,水溶性大分子或离子型药物则难以通过血管壁进入组织。

弱酸性或弱碱性药物在体内的分布受体液 pH 的影响。在生理情况下,细胞内液 pH(约为 7.0)略低于细胞外液(约 7.4),弱碱性药物在细胞外液解离少,易进入细胞内液,故细胞内液浓度略高;弱酸性药物在细胞外液解离多,不易进入细胞内液,故在细胞外液浓度略高。根据这一原理,临床上可通过碱化体液,促进弱酸性药物由组织细胞内向血液转运,加速药物自尿排出。如弱酸性药物苯巴比妥中毒时,用碳酸氢钠碱化血液及尿液,可使脑细胞中药物向血浆转移并加速其从尿中排泄,使中毒症状减轻。

4. 体内特殊屏障　体内的某些组织结构对药物的转运有选择性,主要是血-脑屏障、胎盘屏障和血眼屏障。

(1) 血-脑屏障:脑是血流量较大的器官,但药物在脑组织浓度一般较低,这是由于血-脑屏障所致。在组织学上血-脑屏障是血-脑、血-脑脊液及脑脊液-脑三种屏障的总称。一般对中枢神经系统有作用的药物都要能够通过血-脑屏障,相对分子质量小、脂溶性高的药物相对容易通过,炎症能增加血-脑屏障的通透性,故脑膜炎时,很难透过血-脑屏障的青霉素也能在脑脊液中达到有效治疗浓度。

(2) 胎盘屏障:是胎盘绒毛与子宫血窦间的屏障。由于母亲与胎儿间交换营养成分与代谢废物的需要,其通透性与一般毛细血管无显著差别,几乎所有药物都能穿透胎盘屏障进入胚胎循环。因此,在妊娠期间应禁用对胎儿发育有影响的药物。

(3) 血-眼屏障:是指循环血液与眼球内组织液之间的屏障,包括血-房水屏障、血-视网膜屏障等结构。大部分药物不易通过血-眼屏障,全身给药时药物在眼球内难以达到有效浓度,因此大部分眼病的有效药物治疗是局部给药。

(三) 生物转化

药物的生物转化是指药物在体内发生化学结构和药理活性改变的过程,又称药物的代谢。

1. 生物转化的方式　生物转化主要在肝中进行,是由相关酶催化的一系列生化反应,有氧化、还原、水解和结合四种方式,一般分两个时相进行:第一相反应为非结合型反应,包括氧化、还原、水解等化学反应,主要改变药物结构和活性(经第一相反应后大部分药物转变成药理活性降低或消失的代谢物,称为灭活;少部分药物转变成药理活性增强的代谢物,称为活化);第二相反应为结合型反应,药物及代谢物与葡萄糖醛酸、甘氨酸、硫酸等结合,转化为高水溶性的结合物,利于从肾排泄。

2. 生物转化的酶 催化药物生物转化的酶很多,主要分为两大类:一类是特异性酶,是针对特定底物代谢的酶,如胆碱酯酶、单胺氧化酶;另一类是非特异性酶,是存在于肝细胞内质网上的细胞色素 P-450 酶系,由百余种同工酶组成,能够催化绝大多数药物的生物转化,是促进药物生物转化的主要酶系统,简称肝药酶。

3. 影响生物转化的因素 肝药酶的活性决定着药物生物转化的速度,从而影响药物的作用强度和持续时间,因此影响肝药酶活性的因素即是影响药物生物转化的因素,主要有以下两类。

（1）药酶诱导剂和抑制剂:许多药物可以影响肝药酶的活性,凡能增强肝药酶活性或诱导肝药酶合成的药物称为药酶诱导剂;凡能降低肝药酶活性或抑制肝药酶合成的药物称为药酶抑制剂。药酶诱导剂能加速某些药物和自身的生物转化,降低其作用,这是药物产生快速耐受性的原因之一;药酶抑制剂能减慢某些药物和自身的生物转化,增高血药浓度,增强其作用,甚至出现毒性反应,因此联合用药时应特别注意(表 1-2)。

表 1-2 临床常见药酶诱导剂和药酶抑制剂

类别	药物名称
药酶诱导剂	巴比妥类、苯妥英钠、利福平、乙醇等
药酶抑制剂	异烟肼、氯霉素、西咪替丁、甲硝唑、别嘌醇等

（2）其他因素:患者的生理因素如年龄、性别、遗传因素、病理因素、环境因素等都可影响药酶的活性,从而使药物的生物转化速度发生变化。

（四）排泄

药物的排泄是指药物原形或其代谢产物经排泄器官自体内排至体外的过程。肾是药物排泄的主要器官,此外胆囊、肺、乳腺、唾液腺等也能排泄一部分药物。

1. 肾排泄 药物及其代谢产物经肾排泄的方式主要是肾小球滤过和肾小管分泌。

（1）肾小球滤过:是药物排泄的主要方式,大多数游离药物及其代谢产物通过此方式进行排泄。经肾小球滤过的药物在肾小管中可有不同程度的重吸收,重吸收的程度与药物的脂溶性、尿量、尿液的 pH 有关。脂溶性高、非解离药物重吸收多,排泄慢;水溶性药物重吸收少,排泄快。增加肾小球滤过,使尿量增加,降低尿液中药物浓度,可减少药物在肾小管的重吸收,从而加速排泄。改变尿液的 pH 可使药物的解离度发生变化,对弱碱性或弱酸性药物的重吸收影响较大。酸化尿液,使弱碱性药物在尿中解离,碱化尿液,使弱酸性药物在尿中解离,从而减少药物在肾小管重吸收,加速其排泄。临床上常利用改变尿液 pH 的方法加速药物排泄以治疗药物中毒。

（2）肾小管分泌:少数药物在近曲小管由载体主动转运从血浆泌入肾小管排泄。经同一类载体转运的两个药物同时应用时,两者之间存在竞争抑制现象,如丙磺舒与青霉素合用时,前者可抑制后者的分泌,使其排泄减慢,从而提高青霉素的血药浓度,使药物作用时间延长。

2. 胆汁排泄 有些药物及代谢产物经肝脏进入胆囊,随胆汁分泌进入肠腔,然后随粪便排出。有些药物随胆汁排入肠腔后,在肠道内又被重吸收进入血液循环形成肝肠循环。肝肠循环可使药物作用时间延长,临床上可采用导泻等方法促进有肝肠循环的药物排泄。

3. 其他途径排泄 乳汁偏酸性,pH略低于血浆,碱性药物可以自乳汁排泄,如吗啡、阿托品等,哺乳婴儿可能受累,故哺乳期妇女用药应谨慎。挥发性药物如吸入性麻醉药可以通过呼吸道排出,通过增加通气量可以加快上述药物的排泄。另外,有些药物也可以从汗腺和唾液腺中排出,如利福平等药物。

(五) 药物的消除与蓄积

1. 药物的消除 是指进入血液循环的药物由于分布、代谢、排泄,血药浓度逐渐降低的过程。药物消除的方式主要有两种,即恒比消除和恒量消除。

(1) 恒比消除:又称一级动力学消除,是指单位时间内消除恒定比例的药物。其特点是药物的消除速率随血药浓度的下降而降低。大多数药物的消除属于此种方式。

(2) 恒量消除:又称零级动力学消除,是指单位时间内消除恒定数量的药物,即每单位时间内消除的药量相等。其特点是药物的消除速率是恒定的。多数药物当体内药量过大,超过机体恒比消除能力的极限时,机体只能以恒定的最大速度使药物自体内消除,待血药浓度下降至一定水平时可转化为恒比消除。

2. 药物蓄积 临床治疗常需连续给药以维持有效血药浓度。连续多次给药,当药物消除速度低于给药速度时,体内药量或血药浓度逐渐升高,这种现象称为药物的蓄积。药物蓄积是达到稳态血药浓度的前提,但药物在体内过分蓄积,则会引起蓄积性中毒,因此临床用药时应特别注意。

三、药物的速率过程

药物在体内的真实过程是吸收、分布、代谢、排泄同时进行的动态过程,且始终伴随着药物体内浓度随时间变化而变化,此过程称为药物的速率过程或动力学过程。药动学参数的计算可以定量反映药物在体内的这种动态变化规律,而且是临床制订和调整给药方案的重要依据。

(一) 血药浓度变化的时间过程

药物的速率过程表现为体内药量或血药浓度及药物作用强度与时间成函数关系,具体可用时量关系和时效关系来表示。时量关系描述了体内药量或血药浓度随时间变化的动态规律,以时间为横坐标,以剂量或血药浓度为纵坐标作图,可描绘出时量关系曲线;时效关系描述了药物作用强度或效应随时间变化的动态规律,以时间为横坐标,以效应或药物作用强度为纵坐标作图,可描绘出时效关系曲线。由于血药浓度与药物效应呈正相关,时效关系曲线的形态和意义也与时量关系曲线相似,血药浓度的变化易于监测,所以时量关系曲线更为常用。

1. 时量关系曲线的形态 有助于定量分析药物量或浓度在体内的动态变化过程。体内的药物吸收速度大于消除速度时曲线上升,故曲线的升段反映药物吸收及分布的快慢,吸收快药物曲线升段坡度陡。曲线的最高点为高峰浓度,此时药物的吸收速度与消除速度相等。当体内药物的消除速度大于吸收速度时曲线下降,故曲线降段反映药物消除的快慢,消除快的药物曲线下降快。

2. 时量关系曲线的时间段 反映药物在体内的时间过程,受药物的吸收与消除速度影响。以非静脉一次给药为例,药物的时量关系曲线可分为三期(图1-4)。①潜伏

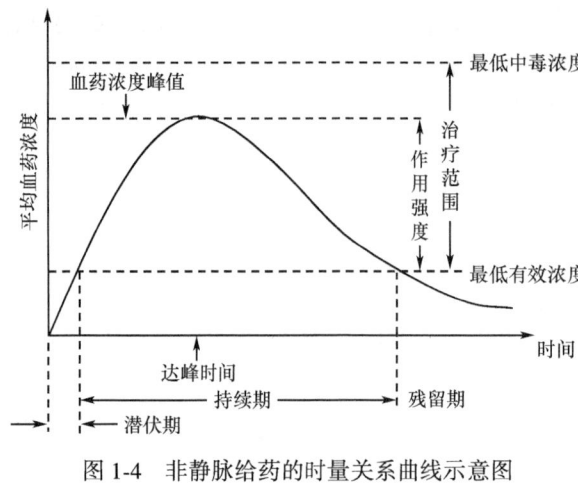

图 1-4 非静脉给药的时量关系曲线示意图

期,是指从开始用药至血药浓度达到最低有效浓度的时间,其长短取决于药物吸收和分布的速度。②持续期,是指血药浓度维持在最低有效浓度之上的时间,其长短取决于药物的吸收和消除速度。此期内峰浓度的大小与给药剂量有关,即给药剂量越大,峰浓度越高。③残留期,是指药物浓度虽降至最低有效浓度以下,但尚未自体内完全消除的时间,其长短取决于药物的消除速度。

(二) 药动学的基本参数及意义

1. 生物利用度 非血管给药时,药物制剂实际吸收进入血液循环的药量占所给总药量的百分率称为药物的生物利用度,是评价药物制剂吸收程度的重要指标。同一种药物的不同剂型、不同厂家、不同批号,其生物利用度可能不同,因此在使用药物时,应注意生物利用度对药物作用的影响。

生物利用度=吸收进入体循环药量/给药剂量×100%

2. 血浆半衰期($t_{1/2}$) 是指血药浓度下降一半所需要的时间。它反映了药物在体内消除速度的快慢。恒比消除的药物其半衰期是恒定的,不受血药浓度、给药途径等因素的影响,在制订药物治疗方案等方面具有重要意义。

(1) 是药物分类的依据。根据药物的半衰期可将药物分为长效、中效、速效药物。

(2) 反映主要消除器官肝、肾的功能状态。当肝、肾功能不全时,药物排泄障碍,药物的半衰期明显延长。

(3) 确定给药间隔时间和给药次数。一般按照半衰期或其倍数确定给药间隔和给药次数。半衰期长,给药间隔的时间也长。

(4) 预测达到稳态血药浓度的时间和药物从体内基本消除的时间。根据半衰期确定给药间隔,分次恒量给药,4~5个半衰期后可达血浆稳态浓度。药物从最后一次给药后,经4~5个半衰期后可认为已基本从体内消除。具体推导过程见表1-3。

表 1-3 恒比消除药物的消除与积累关系表

半衰期数	一次给药		连续恒速恒量给药后体内累积药量(%)
	消除药量(%)	体存药量(%)	
1	50	50	50
2	75	25	75
3	87.5	12.5	87.5
4	93.5	6.2	93.5
5	96.9	3.1	96.9
6	98.4	1.6	98.4
7	99.2	0.8	99.2

课堂互动

已知某安眠药的半衰期是 3h,一次给药 200mg,患者睡眠时间为 12h,如果一次给药剂量为 100mg,请同学们计算一下该患者的睡眠时间为几个小时?

3. 稳态血浆浓度 以半衰期为给药间隔时间,分次恒量给药,经 4~5 次给药后,药物的吸收量与消除量相平衡,药物在体内不再蓄积,血药浓度维持在一个相对稳定的水平,此时的血药浓度称为稳态血浆浓度,也称为坪值。

稳态血浆浓度的大小取决于给药剂量。给药剂量大则稳态浓度高,给药剂量小则稳态浓度低。如每日给药总量相等,改变给药次数,稳态浓度不变,只影响血药浓度的波动幅度,给药间隔时间缩短,血药浓度波动幅度可减小,有利于安全用药。连续静脉点滴给药的血药浓度波动最小。根据药物的特点或病情危重情况,有时需要药物在体内迅速达到坪值,这时可采取首次剂量加倍,然后改用常用量的方法,此方法在一个半衰期内即能达坪值,但仅适用于安全范围大的药物。

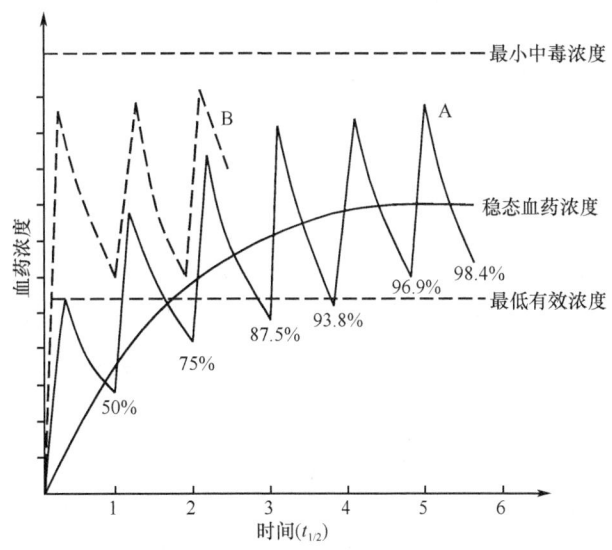

图 1-5 多次恒量血管外给药的血药浓度变化示意图
A. 剂量 D,间隔时间 $t_{1/2}$;B. 首次剂量 2D,后用 D,间隔时间 $t_{1/2}$

课堂互动

如果某人每天赚 100 元钱,每天都花自己所剩余钱的一半,那么估计到第 5 天能剩下多少钱?第 100 天呢?如果这个人第一天赚了 200 元,以后每天赚 100 元,也按上述方法花钱,那么他第 2 天和第 10 天所剩下的钱差多少?

第四节 影响药物作用的因素

药物的作用是通过机体表现出来的,药物治疗的实际效果不仅取决于所选择药物,还受到机体、疾病、药物相互作用等多种因素的影响,因此只有充分考虑到各种影响因素,才能制订出合理的用药方案。

一、药物方面的影响因素

药物方面的影响因素主要有药物的结构、理化性质、剂量和剂型等。

（一）药物的结构

药物的化学结构是其产生药理作用的物质基础。一般来说化学结构相似的药物有着相似的作用机制，引起的药理作用也相似，这叫做构效关系，同时也是药物分类的主要依据。习惯上把结构和作用都相似的药物叫做拟似药。有些药物结构虽然相似，但作用相反，如华法林与维生素K结构相似，但前者为抗凝血药，后者为促凝药。另外，有些药物结构相同但互为光学异构体，其作用不同，如奎尼丁与奎宁互为光学异构体，奎尼丁是抗心律失常药，奎宁是抗疟疾药。

（二）药物的剂型

同一药物不同剂型其生物利用度不同，致使血药浓度出现较大差异，影响药物的疗效。一般来说注射剂比口服制剂吸收快；口服给药时，溶液剂吸收最快，颗粒剂次之，片剂和胶囊剂较慢。吸收快的剂型，药物的血药浓度峰值较高，起效快，作用强，维持时间短。反之，吸收慢的剂型，起效慢，作用弱，维持时间相对较长。

（三）药物的剂量

用药剂量是影响药物作用的主要因素。一般来说，药物作用的强度取决于体内药物的浓度，而体内药物的浓度又取决于给药剂量。在一定范围内，剂量越大，血药浓度越高，作用也就越强。但超过一定范围，则会出现质的变化，引起毒性反应，甚至引起死亡。因此，在临床用药时，一定要注意药物剂量与作用之间的关系，严格掌握用药剂量，以期出现较好的疗效。

（四）给药途径

一般不同的给药途径主要影响药物作用的强弱和快慢，少数药物也影响药物作用的性质，如硫酸镁肌内注射时可产生镇静、抗惊厥、降压等作用，而口服时则产生导泻、利胆作用。临床用药时，要在熟悉各种给药方法特点的基础上，根据病情需要和药物性质确定给药方案。常用给药方法的特点见表1-4。

表1-4 常用给药方法特点比较

给药方法	优点	缺点
口服	简便、安全、应用广	吸收较慢，干扰因素多
皮下注射	剂量准确、作用时间较长	用量小，刺激性药物不宜
肌内注射	剂量准确、作用较快、较强	有局部刺激，操作较复杂
静脉注射或静脉滴注	可准确调整剂量，无吸收过程，立即起效	操作复杂，严格无菌，技术性高，费用较高
椎管注射	直接注入脊髓蛛网膜下隙，发挥药物的中枢作用	技术要求最高，有一定风险性，费用较高
吸入法	起效快，维持时间短，适宜气体或易挥发的液体药物	呼吸道刺激，剂量不宜控制
舌下给药	起效快，无首关消除	刺激性药物不宜
直肠给药	起效快，无首关消除	使用不方便
皮肤、黏膜给药	局部作用，给药方便	吸收最慢且不规则

（五）给药时间和次数

1. 给药时间 是决定药物能否发挥其应有作用的重要因素。一般口服药物饭前给药吸收较好，起效较快；饭后给药则吸收较差，起效慢。刺激性药物一般饭后服用。催眠药则应在睡前服用。驱肠虫药宜空腹服用，以便迅速入肠，并保持较高浓度。研究表明机体对药物的敏感性还呈现昼夜节律性变化。长期服用糖皮质激素的患者，应根据其分泌的昼夜节律性于上午 8 点左右给药。

2. 给药次数或给药间隔 一般根据病情需要和药物的半衰期而定。在体内消除快的药物其半衰期短，应增加给药次数；消除慢的药物其半衰期长，则应延长用药的时间间隔。有时是根据有效血药浓度而定，如红霉素的消除半衰期约为 2h，但有效血药浓度可维持 6~12h，故红霉素一般为 6h 给药一次。

3. 反复用药 机体在反复使用药物后，相应的生理生化功能常会发生一定的变化和适应性调整，影响药物疗效，反复使用具有依赖性的药物会带来各种不良反应和社会危害性。

（六）药物的相互作用

临床上为了增强疗效，减少不良反应，延缓耐药性的产生，通常采用联合用药的方法。联合用药是指两种或两种以上的药物同时或先后使用，又称配伍用药。药物联合用药后出现的作用称药物的相互作用。药物的相互作用可以发生在体外和体内，前者称为配伍禁忌，是指药物在体外配伍时发生的物理或化学变化而影响药物的疗效，也包括应用后发生疗效降低、不良反应增大的现象。体内的相互作用包括药动学和药效学两个方面，药动学的相互作用指药物在吸收、分布、代谢、排泄过程中被其他药物干扰，导致有效血药浓度改变，药物的效应增强或减弱，如青霉素与丙磺舒合用，后者可使前者排泄减慢而使前者作用增强。药效学的相互作用是指药物作用之间的相互影响，其结果有两种：一种是联合用药后使药物效应增强称协同作用，如吗啡与阿托品合用治疗胆绞痛，前者具有镇痛作用，后者可解除胆道痉挛，两药合用可使疗效增强，为协同作用；另一种是联合用药后使药物作用减弱称拮抗作用，如沙丁胺醇与普萘洛尔合用，前者的扩张支气管作用可被普萘洛尔所拮抗从而减弱。临床上一般配伍具有协同作用的药物来增强疗效，配伍具有拮抗作用的药物来降低不良反应。不恰当的联合用药往往由于药物间相互作用而使疗效降低或出现意外的毒性反应。

二、机体方面的影响因素

（一）年龄与体重

年龄不同，其生理特点不同，对药物的反应也有所不同。药物的常用剂量是适用于成年人（18~65 岁）的平均剂量。在正常体重范围内，药物血药浓度差异不大，过高或过低的体重，其脂肪含量会有明显差异，可影响到药物的消除和蓄积，产生不同的血药浓度。因此，用药时应根据年龄、体重情况，合理选择药物并调整给药剂量。

1. 儿童 儿童特别是幼儿，各种生理功能，包括自身调节功能尚未完全发育，体重等生理指标与成年人有很大差别，对药物的反应一般比较敏感。新生儿肾功能只有成年人的

20%,使用庆大霉素时血浆半衰期长达18h,为成年人(2h)的9倍。因此在拟定给药方案时应根据儿童年龄和发育情况及所用药物的特点,考虑可能影响药物作用的因素,并采用合适的方法计算。目前小儿用药剂量常用以下方法计算。

(1) 按体重计算:这是最常用的计算方法,可算出每日或每次需用量:

$$每日(次)剂量 = 患儿体重(kg) \times 每日(次)每千克体重所需药量$$

患儿体重应以实际测得值为准,年长儿按体重计算如已超过成人剂量则以成年人量为上限。

(2) 按体表面积计算:此法比按体重计算更准确,考虑了基础代谢、肾小球滤过率等生理因素,但目前尚未广泛使用。

小儿体表面积计算公式为:

$$小于30kg,小儿体表面积(m^2) = 体重(kg) \times 0.035 + 0.1$$

$$大于30kg,小儿体表面积(m^2) = (体重kg-30) \times 0.020 + 1.05$$

$$每日(次)剂量 = 患儿体表面积(m^2) \times 每日(次)每平方米体表面积所需药量$$

2. 老年人 一般把65岁以上者称为老年人,老年人由于器官功能减退,对许多药物的敏感性增加甚至出现严重反应,如老年人心血管系统的顺应性降低,对影响血压、心率的药物比较敏感,对尿潴留、大便秘结等不良反应的耐受能力差。因肝、肾功能减退,药物的消除速度减慢,各种药物的半衰期都有不同程度的延长,长期用药易致蓄积中毒,因此老年人用药剂量一般为成人剂量的3/4左右,另外一些老年人记忆力减退,用药的依从性较差,应注意合理选择用药方法。

(二) 性别

除性激素外,性别对药物反应通常无明显差别,但女性的月经期、妊娠期、分娩期、哺乳期等特殊生理期,对药物的反应较一般情况有所不同,用药时应适当考虑。妇女月经期不宜服用泻药和抗凝药,以免盆腔充血月经增多。对于已知的致畸药物如锂盐、华法林、苯妥英钠及性激素等在妊娠3~12周内胎儿器官发育期内应严格禁用。此后,在妊娠晚期及哺乳期间还应考虑药物通过胎盘及乳汁对胎儿及婴儿发育的影响。

(三) 个体差异

大多数人在年龄、性别、体重等基本条件相同情况下,对药物的反应是相似的,但有少数人表现不同,称为个体差异。具体表现有量的区别,也有质的不同。

1. 高敏性 少数人对某些药物特别敏感,应用较小的剂量即可产生较强的作用,称为高敏性。产生高敏性的主要原因是药物体内过程的个体差异,因此临床用药时必须采取个体化给药方案,才能达到预期的治疗效果而又减少不良反应。

2. 特异质反应 少数人用治疗量的药物后,出现与原有作用不同的反应,称为特异质反应。特异质反应与遗传有关,常因体内缺少某些代谢酶所致,如缺乏葡萄糖-6-磷酸脱氢酶的患者,使用磺胺药或吃新鲜蚕豆时易发生急性溶血反应,出现溶血性贫血或黄疸。

(四) 病理状态

疾病能改变机体处理药物的能力,并影响机体对药物反应的敏感性,因此病理状态下,药物对机体产生的效应会发生一定的变化。肝脏病变时药物的半衰期延长,作用增强,毒性增加,要避免使用或慎用在肝脏代谢,经肝胆系统排泄或有损害肝脏的药物。肾功能不全时主要经肾脏排泄的药物消除速度减慢,半衰期延长。如果使用不当,药物或其代谢产物在体内蓄积可引起中毒,甚至死亡。因此肾功能不全患者用药时,要根据药物的代谢过程、排泄的途径和毒性大小适当调整用药剂量。

（五）心理因素

患者的精神状态与药物疗效关系密切,人体的生理功能受到心理和精神活动的调节和影响。积极、乐观的心理状态,主动配合治疗,就能更好地发挥药物的治疗作用。因此应运用心理辅导、心理治疗等手段帮助患者解除精神压力,恢复心理平衡,以取得较好的治疗效果。

【小结】

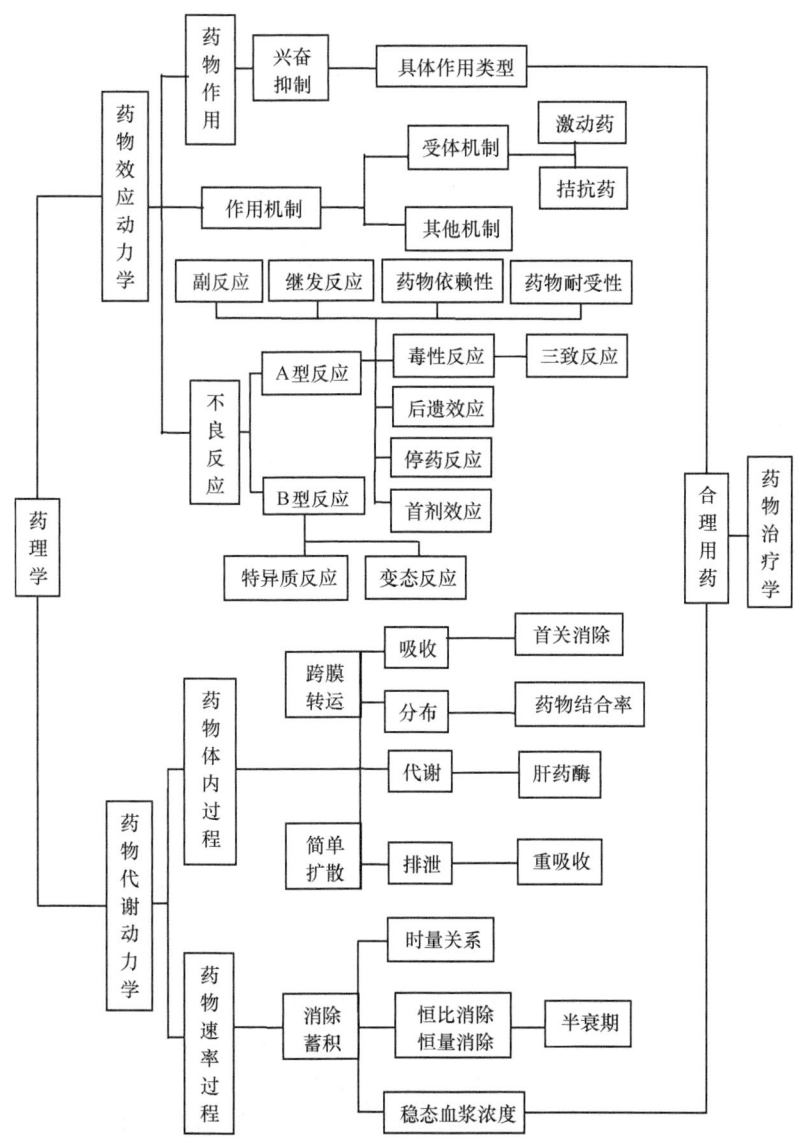

目标检测

一、选择题

【A 型题】

1. 药理学是研究( )
   A. 药物代谢动力学
   B. 药物效应动力学
   C. 药物临床应用
   D. 药物与机体相互作用规律及机制
   E. 药物对机体的效应

2. 药效动力学是研究( )
   A. 药物对机体的作用机制和规律
   B. 机体对药物的处置的科学
   C. 药物临床用量
   D. 药物作用原理
   E. 机体对药物的反应

3. 药物的吸收过程是指( )
   A. 药物与作用部位结合
   B. 药物进入胃肠道
   C. 药物随血液分布到各组织器官
   D. 药物从给药部位进入血液循环
   E. 药物从胃肠道进入体内

4. 药物的肝肠循环可影响( )
   A. 药物的体内分布   B. 药物的代谢
   C. 药物作用出现快慢 D. 药物作用持续时间
   E. 肝肾功能

5. 弱酸性药在碱性尿液中( )
   A. 解离多,再吸收多,排泄快
   B. 解离少,再吸收少,排泄快
   C. 解离多,再吸收多,排泄慢
   D. 解离少,再吸收少,排泄慢
   E. 不受尿液的影响

6. 药物作用开始快慢取决于( )
   A. 药物的转运方式
   B. 药物的排泄快慢
   C. 药物的吸收快慢
   D. 药物的血浆半衰期
   E. 患者的病情

7. 连续给药后,药物达稳态血浓度需要经过多少个半衰期( )
   A. 1 个半衰期   B. 3 个半衰期
   C. 5 个半衰期   D. 7 个半衰期
   E. 与半衰期关系不大

8. 经肝药酶代谢的药物与肝药酶诱导剂合用一段时间后,其效应可能( )
   A. 无变化   B. 减弱
   C. 消失   D. 增强
   E. 有助于患者的痊愈

9. 某药半衰期为 14h,按半衰期给药,到达坪值时间应该是( )
   A. 1 日   B. 3 日
   C. 4 日   D. 5 日
   E. 7 日

10. 下列零级动力学消除论述错误的选项是( )
    A. 体内药物按恒量消除
    B. $t_{1/2}$ 是不恒定的
    C. 单位时间消除量与血药浓度无关
    D. 无稳态血浓度
    E. 大多数药物不按此规律消除

11. 恒量恒速给药经 5 个半衰期最后达到的血药浓度称为( )
    A. 有效血浓度   B. 最小中毒浓度
    C. 最高峰浓度   D. 稳态血浓度
    E. 半衰期浓度

12. 具有首关消除的给药途径是( )
    A. 静脉注射   B. 肌内注射
    C. 直肠给药   D. 口服给药
    E. 舌下给药

13. 下列口服给药叙述错误的选项是( )
    A. 口服给药是最常用的给药途径
    B. 口服给药不适用于昏迷危重患者
    C. 口服给药不适用于首关效应大的药物
    D. 大多数药物口服吸收快而完全
    E. 胶囊剂一般不适宜老人与小孩口服

14. 下列药物与血浆蛋白结合后正确的叙述项是( )
    A. 结合型受血浆蛋白含量影响
    B. 结合后药理活性增强
    C. 是一种不可逆的结合
    D. 结合后可通过生物膜转运
    E. 结合后药物排泄加快

15. A 和 B 两药竞争性与血浆蛋白结合,单用 A 药 $t_{1/2}$ 为 3h,两药合用后 $t_{1/2}$ 是( )
    A. 小于 3h   B. 大于 3h

C. 等于3h D. 大于15h
E. 没有变化
16. 药物在体内代谢和被机体排出体外称（ ）
  A. 解毒 B. 灭活
  C. 消除 D. 排泄
  E. 作用消失
17. 体内药物浓度超出其代谢消除能力时，其消除方式是（ ）
  A. 经肠道排出 B. 经肝代谢消除
  C. 按一级动力学消除 D. 按零级动力学消除
  E. 肾排泄为主
18. 体液的pH可影响药物跨膜转运，主要是改变（ ）
  A. 药物的脂溶性 B. 药物的亲和性
  C. 分子量大小 D. 药物的溶解度
  E. 生物膜的通透性
19. 药物的副反应是在下列哪种剂量时产生的（ ）
  A. 中毒量 B. 治疗量
  C. 极量 D. 最小中毒量
  E. 有效量
20. 药物与受体结合后，能否兴奋受体则取决于下列哪一因素（ ）
  A. 药物分子量大小 B. 药物的亲和力
  C. 是否有内在活性 D. 药物剂量大小
  E. 机体的反应性

【B型题】
（第21、22题备选答案）
  A. 毒性较大 B. 副反应较多
  C. 容易过敏 D. 24h
  E. 36h
21. 选择性低的药物，在治疗量时往往可以看到（ ）
22. 某药的 $t_{1/2}$ 为7h，一次给药后，估计多长时间该药已在体内排完（ ）

（第23、24题备选答案）
  A. 吸收过程 B. 消除过程
  C. 转运过程 D. 耐受性
  E. 耐药性
23. 药物的生物利用度取决于以上哪个因素（ ）
24. 反复多次给药后病原体对该药的敏感性下降称为（ ）
（第25、26题备选答案）
  A. 作用增强 B. 作用减弱
  C. 作用不变 D. 原形从肾排出增加
  E. 极性增高
25. 老年人的血浆蛋白较年轻人低，当用成人剂量药物后，可能出现的反应是（ ）
26. 药物的代谢可分为两个步骤，经过第二步骤后，药物表现为（ ）

【X型题】
27. 下列哪种剂型可以避免首关消除（ ）
  A. 舌下含片 B. 注射剂
  C. 丸剂 D. 栓剂
  E. 胶囊剂
28. 下列哪种给药途径存在吸收过程（ ）
  A. 肌内注射 B. 静脉注射
  C. 直肠给药 D. 口服给药
  E. 皮肤给药
29. 肝功能不良患者在使用药物时，应适当采取下列措施（ ）
  A. 增加给药次数 B. 增加药物剂量
  C. 延长给药间隔时间 D. 缩短给药间隔时间
  E. 避免使用经肝代谢的药物

二、简答题
1. 简述体液pH的改变对药物被动转运的影响。
2. 举例说明影响药物作用的因素。
3. 简述药物作用的两重性。

第二章 传出神经系统药物

内容提要

休克、中毒、心脏骤停等是临床常见的急症,合理应用传出神经系统药物是实施抢救的基础。本章主要介绍传出神经系统药物分类及拟胆碱药、抗胆碱药、肾上腺素受体激动药、肾上腺素受体阻断药的作用、临床用途、不良反应和用药指导,传出神经系统药物在休克治疗中的应用。

学习目标

识记传出神经系统的分类、释放的递质、所结合的受体类型及产生的生理效应;能根据识记的内容对传出神经系统药物进行分类,并列举出各类1~2个典型代表药物通用名称;能根据疾病情况选用正确的治疗药物,并清晰解释出选用该药的主要依据,且能列举出用药期间可能出现的主要不良反应及注意事项。

重点难点

本章重点内容也是难点内容,即阿托品、肾上腺素、多巴胺、去甲肾上腺素、异丙肾上腺素、酚妥拉明等常用药物的临床用途和用药指导,以及在各种休克、中毒等常见急症抢救中的合理应用。

课时数

理论12,实践6

第一节 概 述

一、传出神经系统的分类

相关链接   **神经递质的发现**

100多年前人们曾推测,神经冲动到达神经末梢时,可能释放出某种化学物质,但缺乏实验依据。1921年德国科学家Loevi通过两个离体蛙心实验,第一次证明了神经递质的存在。他发现,当刺激甲蛙心迷走神经时,甲蛙心活动减弱,将甲蛙心灌注液注入另一个去迷走神经支配的乙蛙心时,则乙蛙心活动也减弱。说明甲蛙心迷走神经兴奋时释放了某种化学物质,使乙蛙心抑制。后来Dale证明这种物质就是乙酰胆碱。这就是最早被鉴定的神经递质。由于这一重大发现,Loevi和Dale共同获得1936年诺贝尔生理学或医学奖。20世纪40年代,Von Euler又证明了交感神经节后纤维释放的递质是去甲肾上腺素。

(一)传出神经系统按解剖学分类

传出神经系统包括自主神经系统(又称植物神经系统)和运动神经系统。前者分为交感神经和副交感神经,主要支配心肌、平滑肌和腺体等效应器;后者则支配骨骼肌。自主神经自中枢神经系统发出后,都要进入神经节更换神经元,然后到达效应器,因此自主神经有节前纤维和节后纤维之分。运动神经自中枢发出后,中途不更换神经元,直接到达骨骼肌(图2-1)。

(二)传出神经系统按递质分类

1. 递质 即神经末梢兴奋时释放的能够传递信息的化学物质。当神经冲动到达神经末梢时,其释放的递质作用于次一级神经元或效应器细胞膜上的受体而发生效应。传出神经的主要递质有乙酰胆碱(acetylcholine,ACh)、去甲肾上腺素(noradrenaline,NA 或 norepinephrine,NE)等。作用于传出神经系统的药物通过影响递质或受体功能而发挥药理作用。

2. 传出神经按递质分类 传出神经按其释放的递质不同,分为胆碱能神经和去甲肾上腺素能神经两大类(图2-1)。

(1) 胆碱能神经:能合成 ACh,兴奋时其末梢释放 ACh。涉及的神经包括:①运动神经;②交感神经和副交感神经的节前纤维;③副交感神经的节后纤维;④极少数交感神经节后纤维(支配汗腺和骨骼肌血管)。

(2) 去甲肾上腺素能神经:能合成 NA 或肾上腺素(adrenaline,AD),兴奋时其末梢释放 NA 及少量 AD。绝大部分交感神经节后纤维属此类。

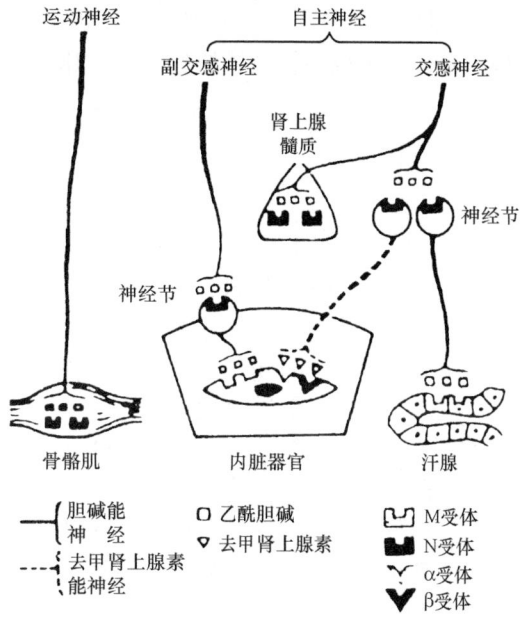

图 2-1 传出神经系统分类模式图

3. 传出神经递质的合成与代谢

(1) 乙酰胆碱的合成与代谢:ACh 在胆碱能神经末梢的胞质中形成,由胆碱和乙酰辅酶 A 在胆碱乙酰化酶催化下合成,然后转运到囊泡中储存。当神经冲动到达末梢时,囊泡内 ACh 以胞裂外排方式释放到突触间隙,并与突触后膜上的受体结合产生效应,然后迅速被突触部位的胆碱酯酶水解为胆碱和乙酸,形成的胆碱被神经末梢再摄取入细胞内(图2-2)。

(2) 去甲肾上腺素的合成与代谢:NA 主要在去甲肾上腺素能神经末梢合成,酪氨酸是合成 NA 的基本原料。酪氨酸从血液进入神经元后,经酪氨酸羟化酶、多巴脱羧酶、多巴胺 β-羟化酶的催化,转变为 NA 并储存于去甲肾上腺素能神经末梢的囊泡中。

当神经冲动到达末梢时,囊泡内的 NA 通过胞裂外排的方式释放至突触间隙,与突触后膜上的受体相结合产生生理效应。此过程中释放出的 NA 大部分(释放量的 75%~95%)会经突触前膜重新摄取进入神经末梢内,这种摄取称为摄取-1,摄取的 NA 大部分被摄入囊泡重新储存以供下次释放,未进入囊泡的 NA 则被线粒体膜上的单胺氧化酶(monoamine oxidase,MAO)破坏。突触后组织如心肌、平滑肌等也能摄取去甲肾上腺素,称为摄取-2,摄取后的 NA 被效应器细胞内的儿茶酚氧位甲基转移酶(catechol-O-methyltransferase,COMT)和 MAO 所破坏。此外,尚有小部分 NA 从突触间隙扩散到血液中,最后被肝、肾等处的 COMT 和 MAO 所破坏(图2-3)。

课堂互动

用药物促进神经末梢 NA 的释放或抑制 NA 的摄取、贮存,或抑制 MAO 的作用将产生什么结果?

二、传出神经系统的受体类型、分布及生理效应

传出神经系统的受体是位于突触前膜和突触后膜上的一种特殊蛋白质,它能选择性地与相应的递质或药物相结合,从而产生一定的生理效应,其中能与乙酰胆碱结合的受体称

为胆碱受体,能与去甲肾上腺素或肾上腺素结合的受体称为肾上腺素受体。胆碱受体、肾上腺素受体又可以根据受体的选择性作用以及功能分为多种亚型。

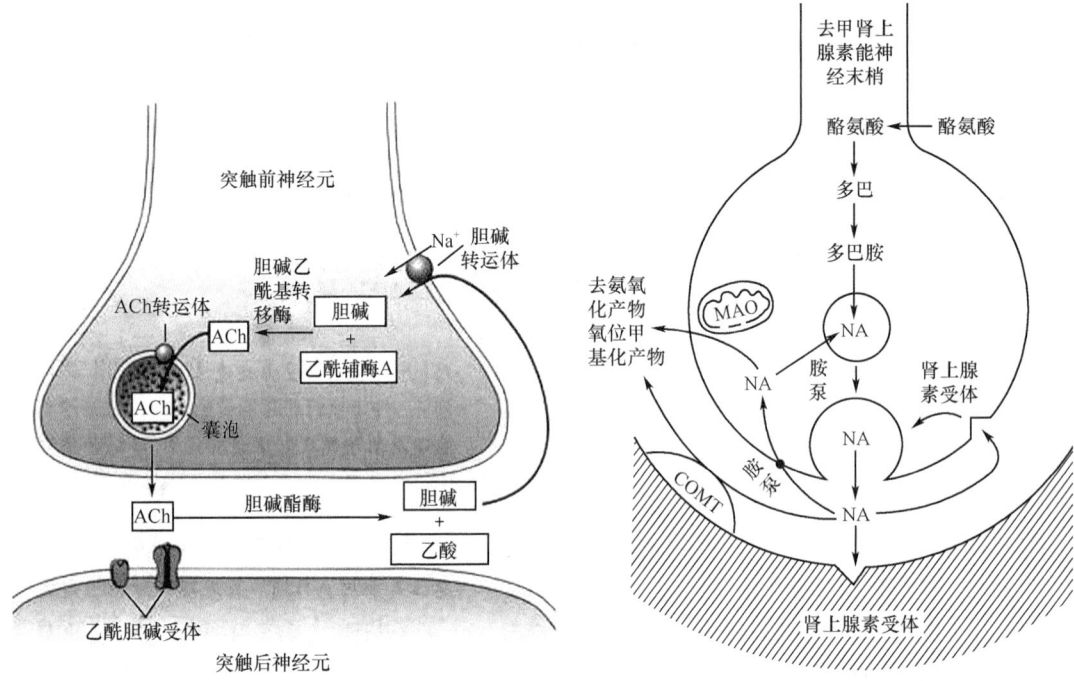

图 2-2　胆碱能神经递质的体内过程　　图 2-3　去甲肾上腺素能神经递质的体内过程

（一）胆碱受体的类型、分布与效应

胆碱受体可分为毒蕈碱型胆碱受体和烟碱型胆碱受体两类。

1. 毒蕈碱型胆碱受体　指能选择性地与毒蕈碱(muscarine)为代表的药物结合的胆碱受体,简称 M 受体。M 受体按功能可分为 M_1、M_2 和 M_3 等亚型,其主要分布于节后胆碱能神经纤维所支配的效应器细胞膜上,如心脏、平滑肌、腺体等处。ACh 激动 M 受体时可引起心脏抑制、血管扩张、支气管及胃肠道平滑肌收缩、腺体分泌增加、瞳孔缩小等表现,又称为 M 样作用。

2. 烟碱型胆碱受体　指能对烟碱(nicotine)较为敏感的胆碱受体,简称 N 受体。N 受体有 N_1 和 N_2 两种亚型。N_1 受体主要位于神经节突触后膜和肾上腺髓质细胞膜上,N_1 受体被激动时主要表现为节后神经兴奋和肾上腺髓质分泌。N_2 受体位于骨骼肌细胞膜上,N_2 受体被激动时主要表现为骨骼肌收缩。N 受体被激动的表现称为 N 样作用。

（二）肾上腺素受体的类型、分布与效应

肾上腺素受体可分为 α 受体和 β 受体两类。

1. α 受体　有 $α_1$ 和 $α_2$ 两种亚型。$α_1$ 受体位于血管、瞳孔开大肌、胃肠和膀胱括约肌等处。$α_1$ 受体被激动后主要表现为皮肤、黏膜、内脏血管收缩、瞳孔散大等。$α_2$ 受体主要分布于去甲肾上腺素能神经突触前膜,也位于血管等处的突触后膜。突触前膜 $α_2$ 受体被激动时,可使递质 NA 释放减少,这是递质释放的自身调节。α 受体被激动的表现称为 α 效应。

2. β 受体　有 $β_1$ 受体和 $β_2$ 受体两种亚型。$β_1$ 受体主要位于心脏,被激动时表现为心脏兴奋。$β_2$ 受体位于血管和支气管平滑肌等处,被激动时主要表现为支气管平滑肌舒张、骨骼肌及冠状血管扩张、脂肪和糖原分解等效应。β 受体被激动的表现称为 β 效应。

受体不仅存在于突触后膜,也存在于突触前膜。突触前膜受体对递质释放起着反馈调节作用。

机体的多数器官接受胆碱能神经及去甲肾上腺素能神经双重支配。在同一器官上,两种神经所产生的效应是互相拮抗的,但在中枢神经系统的调节下,其功能既是拮抗又是统一的,这种对立的统一保证了内脏器官活动的协调性(表2-1)。

表 2-1　传出神经系统的受体分布和效应

效应器		去甲肾上腺素能神经兴奋		胆碱能神经兴奋	
		受体	效应	受体	效应
心脏	心肌 窦房结 传导系统	β_1	收缩力加强 心率加快 传导加速	M_2	收缩力减弱(心房) 心率减慢 传导减慢
血管	皮肤、黏膜	α	收缩	M_3	舒张
	腹腔内脏	α、β_2	收缩为主		—
	脑、肺	α	收缩		舒张
	骨骼肌	α、β_2	舒张为主		舒张(交感)
	冠状动脉	α、β_2	舒张为主		
平滑肌	支气管	β_2	舒张	M_3	收缩
	胃肠道 胃	β_2	舒张	M_3	收缩
	小肠	α、β_2	舒张		收缩
	括约肌	α_1	收缩		舒张
	膀胱 逼尿肌	β_2	舒张	M_3	收缩
	括约肌	α_1	收缩		舒张
眼	虹膜括约肌	—	—	M_3	收缩(缩瞳)
	虹膜辐射肌	α_1	收缩(扩瞳)		
	睫状肌	β	舒张(远视)		收缩(近视)
腺体	汗腺 唾液腺 胃肠、呼吸道	α	分泌增加	M	分泌增加
代谢	肝糖代谢 骨骼肌糖代谢 脂肪代谢	α、β_2 β_2 β_3	肝糖原分解 肌糖原分解 脂肪分解	—	—
其他	自主神经节 肾上腺髓质 骨骼肌	—	—	N_1 N_1 N_2	兴奋 分泌(交感) 收缩(运动神经)

三、传出神经系统药物的作用方式及分类

(一)传出神经系统药物的作用方式

1. 直接作用于受体　许多药物能直接与胆碱受体或肾上腺素受体结合。结合后,若激动受体,产生与递质相似的作用则称为受体激动药。若结合后不激动受体并阻止递质与受

体结合,产生与递质相反的作用则称为受体阻断药或拮抗药。

2. 影响递质 ①影响递质的生物合成。直接影响递质生物合成的药物较少,且无临床应用价值,仅作为药理学研究的工具药。②促进递质释放。麻黄碱、间羟胺等药物能促进去甲肾上腺素的释放而发挥作用。③影响递质的转化。ACh 经胆碱酯酶水解失活,抗胆碱酯酶药阻止 ACh 的水解,提高其在突触间隙的浓度而发挥拟胆碱作用。④影响递质储存。利血平抑制神经末梢囊泡对去甲肾上腺素的摄取(即抑制摄取1),使囊泡内去甲肾上腺素逐渐减少以至耗竭,从而表现为拮抗去甲肾上腺素能神经的作用。

(二) 传出神经系统药物的分类

传出神经系统药物分类见表2-2。

表2-2 传出神经系统药物分类

	分类		代表药物
受体相关	胆碱受体激动药	M、N 受体激动药	乙酰胆碱
		M 受体激动药	毛果芸香碱
		N 受体激动药	烟碱(研究用药)
	胆碱受体拮抗药	M 受体拮抗药	阿托品、山莨菪碱、东莨菪碱
		N_1 受体拮抗药	美加明、樟磺咪芬
		N_2 受体拮抗药	筒箭毒碱、琥珀胆碱、泮库溴铵
	肾上腺素受体激动药	α、β 受体激动药	肾上腺素、多巴胺、麻黄碱
		$α_1$、$α_2$ 受体激动药	去甲肾上腺素
		$α_1$ 受体激动药	去氧肾上腺素
		$α_2$ 受体激动药	可乐定(见中枢降压药)
		$β_1$、$β_2$ 受体激动药	异丙肾上腺素
		$β_1$ 受体激动药	多巴酚丁胺
		$β_2$ 受体激动药	沙丁胺醇(见呼吸系统抗哮喘药)
	肾上腺素受体拮抗药	α、β 受体拮抗药	拉贝洛尔
		$α_1$、$α_2$ 受体拮抗药	酚妥拉明、酚苄明
		$α_1$ 受体拮抗药	哌唑嗪、特拉唑嗪
		$α_2$ 受体拮抗药	育亨宾
		$β_1$、$β_2$ 受体拮抗药	普萘洛尔、吲哚洛尔
		$β_1$ 受体拮抗药	阿替洛尔、美托洛尔
		$β_2$ 受体拮抗药	布他沙明
递质相关	胆碱酯酶抑制药		新斯的明、毒扁豆碱
	胆碱酯酶复活药		碘解磷定、氯解磷定

第二节 拟胆碱药

一、胆碱受体激动药

胆碱受体激动药是一类与递质乙酰胆碱作用相似,能直接激动胆碱受体的药物。根据激动的受体类型,胆碱受体激动药可分为 N 受体激动药、M 受体激动药和 M、N 受体激动药。本书主要介绍 M 受体激动药。

毛果芸香碱

毛果芸香碱(pilocarpine,匹鲁卡品)是从毛果芸香属植物中提取的生物碱,为叔胺类化合物,其水溶液稳定。

【体内过程】 常用 1%~2% 溶液滴眼,用后数分钟可致眼压降低,作用可维持 4~8h,调节痉挛作用在 2h 左右消失。

【药理作用】 能直接激动 M 受体,产生 M 样作用,对眼和腺体的作用最明显。

(1) 眼:毛果芸香碱滴眼后能引起缩瞳、降低眼压和调节痉挛等作用。

1) 缩瞳:虹膜内有两种平滑肌,一种是瞳孔括约肌,受动眼神经中的副交感神经纤维(胆碱能神经)支配,兴奋时瞳孔括约肌收缩,瞳孔缩小;另一种是瞳孔开大肌,受去甲肾上腺素能神经支配,兴奋时瞳孔开大肌向外周收缩,瞳孔扩大。毛果芸香碱可激动瞳孔括约肌 M 受体,使瞳孔括约肌收缩,表现为瞳孔缩小。

2) 降低眼压:房水是从睫状体上皮细胞分泌及后房血管渗出产生的,经瞳孔流入前房,到达前房角间隙,主要经小梁网(滤帘)流入巩膜静脉窦,最后回流入静脉(图 2-4)。毛果芸香碱可通过缩瞳作用使虹膜向中心拉紧,虹膜根部变薄,从而使处在虹膜周围部分的前房角间隙扩大,房水易于经小梁网进入巩膜静脉窦,使眼压下降。

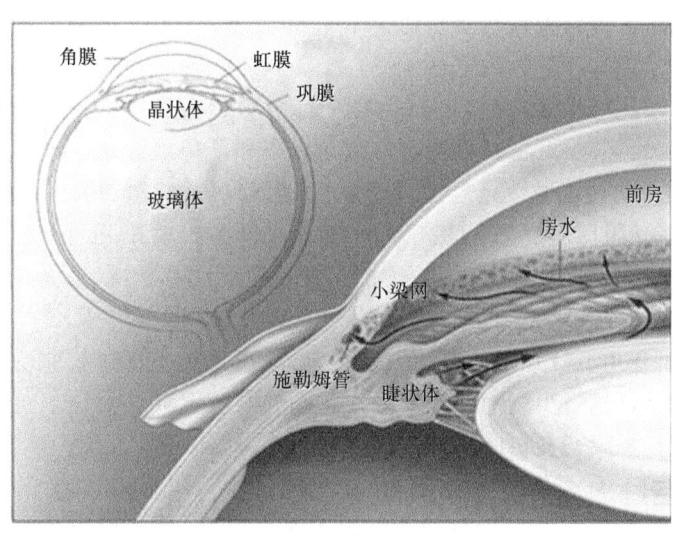

图 2-4 房水循环示意图

注:箭头方向为房水回流的方向

3) 调节痉挛:眼在视近物时,通过晶状体聚焦,使物体成像于视网膜上,从而看清物体的过程称为眼调节。眼的调节主要取决于晶状体的曲度变化。睫状肌通过睫状小带控制晶状体的曲度,睫状肌由环状和辐射状两种平滑肌纤维组成,其中以胆碱能神经(动眼神经)支配的环状肌纤维为主。用毛果芸香碱时环状肌向瞳孔中心方向收缩,结果使睫状小带放松,晶状体变凸,屈光度增加,此状态下,看近物清楚,看远物模糊。药物的这种作用称为调节痉挛(图 2-5)。

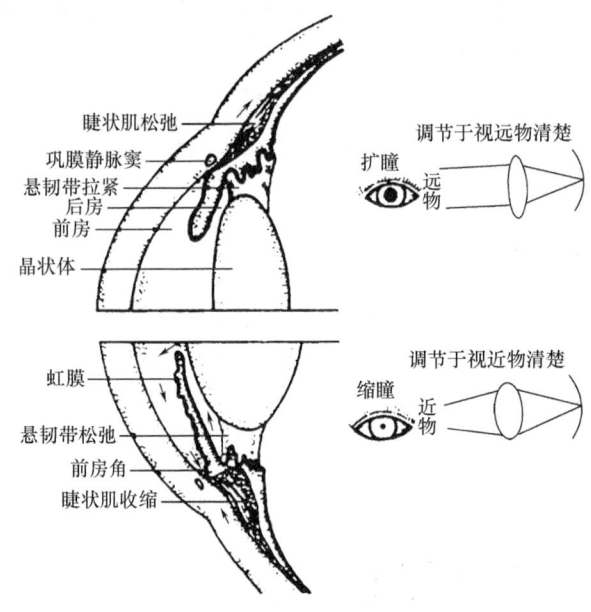

图 2-5 拟胆碱药和抗胆碱药对眼睛作用示意图
上图示拟胆碱药的作用,下图示抗胆碱药的作用

(2) 腺体:毛果芸香碱吸收后能激动腺体的 M 受体,汗腺和唾液腺分泌增加最明显。

【临床用途】

(1) 青光眼:眼压增高是青光眼的主要特征,可引起头痛、视力减退等症状,严重时可致失明。按病理改变不同,可将其分为闭角型青光眼和开角型青光眼两种。

闭角型青光眼(急性或慢性充血性青光眼)患者前房角狭窄,房水回流受阻,导致眼压增高。毛果芸香碱滴眼后可使患者瞳孔缩小,前房角间隙扩大,眼压下降。

开角型青光眼(慢性单纯性青光眼)无前房角狭窄和闭塞情况,而是由于小梁网本身及巩膜静脉窦发生变性或硬化,阻碍了房水回流,引起眼压升高。

毛果芸香碱对开角型青光眼的早期也有一定疗效,可能是通过扩张巩膜静脉窦周围的小血管以及收缩睫状肌后,小梁网结构发生改变而使眼压下降。

(2) 虹膜炎:与扩瞳药交替应用,可防止虹膜与晶状体粘连。

(3) 其他:可用于 M 受体阻断药阿托品中毒的解救。

【不良反应】 局部应用不良反应小,但滴眼浓度过高,使睫状肌痉挛引起眼痛或者眉间痛等症状,甚至因为吸收较多,可引起 M 受体过度兴奋症状如流涎、发汗、支气管痉挛及腹痛等不良反应。

【用药指导】 本药药液浓度不能过高。滴眼时应将下眼睑拉成杯状,同时用示指压迫内眦,避免药液流入鼻腔吸收而产生不良反应。治疗虹膜炎时需与扩瞳药交替使用,以防止虹膜与晶状体粘连;用于阿托品类药物中毒的解救时,可采用皮下注射,一次 2mg。

二、胆碱酯酶抑制药

胆碱酯酶可分为真性胆碱酯酶和假性胆碱酯酶。真性胆碱酯酶也称乙酰胆碱酯酶(acetylcholinesterase,AChE),主要存在于胆碱能神经末梢突触间隙,特别是运动神经终板突触后膜的皱褶中聚集较多,也存在于胆碱能神经元内和红细胞中,水解乙酰胆碱作用强。假性胆碱酯酶广泛存在于神经胶质细胞、血浆及肝、肾等组织中,对 ACh 的特异性较低,可水解其他胆碱酯类,如琥珀胆碱。

抗胆碱酯酶药又称 AChE 抑制药。本类药与 ACh 相似,也能与 AChE 结合,但形成的复合物水解较慢或不能水解,使 AChE 活性受到抑制,导致胆碱能神经末梢释放的乙酰胆碱得不到及时水解而堆积,通过激动胆碱受体,表现出 M 样作用及 N 样作用。根据药物与 AChE 结合后水解的难易,抗胆碱酯酶药分为两类:易逆性抗胆碱酯酶药和难逆性抗胆碱酯酶药。

(一)易逆性胆碱酯酶抑制药

新斯的明

新斯的明(neostigmine,prostigmine,普鲁斯的明)属于季胺类药物,人工合成品。

【体内过程】 结构中具有季铵基团,故口服吸收少而不规则,在骨骼肌等部位分部多,不易透过血-脑屏障,中枢作用不明显。一般口服剂量为皮下注射量的 10 倍以上。溶液滴眼时,不易透过角膜进入前房,故对眼的作用也较弱。

【药理作用】 能可逆性抑制胆碱酯酶活性,表现为 M 样作用和 N 样作用。其特点为:对心血管、腺体、眼和支气管平滑肌作用较弱,对胃肠道和膀胱平滑肌有较强的兴奋作用;而对骨骼肌的兴奋作用最强,因为它除通过抑制胆碱酯酶而发挥作用外,还能直接激动骨骼肌运动终板上的 N_2 胆碱受体,促进运动神经末梢释放乙酰胆碱。

【临床用途】

(1)重症肌无力:是一种自身免疫性疾病。其主要特征是肌肉经过短暂重复的活动后,出现肌无力症状,可表现为四肢无力、咀嚼和吞咽困难、眼睑下垂,严重者可致呼吸困难。多数患者血清中有抗胆碱受体的抗体,与胆碱受体结合后,阻碍乙酰胆碱与受体结合,并诱导受体解体,使终板胆碱受体数量减少。新斯的明通过 N 样作用,可改善肌无力症状。

(2)腹气胀和尿潴留:新斯的明能兴奋胃肠道平滑肌及膀胱逼尿肌,促进排气和排尿,适用于手术后腹气胀和尿潴留。

(3)阵发性室上性心动过速:在压迫眼球或颈动脉窦等兴奋迷走神经措施无效时,可用新斯的明,通过 M 样作用,使心室频率减慢。

(4)非除极化型骨骼肌松弛药中毒:新斯的明的兴奋骨骼肌作用可对抗这类药(如筒箭毒碱)的肌肉松弛作用。

【不良反应】 治疗量不良反应少,过量可产生恶心、呕吐、腹痛、肌肉颤动,甚至肌无力加重,称为"胆碱能危象"。严重者可引起呼吸肌麻痹。

【用药指导】 本药脂溶性低,口服吸收少,个体差异大,给药时剂量应个体化,静脉给药时有一定危险性;一般口服给药,一次 15mg;重症肌无力症状严重时,通常皮下或肌内注射,一次 0.25~1mg。禁用于机械性肠梗阻、尿路梗死和支气管哮喘患者。心动过缓者慎用。

用药过程中要注意鉴别疾病与药物过量引起的肌无力症状,用药后肌无力现象应缓慢改善,若肌无力不仅不缓解,反而加重,要警惕出现胆碱能危象,一旦发现,需及时处理。处理措施包括:停药、用 M 受体阻断药(如阿托品)和胆碱酯酶复活药进行对抗性治疗。

毒扁豆碱

毒扁豆碱(physostigmine)又名依色林(eserine),是从非洲出产的毒扁豆种子中提出的生物碱,现已能人工合成。水溶液易氧化成红色,应保存在棕色瓶内。

【体内过程】 本品为叔胺类化合物,口服及注射均易吸收,也易于透过血-脑屏障。吸收后在外周可出现拟胆碱作用。对中枢神经系统,小剂量兴奋,大剂量抑制,中毒时可引起呼吸麻痹。

【临床用途】 该药主要用于治疗青光眼,作用较毛果芸香碱强而持久。

【用药指导】 刺激性较大,长期给药患者不易耐受,可先用本品滴眼数次,后改用毛果芸香碱维持疗效。由于收缩睫状肌的作用较强,可引起头痛。滴眼后5min即出现缩瞳,眼压下降作用可维持1~2天,调节痉挛现象消失较快。滴眼时应压迫眼内眦,避免药液流入鼻腔后吸收中毒。本品也可用于对抗阿托品类药物中毒。

相关链接 **抗胆碱酯酶药对阿尔茨海默病的治疗作用**

阿尔茨海默病(Alzheimer disease,AD)是老年人中最常见的中枢神经系统退行性疾病,表现为记忆力、判断力、抽象思维等一般智力的丧失。通常病情是进行性加重,逐渐丧失独立生活能力,发病后10~20年死于并发症。美国第40任总统罗纳德·里根就是因患此病而离开人世。在我国,65岁以上老人的患病率约为4%。目前AD已成为继心脏病、肿瘤和脑卒中之后的第4位死亡原因。

研究发现,AD患者脑内某些区域胆碱能神经元发生完整性缺陷。已知ACh与学习记忆有关,而抗胆碱酯酶药能提高脑内ACh浓度。国外临床观察表明,抗胆碱酯酶药可改善AD患者的认知能力及其他症状。该类药是目前治疗AD最主要的药物。他克林(tacrine)是美国FDA 1993年批准使用的第一代抗胆碱酯酶药,因肝毒性大,使用受到限制。第二代抗胆碱酯酶药有多奈哌齐(donepezil)、利凡斯的明(rivastigmine)等。石杉碱甲(huperzine A)系我国研发的可逆性高选择性胆碱酯酶抑制剂,肌内注射剂量为0.03~0.05mg,能提高多发性梗死、老年或早老性痴呆症患者的记忆商,外周胆碱样副作用较小。

(二)难逆性胆碱酯酶抑制药

有机磷酸酯类

有机磷酸酯类(organophosphates)简称有机磷。有机磷与胆碱酯酶结合牢固,难以裂解,时间稍久,AChE便难以恢复,故称难逆性抗胆碱酯酶药。有机磷主要用作农业杀虫剂,如美曲膦酯(dipterex)、乐果(rogor)、马拉硫磷(malathion)、敌敌畏(DDVP)、对硫磷(1605)和内吸磷(1059)等。有些则用作战争毒剂,如沙林(sarin)、梭曼(soman)等。有机磷中毒临床较多见,职业性中毒主要途径为经皮肤吸收或呼吸道吸入,非职业性中毒则大多经口摄入。

【中毒机制】 有机磷酸酯类分子中的磷原子具有亲电子性,能与AChE酯解部位丝氨酸羟基上具有亲核性的氧原子形成共价键结合,生成难以水解的磷酰化胆碱酯酶,结果使胆碱酯酶失去水解乙酰胆碱的能力,造成乙酰胆碱在体内大量积聚,引起一系列中毒症状。若不及时抢救,酶在几分钟或几小时内发生"老化"。"老化"过程可能是磷酰化AChE的磷酰化基团上的一个烷氧基断裂,生成更稳定的单烷氧基磷酰化AChE。此时即使用胆碱酯酶复活药,也不能恢复AChE的活性,必须等到新生的AChE出现,才有水解ACh的能力,此过程需15~30天。因此一旦中毒,必须迅速抢救。

【中毒表现】 有机磷进入血液后与胆碱酯酶结合,形成磷酰化胆碱酯酶而失去活性,导致乙酰胆碱(ACh)在体内大量堆积,持久强烈的激动胆碱受体,导致机体功能失调而引起一系列中毒症状。

(1) M样症状:这组症状出现最早,主要表现为腺体分泌和平滑肌收缩。临床症状有多汗、流涎、流泪、流涕、恶心、呕吐、腹痛、腹泻、大小便失禁、瞳孔缩小(中毒早期可能不出现)、视物模糊、眼痛、支气管痉挛、分泌物增多、咳嗽、呼吸困难、心率减慢、血压下降。

(2) N样症状:①骨骼肌症状,表现为肌肉震颤,常先自眼睑、颜面和舌肌开始,逐渐发展至全身,最后转为肌无力,严重者可因呼吸肌麻痹而死亡。②神经节兴奋症状,节后胆碱能神经兴奋表现与M样症状一致,节后去甲肾上腺素能神经兴奋,表现为血压增高、心率加快等。

(3) 中枢症状:脑内ACh浓度升高,表现为先兴奋,如烦躁不安、谵妄、抽搐,后可转为抑制,出现昏迷,呼吸中枢麻痹、血压下降等症状。

轻度中毒以M样中毒症状为主;中度中毒出现明显M样和N样中毒症状;重度中毒还有明显的中枢症状。

【解救原则】

(1) 立即脱离中毒环境:转移出中毒现场,脱去受污染的衣物,用肥皂水(禁用乙醇和热水)或生理盐水冲洗全身污染部位。

(2) 洗胃:口服中毒者应迅速彻底洗胃,常用2%碳酸氢钠溶液(美曲膦酯中毒时禁用)、1:5000高锰酸钾溶液(硫代磷酸酯类的对硫磷等中毒时禁用)、稀肥皂水或者清水反复冲洗至无特殊酸臭味为止。

(3) 尽早给予足量特效的解毒药:应尽早、足量、反复给药,给药越早越好。由于有机磷中毒者对阿托品的耐受性非常高,故用量可以大大超过常规剂量。

(4) 防治并发症:积极防治休克、肺水肿、脑水肿,应用抗生素预防合并感染。

案例2-1

患者,男,19岁。自服敌敌畏约150ml,2h后被发现急送医院。入院查体:患者全身大汗,流涎,间断呕吐,尿失禁,双侧瞳孔2mm,两肺可闻及湿啰音,血压90/60mmHg,心率100次/分,面部、肢体肌肉颤动,意识不清,呼吸浅慢,胆碱酯酶10U。诊断为急性有机磷中毒。给予碳酸氢钠洗胃,静脉注射阿托品、氯解磷定等药物治疗。

问题:

1. 有机磷中毒机制是什么?为何出现上述症状?
2. 阿托品和氯解磷定解毒的依据是什么?

【中毒解救药】

(1) 阿托品(本章第三节M胆碱受体阻断药):该药是有机磷中毒首选解救药物之一。通过竞争性阻断M受体而迅速缓解M样症状,也能进入脑内而解除部分中枢中毒症状,还可兴奋呼吸中枢而对抗有机磷中毒所引起的呼吸抑制。此外,大剂量阿托品还可阻断神经节,对抗有机磷兴奋神经节的作用。但阿托品对N_2受体无效,因此不能制止骨骼肌震颤,对中毒晚期的呼吸肌麻痹也无效,也无恢复胆碱酯酶活性的作用,疗效不易巩固。因此须与胆碱酯酶复活药合用,对中度和重度中毒病例更须如此。但在两药合用的患者,当胆碱酯酶复活后,机体可恢复对阿托品的敏感性,易发生阿托品中毒。因此,两药合用时,应适当减少阿托品的剂量。

(2) 胆碱酯酶复活药:是一类能使被有机磷抑制的胆碱酯酶恢复活性的药物。这些药物都是肟类化合物(NOH)。常用药有氯解磷定、碘解磷定和双复磷等,代表药为碘解磷定、氯解磷定。

碘解磷定

碘解磷定(pyraloxime methoiodide)为最早应用的胆碱酯酶复活药。水溶性较低,水溶液不稳定,久置可释放出碘。

【体内过程】 静脉注射后在肝、肾、脾、心等器官的含量较多,肺、骨骼肌和血中次之。主要由肾脏排泄,部分在肝代谢。本药 $t_{1/2}$ 不到 1h,故治疗中毒时需足量和反复给药。

【药理作用】

(1) 与有机磷结合:碘解磷定能直接与体内游离的有机磷酸酯结合,形成无毒的磷酰化碘解磷定由尿中排出。

(2) 恢复胆碱酯酶活性:碘解磷定在体内能与磷酰化胆碱酯酶中的磷酰基结合,而将其中胆碱酯酶游离,恢复其水解乙酰胆碱的活性。其仅对形成不久的磷酰化胆碱酯酶有作用,如中毒数小时,磷酰化胆碱酯酶已"老化",酶活性即难以恢复。

【作用机制】 碘解磷定以其带正电荷的季铵氮与被磷酰化的 AChE 的阴离子部位以静电引力相结合,结合后使其肟基趋向磷酰化 AChE 的磷原子,进而与磷酰基形成共价键结合,生成磷酰化 AChE-碘解磷定复合物,后者进一步裂解成为磷酰化碘解磷定,同时使 AChE 游离出来,恢复其水解 ACh 的活性。

此外,碘解磷定也能与体内游离的有机磷结合,成为无毒的磷酰化碘解磷定由尿排出,从而阻止游离的有机磷继续抑制 AChE。

【临床用途】 用于急性有机磷中毒,能迅速解除 N 样症状,消除肌束颤动。但对 M 样症状效果差,故应与阿托品合用。

【不良反应】 一般治疗量时,毒性不大,肌内注射时局部有轻微疼痛;静脉注射过快和剂量超过 2g 时,可产生轻度乏力、视物模糊、眩晕,有时出现恶心、呕吐和心动过速等。偶有咽痛和其他碘过敏反应。剂量过大,碘解磷定本身也可抑制胆碱酯酶,加重有机磷酸酯类的中毒程度。

【用药指导】 ①恢复 AChE 活性的效果因不同有机磷而异。对内吸磷、马拉硫磷和对硫磷中毒的疗效较好,对美曲膦酯、敌敌畏中毒的疗效稍差,而对乐果中毒则无效。因乐果中毒时所形成的磷酰化胆碱酯酶比较稳定,几乎不可逆,加之乐果乳剂含有苯,可能同时有苯中毒。②恢复 AChE 活性作用对骨骼肌最为明显,能迅速制止肌束颤动;对自主神经系统功能的恢复较差;对中枢神经系统的中毒症状也有一定改善作用。③不能直接对抗体内积聚的 ACh 的作用,故应与阿托品合用。④对"老化酶"无效,故应及早用药。

氯解磷定

氯解磷定(pyraloxime methylchloride)的药理作用和用途与碘解磷定相似,但水溶性高,溶液较稳定,可肌内注射或静脉给药,特别适用于基层使用和初步急救。氯解磷定经肾排泄也较快,生物 $t_{1/2}$ 1~5h。不良反应较碘解磷定小,偶见轻度头痛、头晕、恶心、呕吐等。由于氯解磷定给药方便,不良反应较小,现已逐渐取代了碘解磷定。

【临床用途】 首选用于急性有机磷中毒,能迅速解除 N 样症状,消除肌束颤动,但对 M 样症状效果差,故应与阿托品同时应用。对高毒性的内吸磷、对硫磷中毒疗效较好,对低毒性的美曲膦酯、敌敌畏、乐果等中毒疗效差。对中毒已久而胆碱酯酶活性已经丧失者疗效不佳,应尽早给药,首剂足量,重复应用,疗程延长至各种中毒症状消失,病情稳定48h后停药。

【不良反应】 肌内注射时局部有轻微疼痛;静脉注射过快可出现头痛、乏力、眩晕、视物模糊、恶心及心动过速等;用量过大可抑制胆碱酯酶,导致神经-肌肉传导阻滞,甚至导致呼吸抑制。

第三节 胆碱受体阻断药

一、M 受体阻断药

(一)阿托品类生物碱

阿 托 品

阿托品(atropine)是从茄科植物颠茄和曼陀罗中提取的生物碱,也可人工合成。天然存在于植物的是左旋莨菪碱,在提取过程中,得到比较稳定的消旋莨菪碱,即阿托品。

【体内过程】 口服吸收迅速,1h 后血药浓度即达峰值,生物利用度为50%,$t_{1/2}$为4h,作用可维持3~4h。吸收后很快离开血液而分布于全身组织,可透过血-脑屏障,也能通过胎盘进入胎儿循环。阿托品从其他黏膜也可吸收。肌内注射后12h内有85%~88%经尿排出,其中原形阿托品约占1/3,其余为水解和与葡萄糖醛酸结合的代谢物,在粪及其他分泌物包括乳汁中仅发现少量阿托品。

【作用机制】 选择性阻断 M 受体而对抗乙酰胆碱或胆碱受体激动药的 M 样作用。大剂量也能阻断 N 受体及扩张外周血管。

【药理作用】

(1)腺体:阿托品阻断 M 受体,抑制腺体分泌,其中唾液腺和汗腺对阿托品最敏感,在使用 0.5mg 时,即可引起口干和皮肤干燥。剂量增大,抑制作用更为显著,同时泪腺和呼吸道分泌也明显减少。较大剂量可减少胃液分泌,但对胃酸浓度影响较小,因胃酸分泌还受体液因素调节。

(2)眼:阿托品阻断眼内 M 受体,引起扩瞳、升高眼压和调节麻痹作用。

1)扩瞳和眼压升高:阿托品阻断瞳孔括约肌 M 受体,使瞳孔括约肌松弛,瞳孔开大肌功能占优势,从而扩瞳。由于瞳孔扩大,虹膜退向边缘,因而前房角间隙变窄,阻碍房水回流入巩膜静脉窦,造成眼压升高。

2)调节麻痹:阿托品阻断睫状肌 M 受体,使其松弛而拉紧悬韧带,晶状体变扁平,其屈光度减低,只适于看远物,而不能将近物清晰地成像于视网膜上,故看近物模糊不清,这一作用称为调节麻痹。

(3)内脏平滑肌:阿托品阻断平滑肌 M 受体,对痉挛的内脏平滑肌有较显著解痉作用。其中对胃肠平滑肌及膀胱逼尿肌作用较强,对胆道、输尿管和支气管的作用较弱,对子宫平滑肌影响小。

(4)心脏:治疗量阿托品(0.5mg)在一部分患者可使心率轻度短暂地减慢,这与阻断突触前膜 M 受体,取消其对前膜递质释放的负反馈抑制,增加 ACh 释放有关。较大剂量(1~2mg)则竞争性阻断心脏 M 受体,解除迷走神经对心脏的抑制作用,使心率加速,传导加快。

(5) 血管:治疗量阿托品对血管无显著影响;大剂量有扩张血管作用,可解除小血管痉挛,改善微循环,对皮肤血管扩张尤为显著,可出现皮肤红热。

(6) 中枢神经系统:较大剂量时可兴奋中枢神经系统,出现烦躁不安;中毒剂量(如10mg以上)常致幻觉、谵妄、运动失调和惊厥等;严重中毒时,可由兴奋转入抑制,出现昏迷及呼吸麻痹,最后死于循环与呼吸衰竭。

【临床用途】

(1) 解除平滑肌痉挛:对胃肠绞痛及膀胱刺激症状如尿频、尿急等疗效较好;对胆绞痛及肾绞痛的疗效较差,应与吗啡类镇痛药合用;也可用于治疗遗尿症。

(2) 抑制腺体分泌:用于全身麻醉前给药,以减少呼吸道分泌物,防止分泌物阻塞气道及吸入性肺炎的发生,也可用于严重的盗汗和流涎症。

(3) 眼科

1) 虹膜睫状体炎:阿托品松弛瞳孔括约肌和睫状肌有利于炎症的消退,同时还可预防虹膜与晶状体的粘连。

2) 验光配眼镜:利用阿托品的调节麻痹作用使晶状体固定,以便准确地测定晶状体的屈光度,适用于儿童验光。

3) 检查眼底:阿托品扩瞳作用可用于检查眼底,但因其作用持续时间长,视力恢复较慢,常以作用较短的后马托品等取代。

(4) 缓慢型心律失常:阿托品常用于治疗迷走神经过度兴奋所致的窦性心动过缓和房室传导阻滞,也可用于窦房结功能低下引起的室性异位节律。

(5) 抗休克:对暴发型流行性脑脊髓膜炎、中毒性菌痢、中毒性肺炎等所致的感染性休克,可用大剂量阿托品解除血管痉挛,改善微循环。

(6) 解救有机磷酸酯类中毒和某些毒蕈类的中毒。

【不良反应】

(1) 副作用:治疗量常见的有口干、皮肤干燥、视物模糊、心率加快、便秘、排尿困难等。一般停药后均可自行消失、无需特殊处理。

(2) 过量中毒时上述症状加重,并出现谵妄、幻觉、惊厥等中枢神经系统症状。严重中毒时,可由中枢兴奋转入抑制,产生昏迷和呼吸麻痹等。阿托品中毒时可用抗胆碱酯酶药(如新斯的明、毒扁豆碱等)解救,也可用毛果芸香碱解救。

【用药指导】 应向患者介绍此药可能引起的副作用,对发生口干的患者,应劝患者多用冷开水含漱,以解除口腔黏膜干燥感。本类药物一般口服给药,一次 0.3~0.6mg;皮下、肌内或静脉注射也可以,一次 0.5mg,极量一次 2mg。治疗感染性休克及解救有机磷酸酯类中毒时,剂量不受此限。

用药时注意观察心率、体温变化,对心率高于 100 次/分,体温高于 38℃,眼压高的患者不能使用。对胆绞痛和肾绞痛疗效较差,常与镇痛药哌替啶合用增强疗效。婴儿及少儿对阿托品最敏感,要注意阿托品滴眼剂引起的中毒。青光眼及前列腺肥大患者禁用,老人慎用。

过量中毒解救,主要是对症处理,如用镇静药或抗惊厥药、采用人工呼吸和吸氧等;同时用新斯的明或毛果芸香碱对抗外周作用。

山莨菪碱

山莨菪碱(anisodamine)是从我国茄科植物唐古特莨菪中提取的生物碱。其人工合成品为654-2。

与阿托品相比，山莨菪碱特点是对内脏平滑肌和血管平滑肌解痉作用选择性较高；抑制腺体分泌和扩瞳作用较弱；不易穿透血-脑屏障，故中枢兴奋作用很弱。本药适用于感染性休克、内脏绞痛。副作用与阿托品相似，青光眼患者禁用。

东莨菪碱

东莨菪碱(scopolamine)是从茄科植物洋金花、莨菪等中提取的一种左旋生物碱。与阿托品相比，东莨菪碱抑制腺体分泌作用较强，扩瞳、调节麻痹作用稍弱，对心血管作用较弱，中枢作用则表现为抑制。此外，还具有抗晕、止吐和抗帕金森病的作用，前者可能与其抑制内耳前庭功能、镇静及抑制胃肠道运动有关，后者可能与其阻断中枢胆碱受体有关。

临床主要用于：①麻醉前给药。②晕动病，与苯海拉明合用可增加效果。③帕金森病，可缓解流涎、震颤和肌强直等症状。④其他，可用于妊娠呕吐、放射病呕吐；代替洋金花进行中药麻醉（中药麻醉的主药洋金花，其主要成分为东莨菪碱）等。禁忌证同阿托品。

(二) 阿托品的合成代用品

1. 合成扩瞳药　后马托品(homatropine)的扩瞳作用与调节麻痹作用时间都比阿托品明显缩短，调节麻痹作用在用药后24~36h消退（阿托品调节麻痹作用可持续1~2周），适用于一般眼科检查。其调节麻痹作用不如阿托品完全，故儿童验光仍须用阿托品。托吡卡胺(tropicamide)的特点是起效快而持续时间更短，应用同后马托品。

2. 合成解痉药

(1) 季铵类解痉药：常用的有溴丙胺太林(propantheline bromide，普鲁本辛)。本品口服吸收较差，食物可妨碍其吸收，故宜在饭前0.5~1h服用，不易透过血-脑屏障，很少发生中枢作用。治疗量可明显抑制胃肠平滑肌，并能不同程度减少胃液分泌。本药主要用于胃、十二指肠溃疡，也可用于遗尿症及妊娠呕吐。不良反应类似阿托品，中毒量可致神经肌肉传递阻断，引起呼吸麻痹。

(2) 叔胺类解痉药：贝那替秦(benactyzine，胃复康)含叔胺基团，口服较易吸收，解痉作用较明显，也有抑制胃液分泌作用。此外尚有安定作用。本药适用于兼有焦虑症的溃疡、肠蠕动亢进及膀胱刺激症状的患者。不良反应有口干、头晕及嗜睡等。

二、N受体阻断药

(一) N_1受体阻断药——神经节阻断药

N_1胆碱受体阻断药能选择性地与神经节细胞的N_1胆碱受体结合，竞争性地阻止ACh与受体结合，使ACh不能引起神经节细胞除极化，从而阻断了神经冲动在神经节中的传递，故也称神经节阻断药。本类药阻断交感神经节，使节后去甲肾上腺素能神经功能减弱，导致血管扩张、血压下降；阻断副交感神经节，使节后胆碱能神经功能减弱，引起口干、便秘、视物模糊、尿潴留等反应。该类药过去曾用于治疗高血压，但由于其副作用多，且其降压作用过强过快，易发生直立性低血压，现已少用。美卡拉明(mecamylamine，美加明)和樟磺咪芬(trimetaphan camsilate，阿方那特)可用于外科手术时控制性降压，以减少出血。

（二）N_2 受体阻断药——骨骼肌松弛药

N_2 胆碱受体阻断药也称骨骼肌松弛药，简称肌松药。本类药物主要作为外科麻醉时的辅助用药。根据其作用方式，其可分为除极化型和非除极化型两类。

1. 除极化型肌松药 这类药物与骨骼肌终板膜上的 N_2 受体相结合，产生与乙酰胆碱相似但较持久的除极化作用，使终板膜不能对乙酰胆碱起反应（处于不应状态），骨骼肌因而松弛。

琥 珀 胆 碱

【体内过程】 琥珀胆碱（succinylcholine，scoline，司可林）在血液中被血浆假性胆碱酯酶迅速水解，首先水解成琥珀单胆碱，肌松作用大为减弱；然后又缓慢水解成为琥珀酸和胆碱，肌松作用消失。仅有不到2%琥珀胆碱以原形从肾排泄。新斯的明抑制血浆假性胆碱酯酶而加强和延长琥珀胆碱的作用。

【药理作用及临床用途】 静脉注射后，患者先出现短时间肌束颤动。1min 内即转为松弛，约在 2min 时肌松作用最明显，在 5min 内作用消失。静脉滴注可延长肌松作用时间。该药可用于气管内插管、气管镜、食管镜检查等短时的操作，静脉滴注适用于较长时手术。

【不良反应】
(1) 术后肌痛与本药引起肌束颤动损伤肌梭有关。一般3~5天自愈，无须特殊处理。
(2) 血钾升高与本药引起肌肉持久除极化而释出钾离子有关。故在大面积烧伤、广泛性软组织损伤、偏瘫和脑血管意外等患者禁用，以免产生高血钾症性心搏骤停。
(3) 升高眼压与本药引起眼外肌颤动有关。青光眼和白内障晶状体摘除术患者禁用。
(4) 呼吸肌麻痹可发生于过量或静脉滴注过快或有遗传性胆碱酯酶缺乏者。用时必须备有人工呼吸机。

【用药指导】 氨基糖苷类抗生素和多肽类抗生素在大剂量时，也有肌肉松弛作用，与琥珀胆碱合用时，易致呼吸麻痹；抗胆碱酯酶药、环磷酰胺、普鲁卡因等可降低血浆胆碱酯酶活性而增强琥珀胆碱的作用；琥珀胆碱在碱性溶液中易分解，不宜与硫喷妥钠混合注射。

2. 非除极化型肌松药 又称竞争型肌松药，此类药物与骨骼肌终板膜上的 N_2 受体结合，竞争性地阻断 ACh 的除极化作用，使骨骼肌松弛。

筒 箭 毒 碱

筒箭毒碱（tubocurarine）是从南美洲印第安人用数种植物制成的植物浸膏箭毒（curare）中提出的生物碱。静脉注射后 3~4min 即产生肌松作用。其特点为：①肌松前无肌束震颤。②胆碱酯酶抑制药可对抗其作用，过量中毒可用新斯的明解救。③阻断神经节并促进组胺释放，引起血压下降，并可诱发支气管痉挛。禁用于重症肌无力、支气管哮喘和严重休克患者。

泮 库 溴 铵

泮库溴铵（pancuronium bromide）为人工合成的长效非除极化型肌松药，无明显神经节阻断和促组胺释放作用，不良反应较少，目前已基本上取代了筒箭毒碱。本药适于在各类手术、气管插管术、破伤风及惊厥时作肌松药用。

第四节 肾上腺素受体激动药

肾上腺素受体激动药也称拟肾上腺素药,是能与肾上腺素受体结合并激动受体,产生与去甲肾上腺素能神经递质 NA 作用相似的药物。因其作用与交感神经兴奋的效应相似,故又称拟交感胺类药。根据药物对不同肾上腺素受体的选择性可分为三大类:α、β 受体激动药,α 受体激动药和 β 受体激动药。

一、α、β 受体激动药

肾上腺素

肾上腺素(adrenaline,epinephrine,AD)是肾上腺髓质分泌的主要激素,药用肾上腺素可从家畜肾上腺提取,也可以人工合成。

【体内过程】 本药化学性质不稳定,遇光易失效,应避光保存;在碱性溶液中易氧化变色,应避免与碱性药配伍使用。口服后在碱性肠液、肠黏膜及肝内破坏,吸收很少,不能达到有效血药浓度,故只能注射给药。本药收缩皮下血管,对骨骼肌血管无收缩作用,故肌内注射较皮下注射吸收快,但维持时间短,10~30min,而皮下注射可维持 1h 左右。该药在体内经 COMT 和 MAO 代谢,代谢产物与葡萄糖醛酸或硫酸结合排出体外。

【药理作用】 肾上腺素直接激动 α 受体和 β 受体,产生 α 效应和 β 效应。其特点是起效快、作用强、持续时间短。

(1) 心脏:肾上腺素激动心脏 $β_1$ 受体,使心肌收缩力加强,心率加快,传导加速,心排血量增加。肾上腺素又能舒张冠状血管,改善心肌的血液供应。由于加快心肌代谢,可增加心肌氧耗量。剂量过大或静脉注射过快,易致心律失常,甚至引起心室纤颤。

(2) 血管:肾上腺素激动血管 α 受体和 $β_2$ 受体。激动 α 受体引起血管收缩,激动 $β_2$ 受体引起血管扩张。皮肤黏膜及内脏血管以 α 受体分布占优势,故呈现收缩效应;骨骼肌血管和冠状血管以 $β_2$ 受体分布占优势,故呈现舒张效应。

(3) 血压:肾上腺素对血压的影响与剂量有关。小剂量肾上腺素(0.5~1mg 皮下注射)激动心脏 $β_1$ 受体,心脏兴奋,心输出量增加,使收缩压升高;激动 $β_2$ 受体,骨骼肌血管扩张,抵消或者超过了皮肤黏膜血管收缩作用,使舒张压不变或略降,脉压增大。较大剂量时,激动 α 受体占优势,缩血管效应超过舒血管效应,总外周阻力增加,收缩压和舒张压均升高(图 2-6)。

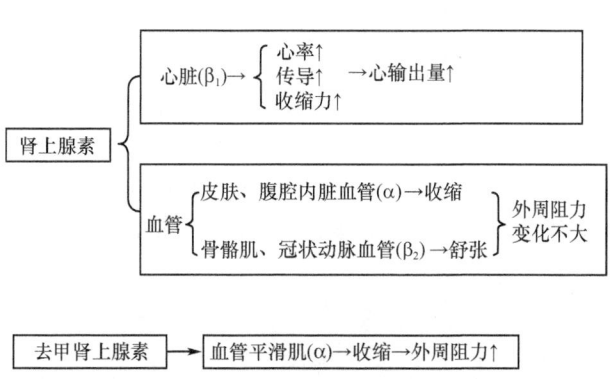

图 2-6 静脉滴注肾上腺素受体激动药对心血管作用的比较

若先用α受体阻断药(如酚妥拉明)取消了肾上腺素的缩血管作用,血管单纯呈扩张反应而血压下降,这种现象称为肾上腺素升压作用的翻转(图2-7)。故α受体阻断药引起的低血压不能用肾上腺素治疗,以免使血压更加降低。

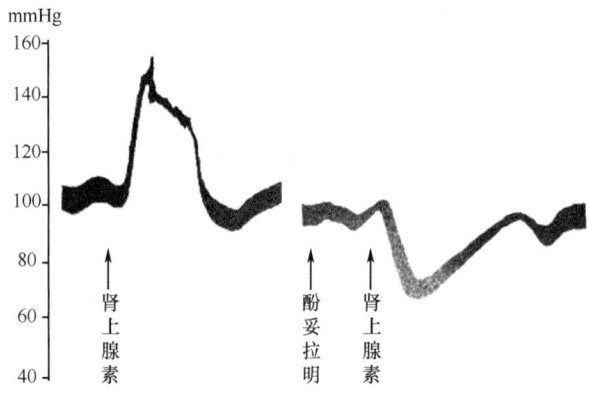

图 2-7 肾上腺素升压作用的翻转

(4) 支气管:能激动支气管平滑肌的 $β_2$ 受体,使支气管平滑肌松弛;激动α受体,收缩支气管黏膜血管,降低毛细血管的通透性,有利于消除支气管黏膜充血和水肿;此外,还能抑制肥大细胞释放组胺等过敏物质。

(5) 代谢:能提高机体代谢,治疗量下,可使耗氧量升高 20%~30%。激动α受体和 $β_2$ 受体使肝糖原分解增加,并抑制外周组织对葡萄糖摄取,引起血糖升高。肾上腺素还能激动脂肪细胞的 $β_2$ 受体,进而激活三酰甘油酶加速脂肪分解,使血液中游离脂肪酸升高。

【临床用途】

(1) 心脏骤停:用于溺水、麻醉、手术意外、药物中毒、传染病和心脏传导阻滞等所致的心脏骤停。对电击所致的心脏骤停也可用肾上腺素配合心脏除颤器或利多卡因等救治,一般用于心室内注射,同时必须进行有效的人工呼吸和心脏按压等。

(2) 过敏性休克:肾上腺素是抢救青霉素等药物引起的过敏性休克的首选药。过敏性休克主要表现为小动脉扩张,心肌收缩力减弱,血压下降;支气管平滑肌痉挛、黏膜水肿引起通气障碍而致呼吸困难。肾上腺素用于过敏性休克的药理学基础是:通过激动心脏 $β_1$ 受体,加强心肌收缩力,使每搏输出量增加;激动血管α受体,收缩血管,外周阻力增加,从而使血压回升。激动支气管平滑肌 $β_2$ 受体,解除支气管痉挛;收缩支气管黏膜血管,减轻黏膜充血水肿,从而缓解呼吸困难。

(3) 支气管哮喘:控制支气管哮喘的急性发作,皮下或肌内注射能于数分钟内奏效。

(4) 与局麻药配伍及局部止血:肾上腺素加入局麻药注射液中,通过其收缩血管作用,延缓局麻药吸收,既可防止吸收中毒,又可延长局麻药在局部的麻醉时间。当鼻黏膜和齿龈出血时,可将浸有 0.1% 盐酸肾上腺素的纱布或棉花球填塞出血处以收缩血管而止血。

【不良反应】 治疗量可见心悸、烦躁、出汗等。过量或静脉注射太快,可使血压剧升,头痛,发生脑出血;亦可引起心律失常,甚至心室纤颤。

【用药指导】

(1) 本药应避光储存于阴凉处,使用前应检查制剂外观。口服无效,皮下注射吸收缓慢,肌内注射吸收较快,维持时间短;抢救过敏性休克时一般可皮下或肌内注射 0.5~1mg,危急时亦可用生理盐水稀释 10 倍后缓慢静脉注射;抢救心搏骤停时可用心脏复苏三联针(肾上腺素 1mg、阿托品 1mg 及利多卡因 100mg)稀释 10 倍后静脉注射或进行心室内注射,具有降低心肌耗氧量及除颤的效能,有助于窦性节律恢复。

(2) 与局麻药合用时,一次用量不得超过 0.3mg。指、趾、耳部及阴茎处浸润麻醉时,不可加肾上腺素。

(3) 本药作用强,使用时需严格控制给药剂量及途径。皮下或肌内注射时注意抽回血,以免误入血管,引起不良反应。给药后应观察血压、脉搏、患者面容及情绪,高血压、器质性心脏病、糖尿病和甲状腺功能亢进症患者禁用,老年人慎用。

多 巴 胺

多巴胺(dopamine,DA)是去甲肾上腺素生物合成的前体,药用的是人工合成品。

【体内过程】 口服易在肠和肝中破坏而失效。一般静脉滴注给药,在体内迅速经 MAO 和 COMT 的催化而代谢失效,故作用时间短暂。因多巴胺不易透过血脑屏障,故无中枢作用。

【药理作用】

(1) 心脏:激动心脏 β_1 受体,使心肌收缩力加强,心排血量增加。一般剂量对心率影响不明显,故较少引起心悸和心律失常,但大剂量可加快心率。

(2) 血管:小剂量激动多巴胺受体为主,使肾、肠系膜和冠状动脉舒张,同时激动 α 受体使皮肤、黏膜血管收缩。大剂量激动 α 受体作用增强则主要表现为血管收缩。

(3) 血压:小剂量升高收缩压,舒张压变化不明显,其机制可能是心排血量增加,血管的多巴胺效应与 α 效应相抵消,总外周阻力变化不大;大剂量时血管收缩增强,外周阻力增大,舒张压升高。

(4) 肾:多巴胺舒张肾血管,增加肾血流量,还可抑制肾小管对钠的重吸收,排钠利尿。大剂量时,因激动 α 受体作用增强也可使肾血管明显收缩,肾血流量减少。

【临床用途】 用于各种休克的治疗,但必须注意补充血容量,对于伴有心收缩力减弱及尿量减少而血容量已补足的休克患者疗效较好。此外,本品尚可与利尿药合并应用于急性肾衰竭。

【不良反应】 一般较轻。如剂量过大或滴注太快可出现心动过速、心律失常和肾血管收缩导致肾功能下降等,一旦发生,应减慢滴注速度或停药。

【用药指导】 ①口服无效,禁与碱性药物配伍。一般用静脉滴注给药。②应用多巴胺治疗前必须先纠正低血容量,纠正酸中毒。③选用粗大的静脉作静脉注射或静脉滴注,以防药液外溢及产生组织坏死,如确已发生液体外溢可用 5~10mg 酚妥拉明稀释溶液在注射部位作浸润。④休克纠正时即减慢滴速。⑤突然停药可产生严重低血压,故停用时应逐渐递减。⑥心动过速、心室纤颤、动脉粥样硬化、高血压、甲亢和糖尿病患者慎用,嗜铬细胞瘤患者禁用。

麻 黄 碱

麻黄碱(ephedrine)是从中药麻黄中提取的生物碱。现已人工合成,药用其左旋体或消旋体。

【体内过程】 口服易吸收,易通过血-脑屏障,小部分在体内经脱氨氧化而被代谢,大部分以原形自尿排出。代谢和排泄都缓慢,故作用较肾上腺素持久。

【药理作用】 麻黄碱作用与肾上腺素相似,除激动 α、β 受体外,还可促使去甲肾上腺素能神经末梢释放递质。与肾上腺素比较,麻黄碱具有下列特点:作用弱而持久;中枢兴奋作用显著;易产生快速耐受性。

【临床用途】 ①预防支气管哮喘或治疗轻症哮喘。②鼻塞,常用 0.5%~1% 溶液滴鼻消除鼻黏膜肿胀。③防治某些低血压状态,如用于防治硬膜外麻醉或蛛网膜下隙麻醉引起的低血压。④缓解荨麻疹和血管神经性水肿的皮肤、黏膜症状。

【不良反应】 可出现中枢兴奋症状,如失眠、震颤、眩晕、不安、头痛、多汗及发热等。

【用药指导】 ①禁忌证同肾上腺素。②性质稳定,可口服,皮下或肌内注射作为硬膜外麻醉和蛛网膜下腔麻醉的辅助用药以预防低血压。③中枢兴奋易致失眠,晚间服用宜加镇静催眠药。④可从乳汁分泌,哺乳期妇女禁用。

二、α 受体激动药

(一) α_1、α_2 受体激动药

去甲肾上腺素

去甲肾上腺素(noradrenaline,NA;norepinephrine,NE)是去甲肾上腺素能神经末梢释放的递质,也可由肾上腺髓质少量分泌。药用品为人工合成品,化学性质及配伍禁忌与肾上腺素相似。

【体内过程】 首关消除明显,口服无效。皮下或肌内注射时,因血管强烈收缩,易发生局部组织坏死。一般采用静脉滴注给药。在体内迅速再摄取或代谢,药效维持时间短。

【药理作用】 激动 α_1 和 α_2 受体,对心脏 β_1 受体作用较弱,对 β_2 受体几乎无作用。

(1) 血管:激动 α_1 受体,引起血管普遍收缩。皮肤黏膜血管收缩最强,其次是肾、脑、肝、肠系膜及骨骼肌血管,冠状血管可因心脏兴奋产生大量腺苷等代谢产物而舒张。

(2) 心脏:激动心脏 β_1 受体,使心肌收缩力加强,心率加快,传导加速,心排血量增加。在整体情况下,由于血管收缩,血压升高可反射性减慢心率。大剂量也可致心律失常但较肾上腺素少见。

(3) 血压:小剂量滴注时由于心脏兴奋,收缩压升高,此时血管收缩作用尚不十分剧烈,故舒张压升高不多而脉压加大。较大剂量时,因血管强烈收缩使外周阻力明显增高,故收缩压升高的同时舒张压也明显升高,脉压变小。

【临床用途】

(1) 抗休克:意义不大,仅用于早期神经源性休克及药物中毒引起的低血压等,利用去甲肾上腺素的收缩血管作用使血压回升。

(2) 上消化道出血:取本品 1~3mg,适当稀释后口服,使食管和胃黏膜血管收缩,产生局部止血效果。

【不良反应】

(1) 局部组织缺血坏死:静脉滴注时间过长、浓度过高或药液漏出血管,可引起局部组

织缺血坏死。

(2) 急性肾衰竭：滴注时间过长或剂量过大，可使肾血管剧烈收缩，产生少尿、无尿和肾实质损伤，故用药期间尿量至少保持在每小时25ml以上。

【用药指导】

(1) 本药化学性质不稳定，遇光即渐变色，应避光储存，如注射液呈棕色或有沉淀，即不宜再用。本药不宜与偏碱性药物配伍注射。口服很少吸收，皮下和肌内注射因血管收缩强烈易发生局部组织坏死，一般采用静脉滴注给药，严格控制剂量。

(2) NA因强烈收缩血管，用药时注意防止药液外溢，以免引起组织坏死。静脉滴注时间不能过长，浓度不应过高。必要时需更换注射部位。禁用手部或关节周围血管。严格控制滴速。用药时监视血压及尿量。每隔1小时观察一次注射部位，出现局部水肿、皮肤苍白应立即热敷，并酌情使用α受体阻断药酚妥拉明或普鲁卡因对抗。高血压、动脉硬化症、器质性心脏病及少尿、无尿的患者与孕妇禁用。

间 羟 胺

间羟胺(metaraminol)又名阿拉明(aramine)，为人工合成药，性质较稳定，主要作用于α受体，对$β_1$受体作用较弱，也可通过促进神经末梢释放去甲肾上腺素，间接地发挥拟肾上腺素作用。

【药理作用】 本品收缩血管，因不易被单胺氧化酶破坏，升高血压作用较去甲肾上腺素弱而持久；略增心肌收缩力，使休克患者的心排血量增加；对心率的影响不明显，有时血压升高反射性地使心率减慢，但很少引起心律失常；对肾脏血管的收缩作用也较弱，较少引起急性肾衰竭，可肌内注射。

【临床用途】 临床上作为去甲肾上腺素的代用品，用于各种原因引起的休克早期或低血压状态，因其不易引起心律失常，更适用于心源性休克或中毒性休克伴有心功能不全者的治疗。本药也用于防止脊髓麻醉引起的低血压。

【不良反应】 静脉滴注时间过长可产生快速耐受性，使升压作用降低。

(二) $α_1$受体激动药

去氧肾上腺素

去氧肾上腺素(phenylephrine,苯肾上腺素)又叫新福林(neosynephrine)，为人工合成品。为$α_1$受体激动药，可收缩血管，升高血压，并反射性引起心率减慢。由于使肾血流减少比去甲肾上腺素更明显，一般不用于抗休克，主要用于阵发性室上性心动过速、麻醉或药物引起的低血压状态。与阿托品相比，去氧肾上腺素扩瞳作用弱，起效快，维持时间短，一般不引起眼压升高(老年人前房角狭窄者可能引起眼压升高)，不引起调节麻痹，可作为扩瞳药用于眼底检查。

三、β受体激动药

(一) $β_1$、$β_2$受体激动药

异丙肾上腺素

异丙肾上腺素(isoprenaline)为人工合成品，化学结构是去甲肾上腺素氨基上的一个氢

原子被异丙基所取代,药用其盐酸盐。

【体内过程】 口服易在肠黏膜与硫酸结合而失效,气雾剂吸入给药,吸收较快。舌下含药可经舌下静脉丛迅速吸收。吸收后主要在肝及其他组织中被 COMT 所代谢。异丙肾上腺素较少被 MAO 代谢,也较少被去甲肾上腺素能神经所摄取,因此其作用维持时间较肾上腺素略长。

【药理作用】 本品对 β_1 和 β_2 受体有强大的激动作用,对 α 受体几乎无作用。

(1) 兴奋心脏:激动心脏 β_1 受体,使心肌收缩力增强,心率加快,传导加速,心排血量增加。与肾上腺素比较,异丙肾上腺素加快心率、加速传导的作用较强,心肌耗氧量明显增加。对窦房结有显著兴奋作用,也能引起心律失常,但较少产生心室颤动。

(2) 舒张血管调节血压:激动血管 β_2 受体,使血管舒张,主要是骨骼肌血管舒张,对肾血管和肠系膜血管舒张作用较弱,对冠状血管也有舒张作用。小剂量使收缩压上升,舒张压略下降,冠状动脉流量增加;较大剂量时,舒张压明显下降,冠状动脉灌注压降低,冠状动脉有效血流量不增加。

(3) 松弛支气管平滑肌:激动支气管 β_2 受体,松弛支气管平滑肌,作用比肾上腺素略强,也具有抑制组胺等过敏性物质释放的作用。但对支气管黏膜的血管无收缩作用,故消除黏膜水肿的作用不如肾上腺素。久用可产生耐受性。

(4) 促进代谢:促进糖原和脂肪的分解,升高血糖和游离脂肪酸,增加组织的耗氧量。不易透过血脑屏障,中枢兴奋作用不明显。

【临床用途】
(1) 支气管哮喘:舌下或喷雾给药,用于控制支气管哮喘急性发作,疗效快而强。

(2) 房室传导阻滞:治疗二度、三度房室传导阻滞,采用舌下含服给药,或静脉滴注给药。

(3) 心搏骤停:本品对于停搏的心脏有起搏作用,适用于溺水、麻醉意外、电击、高度房室传导阻滞或窦房结功能衰竭而引起的心脏骤停,常与去甲肾上腺素或间羟胺合用作心室内注射。

(4) 感染性休克:对心排血量低、外周阻力高的感染性休克有一定疗效,但应注意补足血容量。

【不良反应】 常见心悸、头晕。用药过程中应注意控制心率。支气管哮喘患者,已具缺氧状态,加以用气雾剂剂量不易掌握,如剂量过大,可致心肌耗氧量增加,易引起心律失常,甚至心室颤动。

【用药指导】 本药口服无效,舌下含化或喷雾吸入给药,吸收较快,也可静脉注射或静脉滴注。气雾剂治疗哮喘时,吸入过量或过频,可致严重心脏反应。长期反复用气雾剂可产生耐受性。长期舌下给药易损伤牙齿。本药禁用于冠心病、心肌炎和甲状腺功能亢进症等。

(二) β_1 受体激动药

多巴酚丁胺

多巴酚丁胺(dobutamine)选择性激动 β_1 受体,加强心肌收缩力,增加心排血量,心率加快不明显。临床主要用于心脏手术后或心肌梗死并发的心力衰竭,也可用于难治性心力衰竭。梗阻型肥厚性心肌病者禁用。

（三）β₂ 受体激动药

沙丁胺醇

沙丁胺醇（salbutamol，舒喘宁）选择性激动 β₂ 受体，对心脏的兴奋作用仅为异丙肾上腺素的 1/10，平喘作用与异丙肾上腺素相当，但作用更持久。本药可口服，也可气雾吸入。临床主要用于支气管哮喘和喘息性支气管炎。不良反应少，长期或过量应用可致过速性心律失常，血压升高，低血钾及低敏感性等。高血压、冠心病、糖尿病、甲状腺功能亢进症患者及孕妇慎用。

第五节 肾上腺素受体阻断药

肾上腺素受体阻断药能阻断肾上腺素受体从而拮抗去甲肾上腺素能神经递质或肾上腺素受体激动药的作用。这类药物按对 α 和 β 肾上腺素受体选择性的不同，分为 α 肾上腺素受体阻断药（简称 α 受体阻断药）、β 肾上腺素受体阻断药（简称 β 受体阻断药）和 α、β 肾上腺素受体阻断药三大类。

一、α 受体阻断药

α 受体阻断药选择性地与 α 受体结合，阻止去甲肾上腺素能神经递质或肾上腺素受体激动药与 α 受体结合而发挥作用。

根据 α 受体阻断药对 α₁、α₂ 受体选择性的不同，可将其分为非选择性 α 受体阻断药、选择性 α₁ 受体阻断药、选择性 α₂ 受体阻断药。

（一）非选择性 α 受体阻断药

酚妥拉明

酚妥拉明（phentolamine）又称立其丁（regitine），为竞争性 α 受体阻断药。

【体内过程】 生物利用度低，口服效果仅为注射给药的 20%。口服后 30min 血药浓度达峰值，作用维持 3~6h；肌内注射作用维持 30~45min。大多以无活性的代谢物从尿中排泄。

【药理作用】

（1）血管：本品有阻断血管 α 受体和直接舒张血管作用。静脉注射能使血管扩张，血压下降。静脉和小动脉扩张明显，使肺动脉压和外周血管阻力降低。

（2）心脏：本品使心肌收缩力加强，心率加快，心排血量增加。其机制是：①血压下降，反射性兴奋心脏。②阻断突触前膜 α₂ 受体，促进去甲肾上腺素释放。

（3）其他：有拟胆碱作用，使胃肠平滑肌兴奋。有组胺样作用，使胃酸分泌增加，皮肤潮红等。

【临床用途】

（1）外周血管痉挛性疾病：如肢端动脉痉挛的雷诺综合征、血栓闭塞性脉管炎及冻伤后遗症。

（2）去甲肾上腺素滴注外漏：用本品 10mg 溶于 10~20ml 生理盐水中做皮下浸润注射，拮抗静脉滴注去甲肾上腺素时发生外漏引起的血管强烈收缩。

(3) 抗休克:本药扩张小动脉和小静脉,降低外周阻力,增加心排血量,从而改善休克状态时的内脏血液灌注,解除微循环障碍;并能降低肺循环阻力,防止肺水肿的发生,但给药前必须补足血容量。

(4) 嗜铬细胞瘤:可用于嗜铬细胞瘤的鉴别诊断、骤发高血压危象的治疗及手术前准备。用于鉴别诊断曾有猝死报道,应慎重。

(5) 充血性心力衰竭:酚妥拉明扩张小静脉和小动脉,降低心脏前、后负荷,使心排血量增加,左心室舒张末压及肺动脉压下降,减轻肺水肿,心力衰竭症状得以减轻。

【不良反应】 常见有直立性低血压、腹痛、腹泻、呕吐和诱发或加重消化道溃疡病。静脉给药有时可引起严重的心动过速、心律失常和心绞痛,因此须缓慢注射或滴注。

【用药指导】 本药口服吸收差,作用弱,维持时间短。避光保存,忌与铁剂合用。一般采用肌内注射或静脉注射。消化道溃疡、冠心病患者不宜使用。定期监测患者的血压、脉搏、呼吸。一旦发生血压过低时应平卧,采用头低足高位进行补液,必要时给予去甲肾上腺素或间羟胺升压,严禁使用肾上腺素。

酚 苄 明

酚苄明(phenoxybenzamine)又称苯苄胺(dibenzyline),是人工合成品,属长效 α 受体阻断药,与 α 受体结合牢固,起效慢,但作用强大而持久。本药用于外周血管痉挛性疾病,也可用于休克和嗜铬细胞瘤的治疗。不良反应常见的有直立性低血压、心悸和鼻塞;口服可致恶心、呕吐、嗜睡及疲乏等。静脉注射或用于休克时必须缓慢给药,充分补液和密切监护。

(二) 选择性 α_1 受体阻断药

本类药物对动脉和静脉 α_1 受体具有较高的选择性阻断作用,对突触前膜的 α_2 受体无明显作用,拮抗去甲肾上腺素和肾上腺素的升压作用,不引起心率加快。本类药物主要用于治疗高血压,常用的有哌唑嗪、特拉唑嗪、布那唑嗪、多沙唑嗪、坦洛新等。

二、β 受体阻断药

β 受体阻断药能与去甲肾上腺素能神经递质或肾上腺素受体激动药竞争 β 受体从而拮抗其 β 效应。该类药物品种繁多,主要有普萘洛尔(propranolol)、吲哚洛尔(pindolol)、噻吗洛尔(timolol)、阿替洛尔(atenolol)等。其中以普萘洛尔最为常用。

根据这类药物对 β_1、β_2 受体选择性的不同,可将其分为非选择性 β 受体阻断药、选择性 β_1 受体阻断药和选择性 β_2 受体阻断药。

(一) 非选择性 β 受体阻断药

普 萘 洛 尔

普萘洛尔(propranolol)又称心得安,为非选择性 β 受体阻断药,对 β_1 和 β_2 受体都有阻断作用。

【药理作用】

(1) 心血管系统:阻断心脏 β_1 受体,使心收缩力减弱、心率减慢、心输出量减少、传导减慢、心肌耗氧量降低,尤其是在交感神经兴奋性增高、NA 释放增多时,上述作用更为显著。

具有较弱的阻断血管 β_2 受体的作用,加上心脏受到抑制,反射地兴奋交感神经引起血管收缩,使外周阻力略有增加,肝、肾、骨骼肌和冠状动状血流量减少。

(2) 肾素-血管紧张素-醛固酮系统:阻断肾小球旁细胞的 β_1 受体,减少肾素释放,是其降低血压作用机制之一。

(3) 支气管平滑肌:阻断支气管平滑肌 β_2 受体,引起支气管平滑肌收缩。支气管哮喘患者,可诱发或加重哮喘的急性发作。

(4) 代谢:抑制脂肪分解和糖原分解,延缓糖尿病患者用胰岛素后血糖水平的恢复;对甲状腺功能亢进症患者,不仅能对抗儿茶酚胺的敏感性增高,而且可阻止 T_4(甲状腺素)转变为 T_3(三碘甲状腺原氨酸),故能有效控制其症状。

(5) 内在拟交感活性:有些 β 受体阻断药在阻断 β 受体同时,尚对 β 受体具有较弱的激动作用,称为内在拟交感活性,如吲哚洛尔、阿替洛尔,由于激动作用较弱,往往被其 β 受体阻断作用掩盖,不易表现出来。

(6) 膜稳定作用:某些 β 受体阻断药在高浓度能降低细胞膜对离子的通透性,故称为膜稳定作用。其临床意义可能不大。

【临床用途】 临床用于高血压、心绞痛、心律失常、充血性心力衰竭和甲状腺功能亢进症,噻吗洛尔局部用药可治青光眼。

【不良反应】 有恶心、呕吐和轻泻等消化道症状,偶见皮疹、血小板减少等过敏反应,严重者有心脏抑制,偶见幻觉和抑郁症、眼-皮肤黏膜综合征,可诱发或加剧支气管哮喘。心功能不全、窦性心动过缓、房室传导阻滞患者,对本类药物敏感性高,可致病情加剧。长期应用后突然停药常使病情加重,停药前应逐渐减量。糖尿病患者应用胰岛素同时用此类药,会加重降血糖作用,并掩盖低血糖症状。

【用药指导】 本药个体差异大,除按医嘱从小剂量开始给药外,还应观察用药反应,定期监测心率、血压,了解心脏功能情况。一般不宜临睡前服用本药,以免出现多梦、忧郁等精神方面的不良反应。对长期用药患者不能突然停药,应逐渐减量,以免诱发心绞痛加剧、烦躁不安等症状。本类药物禁用于心功能不全、窦性心动过缓、重度房室传导阻滞及支气管哮喘患者。

(二) β_1 受体阻断药

阿替洛尔和美托洛尔

阿替洛尔(atenolol)和美托洛尔(metoprolol)能选择性阻断 β_1 受体,可减少心输出量,减慢心率和房室传导,降低血压。临床主要用于治疗高血压、心律失常等。

β_2 受体阻断作用较弱,不明显增加呼吸道阻力,但对于支气管哮喘者仍需慎用。

三、α、β 受体阻断药

拉贝洛尔

拉贝洛尔(labetalol)能阻断 α 受体和 β 受体,对 β_1 和 β_2 受体的作用相似,对 α_1 受体作用较弱,对 α_2 受体无作用。临床主要用于高血压、心绞痛的治疗,静脉给药可抢救高血压危象。

常见不良反应为眩晕、乏力、上腹不适等,大剂量可引起直立性低血压。支气管哮喘及心功能不全者禁用。对小儿、孕妇及脑出血患者禁用静脉注射。肝功能不全患者慎用。注射液不宜与葡萄糖氯化钠注射液混合滴注。口服个体差异大,宜剂量个体化。

第六节 休克的药物治疗学基础

休克是机体由于各种严重致病因素引起的急性有效循环血量不足导致的以神经-体液因子失调与急性循环障碍为特征的临床综合征。

从临床角度休克可以定义如下:患者出现收缩压低于 90mmHg 或收缩压降低 30% 以上的(对高血压患者)动脉低血压现象。休克是一个有着复杂病理生理过程的临床综合征。虽然休克病因各异,类型不一,临床表现也不尽相同,但其本质相同,即休克发生后机体重要器官微循环处于低灌注状态,导致细胞缺血缺氧,代谢异常,继续发展可导致细胞损害、代谢紊乱,组织结构损伤,重要器官功能失常,最终出现多器官功能障碍综合征(MODS)。

休克一旦发生,应及时抢救。在休克早期进行有效的干预,控制引起休克的原发病因,遏止病情发展,有助于改善患者的预后。在传出神经系统药物中,有不少是治疗休克的重要药物,它们各有其特点,应根据病情合理选用。

【药物治疗原则】 尽快恢复有效循环血量。

为便于选用,可将常用于治疗休克的传出神经药分为血管收缩药与血管扩张药两类。

(1)血管收缩药:如去甲肾上腺素、间羟胺、肾上腺素及麻黄碱等。它们可收缩血管、加强心肌收缩力,使血压升高而抗休克。用药时要严格掌握应用指征和用药剂量,因为血管过度收缩会使微循环障碍加重致休克恶化。

(2)血管扩张药:如阿托品、东莨菪碱、山莨菪碱、多巴胺、异丙肾上腺素、酚妥拉明等。它们可扩张血管,改善微循环而抗休克。本类药物必须在补充血容量的基础上使用,否则血容量不足将导致血压下降。

【合理用药指导】 休克类型不同,选用药物应有所区别。

(1)过敏性休克:是一种强烈的全身性过敏反应。表现为小血管广泛扩张、心跳微弱、支气管痉挛、血压下降及呼吸困难等。宜首选既能收缩血管、兴奋心脏而升高血压,又能缓解支气管痉挛而改善呼吸的肾上腺素治疗;也可选择去甲肾上腺素以缓解心血管系统症状。配合应用抗过敏药物或糖皮质激素类药物可提高疗效。

(2)神经性休克:是因强烈的疼痛刺激、延髓麻醉或创伤等引起神经功能紊乱导致血管扩张而血压下降所造成的休克。表现为心搏出量不足或回心血量不足。治疗可选用血管收缩药去甲肾上腺素、麻黄碱或间羟胺治疗。由于这种休克有血容量相对不足的现象,所以有必要同时补充血容量。

(3)出血性休克:是因大量出血使血容量减少所致的休克。主要治疗措施是补充血容量与止血。一般不宜选用血管收缩药,但在血液或血浆代用品未及时获得而血压急剧下降时,可考虑暂时应用血管收缩药。对于已补足血液或液体而周围循环未见改善者,也可酌情应用去甲肾上腺素或多巴胺。

(4)心源性休克:是由于心功能不全所引起的休克。宜选用能增加心肌收缩力、改善冠状血管循环的药物治疗,如多巴胺、间羟胺、去甲肾上腺素等。易引起心律失常药物不宜选用。

（5）感染性休克：是因严重感染时微循环障碍所致的休克。表现为早期微循环血管收缩，晚期微循环血管舒张。在采取控制感染、补充血容量和纠正酸中毒等措施后，如休克仍未纠正，可应用血管扩张药改善微循环。如经扩血管治疗血压仍不能维持说明休克的病理过程已有进一步的改变，可考虑应用血管收缩药去甲肾上腺素等；也可以血管收缩药和血管扩张药联合应用，如去甲肾上腺素和酚妥拉明合用，后者能对抗前者过强的缩血管作用，且能协同增强心肌收缩力，有利于改善组织供血。

【附】

常用制剂及用法

毛果芸香碱 注射剂：2mg/ml。滴眼剂：1%~2%。青光眼：滴眼 1~2 滴/次，3~4 次/日或酌情增加次数。睡前用 1%~2% 眼膏。

新斯的明 片剂：15mg。每次 15mg，3 次/日。注射剂：0.5mg/ml，1mg/2ml。每次 0.5~1mg，皮下或肌内注射，1~3 次/日。

毒扁豆碱 滴眼液：0.25%~0.5%。用于青光眼，滴眼 2~3 次/日，睡前用 0.25% 眼膏。

阿托品 片剂：0.3mg。每次 0.3~0.6mg，小儿一次 0.01mg/kg，3 次/日。注射剂：0.5mg/ml，1mg/ml，5mg/ml，10mg/ml，每次 0.5mg，小儿一次 0.01mg/kg，极量一次 2mg。皮下注射、肌内注射或静脉注射。

山莨菪碱 片剂：5mg；10mg。注射液：5mg/ml；10mg/ml；20mg/ml。口服：3 次/日，一次 5~10mg。肌内注射或静脉注射，成人一般剂量 5~10mg，1~2 次/日，也可稀释后静脉滴注。

东莨菪碱 片剂：0.2mg。注射液：0.3mg/ml；0.5mg/ml。口服：每次 0.2~0.6mg，0.6~1mg/d，极量：每次 0.6mg，2mg/d。皮下注射：每次 0.2~0.5mg，极量：每次 0.5mg，1.5mg/d。

氯解磷定 注射剂：0.25g/2ml，0.5g/5ml。用量及给药次数根据有机磷酸酯类中毒程度而定。

肾上腺素 注射剂：0.5mg/0.5ml，1mg/ml。每次 0.25~1.0mg，皮下或肌内注射。必要时心室内注射，每次 0.25~1.0mg。极量：皮下注射，每次 1mg。

麻黄碱 片剂：15mg；25mg；30mg。注射液：30mg/ml；50mg/ml。滴眼剂：1%。滴鼻剂：0.5%~1%。支气管哮喘：口服成人每次 25mg，3 次/日；儿童每次 0.5~1mg/kg，3 次/日。皮下注射或肌内注射，成人每次 15~30mg。鼻塞：0.5%~1% 滴鼻剂滴鼻，2~3 滴/次，3 次/日。

多巴胺 注射剂：10mg/ml；20mg/2ml。每次 20mg，用 5% 葡萄糖注射液 200~300ml 或生理盐水稀释后静脉滴注。

去甲肾上腺素 注射剂：2mg/ml，10mg/2ml。每次 1~3mg，加入适量冷盐水服下，3 次/日。

间羟胺 注射剂：10mg/ml，50mg/5ml。肌内注射：每次 10~20mg，每 0.5~2 小时一次。静脉滴注：15~100mg 加入生理盐水或 5%~10% 葡萄糖注射液 250~500ml 中滴注，20~30 滴/分。

去氧肾上腺素 注射剂：10mg/1ml。滴眼剂：1%~2.5%。肌内注射：每次 5~10mg，每 1~2 小时一次，极量：每次 10mg，50mg/d。静脉滴注：10~20mg 溶于 5% 葡萄糖注射液 500ml 中缓慢滴注。

异丙肾上腺素 注射剂：1mg/2ml。每次 0.5~1mg，稀释后静脉滴注。气雾剂：35mg/14g，每次 0.1~0.4mg，2~4 次/日，气雾吸入。

酚妥拉明 片剂：125mg。注射剂：5mg/ml，10mg/ml。口服：每次 25~100mg，4~6 次/日。肌内注射或静脉注射：每次 5mg，1~2 次/日。静脉滴注：每次 5mg，以 0.3mg/min 速度滴注。

普萘洛尔 片剂：10mg。注射剂：5mg/5ml。抗心绞痛及抗高血压，口服，每次 10mg，3 次/日，每 4~5 日增加 10mg，直至每日 80~100mg，或至症状明显减轻或消失。抗心律失常，口服，每次 10~20mg，3 次/日。静脉滴注：每次 2.5~5mg，以 5% 葡萄糖注射液 100ml 稀释后静脉滴注，按需要调整滴速。

【小结】

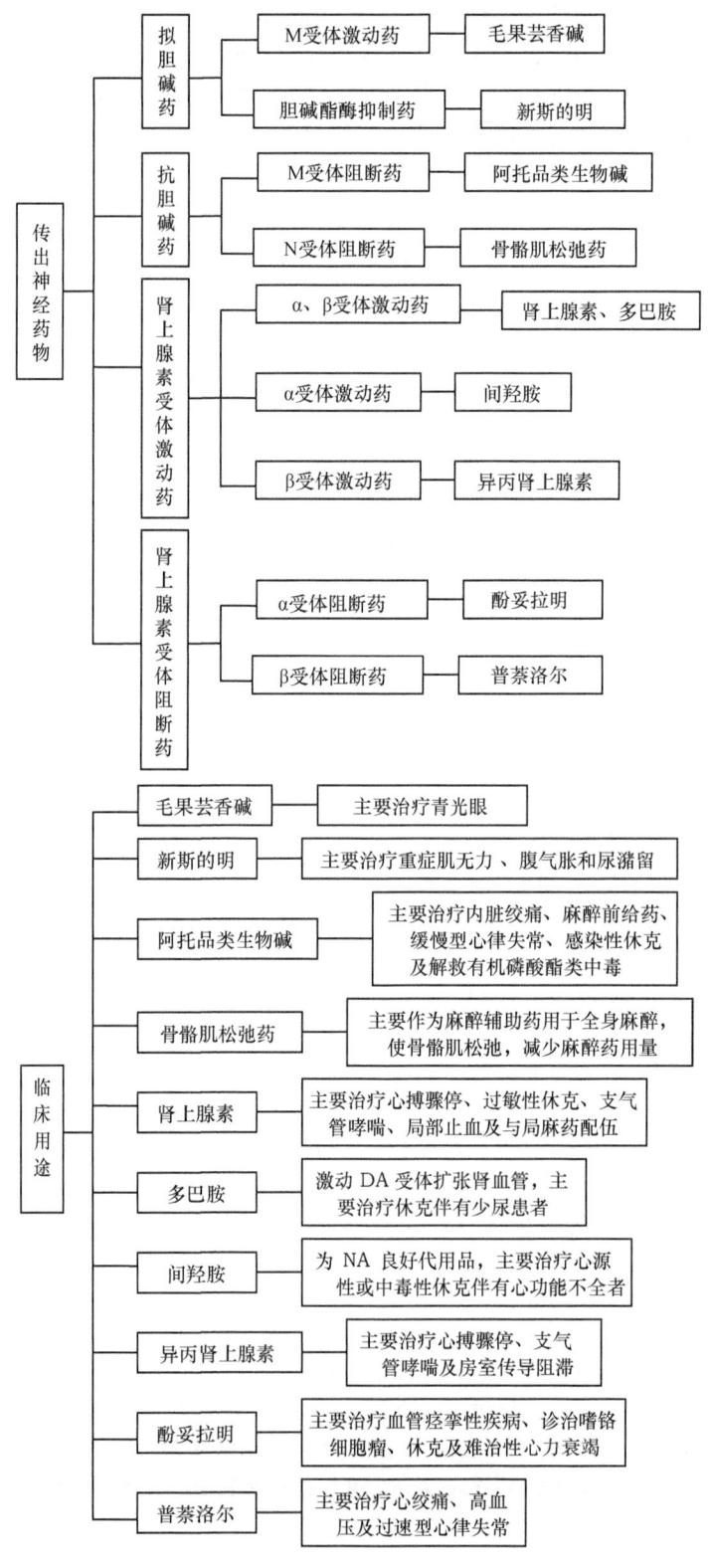

目 标 检 测

一、名词解释
1. 胆碱能神经
2. M 样作用
3. 拟胆碱药
4. 肾上腺素受体阻断药
5. 休克

二、选择题

【A 型题】
1. ACh 释放到突触间隙,其作用迅速消失,主要原因是被( )
   A. MAO 代谢　　　B. 神经末梢再摄取
   C. AChE 代谢　　　D. 非神经组织再摄取
   E. COMT 代谢
2. 不属于新斯的明的药理作用是( )
   A. 兴奋骨骼肌　　　B. 小剂量兴奋中枢
   C. 兴奋膀胱逼尿肌　D. 减慢心率
   E. 兴奋胃肠平滑肌
3. 毒扁豆碱滴眼可引起头痛的原因是( )
   A. 眼压降低　　　B. 睫状肌痉挛
   C. 易通过血脑屏障　D. 瞳孔缩小
   E. 激动虹膜括约肌
4. 治疗手术后腹胀气和尿潴留可选用( )
   A. 毒扁豆碱　　　B. 阿托品
   C. 乙酰胆碱　　　D. 毛果芸香碱
   E. 新斯的明
5. 激动 M 受体,对眼睛不会产生哪种作用( )
   A. 收缩瞳孔开大肌　B. 收缩睫状肌
   C. 收缩瞳孔括约肌　D. 晶状体变凸
   E. 调节痉挛
6. 能迅速制止有机磷酸酯类中毒所致肌震颤的药物是( )
   A. 碘解磷定　　　B. 阿托品
   C. 新斯的明　　　D. 琥珀胆碱
   E. 筒箭毒碱
7. 治疗青光眼的药物是( )
   A. 后马托品　　　B. 丙胺太林
   C. 哌仑西平　　　D. 毛果芸香碱
   E. 山莨菪碱
8. 阿托品的解痉作用最适于治疗( )
   A. 支气管痉挛　　B. 心绞痛
   C. 胆绞痛　　　　D. 肾绞痛
   E. 胃肠绞痛
9. 可诱发青光眼的药物是( )
   A. 毛果芸香碱　　B. 毒扁豆碱
   C. 山莨菪碱　　　D. 筒箭毒碱
   E. 麻黄碱
10. 以下哪个不是阿托品的临床用途( )
    A. 窦性心动过速　B. 虹膜睫状体炎
    C. 麻醉前给药　　D. 有机磷中毒
    E. 感染性休克
11. 以下哪个不是山莨菪碱的作用特点( )
    A. 可解除血管痉挛
    B. 可用于胃肠绞痛
    C. 易通过血脑屏障
    D. 毒性较低
    E. 可用于胆绞痛
12. 东莨菪碱的作用特点,除外( )
    A. 抑制腺体分泌作用比阿托品强
    B. 对晕动病有良好作用
    C. 治疗量对中枢先兴奋后抑制
    D. 扩瞳及调节麻痹作用比阿托品强
    E. 易通过血-脑屏障
13. 溴丙胺太林是一种( )
    A. 镇痛药　　　　B. 合成解痉药
    C. 抗过敏药　　　D. N 胆碱受体阻断药
    E. 缩瞳药
14. 下面哪一种药为非除极化型肌松药( )
    A. 筒箭毒碱　　　B. 琥珀胆碱
    C. 泮库溴铵　　　D. 硫酸镁
    E. 维库溴铵
15. 青霉素引起的过敏性休克首选治疗药是( )
    A. 去氧肾上腺素　B. 肾上腺素
    C. 异丙肾上腺素　D. 麻黄碱
    E. 去甲肾上腺素
16. 可用于治疗休克和急性肾衰竭的药物是( )
    A. 去甲肾上腺素　B. 多巴胺
    C. 肾上腺素　　　D. 异丙肾上腺素
    E. 多巴酚丁胺
17. 肾上腺素的临床应用除外( )
    A. 心搏骤停
    B. 支气管哮喘
    C. 鼻黏膜和牙龈出血

D. 心力衰竭
E. 与局麻药配伍,防止其吸收中毒
18. 异丙肾上腺素的药理作用除外( )
   A. 扩张血管　　B. 正性肌力
   C. 加快房室传导　D. 促进糖原分解
   E. 收缩支气管平滑肌
19. 普萘洛尔不能拮抗肾上腺素的哪种作用( )
   A. 正性肌力　　B. 促进脂肪分解
   C. 舒张支气管　D. 正性频率
   E. 收缩血管
20. 肾上腺素的升压作用可被何药翻转( )
   A. 普萘洛尔　　B. 阿托品
   C. 乙酰胆碱　　D. 新斯的明
   E. 酚妥拉明

【B 型题】
(第 21~24 题备选答案)
   A. M 受体阻断药　B. N_1 受体阻断药
   C. N_2 受体阻断药　D. 抗胆碱酯酶药
   E. 胆碱酯酶复活药
21. 解磷定是( )
22. 新斯的明是( )
23. 美卡拉明是( )
24. 筒箭毒碱是( )
(第 25~29 题备选答案)
   A. 阿托品　　　B. 新斯的明
   C. 去氧肾上腺素　D. 东莨菪碱
   E. 琥珀胆碱
25. 可引起尿潴留的药物是( )
26. 配合麻醉药增强肌松效果的药物是( )
27. 治疗重症肌无力的药物是( )
28. 不引起调节麻痹的扩瞳药物是( )
29. 可防晕止吐的药物是( )
(第 30~32 题备选答案)
   A. 激动 $β_1$ 受体　B. 激动 $α_1$ 受体
   C. 激动 DA 受体　D. 激动 $α_2$ 受体
   E. 激动 $β_2$ 受体
30. 多巴胺使肾和肠系膜血管扩张的原因是( )
31. 肾上腺素加强心肌收缩力、加快心率是通过( )
32. 异丙肾上腺素使支气管扩张是通过( )
(第 33~35 题备选答案)
   A. 异丙肾上腺素　B. 麻黄碱
   C. 去氧肾上腺素　D. 肾上腺素
   E. 去甲肾上腺素
33. 对中枢有明显兴奋作用的药物是( )
34. 能用于检查眼底的药物是( )
35. 用于治疗房室传导阻滞的药物是( )

三、简答题
1. 简述传出神经系统受体的类型及其效应。
2. 简述新斯的明的作用原理、作用特点和临床应用。
3. 简述阿托品的药理作用、临床应用、不良反应和禁忌证。
4. 为什么青霉素引起的过敏性休克,首选肾上腺素进行抢救?
5. 简述 β 受体阻断药的药理作用、临床应用及用药注意事项。

第三章 麻 醉 药

内容提要

麻醉为外科手术治疗提供了安全无痛的必要条件。本章主要介绍局部麻醉药的作用、给药方法、临床应用、不良反应以及用药须知,并对全身麻醉药分类及常用药物作用特点、手术麻醉药物的应用原则、用药方案及用药注意事项做简要介绍。

学习目标

识记麻醉药的分类及给药方法,并能按类别各列举2~3个临床常用药物通用名称;能根据具体麻醉情境选用正确的麻醉药,并清晰解释出选用该药的主要依据,且能列举出用药期间可能出现的主要不良反应及注意事项。

重点难点

本章重点是普鲁卡因的作用、临床应用、不良反应,常用全麻药的作用特点及用药注意事项。难点是手术麻醉药物的治疗学基础。

课时数

理论4,实践2

第一节 局部麻醉药

案例3-1

患者,男,60岁。转移性右下腹痛,并伴有发热。诊断:急性阑尾炎。

问题:

1. 该患者进行手术宜选用何药麻醉?不宜选用何药麻醉?
2. 采用哪种麻醉方法最好?还应该注意什么?

一、概 述

局部麻醉药简称局麻药,是一类应用于局部神经末梢或神经干周围,能可逆性地阻滞神经冲动的产生和传导的药物。让患者在意识清醒的条件下,使局部感觉(如痛觉等)暂时消失便于手术。根据化学结构可将局麻药分为酯类和酰胺类。酯类药物有普鲁卡因、丁卡因;酰胺类药物有利多卡因、丁哌卡因等。

(一)局麻药的作用

1. 局麻作用 局麻药可直接阻断神经细胞膜上 Na^+ 通道,阻断 Na^+ 内流,阻止神经冲动的产生和传导,从而产生局麻作用。局麻药的作用效果受神经纤维的直径大小及有无髓鞘的影响。一般是细的无髓鞘神经纤维比粗的有髓鞘神经纤维对局麻药作用更敏感。对混合神经产生作用时,局麻作用的顺序是:首先痛觉消失,继之依次为冷觉、温觉、触觉、压觉消失,最后发生运动麻痹,恢复时按相反顺序进行。

2. 吸收作用 局麻药的剂量或浓度过高吸收入血,或误将药物注入血管中,都可引起全身作用,一般为局麻药的毒性反应。

(1) 中枢作用:出现先兴奋后抑制现象,初期表现为不安、震颤,甚至惊厥;后转为抑制出现昏迷、呼吸抑制,严重时可因呼吸衰竭而死亡。

(2) 抑制心脏:使心肌收缩力减弱,传导减慢甚至引起心脏停搏。

(3) 扩张血管:各种局麻药均有扩张血管作用,使血压下降,并可因扩张血管而加速局麻药的吸收,加重中毒症状。

(二) 局麻药的给药方法

1. 表面麻醉 又称黏膜麻醉,是将穿透力较强的局麻药根据需要喷洒或涂抹于黏膜表面,使黏膜下的神经末梢麻醉。表面麻醉多适用于眼、鼻、口腔、咽喉、气管、食管和泌尿生殖道黏膜等部位的浅表手术,常选用丁卡因。

2. 浸润麻醉 是将局麻药注射到皮下或手术野附近组织,使局部神经末梢麻醉。根据需要可在溶液中加入少量肾上腺素,可减缓局麻药吸收,延长作用时间,并减轻毒性。浸润麻醉适用于浅表小手术,可选用利多卡因、普鲁卡因。

3. 传导麻醉 又称阻滞麻醉,是将局麻药注射到外周神经干周围,阻断神经冲动的传导,使该神经所分布的区域麻醉。传导麻醉适用于四肢手术,可选用利多卡因、普鲁卡因和丁哌卡因。

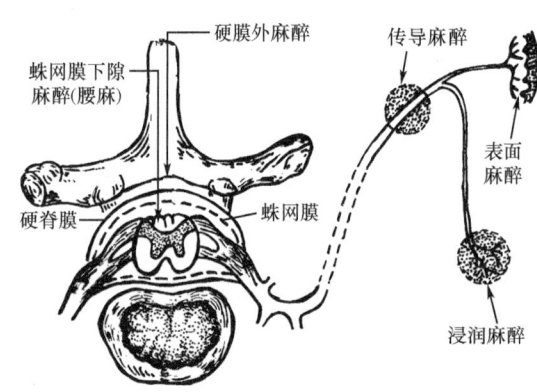

图 3-1 常用局麻药给药方法示意图

4. 蛛网膜下隙麻醉 又称腰麻或脊髓麻醉,是将局麻药注入蛛网膜下隙,麻醉该部位的脊神经根。蛛网膜下隙麻醉适用于下腹部和下肢手术,可选用利多卡因、丁卡因和普鲁卡因。本法主要危险是呼吸麻痹和血压下降,预先应用麻黄碱可预防血压下降。

5. 硬膜外麻醉 是将局麻药注入硬膜外腔,使其沿着神经鞘扩散麻醉脊神经根(图3-1)。硬膜外麻醉适用于颈部至下肢手术,可选用利多卡因、丁哌卡因。本法也可引起血压下降,应用麻黄碱可预防。

二、临床常用局部麻醉药

普鲁卡因

普鲁卡因(procaine)又称奴佛卡因,属短效局麻药。

【药理作用】

(1) 局麻作用:本药毒性较小,对黏膜的穿透力弱,一般不用于表面麻醉,多采取注射方法用于浸润麻醉、传导麻醉、蛛网膜下隙麻醉和硬膜外麻醉。

(2) 局部封闭:用0.25%~0.5%溶液注射于病灶周围,可使炎症、组织损伤部位的症状缓解,促进病变痊愈。

【临床用途】 临床上常用于浸润麻醉、传导麻醉、蛛网膜下隙麻醉和硬膜外麻醉。注射给药后1~3min起效,维持时间0.5~1h,加用肾上腺素后可减少局麻药的吸收,延长维持时间。此外,普鲁卡因也可用于损伤部位的局麻封闭。

【不良反应】

(1) 毒性反应:剂量或浓度过高或误将药物注入血管内可产生中枢神经系统和心血管系统的毒性反应。

(2) 变态反应:极少数患者用药后可发生皮疹、哮喘,甚至过敏性休克等变态反应,故用药前应做皮肤过敏试验。

【用药指导】

(1) 本药在使用前应注意药物浓度,局麻药按一级动力学消除,其 $t_{1/2}$ 不因药物浓度高低而变化。增加药物浓度与延长麻醉时间不成正比关系,有加快吸收而引起中毒的危险。因此不能用增加药量或浓度的方法来延长局麻时间。

(2) 浸润麻醉时用 0.25%~0.55% 溶液;传导麻醉、腰麻及硬膜外麻醉均可用 1%~2% 溶液。一次极量 1000mg,腰麻不宜超过 200mg。注射后 1~3min 起效,可维持 30~45min,加入少量肾上腺素后维持时间可达 1~2h。但手指、足趾、耳郭、阴茎等部位局麻时禁加肾上腺素,否则可导致局部组织坏死。

(3) 酯类局麻药易出现过敏反应,故用药前应询问患者有无过敏史,有过敏史者禁用,首次用药前应做皮试,但皮试阴性者,仍有可能发生过敏反应。

(4) 用药过程中应监测呼吸、血压、心率和中枢神经系统反应。尤其应注意防治低血压,蛛网膜下腔麻醉和硬膜外麻醉时,因交感神经传导被阻断而引起血压下降,故麻醉时应监控血压并及时纠正低血压。麻醉中应注意观察患者的一般状态,如有中毒迹象或出现过敏症状应及早做出判断并及时采取相应措施。

(5) 普鲁卡因在血浆中被酯酶水解成对氨苯甲酸(PABA)和二乙氨基乙醇,前者能对抗磺胺药的抗菌作用,后者能增加强心苷的毒性反应,故应避免与磺胺药及强心苷同时应用。

利 多 卡 因

利多卡因(lidocaine)又称塞罗卡因,为中效局麻药,是目前应用最多的局麻药。本药起效快,作用强而持久、穿透力强、安全范围较大的特点,持续时间及毒性介于普鲁卡因和丁卡因之间。本药可用于表面麻醉、浸润麻醉、传导麻醉和硬膜外麻醉等多种形式的局部麻醉,有全能麻醉药之称。由于扩散力强,麻醉范围及麻醉平面难以控制,一般不用于腰麻。对普鲁卡因过敏者可选用本药。

本药尚有抗心律失常作用,可用于室性心律失常的治疗。本药毒性大小与所用药液的浓度有关,增加浓度可相应增加毒性反应。静脉给药仅应用于抗心律失常,注射时必须使用标明为供静脉用的制剂,并注意控制注射速度。

丁 卡 因

丁卡因(tetracaine)又称地卡因,属长效局麻药,作用迅速,1~3min 起效,持续时间为 2~3h,其麻醉强度、毒性比普鲁卡因强 10 倍左右。本药脂溶性高,对黏膜穿透力强,常用于表面麻醉,也可用于传导麻醉、腰麻和硬膜外麻醉,因毒性大,不用于浸润麻醉。本药毒性较强,应严格控制用量、浓度及注射速度。超敏反应较为少见。用于喉部麻醉的患者,在未恢复感觉前不可进食。

布比卡因

布比卡因(bupivacaine)又称丁哌卡因、麻卡因,为长效、强效局麻药,局麻作用较利多卡因强4~5倍。持续时间可达5~10h,主要用于浸润麻醉、传导麻醉和硬膜外麻醉,本药因穿透力弱,不宜用于表面麻醉。血药浓度过高时可发生毒性反应。眼科手术麻醉可致暂时性光感消失。肝、肾功能严重不全、低蛋白血症、12岁以下小儿禁用。

常用局麻药的特点见表3-1。

表3-1 常用局麻药比较

药名	维持时间(h)	相对强度	相对毒性	穿透力	局麻用途
普鲁卡因	0.5~1	1	1	弱	除表面麻醉外的各种麻醉
利多卡因	1~2	2	2	强	各种麻醉
丁卡因	2~3	10	10~12	强	除浸润麻醉外的各种麻醉
布比卡因	5~10	10	4~6	弱	浸润、传导、硬膜外麻醉

第二节 全身麻醉药

一、概述

全身麻醉药简称全麻药,是一类可逆性地抑制中枢神经系统功能,引起意识、感觉、反射暂时消失及骨骼肌松弛的药物,以利于外科手术在无痛的条件下安全进行。

全麻药的作用机制比较复杂,至今尚未完全阐明。目前认为全麻药具有高脂溶性,可溶入神经细胞膜的脂质层,使脂质分子排列紊乱,膜蛋白质功能改变及Na^+、K^+通道受阻,抑制神经细胞膜除极及神经冲动的传递,产生全身麻醉作用,因此全麻药脂溶性越高,麻醉作用越强。

全麻药按给药途径可分为吸入性麻醉药和静脉麻醉药两类。

二、临床常用全身麻醉药

(一) 吸入性麻醉药

吸入性麻醉药是一类挥发性的液体或气体药物,由气道吸入后经肺泡吸收进入血液循环,抑制中枢神经系统,产生麻醉作用。常用的吸入麻醉药有氟烷、异氟烷、恩氟烷、麻醉乙醚和氯化亚氮等。

氟 烷

氟烷(halothane)为无色透明液体,有水果味,不燃不爆,是临床最早使用的含氟吸入麻醉药。本药麻醉作用迅速、强大,麻醉诱导期短,苏醒快,停药后1h左右患者即可苏醒,对呼吸道刺激性小,不增加呼吸道分泌物,且有扩张支气管作用,镇痛和肌松作用较弱。本药能增强心肌对儿茶酚胺的敏感性,易诱发心律失常,反复应用偶致肝损害,可使脑血管扩张,颅内压升高,明显抑制子宫收缩导致产后出血,禁用于脑外科手术及剖宫手术麻醉。

异氟烷和恩氟烷

异氟烷(isoflurane)和恩氟烷(enflurane)为无色液体,两者为同分异构体,与氟烷比较,麻醉诱导平稳而迅速,苏醒较快,肌松作用良好,不增加心肌对儿茶酚胺的敏感性,不易引起心律失常,反复使用对肝脏无明显毒性,适用于各种手术麻醉,是目前广泛使用的吸入麻醉药。

氧化亚氮

氧化亚氮(nitrous oxide)又称笑气,为无色、味甜、无刺激性液态气体,性质稳定,不燃不爆。给药后患者感觉舒适愉快,镇痛作用强,麻醉效能低,单独应用无法达到理想的麻醉期,停药后苏醒较快,对呼吸和肝、肾功能无不良影响,但对心肌略有抑制作用。一般作为第二气体与其他吸入性全麻药配伍使用,或用于诱导麻醉。

麻醉乙醚

麻醉乙醚(anesthetic ether)为无色澄明易挥发的液体,有特异臭味,易燃易爆,易氧化生成过氧化物及乙醛,使毒性增加。其优点为麻醉分期明显,安全范围大,外科麻醉期的药物浓度与中毒期的浓度相差近 3 倍,肌肉松弛作用较强,对呼吸功能和血压几无影响,对心、肝、肾的毒性较小。但对呼吸道有强烈刺激导致腺体分泌增加,影响呼吸通畅,可引起吸入性肺炎及窒息,诱导期和苏醒期较长,易发生意外,现已少用。

表 3-2 几种常见吸入麻醉药的比较

名称	镇痛	肌肉松弛	抑制呼吸	抑制循环	增敏儿茶酚胺	增高颅内压	抑制子宫	刺激呼吸道	胃肠道反应	肝损害	肾毒性	增高血糖	其他不良反应
氟烷	+	+	++	+++	++	++	++	−	+	++	±	±	恶性高热
异氟烷	++	+++	++	++	−	+	+~++	+	+	−	±	−	
恩氟烷	++	++~+++	+++	+++	−	++	+~++	−	+	±	±	±	惊厥
氧化亚氮	++++	±	±	±	−	+	±	−	+	−	−	±	骨髓抑制
麻醉乙醚	+++	++++	+	+	−	++	+	+++	+++	±	±	+++	

注:++++很强;+++较强;++中等;+较弱;±几无;−无

(二)静脉麻醉药

本类药物通过缓慢静脉注射或静脉滴注而产生全身麻醉作用。与吸入性麻醉药相比,其优点是无诱导期的各种不适,患者迅速进入麻醉状态,对呼吸道无刺激性,方法简便易行。缺点主要是不易于掌握麻醉深度,容易发生麻醉意外。常用的静脉麻醉药有硫喷妥钠、氯胺酮、丙泊酚等。

硫喷妥钠

硫喷妥钠(thiopental sodium)为超短效巴比妥类药物。脂溶性高,静脉注射后即可进入脑组织,麻醉作用迅速,无诱导期。由于本药在体内迅速重新分布,从脑组织转运到肌肉和脂肪等组织,使脑内浓度迅速下降,作用短暂,一次注射仅维持数分钟,本药镇痛效果差,肌肉松弛不完全,临床主要用于诱导麻醉和基础麻醉,单独使用仅适用于短时小手术。不良反应有呼吸抑制,新生儿、婴幼儿应禁用,还易诱发喉头及支气管痉挛,故支气管哮喘者禁用。

氯 胺 酮

氯胺酮(ketamine)作用机制独特,对中枢既有抑制作用又有兴奋作用。本药能选择性阻断痛觉冲动向丘脑和大脑皮质的传导,同时又能兴奋脑干及边缘系统,患者痛觉消失,而意识部分存在,常有睁眼凝视呈木僵状、梦幻、肌张力增加、肢体无目的活动、眼球震颤等,这种抑制与兴奋并存的状态被称为"分离麻醉"。

本药起效快、镇痛力强、维持时间短,苏醒期较长,需 2~3h,对体表镇痛作用明显,内脏镇痛作用差,对呼吸抑制作用轻微,对心血管具有明显兴奋作用。本药适用于短时的体表小手术或低血压患者的诱导麻醉。近年来,国内已广泛用氯胺酮、地西泮、普鲁卡因、肌松药进行复合麻醉,扩大了手术应用范围。本药禁用于高血压、颅内压升高及精神病患者。

丙 泊 酚

丙泊酚(propofol)又称异丙酚,起效快、作用时间短、苏醒迅速,无蓄积作用,本药能抑制咽喉反射,有利于气管插管,能降低颅内压和眼压,减少脑耗氧量和脑血流量。镇痛作用很微弱,对循环系统有抑制作用,可引起血压下降。本药可用于全麻的诱导和维持,也常与镇痛、肌松药合用,作为门诊短小手术的辅助用药(表 3-3)。

表 3-3　几种常见静脉麻醉药的比较

名称	镇痛	催眠	记忆缺失	苏醒幻觉
硫喷妥钠	差	好	无	无
氯胺酮	好	无	有	有
丙泊酚	无	好	有	无

第三节　复合麻醉

理想的全身麻醉药除能使外科手术患者产生镇痛、意识丧失、适度的骨骼肌松弛、感觉和自主反射被抑制外,还应具有麻醉诱导期短、停药后从麻醉状态的恢复平稳而快速、麻醉深度易于控制、无明显局部刺激和其他严重不良反应,以及安全范围大等特点。

然而目前临床上使用的任何一种全麻药都不能符合以上要求,为了克服单一麻醉药的诸多缺点,减少麻醉药的用量和提高麻醉的安全性,增强麻醉效果,一般多采用同时或先后应用两种以上的麻醉药物或其他辅助药物的方式,此称为复合麻醉(表 3-4)。

表 3-4　常用复合麻醉药物表

用药目的	常用药物
镇静、解除精神紧张	巴比妥类、地西泮
短暂性记忆缺失	苯二氮䓬类、氯胺酮、东莨菪碱
基础麻醉	巴比妥类、水合氯醛
诱导麻醉	硫喷妥钠、异丙酚、氧化亚氮

续表

用药目的	常用药物
镇痛	吗啡、哌替啶、芬太尼
骨骼肌松弛	琥珀胆碱、筒箭毒碱
抑制迷走神经反射	阿托品类
降温	氯丙嗪
抗过敏、镇静	异丙嗪
控制性降压	硝普钠、钙通道阻滞药

1. 麻醉前用药 患者进入手术室前应用某些药物,如手术前夜用镇静催眠药巴比妥类或地西泮等,使患者消除紧张、焦虑等情绪;注射阿托品或东莨菪碱抑制腺体分泌,防止唾液及支气管分泌物所致的吸入性肺炎;术前注射阿片类镇痛药以增强麻醉效果。

2. 基础麻醉 进入手术室之前给予大剂量催眠药,使进入深睡状态,或肌内注射硫喷妥钠,使进入浅麻醉状态,在此基础上再用全麻药,调节麻醉深度,使麻醉平稳,用药量减少,常用于小儿。

3. 诱导麻醉 应用诱导期短的硫喷妥钠或氧化亚氮,使迅速进入外科麻醉期,避免诱导期的不良反应,然后改用其他药维持麻醉。

4. 合用肌松药 根据手术对肌肉松弛的要求,在麻醉同时注射琥珀胆碱等骨骼肌松弛药。

5. 低温麻醉 在物理降温的基础上合用氯丙嗪使体温下降至28～30℃,机体基础代谢率降低,重要器官的耗氧量降低,以便于阻断血流,进行心脏直视手术。

6. 神经安定镇痛术 是一种复合镇痛方法,常用氟哌利多及芬太尼按50∶1制成合剂作静脉注射,使患者达到意识蒙眬,痛觉消失状态。其特点是镇静、镇痛效果好而不良反应少。在此基础上合用全麻药(如氧化亚氮)及肌松药(如琥珀胆碱)可达到满意的外科麻醉,称为神经安定麻醉。

7. 控制性降压 加用短时作用的血管扩张剂使血压适度下降,并抬高手术部位,以减少出血,常用于止血比较困难的颅脑手术。

第四节 手术麻醉的药物治疗学基础

手术麻醉前应细致、全面、准确地对患者术前状态、重要器官功能、伴随疾病病情和近期治疗情况进行认真的评估,正确做出麻醉方法和麻醉药物的选择,做好麻醉监测工作,保证患者安全度过手术期并不断提高麻醉质量。

一、手术麻醉药物应用基本原则

1. 根据麻醉方法合理选择药物 手术麻醉分为全身麻醉和局部麻醉,前者可以选择吸入性麻醉药和静脉注射麻醉药,同时要考虑到基础麻醉、诱导麻醉和复合麻醉等不同麻醉方法的实际需要合理选用药物;局部麻醉有五种方法,要根据每一种方法的麻醉要求,结合局麻药的理化性质、作用强度,制订用药方案。

2. 严格掌握剂量,注意剂量个体化 麻醉意外的发生与剂量和个体差异有着密切关系,应严格控制各类麻醉药的最大使用剂量,防止中毒,切忌为加深麻醉效果而增加剂量;要特别注意麻醉药个体差异问题,认真询问病史,认真观察生命体征,力求剂量个体化,对体质较差的患者应酌情减量。当几种麻醉药混合使用时,应充分考虑其麻醉效果可能出现协同效用而不是累加效用。

3. 密切监控麻醉过程,及时纠正不良反应,预防并发症的发生 各种手术麻醉均具有一定的风险性,有效控制麻醉进程,及时采取纠正和抢救措施是降低麻醉风险的主要措施。应认真观察记录患者的呼吸、循环、神经反射等生命体征,同时熟悉常用麻醉药的毒性表现和对抗药物;要提前准备必需的抢救药物和设备,一旦出现不良反应或麻醉意外应结合手术实际情况,快速有效地采取预防、纠正和抢救措施。

二、手术麻醉药物用药注意事项

手术麻醉过程中,除了注意药物的正确选择,严格掌握剂量和防治不良反应之外,还应该注意以下有关事项。

1. 给药部位的理化性质 在使用局麻药时,要注意局部组织的 pH。局麻药属于弱碱性药物,当 pH 降低时,不宜透过细胞膜导致麻醉效果降低,炎症或坏死组织的体液呈酸性,局麻作用减弱。所以切开脓肿手术前,如将局麻药注入脓腔就不能取得良好的麻醉效果,必须在脓肿周围做环形浸润才能奏效。

2. 药物的消除方式 吸入性全麻药主要通过呼吸道排泄,调节吸入气体的配比和浓度直接影响到麻醉效果和恢复期时间;静脉全麻药大多有明显的二次分布,因为药物蓄积而出现明显的后遗效应;酯类普鲁卡因主要在血浆中被胆碱酯酶水解失效,水解产物为对氨苯甲酸和二乙氨基乙醇。前者能减弱磺胺药的抗菌作用,故两药不宜同时使用;后者能增强强心苷的作用,使用强心苷在常用量时即可出现毒性反应,故使用强心苷制剂的患者慎用。

3. 麻醉的体位与药液的比重 腰麻时患者体位与药液比重可影响药液的水平面。应注意患者的体位,避免药物在脑脊液中上升,扩散进入颅腔危及呼吸、心血管功能而发生意外。如利多卡因比重较小且易扩散,故不宜用于腰麻。增加药液的比重,可使药液下沉,临床用抽出患者的脑脊液溶解药物再加入一定量的葡萄糖,使药液比重大于脑脊液,以提高安全性。

三、手术麻醉药物不良反应防治

为保证手术麻醉患者的安全及手术的顺利进行,必须利用各种监测手段连续对患者各项生理指标进行观测,以便指导麻醉的实施,对麻醉药中毒极早地做出判断并给予恰当地处理。基本监测项目主要有血压、心率、脉搏、心电图、血氧饱和度、呼吸、尿量和体温等。

1. 麻醉药毒性反应的预防

(1) 使用安全范围内的剂量,需要追加药物时,应注意给药间隔时间并控制药物总量不超过极量;另外实践证明,全量药物以小剂量分次注入的方法不影响麻醉药起效时间且更为安全。

(2) 手术前和手术中辅助用药可以预防毒性反应的发生。

(3) 用药后应密切观察患者的反应及生命体征的变化,并借助监测手段仔细检查患者的各项生理指标,注意药物毒性反应前期症状的出现,及时做出诊断。

2. 麻醉药毒性反应的处理

(1) 早期中毒:主要是中枢神经系统症状,表现为口唇、舌发麻,耳鸣、头晕、面部潮红、心率加快等。要立即停止给药,可与患者保持语言接触,密切观察患者的反应,采取吸氧、加强通气等措施。

(2) 中度中毒:表现为烦躁不安,主述头痛、视物模糊、恶心、呕吐,并出现肌肉震颤、伴有发绀等缺氧症状,应及时给予地西泮 5～10mg 静脉注射予以控制。

(3) 重度中毒:有严重的中枢神经系统毒性反应,逐渐出现麻痹和衰竭体征。如出现惊厥,应立即静脉注射地西泮 10mg 或 2.5%硫喷妥钠 2～3ml 以控制惊厥,保持呼吸道通畅及吸氧,必要时可静脉注射琥珀胆碱及行气管插管以控制呼吸。

3. 变态反应及处理 主要表现为荨麻疹、皮炎、支气管痉挛及喉头水肿、低血压,甚至休克等症状。酯类比酰胺类变态反应发生率高。

(1) 询问变态反应史和家族史,麻醉前应做皮试,但假阳性和假阴性都很多见;故在有抢救保障的前提下,可先给予小剂量,若患者无特殊主述和异常再给予适当剂量。

(2) 一旦发生变态反应应立即停药,给予吸氧、补液,应用肾上腺素、糖皮质激素及抗组胺药物治疗。

【附】

常用制剂及用法

普鲁卡因 注射剂:100mg/20ml、50mg/20ml、100mg/10ml、40mg/2ml、0.15g、1g。浸润麻醉用 0.25%～0.75%溶液;传导麻醉用 1%～2%溶液,一次不超过 1g;腰麻用 3%～5%溶液,一次不超过 0.15g;硬膜外麻醉用 2%溶液。

利多卡因 注射剂:100mg/10ml、400mg/20ml。表面麻醉用 2%～4%溶液,一次不超过 0.1g;浸润麻醉用 0.25%～0.5%溶液,每小时用量不超过 0.4g;传导麻醉用 1%～2%溶液,每次用量不超过 0.4g;硬膜外麻醉用 1%～2%溶液,每次用量不超过 0.5g。

丁卡因 注射剂:50mg/5ml。表面麻醉用 1%溶液,喷雾或涂抹;传导麻醉用 0.1%～0.3%溶液,极量:一次 0.1g;腰麻用 10～15mg 与脑脊液混合后注入;硬膜外麻醉用 0.15%～0.3%溶液,与盐酸利多卡因合用时最高浓度为 0.3%。

布比卡因 注射剂:12.5mg/5ml、25mg/5ml、37.5mg/5ml。浸润麻醉用 0.1%～0.25%溶液;传导麻醉、硬膜外麻醉用 0.5%～0.75%溶液;腰麻用 0.25%溶液;常用量:一次 1～3mg/kg。极量:一次 200mg,一日 400mg。

麻醉乙醚 100ml/瓶、150ml/瓶、250ml/瓶。吸入气内药物浓度:诱导麻醉 10%～15%,维持 4%～6%。

氟烷 20ml/瓶。吸入气内药物浓度:诱导麻醉 3%～4%,维持 1%。

恩氟烷 20ml/瓶、250ml/瓶。吸入气内药物浓度:诱导麻醉 2%～2.5%,维持麻醉 1.5%～2%。

异氟烷 10ml/瓶。吸入气内药物浓度:诱导麻醉 1.5%～3%,维持麻醉 1%～1.5%。

氧化亚氮 诱导麻醉 80%,维持麻醉 50%～70%。

硫喷妥钠 注射剂:0.5g、1g。临用前用注射用水配制成 2.5%溶液注射。一次 4～8 mg/kg 静脉注射。极量:一次 1g;小儿一次 15～20mg/kg,深部肌内注射。

氯胺酮 注射剂:0.1g/2ml、0.1g/10ml、0.2g/20ml。全麻诱导一次 1～2mg/kg 缓慢静脉注射;全麻维持一次 0.5～1mg/kg。小儿基础麻醉,一次 4～8mg/kg,肌内注射。极量:静脉注射每分钟 4mg/kg,肌内注射一次 13mg/kg。

【小结】

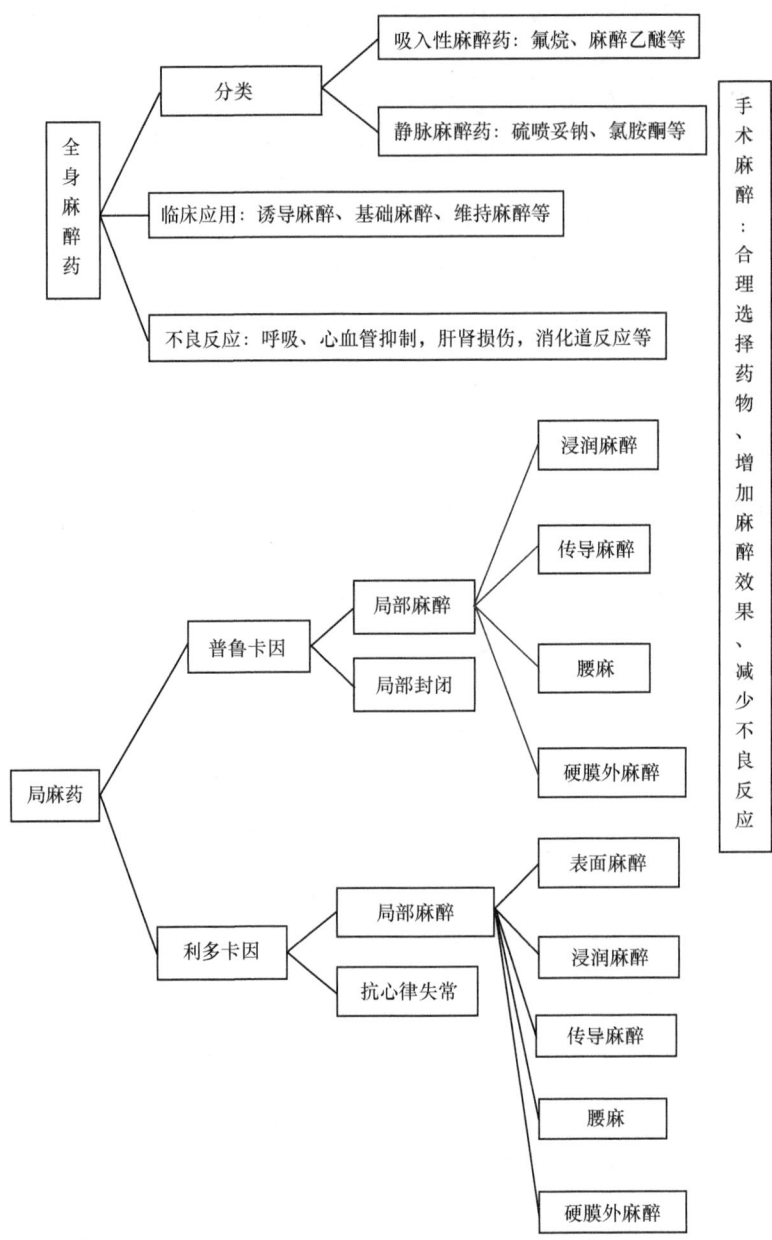

目标检测

一、选择题

【A型题】

1. 下列属于吸入麻醉药的是( )
   A. 氟烷　　　　　　B. 盐酸普鲁卡因
   C. 盐酸利多卡因　　D. 盐酸氯胺酮
   E. 苯巴比妥

2. 普鲁卡因为( )
   A. 局部麻醉药　　B. 抗心律失常药
   C. 镇静催眠药　　D. 解热镇痛药
   E. 抗精神失常药

3. 丁卡因又称( )
   A. 普鲁卡因　　B. 利多卡因

C. 地卡因 D. 布比卡因
E. 可卡因
4. 具有"分离麻醉"作用的全麻药是( )
   A. 麻醉乙醚 B. 氟烷
   C. 氯胺酮 D. 硫喷妥钠
   E. 丙泊酚
5. 下列哪条性质与麻醉乙醚不符( )
   A. 沸点低、易挥发
   B. 无色澄明易流的液体
   C. 化学性质稳定
   D. 蒸气与空气混合后遇火易爆炸
   E. 溶于水

【B型题】
(第6~10题备选答案)
   A. 表面麻醉 B. 浸润麻醉
   C. 传导麻醉 D. 蛛网膜下隙麻醉
   E. 硬膜外麻醉
6. 普鲁卡因一般不用于( )
7. 利多卡因一般不用于( )
8. 丁卡因一般不用于( )
9. 神经干阻滞麻醉又称为( )
10. 适用于上腹部手术的麻醉方法是( )
(第11~15题备选答案)
   A. 普鲁卡因 B. 氧化亚氮
   C. 丙泊酚 D. 哌替啶
   E. 利多卡因

11. 属于静脉麻醉药的是( )
12. 属于吸入麻醉药的是( )
13. 具有全能局麻药之称的是( )
14. 属于是麻醉药品的是( )
15. 需要做皮试的局麻药是( )

【X型题】
16. 属于局部麻醉药的有( )
    A. 盐酸普鲁卡因 B. 羟丁酸钠
    C. 盐酸利多卡因 D. 盐酸氯胺酮
    E. 盐酸丁卡因
17. 下列药物属于全身麻醉药中的静脉麻醉药有( )
    A. 氟烷 B. 羟丁酸钠
    C. 麻醉乙醚 D. 盐酸利多卡因
    E. 盐酸氯胺酮
18. 下列药物属于全身麻醉药中的吸入麻醉药有( )
    A. 氟烷 B. 羟丁酸钠
    C. 麻醉乙醚 D. 盐酸利多卡因
    E. 盐酸氯胺酮

二、简答题
1. 麻醉药主要分为哪两大类？作用机制有何不同？
2. 比较普鲁卡因、利多卡因和丁卡因三种药的特点。
3. 简述局麻药中加入适量肾上腺素的目的及注意事项。

第四章　中枢神经系统药物

内容提要

睡眠障碍、发热、疼痛等是临床常见病症,合理应用药物进行对症治疗是疾病治疗的基础。本章主要介绍治疗中枢神经系统疾病药物如镇静催眠药、抗癫痫药、镇痛药、解热镇痛抗炎药与中枢兴奋药的分类、作用、临床用途、不良反应和用药指导。

学习目标

识记治疗中枢神经系统疾病药物的分类,并能按类别列举出2~3个临床常用药物通用名称;能根据给出的中枢神经系统疾病情况选用正确的治疗药物,并能清晰解释出选用该药的主要依据,且能列举出用药期间可能出现的主要不良反应及注意事项。

重点难点

本章重点内容学习苯二氮䓬类药物的作用、临床用途、不良反应,苯妥英钠的作用特点、临床用途、不良反应和用药方案,吗啡的作用及哌替啶的临床应用,解热镇痛抗炎药的作用、机制和用药原则;本章难点是中枢神经系统各类药物的作用机制。

课时数

理论12,实践2

第一节　镇静催眠药

案例 4-1

患者,女,18岁。因失恋服用地西泮300mg,中毒入院抢救。通过洗胃、灌肠,4%碳酸氢钠静脉输入,给予氢化可的松300mg+0.9%生理盐水500ml静脉输入,尼可刹米(可拉明)1.25g,洛贝林(山梗菜碱)15mg+10%葡萄糖500ml输入,患者转危为安。

问题:

1. 4%碳酸氢钠输入有必要吗?为什么?
2. 用氢化可的松、尼可刹米、洛贝林静脉输入抢救的意义何在?

能缓解过度兴奋,恢复安静情绪的药物称镇静药。能促进和维持近似生理睡眠的药物称催眠药。

镇静催眠药是一类能对中枢神经系统产生广泛抑制作用的药物。因剂量不同而出现不同的药理作用,小剂量时可产生镇静作用,使患者安静或解除焦虑烦躁,同时能保持清醒的精神活动和自如运动机能。中等剂量时可引起近似生理性睡眠,减少觉醒或延长睡眠时间。大剂量时可产生深度抑制,并有抗惊厥、麻醉作用。超大剂量则麻痹延髓,引起呼吸抑制,循环衰竭而死亡。

相关链接　　　　　　　　　　梦、多梦

梦在人的一生中是经常会体验的,梦并不是毫无意义的,也不是人们意识混沌、荒诞的产物。弗洛伊德在对梦的解析中精辟地指出梦完全是一种有效的精神现象——愿望的实现。"日有所思,夜有所梦",梦多发生在快动眼睡眠(rapid-eye movement sleep,REMS)时相中,镇静催眠药用后缩短 REMS 睡眠时相的时间,停药后导致 REMS 时相反跳性延长,产生多梦、焦虑,甚至依赖性等副作用。

临床上常用的镇静催眠药物可分为三类:①苯二氮䓬类,如地西泮等。②巴比妥类,如苯巴比妥等。③其他,如水合氯醛等。

一、苯二氮䓬类

苯二氮䓬类(benzodiazepines,BDZs)多为1,4苯并二氮的衍生物。临床常用的有20余种。虽然它们结构相似,但不同衍生物之间,抗焦虑、镇静催眠、抗惊厥、肌肉松弛和安定作用则各有侧重,详见表4-1。

表4-1 常用苯二氮䓬类药物作用特点比较

分类	药物	半衰期(h)	主要特点及应用
长效类	地西泮(安定)	30~60	抗焦虑、镇静、催眠、抗惊厥、麻醉前给药
	氟西泮(氟安定)	50~100	催眠作用强而持久,不易产生耐受性
中效类	奥沙西泮(舒宁)	5~10	作用与地西泮相似而较弱,用于焦虑症、失眠和癫痫
	劳拉西泮(氯羟安定)	10~18	用于焦虑症和失眠症
	阿普唑仑(佳静安定)	10~12	用于失眠症和癫痫
	艾司唑仑(舒乐安定)	10~30	抗焦虑、镇静催眠强,后遗效应轻,常用于麻醉前给药
	硝西泮(硝基安定)	21~30	催眠、抗癫痫较佳
	氯硝西泮(氯硝安定)	22~38	抗惊厥、抗癫痫较佳
	氯氮䓬(利眠宁)	5~15	作用与地西泮相似而较弱,用于焦虑症、失眠和癫痫
短效类	三唑仑(三唑安定)	2~4	催眠作用强而短,后遗效应轻,依赖性较强

地 西 泮

地西泮(diazepam)又称安定、苯甲二氮,为白色结晶性粉末,无臭,味苦,几乎不溶于水,极易溶于氯仿、丙酮,溶于乙醇、乙醚。

【体内过程】 本品口服吸收快,肌内注射吸收慢,能透过胎盘,亦由乳汁分泌。本品主要在肝脏代谢,代谢产物有去甲地西泮、奥沙西泮等,仍有不同程度药理活性。本品主要由肾脏排泄,也有部分由胆汁排泄,有肝肠循环,口服6~12h后血药浓度再度出现高峰。本品血浆蛋白结合率为99%,并具有消除缓慢、作用持久的特点,长期用药有一定蓄积性。半衰期约为32h。

【药理作用及临床用途】 本品为苯二氮䓬类的代表药,其药理作用如下。

(1) 镇静和抗焦虑作用:小剂量即具有显著的抗焦虑作用,可消除焦虑所引起的胃肠功能紊乱及其他症状。

(2) 催眠作用:可缩短入睡时间和延长睡眠时间,对焦虑引起的失眠疗效最佳。

(3) 抗惊厥和抗癫痫作用。

(4) 中枢性肌松作用:可用于脑血管意外或脊髓损伤时的中枢性肌强直。本品还可用于治疗酒精成瘾后的戒断症状。

【作用机制】 苯二氮䓬类药物主要是通过与中枢神经系统相应部位的BDZ(苯二氮䓬)受体结合,从而增强γ-氨基丁酸(GABA)的抑制性作用而发挥作用的。

【不良反应】 常见为嗜睡、头昏、乏力等。大量服用偶见共济失调,手震颤。个别患者发生兴奋、多言、睡眠障碍甚至幻觉。药物过量可引起运动功能失调,语言含糊不清,甚至昏迷和呼吸抑制,但很少危及生命,可用哌甲酯等中枢兴奋药对抗。

【用药指导】 注意:①青光眼和重症肌无力患者慎用。②孕妇及哺乳期妇女慎用或禁用。③新生儿禁用。④连续用药可产生依赖性,突然停药可产生戒断症状,如失眠、兴奋、焦虑、震颤甚至惊厥。⑤静脉注射速度快可引起呼吸抑制和循环功能抑制。

二、巴比妥类

巴比妥类(barbiturates)为巴比妥酸在 C_5 位上进行取代而得的一组中枢抑制药(表4-2)。取代基长而有分支(如异戊巴比妥)或双键(如司可巴比妥),则作用强而短;以苯环取代(如苯巴比妥)则有较强的抗惊厥和抗癫痫作用;C_2 位的 O 被 S 取代(如硫喷妥钠),则脂溶性增高,静脉注射立即生效,但维持时间很短。其钠盐易溶于水,碱性强,刺激性大,宜深部肌内注射或静脉注射。

表4-2 常用巴比妥类药物作用特点比较

分类	药物	显效时间(h)	作用维持时间(h)	主要用途
长效	苯巴比妥	0.5~1	6~8	抗惊厥
	巴比妥	0.5~1	6~8	镇静催眠
中效	戊巴比妥	0.25~0.5	3~6	抗惊厥
	异戊巴比妥	0.25~0.5	3~6	镇静催眠
短效	司可巴比妥	0.25	2~3	抗惊厥镇静催眠
超短效	硫喷妥钠	立即	0.25	静脉麻醉

【药理作用】 巴比妥类随剂量由小到大,依次出现镇静、催眠、抗惊厥、抗癫痫和麻醉作用。10 倍催眠量时则可抑制呼吸,甚至致死。

【临床用途】 由于本类药物的安全性远不及苯二氮䓬类,且较易发生依赖性,用药时能显著缩短 REMS,久用停药出现反跳现象伴多梦。因此,目前已很少用于镇静和催眠。其中只有苯巴比妥和戊巴比妥仍用于控制癫痫持续状态;硫喷妥钠偶尔用于小手术或内镜检查时作静脉麻醉。

【不良反应】
(1)催眠剂量的巴比妥类可致眩晕和困倦、精细运动不协调等后遗效应。
(2)偶可致剥脱性皮炎等严重过敏反应。
(3)巴比妥类连续久服可引起耐受性和依赖性。突然停药易发生"反跳"现象。此时,快动眼睡眠时间延长,梦魇增多,迫使患者继续用药,终致成瘾。成瘾后停药,戒断症状明显,表现为激动、失眠、焦虑,甚至惊厥。
(4)过量或过速易致急性中毒,表现为昏睡、昏迷、血压下降、反射消失,死于呼吸麻痹。抢救措施包括支持对症疗法和加速药物排泄,前者主要是维持呼吸、循环功能;后者主要是洗胃、导泻、碱化尿液等。

【用药指导】
(1)本类药物目前不再用于催眠,主要是用于抗癫痫、抗惊厥和复方制剂中。
(2)使用时应严格按精神药品进行管理,避免长期使用;要严格控制剂量和静脉注射速度。
(3)苯巴比妥是肝药酶诱导剂,可提高药酶活性,配伍用药时能加速许多药物的代谢。

三、其他镇静催眠药

水合氯醛

水合氯醛(chloral hydrate)口服和灌肠均易吸收,具有镇静、催眠、抗惊厥作用。本药催眠作用可靠,口服约15min起效,作用持续6~8h。本药常用于顽固性失眠,不缩短快动眼睡眠时相,停药时也无代偿性快动眼睡眠时间延长。大剂量可用于子痫、破伤风和小儿高热所致的惊厥;久用可引起耐受性和依赖性,大剂量可造成心、肝、肾实质性损害;对胃有刺激性,须稀释后口服,也可作保留灌肠给药。本类药物与乙醇有相互协同作用,可致严重中枢抑制、血压下降等,故服药期间应嘱咐患者戒酒。

【小结】

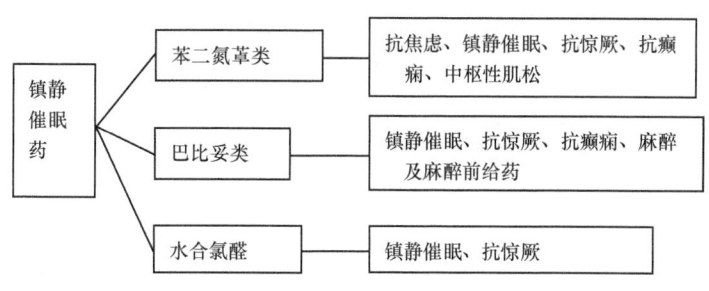

第二节 抗癫痫药

一、癫痫的分类

癫痫是由多种原因引起大脑局部神经元产生异常的高频放电,并向周围正常脑组织扩散而出现的大脑功能失调综合征。30%~40%的癫痫病与遗传有关,也可因颅内感染、肿瘤、脑损伤后的瘢痕引起。此类疾病具有慢性病程、突然性、暂时性和反复性发作等特点,临床表现为感觉运动功能或意识障碍及脑电图的改变。临床上常根据其发作时的症状表现将癫痫发作分为三型,详见表4-3。

表4-3 癫痫的临床分型及主要治疗药物

分型	主要特点	可选择药物
局限性发作		
单纯局限性发作	不影响意识,有运动、感觉及自主神经症状	卡马西平、苯妥英钠、苯巴比妥、丙戊酸钠、扑米酮、苯二氮䓬类
复合性局限性发作(颞叶性、精神运动性)	有意识障碍和精神症状等	卡马西平、苯妥英钠、苯巴比妥、丙戊酸钠、扑米酮、苯二氮䓬类
继发性全身发作	上述局限发作发展至全身性发作,伴有意识丧失	卡马西平、苯妥英钠、苯巴比妥、丙戊酸钠、扑米酮、苯二氮䓬类
全身性发作		
失神性发作(小发作)	短暂的突然意识丧失,动作中断	乙琥胺、苯二氮䓬类、丙戊酸钠
非典型失神发作	同上,发作和停止过程较慢	乙琥胺、苯二氮䓬类、丙戊酸钠

续表

分型	主要特点	可选择药物
肌阵挛性发作	单侧肢体部分或全身部分肌群发生短暂的休克样抽动	苯二氮䓬类、丙戊酸钠
阵挛性发作	全身肌肉节律性阵挛性收缩，意识丧失	糖皮质激素类、苯二氮䓬类、丙戊酸钠
强直-阵挛性发作（大发作）	意识丧失，全身强直性-阵挛性抽搐	卡马西平、苯妥英钠、苯巴比妥、丙戊酸钠、扑米酮、苯二氮䓬类
癫痫持续状态	大发作持续发生，患者持续昏迷	地西泮、苯妥英钠、苯巴比妥、硫喷妥钠、水合氯醛

二、常用抗癫痫药

苯妥英钠

苯妥英钠(phenytoin sodium,大仑丁)为白色粉末，无臭，味苦，微有引湿性，几乎不溶于乙醚或氯仿，溶于乙醇，易溶于水，水溶液 pH 为 7。强碱性，刺激性大，故不宜肌内注射。水溶液不稳定，易吸收空气中二氧化碳析出苯妥英。

【体内过程】 本品口服后在胃中迅速游离出苯妥英，吸收慢而不规则(30%~97%)，血药浓度 3~12h 达峰值。吸收后能快速分布到全身组织，易透过血脑屏障。蛋白结合率约 90%，有效血药浓度为 10~20μg/ml。苯妥英钠大部分经肝微粒体酶作用，生成无活性的对羟基苯乙内酰脲，再与葡萄糖醛酸结合后随尿排出。

【药理作用及临床用途】

(1) 抗癫痫作用：苯妥英钠对强直-阵挛性发作（大发作）和单纯局限性发作有较好疗效，可作为首选药；对复合性局限性发作（精神运动性发作）疗效次之；对失神性发作（小发作）和肌阵挛性发作无效。

本品能增强 Na^+ 与 K^+ 的主动转运，增加 K^+ 的主动内流与 Na^+ 的主动外流，从而翻转了癫痫发作时由于除极化引起的阳离子移动方向，使膜电位趋于稳定，防止了病灶异常放电的传播而抗癫痫。近年来研究表明，其抗癫痫作用亦与能增加脑组织中抑制性递质 GABA 的含量有关。

(2) 抗心律失常：本品能抑制浦肯野纤维舒张期除极速率，并增加最大舒张电位，从而降低自律性；能缩短动作电位时程和有效不应期；实验还表明，在低钾状态时，能增加静息膜电位及动作电位 0 相最大上升速率，尤其在强心苷中毒时，苯妥英钠改善传导的作用更明显，因而可消除强心苷所致的传导障碍和心律失常。

(3) 治疗外周神经痛：本品能稳定神经细胞膜电位，降低神经细胞膜对 Na^+ 和 Ca^{2+} 的通透性，抑制 Na^+ 和 Ca^{2+} 内流，导致动作电位不易产生。故对三叉神经痛、坐骨神经痛有较好疗效。

(4) 降压作用：本品在一定剂量时舒张血管，抑制血管平滑肌细胞膜兴奋性而降低外周阻力，对轻症高血压患者有降压作用。

【不良反应】 ①本品口服可刺激胃部引起恶心、呕吐、胃痛和食欲不振等。静脉给药刺激性较强，甚至引起静脉炎。②神经系统：对小脑有兴奋作用，当药物的血浆浓度大于 $20μg/ml$ 时，可引起共济失调、眼球震颤、运动障碍、发音困难、眩晕，偶见复视、精神错乱，停药后症状消失。③血液系统:粒细胞减少、血小板减少、再生障碍性贫血等。应定期检查血象。④骨骼系统:本品可加速维生素 D 代谢,小儿长期服用易引起软骨病及佝偻病等。⑤其他:皮肤瘙痒、皮疹,偶见妇女多毛症、淋巴结肿大、肝损害等。长期服用会引起齿龈增生、叶酸缺乏症,还可出现低血钙等。

【用药指导】 ①对本品有过敏、房室传导阻滞、窦房传导阻滞、窦性心动过缓等心功能损害者禁用。②肝、肾功能损害,糖尿病患者慎用。③本品可致畸,如小头症、智能障碍、斜视、眼距过宽、腭裂等,被称为"胎儿妥因综合征",孕妇禁用。④久服不可骤停,否则可使发作加剧,或引起癫痫持续状态。⑤静脉注射时不宜过快,过快易致房室传导阻滞、心动过缓和呼吸抑制。

卡 马 西 平

卡马西平(carbamazepine)又称酰胺咪嗪。

【体内过程】 口服吸收良好,2~6h 达峰值浓度。血浆蛋白结合率为 80%。在肝中代谢为有活性的环氧化物,经肾排出。血浆半衰期为 35h。因本品为药酶诱导剂,连续用药 3~4 周后,半衰期可缩短 50%。

【药理作用及临床用途】 卡马西平的作用机制与苯妥英钠相似。对精神运动性发作有良好疗效。对大发作和局限性发作也为首选药之一。对癫痫并发的精神症状以及锂盐无效的躁狂症、抑郁症也有效。卡马西平对外周神经痛(三叉神经痛和舌咽神经痛)有效,其疗效优于苯妥英钠。

【不良反应】 ①用药后常见的不良反应有:眩晕、恶心、呕吐和共济失调、手指震颤等,亦可有皮疹和心血管反应。一般并不严重,不需中断治疗,1 周左右逐渐消退。②少见而严重的不良反应:骨髓抑制(再生障碍性贫血、粒细胞减少和血小板减少)、肝损害。

【用药指导】 用药中应定期检查血象、骨髓象和肝功能,有骨髓抑制或肝功能异常应立即停药或改用其他药物。

苯 巴 比 妥

苯巴比妥(phenobarbital)又称鲁米那,为长效巴比妥类药物,系镇静催眠药,兼有抗癫痫作用,既能抑制病灶的异常高频放电,又能抑制放电扩散。临床上,因具有广谱、高效、低毒和价廉等优点,常作为癫痫大发作的首选药物之一;对精神运动性发作有一定疗效,通常与苯妥英钠合用或交替使用;对癫痫小发作疗效差。本品是肝药酶诱导剂,不仅加速自身的代谢,还可加速其他多种药物的代谢,与其他药物联合用药时应注意相互影响。

常见不良反应为镇静、嗜睡、眩晕和共济失调等。

扑 米 酮

扑米酮(primidone,扑痫酮)在体内代谢成苯巴比妥和苯乙基丙二酰胺。曾认为此两种代谢产物是其抗癫痫作用的基础,但有报道认为扑米酮本身的抗癫痫机制更像苯妥英钠,具有独立的抗癫痫作用。扑米酮对局限性发作和大发作的疗效优于苯巴比妥;但对精神运动性发作的疗效不及卡马西平和苯妥英钠,因价格较贵,只用于其他药物不能控制的患者。常见的不良反应为镇静、嗜睡、眩晕和共济失调等,偶可发生巨幼细胞贫血、白细胞减少和血小板减少。用药期间注意检查血象,严重肝、肾功能不全者禁用。

丙 戊 酸 钠

丙戊酸钠(sodium valproate)口服吸收良好,生物利用度达 80% 以上。它能显著提高苯妥英钠、苯巴比妥、氯硝西泮和乙琥胺的血药总浓度和游离浓度。苯妥英钠、苯巴比妥、扑米酮和卡马西平能降低丙戊酸钠的血药浓度和抗癫痫作用。

丙戊酸钠抗癫痫作用机制与抑制电压敏感性 Na^+ 通道有关，也有人认为它能抑制 GABA 代谢酶，使脑内 GABA 积聚，还能提高谷氨酸脱羧酶活性，使 GABA 生成增多，提高突触后膜对 GABA 的反应性，实现突触后抑制作用，阻止病灶异常放电扩散，达到抗癫痫作用。

丙戊酸钠对各种类型的癫痫发作都有一定疗效。对失神小发作的疗效优于乙琥胺，但因丙戊酸钠有肝毒性，临床仍愿选用乙琥胺。对全身性肌强直-阵挛性发作有效，但作用强度不及苯妥英钠和卡马西平。对非典型小发作的疗效不及氯硝西泮。对精神运动性发作的疗效近似卡马西平。对其他药物未能控制的顽固性癫痫有时可能奏效，对大发作合并小发作时可作为首选药物。不良反应较轻。偶见有肝损害，表现为谷草转氨酶升高，少数有肝炎发生，个别肝功能衰竭而死。儿童耐受性较好。对胎儿有致畸作用，常见脊椎裂，孕妇禁用。

乙 琥 胺

乙琥胺（ethosuximide）只对失神小发作有效，其疗效不及氯硝西泮，但不良反应较少，至今仍是防治小发作的首选药。本药对其他型癫痫无效，常见不良反应有嗜睡、眩晕、呃逆、食欲不振和恶心、呕吐等，偶见嗜酸粒细胞增多症和粒细胞缺乏症。严重者可发生再生障碍性贫血。有精神病史者用药可发生精神行为异常。表现为焦虑、抑郁、短暂的意识丧失、攻击行为、多动、精神不集中和幻听等，应慎用或禁用。

苯二氮䓬类

苯二氮䓬类（benzodiazepines，BDZs）中，地西泮、硝西泮、氟硝西泮等可用于癫痫治疗。其中地西泮缓慢静脉推注（1mg/min）是控制癫痫持续状态的首选药之一，起效快，安全性大，但偶可引起呼吸抑制。氟硝西泮对各型癫痫均有效，尤以对失神发作、肌阵挛性发作和不典型发作疗效为佳。硝西泮主要用于肌阵挛性发作、非典型发作和婴儿癫痫。

【小结】

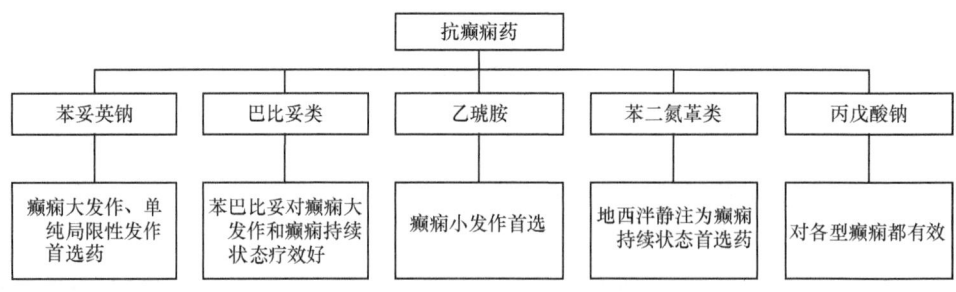

第三节 抗惊厥药

惊厥是中枢神经系统过度兴奋的一种症状，表现为全身骨骼肌不协调地强烈收缩。临床常见小儿高热、破伤风、癫痫大发作、子痫和中枢兴奋药中毒引起的惊厥发生。常用抗惊厥药包括硫酸镁、巴比妥类、苯二氮䓬类以及水合氯醛等。

硫 酸 镁

硫酸镁（magnesium sulfate）因给药途径不同而产生不同药理作用。外用热敷可消炎去肿;口服或将药液灌入十二指肠,刺激十二指肠黏膜分泌缩胆囊素引起胆囊收缩,促进胆道小结石排出,有利胆和泻下作用;注射则产生抗惊厥和降压作用。

【作用机制】 神经冲动传递和骨骼肌收缩均需 Ca^{2+} 参与。Mg^{2+} 与 Ca^{2+} 由于化学性质相似,可以特异地竞争 Ca^{2+} 受体,拮抗 Ca^{2+} 的作用,抑制神经化学传递和骨骼肌收缩,从而使肌肉松弛。与此同时,本药也作用于中枢神经系统,引起感觉和意识消失。

【不良反应】 过量时引起呼吸抑制、血压骤降甚至死亡。

【用药指导】

(1) 硫酸镁注射用药安全范围小,血镁过高可抑制延髓呼吸中枢和心血管运动中枢,引起呼吸抑制、血压下降和心搏骤停。

(2) 硫酸镁降压迅速强大,仅用于高血压危象和急进性高血压,不作常规降压药用。

(3) 临床用于利胆导泻时不要大剂量反复使用,易致水电解质紊乱。

(4) 反复连续注射可发生中毒,肌腱反射消失是呼吸抑制的先兆;若发生应立即停药并进行人工呼吸,缓慢注射氯化钙或葡萄糖酸钙进行对抗抢救。

【小结】

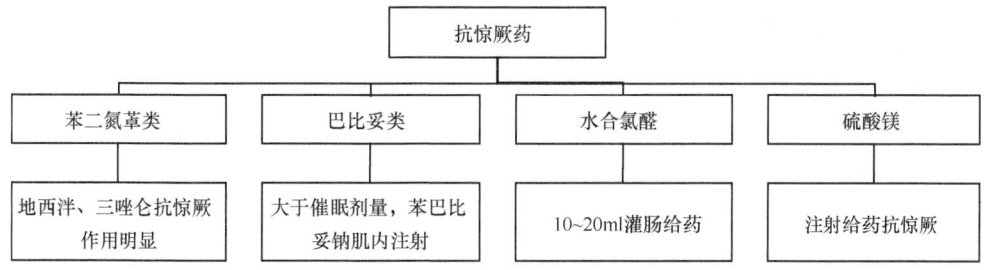

第四节 抗精神失常药

案例 4-2

患者,女,39 岁。性格内向腼腆,失恋后出现幻觉、思维破裂、妄想等症状,服用大剂量氯丙嗪,出现严重的低血压症状。

问题:

氯丙嗪引起的低血压可否使用肾上腺素来进行治疗?为什么?

精神失常是由多种原因引起精神活动障碍的一类疾病。治疗这类疾病的药物统称为抗精神失常药,根据临床用途,分为三类:①抗精神病药,能消除患者幻觉、妄想等症状,使患者理智恢复;②抗躁狂抑郁症药,主要用于治疗躁狂症和抑郁症;③抗焦虑药,主要用于对抗焦虑状态及改善睡眠。

一、常用抗精神失常药

(一) 抗精神分裂症药

精神分裂症的多巴胺学说认为精神分裂症的病因是由于脑内多巴胺神经系统的功能亢进。虽然还没有被公认,但是有不少的事实支持它。

脑内多巴胺神经通路主要如下。

1. 黑质—纹状体通路　与锥体外系的运动有关。

2. 中脑—边缘系统通路与中脑—额叶皮质通路　与精神活动、情感、行为有关。

3. 下丘脑结节—漏斗通路　与内分泌有关。

当抑制脑内的多巴胺能神经通路时可以有效减轻精神分裂的病症。

根据化学结构可将抗精神病药分为吩噻嗪类、硫杂蒽类、丁酰苯类和其他类。

1. 吩噻嗪类

氯 丙 嗪

氯丙嗪(chlorpromazine)又称冬眠灵(wintermin)，是吩噻嗪类的代表药，也是第一个疗效确切的抗精神分裂症药。

【体内过程】　口服或注射均易吸收，但吸收速度受剂型、胃内食物的影响，2~4h 血浆药物浓度达峰值，肌内注射吸收迅速，但因刺激性强应深部注射，其生物利用度比口服大 3~4 倍，这与口服具有首关消除有关。吸收后，约 90% 与血浆蛋白结合。氯丙嗪具有高亲脂性，易透过血脑屏障，脑组织中分布较广，以下丘脑、基底神经节、丘脑和海马等部位浓度最高，脑内浓度可达血浆浓度的 10 倍。氯丙嗪及其代谢物主要经肾排泄。不同个体口服相同剂量氯丙嗪后，血浆药物浓度相差可达 10 倍以上，因此，临床用药应个体化。氯丙嗪排泄缓慢，停药后 2~6 周，甚至 6 个月，尿中仍可检出，这可能是氯丙嗪脂溶性高，蓄积于脂肪组织的结果。

【药理作用及临床用途】　氯丙嗪主要对 DA 受体有阻断作用，另外也能阻断 α 受体和 M 受体等。因此，其药理作用广泛而复杂。

(1) 中枢神经系统

1) 镇静安定、抗精神病作用：正常人服用治疗剂量后，出现安定、镇静、感情淡漠和对周围事物不感兴趣，在安静环境中易诱导入睡，但易唤醒，醒后神志清楚。精神分裂患者用药后可迅速控制兴奋躁动症状；继续用药，可使幻觉、妄想、躁狂等症状逐渐消失，理智恢复，情绪安定，生活自理。氯丙嗪抗幻觉及抗妄想作用一般需连续用药 6 周至 6 个月才充分显效，且无耐受性，但连续用药后，安定及镇静作用则逐渐减弱，出现耐受性。

临床上主要应用氯丙嗪治疗各型精神分裂症，对急性患者疗效较好，但无根治作用，必须长期服用以维持疗效，减少复发。此外，也可用于治疗躁狂症及其他精神病伴有的兴奋、紧张及妄想等症状。

2) 镇吐作用：氯丙嗪有强大的镇吐作用，小剂量可抑制延脑催吐化学感受区(chemoreceptor trigger zone, CTZ)的 D_2 受体，对抗阿扑吗啡(多巴胺受体激动剂)等引起的呕吐；大剂量则直接抑制呕吐中枢。氯丙嗪对刺激前庭引起晕动病性呕吐无效，对顽固性呃逆有效，临床用于治疗多种疾病引起的呕吐，如癌症、放射病及某些药物引起的呕吐。

3) 调节体温作用：氯丙嗪抑制下丘脑体温调节中枢，使体温调节失灵，因而机体体温随环境温度变化而升降。氯丙嗪不仅降低发热患者体温，而且也能降低正常人体温。临床上辅以物理降温用于低温麻醉。若合用某些中枢抑制药，可使患者处于深睡、体温、代谢及组织耗氧量均降低的状态，称为人工冬眠疗法(冬眠合剂Ⅰ号：由氯丙嗪、异丙嗪各 50mg，哌替啶 100mg 及 5% 葡萄糖液 250ml 配成)。可用作严重感染、中枢性高热及甲亢危象等病症的辅助治疗。

4) 增强中枢抑制药的作用：氯丙嗪可增强麻醉药、镇静催眠药、镇痛药、乙醇等药物的作用，因此上述药物与氯丙嗪合用时应适当减量，以免加深对中枢神经系统的抑制。

5) 对锥体外系的影响:氯丙嗪阻断黑质—纹状体通路的 D_2 受体,导致胆碱能神经功能占优势。因而在长期大量应用时可出现锥体外系反应。

(2) 自主神经系统:氯丙嗪具有明显的 α 受体阻断作用,可翻转肾上腺素的升压效应,同时还能抑制血管运动中枢,并有直接舒张血管平滑肌的作用,因而扩张血管、降低血压。但反复用药降压作用减弱,故不适于高血压病的治疗。氯丙嗪尚可阻断 M 胆碱受体,但作用弱,无治疗意义。

(3) 内分泌系统:结节-漏斗处 DA 通路的主要功能是调控下丘脑某些激素的分泌。氯丙嗪可阻断该通路的 D_2 受体,减少下丘脑释放催乳素抑制因子,因而使催乳素分泌增加,引起乳房肿大及泌乳。乳腺癌患者禁用氯丙嗪,因其会抑制促性腺释放激素的分泌,使促卵泡激素和黄体生成素释放减少,引起排卵延迟;此外,能抑制促皮质激素和生长激素的分泌,后一作用可试用于治疗巨人症。

【不良反应】

(1) 一般不良反应:有嗜睡、无力、视物模糊、鼻塞、心动过速、口干、便秘等中枢神经及自主神经系统的不良反应。长期应用可致乳房肿大、闭经及生长减慢等。

(2) 锥体外系反应:长期大量应用氯丙嗪治疗精神分裂症时最常见的副作用,其发生率与药物剂量、疗程和个体因素有关。表现为:①帕金森综合征,出现肌张力增高、面容呆板(面具脸)、动作迟缓、肌肉震颤、流涎等。②急性肌张力障碍,多出现于用药后1~5天,由于舌、面、颈及背部肌肉痉挛,患者出现强迫性张口、伸舌、斜颈、呼吸运动障碍及吞咽困难。③静坐不能,患者出现坐立不安,反复徘徊。④迟发性运动障碍或迟发性多动症,是一种特殊而持久的运动障碍,较少见,表现为不自主、有节律的刻板运动,出现口、舌、颊三联征(BLM 综合征,表现为口唇及舌重复地、不可控制地运动,如吸吮、转舌、舔舌、咀嚼、撅嘴、鼓腮、歪颌、转颈等,有时舌头不自主地突然伸出口外,称为捕蝇舌征,严重时发音不清、吞咽障碍)。椎体外系反应前三种表现系因氯丙嗪阻断 DA 受体,使胆碱能神经功能增强所致,可用中枢胆碱受体阻断药苯海索缓解。迟发性运动障碍是一种少见的锥体外系症状,若早期发现及时停药可以恢复,应用中枢抗胆碱药反可使其症状加重。造成迟发性运动障碍的原因可能与氯丙嗪长期阻断突触后 DA 受体,使 DA 受体数目上调所致。

(3) 过敏反应:常见皮疹、光敏性皮炎。少数患者出现肝细胞内微胆管阻塞性黄疸,也有部分患者出现急性粒细胞缺乏,应立即停药,并用抗生素预防感染。

(4) 急性中毒:一次吞服超大剂量(1~2g)氯丙嗪后,可发生急性中毒,出现昏睡、血压下降甚至休克,并出现心动过速、心电图异常(P—R 间期或 Q—T 间期延长,T 波低平或倒置),应立即停药并进行对症治疗。

【用药指导】 本药需长期规律用药,且个体差异明显,应注意以下事宜。

(1) 建议采用个体化给药方案,从小剂量开始,口服给药轻度患者一天 300mg,中度患者一天 450~500mg,重度患者一天 600~800mg,一天 2~3 次。老年、儿童、体弱者开始用成人剂量的 1/3~1/2,以后酌情缓慢增加;症状控制后,应及时调整给药方案,确定合理给药剂量和疗程,以有效控制症状和降低不良反应为原则。因局部刺激性大,不宜皮下注射,静脉给药时应稀释后缓慢注射,避免引起血栓性静脉炎。

(2) 应向患者及家属解释发生锥体外系反应的原因和表现,合理配伍中枢抗胆碱药,提高用药依从性。建议定期检查肝肾等器官功能,如发生异常应及时停药,对症处理;为预防发生直立性低血压,注射或大剂量给药后应卧床休息 1~2 小时,避免热水浴或淋浴;在炎热环境中注意通风和散热,防止体温升高或中暑。

(3) 用药期间不宜从事如驾车等精密工作和危险作业;建议多饮水,多食用富含膳食纤维的食物,养成定时排便习惯,防止发生便秘和尿潴留。

(4) 本药易蓄积于脂肪组织,停药后数周乃至半年,尿中仍可检出其代谢产物,经肝生物转化后部分代谢产物仍有活性,且需经肾排泄,故肝肾功能不良者慎用或忌用,老年患者消除慢,宜减量。

(5) 与麻醉药、镇痛药、镇静催眠药及乙醇等中枢抑制药合用可产生明显的协同作用,合用时注意调整剂量;与镇痛药合用可有效缓解晚期癌症剧痛,但应警惕血压降低。

2. 硫杂蒽类 硫杂蒽类基本化学结构与吩噻嗪类相似,代表药物为氯普噻吨,此外还有替沃噻吨、珠氯噻醇等。

氯普噻吨

氯普噻吨(chlorprothixene),又名泰尔登(tardan)。抗幻觉、妄想作用较氯丙嗪弱,且有较弱镇静、抗抑郁、抗肾上腺素和抗胆碱作用。适用于伴有焦虑或焦虑性抑郁的精神分裂症、焦虑性神经症、更年期抑郁症等。主要不良反应为锥体外系反应。

3. 丁酰苯类

氟哌啶醇

氟哌啶醇(haloperidol)作用及作用机制与吩噻嗪类相似。抗精神病作用较强,镇静、降压作用弱。因抗躁狂、抗幻觉、妄想作用显著,常用于治疗以兴奋躁动、幻觉、妄想为主的精神分裂症及躁狂症。本药镇吐作用较强,用于多种疾病及药物引起的呕吐,对持续性呃逆也有效。锥体外系反应高达80%,常见急性肌张力障碍和静坐不能。大量长期应用可致心肌损伤。

氟哌利多

氟哌利多(droperidol)起效快,镇静作用明显,维持时间短,具有强大的镇吐及增强镇痛药镇痛作用等性能,临床上常与芬太尼配伍实施神经安定镇痛术,用于外科小手术及某些特殊检查等。

4. 其他类

氯氮平

氯氮平(clozapine)抗精神病作用较强,对其他药物无效的病例仍可有效,也适用于慢性精神分裂症。本药几乎无锥体外系反应,这可能与氯氮平有较强的抗胆碱作用有关,可引起粒细胞减少,应予以警惕。

利培酮

利培酮(risperidone)为一新型抗精神病药,除能拮抗多巴胺受体(D_2)外,尚可拮抗5-HT_2受体,但不拮抗胆碱受体。有良好的抗精神病作用,对精神分裂症患者的认知功能障碍和继发性抑郁均有治疗作用,而锥体外系等副作用较轻。

(二) 抗躁狂症药

躁狂症主要表现为情绪高涨、烦躁不安、活动过度、言语不能自制、联想敏捷伴有妄想等阳性行为亢奋。典型抗躁狂症药为碳酸锂,抗精神病药中的氯丙嗪、氟哌啶醇等和抗癫痫药中的卡马西平、丙戊酸钠等对躁狂症也有效。

碳 酸 锂

碳酸锂(lithium carbonate)是抗躁狂症的典型药。

【体内过程】 口服吸收快而完全,2~4h血药浓度达峰值,但通过血-脑屏障进入脑组织和神经细胞较慢。因此,锂盐显效较慢。本药主要自肾排泄,由肾小球滤过,在近曲小管与钠竞争重吸收,故增加钠摄入可促进其排泄,而缺钠或肾小球滤过减少时,可导致体内锂潴留,引起中毒。

【药理作用】

(1) 抗躁狂作用:治疗量锂盐对正常人精神活动几乎无影响,但对躁狂症发作者则有显著疗效,使言语、行为恢复正常。实验表明锂盐可抑制脑内NA及DA的释放,并促进其再摄取,使突触间隙NA浓度降低,而产生抗躁狂作用。

(2) 升高外周白细胞:对再生障碍性贫血、放疗、化疗引起的白细胞减少症及其他病理性、药源性白细胞减少均有一定的疗效。

【临床用途】 临床主要用于治疗躁狂症,对精神分裂症的兴奋躁动也有效,与抗精神病药合用疗效较好,可减少抗精神病药的剂量;同时抗精神病药还可缓解锂盐所致恶心、呕吐等不良反应。

【不良反应】 锂盐不良反应较多,有个体差异性。

(1) 一般不良反应:用药初期有恶心、呕吐、腹泻、疲乏、肌肉无力、肢体震颤、口干、多尿,常在继续治疗1~2周内逐渐减轻或消失。

(2) 蓄积中毒引起脑病综合征:锂盐中毒主要表现为中枢神经症状,如意识障碍、昏迷、肌张力增高、深反射亢进、共济失调、震颤及癫痫发作。

(3) 其他:尚有抗甲状腺作用,可引起甲状腺功能减退或甲状腺肿,一般无明显自觉症状,停药后可恢复。

【用药指导】

(1) 治疗躁狂症一般从小剂量开始,首日0.5g递增至一日0.9~1.8g,一日3~4次。建议将浓度控制在0.8~1.4mmol/L,随时监测体征以防中毒。一旦发生中毒应立即停药,无特效解救药,主要采取对症处理,并静脉注射生理盐水加速锂盐排泄。要注意低血钠症增加锂的蓄积引起中毒,故应保持钠盐正常摄入量。

(2) 锂盐有抗甲状腺作用,可出现碘缺乏性甲状腺肿大;可影响患者精神、体力活动和判断应急能力,故服药期间不宜从事精密工作或危险作业。此外,老年人或身体虚弱、严重心血管疾病、肾病、糖尿病、癫痫、脑损伤、帕金森病、严重脱水、尿潴留及使用利尿药者禁用。

(三) 抗抑郁药

案例4-3

患者,男,66岁,退休工人。近来出现情感低落、思维迟缓、意志活动减退、睡眠障碍,常闭门独居、疏远亲友、回避社交,偶有自杀念头。

问题:

1. 对该患者应选用何药治疗?
2. 三环类抗抑郁药的药理作用有哪些?

抑郁症是一种最常见的情感障碍性神经疾病,主要表现为情绪低落、悲观失望、社交恐惧、睡眠障碍等,严重者可出现自残或自杀行为。目前认为该病是由于脑内5-HT缺乏,并伴有 NA 不足所致。抗抑郁症药通过抑制脑内神经元对 NA 和 5-HT 的再摄取,提高突触间隙上述递质的浓度,促进突触传递功能,发挥抗抑郁作用。常用的抗抑郁症药分为三环类抗抑郁药、四环类抗抑郁药、5-HT 再摄取抑制药等。

1. 三环类

丙 咪 嗪

丙米嗪(imipramine)又名米帕明,为三环类抗抑郁药的代表药。口服吸收良好,但个体差异大。

【体内过程】 血药浓度于 2~8h 达峰值,血浆 $t_{1/2}$ 为 10~20h。广泛分布于全身各组织,以脑、肝、肾及心肌分布较多。主要在肝代谢,侧链 N 脱甲基转化为地昔帕明,后者有显著抗抑郁作用。丙米嗪及地昔帕明最终被氧化成无效的羟化物或与葡萄糖醛酸结合,自尿排出。

【药理作用】

(1) 中枢神经系统:正常人口服后出现困倦、头晕、口干、视物模糊等。若连续用药数天,以上症状加重,并出现注意力不集中,思维能力下降。相反,抑郁症患者连续服药后,情绪提高,精神振奋,出现明显抗抑郁作用。

(2) 自主神经系统:治疗量丙米嗪能阻断 M 胆碱受体,引起阿托品样作用。

(3) 心血管系统:治疗性丙米嗪可引起直立性低血压、心动过速、心电图异常等,此外对心肌有奎尼丁样作用。

【临床用途】 主要用于各型抑郁症的治疗。对内源性、反应性及更年期抑郁症疗效较好,而对精神分裂症的抑郁状态疗效较差。此外,本药也可用于治疗焦虑症、惊恐症和遗尿症。

【不良反应】 治疗量可出现口干、便秘、视物模糊、心悸等。神经系统方面表现为乏力、肌肉震颤。某些患者用药后可自抑制状态转为躁狂兴奋状态,剂量大时尤易发生。极少数患者出现皮疹、粒细胞缺乏及黄疸等过敏反应。

【用药指导】

(1) 本药起效缓慢,连续用药 2~3 周后才见效,故不作应急治疗药物应用;一般开始剂量一日 25mg,一日 3 次,如需要可渐增至 50mg,一日 3~4 次,严重者可增至一日 300mg。

(2) 因易导致尿潴留和眼压升高,故前列腺肥大、青光眼患者禁用;可引起胎儿畸形,孕妇禁用。

(3) 注意药物的相互作用:①苯妥英钠、保泰松、阿司匹林、东莨菪碱和吩噻嗪类药与本类药物竞争血浆结合蛋白,使本类药物血中游离浓度增加;②单胺氧化酶抑制药可减少 NA 的灭活,增加 NA 浓度,血压升高;③增强中枢抑制药的作用,合用时应注意。

阿 米 替 林

阿米替林(amitriptyline)抗抑郁作用与丙米嗪相似,但起效快,镇静和抗胆碱作用强,尚有抗焦虑作用。临床适用于各种抑郁症和抑郁状态,对伴有焦虑、不安的患者疗效更好。不良反应较丙米嗪少而轻,常见阻断 M 受体引起的口干、便秘、排尿困难、视物模糊等。青光眼、前列腺肥大、尿潴留及严重心脏病患者禁用。

多 塞 平

多塞平(doxepin)具有抗抑郁和抗焦虑双重作用,抗抑郁作用不及丙米嗪和阿米替林,但抗焦虑作用较强,尚具有较强的 M 受体阻断作用和抗组胺作用。本药适用于治疗抑郁症和焦虑症,亦可用于治疗消化性溃疡和慢性荨麻疹。常见不良反应有口干、视物模糊、便秘、尿潴留、头昏、恶心等。青光眼患者慎用。

2. 四环类

马 普 替 林

马普替林(maprotiline)能选择性抑制 NA 的再摄取,为广谱抗抑郁药,具有起效快,副作用小的特点。临床用于各型抑郁症,老年抑郁症患者尤为适用。

3. 5-HT 再摄取抑制剂

氟 西 汀

氟西汀(fluoxetine)与丙米嗪相当,具有抗抑郁和抗焦虑双重作用,疗效确切,使用方便,具有良好的耐受性和依从性。其作用机制为选择性抑制 5-HT 的再摄取。不良反应少,主要用于强迫症、神经性贪食症、惊恐障碍及神经衰弱等。

(四)抗焦虑药

焦虑症是一种以情绪焦虑为主的神经症,其主要表现是反复发作性惊恐或持续性精神紧张,常伴有自主神经功能紊乱。其症状包括紧张、忧虑、恐惧、心悸、头痛、失眠、多梦、消化不良等,临床将其分为广泛性焦虑障碍和惊恐障碍两种类型。常用的抗焦虑药除苯二氮䓬类、巴比妥类、三环类抗抑郁药外,尚有新型抗焦虑药丁螺环酮。

丁 螺 环 酮

丁螺环酮(buspirone)又名布斯哌隆,为 $5-Ht_{1A}$ 受体部分激动剂,能与 $5-Ht_{1A}$ 受体结合,同时还可增加蓝斑区去甲肾上腺素细胞的放电,故产生抗焦虑作用;本药也能降低 5-HT 受体的敏感性,而具有抗抑郁作用。本药无明显镇静、催眠及肌肉松弛作用,反复使用也无躯体依赖性,可用于各型焦虑症。常见不良反应有头晕、头痛、恶心、烦躁、失眠等。

二、精神失常的药物治疗学基础

抗精神病药自 20 世纪 50 年代问世以来发展很快,已有近百种药物用于临床,给精神医学带来巨大变化,使许多精神疾病患者得到痊愈或为其康复创造了条件。但由于很多精神疾病的病因未明,目前采用的药物治疗或其他疗法也均属对症治疗范畴。

【治疗原则】 抗精神病的药物治疗应遵循尽早、足量、足疗程、个体化用药原则。

(1)急性期:一般要在 2 周内达有效剂量,直到症状控制,一般至少 4~8 周。本期的治疗目标是尽力减轻和缓解急性症状,重建和恢复患者的社会功能。

(2)恢复期:主要是巩固治疗,继续应用有效剂量至少 6 个月。本期的治疗目的是减少对患者的应激,降低复发可能性和增强患者适应社会生活的能力。

(3)稳定期:采取维持治疗,其剂量通常比有效剂量低,停药时应缓慢逐渐减量直至停用。稳定期患者的维持治疗可提高缓解率,促进社会、个体功能康复。稳定期治疗无统一期限,多数患者需要无限期或终身治疗。

精神疾病的发生和发展与具体的生物、心理、社会因素密切相关,因此在治疗上应综合考虑,给予生物学治疗措施(如药物治疗或抽搐治疗)、心理学治疗措施(如精神治疗或行为治疗)、社会学治疗措施(如家庭治疗和环境治疗)才符合现代的生物-心理-社会医学模式。同时每个患者的生理情况、心理素质及其所处的社会环境各不相同,即使诊断相同,也要因人而异,为每一具体患者制订出具体的治疗方案,并根据治疗中病情的变化及时调整治疗方案。

【合理用药指导】

(1) 治疗精神疾病的药物主要作用于边缘系统、间脑和脑干,对觉醒的影响较少,能选择性地对抗各类精神症状。

(2) 本类药物不良反应多且常见,应尽量单一用药。一般来说,用药剂量大,效价相对低的药物(如氯丙嗪等)镇静作用强,对心、肝、肾等脏器的毒性作用较大,锥体外系反应相对小;而低剂量、高效价的药物如奋乃静、氟奋乃静等则相反,锥体外系反应相对强。

(3) 具体选药时应注意:①明确诊断、辨别主要精神症状合理选用药物;②参考既往史,如用药史、药敏史、疾病史等制订用药方案;③详细躯体和神经系统检查,以排除器质性疾病,并可于治疗中对照。

【小结】

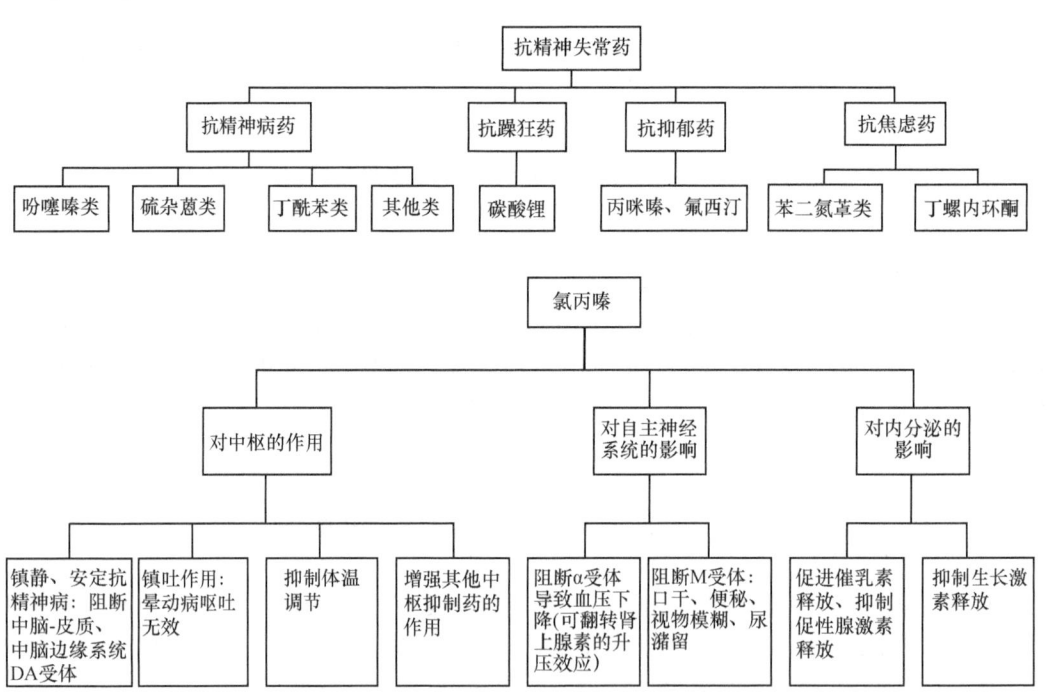

第五节 治疗中枢神经退行性疾病的药物

案例 4-4

患者,男,55 岁。经过认真检查,根据患者的肢体颤动、面部表情、行走姿态、少动等表现,做了 MRI(磁共振成像)检查后,诊为帕金森病。病史发现该患者有精神病史,长期使用氯丙嗪控制病情,其后逐渐出现帕金森综合征。

问题:

用拟多巴胺药物是否合适,为什么?如果不恰当,应该使用何种药物治疗?

一、抗帕金森病药

帕金森病又称震颤麻痹。临床主要症状为进行性运动徐缓、肌强直及震颤,此外尚有知觉、识别及记忆障碍等症状。

帕金森病患者病变在黑质,多巴胺合成减少,使纹状体内多巴胺含量降低,造成黑质—纹状体通路多巴胺能神经功能减弱,而胆碱能神经功能相对占优势,因而产生帕金森病的种种症状。

上述理论说明该病可从两个方面着手治疗,一方面使用胆碱受体阻断药降低胆碱能神经功能;另一方面增强脑内多巴胺神经功能。

老年性血管硬化、脑炎后遗症及长期服用抗精神病药等均可引起类似帕金森病的症状,称为帕金森综合征,其药物治疗与帕金森病相似。

抗帕金森病药分为中枢拟多巴胺药和中枢胆碱受体阻断药两类。

(一)中枢拟多巴胺类药

1. 多巴胺前体药

左旋多巴

左旋多巴(levodopa)又称 L-多巴(L-dopa),为酪氨酸的羟化物,在体内是左旋酪氨酸合成儿茶酚胺的中间产物。

【体内过程】 口服左旋多巴后,从小肠迅速吸收,0.5~2h血药浓度达峰值,血浆 $t_{1/2}$ 为 1~3h。吸收后,首次通过肝时大部分即在脱羧酶的作用下转变成多巴胺,也有相当部分在肠、心、肾中被脱羧生成多巴胺。而多巴胺又不易透过血-脑屏障,因此进入中枢神经系统的左旋多巴不到用量的1%。

【药理作用及临床用途】

(1)抗帕金森病:左旋多巴在脑内转变为多巴胺,补充纹状体中多巴胺的不足,因而具有抗帕金森病的疗效。

用左旋多巴治疗后,约75%的患者获得较好疗效。治疗初期疗效更显著。左旋多巴的作用特点是:①对轻症及较年轻患者疗效较好,而重症及年老衰弱患者疗效差。②对肌肉僵直及运动困难疗效较好,而对肌肉震颤症状疗效差,如长期用药及较大剂量对后者仍可见效。③作用较慢,常需用药2~3周才出现客观体征的改善,1~6个月以上才获得最大疗效,但作用持久,且随用药时间延长而递增。

(2)治疗肝昏迷(肝性脑病):左旋多巴能在脑内转变为去甲肾上腺素,对抗因肝功能衰竭引起的中枢神经冲动传导障碍,恢复正常神经功能活动,使患者意识清醒。因不能改善肝功能,作用只是暂时性的。

【不良反应】 左旋多巴的不良反应较多,因其在外周转变为多巴胺所致。

(1)胃肠道反应:治疗初期约80%的患者出现恶心、呕吐、食欲减退等。用量过大或加量过快更易引起,继续用药可以消失。偶见溃疡出血或穿孔。

(2)心血管反应:治疗初期,约30%的患者出现轻度直立性低血压,原因未明。少数患者头晕,继续用药可减轻。多巴胺对β受体有激动作用,可引起心动过速或心律失常。

(3) 不自主异常运动：为长期用药所引起的不随意运动,多见于面部肌群,如张口、咬牙、伸舌、皱眉、头颈部扭动等,也可累及肢体或躯体肌群,偶见喘息样呼吸或过度呼吸。另外还可出现"开—关现象",患者突然多动不安(开),而后又出现全身性或肌强直性运动不能(关),严重妨碍患者的正常活动。疗程延长,发生率也相应增加。此时宜适当减少左旋多巴的用量。

(4) 精神障碍：出现失眠、焦虑、噩梦、狂躁、幻觉、妄想、抑郁等,需减量或停药。此反应可能与多巴胺功能在中枢神经系统相对亢进有关。

【用药指导】

(1) 提示医生和患者避免与维生素 B_6 合用,后者是多巴胺脱羧酶的辅基,可加速左旋多巴在外周的代谢,使疗效降低,不良反应增多。非选择性单胺氧化酶抑制药可阻碍 DA 的失活,因而可加重外周副作用,甚至引起高血压危象,故禁与左旋多巴合用。

(2) 抗精神分裂症药如氯丙嗪等因阻断中枢 DA 受体,可对抗左旋多巴的作用,故氯丙嗪引起的帕金森综合征不能用左旋多巴来对抗。

2. 多巴胺神经递质促释药

金 刚 烷 胺

金刚烷胺(amantadine)原是抗病毒药,后发现其也有抗帕金森病的作用,疗效不及左旋多巴,但优于胆碱受体阻断药。本药见效快而持效短,用药数天即可获最大疗效,但连用6~8周后疗效逐渐减弱,与左旋多巴合用有协同作用。其抗帕金森病的机制可能在于促使纹状体中残存的完整多巴胺能神经元释放多巴胺；并能抑制多巴胺的再摄取；且有直接激动多巴胺受体的作用及较弱的抗胆碱作用。长期用药后,常见下肢皮肤出现网状青斑,可能是由儿茶酚胺释放引起外周血管收缩所致,偶致惊厥,故癫痫患者禁用。每日剂量超过300mg 可致失眠、精神不安及运动失调等。

3. 左旋多巴增效剂

卡 比 多 巴

卡比多巴(carbidopa)是较强的 L-芳香氨基酸脱羧酶抑制剂,由于不易通过血-脑屏障,故与左旋多巴合用时,仅能抑制外周多巴脱羧酶的活性,从而减少多巴胺在外周组织的生成,同时提高脑内多巴胺的浓度。这样,既能提高左旋多巴的疗效,又能减轻其外周的副作用,所以是左旋多巴的重要辅助药。卡比多巴单独应用基本无药理作用,将卡比多巴与左旋多巴按 1:10 的剂量合用,可使左旋多巴的有效剂量减少 75%。

4. 多巴胺受体激动药

溴 隐 亭

溴隐亭(bromocriptine)是一种半合成的麦角生物碱。口服大剂量对黑质—纹状体通路的多巴胺受体有较强的激动作用,其疗效与左旋多巴相似。小剂量选择性激动结节漏斗部的多巴胺受体,因此可减少催乳素的释放。本药用于产后回乳、治疗催乳素分泌过多症等。

(二) 中枢胆碱受体阻断药

苯 海 索

苯海索(trihexyphenidyl)又称安坦(artane),其外周抗胆碱作用为阿托品的 1/10~1/2。

抗震颤疗效好,但改善僵直及动作迟缓较差,对某些继发性症状如过度流涎有改善作用。不良反应似阿托品,对心脏的影响比阿托品弱,故应用较安全,但仍有口干、散瞳、尿潴留、便秘等副作用。闭角型青光眼、前列腺肥大者不宜使用。

二、治疗阿尔茨海默病药

阿尔茨海默病又称原发性老年痴呆,以进行性认知功能减退为主要临床表现。该病主要病理变化为脑萎缩,中枢神经区域神经元和神经突触明显减少或消失,与认知相关的区域如海马及相关皮质的改变更为明显。目前主要治疗药物为胆碱酯酶抑制药、M受体激动药和促进脑代谢的药物。

(一)胆碱酯酶抑制药

多奈哌齐

多奈哌齐(donepezil)为中枢性胆碱酯酶抑制药,可提高神经组织中乙酰胆碱的含量,改善阿尔茨海默病的症状如记忆力减退等有一定的治疗效果。

石杉碱甲

石杉碱甲(huperzine A)又称哈伯因,是我国科学家于1982年从中药千层塔中分离的一种新生物碱,属于可逆性胆碱酯酶抑制药,口服吸收良好,易通过血-脑屏障,拟胆碱作用强,主要用于改善阿尔茨海默病的记忆障碍以及衰老性记忆减退,并可改善认知情况。主要不良反应有激动、恶心、呕吐、腹泻、晕厥等。

(二)M受体激动药

占诺美林

占诺美林(xanomeline)能选择性激动M_1受体,易于通过血-脑屏障,可改善患者认知功能和行为控制能力,大剂量口服会出现胃肠道和心血管系统反应。

(三)促进脑代谢的药物

尼麦角林和茴拉西坦

尼麦角林(nicergoline)和茴拉西坦(aniracetam)能改善大脑血液循环,扩张脑血管,增加脑血流量和对葡萄糖的利用,促进脑代谢,改善大脑功能。

【小结】

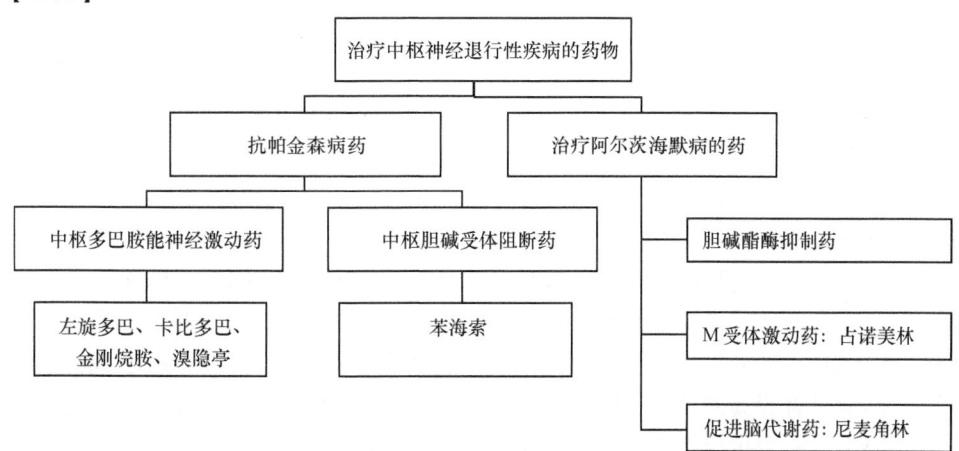

第六节 镇 痛 药

疼痛是多种疾病的症状,它使患者感受痛苦,尤其是剧痛,还可能引起生理功能紊乱,甚至休克。因此,适当地应用药物缓解疼痛,防止可能产生的生理功能紊乱是很必要的。但疼痛发生的原因不同,应区别不同情况选用不同药理作用的药物。另外,疼痛的性质与部位往往是诊断疾病的重要依据,因此对诊断未明的疼痛不宜先用药物止痛,以免掩盖病情,贻误诊断。

镇痛药是一类主要作用于中枢神经系统,通过激动阿片受体,选择性地消除或缓解痛觉,但不影响意识及其他感觉的药物。由于多数药物反复使用可导致依赖性,镇痛药又称为麻醉性镇痛药。

案例 4-5

患者,男,56岁。3年前诊断为冠心病。近1周来心前区疼痛发作频繁,今晨骑车上班途中,突然胸骨后压榨性剧痛,触电样向左臂内侧放射,舌下含化硝酸甘油不能缓解,出大汗,面色灰白,手足发凉。就诊医院时发现血压80/50mmHg,心电图显示室性期前收缩。用药情况:①吗啡每6小时皮下注射5mg,共4次,疼痛缓解;②静脉滴注2%利多卡因注射剂,维持24小时;③多巴胺静脉滴注,血压回升有尿后维持1天。

问题:
1. 吗啡用于此患者的目的是什么?
2. 在使用吗啡时应该注意哪些问题?

临床应用的镇痛药包括:①阿片生物碱类,如吗啡及可待因等;②人工合成镇痛药,如哌替啶、美沙酮和曲马朵等;③其他镇痛药,如奈福泮、罗通定等。

一、阿片生物碱类镇痛药

阿片(opium)为罂粟科植物罂粟未成熟蒴果浆汁的干燥物,含有20余种生物碱,从化学结构上可分为菲类和异喹啉类两大类型。前者如吗啡(含量9%~17%)和可待因(含量为0.3%~4%),具有镇痛作用;后者如罂粟碱,具有平滑肌松弛作用。

吗 啡

吗啡(morphine)是阿片中的主要生物碱,为阿片镇痛的主要成分。

【体内过程】 口服易自胃肠道吸收,由于其酚羟基的存在而导致首关消除明显,生物利用度低,故常用注射给药。血液中的吗啡约1/3与血浆蛋白结合。未结合型吗啡迅速分布于全身,仅有少量通过血-脑屏障,但已足以发挥中枢性药理作用。吗啡主要在肝内与葡萄糖醛酸结合而失效,其结合物及少量未结合的吗啡于24h内大部分自肾排泄。血浆 $t_{1/2}$ 为 2.5~3h。吗啡有少量经乳腺排泄,也可通过胎盘进入胎儿体内。

【药理作用】 吗啡主要作用于中枢神经系统、心血管系统及内脏平滑肌。

(1) 中枢神经系统

1) 镇痛、镇静作用:吗啡有强大选择性镇痛作用,皮下注射5~10mg即能明显减轻或消除疼痛,但意识及其他感觉不受影响。吗啡对各种疼痛都有效,而对持续性慢性钝痛的效力大于间断性锐痛。吗啡还有明显镇静作用,并能消除由疼痛所引起的焦虑、紧张、恐惧等情绪反应,因而显著提高对疼痛的耐受力。随着疼痛的缓解以及对情绪的影响,可出现欣快症。如外界安静,则可使患者入睡。大剂量(15~20mg)时镇痛镇静作用更明显。一次给药镇痛作用可持续4~5h。

2) 抑制呼吸：治疗量吗啡即可抑制呼吸，使呼吸频率减慢、潮气量降低；剂量增大，则抑制增强。急性中毒时呼吸频率可减慢至3~4次/分。吗啡可降低呼吸中枢对血液CO_2张力的敏感性，同时，对脑桥内呼吸调整中枢也有抑制作用。

3) 镇咳：本品直接抑制延髓咳嗽中枢，使咳嗽反射减轻或消失，但易成瘾，故不用于临床。

4) 其他中枢作用：吗啡兴奋中脑盖前核的阿片受体，可引起缩瞳，针尖样瞳孔为其中毒特征，有诊断意义；刺激延髓催吐感受区（CTZ）而致恶心、呕吐，还可促进催乳素和促生长激素的释放。

(2) 心血管系统：治疗量的吗啡对心率、心律及心肌收缩力无明显影响，但可扩张阻力血管及容量血管，引起直立性低血压；静脉给药较大剂量可使卧位血压下降。其降压作用是由于它使中枢交感张力降低，外周小动脉扩张；促进组胺释放导致血管扩张。吗啡抑制呼吸，使体内CO_2蓄积，引起继发性脑血管扩张和脑血流量增加，使颅内压增高。

(3) 平滑肌

1) 胃肠道：吗啡使胃肠道平滑肌和括约肌张力上升甚至痉挛，从而使胃排空和肠推进性蠕动减弱，又能抑制胃液、胆汁及胰液等消化液的分泌，使食物消化减慢，加之中枢抑制作用可使排便反射减弱等综合原因，起到止泻作用甚至引起便秘。

2) 胆道：吗啡能使胆道、输尿管、支气管平滑肌张力增加。治疗量吗啡引起胆道括约肌痉挛性收缩，使胆道排空受阻，胆囊内压力明显提高，可导致上腹不适甚至胆绞痛，应用阿托品可部分缓解。

3) 其他：吗啡对抗缩宫素对子宫平滑肌的兴奋作用，延缓产程，并抑制新生儿呼吸，故分娩期妇女禁用；还可提高膀胱括约肌和输尿管平滑肌张力，导致排尿困难和尿潴留；大剂量吗啡还能收缩支气管平滑肌，加重支气管哮喘。

(4) 免疫抑制作用：吗啡对机体细胞免疫和体液免疫都有抑制作用，这可能是吸毒患者易感染艾滋病、难治性结核病等的原因之一。

【临床用途】

(1) 镇痛：吗啡对各种疼痛都有效，但久用易成瘾。因此，临床上主要用于其他镇痛药无效时的急性锐痛，如严重创伤、烧伤、晚期癌症及手术引起的剧烈疼痛。吗啡用于剧烈的胆绞痛和肾绞痛时，因可导致平滑肌张力增强，必须与阿托品类解痉药合用；对于心肌梗死引起的疼痛，血压正常者方可使用。

(2) 心源性哮喘：左心衰竭的患者可出现急性肺水肿而引起气促和窒息感，称为心源性哮喘。此时除应用强心苷、氨茶碱及吸氧外，静脉注射小剂量吗啡可产生良好效果。其作用机制为吗啡抑制呼吸中枢，降低呼吸中枢对CO_2的敏感性，从而减弱了过度的反射性呼吸兴奋；同时吗啡可扩张外周血管而降低外周阻力，从而减轻心脏的前后负荷。此外，由于其镇静作用可减轻患者的焦虑、恐惧情绪，也间接地减少了心脏负担。但对伴有休克、昏迷、严重肺功能不全及痰多的患者禁用。

(3) 止泻：用于急、慢性消耗性腹泻的治疗，常用阿片酊或复方樟脑酊。

【不良反应】

(1) 副作用：治疗量可引起头晕、嗜睡、恶心、呕吐、便秘、排尿困难、胆内压升高，甚至胆绞痛、呼吸困难、直立性低血压等。

(2) 耐受性和依赖性:连续反复应用 1~2 周后,可产生耐受性及依赖性,一旦停药,即出现戒断症状,表现为兴奋、失眠、流泪、流涕、出汗、震颤、呕吐、腹泻,甚至虚脱、意识丧失等。若给予治疗量吗啡,则症状立即消失。吗啡耐受性与依赖性的产生主要由于神经组织对吗啡的适应性;吗啡戒断症状与蓝斑核异常放电有关。可乐定抑制蓝斑核放电可缓解吗啡戒断症状。成瘾者往往为追求欣快感及避免停药所致戒断症状的痛苦,常不择手段获取药品(称为"强迫性觅药行为"),危害极大,故此类药应按国家颁布的《麻醉药品管理条例》严格管理,控制使用。

(3) 急性中毒:药物过量时可致急性中毒,表现为昏迷、呼吸深度抑制、瞳孔极度缩小呈针尖样、发绀及血压下降,严重者死于呼吸麻痹。抢救措施:主要采取人工呼吸,使用中枢兴奋药尼可刹米,静脉注射阿片受体拮抗剂纳洛酮。

【用药指导】

(1) 本药易产生耐受性和依赖性,应严格掌握适应证,控制剂量和疗程,并且密切观察有无成瘾现象发生。要向患者进行药物依赖方面的宣教,介绍成瘾后给社会、家庭带来严重的危害,避免药物滥用。

(2) 镇痛时提倡口服给药(改良剂型),成人一次 8~30mg,皮下注射一次 10mg,视患者的镇痛反应及不良反应调整用量,可 4~6h 重复用药。静脉注射或肌内注射主要用于严重的术后疼痛、严重的心绞痛、肾或胆绞痛、心源性哮喘发作以及不宜全身麻醉或其他麻醉方法的小手术,同时应备纳洛酮和辅助呼吸设备。针尖样瞳孔是鉴别中毒反应的重要指征,且无耐受现象,应随时注意观察。

(3) 癌症患者的止痛应按照三级止痛原则,根据患者的病情和疼痛程度选择用药。同时要有规律地按时给药,提倡剂量个体化。

(4) 注意用药禁忌:①对未明确诊断的疼痛如急腹症,不应盲目止痛,以免掩盖病情,贻误诊断。②能通过胎盘屏障和乳汁,抑制胎儿和新生儿呼吸,故禁用于分娩期止痛和哺乳期妇女止痛。③支气管哮喘、肺心病、颅内压增高、颅脑损伤、新生儿、婴儿及肝功能严重减退者禁用。

可 待 因

可待因(codeine)又称甲基吗啡,口服后易吸收。可待因的镇痛作用约为吗啡的 1/12,镇咳作用为吗啡的 1/4,其抑制呼吸、镇静作用不明显,欣快作用和依赖性也较吗啡弱,仅属于限制性应用的麻醉药品。

临床上主要替代吗啡用于无痰干咳及剧烈频繁的咳嗽;也可用于中等程度疼痛的止痛,疗效好于解热镇痛药,与解热镇痛药合用有协同作用。久用可产生依赖性。

二、人工合成镇痛药

哌 替 啶

哌替啶(pethidine)又称杜冷丁(dolantin),为苯基哌啶衍生物,是临床常用的人工合成镇痛药,其结构虽与吗啡不同,但它仍具有与吗啡相同的基本结构。

【体内过程】 口服易吸收,皮下或肌内注射后吸收更迅速,起效更快,故临床常用注射给药。血浆蛋白结合率约 60%,主要在肝代谢为哌替啶酸及去甲哌替啶,再以结合型或游离型自尿排出。$t_{1/2}$ 约 3h。去甲哌替啶有中枢兴奋作用,中毒时发生惊厥可能与此有关。

【药理作用】

(1) 镇痛、镇静作用:镇痛效力比吗啡弱,仅为吗啡的 1/10~1/8。10%~20% 的患者用药后出现欣快感,依赖性发生较慢。有明显的镇静作用,可消除疼痛引起的紧张、焦虑等情绪。

(2) 抑制呼吸作用:与吗啡在等效镇痛剂量时,抑制呼吸的程度相等,但作用时间较短,对呼吸功能正常者影响不大,但对肺功能不良及颅脑损伤者则可危及生命。

(3) 心血管系统:治疗量可致直立性低血压,原因同吗啡。由于抑制呼吸,它也能使体内 CO_2 蓄积,脑血管扩张而致颅内压升高。

(4) 兴奋平滑肌:能中度提高胃肠道平滑肌及括约肌张力,减少推进性蠕动,但因作用时间短,故不引起便秘,也无止泻作用;能引起胆道括约肌痉挛,提高胆道内压力,但比吗啡弱。治疗量对支气管平滑肌无影响,大剂量则引起收缩。对妊娠末期子宫,不对抗缩宫素兴奋子宫的作用,故不延长产程。

(5) 其他:能兴奋延髓催吐化学感受区,并增强前庭器官的敏感性,故用药后易致眩晕、恶心、呕吐。

【临床用途】

(1) 镇痛:因其依赖性比吗啡形成的慢且弱,故在临床上常用。哌替啶对创伤、烧伤、手术及晚期癌症等各种剧痛都有效。但对慢性钝痛则不宜使用,因仍有依赖性。新生儿对哌替啶抑制呼吸作用极为敏感,故产妇于临产前 2~4h 内不宜使用。

(2) 麻醉前给药及人工冬眠:哌替啶的镇静作用可消除患者手术前紧张、恐惧情绪,减少麻醉药用量,并缩短诱导期;与氯丙嗪、异丙嗪合用组成冬眠合剂用于人工冬眠疗法。

(3) 心源性哮喘:可替代吗啡用于心源性哮喘。

【不良反应】

(1) 副作用:治疗量哌替啶与吗啡相似,对延脑 CTZ 有兴奋作用,并能增加前庭器官的敏感性,可致眩晕、出汗、口干、恶心、呕吐、心悸及因直立性低血压而发生晕厥等。

(2) 耐受性和依耐性:久用也可成瘾。较吗啡轻,但仍需控制使用。

(3) 急性中毒:剂量过大可明显抑制呼吸。偶可引起类似阿托品的中毒症状,如瞳孔散大、震颤、反射亢进、谵妄甚至惊厥,与其代谢产物去甲哌替啶有关。中毒解救时纳洛酮能对抗呼吸抑制,但不能缓解惊厥,故因配合抗惊厥药。

【用药指导】

(1) 本药多为注射剂,但有局部刺激性,不宜做皮下注射,应采用深部肌注或静脉注射,一次 50~100mg。极量为一次 150mg,一日 600mg。

(2) 氯丙嗪、异丙嗪、三环类抗抑郁药可加重本药的呼吸抑制,合用时注意调整剂量。因新生儿对哌替啶抑制呼吸作用极为敏感,故用于分娩止痛时,临产前 2~4h 不宜使用。

芬 太 尼

芬太尼(fentanyl)为短效镇痛药,镇痛效力约为吗啡的 100 倍。本药显效快,作用时间短,属短效镇痛药,可用于各种剧痛。与全身麻醉药或局部麻醉药合用,可减少麻醉药用量。镇痛时一次 0.05~0.1mg,皮下或肌内注射;与氟哌啶醇合用有安定镇痛作用,小量分次静脉注射,总量氟哌啶醇 10~20mg,本药为 0.2mg。

不良反应有眩晕、恶心、呕吐及胆道括约肌痉挛。大剂量产生明显肌肉僵直,纳洛酮能有效对抗。静脉注射过速易抑制呼吸。禁用于支气管哮喘、颅脑肿瘤或颅脑外伤引起昏迷的患者以及2岁以下小儿。本药依赖性小。

美 沙 酮

美沙酮(methadone)有左旋体及右旋体。左旋体较右旋体效力强8~50倍。常用其消旋体。药理作用与吗啡相似,口服与注射给药同样有效。其镇痛作用强度和持续时间与吗啡相当。耐受性与依赖性发生较慢,戒断症状略轻,且易于治疗。抑制呼吸、缩瞳、引起便秘及升高胆道内压力都较吗啡轻。本药适用于各种原因所致剧痛,也可用于吗啡和海洛因成瘾脱毒时的替代品,故有"美沙酮疗法"。

不良反应表现为恶心、呕吐、口干、嗜睡、便秘及直立性低血压;反复用药可致蓄积,且个体差异较大,故应在连续用药期间根据患者的反应调整剂量;皮下注射对局部有刺激,可致疼痛与硬结,故宜肌内注射。

喷 他 佐 辛

喷他佐辛(pentazocine)为阿片受体的部分激动剂。镇痛效力较吗啡弱,呼吸抑制作用约为吗啡的1/2。增加剂量其镇痛和呼吸抑制作用并不成比例增加。对胃肠道平滑肌作用与吗啡相似,但对胆道括约肌作用较弱。大剂量可引起血压上升,心率加快,可能与升高血浆中儿茶酚胺有关。因药物依赖性小,属非麻醉药品管理范畴。本品适用于各种慢性疼痛。

曲 马 朵

曲马朵(tramadol)镇痛作用强度与喷他佐辛相似。口服易于吸收,生物利用度约90%,$t_{1/2}$约6h。不良反应和其他镇痛药相似,偶有多汗、头晕、恶心、呕吐、口干、疲劳等。治疗量不抑制呼吸,也不影响心血管功能,不产生便秘等副作用。本药适用于中度及重度急、慢性疼痛及外科手术,不宜用于轻度疼痛,长期应用也可能成瘾。

二氢埃托啡

二氢埃托啡(dihydroetorphine)为我国生产的强镇痛药。其镇痛效力是吗啡的12 000倍。用量小,一次20~40μg。口服无效,多采用舌下或注射给药,镇痛作用短暂,仅2h左右。本药主要用于各种剧痛和晚期癌症疼痛,特别是哌替啶、吗啡等治疗无效者。小剂量间断用药不易产生耐受性,而大剂量持续用药则易出现耐受性和依赖性,但较吗啡轻。本药常用于镇痛或吗啡类毒品成瘾者的戒毒。

三、非麻醉性镇痛药

延胡索乙素

延胡索乙素(tetrahydropalmatine)是从罂粟科植物延胡块茎中提取的生物碱,有镇痛作用。它是消旋四氢帕马丁,有效部分为左旋体,即罗通定(rotundine)又名颅痛定。

罗通定口服吸收良好,镇痛作用较解热镇痛药强。研究证明其镇痛作用与脑内阿片受体无关。对慢性持续性钝痛效果较好,对创伤或手术后疼痛或晚期癌症的止痛效果较差。本药可用于治疗胃肠及肝胆系统等内科疾病所引起的钝痛、一般性头痛及脑震荡后头痛等,也可用于痛经及分娩止痛,对产程及胎儿均无不良影响。

四、阿片受体拮抗剂

纳 洛 酮

纳洛酮(naloxone)为阿片受体的完全拮抗剂,口服吸收良好,首关消除明显,常采取注射给药。其对正常人体并无明显药理效应及毒性,但对吗啡中毒者,小剂量(0.4~0.8mg)肌内或静脉注射能迅速翻转吗啡的作用,1~2min 就可消除呼吸抑制现象,增加呼吸频率。对吗啡成瘾者可迅速诱发戒断症状,表明纳洛酮在体内与吗啡竞争同一受体。临床适用于阿片受体激动药的急性中毒,解救呼吸抑制及其他中枢抑制症状,可使昏迷者迅速复苏。纳洛酮也适用于休克、酒精中毒及脑卒中。因 $t_{1/2}$ 较短(0.5~1h),需多次给药维持疗效。

【小结】

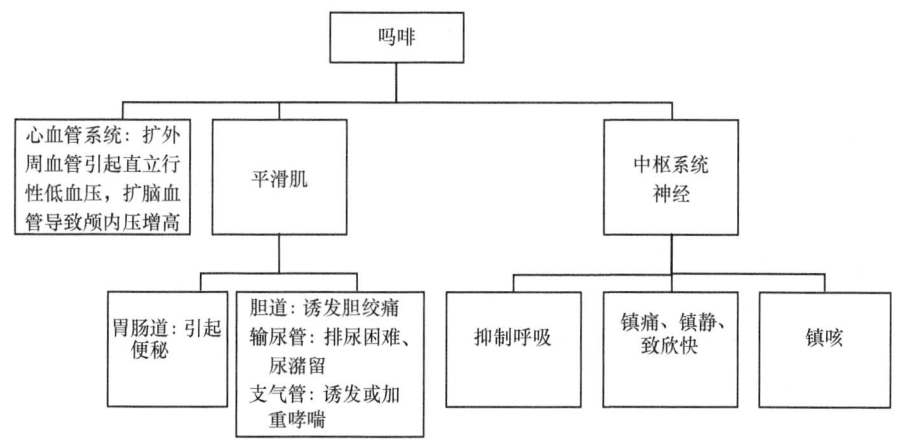

第七节 解热镇痛抗炎药

一、解热镇痛抗炎药的药理作用及作用机制

解热镇痛抗炎药是一类具有解热、镇痛,而且大多数还有抗炎、抗风湿作用的药物。由于本类药物的化学结构和抗炎作用机制与肾上腺皮质激素不同,故亦称非甾体抗炎药(non-steroidal anti-inflammatory drugs,NSAIDs)。

本类药物尽管其化学结构各异,但它们大多数都能抑制体内前列腺素(prostaglandins,PGs)的合成。目前对本类药物的解热、镇痛和抗炎、抗风湿等药理作用及某些共同具有的不良反应(如胃肠道反应、肾脏损害、凝血障碍、诱发哮喘等)均可用这一作用机制来解释。

PGs 广泛存在于人体的各种重要组织和体液中,大多数细胞均有合成 PG 的能力。PGs 是一类具有高度生物活性的物质,参与机体发热、疼痛、炎症、速发型过敏等多种生理、病理过程。PGs 的前体是花生四烯酸(AA),AA 源于食物,吸收后以磷脂的形式存在于细胞膜中。当细胞受到刺激时,细胞膜上的磷脂酶被激活,使其释放花生四烯酸。游离的花生四烯酸分别通过环氧化酶(COX)和 5-脂氧化酶途径,进一步代谢成 PGs、血栓素(TXA_2)和白三烯(LT)。解热镇痛抗炎药抑制 COX 的活性,从而阻止了 PGs 的合成。

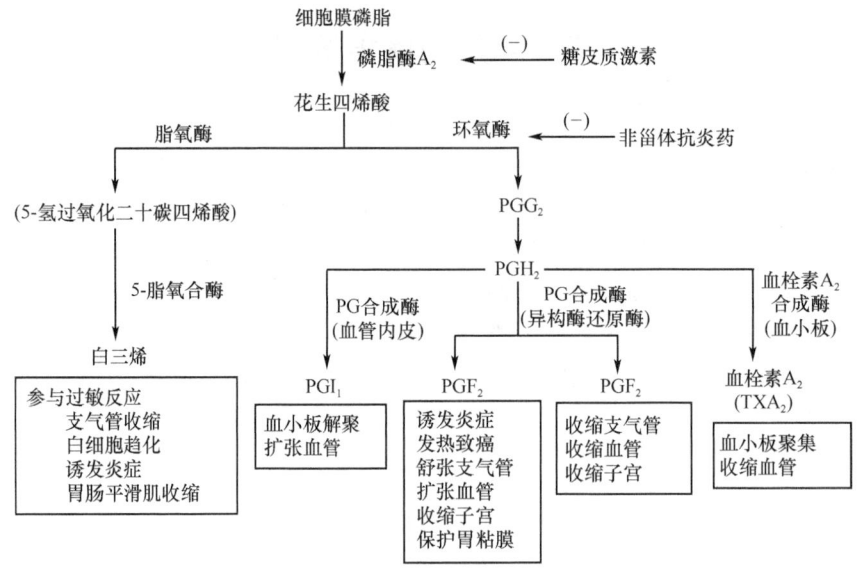

图 4-1 膜磷脂生成物质的生物活性及解热镇痛抗炎药的作用部位示意图

1. 解热作用 本类药物能降低发热患者的体温,对正常人体温几乎无影响。人体的体温靠下丘脑的体温调节中枢控制。病原体及其毒素(外源性致热原)等与血液中的粒细胞、单核细胞及组织中的巨噬细胞等相互作用产生内源性致热原(内热原),此物质进入中枢神经系统可导致中枢合成和释放 PG 增多,使体温调定点上移,此时产热增加、散热减少,引起机体发热。治疗剂量的解热镇痛抗炎药,通过抑制中枢内前列腺素的合成,使体温调定点恢复正常,此时散热过程增强(如体表血管扩张、出汗增多),体温渐至正常。

2. 镇痛作用 本类药物有中等程度的镇痛作用,对慢性钝痛如牙痛、头痛、神经痛、肌肉痛、关节痛及月经痛等均有较好的镇痛效果,而对创伤性剧痛和内脏平滑肌痉挛引起的绞痛则几乎无效。常用量不会引起精神或情绪改变,也无镇静、催眠等副作用,长期应用不产生耐受性和依赖性,也不抑制呼吸。

镇痛作用部位主要在外周神经系统,当组织受到损伤、发生炎症或过敏反应时,局部就可能产生或释放一些致痛的化学物质如缓激肽、组胺、5-羟色胺及前列腺素等,作用于痛觉感受器引起疼痛。PGs 本身致痛作用较弱,但它可使痛觉感受器对组胺、缓激肽等致痛物质的敏感性提高,因而增强这些物质的致痛作用(即痛觉增敏)。解热镇痛抗炎药抑制炎症局部 PGs 合成,因而有镇痛作用。

3. 抗炎和抗风湿作用 本类药物除苯胺类外,其他均有较强的抗炎和抗风湿作用。在发生炎症反应时,组织会产生许多致炎物质,如组胺、5-羟色胺、缓激肽及前列腺素等。其中前列腺素是重要的致炎物质,它可使局部血管扩张,毛细血管通透性增加,同时也能对其他致炎物质产生增敏作用。大量前列腺素还可促使白细胞外渗,从而导致局部组织红、肿、热、痛等炎症病理改变。解热镇痛抗炎药的抗炎作用主要是抑制前列腺素合成,消除它对致炎物质的增敏作用。另外,大剂量也能稳定溶酶体膜,抑制溶酶体酶的释放而起到消炎作用。这类药物的抗风湿作用除了解热、镇痛等因素外,主要在于抗炎。

二、常用解热镇痛抗炎药

本类药物大多为有机酸类,种类繁多,目前多按照其对环氧酶选择性不同分为非选择性COX抑制药和选择性COX-2抑制药。而非选择性COX抑制药按化学结构又可分为水杨酸类、苯胺类、吡唑酮类及其他类。

(一) 非选择性环氧化酶抑制药

1. 水杨酸类

阿 司 匹 林

阿司匹林(aspirin)又称乙酰水杨酸。

【体内过程】 口服后,小部分在胃、大部分在小肠吸收。1~2h血药浓度达峰值。在吸收过程中与吸收后,迅速被胃黏膜、血浆、红细胞及肝中的酯酶水解为水杨酸,水解后以水杨酸盐的形式迅速分布至全身组织,也可进入关节腔及脑脊液,并可通过胎盘。水杨酸与血浆蛋白结合率高,可达80%~90%。水杨酸经肝药酶代谢,大部分代谢物与甘氨酸结合,少部分与葡萄糖醛酸结合后自肾排泄。碱性尿中,水杨酸盐解离增多,再吸收减少而排出增多;尿呈酸性时则相反。故同时服用碳酸氢钠可促进其排泄,降低其血浓度。

【药理作用及临床用途】

(1) 解热镇痛及抗炎、抗风湿:有较强的解热、镇痛作用,常与其他药配成复方,用于头痛、牙痛、肌肉痛、神经痛、痛经及感冒发热等;抗炎、抗风湿作用也较强,可使急性风湿热患者于24~48h内退热,关节红、肿及疼痛缓解,血沉下降,患者主观感觉好转。由于控制急性风湿热的疗效迅速而确实,故也可用于鉴别诊断。对类风湿关节炎也可迅速镇痛,消退关节炎症,减轻关节损伤,目前仍是首选药。

(2) 抑制血栓形成:小剂量阿司匹林能使PGs合成酶(环加氧酶)活性部位的丝氨酸乙酰化而失活,因而减少血小板中血栓素(TXA_2)的生成,从而抑制血小板聚集,阻止血栓形成,临床上可用于预防手术后血栓形成及防治冠状动脉和脑血管栓塞性疾病。但在大剂量时,阿司匹林也能抑制血管壁中PGs合成酶的活性,减少前列腺素(prostacyclin,PGI_2)的合成。PGI_2是TXA_2的生理对抗剂,它的合成减少可促进凝血及血栓形成。因此,宜采用小剂量阿司匹林防治血栓性疾病。

(3) 其他:临床上还可用本药治疗胆道蛔虫病,一般当阵发性绞痛停止24h后停药并常规驱虫;另外还可用于治疗X线照射或放疗引起的腹泻;粉剂可外用治疗足癣,儿科用于治疗小儿皮肤黏膜淋巴综合征(川崎病)等。

【不良反应】 小剂量或短期使用时不良反应较少;长期大量应用则不良反应较多。

(1) 胃肠道反应:最为常见,口服可直接刺激胃黏膜,引起上腹不适、恶心、呕吐。血药浓度高则刺激延脑催吐化学感应区(CTZ),也可致恶心及呕吐。较大剂量口服(抗风湿治疗)可引起胃溃疡及不易察觉的胃出血(无痛性出血);原有溃疡者,症状加重。

(2) 凝血障碍:一般剂量阿司匹林就可抑制血小板聚集,延长出血时间。大剂量(5g/d以上)或长期服用,还能抑制凝血酶原形成,引起凝血障碍。

(3) 过敏反应:少数患者可出现荨麻疹、血管神经性水肿、过敏性休克。某些哮喘患者服用阿司匹林或其他解热镇痛药后可诱发哮喘,称为"阿司匹林哮喘",它不是以抗原-抗体反应为基础的过敏反应,而与它们抑制PG生物合成有关。因PG合成受阻,而由花生四烯酸生成的白三烯及其他脂氧酶代谢产物增多,内源性支气管收缩物质居于优势,导致支气管痉挛,诱发哮喘。

(4) 水杨酸反应:阿司匹林剂量过大(5g/d)时,可出现头痛、眩晕、恶心、呕吐、耳鸣、视力和听力减退,总称为水杨酸反应,是水杨酸类中毒的表现。严重者可出现过度呼吸、酸碱平衡失调,甚至精神错乱。

(5) 瑞夷(Reye)综合征:据报道患病毒性感染(如水痘)伴有发热的10岁左右的儿童或青年服用阿司匹林后有发生瑞夷综合征的危险,表现为严重肝功能损害合并脑病,虽少见,但可致死。

【用药指导】

(1) 本药因剂量不同产生的作用也不同。小剂量(一次75~150mg,每日1次),用来预防心肌梗死、动脉血栓、动脉粥样硬化(常用肠溶片),中等剂量(一次0.3~0.6g,每日3次),用来解热镇痛。病毒感染患儿禁用本药,常用对乙酰氨基酚代替治疗。解热时嘱患者多补充水、电解质,避免因出汗过多引起的水、电解质紊乱或虚脱;大剂量(一次0.6~1g,每日3~4g)用来抗风湿,因容易出现胃肠不良反应,常需嚼碎口服、饭后服药,与氢氧化铝或胃舒平合用减少对胃刺激,同时应避免酒后服用,活动性溃疡患者禁用;因易引起凝血障碍往往同服维生素K预防,严重肝病、维生素K缺乏症、近期脑出血病史、血友病患者等禁用;哮喘、鼻息肉及慢性荨麻疹患者慎用;因有引起胎儿异常报道,故妊娠期妇女避免服用。

(2) 用药过程中应密切观察病情。体温降至正常、疼痛发作次数明显减少、持续时间明显缩短、炎症症状得到控制说明本药起效,应停用或调整治疗方案,术前1周应停用本药物。注意阿司匹林与双香豆素类抗凝血药、磺酰脲类降血糖药等合用时,可增强其作用及毒性,易引起出血、低血糖反应;与甲氨蝶呤、青霉素、呋塞米等药合用时,增强其毒性;与糖皮质激素类药物合用,易诱发溃疡,加重胃肠道出血。

(3) 用药后若出现过敏或严重不良反应应立即停药,阿司匹林哮喘应采用糖皮质激素和抗组胺药治疗;一旦出现瑞夷综合征相关症状,可静脉滴注碳酸氢钠碱化尿液,加速其排泄,同时采取相应对症治疗措施。

2. 苯胺类

对乙酰氨基酚

对乙酰氨基酚(acetaminophen)又名扑热息痛,是非那西丁的体内代谢产物,二者都是苯胺衍生物,具有相同的药理作用,因非那西丁毒性大,已不单独应用。对乙酰氨基酚的解热镇痛作用缓和持久,强度类似阿司匹林,但其抗炎、抗风湿作用很弱,无实际疗效。常用于感冒发热、头痛、关节痛、神经痛及阿司匹林不能耐受或过敏的患者。一次0.3~0.6g,每日不超2g,疗程不超10日。

本药起效缓慢而作用持久,治疗量不良反应少,长期反复应用可致药物依赖性。剂量过大可引起肝脏损害,一次过量(成人10~15g)服用引起急性中毒,可致肝坏死;3岁以下儿童及新生儿因肝肾功能发育不全,应避免使用。

3. 吡唑酮类

保 泰 松

保泰松(phenylbutazone)又名布他酮,抗炎、抗风湿作用强而解热镇痛作用较弱,临床主要用于风湿性及类风湿性关节炎、强直性脊柱炎。较大剂量可减少肾小管对尿酸盐的再吸收,故可促进尿酸排泄,可用于急性痛风。本药不良反应发生率低,剂量过大可致消化性溃疡,长期应用应定期检查血象。

4. 其他类

吲哚美辛

吲哚美辛(indomethacin)又名消炎痛,为人工合成的吲哚衍生物。口服吸收迅速、良好,血浆蛋白结合率约90%,主要在肝代谢;代谢物从尿、胆汁、粪便排泄,10%~20%以原形排泄于尿中。

吲哚美辛是最强的PGs合成酶抑制药之一,有显著抗炎及解热作用,对炎性疼痛有明显镇痛效果。但不良反应多,故仅用于其他药物不能耐受或疗效不显著的病例,如急慢性风湿性关节炎、关节强直性脊椎炎、骨关节炎、恶性肿瘤引起的发热及其他难以控制的发热。

不良反应主要为恶心、呕吐等胃肠道反应;头痛、眩晕、精神失常等中枢神经系统反应;偶见造血功能抑制、肝损伤和过敏反应。多数反应与剂量过大有关,用药时应注意加强用药监护,采取栓剂、缓释片或同服抗溃疡药可减少不良反应的发生。与阿司匹林有交叉过敏现象,"阿司匹林哮喘"者禁用。

布 洛 芬

布洛芬(ibuprofen)又名异丁苯丙酸,是苯丙酸的衍生物。口服吸收迅速,1~2h血浆浓度达峰值,99%与血浆蛋白结合,可缓慢进入滑膜腔,并在此保持高浓度。本药主要经肝代谢,肾排泄。临床用于风湿及类风湿关节炎,药效并不比阿司匹林强,但胃肠道反应轻,对血象与肾功能无明显影响,偶见轻度消化不良、皮疹、胃肠道溃疡及出血、转氨酶升高,胃肠出血不常见,但长期服用者仍应注意;偶见视物模糊及中毒性弱视,出现视力障碍者应立即停药。

双氯芬酸

双氯芬酸(diclofenac)又名扶他林,为一种新型的强效消炎镇痛药,其镇痛、消炎及解热作用比吲哚美辛强2~2.5倍,比阿司匹林强26~50倍。特点为药效强,不良反应少,剂量小,个体差异小。口服吸收迅速,服后1~2h内血浓度达峰值。排泄快,长期应用无蓄积作用。本药用于类风湿关节炎、神经炎、红斑狼疮及癌症、手术后疼痛,以及各种原因引起的发热,可引起胃肠道紊乱、头晕、头痛及皮疹。肝、肾损害或有溃疡病史者慎用。

(二) 选择性环氧化酶-2抑制药

塞来昔布

塞来昔布(celecoxib)又名西乐葆,是一种新型化合物,能特异性地抑制COX-2,是第一个用于临床的选择性COX-2抑制剂。炎症刺激可诱导COX-2生成,因而导致炎性前列腺素类物质的合成和聚积,尤其是前列腺素E_2,引起炎症、水肿和疼痛。塞来昔布可通过抑制COX-2阻止炎性前列腺素类物质的产生,达到抗炎、镇痛及退热作用。本药适用于急性期或慢性期骨关节炎和类风湿关节炎。与传统NSAIDs相比,塞来昔布在胃肠道安全性方面有显著的优势。

不良反应主要有头痛、眩晕、便秘、恶心、腹痛、腹泻、消化不良、胀气、呕吐等。近年临床研究显示:与服用安慰剂的患者相比,服用塞来昔布的患者发生心血管疾病的危险性增加,因此应高度重视此类药物心血管等方面的不良反应监测。

尼美舒利

尼美舒利(nimesulide)又名美舒宁,是新型非甾体抗炎药。口服吸收迅速而完全,其血浆蛋白结合率99%，$t_{1/2}$为2~3h。本药具有较高的选择性抑制COX-2作用，而且能抑制炎症过程中的所有介质。因此，抗感染作用强，胃肠道不良反应少。本药主要用于类风湿性关节炎、骨关节炎、痛经、牙痛和腰腿痛的治疗。本药耐受性良好，不良反应偶见胃肠道反应，轻微而短暂，慎用于对阿司匹林或其他非甾体抗炎药过敏患者。

（三）解热镇痛抗炎药复方制剂

解热镇痛抗炎药常需配伍使用（表4-4），以增强疗效，减少不良反应，以非处方药（OTC）中的抗感冒药最常见，其主要作用及常用成分有：①解热镇痛作用的阿司匹林、对乙酰氨基酚等。②收缩上呼吸道毛细血管，减轻鼻塞症状的伪麻黄碱等。③收缩脑血管，缓解头痛的咖啡因等。④对抗过敏症状的氯苯那敏（扑尔敏）、苯海拉明等。⑤发挥中枢性镇咳作用的可待因、右美沙芬等。⑥具有抗病毒作用的金刚烷胺、利巴韦林等。

表4-4 常用解热镇痛药的复方制剂

复方制剂名称	成分与含量（mg）										用量及用法
	阿司匹林	对乙酰氨基酚	非那西丁	盐酸伪麻黄碱	咖啡因	右美沙芬	氯苯那敏	盐酸苯海拉明	金刚烷胺	人工牛黄	
白加黑感冒片											
白片	—	325	—	30	—	15	—	—	—	—	1片/次，必要时
黑片	—	325	—	30	—	15	—	25	—	—	1片/次，睡前服
新速效感冒片	—	250	—	—	15	—	2	—	100	10	1片/次，2次/日
解热止痛片	220	—	150	—	35	—	—	—	—	—	1~2片/次，必要时
扑尔感冒片	220	—	16	—	32.4	—	2	—	—	—	1~2片/次，必要时
儿童退热片	—	120	—	—	—	—	0.5	—	—	—	遵医嘱

三、发热的药物治疗学基础

恒定的体温是机体进行新陈代谢和正常生命活动的必要条件。发热是临床常见的疾病症状之一，也是许多疾病所共有的病理过程，过高的体温和持续的发热对机体是非常不利的，此时应通过药物等手段及时降温，避免疾病恶化。

【药物治疗原则】

（1）对一般性发热应慎重选择解热药物：由于热型和热程变化可反映病情变化，是诊断、评价疗效和估计预后的重要参考，如果体温不太高或发热不太久时，在疾病未得到准确诊断时，不必急于使用解热药物。而且应用解热药物不能消除病因，停药后体温又会上升，如疾病经确诊且治疗奏效，则发热就会自行消退。

（2）下列情况应及时解热：①体温过高，引起明显不适，出现意识障碍、惊厥和衰竭症状；②恶病质患者，如肿瘤、结核病的持续发热加重病体消耗；③心肌梗死或心肌劳损者，因发热加重心肌负荷。

（3）药物降温与非药物降温应配合使用：药物降温是通过全身大量出汗而达到降温目的，应严格控制药物剂量，不宜太快、太强，以防出汗过多引起虚脱和血压下降，尤其是老年人和小儿患者更应注意。若发生虚脱情况，轻者可自行喝淡盐水或糖水；重者应立即输液，补充电解质(尤其是钾),以维持体液平衡。

【合理用药指导】 临床上常用的药物有以下三类,它们常需要联合使用。

(1) 解热镇痛药:抑制体温调节中枢使发热的体温降至正常,临床常用药物有阿司匹林、对乙酰氨基酚等及其复方制剂。

(2) 糖皮质激素:通过抑制免疫反应、炎症反应来降低体温,并提高机体对恶性刺激的耐受力。

(3) 抗微生物药:不直接降低体温,消除病原体和病灶,发挥对因治疗作用。

除了药物治疗外,临床上还常采用非药物疗法,主要是物理降温,如冰敷(冷湿敷)或酒精擦浴等法,因不能降低下丘脑体温调定点,对于高热患者需配合药物降温,以免发生严重并发症。另外针刺人中、合谷穴有一定效果,但机制不明。

四、疼痛的药物治疗学基础

国际疼痛学会于1986年提出:"疼痛是由实际的或潜在的组织损伤引起的一种不愉快的感觉和情感经历"。治疗疼痛的目的是通过规范的疼痛处理,有效消除疼痛,最大限度地减少不良反应,把疼痛带来的心理负担降至最低,全面提高患者的生活质量。目前治疗疼痛的主要方法有:①病因性治疗。②药物治疗。③神经阻滞术。④外科手术治疗。⑤心理治疗。⑥其他,如针刺、物理疗法等。临床上常用的镇痛药物有阿片受体激动药、解热镇痛抗炎药等,糖皮质激素也可以作为镇痛的辅助用药。

【药物治疗原则】 药物治疗疼痛时应遵循口服给药、按时规律给药、按阶梯给药、用药个体化的原则。

【合理用药指导】

(1) 选择适当的药物及剂量:对于轻中度疼痛患者,解热镇痛药常有效;而阿片类镇痛药在治疗严重的急性疼痛及癌性疼痛极为有效;对于慢性疼痛伴有焦虑烦躁、抑郁、失眠、恶心等症状者常需合用抗焦虑症药、抗抑郁症药以及糖皮质激素等辅助治疗。癌性疼痛应严格按照 WHO 推荐的癌症三阶梯止痛疗法。

(2) 选择适当的给药途径和给药间隔:应选择方法简单、易于掌握的给药途径。口服给药是治疗疼痛的首选给药途径;根据不同药物的药代动力学特点制订适当的给药间期,可提高疗效,减少不良反应。

(3) 随时调整药物剂量:疼痛受心理、精神等因素的影响,患者的个体差异较大,治疗过程中应注意剂量的调整。爆发性疼痛反复发作需频繁追加药物剂量者常提示药量不足,配合辅助治疗,疼痛减轻者应减少药物用量,一般调整幅度为25%~75%,出现严重者也不可突然停药。

(4) 不良反应及处理:应注意用药监护,密切观察疼痛缓解程度和身体反应,采取必要措施,减少药物不良反应,避免药物依赖性产生。同时积极配合心理治疗、外科疗法等非药物辅助治疗,以减少镇痛药剂量,提高镇痛效果。

【附】

抗痛风药

痛风是由体内嘌呤代谢紊乱引起的一种疾病,主要表现为高尿酸血症,尿酸盐在关节、肾及结缔组织中析出结晶,可引起关节局部炎症及粒细胞浸润。临床用药的目的是控制急性发作;纠正高尿酸血症,防止关节炎复发;预防尿酸盐沉积造成的关节破坏、肾脏损伤及痛风的形成。

别 嘌 醇

别嘌醇(allopurinol)为抑制尿酸生成药,能减少尿酸生成和排泄,避免尿酸盐结晶沉积,是目前唯一能抑制尿酸合成的药物。本药主要用于慢性原发性或继发性痛风、痛风性肾病。

丙 磺 舒

丙磺舒(probenecid)为促进尿酸排泄药,通过大剂量增加尿酸排泄而抗痛风,主要用于治疗慢性痛风。

秋 水 仙 碱

秋水仙碱(colchicine)为抑制痛风炎症药。通过抑制痛风急性发作时的粒细胞浸润,对急性痛风性关节炎产生选择性抗感染作用,对血中尿酸浓度及其排泄无影响。本药主要用于痛风性关节炎的急性发作。

【小结】

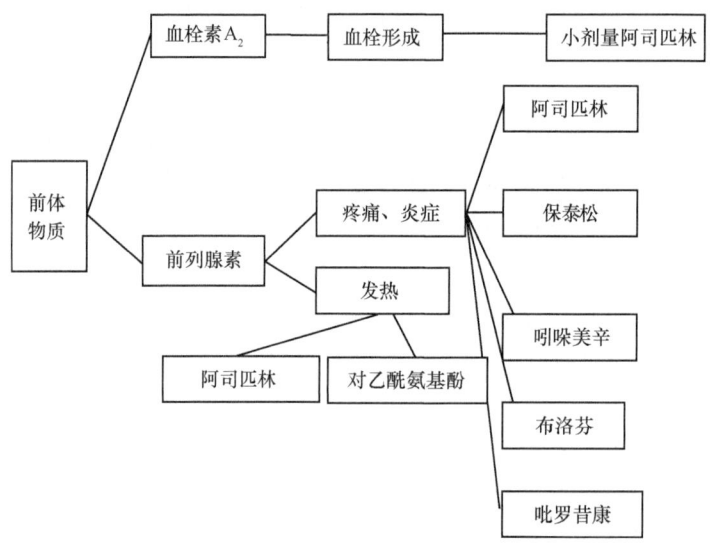

第八节　中枢兴奋药与促大脑功能恢复药

一、中枢兴奋药

中枢兴奋药是能提高中枢神经系统机能活动的一类药物。根据其作用部位可分为两类:①主要兴奋大脑皮质的药物,如咖啡因等;②主要兴奋延髓呼吸中枢的药物,又称呼吸兴奋药,如尼可刹米等。

案例 4-6

患者,男,5岁。因感冒发热服用家庭备用的小儿速效感冒颗粒剂,每次一包,第二次服用后呼吸加快、躁动不安,被送至医院。就诊后主要用药情况:皮下注射苯巴比妥钠 2mg。

问题:

1. 该患者服用感冒药后出现的症状原因是什么?
2. 为何使用苯巴比妥钠治疗?

(注:小儿速效感冒颗粒剂每包 6g,含对乙酰氨基酚 125mg,人工牛黄 5mg,马来酸氯苯那敏 1.5mg,咖啡因 7.5mg 等。)

(一) 大脑皮质兴奋药

咖 啡 因

咖啡因(caffeine)为咖啡豆和茶叶的主要生物碱。此外,茶叶还含茶碱,均属黄嘌呤类,药理作用相似,但咖啡因的中枢兴奋作用较强,临床主要用作中枢兴奋药;茶碱的舒张平滑肌作用较强,主要用作平喘药。

【药理作用】 咖啡因对大脑皮质有兴奋作用,小剂量(50~200mg)即可使睡意消失,疲劳减轻,精神振奋,思维敏捷,工作效率提高,但无欣快感。较大剂量时则直接兴奋延髓呼吸中枢和血管运动中枢,使呼吸加深加快,血压升高;在呼吸中枢受抑制时,尤为明显。咖啡因可直接兴奋心脏、扩张冠状血管、肾血管等,但能收缩脑血管。此外,咖啡因还可舒张支气管平滑肌、利尿及刺激胃酸分泌。作用机制是竞争性抑制磷酸二酯酶,从而使组织中的 cAMP 增加。

【临床用途】 主要用于解救因急性感染中毒、中枢抑制药中毒引起的昏睡、呼吸及循环衰竭。与阿司匹林等解热镇痛药制成复方制剂用于一般性头痛;与麦角胺合用治疗偏头痛。

【不良反应】 一般少见,但剂量较大时可致激动、不安、失眠、心悸、头痛;剂量过大也可引起惊厥。

【用药指导】 兴奋大脑皮质一般口服咖溴合剂,一次 10~15ml,一日 3 次,饭后服。解救中枢抑制时,一般皮下或肌内注射安钠咖(苯甲酸钠咖啡因)注射液,一次 1~2ml,一日 2~4ml;极量一日 12ml。本药有药物依赖性,被列为第二类精神药品。高热婴幼儿退热时避免选用含咖啡因的复方制剂,孕妇、胃溃疡患者慎用或禁用。

哌 甲 酯

哌甲酯(methylphenidate)又名利他林(ritalin),能提高精神活动,消除抑郁症状,对大脑皮质、皮质下中枢及呼吸中枢有轻度兴奋作用,口服有轻微的增加心率和升压作用。静脉注射有产生心律失常或休克的报道。本药主要用于各种忧郁症、轻度脑功能失调、发作性睡病以及巴比妥类、水合氯醛等中枢抑制药过量引起的昏迷。此外,对儿童多动综合征有效。

本药在治疗量时不良反应较少,偶有失眠、心悸、焦虑、厌食、口干。大剂量时或注射后可使血压升高而致眩晕、头痛等。癫痫、高血压患者禁用,孕妇慎用。青光眼、激动性抑郁、过度兴奋者禁用。久用可产生耐受性,并可抑制儿童生长发育。6岁以下儿童尽量避免使用。服用单胺氧化酶抑制剂者,应在停药 2 周后再用本品。

(二) 延髓呼吸中枢兴奋药

尼 可 刹 米

尼可刹米(nikethamide)又名可拉明(coramin),为人工合成药。

【体内过程】 本品口服、注射吸收好,一次静脉注射仅维持作用 5~10min,临床上常采用皮下或肌内注射,一次 0.25~0.5g。

【药理作用】 直接兴奋延脑呼吸中枢,也可刺激颈动脉体、主动脉体化学感受器而反射性兴奋呼吸中枢,能提高呼吸中枢对 CO_2 的敏感性,使呼吸加深加快。安全性大,但一次静脉注射作用仅维持数分钟。对血管运动中枢有微弱兴奋作用。

【临床用途】 因作用温和,安全范围大,常用于各种原因所致中枢性呼吸抑制、麻醉药及其他中枢抑制药的中毒。

【不良反应】 过量可致血压上升、心动过速、肌震颤及僵直、咳嗽、呕吐、出汗。

【用药指导】

(1) 中枢兴奋药的选择性作用与剂量有关,如使用剂量过大可引起惊厥、中枢神经抑制及昏迷,严重者可致死,其昏迷不能用中枢兴奋药解救。为防止用药过量引起中毒,一般应小剂量、间歇、多次给药或几种药物交替使用。对于中枢性呼吸衰竭,目前主要采用人工呼吸、吸氧等综合措施治疗,呼吸中枢兴奋药只作为次要的辅助治疗。

(2) 用药过程中应密切观察病情,一旦出现烦躁不安、反射亢进、面部、肢体肌肉抽搐应立即减量或换药。若发生惊厥应立即注射地西泮等药物解救。

二甲弗林

二甲弗林(dimefline)又名回苏灵,直接兴奋呼吸中枢,作用强于尼可刹米,使肺换气量及动脉血 O_2 分压提高,CO_2 分压降低。临床用于中枢性呼吸抑制,过量可致惊厥。静脉给药需稀释后缓慢注射,并严密观察患者反应,准备短效巴比妥类药物作惊厥时急救用。吗啡中毒时应慎用。

洛 贝 林

洛贝林(lobeline)又名山梗菜碱,作用短暂,每次给药仅维持数分钟,可兴奋颈动脉体和主动脉体化学感受器而反射性兴奋呼吸中枢。本药用于新生儿窒息、一氧化碳中毒引起的窒息,也可用于小儿感染性疾病所致的呼吸衰竭。安全范围较大,大剂量可致心动过速、传导阻滞、呼吸抑制,甚至惊厥。

二、促大脑功能恢复药

胞 磷 胆 碱

胞磷胆碱(citicoline)是核苷酸衍生物,作为辅酶参与磷脂酰胆碱的合成,能增加脑血流量以及氧的消耗,改善脑组织代谢。本药主要用于急性颅脑外伤和脑手术后所致意识障碍。

甲 氯 芬 酯

甲氯芬酯(meclofenoxate)又名氯酯醒,主要兴奋大脑皮质,促进脑细胞的代谢,对于抑制状态的中枢神经系统有兴奋作用,但作用缓慢,需反复用药。临床用于脑外伤后昏迷、老年人脑功能不全综合征、脑血管意外、儿童的精神迟钝、新生儿缺氧及小儿遗尿症等。

【附】

常用制剂及用法

苯妥英钠 片剂:50mg、100mg。抗癫痫:从小剂量开始逐渐增量,一次 50~100mg,一日 2~3 次。极量:一次 300mg,一日 500mg。三叉神经痛:一次 100~200mg,一日 2~3 次。注射剂:100mg、250mg。癫痫持续状态:一次 100~250mg,肌注;若患者未用过苯妥英钠,可用 150~250mg,加 5%葡萄糖注射液 20~40ml,6~10 分钟缓慢静注。缓释胶囊:200mg、300mg。一次 200~300mg,一日 1 次。

卡马西平　片剂:0.1g、0.2g。胶囊剂:0.2g。一次 0.2~0.4g,一日 3 次。

乙琥胺　胶囊剂:0.25g。一次 0.5g,一日 2~3 次。5%糖浆剂:一次 5~10ml,一日 3 次。小儿一日 5~10ml,分 3 次服。

丙戊酸钠　片剂:0.1g、0.2g。一次 0.2~0.4g,一日 2~3 次。小儿一日 20~30mg/kg,分 2~3 次服。

扑米酮　片剂:0.25g。开始一次 0.06g,一日 3 次,渐增至一次 0.25g,一日 3 次。一日总量不超过 1.5g。

氯硝西泮　片剂:0.25mg、2mg。成人一日 4.0~8.0mg,最大耐受量一日 12mg。小儿一日 0.01~0.03mg/kg 开始,分 3 次服;以后一日加 0.5~1mg,渐增到 0.1~0.2mg/kg。注射剂:1.0mg。成人一次 1.0~4.0mg,小儿一次 0.05~0.1mg。

【小结】

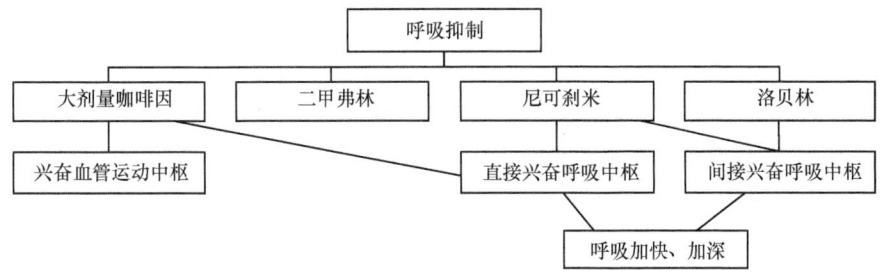

目 标 检 测

一、选择题

【A 型题】

1. 不列入麻醉药品管理的药物是(　　)
   A. 布桂嗪　　　B. 二氢埃托啡
   C. 曲马朵　　　D. 喷他佐辛
   E. 哌替啶

2. 下列有关氯丙嗪作用的叙述,哪项是错误的(　　)
   A. 抗精神失常
   B. 抗抑郁
   C. 镇吐
   D. 增强中枢抑制药的中枢抑制作用
   E. 抑制体温调节中枢

3. 苯妥英钠的用途不包括(　　)
   A. 癫痫大发作　　　B. 癫痫小发作
   C. 癫痫持续状态　　D. 心律失常
   E. 外周神经痛

4. 过量使用会出现惊厥的药物是(　　)
   A. 地西泮　　　B. 氯丙嗪
   C. 咖啡因　　　D. 苯巴比妥
   E. 苯妥英钠

5. 既能镇痛又能抗炎的药物是(　　)
   A. 吗啡　　　B. 哌替啶
   C. 布洛芬　　D. 对乙酰氨基酚
   E. 罗通定

6. 尼可刹米为(　　)
   A. 镇静催眠药　　　B. 麻醉性镇痛药
   C. 解热镇痛药　　　D. 抗精神失常药
   E. 中枢兴奋药

7. 布洛芬属(　　)
   A. 麻醉性镇痛药　　B. 抗震颤麻痹药
   C. 抗精神失常药　　D. 解热镇痛抗炎药
   E. 全麻药

8. 哌替啶比吗啡常用的主要原因是(　　)
   A. 作用维持时间长
   B. 躯体依赖性小且短
   C. 作用维持时间短
   D. 躯体依赖性强
   E. 不易出现过敏反应

9. 地西泮不具有(　　)
   A. 镇静　　　B. 催眠
   C. 抗惊厥　　D. 抗抑郁
   E. 中枢性肌松作用

10. 吲哚美辛属于(　　)
    A. 非甾体抗炎药　　B. 降血糖药
    C. 抗肿瘤药　　　　D. 解痉药
    E. 肌松药

11. 盐酸哌替啶又名( )
    A. 吗啡 B. 杜冷丁
    C. 双氢克尿噻 D. 扑热息痛
    E. 退嗽
12. 阿司匹林为( )
    A. 解热镇痛药 B. 抗精神失常药
    C. 抗震颤麻痹药 D. 麻醉性镇痛药
    E. 镇静催眠药
13. 安钠咖属( )
    A. 镇静催眠药 B. 解热镇痛药
    C. 抗心绞痛 D. 全麻药
    E. 中枢兴奋药
14. 氯丙嗪不用于( )
    A. 精神分裂症 B. 人工冬眠疗法
    C. 躁狂症 D. 晕动病呕吐
    E. 顽固性呃逆
15. 几乎不产生躯体依赖性的药物是( )
    A. 喷他佐新 B. 二氢埃托啡
    C. 布桂嗪 D. 哌替啶
    E. 曲马朵
16. 治疗癫痫大发作的首选药是( )
    A. 苯妥英钠 B. 乙琥胺
    C. 丙戊酸钠 D. 卡马西平
    E. 硝西泮
17. 无抗炎、抗风湿作用的药物是( )
    A. 阿司匹林 B. 对乙酰氨基酚
    C. 吲哚美辛 D. 布洛芬
    E. 吡罗昔康
18. 阿司匹林预防血栓时应采用( )
    A. 小剂量长疗程 B. 大剂量短疗程
    C. 小剂量短疗程 D. 大剂量长疗程
    E. 大剂量突击治疗
19. 有关地西泮作用的叙述,哪项是错误的( )
    A. 抗抑郁 B. 抗焦虑
    C. 抗惊厥 D. 镇静催眠
    E. 中枢性肌松
20. 布洛芬属( )
    A. 解热镇痛药 B. 麻醉性镇痛药
    C. 抗精神失常药 D. 抗癫痫药
    E. 中枢兴奋药
21. 对乙酰氨基酚属( )
    A. 镇静催眠药 B. 中枢兴奋药
    C. 抗心律失常药 D. 解热镇痛药
    E. 麻醉性镇痛药
22. 硫酸镁发挥导泻、利胆作用时应采用下列哪种给药途径( )
    A. 口服 B. 肌内注射
    C. 静脉注射 D. 静脉滴注
    E. 外用
23. 下列用于镇静催眠最好的药是( )
    A. 地西泮 B. 氯氮䓬
    C. 巴比妥类 D. 苯妥英钠
    E. 奥沙西泮
24. 苯巴比妥显效慢的主要原因是( )
    A. 吸收不良 B. 体内再分布
    C. 肾排泄慢 D. 脂溶性较小
    E. 血浆蛋白结合率低
25. 吗啡中毒死亡的主要原因是( )
    A. 血压下降 B. 呼吸麻痹
    C. 体温下降 D. 腹泻
    E. 心律失常
26. 盐酸哌替啶属( )
    A. 解热镇痛药 B. 麻醉性镇痛药
    C. 局麻药 D. 全麻药
    E. 抗精神失常药
27. 吗啡中毒的特异性拮抗药是( )
    A. 肾上腺素 B. 纳洛酮
    C. 阿托品 D. 解磷定
    E. 氯化钙
28. 氯丙嗪又称( )
    A. 冬眠灵 B. 奋乃静
    C. 泰尔登 D. 氯氮平
    E. 止呕灵
29. 地西泮又称( )
    A. 利眠宁 B. 佳乐安定
    C. 鲁米那 D. 舒乐安定
    E. 安定
30. 对乙酰氨基酚属于下列哪类解热镇痛药( )
    A. 水杨酸类 B. 苯胺类
    C. 吡唑酮类 D. 吲哚乙酸类
    E. 灭酸类
31. 有关左旋多巴药理作用叙述错误的是( )
    A. 奏效较慢,用药2~3周后才出现体征的改善
    B. 对轻症及年轻患者疗效较好
    C. 对肌震颤的疗效较好
    D. 可促进催乳素抑制因子的释放
    E. 对肌肉僵直及少动的疗效较好

32. 对乙酰氨基酚的药理作用特点是( )
    A. 抗炎作用强,解热镇痛作用很弱
    B. 解热镇痛作用缓和持久,抗炎、抗风湿作用很弱
    C. 抑制血栓形成
    D. 对 COX-2 的抑制作用比 COX-1 强
    E. 通气过度

【B 型题】
(第 33~35 题备选答案)
    A. 巴比妥   B. 硫喷妥
    C. 苯巴比妥   D. 戊巴比妥
    E. 司可巴比妥
33. 脂溶性最高,作用快而短的药物是( )
34. 脂溶性最低,作用慢而长的药物是( )
35. 脂溶性中等,作用持续 3~6h 的药物是( )
(第 36~39 题备选答案)
    A. 解磷定   B. 苯海索
    C. 新斯的明   D. 阿托品
    E. 左旋多巴
36. 治疗重症肌无力( )
37. 治疗有机磷中毒时的肌震颤( )
38. 治疗氯丙嗪的锥体外系反应( )
39. 治疗帕金森综合征( )
(第 40~42 题备选答案)
    A. 左旋多巴   B. 苯海索
    C. 卡比多巴   D. 金刚烷胺
    E. 司来吉兰
40. 进入中枢后转变为多巴胺的药物是( )
41. 进入中枢后阻断纹状体的胆碱受体的药物是( )
42. 进入中枢后可促进黑质纹状体内多巴胺能神经末梢释放 DA 的药物是( )
(第 43~44 题备选答案)
    A. 阿司匹林   B. 布洛芬
    C. 尼美舒利   D. 吡罗昔康
    E. 保泰松
43. 在小剂量时有抑制血栓形成作用的药物是( )
44. 对 COX-2 的抑制作用选择性较高的药物是( )
(第 45~49 题备选答案)
    A. 硫喷妥钠   B. 地西泮
    C. 吗啡   D. 苯妥英钠
    E. 氯丙嗪
45. 小剂量就有抗焦虑作用的药物( )
46. 可治疗精神分裂症的药物( )
47. 可用于晚期癌症止痛的药物( )
48. 可用于诱导麻醉的药物( )
49. 可对抗强心苷中毒所致心律失常的药物( )
(第 50~52 题备选答案)
    A. 躁狂症   B. 抑郁症
    C. 焦虑症   D. 精神分裂症
    E. 帕金森征
50. 碳酸锂用于( )
51. 苯二氮䓬类用于( )
52. 氯丙嗪用于( )

【X 型题】
53. 苯二氮䓬类药物包括( )
    A. 地西泮   B. 苯比妥
    C. 硝西泮   D. 艾司唑仑
    E. 水合氯醛
54. 对癫痫大发作有效的药物有( )
    A. 苯妥英钠   B. 苯巴比妥
    C. 硫喷妥钠   D. 丙戊酸钠
    E. 戊巴比妥
55. 解热抗炎镇痛药物的特点是( )
    A. 属于非甾体抗炎药物
    B. 大多数药物都有解热抗炎镇痛作用
    C. 对锐痛无效,对炎性所致钝痛疗效较好
    D. 属于对症治疗
    E. 降温时必须配以物理降温
56. 下列药物中属于选择性 COX-2 的抑制剂是( )
    A. 尼美舒利   B. 塞来昔布
    C. 罗非昔布   D. 美洛昔康
    E. 布洛芬
57. 如何避免阿司匹林诱发的胃溃疡和胃出血( )
    A. 与酸奶一同服用
    B. 服用肠溶片
    C. 不与影响凝血功能的药物合用
    D. 同服碳酸氢钠
    E. 饭后服用
58. 哌替啶药理作用特点是( )
    A. 镇痛作用弱于吗啡
    B. 镇咳作用弱
    C. 无止泻作用
    D. 成瘾性比吗啡小
    E. 不对抗催产素兴奋子宫的作用
59. 吗啡急性中毒的临床表现是( )
    A. 针尖样瞳孔   B. 呼吸高度抑制
    C. 昏迷   D. 血压下降

E. 腹泻
60. 具有抗抑郁作用的药物是( )
    A. 多塞平　　　　B. 丁螺环酮
    C. 阿米替林　　　D. 丙米嗪
    E. 氯氮平
61. 左旋多巴的特点是( )
    A. 不良反应少见
    B. 只有少量进入脑内转变为 DA 发挥中枢作用
    C. 作用较慢
    D. 可引起轻度体位性低血压
    E. 与卡比多巴合用可减少不良反应
62. 下列药物中有较强抗炎作用的是( )
    A. 吡咯昔康　　　B. 塞来昔布
    C. 双氯芬酸　　　D. 对乙酰氨基酚
    E. 吲哚美辛
63. 对惊厥有效的药物有( )
    A. 地西泮　　　　B. 水合氯醛
    C. 氯丙嗪　　　　D. 苯巴比妥
    E. 硫酸镁
64. 抗胆碱药苯海索可用于( )
    A. 对左旋多巴不能耐受者
    B. 氯丙嗪引起的帕金森病综合征
    C. 氯丙嗪引起的迟发性运动障碍
    D. 轻度帕金森患者
    E. 与左旋多巴合用

二、简答题
1. 患者口服苯巴比妥 1500mg 引起急性中毒，请拟定抢救措施及用药。
2. 试比较地西泮与苯巴比妥的作用及用途。
3. 比较各类抗癫痫药的作用特点。
4. 硫酸镁为何具有抗惊厥作用？使用时注意事项有哪些？
5. 什么叫做"开-关"现象？
6. 左旋多巴与卡比多巴联合用药的意义。
7. 吗啡主要用于哪些疼痛的治疗，应用时应注意哪些问题？
8. 中枢兴奋药主要有几类？它们的主要临床应用各是什么？
9. 中枢兴奋药过量应用时的主要危险是什么？应采取什么措施？

第五章 影响自体活性物质的药物

内容提要

自体活性物质是指具有明显和广泛生物活性的内源性物质,其共同特征是均由其本身作用的靶组织形成,故又称局部激素。自体活性物质主要包括组胺、5-羟色胺、白三烯、前列腺素等。本章主要介绍目前较为常用的影响组胺和5-羟色胺的药物。

学习目标

识记组胺受体分型及产生的生理效应;能根据具体疾病情况选用正确的治疗药物,并能清晰解释出选用该药的主要依据,且能列举出用药期间可能出现的主要不良反应和注意事项。

重点难点

本章的重点是 H_1 受体阻断药的作用、临床应用、不良反应及用药指导,难点是 H_1 受体阻断药的药理作用。

课时数

理论 2

第一节 组胺和抗组胺药

一、组胺及组胺受体激动药

组　胺

组胺(histamine)是广泛存在于人体组织的自身活性物质。它主要以无活性形式(结合型)存在于肥大细胞及嗜碱粒细胞中,物理或化学等(如组织损伤、炎症、药物或抗原抗体反应等)刺激能使肥大细胞脱颗粒,导致组胺以活性形式(游离型)释放进入血液循环。组胺与靶细胞上特异性受体结合,产生效应,如血管平滑肌舒张,血压下降甚至休克;支气管平滑肌和胃肠平滑肌收缩,支气管痉挛,胃肠绞痛;刺激胃壁细胞,引起胃酸分泌;心肌收缩增加、房室传导阻滞等。组胺受体有 H_1、H_2、H_3 亚型。各亚型受体功能见表5-1。组胺的临床应用已逐渐减少,但其受体阻断药在临床上却有重大价值。

表5-1　组胺受体分布及效应

受体亚型	分布	效应
H_1受体	支气管、胃肠、子宫平滑肌	收缩
	皮肤血管	扩张
	心房肌	收缩增强
	房室结	传导减慢
H_2受体	胃壁细胞	胃酸分泌增加
	血管	扩张
	心室肌	收缩增强
	窦房结	心率加快
H_3受体	中枢及外周神经末梢	负反馈调节组胺合成与释放

培他司汀

培他司汀(betahistine,抗眩啶)是组胺 H_1 受体激动剂,具有扩张血管作用,可促进脑干和迷路的血液循环,纠正内耳血管痉挛,减轻膜迷路积水;还有抗血小板聚集及抗血栓形成作用。临床上用于:①内耳眩晕病,能减除眩晕、耳鸣、恶心及头痛等症状,近期治愈率较高。②多种原因引起的头痛。③慢性缺血性脑血管病。不良反应较少,偶有恶心、头晕等症状。溃疡患者慎用。哮喘患者禁用。

二、抗组胺药

抗组胺药是一类通过竞争性阻断组胺受体,产生拮抗组胺作用的药物。根据其对组胺受体选择性的不同,可将抗组胺药分为 H_1、H_2、H_3 受体阻断药。

(一) H_1 受体阻断药

H_1 受体阻断药大多具有乙基胺的共同结构,与组胺的侧链相似,对 H_1 受体具有较强的亲和力,但无内在活性,阻断组胺的 H_1 型效应而发挥作用。常用的第一代药物有苯海拉明(diphenhydramine,苯那君)、异丙嗪(promethazine,非那根)、氯苯那敏(chlorpheniramine,扑尔敏)等。因中枢活性强、受体特异性差,具有明显的镇静和抗胆碱作用,表现出"困倦、耐药、作用时间短、口鼻眼干"的缺点。为克服这些缺点,现已开发出第二代药物:西替利嗪(cetirizine,仙特敏)、美喹他嗪(mequitazine,甲喹酚嗪)、阿司咪唑(astemizole,息斯敏)、阿伐斯汀(acrivastine,新敏乐)、左卡巴斯汀(levocabastin,立复汀)及咪唑斯汀(mizolastine)等,具有作用长效,无嗜睡,对喷嚏、清涕及鼻痒效果较好,但对鼻塞效果较差的特点。第一、第二代 H_1 受体阻断药药理作用和临床应用基本相似,常用 H_1 受体阻断药作用特点见表 5-2。

表 5-2 常用 H_1 受体阻断药作用特点比较

药物	抗过敏作用	中枢抑制	抗晕止吐	抗胆碱作用	心脏毒性
苯海拉明	++	+++	++	+++	无
异丙嗪	+++	+++	++	+++	无
氯苯那敏	+++	+	−	++	无
赛庚啶	+++	++	+	++	无
阿司咪唑	+++	−	−	−	有
美克洛嗪	+	+	+++	+	无
西替利嗪	+++	±	−	+	无

注:+++较强,++中效,+较弱,±极弱,−无效

苯 海 拉 明

苯海拉明(diphenhydramine)为第一代 H_1 受体阻断药。

【体内过程】 苯海拉明口服后经胃肠吸收,3h 血浓度达最高峰,作用维持 4~6h,由肝脏代谢,经尿、大便、汗液排出,哺乳期妇女亦可由乳汁排出一部分。

【药理作用与机制】

(1) 抗 H_1 受体作用:对抗组胺引起的支气管、胃肠道平滑肌的收缩作用。对组胺直接引起的局部毛细血管扩张和通透性增加所致的水肿有很强的抑制作用。只能部分对抗组胺引起的血管扩张和血压降低;对组胺所致的胃酸分泌增多无效。

(2) 中枢抑制作用:多数药物能够通过血-脑屏障,而产生中枢抑制作用,表现为镇静、嗜睡。第二代药物不易透过血-脑屏障,故无中枢抑制作用。

(3) 其他作用:苯海拉明还具有阿托品样抗胆碱作用,止吐和防晕作用较强。

【临床应用】

(1) 皮肤黏膜变态反应性疾病:对荨麻疹、花粉症、过敏性鼻炎等疗效较好,可作为首选药;对昆虫咬伤所致的皮肤瘙痒和水肿也有良效;对血清病、药疹和接触性皮炎有一定疗效;对支气管哮喘、过敏性休克效果很差甚至无效。

(2) 晕动病和呕吐:可用于晕动病、放射病等引起的呕吐。预防晕动病应在乘车、船前 15~30min 服用。

(3) 失眠症:可短期用于治疗失眠,特别对过敏性疾病所致的失眠疗效较好。

相关链接

变态反应又称过敏反应,是由于致敏物质进入机体,引起机体异常反应所致的一种疾病,而这些物质对大多数人是无害的。其主要起因是由于变态反应病患者体内产生了过多的一种特殊的抗体,称免疫球蛋白 E(IgE)。它可以和环境中的致敏物质起反应,刺激机体产生、释放某些过量的化学物质,继而产生各种症状。变态反应一般分为 Ⅰ、Ⅱ、Ⅲ、Ⅳ 型,常说的机体过敏是指 Ⅰ 型变态反应。

【不良反应】

(1) 中枢神经系统反应:常用药物多见镇静、嗜睡、乏力等中枢抑制现象,以苯海拉明最为明显,表现为注意力不集中、头晕、乏力、精神恍惚、共济失调等。但少数患者,特别是儿童,用药后出现精神兴奋、失眠、震颤等症状。

(2) 消化道反应:表现为口干、厌食、便秘或腹泻、胃部不适及胃痛等。

(3) 其他反应:本类药物也可致过敏,出现皮炎。局部应用可引起湿疹,偶见粒细胞减少症和溶血性贫血,还可产生头痛、口干、视物模糊、排尿困难、心悸、胸闷等症状。有些抗组胺药(阿司咪唑等)尚有心脏毒性。

相关链接 合理选用"抗过敏药"

荨麻疹,俗称风团,主要由于患者接触过敏原如药物、花粉、含特殊蛋白质的食物等之后发生的抗原抗体反应,导致肥大细胞和嗜碱粒细胞脱颗粒,释放其中的化学介质,如组胺、缓慢反应物、嗜酸粒细胞趋化因子等,这些介质性物质作用于皮肤、胃肠道及呼吸道黏膜等靶器官,引起血管通透性增高,微血管扩张充血、血浆外渗、组织水肿、腺体分泌亢进及中性粒细胞增多等,进而导致各种相应临床表现。H_1 受体阻断药可对抗组胺的 H_1 受体效应,故可用于荨麻疹的治疗。因为此类药物有明显的中枢抑制现象,若从事长途运输的司机使用,会增加交通事故发生的可能性,最好选用第二代 H_1 受体阻断药。

【用药指导】

(1) 本类药物副作用较少,临床应用较广泛。有些抗组胺药有致畸作用,孕妇禁用;本类药物部分从乳汁中排出,对婴儿有较大的危险性,故哺乳期妇女不宜使用;青光眼、尿潴留、幽门梗阻者禁用。

(2) 为减轻胃肠反应可饭后服用;因有中枢抑制作用,用药期间不宜从事高空作业或驾驶等,以免发生意外;老年人使用后易发生头晕、痴呆、精神错乱及低血压,应予以注意。

(3) 本类药物可加强阿托品类、乙醇及其他中枢抑制药(镇静催眠、镇痛药、抗癫痫药等)作用,应避免合用。

(二) H_2 受体阻断药

H_2 受体阻断药能选择性阻断 H_2 受体,抑制胃酸分泌,主要治疗消化性溃疡,常用药物有西咪替丁、雷尼替丁、法莫替丁等(详见第六章)。

(三) H_3 受体阻断药

H_3 受体为突触前受体,在突触后也有分布,此类药物既能调节组胺的合成与释放,又能调节其他神经递质的释放,进而调节中枢和外周器官的活动。

第二节 影响 5-羟色胺的药物

5-羟色胺(5-hydroxytryptamine,5-HT)为自体活性物质,属于吲哚胺类化合物,广泛存在于各种生物体内。在刺激因素作用下,从相应的神经末梢、嗜铬细胞等处释放、弥散到血液,并被血小板摄取和储存。5-HT 作为神经递质,主要存在于松果体和下丘脑,可能参与痛觉、睡眠、血压和体温等多种生理功能的调节。脑内 5-HT 含量及功能的异常可能与精神病、偏头痛、脑缺血等多种疾病有关。5-HT 必须与相应的受体结合方能产生作用。由于 5-HT 受体分型复杂,其激动药和阻断药的作用和用途各异。

一、5-羟色胺及其受体激动药

5-羟色胺本身不用于临床,5-羟色胺受体激动药可激动不同的 5-HT 受体亚型,具有不同的药理作用和用途。

麦 角 胺

麦角胺(ergotamine)抗偏头痛的机制与激动脑内 $5Ht_{1D}$ 受体、抑制神经末梢对肾上腺素和去甲肾上腺素的重摄取有关。麦角胺能明显收缩脑血管,减少动脉搏动,可显著缓解偏头痛,用于偏头痛的诊断和急性发作时的治疗。麦角胺长期使用可损害血管内皮细胞应注意。

舒 马 普 坦

舒马普坦(sumatriptan)选择性激动 $5-Ht_{1D}$ 受体,收缩颅内血管,是目前治疗急性偏头痛疗效最好的药物,也可用于丛集性头痛。每次服用 100mg,30min 头痛开始缓解,每天不超过 300mg。用药期间患者有感觉异常,最严重的不良反应是心肌缺血,故缺血性心脏病患者禁用。

西沙比利

西沙比利(cisapride)属于第三代胃肠动力药物。通过选择激动 5-Ht_4 受体,促进肠肌间神经丛释放乙酰胆碱,增强胃肠运动,但不增加胃酸分泌。口服用于反流性食管炎、慢性功能性消化不良、术后胃肠麻痹及慢性功能性便秘等。不良反应可能有暂时的肠痉挛和腹泻,剂量过大可致室性心动过速,但无锥体外系和催乳素释放等不良反应。根据病情一日总量为 15~40mg,分 2~4 次给药。

二、5-羟色胺受体阻断药

赛 庚 啶

赛庚啶(cyproheptadine)能选择性的阻断 5-Ht_2 和 H_1 受体,主要用于治疗荨麻疹、皮肤瘙痒和过敏性鼻炎等皮肤黏膜的过敏症状,也可用于预防偏头痛发作,机制不清。赛庚啶口服一次 2mg,早晚各 1 次。用药后可出现口干、恶心、乏力、嗜睡、体重增加等。青光眼、前列腺肥大及尿闭患者禁用,驾驶人员及高空作业者慎用。

酮 色 林

酮色林(ketanserin)选择性阻断 5-Ht_{2A} 受体,可扩张血管,降低血压,用于高血压和高血压危象的治疗。

治疗高血压,口服一次 20~40mg,一日 3 次,但起效缓慢,需 12 周才能达到最大疗效;治疗高血压危象,舌下含服 25min 起效,静脉或肌内注射 5~30mg。用药后可出现镇静、头昏、口干、胃肠功能紊乱和体重增加等不良反应。

昂 丹 司 琼

昂丹司琼(ondansetron)为高选择性 5-羟色胺受体(5-Ht_3)阻断药,止吐作用迅速、强大,但对晕动病呕吐无效。临床主要用于化疗药(如顺铂、环磷酰胺等)和放疗引起的呕吐。

昂丹司琼于化疗前 0.5h 缓慢静脉注射或静脉滴注 8mg,以后 8mg,一日 2 次。常见不良反应有头痛、便秘或腹泻、皮疹等;长期大量使用可引起静坐不能、急性肌张力障碍、短暂性转氨酶升高等。

本类药物还有格拉司琼(granisetron)、多拉司琼(dolasetron)等,作为强效镇吐药已应用于临床。

【附】

常用制剂及用法

苯海拉明　片剂 25mg,50mg。一次 25~50mg,一日 2~3 次。注射剂 20mg/ml。一次 20mg,一日 1~2 次,肌内注射。

西沙比利　片剂 5mg,10mg。根据病情,一日总量为 15~40mg,分 2~4 次给药。

赛庚啶　片剂 2mg。一次 2~4mg 一日 3 次。

【小结】

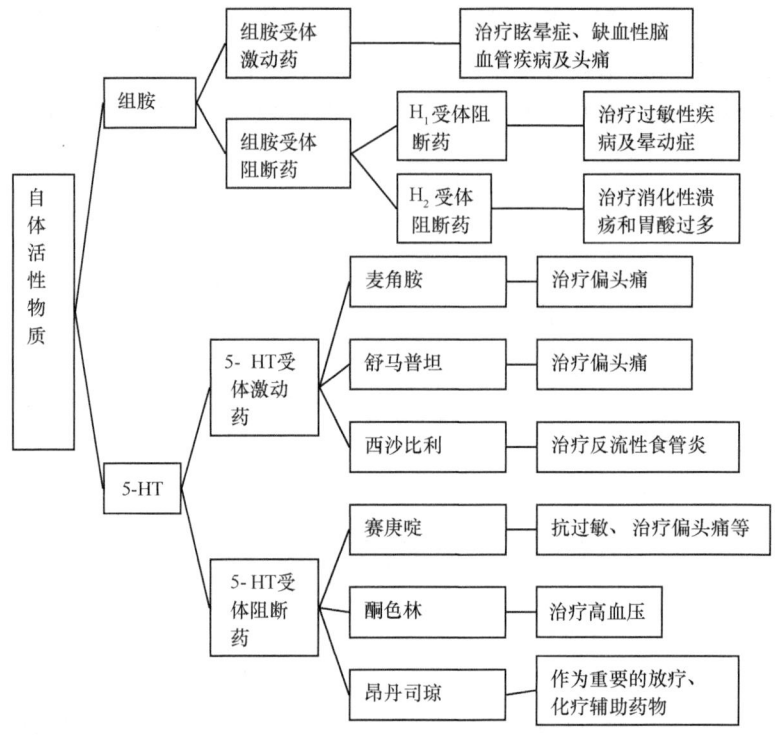

目标检测

一、选择题
【A 型题】
1. 氯苯那敏是（　　）
   A. H_1 受体阻断药　　B. H_2 受体阻断药
   C. 镇静催眠药　　D. 抗喘药
   E. 镇咳药
2. 不属于 H_1 受体阻断药者是（　　）
   A. 氯丙嗪　　B. 异丙嗪
   C. 氯苯那敏　　D. 苯海拉明
3. 苯海拉明不具备的药理作用是（　　）
   A. 镇静　　B. 抗过敏
   C. 催眠　　D. 减少胃酸分泌
   E. 防晕动
4. 通过阻断 H_2 受体减少胃酸分泌的药物是（　　）
   A. 苯海拉明　　B. 碳酸钙
   C. 贝那替秦（胃复康）　　D. 雷尼替丁
   E. 异丙托溴铵
5. 属于 H_2 受体阻断药是（　　）
   A. 苯海拉明　　B. 异丙嗪
   C. 氯苯那敏　　D. 西咪替丁
   E. 氯苯丁嗪（安其敏）

6. 西咪替丁治疗十二指肠溃疡的机制为（　　）
   A. 中和过多的胃酸
   B. 能吸附胃酸，并降低胃液酸度
   C. 阻断胃腺壁细胞上的组胺 H_1 受体，抑制胃酸分泌
   D. 阻断胃腺壁细胞上的组胺 H_2 受体，抑制胃酸分泌
   E. 以上都不是
7. 组胺 H_1 受体阻断药对下列哪种与变态反应有关的疾病最有效（　　）
   A. 过敏性结肠炎　　B. 过敏性休克
   C. 支气管哮喘　　D. 过敏性皮疹
   E. 风湿热
8. 无镇静作用的 H_1 受体阻断药是（　　）
   A. 苯海拉明　　B. 氯苯那敏
   C. 阿司咪唑　　D. 异丙嗪
   E. 氯丙嗪
【X 型题】
9. 对晕动病呕吐有良好疗效的药物（　　）
   A. 氯丙嗪　　B. 异丙嗪
   C. 654-2　　D. 东莨菪碱

E. 苯海拉明
10. 下列描述,正确项有(　　)
　　A. 支气管平滑肌存在有组胺 H_1 受体
　　B. 苯海拉明具有镇静催眠、防晕止吐作用
　　C. 异丙嗪为组胺 H_1 受体阻断药,具有较强的镇静作用
　　D. 组胺 H_1 受体阻断药阿司咪唑对中枢没有抑制作用
　　E. 胃壁细胞存在组胺 H_2 受体

二、判断题
1. H_1 受体阻断药对过敏性鼻炎、荨麻疹疗效好。(　　)
2. 过敏性休克时,可选用 H_1 受体阻断药辅助抢救。(　　)

三、问答题
1. 抗组胺药分几类?分类依据是什么?它们的临床用途及不良反应是什么?
2. 简述 H_1 受体阻断药的不良反应及用药注意事项。
3. 体内主要自体活性物质有哪些?

第六章　作用于消化系统药物

内容提要

消化系统疾病属于常见病、多发病,主要包括食管疾病、胃肠道疾病、肝脏疾病、胆囊疾病和胰腺疾病等,药物治疗是临床重要的治疗手段之一。本章主要介绍抗消化性溃疡药、消化功能调节药的作用、用途、不良反应及用药指导。

学习目标

识记常用抗消化性溃疡药的作用环节,并能按类别列举出2~3个临床常用药物通用名称,且能列举出用药期间可能出现的主要不良反应和注意事项;能够正确选用消化功能调节药治疗临床常见消化系统疾病,并能列举出用药期间可能出现的主要不良反应和注意事项。

重点难点

本章的重点是常用抗消化性溃疡药的作用环节、不良反应及用药指导;难点是抗消化性溃疡药合理应用。

课时数

理论4

第一节　抗消化性溃疡药

消化性溃疡是主要发生在胃或十二指肠的常见慢性疾病,具有自然缓解和反复发作的特点。目前认为溃疡的发生与"攻击因子"(胃酸、胃蛋白酶的分泌、幽门螺杆菌感染等)的作用增强,"防御因子"(胃黏膜、重碳酸盐的分泌、前列腺素的产生等)受损所引起。使用抗消化性溃疡药的目的是促进二者间的平衡,促进溃疡面的愈合、防止复发和减少并发症的发生。

抗消化性溃疡药按其作用机制主要分为四类:抗酸药、胃酸分泌抑制药、胃黏膜保护药和抗幽门螺杆菌药。

一、常用抗消化性溃疡药

(一)抗酸药

抗酸药为弱碱性无机化合物,口服后直接中和过多的胃酸,降低胃液酸度,降低胃蛋白酶活性,减弱其分解胃壁蛋白的能力,进而减轻或消除胃酸对溃疡面的刺激和侵蚀作用,迅速缓解消化性溃疡病的症状,为溃疡愈合创造有利条件。此外,抗酸药氢氧化铝、三硅酸镁等在胃液中可形成胶状物,覆盖于溃疡和黏膜表面,阻止胃酸和胃蛋白酶接触溃疡面和胃黏膜,起保护作用。抗酸药主要用于胃、十二指肠溃疡及胃酸分泌过多症的辅助治疗。抗酸药在餐后1~2h服用作用维持时间长,空腹服用抗酸作用仅维持0.5h左右。

表6-1　常用抗酸药作用特点比较

药物	作用特点	不良反应
氢氧化铝	抗酸作用缓慢、较强、持久,有保护溃疡面和收敛止血作用	致便秘,与镁盐合用可克服
三硅酸镁	中和胃酸作用慢、弱、持久,对溃疡面有保护作用	致轻泻,与氢氧化铝合用可克服。肾功能不良者慎用或者禁用
氢氧化镁	中和胃酸作用较快、较强、持久	致轻泻,肾功能不良者慎用或禁用

碳 酸 氢 钠

碳酸氢钠(sodium bicarbonate)俗称小苏打,口服易吸收,直接中和胃酸,作用强、显效快,但药效维持时间短。中和胃酸时易产生大量二氧化碳,增加胃内压力,引起腹胀、嗳气等反应,严重的溃疡患者有引起胃肠穿孔的危险。本药不宜单独用于胃酸过多症的治疗,常与其他药配伍应用。

碳酸氢钠静脉滴注可碱化体液,用于代谢性酸中毒;口服或静脉滴注还可用于解救巴比妥类、阿司匹林等酸性药物中毒,碱化尿液以加速其排泄;配合氨基糖苷类抗生素治疗泌尿系统感染,可加强其抗菌作用。

氢 氧 化 铝

氢氧化铝(aluminum hydroxide)抗酸作用强,起效缓慢而药效持久,无继发性胃酸分泌增多及产生二氧化碳等不良反应。中和胃酸后产生的氯化铝具有收敛和止血作用,故应用本药可引起便秘,与氢氧化镁合用可减轻。其凝胶剂对溃疡面具有保护作用。

相关链接   **胃酸分泌与胃壁细胞受体**

> 胃酸是由胃黏膜壁细胞分泌,壁细胞上有 H_2 受体、M_1 受体和胃泌素受体参与胃酸分泌,当这些受体分别被组胺、乙酰胆碱和胃泌素激动时,均可进一步激活胃壁细胞上的 H^+-K^+-ATP 酶即 H^+ 泵或者质子泵,通过 H^+-K^+ 交换,将壁细胞内大量 H^+ 转运到胃腔,使胃酸分泌增加。

(二) 胃酸分泌抑制药

1. H_2 受体阻断药   常用的药物有西咪替丁(cimetidine,甲氰咪胍)、雷尼替丁(ranitidine,呋喃硝胺)、法莫替丁(famotidine)等,它们选择性阻断胃壁细胞膜上 H_2 受体,减少胃酸分泌。

西 咪 替 丁

西咪替丁(cimetidine)又名甲氰咪胍,是用于临床的第一代 H_2 受体阻断药。

【体内过程】 口服吸收迅速,生利用度为 60%~70%,1h 左右血药浓度达峰值,$t_{1/2}$ 为 2~3h,作用持续 5~6h。

【药理作用及用途】 高度选择地阻断 H_2 受体,除了显著抑制组胺引起的胃酸分泌外,对胰岛素、五肽胃泌素、M 受体激动剂、咖啡因等刺激引起的胃酸分泌也均有抑制作用。还能促进胃黏液分泌,改善黏液凝胶附着物的质量,有促进溃疡愈合作用。另外,还具有收缩血管作用,对皮肤黏膜血管的收缩作用更好。本药主要用于消化性溃疡、反流性食管炎、上消化道出血等,对十二指肠溃疡疗效优于胃溃疡,较大剂量用于治疗卓-艾综合征(胃泌素瘤)。停药后易复发,延长用药时间,可降低复发率。

此外,本药能阻断心血管系统的 H_2 受体,可以对抗组胺引起的心脏正性肌力和正性频率作用,部分对抗组胺引起的舒张血管和降血压作用。

相关链接   **卓-艾(Zollinger-Ellison)综合征**

> 卓-艾综合征是由发生在胰腺的一种非 β 胰岛细胞瘤或胃窦 G 细胞增生所引起的,以明显的高胃泌素血症、高酸分泌和消化性溃疡为特征的综合征。胰腺非 β 细胞瘤,能分泌大量胃泌素,大量胃泌素可刺激壁细胞增生,产生大量胃酸,使上消化道经常处于高酸环境,导致胃、十二指肠球部及不典型部位发生多发性溃疡。

【不良反应】 不良反应较多,但均较轻,主要有头痛、乏力、失眠、口干、便秘或腹泻、腹胀、皮疹等。长时间大量服用,偶见转氨酶升高、严重肝损害。本药有抗雄激素作用,长时间大剂量用还可引起内分泌紊乱,表现为男性乳腺发育、阳痿、女性溢乳等现象,停药后消失。

【药物相互作用】 本药为肝药酶抑制剂,可减慢普萘洛尔、地西泮、苯巴比妥、苯妥英钠、吲哚美辛、华法林、氨茶碱等药物的代谢速度,使它们的血药浓度升高,合用时注意调整这些药物的剂量。

雷尼替丁

雷尼替丁(ranitidine)为第二代 H_2 受体阻断药。本药具有速效、高效、长效等特点,抑制胃酸的作用强度是西咪替丁的 4~10 倍,作用持续 12h。临床用途及不良反应与西咪替丁相似。远期疗效优于西咪替丁,且复发率低。治疗量不影响血清催乳素、雄激素浓度,不引起内分泌紊乱,无中枢神经系统不良反应。静脉注射过快可减慢心率,抑制心肌收缩力,导致心动过缓。8岁以下儿童禁用,孕妇慎用。肝肾功能不全者 $t_{1/2}$ 明显延长。

法莫替丁

法莫替丁(famotidine)为第三代 H_2 受体阻断药。本药生物利用度最低,30%~50%,为强效、长效 H_2 受体阻断药,抗酸作用比西咪替丁强 20~50 倍,作用维持 12h。临床用途及不良反应与西咪替丁相似。

主要 H_2 受体阻断药比较见表 6-2。

表 6-2 主要 H_2 受体阻断药的比较

	西咪替丁	雷尼替丁	法莫替丁
生物利用度(%)	80	50	40
相对强度	1	5~10	32
血浆半衰期(h)	1.5~2.3	1.6~2.4	2.5~4
疗效持续时间(h)	6	8	12
抑制作用相对强度	1	0.1	0

2. 胃壁细胞 H+-K+-ATP 酶抑制药(质子泵抑制药)

奥美拉唑

奥美拉唑(omeprazole),又名洛赛克,为第一代质子泵抑制药,也是第一个用于临床的质子泵抑制药。

【体内过程】 本品口服生物利用度为 35%。重复给药,可能因胃内 pH 降低,使生物利用度增为 60%。1~3h 达血浓高峰。$t_{1/2}$ 为 0.5~1h,但因抑制 H^+ 泵为非可逆性,故作用持久。本药主要在肝脏代谢,80%代谢产物由尿排出,其余随粪便排出,仅少数以原形排泄。有肝肠循环,血浆蛋白结合率 95%左右。肾衰竭患者对本品的清除无明显变化,肝功能受损者清除半衰期可有延长。

【药理作用与作用机制】

(1) 抑制胃酸的分泌:奥美拉唑口服后,可浓集于壁细胞分泌小管周围,并转变为有活性的次磺酰胺衍生物。它的硫原子与 H^+-K^+-ATP 酶上的巯基结合,形成酶抑制剂复合物,从而

抑制 H^+-K^+-ATP 酶,从而有效地抑制胃酸的分泌。由于 H^+-K^+-ATP 酶是壁细胞泌酸的最后一个过程,故本品抑酸能力强大。它不仅能抑制促胃液素、组胺、胆碱及食物、刺激迷走神经等引起的胃酸分泌,还抑制基础胃酸分泌。本品对胃蛋白酶分泌也有抑制作用。

(2) 促进溃疡愈合:抑制胃酸分泌,使胃内酸度降低,反射性地使促胃液素分泌增加,促进贲门、胃体、胃窦处黏膜血流量增加,有利于溃疡的愈合。

(3) 抗幽门螺杆菌作用:可干扰幽门螺杆菌的生存环境,对幽门螺杆菌阳性的患者,合用抗菌药,可使细菌转阴率达 90% 以上,明显降低复发率。

【临床应用】

(1) 胃和十二指肠溃疡:本品缓解疼痛迅速,服药 1~3 天即见效。经 4~6 周,胃镜观察溃疡愈合率达 97%。其他药物包括 H_2 受体阻断药无效者用药 4 周,愈合率也高达 90% 左右。

(2) 其他:应激性溃疡、反流性食管炎、卓-艾综合征、消化性溃疡急性出血。对反流性食管炎,有效率达 75%~85%,优于雷尼替丁。卓-艾综合征给药第一天胃内酸度降低,症状改善。

【不良反应】 不良反应发生率较低,主要有头痛、头晕、口干、恶心、腹胀、失眠及便秘。偶有皮疹、外周神经炎、男性乳房女性化等。严重肾功能不全者及婴幼儿禁用,严重肝功能不全者慎用,必要时剂量减半。

兰索拉唑

兰索拉唑(lansoprazole)为第二代质子泵抑制剂,1992 年上市。抑制胃酸分泌作用及抗幽门螺杆菌作用较奥美拉唑强,口服易吸收,生物利用度约 85%,但对胃酸不稳定。

泮托拉唑

泮托拉唑(pantoprazole)与雷贝拉唑(rabeprazole)为第三代质子泵抑制剂。作用同奥美拉唑,口服吸收迅速,作用持续时间长,在 pH 3.5~7.0 条件下较稳定,不良反应少而轻。

3. M 受体阻断药

哌仑西平

哌仑西平(pirenzepine)选择性阻断胃壁细胞 M_1 受体,抑制胃酸及胃蛋白酶的分泌,保护胃黏膜,主要用于胃及十二指肠溃疡。哌仑西平片:一日 2 次,早晚饭前 1.5h 服用,4~6 周为宜。治疗效果与西咪替丁相似,但不良反应较轻。大量使用可出现口干、视物模糊等阿托品样作用。

4. 胃泌素受体阻断药

丙 谷 胺

丙谷胺(proglumide)化学结构与胃泌素的末端结构相似,可竞争性阻断胃壁细胞上的胃泌素受体,减少胃酸分泌,同时对胃黏膜有保护及促进溃疡愈合作用,用于胃和十二指肠溃疡、胃炎等。但疗效不及 H_2 受体阻断药。丙谷胺片:一次 0.4g,一日 3~4 次,饭前 15min 给药。本品无明显副作用,有口干、失眠、腹胀、下肢酸胀等不良反应。

(三)胃黏膜保护药

硫 糖 铝

硫糖铝(sucralfate)是蔗糖硫酸酯的碱式铝盐,在 pH<4 时,可聚合成胶体,牢固地黏附于上皮细胞和溃疡基底,在溃疡面形成保护屏障,抵御胃酸、胃蛋白酶、胆汁酸的侵蚀;还能促进胃黏液和碳酸氢盐分泌,从而发挥细胞保护效应。治疗消化性溃疡、慢性胃炎、反流性

食管炎有较好疗效。硫糖铝在酸性环境中才发挥作用,所以不能与抗酸药、抑制胃酸分泌药同用。不良反应较轻,较常见的是便秘,个别患者可出现口干、恶心、皮疹、胃痉挛等,发生胃痉挛时可与适当的抗胆碱能药物合用。

枸橼酸铋钾

枸橼酸铋钾(bismuth potassium citrate)又名三钾二枸橼酸铋,溶于水形成胶体溶液。本品不抑制胃酸,在胃液 pH 条件下能形成氧化铋胶体沉着于溃疡表面或基底肉芽组织,形成保护膜而抵御胃酸、胃蛋白酶、酸性食物对溃疡面的刺激。本品还具有降低胃蛋白酶的活性、促进黏液分泌和一定的抗幽门螺杆菌作用。本药用于胃、十二指肠溃疡,慢性胃炎等。疗效与 H_2 受体阻断剂相似,但复发率较低。牛奶、抗酸药可干扰其作用。服药期间可使舌、粪染黑,偶见恶心等消化道症状。肾功能不全者禁用,以免引起血铋过高导致神经毒性。

胃黏膜能合成前列腺素 E_2(PGE_2)及前列环素(PGI_2),它们能防止有害因子损伤胃黏膜,能预防化学刺激引起的胃黏膜出血、糜烂与坏死,发挥细胞或黏膜保护作用。

米索前列醇

米索前列醇(misoprostol)为前列腺素衍生物,与胃壁细胞和胃黏膜浅表细胞基底层侧的前列腺素受体结合,抑制胃酸分泌。性质稳定,口服吸收良好,口服后促进胃黏膜血液循环,还抑制基础胃酸和组胺、促胃液素、食物刺激所致的胃酸分泌,胃蛋白酶分泌也减少。临床应用于胃、十二指肠溃疡及急性胃炎引起的消化道出血。主要不良反应为腹痛、腹泻、恶心等。因其能引起子宫收缩,孕妇禁用。本品与米非司酮序贯合并使用,可用于终止停经 49 天内的早期妊娠。

相关链接   **幽门螺杆菌的故事**

1979 年,病理学医生 Warren 在慢性胃炎患者的胃窦黏膜组织切片上观察到一种弯曲状细菌,并且发现这种细菌邻近的胃黏膜总是有炎症存在,因而意识到这种细菌和慢性胃炎可能有密切关系。1981 年,消化科临床医生 Marshall 与 Warren 合作,他们以 100 例接受胃镜检查及活检的胃病患者为对象进行研究,证明这种细菌的存在确实与胃炎相关。此外他们还发现,这种细菌还存在于所有十二指肠溃疡患者、大多数胃溃疡患者和约一半胃癌患者的胃黏膜中。

经过多次失败之后,1982 年 4 月,Marshall 终于从胃黏膜活检样本中成功培养和分离出了这种细菌。为了进一步证实这种细菌就是导致胃炎的罪魁祸首,Marshall 和另一位医生 Morris 不惜喝下含有这种细菌的培养液,结果大病一场。基于这些结果,Marshall 和 Warren 提出幽门螺杆菌涉及胃炎和消化性溃疡的病因学。1984 年 4 月 5 日,他们的成果发表于世界权威医学期刊《柳叶刀》(lancet)上。成果一经发表,立刻在国际消化病学界引起了轰动,掀起了全世界的研究热潮。世界各大药厂陆续投巨资开发相关药物,专业刊物《螺杆菌》杂志应运而生,世界螺杆菌大会定期召开,有关螺杆菌的研究论文不计其数。通过人体试验、抗生素治疗和流行病学等研究,幽门螺杆菌在胃炎和胃溃疡等疾病中所起的作用逐渐清晰,科学家对该病菌致病机制的认识也不断深入。2005 年 10 月 3 日,瑞典卡罗林斯卡研究院宣布,2005 年度诺贝尔生理学或医学奖授予这两位科学家,以表彰他们发现了幽门螺杆菌以及这种细菌在胃炎和胃溃疡等疾病中的作用。

---

4. 抗幽门螺杆菌药   幽门螺杆菌寄生于胃和十二指肠黏液层与黏细胞之间,分泌蛋白分解酶,破坏黏液屏障。对黏膜产生损伤,是幽门螺杆菌引起慢性胃炎和消化性溃疡的重要病因。

根治幽门螺杆菌具有重要意义。幽门螺杆菌在体外对多种抗菌药非常敏感,但在体内单用一种药物几乎无效。临床常以铋制剂或质子泵抑制剂与抗菌药如甲硝唑、阿莫西林、氨苄西林、羟氨苄西林、克拉霉素等联合应用。

二、消化性溃疡的药物治疗学基础

消化性溃疡通常指的是胃和十二指肠溃疡,其临床症状主要是上腹部不适和疼痛。

【药物治疗原则】 去除病因、控制症状、促进溃疡愈合,防止复发和减少并发症的发生。

【药物治疗方案】

(1) 降低胃内酸度:抗酸药和胃酸分泌抑制药均可降低胃内酸度,抑制胃蛋白酶的活性,促进溃疡愈合,治疗消化性溃疡。

(2) 保护胃黏膜:硫糖铝、枸橼酸铋钾等可在溃疡表面形成保护膜,促进溃疡愈合,用于消化性溃疡及慢性胃炎的治疗。米索前列醇能抑制胃酸分泌、增加胃黏液分泌,从而保护胃黏膜,特别适用于阿司匹林等非甾体抗炎药物引起的消化性溃疡与出血。

(3) 根除幽门螺杆菌:幽门螺杆菌感染单一药物难以根除,临床多采用联合用药方案。目前常用质子泵抑制药、枸橼酸铋钾、抗菌药物(阿莫西林、克拉霉素、甲硝唑或四环素等)三联治疗,可以有效杀灭此病菌。

第二节 助消化药

助消化药本身作为消化液的主要成分或促进消化液分泌,或制止肠道过度发酵,以促进胃肠道消化过程的药物。常见助消化药及特点见表6-3。

表6-3 助消化药的特点

药物	药理作用和临床用途	用药指导
胰酶	在中性或弱碱性环境中助消化功能增强,用于胰腺外分泌不足引起的消化不良等	整片吞服。与碳酸氢钠同服可增加疗效。偶见皮疹等过敏症状
胃蛋白酶	常于稀盐酸同服,用于消化不良及慢性萎缩性胃炎治疗	不可与抗酸药合用,以免降低活性
稀盐酸	增强胃蛋白酶的活性,促进胰液和胆汁分泌,用于各种胃酸缺乏症及发酵性消化不良等	用水稀释后服用,以免刺激胃黏膜
乳酶生	为干燥的活乳酸杆菌制剂,可抑制肠道腐败菌的繁殖,防止发酵和产气,用于小儿消化不良	饭前服用。不宜与抗菌药、抗酸药及吸附药同时服用,以免影响疗效

第三节 胃肠运动功能调节药

胃肠运动在神经、体液和胃肠神经丛的综合调节下,有高度的节律性和协调性,如果调控失常,就会出现胃肠运动功能低下或亢进,导致多种消化道症状,临床常采用对症治疗。

一、促胃肠动力药

促胃肠动力药是一类能增强并协调胃肠节律性运动的药物,主要用于胃肠运动功能低下所引起的消化道症状。

多潘立酮

【药理作用】 多潘立酮(domperidone,吗丁啉)对中枢多巴胺受体无明显影响,能选择性阻断外周多巴胺受体,对胃肠选择性高,阻断其多巴胺受体,增强食管蠕动和食管下部括约肌的张力,防止胃-食管反流;加强胃及肠道上部蠕动,加强胃肠推动作用,防止十二指肠-胃反流,具有胃肠促动和高效止吐作用。

【临床用途】
(1) 主要用于胃排空缓慢导致的功能性消化不良、反流性食管炎、慢性萎缩性胃炎、胆汁反流性胃炎及胃轻瘫等。
(2) 用于痛经、偏头痛、颅脑外伤或颅内病灶、肿瘤化疗或放疗及食物等因素引起的恶心、呕吐。
(3) 食管镜、胃镜检查前用药,防止检查时发生恶心、呕吐。

【不良反应】 偶见短暂的腹痛、腹泻、口干、皮疹、头痛、乏力等,无锥体外系副作用。可升高血清催乳素水平,停药后可自行恢复正常。注射给药可引起心律失常。孕妇及对本药过敏者禁用,婴幼儿慎用。本药不宜与抗胆碱药合用,否则疗效降低。

甲氧氯普胺

甲氧氯普胺(metoclopramide,胃复安)是第一代胃肠促动药,对多巴胺 D_2 受体有阻断作用,阻断 CTZ 的 D_2 受体,发挥止吐作用。阻断胃肠多巴胺受体,可引起从食管至近段小肠平滑肌运动,加速胃的正向排空(多巴胺使胃体平滑肌松弛、幽门肌收缩)和加速肠内容物从十二指肠向回盲部推进,发挥胃肠促动作用。口服生物利用度为 75%,易通过血-脑屏障和胎盘屏障。$t_{1/2}$ 为 4~6h。本药常用于慢性功能性消化不良引起的胃肠运动障碍包括恶心、呕吐及肿瘤化疗、放疗药引起的各种呕吐。常见不良反应为嗜睡、倦怠,长期大量应用可引起锥体外系反应、男子乳房发育、溢乳等。

西沙必利

西沙必利(cisapride)能选择性促进肠壁肌层神经丛释放乙酰胆碱,引起食管、胃、小肠直至结肠的运动,无锥体外系、催乳素释放及胃酸分泌等不良反应。本药用于治疗胃肠运动障碍性疾病,包括胃食管反流、慢性功能性和非溃疡性消化不良、胃轻瘫及便秘等有良好效果。

二、胃肠解痉药

胃肠解痉药主要是一些 M 胆碱受体阻断药,能解除胃肠道平滑肌痉挛或蠕动亢进,缓解痉挛性疼痛,如阿托品、东莨菪碱、溴丙胺太林等。

【作用机制】 通过阻断胆碱神经递质与受体的结合,松弛平滑肌,解除胃肠痉挛,抑制多种腺体(唾液腺、胃液)分泌,缓解疼痛。

【临床用途】 可用于胃酸过多、胃及十二指肠溃疡、胃肠痉挛、胃炎等的治疗,也可用于治疗胆道痉挛、胆石症、胰腺炎等。

【用药指导】
(1) 本类药物仅限定口服 1 日,如症状未缓解或未消失应向医师咨询或去医院治疗。

(2) 胃肠平滑肌痉挛的原因和症状比较复杂,主要表现为腹部疼痛,常会掩盖一些急性疾病,应提高警惕。

(3) 胆碱受体拮抗剂作用复杂,对腺体的分泌、心脏的搏动、中枢神经的兴奋、瞳孔的大小均有作用,故其禁忌证较多。对青光眼、手术前患者禁用;对有高血压、心脏病、尿潴留、前列腺肥大者慎用。

(4) 胆碱受体拮抗剂的服用时间宜在餐前0.5h。

第四节 催吐药与止吐药

一、催 吐 药

(一) 中枢性催吐药

临床应用的仅有阿扑吗啡(apomorphine),它直接刺激延脑催吐化学感受区,进而兴奋呕吐中枢,产生催吐作用。本品作用强,皮下注射起效迅速,用于难以洗胃的服毒者,可迅速排出毒物。严重心脏病、动脉硬化、开放型肺结核、胃、十二指肠溃疡等患者禁用。

(二) 反射性催吐药

反射性催吐药为一类能刺激胃黏膜感受器,反射地作用于呕吐中枢而催吐的药物,如硫酸铜、硫酸锌、酒石酸锑钾等。但这三个药可产生溶血及肾毒性,用量过大还可引起休克和死亡,故临床较少使用。

二、止 吐 药

本类药物通过作用于呕吐反射的不同环节抑制呕吐反应,包括以下几类。

1. H_1受体阻断药 苯海拉明、异丙嗪、茶苯海明等。

2. M胆碱受体阻断药 东莨菪碱、阿托品等。

3. 多巴胺受体阻断药 ①抗精神病药,如氯丙嗪、氟哌啶醇等。②胃肠动力药,如多潘立酮、甲氧氯普胺。

4. 5-羟色胺受体阻断药 昂丹司琼等。

第五节 泻药与止泻药

一、泻 药

泻药是指能促进肠内容物易于排出的药物。临床主要用于治疗功能性便秘。

(一) 容积性泻药

硫 酸 镁

硫酸镁(magnesium sulfate)易溶于水,苦咸味,又称泻盐。

【药理作用与临床用途】

(1) 局部作用

1) 导泻:硫酸镁经口服后,Mg^{2+}和SO_4^{2-}不被肠道吸收,在肠腔内形成高渗压而阻止肠内水分吸收,使肠内容积扩大,刺激肠壁,反射性地引起肠蠕动加强而产生导泻作用。作用强大而迅速,若空腹服药并大量饮水,会加快导泻速度,在1~4h内排出流体样粪便。本药主要用于急性便秘、排除肠内毒物和配合驱虫药导出肠内寄生虫体、外科手术前和结肠镜检查前的肠道清洁。

2) 利胆:口服高浓度硫酸镁溶液(33%)或用导管将其直接导入十二指肠,能刺激局部肠黏膜,使胆囊收缩素释放增多,反射性地引起胆总管括约肌松弛、胆囊强烈收缩,促进胆汁排出,发挥利胆作用。本药可用于慢性胆囊炎、阻塞性黄疸和胆石症。

(2) 全身作用

1) 抗惊厥:注射硫酸镁后,血中Mg^{2+}浓度升高,可抑制中枢和竞争性拮抗Ca^{2+},参与神经接头处乙酰胆碱的释放而使骨骼肌松弛,产生抗惊厥作用。临床多用于妊娠高血压综合征和破伤风引起的惊厥。

2) 降血压:注射给药后,Mg^{2+}可竞争性拮抗Ca^{2+},可抑制心脏和松弛血管平滑肌,降低外周阻力,发挥降血压作用,降压迅速。临床用于高血压危象、高血压脑病和妊娠高血压综合征。

【不良反应与用药指导】

(1) 静脉注射过快或过量,血中Mg^{2+}过高易引起中毒,表现为血压急剧下降、肌腱反射消失、呼吸抑制,甚至心脏骤停而死亡。如果发生,要立即静脉注射钙剂抢救,同时进行人工呼吸。

(2) 本药用于导泻时作用剧烈,刺激肠壁易引起盆腔充血,孕妇、月经期女性、急腹症患者禁用。

(3) 硫酸镁少量吸收后,可抑制中枢,故中枢抑制药中毒时不宜选用其导泻,应选用硫酸钠导泻,防止加重中毒。主要经肾排泄,肾功能不全者禁用或慎用。

硫 酸 钠

硫酸钠(sodium sulfate)导泻作用机制及用法与硫酸镁相似,作用稍弱,无中枢抑制作用,多用于中枢抑制药中毒时导泻以加速排除肠内毒物。本药是钡化合物中毒的特效解毒药,可与钡离子结合成无毒的硫酸钡。肾功能不全者应用硫酸钠导泻较硫酸镁安全。心功能不全者禁用。

乳 果 糖

乳果糖(lactulose)为乳糖衍生物,是一种半合成双糖。在小肠内不被肠道酶类水解,不被吸收,由于渗透压作用使肠容积增大。同时,乳果糖在回肠远端及结肠内,又可被肠道菌群代谢成乳酸盐及其他有机酸类。它们大部分不被吸收,由于渗透压关系使肠容积进一步扩大,刺激肠壁使肠蠕动增加而导泻。

纤 维 素

食物纤维素(dietary fibers)包括多种天然、半合成、人工合成纤维素,如甲基纤维素、羧甲基纤维素等,具有较强的亲水性,在肠内不被消化和吸收,可吸水膨胀成胶状,增加肠内容积,促进肠蠕动,排出软便,用于防治功能性便秘。多食富含纤维素的蔬菜和水果可产生相似的作用。

(二) 刺激性泻药

酚酞

酚酞(phenolphthalein)口服后与碱性肠液结合形成可溶性钠盐,刺激结肠黏膜,增加结肠推进性肠蠕动,同时能抑制钠和水吸收而产生缓泻作用,服药后6~8h排出软便。本药适用于习惯性便秘,偶见皮疹、肠炎。酚酞主要经尿排出,可使碱性尿液显示红色,用药前应告知患者。少部分药经胆汁排泄,有肝肠循环。婴儿禁用,幼儿和孕妇慎用。该药不宜长期使用,以免损伤肠壁黏膜下神经丛。

比沙可啶

比沙可啶(bisacodyl)本药化学结构与酚酞相似,口服后在结肠内经细菌迅速转化为活性物质去乙酰基代谢物,产生较强的刺激作用,6h后排出软便,主要用于急慢性功能性便秘、腹部X线或肠镜检查及清除肠内容物。少数患者有腹胀感。本药有较强的刺激性,反复应用可致胃肠痉挛。孕妇慎用。

(三) 润滑性泻药

液状石蜡

液状石蜡(liquid paraffin)是一种矿物油,口服后在肠内不被消化和吸收,润滑肠壁,并妨碍肠内水分吸收,软化粪便,利于其排出。本药适用于慢性便秘及体弱、高血压、动脉瘤、痔、腹部及肛门术后等患者的便秘,也用于老人及儿童的便秘。久用可减少脂溶性维生素A、维生素D、维生素K及钙、磷的吸收。

甘油

甘油(glycerin)应用其栓剂或高渗溶液直肠给药,由于高渗透压刺激肠壁引起肠蠕动增加,并有局部润滑作用,几分钟内即可引起排便,治疗老人、小儿便秘。

二、止 泻 药

腹泻是多种疾病的症状,有利于肠内毒物的排出,对机体有一定保护作用,但剧烈而持久的腹泻可引起脱水、电解质紊乱和营养吸收障碍,故必要时适当给予辅助治疗可以减轻症状。止泻药通过抑制肠蠕动或保护肠道免受刺激而发挥止泻作用。

(一) 抑制肠蠕动止泻药

地芬诺酯

地芬诺酯(diphenoxylate)为哌替啶衍生物,但无镇痛作用,止泻作用类似于阿片类药物,能直接作用于肠道平滑肌,抑制肠黏膜感受器,减少肠蠕动,兼有收敛作用,本药适用于急慢性功能性腹泻和慢性肠炎。不良反应较少。长期大剂量应用可产生依赖性。孕妇、哺乳期女性及严重肝损害者慎用。

洛哌丁胺

洛哌丁胺(loperamide)化学结构及对肠道作用均与地芬诺酯相似,但其止泻作用较强而且迅速,另外,还可以抑制肠壁神经末梢释放乙酰胆碱,增加肛门括约肌张力,减少排便次数。本药适用于急、慢性腹泻和回肠造瘘术、肛门直肠术后患者,不良反应及注意事项与地芬诺酯相似。

（二）收敛止泻药

鞣 酸 蛋 白

鞣酸蛋白(tannalbin)在肠中能释放出鞣酸,使肠黏膜表面的蛋白质凝固、沉淀,从而减轻有害因子对肠道的刺激,降低炎性渗出物,发挥收敛止泻作用。本药用于各种腹泻的治疗。

（三）吸附止泻药

药 用 炭

药用炭(medicinal charcoal,活性炭)为不溶性粉末,颗粒小,总面积大,吸附性强,能吸附肠内大量气体、毒物、病毒和细菌毒素,阻止毒物吸收,减轻其对肠的刺激而达到止泻的目的。本药用于腹泻、食物或药物中毒及胃肠胀气等。大量久用可引起便秘,不宜与抗生素、乳酶生、维生素、激素、胰酶等药物同服。

双八面体蒙脱石

双八面体蒙脱石(dioctahedral smectite)又名思密达,系从天然蒙脱石中提取,具有层纹状结构及非均匀性电荷分布。对消化道内的病毒、细菌及其产生的毒素具有极强的固定、抑制作用;覆盖于消化道黏膜,增强黏膜屏障,提高对攻击因子(病毒、细菌、胃蛋白酶、胆盐、乙醇等)的防御功能。临床主要用于:①成人及儿童的急、慢性腹泻,对儿童急性腹泻尤佳。②胃-食管反流、食管炎、胃炎及结肠炎。③功能性结肠病的症状治疗。④肠道菌群失调症。本品安全性好,偶见便秘。如需服用其他药物,应间隔一段时间。

第六节　肝性脑病与肝胆、胰腺疾病辅助治疗药

一、肝性脑病治疗药物

肝性脑病,又称肝性昏迷,是严重肝病引起的、以代谢紊乱为基础的中枢神经系统功能失调的综合病征,其主要临床表现是意识障碍、行为失常和昏迷。乳果糖、支链氨基酸、氟马西尼、鸟氨酸门冬氨酸等可降低血氨,治疗外源性血氨增高所致的肝性脑病,但对血氨不增高的肝性脑病无效。药物特点见表6-4。

表6-4　肝性脑病常用治疗药物的特点

药物	用法	注意事项
乳果糖	一次10~30ml,一日3次,计量调整在每日排2次软便,不能口服时可与水配成1:1溶液保留灌肠	对本药过敏者、阑尾炎、胃肠梗阻、不明原因腹痛、尿毒症及糖尿病酸中毒者禁用。剂量过大可致腹泻
鸟氨酸门冬氨酸	一日20~40g,分次使用,溶于5%~10%葡萄糖注射液中,静脉注射	大剂量静脉滴注有消化道反应,严重肾功能不全者禁用
14-氨基酸注射液-800	一次250ml,与等量10%葡萄糖注射液混合后缓慢滴注,一日2次,疗程7~14日,神智清醒后减量	滴注过快引起恶心、呕吐,危重患者及老人用药应注意
氟马西尼	初次静脉注射200μg,观察3min后再给予200μg,如未恢复可重复1~2次	快速注射可致焦虑、心悸、恐惧感等。孕妇禁用

二、肝胆疾病辅助治疗药

(一) 肝炎辅助用药

肝炎辅助治疗药是指改善肝脏功能、促进肝细胞再生、增强肝脏解毒功能的药物,如水飞蓟宾、联苯双酯、齐墩果酸等。用药特点见表 6-5。

表 6-5 肝炎辅助用药特点

药物	药理作用	不良反应
水飞蓟宾	保护和稳定肝细胞膜	偶见头晕、恶心、呃逆及腹泻等
联苯双酯	保护肝细胞,显著降低丙氨酸氨基转移酶	偶有轻度恶心,远期效果较差
齐墩果酸	促进肝细胞再生,加上坏死组织的修复	偶有消化道反应及血小板减少

(二) 利胆药

利胆药分为促进胆汁分泌药、溶胆石药和促进胆囊排空药三类。

1. 促进胆汁分泌药

去 氢 胆 酸

去氢胆酸(dehydrocholic acid)可促进胆汁分泌,对脂肪的消化、吸收有促进作用。它适用于胆囊及胆道功能失调、胆囊切除术后综合征、胆石症、慢性胆囊炎及某些肝脏疾病和促进胆囊造影剂的排出等。口服:每次 0.25~0.5g,每日 3 次。静脉注射:每日 0.5g,根据病情逐渐增至每日 2.0g。用药期间可出现呼吸困难、心搏骤停、口苦、皮肤瘙痒等。对哮喘及过敏史者做皮试,阳性者不可静脉注射。直肠出血、充血性心力衰竭、阑尾炎或肠梗阻及严重肝功能减退者禁用,胆石较大者慎用。

2. 溶胆石药

鹅 去 氧 胆 酸

鹅去氧胆酸(chenodeoxycholic acid,CDCA)是目前世界上用量最大的治疗胆结石药物之一,又是合成熊去氧胆酸和其他甾体化合物的原料。鹅去氧胆酸主要作用是降低胆汁内胆固醇的饱和度,绝大多数患者服用 CDCA 后(当 CDCA 占胆汁中胆盐的 70% 时),脂类恢复微胶粒状态,胆固醇就处于不饱和状态,从而使结石中的胆固醇溶解、脱落。大剂量的 CDCA(每日 10~15mg/kg)可以抑制胆固醇的合成,并增加胆石症患者胆汁的分泌,但其中的胆盐和磷脂分泌量维持不变。剂量较大时,腹泻发生率高,对肝脏有一定毒性。本药用于胆固醇性胆结石症,对胆色素性结石和混合性结石也有一定疗效。口服,根据病情调整,一般按体重每日 12~15mg/kg,肥胖者应稍增量,可达每日 18~20mg/kg。分早晚两次,进餐时服用或与牛奶同服。疗程 6 个月以上。

最常见的副作用为腹泻(30%~50%),表现为下腹痉挛痛,随之出现水样便,与剂量有关,减量后即消失,大多数患者如逐渐增加剂量是可以耐受的。少数患者(30%)可有短暂可逆的谷草转氨酶(SGOT)升高。部分患者可出现皮肤瘙痒、头晕、恶心、腹胀。胆道完全梗阻者和严重肝功能减退者禁用。

熊去氧胆酸

熊去氧胆酸(ursodeoxycholic acid)可增加胆汁酸分泌,并使胆汁成分改变,降低胆汁中胆固醇及胆固醇酯,有利于胆结石中的胆固醇逐渐溶解,用于不宜手术治疗的胆固醇结石,对胆囊炎、胆道炎及消化不良亦有一定疗效。

3. 促进胆囊排空药物

硫 酸 镁

硫酸镁(magnesium sulfate)口服有良好的导泻功能,因此硫酸镁又称泻盐。口服硫酸镁水溶液到达肠腔后,具有一定渗透压,使肠内水分不被肠壁吸收。肠内保有大量水分,能机械地刺激肠的蠕动而排便。因此硫酸镁可用于治疗便秘、肠内异常发酵;与驱虫剂并用,可使肠虫易于排出。硫酸镁能刺激十二指肠黏膜,反射性地引起胆总管括约肌松弛、胆囊收缩,从而促进胆囊排空,产生利胆作用,可用于治疗胆囊炎胆石症。

三、胰腺疾病的辅助治疗

胰腺炎是多种原因引起的胰腺及周围组织自身消化的炎症反应。临床上分为急性胰腺炎和慢性胰腺炎。疼痛是胰腺炎的常见症状,治疗措施有镇静止痛、抑制胰腺外分泌及抗感染等。

1. 急性胰腺炎的治疗

(1) 镇静和止痛:阿托品与哌替啶或与吗啡合用。阿托品一次 0.25~0.5mg;哌替啶一次 50~100mg;或吗啡一次 10mg。

(2) 抑制胰腺外分泌,减少并发症和预防胰腺坏死。奥曲肽(octreotide)皮下注射 0.1mg,一日 4 次,疗程 3~7 日,并尽早使用。西咪替丁一次 200mg,一日 4 次,或用葡萄糖注射液稀释后静脉滴注;雷尼替丁一次 150mg,一日 2 次。

(3) 抑制胰酶活性,减少并发症,缩短病程,如抑肽酶(aprotinin)为广谱蛋白酶抑制剂,对各种类型的急性胰腺炎均有一定的疗效。

(4) 抗感染治疗:有胆结石或出血性坏死性胰腺炎的患者易发生继发性细菌感染,需给予抗菌药。

2. 慢性胰腺炎的治疗

(1) 解痉、止痛,主要选用对乙酰氨基酚及水杨酸类药物、山莨菪碱、H_2受体阻断药等。

(2) 胰酶制剂替代治疗,常用胰酶片,餐前或睡前服用。

【附】

常用制剂及用法

碳酸氢钠　片剂:0.5g。口服,一次 1~2 片,一日 3 次。

氢氧化铝　片剂:0.3g。口服,成人一次 2~3 片,一日 3 次,餐前 1 小时嚼碎后服用。

硫糖铝　片剂:0.25g、1g;一日 3~4 次饭前及睡前服用。

西咪替丁　片制:①治疗十二指肠溃疡或病理性高分泌状态,一次 0.2~0.4g,一日 4 次,餐后及睡前服,或一次 0.8g,睡前 1 次服。②预防溃疡复发,一次 0.4g,睡前服。③肾功能不全患者用量减为一次 0.2g,12h 1 次。④老年患者用量酌减。⑤小儿:口服,一次按体重 5~10mg/kg,一日 2~4 次。注射液:①静脉滴注:本品 0.2g 用 5% 葡萄糖注射液或 0.9% 氯化钠注射液或葡萄糖氯化钠注射液 250~500ml 稀释后静脉滴注,滴速为每小时 1~4mg/kg,每次 0.2~0.6g。②静脉注射:用上述溶液 20ml 稀释后缓慢静脉注射(2~3min),6h 1 次,每次 0.2g。③肌内注射:一次 0.2g,6h 1 次。

奥美拉唑　肠溶片:20mg。肠溶胶囊:20mg。注射剂(粉针):40mg(按奥美拉唑计)。口服,不可咀嚼。①消化性溃疡:一次 20mg,一日 1~2 次。每日晨起吞服或早晚各一次。②反流性食管炎:一次 20~60mg,一日 1~2 次。晨起吞服或早晚各一次。③卓-艾综合征:一次 60mg,一日 1 次,以后每日总剂量可根据病情调整为 20~120mg,若一日总剂量需超过 80mg 时,应分为两次服用。静脉滴注,一次 40mg,每日 1~2 次。临用前将 10ml 专用溶剂注入冻干粉小瓶内,禁止用其他溶剂溶解。本品溶解后必须在 2h 内使用,滴注时间不少于 20min。

胰酶　肠溶片:0.3g。口服,一次 0.3~0.6g,一日 3 次,饭前或进餐时服用。

胃蛋白酶　口服溶液:每 1ml 中含胃蛋白酶活力不得少于 4 单位。片剂:1:120 单位、1:1200 单位。口服,溶液一次 10ml,一日 3 次,饭前或进餐时服用。片剂一次 0.2~0.4g(1:1200 单位),一日 3 次,饭前或饭时服,常与 0.1mol/L 稀盐酸 0.5~2.0 ml 同服;或配成含 1%~2% 稀盐酸的胃蛋白酶合剂,口服,一次 10~20ml,一日 3 次,饭前或饭时服。

稀盐酸　10% 口服溶液。口服,一次 0.5~2ml,进餐时或饭后服用,常与胃蛋白酶同服。

乳酶生　片剂:0.3g。口服,一次 0.3~0.9g,一日 3 次。

多潘立酮　片剂:10mg。混悬液:1ml:1mg。口服。片剂成人一次 1 片,一日 3 次,饭前 15~30min 服用。混悬液口服,成人一次 10ml,一日 3 次,餐前 15~30min 服用。儿童用量:①1~3 岁,体重 10~15kg,一次 3~4ml;②4~6 岁,体重 16~21kg,一次 5~6ml;③7~9 岁,体重 22~27kg,一次 7~8ml;④10~12 岁,体重 28~32kg,一次 9~10ml,一日 3 次,餐前 15~30min 服用。

硫酸镁　口服液:10ml:2.5g。口服①导泻,每次 5~20g,清晨空腹服,同时饮 100~400ml 水,也可用水溶解后服用。②利胆,每次 2~5g,1 日 3 次,饭前或两餐间服。也可服 33% 溶液,每次 10ml。

阿扑吗啡　注射液:1ml:5mg。皮下注射:成人一次 2~5mg;小儿一次按体重 0.07~0.1mg/kg,极量一次 5mg。

水飞蓟宾　片剂:35mg。口服,一次 70~140mg,一日 3 次。

联苯双酯　片剂:25mg。滴丸:1.5mg。口服:片剂一次 25mg,一日 3 次。滴丸一次 7.5~15mg,一日 3 次。

齐墩果酸　片剂:10mg。口服:用于急性黄疸型肝炎时,一次 30mg,一日 3 次。用于慢性黄疸型肝炎时,一次 50mg,一日 4 次。

去氢胆酸　口服:每次 0.25~0.5g,每日 3 次。静脉注射:每日 0.5g,根据病情逐渐增至每日 2.0g。

【小结】

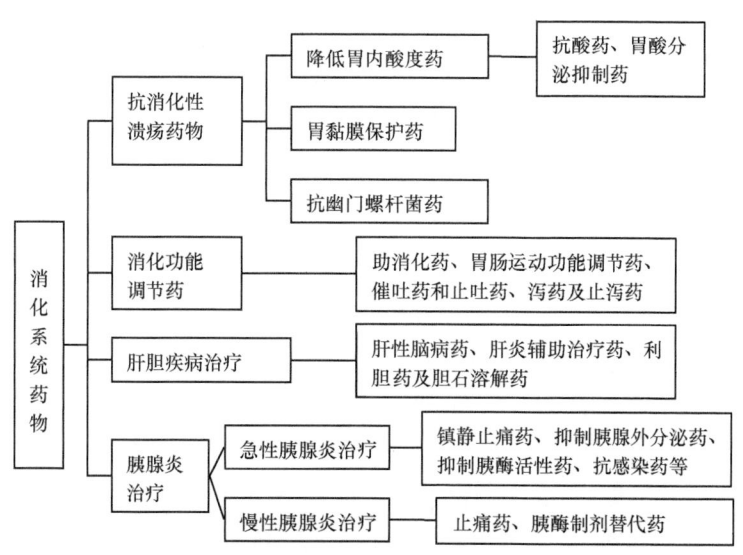

目标检测

一、选择题

【A 型题】

1. 关于氢氧化铝叙述正确的是( )
   A. 中和胃酸作用弱而持久
   B. 口服易吸收
   C. 不影响排便
   D. 对溃疡面有保护作用
   E. 可治疗代谢性酸中毒

2. 奥美拉唑治疗消化性溃疡的机制是( )
   A. 阻断 H_2 受体,抑制胃酸分泌
   B. 阻断 M_1 受体
   C. 中和胃酸
   D. 抑制胃壁细胞质子泵
   E. 竞争性阻断胃泌素受体

3. 通过阻断 M_1 受体,减少胃酸分泌的药是( )
   A. 西咪替丁
   B. 法莫替丁
   C. 哌仑西平
   D. 奥美拉唑
   E. 枸橼酸铋钾

4. 主要通过保护胃黏膜而发挥抗消化性溃疡的药物是( )
   A. 硫糖铝
   B. 哌仑西平
   C. 碳酸氢钠
   D. 西咪替丁
   E. 丙谷胺

5. 关于多潘立酮的叙述不正确的是( )
   A. 为新型胃动力药
   B. 具有增强胃蠕动,促进胃排空作用
   C. 强力止吐
   D. 易透过血-脑屏障
   E. 属多巴胺受体阻断药

【X 型题】

6. 常用的助消化药包括( )
   A. 稀盐酸
   B. 胃蛋白酶
   C. 胰酶
   D. 乳酶生
   E. 西咪替丁

7. 硫酸镁具有下列哪些药理作用( )
   A. 抗消化性溃疡
   B. 导泻作用
   C. 利胆作用
   D. 中枢抑制作用
   E. 抗惊厥作用

8. 抗消化性溃疡药硫糖铝与胶体碱式枸橼酸铋的共同特点是( )
   A. 均为黏膜保护药
   B. 促进胃黏液分泌
   C. 抗酸药可干扰两者作用
   D. 均为抗幽门螺杆菌药
   E. 均为抗酸药

二、填空题

1. 通过抑制胃酸分泌而抗消化性溃疡的药物分为_____、_____、_____和_____四类。

2. 常用的黏膜保护药有_____、_____和_____。

3. 抑肽酶为_____对多种原因引起的急性胰腺炎都有一定的疗效。

三、简答题

说出奥美拉唑的作用、用途、不良反应。

第七章 作用于呼吸系统药物

内容提要

咳、痰、喘是呼吸系统疾病的常见症状,多由感染或变态反应所致,以上三种症状可单独出现或同时存在并互为因果。在对因治疗的同时,合理地使用镇咳药、祛痰药、平喘药是控制症状、防止并发症的重要措施。本章主要介绍镇咳药、祛痰药及平喘药的分类、作用、临床用途、不良反应和用药指导。

学习目标

识记平喘药的分类,并能按类别列举出1~2个临床常用药物通用名称;能根据呼吸系统疾病具体情况选用正确的治疗药物,并能清晰解释出选用该药的主要依据,且能列举出用药期间可能出现的主要不良反应和注意事项。

重点难点

本章的重点是平喘药的作用、临床用途、不良反应及用药指导。难点是哮喘的发病机制和平喘药的作用原理。

课时数

理论4

第一节 镇 咳 药

案例 7-1

患者,女,17岁,学生,前1~2天患者感觉轻微鼻塞、流涕、畏寒、咽痒等症状未就诊治疗,今日下午咳嗽加剧伴季肋部隐痛,有黏液性浓痰,偶带血丝。患者精神委靡、乏力、气喘,无法坚持上课即就诊。结合血象和X线胸透检查诊断为急性支气管炎。

问题:

1. 请同学们总结患者疾病发生发展过程中的症状有哪些?
2. 请谈谈引起该同学患病的原因可能有哪些?
3. 针对患者的症状我们应该采用什么样的治疗方案?

咳嗽是呼吸系统疾病的一种防御性反射,当炎症、异物或痰液刺激呼吸道机械感受器、化学感受器或牵张感受器时,可通过传入神经传到延髓咳嗽中枢,通过传出神经和效应器引起咳嗽。咳嗽可促进呼吸道内痰液和异物的排出,保持呼吸道的清洁与畅通。但剧烈而频繁的咳嗽会影响患者的生活和休息,还可引起并发症,需用镇咳药。镇咳药通过抑制咳嗽反射弧中某一个或多个环节产生镇咳作用,如中枢性镇咳药通过直接抑制延髓咳嗽中枢而发挥镇咳作用;外周性镇咳药通过抑制延髓咳嗽反射弧中的感受器、传入神经、传出神经或效应器中的任一环节而发挥镇咳作用。

一、常用镇咳药

(一)中枢性镇咳药

1. 依赖性中枢性镇咳药

可 待 因

可待因(codeine)为吗啡的甲基衍生物,又称甲基吗啡。

【体内过程】 可待因在阿片中的含量为 0.5%~1%,口服后吸收快而完全,生物利用度为 40%~70%,易于通过血-脑屏障,又能通过胎盘屏障,血浆蛋白结合率一般在 25% 左右。口服后约 1h 血药浓度达高峰,$t_{1/2}$ 为 3~4h,主要在肝脏与葡萄糖醛酸结合,约 15% 去甲基后代谢为吗啡而发挥作用,主要以葡萄糖醛酸结合物的形式经肾排出。

【药理作用】 可待因具有镇咳、镇痛和镇静作用,其镇咳作用为吗啡的 1/4;镇痛作用仅为吗啡的 1/12~1/7,但强于一般解热镇痛药,作用持续时间与吗啡相似;镇静作用不明显;药物成瘾性弱于吗啡。

【作用机制】 可待因是强效中枢性镇咳药,镇咳作用起效快,直接抑制延脑的咳嗽中枢而产生较强的镇咳作用,抑制支气管腺体分泌,可使痰液黏稠,难以咳出,故不宜用于多痰的患者,多用于无痰干咳及剧烈、频繁的咳嗽;有少量痰液的患者,宜与祛痰药合用。

【临床用途】
(1) 用于各种原因引起的干咳和刺激性咳嗽,尤适用于伴有胸痛的剧烈干咳。对有少量痰液的剧烈咳嗽,应合用祛痰药。
(2) 用于中等程度疼痛,如偏头痛、牙痛、痛经和肌肉痛的短期镇痛,还可用于减轻发热和感冒伴有的严重头痛、肌肉酸痛等;可待因及其复方制剂是癌痛患者第二阶梯的主要止痛药。
(3) 在儿科手术麻醉和术后镇痛方面是有效的镇痛药。

【不良反应】 不良反应较吗啡小,连续给药后的主要不良反应是耐受性和成瘾性,偶有恶心、呕吐、便秘及眩晕。大剂量可明显抑制呼吸,出现烦躁不安等中枢兴奋症状。痰多者禁用。

【用药指导】
(1) 与其他阿片类镇痛药相似,长期应用可产生耐受性和药物依赖性。
(2) 与中枢抑制药并用时,可致相加作用。
(3) 用药期间应避免驾驶车辆、操作机器、高空作业及饮用酒精类或含咖啡因的饮料。
(4) 长期服用本品应定期进行造血功能和肝、肾功能。

2. 非依赖性中枢性镇咳药

相关链接	右美沙芬
右美沙芬是吗啡喃类镇咳药的代表药,很多感冒药里都含有此成分。1956 年被 FDA 列为非处方药。1961 年在世界麻醉药品会议上被定为非麻醉药品,1989 年被 WHO 认定是取代可待因的一种镇咳药。	

右美沙芬(dextromethorphan,右甲吗南)镇咳强度与可待因相似或略强,起效快。无镇痛作用,治疗量对呼吸中枢无抑制作用,亦无依赖性和耐受性,主要用于干咳。偶有头晕、嗜睡、口干、恶心、呕吐、便秘等。过量可引起中枢抑制。孕妇、哮喘、肝病及痰多患者、儿童慎用。青光眼、精神病史者禁用。

喷托维林

喷托维林(pentoxyverine,咳必清)对咳嗽中枢有直接抑制作用,兼有轻度阿托品样作用和局部麻醉作用,能松弛支气管平滑肌和抑制呼吸道感受器。镇咳强度为可待因的 1/3,适用于上呼吸道感染引起的干咳、阵咳,对小儿百日咳效果尤好。偶有轻度头痛、头晕、口干、便秘等。青光眼、前列腺肥大及心功能不全患者慎用。

（二）外周性镇咳药

苯佐那酯

苯佐那酯（benzonatate）又名退嗽露，为丁卡因的衍生物。有较强的局部麻醉作用，抑制肺牵张感受器及感觉神经末梢，减少咳嗽冲动的传导，兼有中枢镇咳作用。用药后20min左右出现作用，维持3~4h。对干咳、阵咳效果良好，也可用于支气管镜等检查前预防咳嗽。有轻度嗜睡、头晕、鼻塞等副作用，偶见过敏性皮炎。服用时勿将药丸咬碎，以免引起口腔麻木。

二、咳嗽的药物治疗学基础

咳嗽是呼吸系统常见的症状之一，吸烟、空气污染和呼吸道感染等都可导致咳嗽。轻度咳嗽可自行缓解，但剧烈刺激性干咳可导致一系列并发症：自发性气胸和出血、心力衰竭、晕厥、骨折及肺部感染扩散等。

（一）药物治疗原则

首先是对因治疗（如抗感染），对轻度咳嗽可排出痰液和异物，清洁呼吸道，咳嗽可自行缓解，不必使用镇咳药。但剧烈刺激性干咳不仅影响工作和休息，还可导致并发症发生，必须合理使用镇咳药。

（二）合理用药指导

1. 可待因镇咳作用快而强，且疗效可靠，适用于多种原因引起的剧烈干咳。但反复应用易产生成瘾性，其临床应用受到一定的限制。右美沙芬镇咳作用与可待因相似或略强，但无镇痛作用，也无成瘾性，主要用于干咳，是目前应用较广的镇咳药。喷托维林镇咳强度较可待因弱，但无成瘾性，主要用于上呼吸道炎症引起的干咳、阵咳和小儿百日咳，因有阿托品样作用，青光眼患者禁用。中枢性镇咳药因抑制咳嗽反射，易致大量痰液阻塞呼吸道，继发感染而加重病情，故痰多者禁用。如果咳嗽伴有严重咳痰，应主要使用祛痰药。

2. 苯佐那酯兼有中枢和外周镇咳效果。疗效较可待因差，对干咳、阵咳效果良好。口服时需整片吞服。

第二节 祛 痰 药

痰液是呼吸道炎症的产物，可刺激呼吸道黏膜产生咳嗽，并加重感染、诱发哮喘。祛痰药是一类能使痰液变稀、黏稠度降低，或能加速呼吸道黏膜纤毛运动，使痰液易于咳出的药物。祛痰药促进呼吸道内积痰排出，减少了痰液对呼吸道黏膜的刺激，间接起到镇咳和平喘作用，也有利于控制继发感染。临床上使用的祛痰药根据其作用机制主要分为痰液稀释药和黏痰溶解药。

一、常用祛痰药

（一）痰液稀释药

氯 化 铵

氯化铵（ammonium chloride）口服吸收完全，在体内几乎全部转化降解，仅极少量随粪便排出。

【药理作用及机制】 氯化铵为刺激性祛痰药,通过刺激胃黏膜的迷走神经末梢,引起轻度恶心,反射性地引起呼吸道的分泌,使痰液变稀,易于咳出。

【临床用途】 用于急慢性呼吸道炎症而痰稠不易咳出的患者。氯化铵吸收后可使体液及尿呈酸性,可用于酸化尿液及某些碱血症。

【不良反应】 空腹或大剂量服用可刺激胃黏膜引起恶心、呕吐、胃部不适等症状,宜饭后服用。

【用药指导】 因其胃部刺激性,宜饭后服用。消化性溃疡患者慎用。严重肝肾功能不全及酸血症者禁用。

(二) 黏痰溶解药

乙酰半胱氨酸

乙酰半胱氨酸(acetylcysteine)又名痰易净,为半胱氨酸乙酰化的产物,性质稳定。

【药理作用及机制】 系黏痰溶解剂,具有较强的黏痰溶解作用。其分子中所含巯基(—SH)能使痰中糖蛋白多肽链中的二硫键(—S—S—)断裂,降低痰的黏滞性,并使之液化。本品还能使脓性痰中的 DNA 纤维断裂,故不仅能溶解白色黏痰而且也能溶解脓性痰。

【临床用途】 适用于大量黏痰阻塞引起的咳痰困难、痰阻气管等。本品尚可用于对乙酰氨基酚中毒的解毒。

【不良反应】 本品可引起呛咳、支气管痉挛、恶心、呕吐等反应,减量即可缓解。

【用药指导】
(1) 支气管哮喘患者禁用。
(2) 支气管痉挛可用异丙肾上腺素缓解。
(3) 不宜与青霉素类、头孢菌素类、四环素等合用,以免降低抗菌活性。

溴 己 新

溴己新(bromhexine)又名溴己铵,有较强的黏痰溶解作用,可裂解黏痰中的黏多糖,并抑制其合成,使痰液变稀,还促进呼吸道腺体分泌增加使痰液易于咳出,保持呼吸道畅通。本药适用于慢性支气管炎、哮喘及支气管扩张症痰液黏稠不易咳出患者。少数患者可感胃部不适、偶见转氨酶升高。消化性溃疡、肝功能不全者慎用。

二、多痰的药物治疗学基础

痰液是呼吸道炎症的产物,痰液过多可引起咳嗽、加重感染、诱发哮喘,大量黏痰还能阻塞呼吸道引起呼吸困难。

(一) 药物治疗原则

正确使用祛痰药促进呼吸道积痰的排出,减轻痰液对呼吸道黏膜的刺激,从而达到镇咳和平喘作用。

(二) 合理用药指导

1. 氯化铵具有恶心性祛痰作用,常与其他药物配成复方制剂,用于急慢性呼吸道炎症痰多不易咳出的患者,为减轻胃肠反应常用水溶解后服用。

2. 乙酰半胱氨酸具有很强的黏痰溶解作用,临床采用雾化吸入或气管滴入治疗大量黏痰阻塞气道而咳出困难者。但有刺激性,引起呛咳、支气管痉挛,加用异丙肾上腺素可避免。溴己新口服用于痰液黏稠不易咳出的患者。

第三节 平 喘 药

喘息是支气管哮喘和喘息性支气管炎的主要症状,主要是由支气管平滑肌痉挛和支气管黏膜炎症引起呼吸道分泌物增加、黏膜水肿所致的气道阻塞的结果。平喘药是一类能缓解或消除哮喘及其他呼吸系统疾病所致喘息症状的药物。目前临床上常用的平喘药主要分为支气管扩张药和抗过敏抗炎平喘药两大类。

一、常用平喘药

(一)支气管扩张药

1. β受体激动剂

沙丁胺醇

沙丁胺醇(salbutamol)又名舒喘灵。

【体内过程】 口服生物利用度为30%,服后15~30min生效,2~4h作用达高峰,持续6h以上。气雾吸入的生物利用度为10%,吸入后1~5min生效,1h作用达高峰,可持续4~6h。大部分在肠壁和肝脏代谢,进入循环的原形药物少于20%。本药主要经肾排泄。

【药理作用及机制】 沙丁胺醇为选择性$β_2$受体激动剂,能选择性激动支气管平滑肌的$β_2$受体,有较强的支气管扩张作用。

【临床用途】 主要用于支气管哮喘、哮喘型支气管炎、支气管痉挛、肺气肿等。

【不良反应】 治疗剂量产生心血管不良反应少而轻。但剂量过大或长期使用,仍可引起心悸、恶心、头痛、手指及颈面部肌肉震颤等。长期或反复应用可产生耐受性或气道的高反应性,使哮喘加重、死亡率增加,可交替使用不同类型的平喘药。

【用药指导】 高血压、心功能不全、糖尿病、甲亢患者慎用。

特布他林

特布他林(terbutaline)作用与沙丁胺醇相似,既可口服,又可注射,是选择作用于$β_2$受体药物中唯一能做皮下注射的。虽肾上腺素也可作皮下注射用,但本品作用持久。皮下注射5~15min生效,30~60min达高峰,持续1.5~5h。重复用药易致蓄积作用。

克伦特罗

克伦特罗(clenbuterol)为强效选择性$β_2$受体激动剂,松弛支气管平滑肌作用为沙丁胺醇的100倍。口服后,10~20min起效,维持4~6h。气雾吸入5~10min起效,维持2~4h。对心血管系统影响小,不良反应少。

相关链接

近年来出现了多起较大规模的瘦肉精中毒事件。主要包括在中国造成中毒的克伦特罗和在美国允许微量残留的莱克多巴胺。在中国,我们通常说的瘦肉精指的是克伦特罗。克伦特罗最早是作为平喘药使用的,20世纪80年代初,意外地发现,将一定量的盐酸克伦特罗药物添加在饲料中,可促进动物肌肉、特别是骨骼肌蛋白质的合成,抑制脂肪的合成和积累,从而使瘦肉率提高。长期饲养,浪容易在猪体内蓄积。食用这种猪肉后就可能引起人中毒。中毒症状有心悸、胸闷、面颈和四肢肌肉颤动、手抖、不能站立、头晕、乏力、心律失常等。中毒后应当进行洗胃、导泻等,还要监测血钾浓度,如有低血钾症,要补氯化钾。还要少量多次口服β受体阻断药。

沙美特罗

沙美特罗(salmeterol)新型选择性长效 $β_2$ 受体激动剂,一次剂量其支气管扩张作用可持续12h。尚有强大的抑制肺肥大细胞释放过敏介质作用,可抑制吸入抗原诱发的早期和迟发相反应,降低气道高反应性。本药用于哮喘(包括夜间哮喘和运动性哮喘)、喘息性支气管炎和可逆性气道阻塞。

2. 茶碱类

氨 茶 碱

氨茶碱(aminophylline)为茶碱与二乙胺的复盐,水溶解度较大,可口服或注射给药。

【体内过程】 口服、直肠或胃肠道外给药均能迅速被吸收。在体内氨茶碱释放出茶碱,后者的蛋白结合率为60%。半衰期为3~9h。空腹状态下口服本品,在2h血药浓度达峰值。本品大部分以代谢产物形式通过肾排出,10%以原形排出。

【药理作用及临床应用】

(1) 平喘作用:能松弛支气管平滑肌,对处于痉挛状态的支气管更为突出。作用机制包括:①抑制磷酸二酯酶,使cAMP降解减少,支气管扩张。②促进内源性的儿茶酚胺类物质释放,使支气管平滑肌松弛。③阻断腺苷受体,解除腺苷引起的支气管平滑肌痉挛。④干扰气道平滑肌 Ca^{2+} 转运,影响细胞外 Ca^{2+} 的内流和细胞内质网储存 Ca^{2+} 释放,从而产生气道平滑肌松弛作用。⑤对炎细胞的抑制作用和免疫抑制。⑥还能增强膈肌收缩力,减轻膈肌疲劳及促进气道纤毛运动,适用于治疗支气管哮喘、喘息性支气管炎、阻塞性肺气肿等。

(2) 强心、利尿作用:增加心肌收缩力,增加心排血量,增加肾血流量和肾小球滤过率,并抑制肾小管对 Na^+、Cl^- 的重吸收,可用于心源性哮喘及心性水肿的辅助治疗。

(3) 松弛胆道平滑肌:可解除胆道痉挛,与镇痛药合用治疗胆绞痛。

【不良反应】

(1) 局部刺激:本品碱性较强,口服对胃有刺激性,易致恶心、呕吐、胃痛,饭后服用可减轻。

(2) 中枢兴奋作用:治疗量可出现失眠、烦躁不安、头痛、头晕。

(3) 急性中毒:剂量过大或静脉注射过快,可致心律失常、血压骤降、谵妄、惊厥、昏迷等急性中毒症状,严重时心搏骤停或猝死。

【用药指导】 老年人、孕妇、哺乳妇及心、肝、肾功能不全者慎用。急性心肌梗死、低血压、休克患者禁用。

二羟丙茶碱

二羟丙茶碱(diprophylline)又名喘定、油茶碱。本药胃肠刺激较小,对心脏的兴奋作用也弱,主要用于伴有心动过速或不宜使用肾上腺素类药物及氨茶碱的哮喘患者。

3. M 受体阻断剂

异丙托溴铵

异丙托溴铵(ipratropium bromide)为阿托品的季铵盐,常用气雾吸入给药,具有较强的支气管平滑肌松弛作用,起效快,持续时间较长,吸收少,全身不良反应少,对 $β_2$ 受体激动药耐受的患者也有效。本药主要用于缓解慢性阻塞性肺部疾病的喘息症状,还可用于 β 受体阻断药引起的支气管痉挛。

(二) 抗过敏、抗炎平喘药

1. 肥大细胞膜稳定药

色甘酸钠

色甘酸钠(disodium cromoglycate)又名咽泰。

【体内过程】 口服吸收仅 1%,治疗支气管哮喘主要用其微粒粉末(直径约 6μm)吸入给药。约 10% 到达肺深部组织并吸收入血,15min 达血药浓度峰值。血浆蛋白结合率 60%~75%。$t_{1/2}$ 约 80min。以原形从胆汁和尿排出。

【药理作用及机制】 色甘酸钠对支气管平滑肌无直接松弛作用,也无抗炎作用。平喘作用主要是通过稳定肥大细胞膜,阻止 Ca^{2+} 内流,抑制肥大细胞脱颗粒,抑制组胺、白三烯等过敏介质的释放而发挥作用。但对已经释放的过敏介质无效,故需提前 7~10 天用药。

【临床用途】 主要用于支气管哮喘的预防性治疗,能防止变态反应或运动引起的速发和迟发性哮喘反应。可用于过敏性鼻炎、溃疡性结肠炎及其他胃肠道过敏性疾病。

【不良反应】 毒性很低。少数患者因粉末的刺激可引起呛咳、气急、胸部紧迫感,甚至诱发哮喘,与少量异丙肾上腺素合用可以预防。

酮替芬

酮替芬(ketotifen)属于 H_1 受体阻断药。

【体内过程】 酮替芬经口服用后,迅速由胃肠道吸收,1h 后即可在血中测得药物的原形及其代谢物,3~4h 达血浆浓度峰值,一部分经肝脏代谢,血药浓度缓慢降低,由尿液、粪便及汗液排泄出体外。

【药理作用及机制】 本药属于致敏活性细胞肥大细胞或嗜碱粒细胞的过敏介质释放抑制剂。具有保护肥大细胞或嗜碱粒细胞的细胞膜,使之在变应原攻击下,减少膜变构,减少释放过敏活性介质的作用,故有肥大细胞膜保护剂之称。此药兼具变态反应病的预防及治疗双重功能。因较强的 H_1 受体拮抗作用,故亦可将之看作抗组胺药,它的 H_1 受体拮抗作用为氯苯那敏的 10 倍,且作用时间较长。还有抑制白三烯的功能,故除对皮肤、胃肠、鼻部变态反应有效外,对于支气管哮喘亦有较好的作用。但本药亦有一定的中枢抑制作用及抗胆碱能作用。

【临床用途】 单用或合用防治轻中度哮喘,也可用于过敏性鼻炎、过敏性皮炎等。

【不良反应】
(1) 本药有与抗组胺药物相类似的中枢抑制作用,服后可出现困倦感、乏力感等。
(2) 少数患者于服药后有口干、恶心、胃肠不适等反应,但随着用药时间延长,症状亦可逐渐缓解。
(3) 个别患者于服药后可出现过敏症状,主要表现为皮疹、瘙痒、局部皮肤水肿等。如遇此情况应及时停药。

【用药指导】
(1) 本药起效缓慢,对于支气管哮喘的缓解作用一般需连续用药2~4周后方渐出现,故在用药前应向患者解说清楚,配合治疗。
(2) 本药与镇静安眠药及酒精制剂有一定的协同作用,同时用药可加强困倦、乏力等症状,应予避免。
(3) 本药与抗组胺药物亦有一定协同作用,故当患者用抗组胺药效果不满意时,可考虑合并使用本药。
(4) 糖尿病患者在口服降糖药期间禁用此药。
(5) 空中作业、驾驶人员、精密机械操纵者、需高度思维的工作人员、运动员等慎用此药。
(6) 早期妊娠妇女及授乳期妇女禁用此药。
(7) 过量服用本药可引起昏睡、恶心等反应,应视情况给予对症处理,必要时予以洗胃或催吐,并严密监护患者,采用支持治疗直至症状缓解。

2. 抗白三烯药

扎鲁司特

扎鲁司特(zafirlukast)为白三烯受体阻断药。

【体内过程】 口服吸收良好,服后约3h血浆浓度达峰值。血浆蛋白结合率为99%,尿排泄为10%,大便排泄为89%,消除半衰期约为10h。药代动力学在正常人群和肾损害患者无显著差异。与食物同服时大部分患者(75%)的生物利用度降低,其降低幅度可达40%。

【药理作用及机制】 扎鲁司特为白三烯受体拮抗剂,竞争性抑制白三烯活性,有效预防白三烯多肽所致的血管通透性增加而引起的气道水肿,同时抑制嗜酸细胞的浸润,减少气管收缩和炎症,减轻哮喘症状。

【临床用途】 临床主要用于预防哮喘发作,尤其是阿司匹林哮喘、冷空气诱发哮喘或运动性哮喘效果较好。

【不良反应】 可有轻微头痛、咽炎及胃肠道反应。孕妇、哺乳期妇女及肝功能不全患者慎用。

孟鲁司特

孟鲁司特(montelukast)作用与扎鲁司特相似,用于成人和12岁以上小儿支气管哮喘治疗和预防。

3. 糖皮质激素类药

倍氯米松

倍氯米松(beclomethasone)为地塞米松的衍生物。

【药理作用】 局部抗炎作用强度是地塞米松的 500 倍左右,雾化吸入后直接作用于呼吸道发挥强大的抗炎平喘作用。

【作用机制】 抑制炎症细胞的活化和炎症介质的释放,减轻气道肿胀、黏液分泌、降低微血管通透性;增加平滑肌 β_2 受体的反应性。

【临床用途】 哮喘持续状态或危重发作的重要抢救药物,也适于预防和治疗轻、中度哮喘。近年应用吸入治疗法,药物在气道内达到较高浓度,充分发挥了糖皮质激素对气道的抗炎作用,也避免了全身性不良反应。

【不良反应】 常见局部副作用包括声音嘶哑、口咽部白色念珠菌感染等。每次用后应漱口。

布 地 奈 德

布地奈德(budesonide)是一种具有高效局部抗炎作用的糖皮质激素。它能增强内皮细胞、平滑肌细胞和溶酶体膜的稳定性,抑制免疫反应和降低抗体合成,从而使组胺等过敏活性介质的释放减少和活性降低,并能减轻抗原抗体结合时激发的酶促过程,抑制支气管收缩物质的合成和释放而减轻平滑肌的收缩反应。本药用于糖皮质激素依赖性或非依赖性的支气管哮喘和哮喘性慢性支气管炎患者。轻中度结肠克罗恩病、溃疡性结肠炎局限在乙状结肠者可用本品灌肠。常用量不良反应少,长期用药可能发生轻度喉部刺激、咳嗽、声嘶,诱发口咽部念珠菌感染,故给药后需立即漱口。

二、哮喘的药物治疗学基础

哮喘是一种多基因遗传及环境因素共同参与下的气道慢性炎症性疾病。其主要特征是气道炎症和气道高反应性,主要表现为反复发作的喘息、呼吸困难、胸闷、咳嗽或多痰,多与接触变应原、冷空气、物理、化学性刺激、病毒性上呼吸道感染、运动等有关。

(一) 药物治疗原则

(1) 扩张支气管,解除支气管平滑肌痉挛,控制喘息症状。

(2) 抗炎抗过敏,控制炎症或预防哮喘发作。

(二) 合理用药指导

(1) 哮喘急性发作一般首选 β_2 受体激动药(沙丁胺醇等),可雾化吸入,无效者则口服或注射,也可皮下注射肾上腺素;对中、重度急性发作或用 β_2 受体激动药无效的哮喘,可口服或注射泼尼松、泼尼松龙、地塞米松等糖皮质激素类药。

(2) 对重症哮喘或哮喘持续状态应静脉注射或静脉滴注氨茶碱,也可口服或注射糖皮质激素类药如泼尼松等。

(3) 哮喘发作的间歇期及慢性哮喘应首选倍氯米松雾化吸入,也可间歇吸入短效 β_2 受体激动药如沙丁胺醇,每日用药不超过 1 次。

(4) 预防过敏性哮喘一般选用色甘酸钠、酮替芬等,也可雾化吸入异丙托溴铵。口服扎鲁司特、孟鲁司特等可有效地防治阿司匹林诱发的哮喘。

【附】

常用制剂及用法

磷酸可待因 片剂:15mg、30mg。一次 15~30mg,一日 2~3 次。注射剂:15mg、30mg。一次 15~30mg,

皮下注射。儿童，每次250μg/kg，4次/日。

右美沙芬　片剂：10mg，15mg。一次10~30mg，一日3次。

枸橼酸喷托维林　片剂：25mg。一次25mg，一日3~4日。

苯佐那酯　糖衣丸或胶囊剂：25mg，50mg。一次50~100mg，一日3次。

氯化铵　片剂：0.3mg。一次0.3~0.6mg，一日3次。注射剂：5g。治疗碱中毒或酸化尿液：一日2~20g，静脉滴注。

乙酰半胱氨酸　片剂：200mg，500mg。一次200mg，一日2~3次。喷雾剂：1.0g。临床前用氯化钠溶液配成10%溶液，一次1~3ml，一日2~3次，喷雾吸入。

沙丁胺醇（舒喘灵）　口服：成人每次2~4mg，3~4次/日；儿童每次0.1~0.15mg/kg，2~3次/日。喷雾吸入：成人1~2喷/次，3~4次/日，儿童1喷/次，3~4次/日。

克仑特罗　片剂：20μg/片，40μg/片，20~40μg/次，3次/日。

【小结】

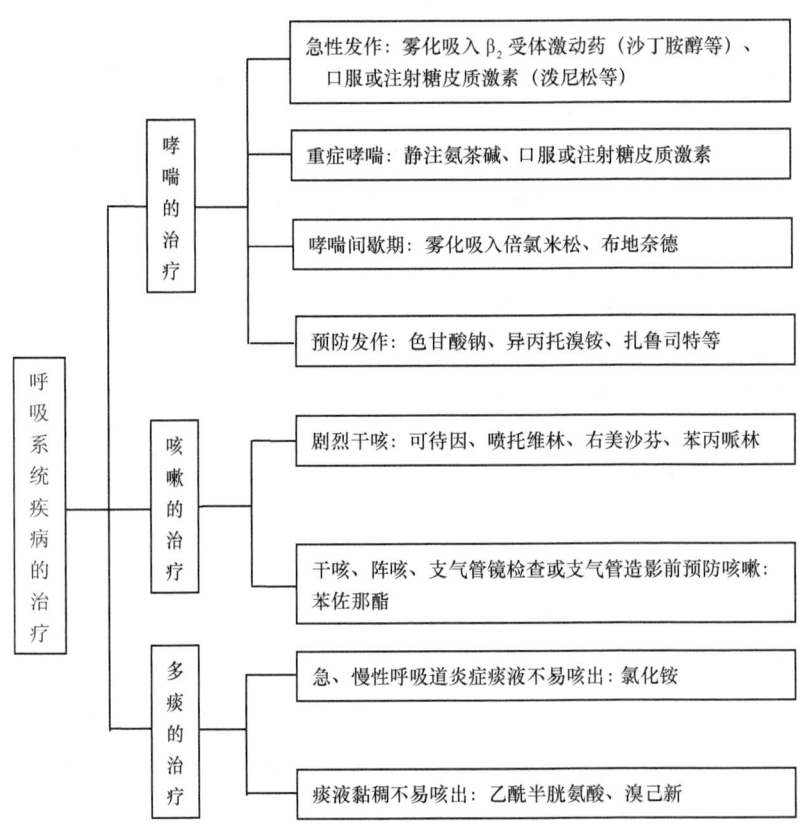

目标检测

一、选择题

【A型题】

1. 心血管系统不良反应较少的平喘药是（　　）
   A. 茶碱　　　　　　B. 肾上腺素
   C. 沙丁胺醇　　　　D. 异丙肾上腺素
   E. 麻黄碱

2. 预防支气管哮喘发作的首选药物是（　　）
   A. 肾上腺素　　　　B. 异丙肾上腺素
   C. 麻黄碱　　　　　D. 异丙基阿托品
   E. 色甘酸钠

3. 用于平喘的M胆碱受体阻断药是（　　）
   A. 哌仑西平　　　　B. 异丙基阿托品

C. 阿托品　　　　　D. 后阿托品
E. 氨茶碱
4. 明显抑制支气管炎症过程的平喘药是(　　)
   A. 肾上腺素　　　B. 倍氯米松
   C. 沙丁胺醇　　　D. 异丙肾上腺素
   E. 异丙基阿托品
5. 为减少不良反应,用糖皮质激素平喘时宜(　　)
   A. 口服　　　　　B. 静脉滴注
   C. 皮下注射　　　D. 气雾吸入
   E. 肌内注射
6. 色甘酸钠对已发作的哮喘无效是因为(　　)
   A. 不能阻止过敏介质的释放
   B. 不能直接对抗过敏介质的作用
   C. 肥大细胞膜稳定作用
   D. 吸入给药可能引起呛咳
   E. 抑制肺肥大细胞脱颗粒
7. 乙酰半胱氨酸可用于(　　)
   A. 剧烈干咳　　　B. 痰黏稠不易咳出者
   C. 支气管哮喘咳嗽　D. 急、慢性咽炎
   E. 以上都不是

【B型题】

(第8～12题备选答案)
   A. 氨茶碱　　　　B. 沙丁胺醇
   C. 异丙基阿托品　D. 倍氯米松
   E. 色甘酸钠
8. 选择性激动 $β_2$ 受体的平喘药是(　　)
9. 可阻断腺苷受体的平喘药是(　　)
10. 阻断 M 胆碱受体的平喘药是(　　)
11. 稳定肥大细胞膜的平喘药是(　　)
12. 具有抗炎、抗过敏作用的平喘药是(　　)

【X型题】

13. 关于选择性 $β_2$ 受体激动剂说法正确的是(　　)
    A. 心血管系统的不良反应少
    B. 可激动 α 受体
    C. 剂量过大可引起手指震颤
    D. 口服无效
    E. 代表药有麻黄碱
14. 哮喘急性发作可以选用的药物有(　　)
    A. 沙丁胺醇吸入
    B. 肾上腺素皮下注射
    C. 氨茶碱静脉注射
    D. 麻黄碱口服
    E. 色甘酸钠吸入
15. 祛痰药包括(　　)
    A. 乙酰半胱氨酸　B. 氯化铵
    C. 溴己新　　　　D. 苯佐那酯
    E. 可待因

二、简答题

1. 平喘药可分为哪几类?每类请列举一个代表药。
2. 可待因的主要不良反应是什么?用药时应注意什么?

第八章　利尿药和脱水药

内容提要

水肿是心、肝、肾等疾病的常见症状,合理使用利尿药和脱水药能有效消除各种水肿。本章主要介绍利尿药和脱水药的作用、用途、不良反应及用药指导。

学习目标

识记利尿药的分类,并能按类别列举出1~2个临床常用药物通用名称;能根据临床具体疾病水肿情况选用正确的治疗药物,并能清晰解释出选用该药的主要依据,且能列举出用药期间可能出现的主要不良反应和注意事项。

重点难点

本章重点是呋塞米、氢氯噻嗪、螺内酯、甘露醇的作用、用途、主要不良反应及用药指导。本章难点是利尿药的利尿作用机制。

课时数

理论4,实践2

第一节　利　尿　药

利尿药是一类作用于肾,促进水及电解质的排出,增加尿量的药物。临床上主要用于治疗各种原因引起的水肿,可用于高血压、心功能不全等疾病的治疗。

一、利尿药作用的生理学基础

尿液的形成过程包括肾小球滤过、肾小管和集合管的重吸收和分泌。目前常用的利尿药主要通过影响肾小管和集合管的重吸收及分泌功能而发挥利尿作用。

(一) 肾小球的滤过

肾小球滤过功能是指循环血液经过肾小球毛细血管时,血浆中的水和分子大小不同的溶质,滤入肾小囊形成超滤液(原尿)的功能,即肾脏清除代谢产物、毒物和体内过多的水分的功能。正常成人一日经肾小球滤过产生的原尿约为180L,但一日排出的尿只有1~2L,这表明99%以上的滤液被肾小球和集合管重吸收,仅有1%成为终尿排出体外。不仅如此,滤过液中的葡萄糖已全部被肾小管重吸收回血;钠、尿素等不同程度地重吸收;肌酐、尿酸和K^+等还被肾小管分泌入管腔中,显然若药物仅增加肾小球滤过,其利尿作用不会特别明显。

(二) 肾小管的重吸收

重吸收是指肾小管上皮细胞将小管液中的水分和某些溶质,部分地或全部地转运到血液的过程。原尿经过近曲小管、髓袢、远曲小管和集合管后,99%的水、全部葡萄糖与氨基酸、部分电解质被重吸收,尿素部分被重吸收,肌酐完全不被重吸收。如果肾小管和集合管的上皮细胞对钠和水重吸收的功能受到抑制,排出的钠和水则会明显增加。药物利尿作用的强弱与其作用的部位有密切的关系。

1. 近曲小管 肾小管液中 65%~70% 的 Na^+ 在近曲小管起始段被重吸收。Na^+ 的重吸收方式有两种：①钠泵（Na^+-K^+-ATP 酶）主动重吸收，随着管腔内 Na^+ 的主动重吸收，Cl^- 通过静电吸引由管腔液进入胞内，同时也促进了水的被动重吸收。②H^+-Na^+ 交换，H^+ 来自于上皮细胞内 CO_2 和 H_2O 在碳酸酐酶催化下所生成的 H_2CO_3，然后 H_2CO_3 解离为 H^+ 和 HCO_3^-，H^+ 则由肾小管上皮细胞分泌到小管液，同时将小管液中的 Na^+ 交换到细胞内（图 8-1）。

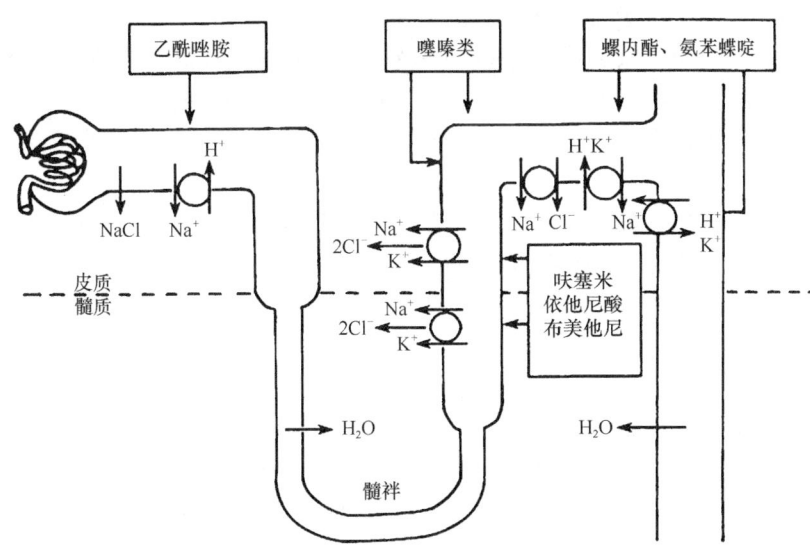

图 8-1 肾小管各段主要功能和利尿药的作用部位

药物抑制近曲小管对 Na^+ 的重吸收所产生的利尿作用并不明显，原因是近曲小管对 Na^+ 的主动重吸收被抑制后所导致的管腔内 Na^+ 和 Cl^- 增加，可引起远曲小管对 Na^+ 和 Cl^- 的重吸收代偿性增加。

2. 髓袢升支粗段 原尿中 30%~35% 的 Na^+ 在此部位被重吸收。Na^+ 的重吸收是以 Na^+-K^+-$2Cl^-$ 同向转运机制进行的。但此段不伴有水的重吸收。当尿液从肾乳头流向肾皮质时，管腔内液渗透压逐渐由高渗变为低渗，直至形成无溶质的净水，即为肾脏的稀释功能。同时由于 NaCl 重吸收至髓质组织间液，形成肾髓质高渗区。低渗尿经过高渗髓质中的集合管时，在抗利尿激素的作用下，水被重吸收，使尿液浓缩，此为肾脏的浓缩功能。

药物抑制髓袢升支粗段 Na^+-K^+-$2Cl^-$ 共同转运系统，降低尿液稀释和浓缩功能，可产生强大的利尿作用。

3. 远曲小管和集合管 5%~10% 的 Na^+ 在此被重吸收。远曲小管可根据其功能分为始段和末段两部分。在始段远曲小管存在 Na^+-Cl^- 同向转运机制。

药物抑制此处的 Na^+-Cl^- 共同转运系统，可影响尿液的稀释过程，但不影响尿液的浓缩过程，利尿作用较作用于髓袢升支粗段的药物弱。在末段远曲小管和集合管还存在着醛固酮参与的 Na^+-K^+ 交换。

（三）肾小管和集合管分泌

近曲小管、远曲小管和集合管均有分泌功能，主要分泌 H^+ 和 K^+，均与小管内的 Na^+ 进行交换。此外,也分泌 NH_3,与 H^+ 和 Cl^- 结合成 NH_4Cl 而排出。

二、常用利尿药

(一)高效能利尿药

呋 塞 米

呋塞米(furosemide)是磺胺的衍生物。

【体内过程】 口服吸收迅速,约 30min 起效,生物利用度为 50%~70%,1~2h 达药峰浓度,维持 6~8h。静脉注射 5min 后生效,30~60min 达药峰浓度,维持 2~3h。药物可通过近曲小管有机酸转运机制分泌,以原形经肾排泄。$t_{1/2}$ 约为 1h,肾功能不全和老年患者 $t_{1/2}$ 延长。

【药理作用】 作用于髓袢升支粗段髓质部和皮质部,抑制 Na^+-K^+-$2Cl^-$ 同向转运体,抑制 NaCl 重吸收,降低了尿液的稀释功能,同时使髓质间隙渗透压降低,也降低了尿液的浓缩功能,从而发挥强大的利尿作用。其特点是:①作用强,起效快,维持时间短;②Na^+、K^+、Cl^-、Mg^{2+}、Ca^{2+} 排出增加,属排钾利尿药。

【临床应用】

(1)急性肺水肿和脑水肿:对急性肺水肿,静脉注射后能迅速解除症状,这是因为呋塞米能扩张血管,减少回心血量,降低外周阻力,从而减轻左心负荷的缘故。呋塞米是治疗急性肺水肿的首选药。同时,由于大量排尿,血液浓缩,血浆渗透压升高,有助于消除脑水肿。

(2)其他严重水肿:治疗心、肝、肾等病变引起的各类水肿。因利尿作用强大,一般不宜首选,多用于其他利尿药无效的严重水肿患者。

相关链接 　　　　　　　　　　　　　**水　　肿**

过多的体液在组织间隙或体腔中积聚称为水肿(edema)。正常体腔中只有少量液体,若体腔中体液积聚则称为积水(hydrops),如腹腔积水(腹水)、胸腔积水(胸水)、心包积水、脑室积水、阴囊积水等。水肿常按其原因而命名,如心源性水肿、肝源性水肿、肾源性水肿、营养缺乏性水肿、淋巴性水肿、静脉阻塞性水肿、炎症性水肿等。

(3)急、慢性肾衰竭:急性肾衰竭时,呋塞米强大利尿作用可使阻塞的肾小管得到冲洗,并可扩张肾血管,增加肾血流量,减少肾小管萎缩、坏死。其他药物无效的慢性肾衰竭,大剂量的呋塞米可增加尿量,保护肾。

(4)加速毒物排泄:强大的利尿作用促使毒物排出,主要用于某些经肾排泄的药物中毒的抢救,如巴比妥类、水杨酸类等药物中毒的解救。

(5)高钙血症:呋塞米可抑制钙重吸收,增加钙排出而降低血钙。

【不良反应】

(1)水与电解质紊乱:为最常见的不良反应,因过度利尿引起,表现为低血容量、低钾血症、低钠血症、低氯碱血症等。其中低钾血症最为常见,主要症状有恶心、呕吐、腹胀、肌无力及心律失常等,故应注意及时补充钾盐,合并留钾利尿药可避免或减少低血钾的发生。长期应用还可引起低血镁,由于 Na^+-K^+-ATP 酶的激活需要 Mg^{2+},当低血 K^+ 与低血 Mg^{2+} 同时存在时,应先纠正低血 Mg^{2+},否则即使补充 K^+ 也不易纠正低血钾。

(2) 耳毒性:表现为眩晕、耳鸣、听力减退或暂时性耳聋,依他尼酸最易引起,且可发生永久性耳聋。可能与药物引起内淋巴液电解质成分改变,使耳蜗基底膜毛细胞受损伤有关。耳毒性主要发生在肾衰竭者使用高剂量利尿药时,应避免与有耳毒性的氨基糖苷类抗生素合用。

(3) 高尿酸血症:长期用药时多数患者可出现高尿酸血症,并诱发痛风。本药主要由于利尿后血容量降低、胞外液浓缩,使尿酸经近曲小管的重吸收增加所致。另一原因是利尿药和尿酸竞争有机酸分泌途径,使尿酸排出减少。

(4) 胃肠道反应:表现为恶心、呕吐、上腹部不适,大剂量时尚可出现胃肠出血。

布 美 他 尼

布美他尼(bumetanide)是目前作用最强的利尿药。

【体内过程】 口服易吸收,服药后 0.5~1h 显效,维持 4~6h。静脉注射几分钟即可显效。$t_{1/2}$ 为 0.5~1h。大部分以原形及代谢物经肾排泄。

【作用与用途】 利尿作用机制与呋塞米相似,作用强度是呋塞米的 20~60 倍,排钾作用相对较弱,耳毒性发生率较低。临床上主要用于各类水肿和急性肺水肿。

【不良反应】 与呋塞米基本相同。偶见未婚男性遗精和阴茎勃起困难。大剂量可发生肌肉酸痛、胸痛。

(二) 中效能利尿药

氢 氯 噻 嗪

噻嗪类利尿药有共同的基本结构,是由杂环苯并噻二嗪与一个磺酰胺基($—SO_2NH_2$)组成。作用部位及作用机制相同,但各个利尿药的效价强度可相差达千倍,从弱到强的顺序依次为:氯噻嗪<氢氯噻嗪<氢氟噻嗪<苄氟噻嗪<环戊噻嗪。但噻嗪类药物的效能相同,因此有效剂量的大小在各药的实际应用中并无重要意义。

氢氯噻嗪(hydrochlorothiazide),又名双氢克尿噻,是临床最常用的噻嗪类利尿药。

【体内过程】 口服吸收良好,吸收率在 80% 以上,在体内不被代谢,主要通过肾小球滤过及近曲小管分泌而排泄,少量由胆汁排泄。

【药理作用】

(1) 利尿作用:氢氯噻嗪作用于髓袢升支粗段皮质部(远曲小管开始部位)抑制 NaCl 的重吸收,降低肾脏对尿液的稀释功能而产生利尿作用。特点是:①利尿作用温和、持久;②Na^+、K^+、Cl^- 排出量增加,属排钾利尿药。

(2) 抗利尿作用:氢氯噻嗪能明显减少尿崩症患者的尿量,其机制与噻嗪类对磷酸二酯酶的抑制作用有关,因此增加远曲小管及集合管细胞内 cAMP 的含量,提高远曲小管对水的通透性。同时因增加 NaCl 的排出造成负盐平衡,导致血浆渗透压的降低,减轻口渴感和饮水量,导致尿量减少。

(3) 降压作用:氢氯噻嗪是基础降压药,用药早期通过排钠利尿、血容量减少而降压,长期用药则通过扩张外周血管而产生降压作用(详见抗高血压药)。

【临床应用】

(1) 治疗各型水肿:对心性及肾性水肿效果好,肝性水肿慎用,以防低钾血症诱发肝性脑病。

（2）治疗高血压：与其他降压药配合使用，用于各型高血压。

（3）治疗尿崩症：主要用于肾性尿崩症及血管升压素无效的垂体性尿崩症。

相关链接　　　　　　　　　　　尿　崩　症

尿崩症是指血管升压素（vasopressin，VP）又称抗利尿激素（antidiuretic hormone，ADH）分泌不足（又称中枢性或垂体性尿崩症），或肾对血管升压素反应缺陷（又称肾性尿崩症）而引起的一组症群，其特点是多尿、烦渴、低比重尿和低渗尿。24小时尿量可多达5～10L。因低渗性多尿，血浆渗透压常轻度升高，因而兴奋口渴中枢，患者因烦渴而大量饮水。尿崩症常用血管升压素替代治疗，还可以用氯磺丙脲及噻嗪类利尿剂来进行治疗。对继发性尿崩症应先进行病因治疗，如不能根治也可考虑药物治疗。

【不良反应】

（1）电解质紊乱：如低钾血症、低镁血症、低氯碱血症等，其中低钾血症多见，可合用留钾利尿药克服。

（2）高尿酸血症、高钙血症：主要是药物减少细胞外液容量，增加近曲小管对尿酸的重吸收所致，痛风患者不宜应用。

（3）代谢性变化：与剂量有关，可致高血糖、高脂血症，可使糖尿病患者及糖耐量异常患者血糖升高，其机制可能是由于低血钾抑制胰岛素原转变为胰岛素，使胰岛素分泌减少而升高血糖，还可以增加血清胆固醇和低密度脂蛋白的含量。糖尿病、高血脂患者不宜应用。

（4）过敏反应：如发热、皮疹、过敏反应。与磺胺类有交叉过敏反应，对磺胺药过敏者禁用本类药物。

案例8-1

患者，男，50岁。充血性心力衰竭2年，近期出现水肿加重，颈静脉怒张，呼吸困难。医生给予口服地高辛和氢氯噻嗪治疗，半个月后，患者出现心悸，心电图检查显示为室性期前收缩。

问题：

分析患者出现室性期前收缩的原因？应该给予什么药物进行治疗？（提示：①氢氯噻嗪对血钾的影响；②低钾血症对地高辛的影响。）

（三）低效能利尿药

螺　内　酯

螺内酯（spironolactone）又名安体舒通（antisterone），结构与醛固酮相似，作用于远曲小管和集合管，与醛固酮竞争受体，从而干扰醛固酮的作用，发挥排 Na^+ 留 K^+ 的利尿作用，属保钾利尿药。

螺内酯的利尿作用弱而缓慢、持久，其利尿作用与体内醛固酮的浓度有关。仅当体内有醛固酮存在时，它才发挥作用。对切除肾上腺的动物则无利尿作用。由于其利尿作用较弱，抑制 Na^+ 重吸收量不到3%，因此较少单独使用。常与噻嗪类利尿药或高效利尿药合用，治疗伴有醛固酮升高的顽固性水肿，如肝硬化和肾病综合征水肿，还可用于充血性心力衰竭的治疗。

久用可引起高钾血症，故肾功能不全者禁用，还有性激素样副作用，可引起男性乳房女性化和性功能障碍，致妇女多毛症等。

> **案例 8-2**
>
> 患者,男,37岁。患肝硬化,腹水严重。医生给予螺内酯和呋塞米联合应用。
>
> **问题**:
>
> 请分析该治疗方案是否合理?为什么?

氨苯蝶啶及阿米洛利

氨苯蝶啶(triamterene,三氨蝶啶)及阿米洛利(amiloride)虽结构不同,却有相同的药理作用,均可作用于远曲小管及集合管,阻滞 Na^+ 通道而减少 Na^+ 的重吸收,由于 Na^+ 的重吸收减少,使管腔的负电位减小,管腔内外电位差下降,使 K^+ 分泌的驱动力减小, K^+ 的排泄减少,发挥排钠留钾利尿作用。这两种药物并非通过竞争性拮抗醛固酮而发挥作用,它们对切除肾上腺的动物仍有留钾利尿作用。在远曲小管阿米洛利还抑制钙的排泄,这一作用也是与抑制 Na^+ 重吸收相偶联的。

临床上常与排钾利尿药合用治疗顽固性水肿。这两种药物长期服用均可引起高钾血症。肾功能不全者、糖尿病者、老人较易发生。其中氨苯蝶啶还抑制二氢叶酸还原酶,引起叶酸代谢障碍,肝硬化患者服用此药可发生巨幼细胞贫血,偶可引起高敏反应及形成肾结石。

乙酰唑胺

乙酰唑胺(acetazolamide)是碳酸酐酶抑制药,通过减少近曲小管 Na^+-H^+ 交换,使 Na^+ 的重吸收减少,但在集合管引起继发性的 Na^+-K^+ 交换增加而发挥排钾利尿作用。由于利尿作用弱,且易致酸中毒,现在很少作利尿药使用。因能抑制睫状体上皮碳酸酐酶的活性,从而减少房水生成(50%~60%),使眼压下降。本药主要用于多种类型的青光眼。常见的不良反应有代谢性酸中毒、低钾血症、过敏反应等,长期用药可致肾结石及中枢神经系统毒性。

常用利尿药比较见表 8-1。

表 8-1 常用利尿药特点比较

类别	药物	尿电解质排泄			用途	主要不良反应
		Na^+	K^+	Cl^-		
高效能利尿药(排钾利尿药)	呋塞米、布美他尼	↑	↑	↑	各类严重水肿、防治肾衰竭、加速毒物排泄	水电解质紊乱(以低钾血症多见)、耳毒性
中效能利尿药(排钾利尿药)	氢氯噻嗪	↑	↑	↑	各类水肿、尿崩症、高血压	水电解质紊乱(以低钾血症多见)
低效能利尿药(保钾利尿药)	螺内酯、氨苯蝶啶、阿米洛利	↑	↓	↑	治疗水肿(常与排钾利尿药合用)	高钾血症

第二节 脱 水 药

脱水药又称渗透性利尿药,是指能迅速提高血浆和肾小管腔液渗透压,使组织水分向血浆转移而使组织脱水,并产生渗透性利尿作用的药物。脱水药包括甘露醇、山梨醇、高渗葡萄糖等。共同特点如下:①静脉注射后不易从毛细血管进入组织。②易经肾小球滤过。③不易被肾小管重吸收。④在体内不被代谢。

甘露醇

甘露醇(mannitol)为己六醇结构,不被肠道吸收,可发挥导泻作用,脱水必须静脉给药,临床用其20%高渗溶液。

【药理作用及临床应用】

(1) 脱水作用:静脉滴注后,该药不易从毛细血管渗入组织,能迅速提高血浆渗透压,使组织间液水分向血浆转移而产生组织脱水作用,降低颅内压、眼压。甘露醇对多种原因引起的脑水肿(如脑瘤、颅脑外伤外缺氧等情况时)是首选药。甘露醇也可用于急性青光眼,或术前使用以降低眼压。

(2) 利尿作用:静脉滴注高渗甘露醇后,血浆渗透压升高,血容量增加,扩张肾血管增加肾小球滤过率和肾血流量;由于不被肾小管重吸收,增加肾小管腔液渗透压,产生渗透性利尿作用。一般在10min左右起效,能迅速增加尿量及排出 Na^+、K^+。经2~3h利尿作用达高峰,用于预防急性肾衰竭。早期应用,甘露醇扩张血管,增加肾血流量改善肾实质的缺血缺氧状态;脱水作用减轻肾实质水肿;渗透性利尿作用,维持足够的尿量,且使肾小管内有害物质稀释,从而保护肾小管,使其免于坏死。

【不良反应】 滴注速度过快时可引起一过性头痛、眩晕、视物模糊、心悸等。本药禁用于慢性心功能不全者,因可增加循环血量而加重心脏负荷。活动性颅内出血者一般不用。

山梨醇

山梨醇(sorbitol)是甘露醇的同分异构体,作用与临床应用同甘露醇,但其水溶性较高,一般可制成25%高渗液使用,进入体内后可在肝内部分转化为果糖,故作用较弱。

高渗葡萄糖

50%高渗葡萄糖(glucose)也有脱水和渗透性利尿作用,因易被代谢,并有部分葡萄糖从血管弥散到组织中,故作用不持久。停药后,可出现颅内压回升而引起反跳,临床上常与甘露醇或山梨醇合用,治疗脑水肿。

第三节 水肿性疾病的药物治疗学基础

水肿是体内水钠潴留而引起的组织间液积聚过多,往往见于心、肝、肾等疾病。水肿的临床治疗除了对因治疗外,主要是应用利尿药。

(一) 药物治疗原则

利尿药用于治疗水肿时,应根据水肿的病因、病情、患者的肾功能以及药物的不良反应等合理选择药物、剂量及用法。应做到剂量个体化,从小剂量开始,根据利尿效果调整剂量,主张间歇给药。严格掌握适应证和禁忌证,杜绝滥用或长期服用。在用药过程中还应注意观察病情的变化,及时调整剂量及用法,防止不良反应的发生。监测电解质,有低钾血症者应及时补钾或与保钾利尿药合用。

(二) 合理用药指导

1. 心性水肿的药物治疗 心性水肿主要见于急性或慢性心力衰竭,左心衰竭主要引起肺水肿,右心衰竭主要引起全身性水肿。利尿药是心力衰竭治疗中最常用的药物,通过排钠排水,减轻心脏负荷,对减轻或消除水肿有十分显著的效果。

对急性心力衰竭,要尽早使用高效利尿药,同时配合使用吗啡、血管扩张剂、洋地黄类等药物,症状缓解后,及时停用高效利尿药。对慢性心力衰竭,利尿药应长期维持,水肿消失后,应以最小剂量长期使用。

若为轻、中度水肿,以噻嗪类(氢氯噻嗪)为首选。应由小剂量开始,逐渐加量。长期大剂量使用可引起高尿酸血症,还可干扰糖及胆固醇代谢,应注意监测。重度心力衰竭患者应选用高效利尿药(呋塞米),口服效果不佳时可用静脉注射。对于急性左心衰竭引起的急性肺水肿,静脉注射呋塞米为首选治疗药物。呋塞米 20~40mg 静脉注射,于 2min 内推完,10min 内起效,可持续 3~4h,4h 后可重复一次。

2. 肝硬化水肿的药物治疗 肝性水肿发生的最主要原因是肝硬化,水肿的特点表现为腹水形成。本病无特效治疗,关键在于早期诊断。除限制水钠的摄入外,消除肝硬化腹水最常用的方法是使用利尿药,目前主张螺内酯和呋塞米联合应用。

使用螺内酯和呋塞米的剂量比例为 100mg:40mg。开始用螺内酯每日 100mg,数天后每日加用 40mg 呋塞米。如效果不明显,可逐渐按比例加大剂量,每日最大剂量为 400mg 螺内酯和 160mg 呋塞米。利尿治疗以每天体重减轻不超过 0.5kg 为宜。腹水逐渐消退者可将利尿药逐渐减量。对难治性腹水患者,除了使用利尿药外,同时静脉输注血浆白蛋白。

注意剂量不宜过大、利尿速度不宜过猛,以免诱发肝性脑病。低钾血症可诱发肝性脑病,故在用药过程中应注意监测血钾浓度,必要时应补充钾盐。

3. 肾性水肿的药物治疗 肾性水肿主要见于肾小球肾炎、肾病综合征和肾衰竭。病情较轻者仅表现为面部、眼睑等组织疏松部位水肿,严重者可发生全身性水肿。

(1) 急性肾小球肾炎水肿:急性肾小球肾炎简称急性肾炎,是以急性肾炎综合征为主要临床表现的一组疾病。其特点是起病急,患者出现血尿、蛋白尿、水肿和高血压,可伴有一过性氮质血症。

本病为自限性疾病,以卧床休息及对症治疗为主。对症治疗主要是利尿消肿、降血压。饮食上采用限盐、限水以消除水肿。经控制水、盐摄入水肿仍明显者,可选用噻嗪类利尿药如氢氯噻嗪,如果有低钾血症,应及时补钾或与保钾利尿药合用。

(2) 慢性肾小球肾炎水肿:慢性肾小球肾炎简称慢性肾炎,其基本临床表现有蛋白尿、血尿、高血压、水肿等,可有不同程度的肾功能减退,病情迁延,病变缓慢进展,最终将发展为慢性肾衰竭。通过控制血压、利尿消肿、使用糖皮质激素等综合治疗措施,以达到防止或延缓肾功能进行性恶化、改善或缓解临床症状及防治严重合并症。

慢性肾小球肾炎有水肿症状时,宜应用噻嗪类利尿药氢氯噻嗪,疗效不佳可改用高效利尿药如呋塞米、布美他尼等。肾功能减退者用噻嗪类利尿效果往往不佳,适合选择高效能利尿药如呋塞米。

(3) 肾病综合征水肿:肾病综合征的特点是全身高度水肿、大量蛋白尿、低蛋白血症和高脂血症。除严格控制水和盐摄入外,应合理应用利尿药。利尿治疗不宜过快、过猛,以免造成有效血容量不足、加重血液高黏倾向,诱发血栓、栓塞等并发症。

一般常选用噻嗪类利尿药,利尿效果显著时应加服钾盐,必要时可合用保钾利尿药螺内酯,以控制醛固酮增多症,但必须定期检查血钾浓度。

渗透性利尿药甘露醇可作为辅助治疗,尤其是对伴有高度水肿和低蛋白血症者较适合。必要时输注血浆或血浆白蛋白,以提高血浆白蛋白浓度和血浆胶体渗透压,在使用时应注意心脏功能状况。

（4）急性肾衰竭水肿：急性肾衰竭是由各种原因引起的肾功能在短时间（几小时至几天）内突然下降，典型表现为尿量突然锐减、氮质血症、水、电解质紊乱和酸碱平衡失调。少尿或无尿期应纠正水钠潴留和高钾血症；多尿期应维持水电解质平衡，避免出现脱水、缺钾。

急性少尿期使用高效利尿药呋塞米和脱水药甘露醇，不但可以增加尿量，还可减少肾小管的萎缩和坏死的危险，防止急性肾衰竭的发生和发展。急性少尿期不应选用保钾利尿药，以免引起高钾血症。

（5）慢性肾衰竭水肿：慢性肾衰竭是由于肾单位进行性被破坏而引起，造成肾小球滤过率降低，缓慢地出现肾功能减退直至衰竭。患者对水、钠的调节能力差，如果摄入水过多，易引起水肿、高血压和心力衰竭。当体液损失过多，如呕吐、腹泻、过度利尿等，患者易发生血容量不足，导致肾功能恶化。因此，应注意剂量个体化，从小剂量开始，严密观察病情，及时调整剂量。

可先给氢氯噻嗪利尿消肿。如肾小球滤过率明显下降（小于30ml/min），用噻嗪类利尿药往往无效，此时需选用高效利尿药呋塞米或布美他尼控制水肿。当血肌酐高于707μmol/L、患者有尿毒症临床表现，经药物治疗无效时，应进行透析治疗。

【附】

常用制剂及用法

呋塞米（速尿）　口服：每次20mg，每日1~3次。肌内注射：每次20mg，每日1次。静脉注射需稀释。

依他尼酸（利尿酸）　口服：每次25mg，每日1~3次。静脉注射：每次25mg，每日1次，需加入25%葡萄糖液20ml中溶解。

氢氯噻嗪（双克噻）　口服：每次25~50mg，每日2~3次。

螺内酯（安体舒通）　口服：每次20mg，每日3~4次。

甘露醇　静脉滴注：每次1~2g/kg，可重复使用。

山梨醇　静脉滴注：每次1~2g/kg，可重复使用。

50%葡萄糖注射液　静脉注射：每次40~60ml。

【小结】

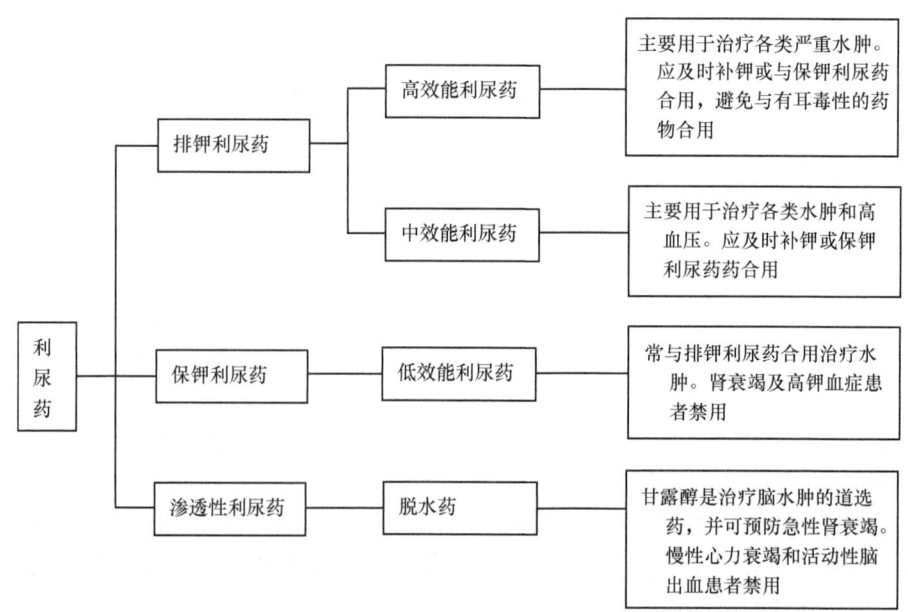

目标检测

一、选择题

【A 型题】

1. 作用于髓袢升支粗段皮质部(远曲小管开始部位)抑制 Na^+、Cl^- 重吸收的是( )
   A. 依他尼酸　　　　B. 乙酰唑胺
   C. 氢氯噻嗪　　　　D. 氨苯蝶啶
   E. 甘露醇

2. 急性肺水肿首选( )
   A. 甘露醇　　　　　B. 螺内酯
   C. 氢氯噻嗪　　　　D. 呋塞米
   E. 氯噻酮

3. 促进毒物排泄首选的利尿药是( )
   A. 氢氯噻嗪　　　　B. 呋塞米
   C. 螺内酯　　　　　D. 氨苯蝶啶
   E. 甘露醇

4. 拮抗醛固酮而引起利尿作用的药物是( )
   A. 布美他尼　　　　B. 氢氯噻嗪
   C. 螺内酯　　　　　D. 氨苯蝶啶
   E. 阿米洛利

5. 可用于治疗尿崩症的利尿药是( )
   A. 布美他尼　　　　B. 氢氯噻嗪
   C. 螺内酯　　　　　D. 乙酰唑胺
   E. 呋塞米

6. 易引起听力减退或耳聋的利尿药是( )
   A. 呋塞米　　　　　B. 氢氯噻嗪
   C. 氨苯蝶啶　　　　D. 螺内酯
   E. 乙酰唑胺

7. 与呋塞米合用可增强耳毒性的药物是( )
   A. 四环素　　　　　B. 阿莫西林
   C. 链霉素　　　　　D. 青霉素
   E. 氯霉素

【B 型题】

(第 8~11 题备选答案)
   A. 呋塞米　　　　　B. 氢氯噻嗪
   C. 螺内酯　　　　　D. 甘露醇
   E. 乙酰唑胺

8. 属于高效利尿药的是( )
9. 属于中效利尿药的是( )
10. 属于保钾利尿药的是( )
11. 属于渗透性利尿药的是( )

【X 型题】

12. 可引起血钾降低的药物是( )
    A. 呋塞米　　　　　B. 氢氯噻嗪
    C. 螺内酯　　　　　D. 乙酰唑胺
    E. 氨苯蝶啶

13. 氢氯噻嗪的临床应用有( )
    A. 轻、中度高血压　B. 各类水肿
    C. 轻症尿崩症　　　D. 急性肾衰竭
    E. 高钙血症

14. 螺内酯与氢氯噻嗪合用的目的( )
    A. 增强利尿作用
    B. 纠正氢氯噻嗪引起的低钾血症
    C. 克服螺内酯引起的高钾血症
    D. 延长氢氯噻嗪作用持续时间
    E. 防止氢氯噻嗪引起血容量改变

15. 呋塞米的不良反应包括( )
    A. 水与电解质紊乱　B. 耳毒性
    C. 高尿酸血症　　　D. 胃肠道反应
    E. 高钙血症

16. 属于渗透性利尿药的有( )
    A. 呋塞米　　　　　B. 高渗葡萄糖
    C. 螺内酯　　　　　D. 山梨醇
    E. 甘露醇

二、简答题

1. 简述利尿药的分类、代表药及各类利尿药的作用部位。
2. 简述呋塞米、氢氯噻嗪、甘露醇的临床应用及不良反应。
3. 为何心功能不全患者禁用甘露醇?

第九章 作用于心血管系统药物

内容提要

高血压、心律失常、心功能不全、心绞痛、动脉粥样硬化等是临床常见的心血管系统疾病,合理应用药物是疾病治疗的关键。本章主要介绍抗高血压药、抗心律失常药、抗慢性心功能不全药、抗心绞痛药、抗动脉粥样硬化药物的分类、作用、临床用途、不良反应和用药指导。

学习目标

识记治疗心血管系统疾病药物的分类,并能按类别列举出2~3个临床常用药物通用名称;能根据给出的心血管系统疾病情况选用正确的治疗药物,并能清晰解释出选用该药的主要依据,且能列举出用药期间可能出现的主要不良反应及注意事项。

重点难点

本章的重点是抗高血压药的分类和一线抗高血压药,抗心律失常药的基本作用和分类、常用抗心律失常药物的特点及其主要不良反应,强心苷类药的分类及其抗心力衰竭作用特点及应用,抗心绞痛药的作用特点、临床用途和用药须知,调血脂的作用机制、临床用途、不良反应和用药指导;难点是高血压的发病机制、抗高血压药的分类及药物作用环节,心肌电生理及心律失常发生的机制,强心苷类药物的作用机制、中毒的防治及β受体阻断药在抗心力衰竭中的应用,心绞痛的发病机制和药物作用机制,根据高脂血症类型合理选用药物。

课时数

理论12,实践1

第一节 抗高血压药

一、高血压的概述

高血压是以体循环动脉血压增高为主要表现的临床综合征,是最常见的心血管疾病。高血压早期可没有明显症状,但在持续进展的过程中,可伴有心、脑、肾等器官功能性或器质性损害,对健康危害极大,应引起人们高度重视。

1999年世界卫生组织/国际高血压联盟(WHO/ISH)规定:18岁以上成人未用抗高血压药物,收缩压持续≥18.7kPa(140mmHg)和(或)舒张压持续≥12.0kPa(90mmHg),即可诊断为高血压。

根据病因,高血压可分为原发性高血压(高血压病)和继发性高血压(症状性高血压)两类。继发性高血压是某些疾病的一种临床表现,如肾动脉狭窄、嗜铬细胞瘤等,应主要针对特殊病因进行治疗。原发性高血压在临床上约占90%以上,其病因尚未完全阐明,主要与交感神经系统、肾素-血管紧张素-醛固酮系统等的血压调节功能失调有关。根据高血压发病缓急及病情进展情况,可分为急进型和缓进型。急进型又称为恶性高血压,临床较少见。缓进型又根据血压升高的程度和心、脑、肾等重要器官有无损伤及损伤程度分为轻、中、重度或1、2、3级高血压。

抗高血压药又称降压药,主要用于原发性高血压的治疗,因原发性高血压病因未明,故对患者需要终身用药。临床上应根据高血压的不同类型及分级选用适当药物治疗。高血压人群如不经合理治疗，平均寿命较正常人群缩短 15~20 年。恶性高血压，如不经治疗，可在 1 年内死亡。合理应用降压药，始终使血压控制在正常或目标水平，保持血压平稳，减少波动性，对防治患者心、肾、脑、血管内皮等靶器官的损害，降低心脑血管意外事件和死亡率，延长患者寿命具有非常重要的意义。若能配合控制体重、低盐饮食、戒烟限酒、适当运动、保持心理健康等综合治疗，则能取得更好的效果。

相关链接　　　　　　　　　　全国高血压日

高血压要早期预防、及时治疗、长期控制，但我国民众对高血压的知晓率、治疗率和控制率远低于世界平均水平。1998 年，原卫生部为提高广大群众对高血压危害的认识，动员全社会参与高血压的预防和控制工作，普及高血压防治知识，决定将每年的 10 月 8 日定为"全国高血压日"。

二、抗高血压药的分类

影响动脉血压形成的基本因素是心排血量和外周血管阻力。前者主要受心脏功能、回心血量及有效血容量影响；后者则主要受血管收缩状态的影响。机体主要通过交感神经系统和肾素-血管紧张素-醛固酮系统（RAAS）对血压起着重要的调节作用。抗高血压药往往通过直接或间接影响这些系统，使外周血管阻力降低或心排血量减少而发挥降压作用（图 9-1）。

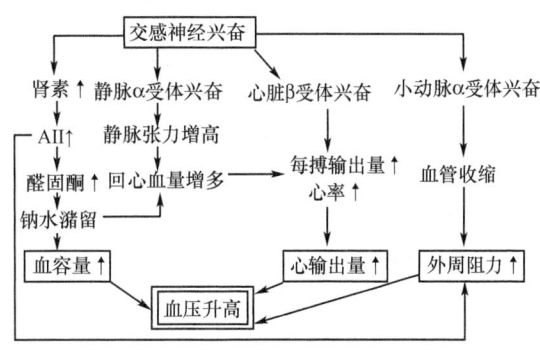

图 9-1　交感神经系统对形成高血压的影响及药物作用环节
↑表示增强，(-)表示减弱

根据抗高血压药主要作用部位及作用机制，可将抗高血压药分为利尿药、钙通道阻滞药、肾素-血管紧张素系统抑制药、交感神经抑制药、血管扩张药五大类（表 9-1）。

表 9-1　抗高血压药物的分类

类别	常用药物
1. 利尿药	氢氯噻嗪
2. 交感神经抑制药	
中枢性降压药	可乐定
神经节阻断药	樟磺咪芬、美卡拉明
去甲肾上腺素能神经末梢抑制药	利血平
肾上腺素受体阻断药	
α 受体阻断药	哌唑嗪、特拉唑嗪
β 受体阻断药	普萘洛尔、美托洛尔
α、β 受体阻断药	拉贝洛尔

续表

类别	常用药物
3. 肾素-血管紧张素系统抑制药	
肾素血管紧张素Ⅰ转化酶抑制药	卡托普利、依那普利
肾素血管紧张素Ⅱ受体阻断药	氯沙坦、缬沙坦
4. 钙通道阻滞药	硝苯地平、尼群地平
5. 血管扩张药	
血管平滑肌松弛药	硝普钠、双肼屈嗪
钾通道开放药	米诺地尔

三、常用抗高血压药

目前,利尿药、钙通道阻滞药、β 受体阻断药、血管紧张素转换酶抑制药(ACEI)和血管紧张素Ⅱ受体阻断药(ARB)降压疗效确切,不良反应较少,长期应用不易发生降压耐受性,能保持疗效,是目前我国临床常用的一线抗高血压药。其他抗高血压药物,有些仅用于治疗病情较重的高血压或特殊类型的高血压,如高血压危象、高血压脑病等,或作为二线药物;有些由于疗效不理想或不良反应较多,现已很少单独使用,如影响交感神经递质的药物利舍平仅作为复方药物中的成分之一;也有些已经基本不在临床上应用,如交感神经节阻滞药、单胺氧化酶抑制药等。

> **案例 9-1**
>
> 患者,男,45 岁。在前年的一次常规体检中,发现自己患了高血压。他考虑自己平素体健,虽有高血压,工作不忙时也无症状,想尽量不用药而通过非药物疗法降低血压,于是采取戒烟限酒、低盐、低脂饮食,并适当增加运动。但今年再次体检发现血压没有降低,反而出现左心室肥厚。
>
> **请问**:
> 1. 该患者能通过非药物疗法降低血压吗? 为什么?
> 2. 为什么患者又出现了左心室肥厚? 有何潜在危险?
> 3. 他应该尽快服用哪一类抗高血压药物?

(一) 利尿药

氢 氯 噻 嗪

氢氯噻嗪(hydrochlorothiazide)是噻嗪类利尿药的代表药。

【体内过程】　氢氯噻嗪口服后 1h 出现作用,约 2h 作用达高峰,维持 12~18h。

【药理作用】　氢氯噻嗪降压作用缓慢、温和、持久。降压作用机制是:用药初期的降压作用与排钠利尿、减少有效血容量有关;用药后期的血压下降与促进排钠后导致血管平滑肌细胞内 Na^+ 浓度下降,平滑肌细胞的 Na^+-Ca^{2+} 交换减少,细胞内 Ca^{2+} 降低,使外周血管扩张,外周血管阻力下降有关;此外,血管平滑肌对缩血管物质敏感性降低、诱导动脉壁产生扩血管物质也是产生降压作用的原因。

【临床用途】　可单独使用治疗轻度高血压,也常与其他降压药合用以治疗中、重度高血压,也用于各种水肿(以对慢性心功能不全所致的心脏性水肿疗效最好)及尿崩症。

【不良反应】 长期应用可引起低钾血症、高尿酸血症、高血糖、血脂升高,并增加血浆肾素活性。

【用药指导】

(1) 血脂、血糖、尿酸偏高患者慎用,用药期间,要低盐饮食,适当锻炼会增加效果。

(2) 单独使用应从小剂量开始,一般一日两次,一次50~75mg,产生降压效果后酌减为维持量。

(3) 长期使用易导致低血钾,应注意补K^+或与保钾利尿药合用。

吲 哒 帕 胺

吲哒帕胺(indapamide)为非噻嗪类吲哚衍生物,为新型强效、长效降压药,具有利尿和钙通道阻滞双重作用,一次口服给药,降压作用可维持24h。利尿作用比氢氯噻嗪强10倍。此药物不良反应少,对血糖、血脂代谢无明显影响,故伴有高脂血症、糖尿病的高血压患者可用吲哒帕胺代替噻嗪类利尿药进行治疗。

(二) 钙通道阻滞药

钙通道阻滞药是一类治疗高血压的常用药物。血管平滑肌细胞肌浆网发育较差,储存的Ca^{2+}较少,血管收缩活动更多地依赖于细胞外的钙离子经细胞膜上的Ca^{2+}通道进入细胞内,故血管平滑肌对钙通道阻滞药的作用很敏感。钙通道阻滞药通过减少细胞内Ca^{2+}的浓度而松弛血管平滑肌,进而降低血压。钙通道阻滞药按应用的时间先后可分为三代,第一代主要有硝苯地平、维拉帕米和地尔硫䓬等经典药物,第二代为血管高选择性的药物,有非洛地平、尼莫地平、尼群地平、尼卡地平等。第三代具有半衰期长,作用持久的优点,有拉西地平、氨氯地平等。各类钙通道阻滞药对心脏和血管的选择性不同,二氢吡啶类对血管的作用较强,是常用的抗高血压药物。

硝 苯 地 平

硝苯地平(nifedipine)又名心痛定,是第一代二氢吡啶类钙通道阻滞药。

【体内过程】 口服易吸收,30~60min见效,持效3h,$t_{1/2}$ 3~4h,属于短效药物。主要在肝代谢,70%~80%以无活性代谢物从肾排泄,少量以原型药经肾脏排泄。

【药理作用】 硝苯地平对各型高血压均有降压作用,作用迅速、稳定,但对正常血压作用不明显。其特点为:降压时并不降低重要脏器如心、脑、肾的血流量;不引起脂类代谢及葡萄糖耐量的改变;不引起水钠潴留;长期应用可逆转高血压患者的心肌肥厚,改善血管重构。

【临床用途】 用于治疗轻、中、重度高血压,适用于合并冠心病、肾脏疾病、糖尿病、哮喘和高脂血症的患者,也可用于高血压危象,可单独使用或与利尿药、β受体阻断药、血管紧张素Ⅰ转化酶抑制药联合应用。

【不良反应】 常见不良反应有头痛、面部潮红、眩晕、心悸、踝部水肿等。引起踝部水肿的原因为毛细血管扩张而非钠水潴留所致。

【用药指导】

(1) 降压作用快而强,宜从小剂量开始逐渐增加剂量,防止血压急剧下降。

(2) 降血压时可伴有反射性心率加快、心排血量增加、血浆肾素活性升高,影响降压效果,合用 β 受体阻断药可避免此反应并增强其降压作用。

(3) 目前多推荐使用硝苯地平缓释片剂,既可以减轻因迅速降压造成的反射性交感神经张力增加,又可以通过缓慢释药,使血药浓度谷/峰比值提高,减少血压波动性,保护重要生命脏器。

尼群地平

尼群地平(nitrendipine)是第二代二氢吡啶类钙通道阻滞药。药理作用与硝苯地平相似,但舒张血管与降压作用较硝苯地平强,维持时间较长,属于中效药物。不良反应与硝苯地平相似但较轻。本药适用于各型高血压,对高血压伴心绞痛患者尤佳。肝功能不全者宜慎用或减量。

氨氯地平

氨氯地平(amlodipine)是第三代二氢吡啶类钙通道阻滞药。$t_{1/2}$长达 40~50h,属于长效药物,每日仅用药 1 次,其作用与硝苯地平相似,降压作用较硝苯地平温和,可减轻血压波动的昼夜节律性。本药适用于高血压和心绞痛的治疗。不良反应同硝苯地平。

(三) 肾素-血管紧张素系统抑制药

肾素-血管紧张素-醛固酮系统(RAAS)是由肾素、血管紧张素原、血管紧张素转化酶(ACE)、血管紧张素(Ang)、血管紧张素受体(AT)及醛固酮等构成。在血压调节及高血压发病中有重要影响。肾素为一种糖蛋白,在肾小球旁器的颗粒细胞内生成并释放入血,当肾供血不足或原尿 Na^+ 含量降低时,都能促进肾素生成与释放。肾素作用于血液循环中的血管紧张素原生成血管紧张素Ⅰ(AngⅠ),AngⅠ又在 ACE 的作用下水解生成血管紧张素Ⅱ(AngⅡ)。AngⅡ是一种活性很高的升血压物质。AngⅡ作用于血管紧张素Ⅱ受体(AT)亚型Ⅰ即 At_1 受体,使全身微动脉和静脉血管平滑肌收缩,外周阻力增大,使血压升高;AngⅡ还能增强交感神经兴奋性,促进 NA 的释放;另一方面 AngⅡ通过增加醛固酮释放,促进肾小管对 Na^+ 和水的重吸收,使血容量增加,也使血压升高;AngⅡ还具有生长激素样作用,能促进心肌肥大、血管增生及动脉粥样硬化的过程(即心血管病理性重构),使高血压、动脉粥样硬化、心力衰竭等患者的死亡率增加(图 9-2)。

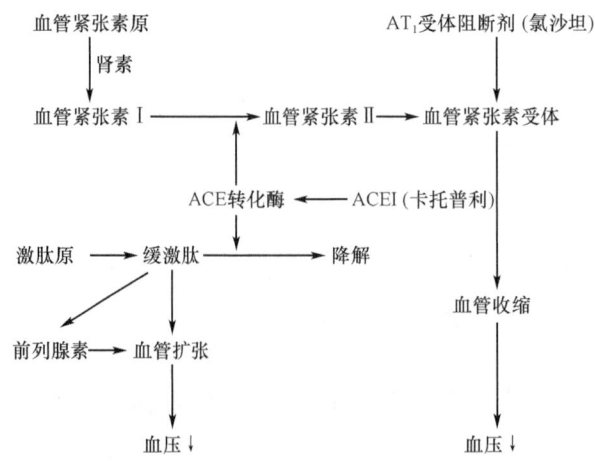

图 9-2 RAAS 及 ACEI 降压作用机制

肾素-血管紧张素系统抑制药包括血管紧张素转化酶抑制药(ACEI)和血管紧张素Ⅱ受体(AT_1受体)拮抗剂两类。

1. 血管紧张素转化酶抑制药 ACEI可抑制ACE活性,减少ATⅡ的生成,使血管扩张,血压下降,并逆转心血管重构。自1981年第一个ACEI卡托普利问世以来,ACEI类药物发展迅速,已有十几个品种用于临床,常用的此类药物还有:依那普利、雷米普利、赖诺普利及培哚普利等。

相关链接　　　　直觉和灵感的运用——血管紧张素转化酶抑制剂的发现

英国牛津大学教授J·万恩(John Vane)的一位巴西籍博士生带给他一些巴西蝮蛇的蛇毒,证实人被这种毒蛇咬过中蛇毒后会导致血压下降。万恩说服他的同事用该蛇毒提取液与体外的血管紧张素转化酶进行反应,并观察到蛇毒是一种有效的血管紧张素转化酶抑制剂。因蛇毒并非药物,注入人体必然使人致命。万恩凭着他科学的造诣、敏锐的直觉和灵感,认识到对蛇毒进行研究,必然会研制出血管紧张素转化酶抑制剂。于是,他建议施贵宝制药公司对蛇毒提取液进行研究,但施贵宝公司的市场部职员却对此反应冷淡,认为蛇毒内的多肽成分限制了高血压患者口服(易被胃酸破坏),而如果研制的药物只能注射给药,市场的需求份额是很小的。好在有两位实验科学家、生物化学家对此颇感兴趣,他们先从蛇毒中分离出替普罗肽(teprotide),后又将替普罗肽分解成一些小分子碎片,终于找到了卡托普利,为全世界高血压患者带来了福音。1982年诺贝尔医学或生理学奖授予了万恩。

卡托普利

卡托普利(captopril)又名巯甲丙脯酸,是ACEI代表药。

【体内过程】　口服起效迅速,15min即可生效,经1h达最高血浓度,$t_{1/2}$约4h,作用维持6~8h。

【药理作用】　本品可抑制血管紧张素Ⅰ转化酶,使血管扩张,血压下降。与其他降压药相比,具有以下特点:①降压时不伴有反射性心率加快,且具有扩张肾血管增加肾血流量的作用。②长期服用无耐受性,不易引起电解质紊乱和脂质代谢障碍,可降低糖尿病、肾病和其他肾实质性损害患者肾小球损伤的可能性。③可防止和逆转高血压患者血管壁增厚、心肌细胞增生肥大等心血管病理性重构,发挥直接或间接的心脏保护作用。

【临床用途】　适用于各型高血压,对肾素活性高的高血压患者疗效好,尤其适宜于伴有慢性心功能不全、缺血性心脏病、糖尿病性肾病患者,可延缓病情发展,显著改善生活质量。

【不良反应】　包括:①刺激性干咳。②低血压,与起始用药剂量过大有关。③高钾血症,一般较少发生,肾功能受损及肾血管狭窄者可发生。④肾功能损害,有肾实质损害时易出现蛋白尿。⑤久用可使血锌下降而致出现皮疹、味觉、嗅觉缺损、脱发等,与其化学结构含巯基有关,补充Zn^{2+}可克服。⑥血管神经性水肿等。

【用药指导】

(1) 因食物可减少其吸收,宜空腹服药。

(2) 为防止发生首剂现象,宜小剂量开始试用,一日3次,一次25mg,逐渐增加至50mg。

(3) 用药期间注意检查尿常规。

(4) 孕妇、肾血管狭窄者禁用,肾功能不全者、哺乳期妇女慎用。

依 那 普 利

依那普利(enalapril)又名恩那普利,是第二代 ACEI,化学结构中不含巯基。口服吸收迅速,且不受饮食影响,降压作用出现缓慢,但强而持久,降压作用约为卡托普利的 10 倍。服药 0.5~2h 后血药浓度达峰值,最大降压效应在服药后 6~8h(因其是前体药,需在体内水解为依那普利拉发挥作用),一次给药,降压作用可持续 24h 以上。本药主要用于各型高血压及心功能不全。不良反应与卡托普利相似但较少。

2. 血管紧张素Ⅱ受体拮抗剂 血管紧张素Ⅱ受体有两种亚型,即 AT_1 受体和 AT_2 受体。AngⅡ的心血管作用主要通过兴奋 AT_1 受体所产生,而 AT_1 受体阻断药可以在受体水平上竞争性取消 AngⅡ收缩血管、升高血压、刺激醛固酮分泌、促进心血管重构的病理生理效应。因血管紧张素Ⅱ还可以经糜酶旁路产生,ACEI 不能完全抑制全部 AngⅡ的产生,故 AT_1 受体阻断药选择性更高,对 AngⅡ的抑制作用更完全。常用的 AT_1 受体阻断药有氯沙坦、缬沙坦、厄贝沙坦、坎替沙坦等。

氯 沙 坦

氯沙坦(losartan)又名洛沙坦,是 AT_1 受体阻断药的代表药。

【体内过程】 口服易吸收,但首关消除明显,生物利用度约为口服量的 1/3,血药浓度达峰时间约 1h。有 14% 经肝脏转化为活性更强的代谢产物,大部分药物经肝药酶系统代谢,仅少量以原形经肾脏排泄。每日服药一次降压作用可持续 24h。

【药理作用】 选择性拮抗 AT_1 受体,产生强大而持久的舒张血管、降低血压和逆转心血管重构的作用。降压时不改变血脂和血糖的含量,不引起直立性低血压,能增加肾血流量和肾小球滤过率,保护肾功能。还能促进肾脏尿酸盐的排泄,防止利尿药引起的高尿酸血症。

【临床用途】 可用于轻、中度高血压,适用于不同年龄的高血压患者,对伴有糖尿病、肾病和慢性心功能不全患者有良好疗效。与利尿药或钙通道阻滞药合用,可增强降压疗效。

【不良反应】 氯沙坦的不良反应较少,少数患者用药后可出现头痛、眩晕。本药禁用于孕妇、哺乳期妇女及肾动脉狭窄者。低血压及严重肾功能不全、肝病患者慎用。本药应避免与补钾或留钾利尿药合用。

【用药指导】
(1) 本类药物不会引起干咳、血管神经性水肿等不良反应,特别适用于不能耐受 ACEI 的高血压合并糖尿病患者。
(2) 建议与利尿药或钙通道阻滞药合用,增强降压疗效,减少不良反应。

缬 沙 坦

缬沙坦(valsatan)对 AT_1 受体亲和力比氯沙坦强 5 倍。一次口服 80mg,2h 出现降压作用,4~6h 达最大降压效果。降压作用平稳,可持续 24h。长期给药也可逆转心室重构和血管壁增厚。临床应用、不良反应同氯沙坦。

(四)肾上腺素受体阻断药

1. α受体阻断药

哌 唑 嗪

哌唑嗪(prazosin)是选择性 $α_1$ 受体阻断药的代表药。

【体内过程】 该药口服易吸收,2h 内血药浓度达峰值,$t_{1/2}$ 为 2.5~4h,降压作用可持续 10h,主要在肝脏被代谢。

【药理作用】 选择性阻断突触后膜 $α_1$ 受体、舒张静脉及小动脉,发挥中等偏强降压作用。它与酚妥拉明不同,不影响 $α_2$ 受体,不会引起明显的反射性心动过速,但增加心脏收缩力及血浆肾素活性,也能增加血中高密度脂蛋白(HDL)浓度,减轻冠状动脉病变。

【临床用途】 适用于各型高血压,单独使用治疗轻、中度高血压,亦适用于高血压合并前列腺增生的老年患者,能减轻排尿困难症状;治疗重度高血压时,合用 β 受体阻断药及利尿药可增强降压效果。

【不良反应】 部分患者首次给药可致严重的直立性低血压、晕厥、心悸等现象,称为首剂现象,在直立体位、饥饿、低盐时较易发生。于睡前服用或首次用量减半(0.5mg)可减轻反应。

2. 非选择性 β 受体阻断药

普 萘 洛 尔

普萘洛尔(propranolol)又名心得安,为非选择性 β 受体阻断药,对 $β_1$ 和 $β_2$ 受体都有阻断作用。

【体内过程】 口服生物利用度低,且个体差异大,血药浓度的个体差异可达 20 倍。吸收后易通过血-脑屏障和胎盘,主要在肝代谢,代谢物 90% 以上从肾排泄。

【药理作用】 降压作用主要与 β 受体阻断作用有关。降压特点为:起效缓慢,口服后 2~3 周才开始降压,对立位、卧位的收缩压和舒张压都能降低,不易引起直立性低血压,较少引起头痛和心悸。

【作用机制】 其降压机制为:①阻断心肌 $β_1$ 受体,抑制心肌收缩力,减慢心率,减少心排血量而降低循环血量。②阻断肾小球旁器细胞 $β_1$ 受体,抑制肾素释放,降低 RAAS 活性,使外周阻力下降,有效血容量减少。③阻断去甲肾上腺素能神经突触前膜 $β_2$ 受体,抑制其正反馈作用,减少 NA 的释放。④阻断中枢 β 受体,降低外周交感神经活性,血管阻力降低。

【临床用途】 用于治疗各种类型、不同年龄的轻、中度高血压,合用氢氯噻嗪降压作用更明显。特别适用于交感神经张力较高的青年型高血压,对心排血量、肾素水平偏高或伴有心绞痛、快速型心律失常、甲亢、脑血管病变的高血压患者更适宜。

【不良反应】 乏力、嗜睡、失眠、恶心、腹胀、皮疹、晕厥、低血压、心动过缓等。

【用药指导】

(1)普萘洛尔的用量个体差异较大,一般宜从小剂量开始,逐渐递增,以选择适宜的剂量,但每日用量以不超过 300mg 为宜。

(2) 长期用药时不可突然停药或漏服,以防出现停药综合征(反跳作用),导致血压剧烈回升、出现心绞痛、心律失常甚至心肌梗死的严重后果。停药时应逐渐减量,减药过程以2周为宜。

(3) 用药过程中应注意监测心率、血压、心电图等。

(4) 禁用于严重左心功能不全、窦性心动过缓、房室传导阻滞和支气管哮喘。

3. 选择性 β_1 受体阻断药

美 托 洛 尔

美托洛尔(metoprolol,倍他乐克)为选择性 β_1 受体阻断药。吸收能通过血-脑屏障及胎盘屏障。其临床药理作用和作用机制与普萘洛尔相似。优点是低剂量时主要作用于心脏,而对支气管影响较小,对伴有阻塞性肺疾病患者相对安全。本药主要用于高血压、心力衰竭、心绞痛、嗜铬细胞瘤、甲亢、扩张型心肌病等。治疗初期因进入中枢神经系统,可有疲乏、眩晕、抑郁、头痛、失眠、多梦等现象;可引起心动过缓、房室传导阻滞,加重或诱发心力衰竭;偶有过敏反应;使用时可有肢端发冷、雷诺现象等。对 β_2 受体作用弱,但哮喘患者仍应慎用。

4. α、β 受体阻断药

拉 贝 洛 尔

拉贝洛尔(labetalol)阻断 β 受体的作用强于阻断 α 受体的作用,适用于各种程度的高血压及高血压急症、妊娠期高血压、嗜铬细胞瘤、麻醉或手术时高血压,合用利尿药能增强其降压效果。静脉注射或静脉滴注主要用于处理高血压急症,如妊娠期高血压综合征。大剂量可造成直立性低血压。

四、其他抗高血压药

(一)影响交感神经系统药

1. 中枢性交感神经抑制药

可 乐 定

可乐定(Clonidine)又名可乐宁。

【体内过程】 口服吸收良好,生物利用度约75%,服后半小时起效,2~4h 作用达高峰,持续6~8h。在体内分布均匀,也易透过血-脑屏障。约50%在肝代谢,使结构中的咪唑环裂解,苯环被羟化,其余以原形随尿排出。

【药理作用】 降压作用中等偏强,同时伴有中枢镇静、催眠的作用。可乐定通过激动延髓腹外侧区的咪唑啉受体,使控制外周血管的中枢交感神经张力降低,血管扩张,血压下降,还可激动外周突触前膜的 α_2 受体,抑制去甲肾上腺素的释放而产生降压作用。

【临床用途】 临床上适用于治疗中度以上高血压,常于其他药无效时应用。在降压明显时不出现直立性低血压,与利尿剂(如氢氯噻嗪)或其他降压药(如利舍平)合用,比单服本品疗效明显提高。因能抑制胃肠蠕动和胃酸分泌,故适用于伴有消化性溃疡的高血压患者。本品预防偏头痛亦有效,滴眼能降低眼压,可用于治疗开角型青光眼,还可用于吗啡类成瘾者的戒毒。

【不良反应】 治疗量下常见口干、便秘、嗜睡、乏力、心动过缓,少数患者出现头晕、头痛、恶心、便秘、食欲不振、阳痿等,停药后很快消失。久用可引起水钠潴留,需同时合用利尿剂。此外,长期用药突然停药可出现反跳现象,表现为头痛、震颤、腹痛、出汗及心悸、血压骤升,恢复用药或用 α 受体阻断药可以取消。

莫索尼定

莫索尼定(moxonidine)为第二代中枢性降压药。口服易吸收,不受食物干扰。血浆半衰期为 2~3h,但降压作用可维持 24h。主要激动延髓腹外侧区的咪唑啉受体,临床适用于治疗轻、中度高血压。因对 $α_2$ 受体基本无影响,故口干、嗜睡等不良反应较可乐定少见,亦无停药反跳现象。

2. 神经节阻断药 本类药物可阻断交感神经节 N_1 受体,使节后神经元支配的血管外周阻力降低,血压下降。作用迅速、强大,但因选择性不高,同时也阻断副交感神经节,不良反应严重,现已少用,有时可用于重症高血压或高血压危象。代表药物有樟磺咪芬(trimethaphan camsylate)、美卡拉明(mecamylamine)等。

3. 去甲肾上腺素能神经末梢抑制药 本类药物主要作用于去甲肾上腺素能神经末梢,影响递质的再摄取、储存、释放等过程,从而使交感神经系统冲动的传递受阻,表现为血管扩张,心率减慢、血压下降。代表药物为利舍平(reserpine,蛇根碱)和胍乙啶(guanethidine)。利舍平主要抑制囊泡膜对去甲肾上腺素的再摄取,而使囊泡递质耗竭。降压作用缓慢、温和、持久。长期使用易发生消化性溃疡、精神抑郁等不良反应,现已很少单用,但仍作为复方制剂中的成分之一。作用较强的胍乙啶主要影响递质的释放,作用强,也因不良反应多而少用。

(二) 血管扩张药

1. 血管平滑肌松弛药

硝 普 钠

硝普钠(sodium nitroprusside)又称亚硝基铁氰化钠,属硝基扩血管药。对全身小动脉和小静脉都有直接松弛作用,具有强效、速效、短效的降压特点。硝普钠口服不吸收,需静脉滴注给药,起效快,约 30s 即起效,但维持时间短,停药 5min 内血压即快速回升。其作用机制相似于硝酸酯类,通过产生 NO 增加血管平滑肌细胞内 cGMP 水平而使血管松弛。用于高血压危象,特别是伴有急性心肌梗死或左心室功能衰竭的严重高血压患者,也用于手术麻醉时形成控制性低血压和难治性心力衰竭的治疗,一般按 3μg/(kg·min)滴注,可通过调整滴注速度来维持血压于所需水平。

不良反应有呕吐、出汗、头痛、心悸,均为过度降压所引起。本药毒性较少,在体内产生的氰酸根(CN^-),在肝中被转化成硫氰酸根(SCN^-),后者基本无毒,经肾排泄。但大剂量或连用数日后,SCN^- 在体内蓄积,可导致甲状腺功能减退、高铁血红蛋白症和代谢性酸中毒。其浓度超过 20mg/100ml 时,易致中毒,有肝肾功能不全者禁用。本药遇光易破坏,故静脉滴注的药液应新鲜配制和裹黑纸避光。

肼 屈 嗪

肼屈嗪(hydralazine)口服吸收好,给药后 1~3h 降压作用达峰值,维持 12h 以上。降压作用快而强,能直接松弛血管平滑肌,降低外周阻力,纠正血压上升所致的血流动力学异常。主要扩张小动脉,对肾、冠状动脉及内脏血管的扩张作用大于骨骼肌血管。本药适用于中度以上高血压,但无器官保护作用,临床上一般不单独使用,因易引起心悸和水钠潴留,常与普萘洛尔、利尿剂等其他降压药合用。其不良反应还有头痛、面红、鼻充血、恶心、呕吐等,较严重时诱发心绞痛,长期大剂量使用时可引起全身性红斑狼疮样综合征。冠心病、心绞痛、脑血管硬化及心动过速者禁用。

2. 钾通道开放药

米 诺 地 尔

米诺地尔(minoxidil,长压定)通过激活血管平滑肌细胞膜的 ATP 敏感型钾通道,促进钾外流,使血管平滑肌细胞膜超极化,结果使 Ca^{2+} 通道失活,Ca^{2+} 内流减少,血管舒张,血压下降。口服吸收完全,能较持久地储存于小动脉平滑肌中,扩张小动脉,作用强大而持久,可用于其他降压药无效的重度高血压。不宜单用,骤然停药可引起血压突然回升。因其不良反应有水钠潴留、心悸等,与利尿剂、β 受体阻断药合用可减轻。还可引起多毛症,促进毛发生长可能与增加皮肤及毛发滤泡的血流,激活了调节毛发杆蛋白的特殊基因所致,故此药可作为脱发(男性)治疗药。

五、高血压的药物治疗学基础

高血压具有进行性疾病的特点,是多种心脑血管疾病的初始诱因,可导致脑卒中、心肌梗死、心功能不全、肾功能不全等。

【药物治疗原则】 使患者血压长期稳定在降压目标,最大限度降低心、脑血管发病率与病死率,逆转靶器官的损害,提高生活质量。

【药物治疗方案】

(1) 大多数无并发症的 1 级、2 级患者可单独或者联合使用噻嗪类利尿药、β 受体阻断药、钙通道阻滞药和 ACEI 等。

(2) 高血压联合药物治疗是目前常规治疗方案。应采用不同降压机制的药物。比较合理的两种降压药联合治疗方案是:①利尿药与 β 受体阻断药。②利尿药与 ACEI。③钙通道阻滞药与 β 受体阻断药。④钙通道阻滞药与 ACEI。三种降压药联合治疗方案除有禁忌证外必须包括利尿药。

(3) 特殊类型的高血压有相对固定的治疗方案,如高血压急症应选用硝普钠、硝酸甘油和硝苯地平等迅速降压。

(4) 对靶器官的损害及相应的功能障碍要及时进行药物干预,如肾功能不全者,适当给予利尿药等。

【用药注意事项】

(1) 应选择低毒、高效、小剂量的降压药物或选择长效、缓释、控释制剂,提倡一日 1 次口服给药,降压作用平稳,服用方便。

(2) 降压应从小剂量开始,逐步递增药物剂量。

(3) 2 级及以上高血压患者在开始治疗时可以采用两种降压药物联合治疗,有利于血压在相对较短时期内达到目标值。

(4) 应告诫患者,尤其是高危患者(抽烟等不良生活史、心血管疾病家族史等),应坚持长期用药,平稳控制血压可以降低发病率,提高远期生存率。

(5) 对并发糖尿病、肾脏疾病、冠心病、心肌梗死、充血性心力衰竭和脑梗死等其他疾病的高血压患者,应根据降压药物特点合理选择用药。

【小结】

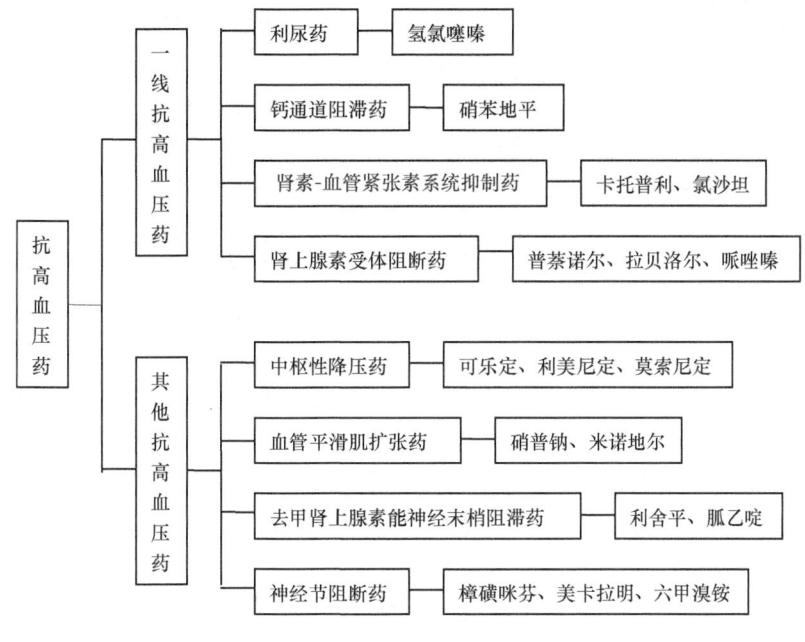

第二节 抗心律失常药

心律是指心脏的规律性运动,它包括心动的节律和频率两方面。正常心律使心脏各部协调而规律地收缩、舒张、交替活动完成泵血功能。若心动的节律和频率发生改变,称心律失常。心律失常将导致泵血功能障碍,影响血流动力学,严重者危及生命。心律失常是临床心脏病学中一个重要组成部分,它在临床很常见。治疗心律失常方式有药物和非药物治疗(心导管消融、外科手术、心脏起搏器、心脏电转复律术)两种。临床按心动频率将心律失常分为两类:缓慢型及快速型心律失常。本章讨论的是治疗快速型心律失常的药物。

一、抗心律失常药对心肌电生理的影响与药物分类

(一)正常心肌电生理学基础

心脏具有兴奋性、传导性、自律性和收缩性四个生理特性。心肌细胞根据有无自律性可分为无自律细胞和自律细胞。无自律细胞如心房肌、心室肌,具有明显的收缩性功能,又有兴奋性、传导性,一般不具有自律性;自律细胞是心脏中的一类特殊细胞如窦房结、希氏束、房室结及浦肯野纤维等,组成了心脏的传导系统,具有自律性、兴奋性和传导性,但无收缩性。心脏节律性跳动的冲动是自窦房结发出经房室结和希氏束到达浦肯野纤维,然后传导至心房和心室肌细胞。当这个过程出现任何障碍时,就表现为心律失常。

1. 心肌细胞膜电位 分静息电位和动作电位。静息膜电位是指心肌细胞膜在静息状态下细胞膜两侧内负外正的极化状态。这与细胞膜两侧的离子分布及对离子的通透性有关。在静息状态下心肌细胞膜对K^+的通透性显著高于Na^+,这时K^+有向细胞膜外扩散的趋

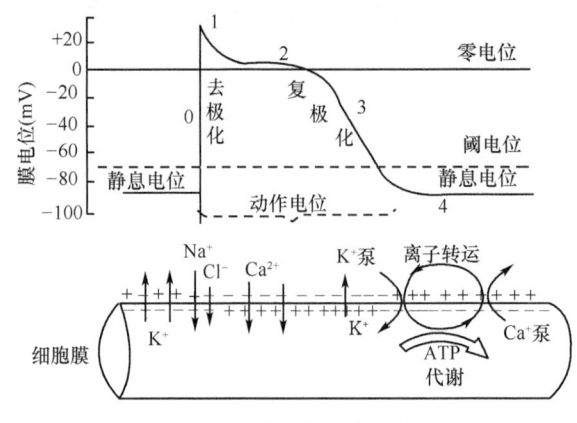

图9-3 心肌细胞膜电位与离子转运示意图

势,最终达到平衡,膜两侧的电化学势差为零,这时 K^+ 的平衡电位就是静息电位。心肌细胞兴奋时,发生除极化和复极化,形成动作电位。心肌细胞动作电位可分为5个时相(图9-3):

0相为除极化期,是钠通道激活,Na^+ 快速内流所致。0相上升最大速度和幅度与兴奋传导速度相关。

1相为快速复极初期,由 K^+ 短暂外流所致。

2相为平台期,由 Ca^{2+} 缓慢内流与 K^+ 外流所致。

3相为快速复极末期,由 K^+ 快速外流所致。0相至3相的时程合称为动作电位时程(action potential duration,APD)。

4相为静息期,无自律细胞中膜电位维持在静息水平,在自律细胞则为自发性舒张期除极,是由于 K^+ 外流逐渐减少,而 Na^+ 或 Ca^{2+} 持续内流结果所致,形成一个4相坡度,当它除极达到阈电位就重新激发动作电位。4相坡度曲线越大,自律性越高。

2. 快反应和慢反应电活动 心脏的自律细胞,根据心肌各种细胞膜的电位有明显差异可分为快反应(如工作肌及传导系统的细胞)和慢反应细胞(如窦房结和房室结细胞)。快反应细胞电活动特点为:静息电位大(负值较大),除极速率快,振幅高、传导速度也快,呈快反应电活动,主要由快 Na^+ 通道开放,快速 Na^+ 内流所致;慢反应细胞电活动特点有:静息电位小(负值较小),除极化速度慢,振幅小、传导也慢,呈慢反应电活动,为 Ca^{2+} 通道开放,由 Ca^{2+} 缓慢内流所致,没有1相快速复极,也无平台期。心肌病变时,快反应细胞也表现出慢反应电活动,易发生传导阻滞。

3. 膜反应性和传导速度 膜反应性是指膜电位水平与其所激发的0相上升最大速率之间的关系。一般膜电位大,0相上升快,振幅大,传导速度就快;反之,则传导减慢。可见膜反应性是决定传导速度的重要因素,多种因素(包括药物)可以使其增高或降低。

4. 有效不应期 复极过程中膜电位恢复到 $-60 \sim -50mV$ 时,细胞才对刺激产生可扩布的动作电位。从除极开始到这以前的一段时间即为有效不应期(effective refractory period,ERP),ERP反映快钠通道恢复有效开放所需的最短时间。ERP时间长短变化与APD长短变化相应,但变化的程度可有不同。一个APD中,ERP/APD数值越大,意味着有更多冲动落在ERP,对心肌冲动不起反应,就越不易发生快速型心律失常。

(二)心律失常发生的电生理学机制

心律失常可由冲动形成障碍和冲动传导障碍或二者兼有所引起。

1. 冲动形成障碍 常由单一心肌细胞或某一群体细胞跨膜离子流发生局部改变造成,它又分自律性异常和触发活动两类。

(1)自律性异常:窦房结以外的心肌组织均具有潜在起搏的功能。当交感神经过度兴奋、低钾血症、心肌缺血缺氧等,异位潜在起搏活动增强,自律性增高。

(2) 后除极与触发活动(图9-4)：触发活动由后除极引发异常冲动形成，与自律性不同，它不是舒张期自动除极化引起，而是在一个动作电位除极后引发的频率快、振幅小的振荡电位，膜电位不稳定，呈振荡性波动。这种振荡电位容易达到阈电位，引起新动作电位及期前兴奋。后除极分为早后除极与迟后除极两种。前者发生在完全复极之前的2相和3相中，主要由于Ca^{2+}内流所致，钙通道阻滞药可阻断慢钙通道，抑制Ca^{2+}内流，消除心律失常。后者发生在完全复极之后的4相中，发生原因可能由于细胞内无Na^+而高Ca^{2+}，诱发Na^+短暂内流所引起。

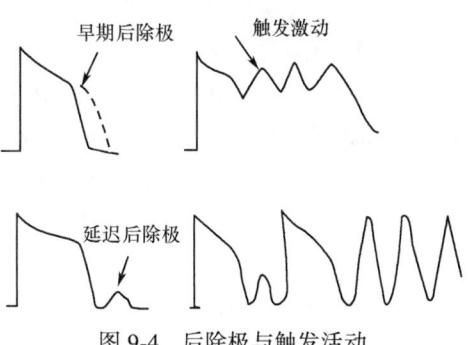

图9-4 后除极与触发活动

2. 冲动传导障碍

(1) 单纯性传导障碍：包括传导减慢、传导阻滞、单向传导阻滞等。传导性除受膜反应性影响外，当最大舒张电位增大或阈电位上移时，两者距离加大，兴奋性低，因而传导减慢，0相上升减慢，振幅减小。

(2) 折返激动：指冲动经传导通路折回原处而反复运行的现象。如图9-5所示，正常时浦肯野纤维A与B两支同时传导冲动到达心室肌，激发除极与收缩，而后冲动在心室肌内各自消失在对方的不应期中。

在病变条件下，如A支发生单向传导阻滞，冲动不能下传，只能沿B支经心室肌而逆行至A支，在此得以逆行通过单向阻滞区而折回至B支，然后冲动继续沿上述通路运行，形成折返。这样，一个冲动就会反复多次激活心肌，引起快速型心律失常。

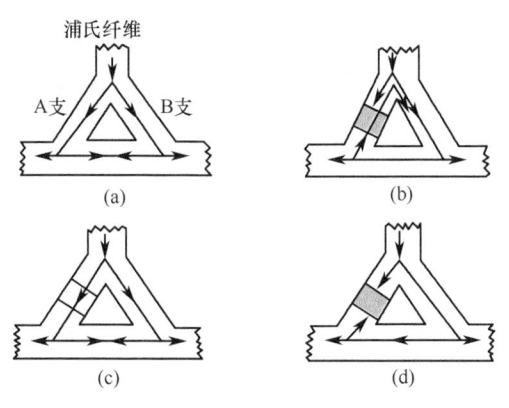

图9-5 折返形成与抗心律失常药作用机制
(a)正常；(b)单向传导阻滞；(c)消除单向阻滞；
(d)变单向阻滞为双向阻滞

(三) 抗心律失常药物的基本作用

药物的基本电生理作用是影响心肌细胞膜的离子通道，通过改变离子流而改变细胞电生理特性，针对心律失常发生的机制，可将抗心律失常药物的基本电生理作用概括如下：

1. 降低自律性 药物通过抑制快反应细胞4相Na^+内流或抑制慢反应细胞4相Ca^{2+}内流，降低4相自动除极化速率；或促进K^+外流而增大最大舒张电位，使其远离阈电位，降低自律性。

2. 减少后除极与触发活动 早后除极的发生与Ca^{2+}内流增多有关，钙通道阻滞药可对抗之。迟后除极所致的触发活动与细胞内Ca^{2+}过多和短暂Na^+内流有关，因此钙通道阻滞药和钠通道阻滞药能有效地对抗之。

3. 改变膜反应性，消除折返 增强膜反应性改善传导或降低膜反应性而减慢传导都能取消折返激动，前者因改善传导而取消单向阻滞，因此停止折返激动，某些促K^+外流加大最大舒张电位的药如苯妥英钠有此作用；后者因减慢传导而使单向传导阻滞发展成双向阻滞,从而停止折返激动,某些抑制 Na^+ 内流的药如奎尼丁有此作用(图9-5)。

4. 改变 ERP 及 APD

(1) 延长 APD、ERP,而以延长 ERP 更为明显,如奎尼丁类药物能抑制 Na^+ 通道,也使 Na^+ 通道恢复重新开放的时间延长,以延长 ERP 为主,也延长 APD,这称绝对延长 ERP。

一般认为 ERP 与 APD 的比值(ERP/APD)在抗心律失常作用中有一定意义,若比值较正常为大,即说明在一个 APD 中 ERP 占时增多,使折返冲动有更多机会落入 ERP 中,折返易被终止。

(2) 缩短 APD、ERP,但缩短 APD 更显著,利多卡因类药物有此作用。因缩短 APD 更明显,所以 ERP/APD 比值仍较正常为大,称相对延长 ERP,同样能终止折返。

(3) 促使邻近细胞的 ERP 趋向均一,也可防止或取消折返的发生。

(四) 抗心律失常药物的分类

案例 9-2

患者,女,47岁。自20岁起出现阵发性心悸,发作时,脉率快,常难计数。每次发作达数小时,可自行缓解。诊断为室上性心动过速。2003年6月28日心悸复发半小时,再次入院治疗。入院后,压迫颈动脉窦和压迫眼球等刺激迷走神经无效,静脉给予维拉帕米(verapamil),在数分钟内终止发作,恢复窦性节律。

问题:

1. 用物理方法压迫颈动脉窦和压迫眼球等刺激迷走神经会有效吗?
2. 为什么用静脉给予维拉帕米在数分钟内就终止发作,恢复窦性节律?

抗心律失常药众多,根据药物对心肌电生理影响的不同,可将抗心律失常的药物分为四类(表9-2)。

表9-2 抗心律失常药物的分类

类别	代表药物	类别	代表药物
Ⅰ类钠通道阻滞药		Ⅱ类 β 受体阻断药	普萘洛尔
ⅠA类	奎尼丁、普鲁卡因胺	Ⅲ类 钾通道阻滞药	胺碘酮
ⅠB类	利多卡因、苯妥英钠	Ⅳ类钙通道阻滞药	维拉帕米
ⅠC类	普罗帕酮、氟卡尼		

二、常用抗心律失常药

(一) Ⅰ类——钠通道阻滞药

它们能适度阻滞 Na^+ 通道,减少除极时 Na^+ 内流,降低0相上升最大速率和动作电位振幅,减慢传导速度;也能减少异位起搏细胞4相 Na^+ 内流而降低异常自律性;并延长钠通道失活后恢复开放所需的时间,即延长 ERP 及 APD,且以延长 ERP 更为显著。这类药还能不同程度地阻滞 K^+ 外流和 Ca^{2+} 内流。

1. ⅠA类药

奎 尼 丁

奎尼丁(quinidine)为金鸡纳树皮所含生物碱,是抗疟药奎宁的右旋体。在20世纪20年代研究证明金鸡纳生物碱确有抗心律失常的作用。

【体内过程】 口服后吸收快而完全,经 2~4h 可达血浆峰浓度,生物利用度达 72%~87%,在血浆中约有 80% 与血浆蛋白相结合,心肌中浓度可达血浆浓度的 10 倍。表观分布容积为 2~4L/kg,$t_{1/2}$ 6~8h。在肝中代谢,最终经肾排泄。当肝、肾功能不全,$t_{1/2}$ 延长,并易出现毒性反应。

【药理作用】 奎尼丁与钠通道蛋白质相结合而阻滞钠通道,适度阻滞 Na^+ 内流。

(1) 降低自律性:奎尼丁可阻滞 4 相 Na^+ 内流,降低自律性。对降低心房肌和浦肯野纤维的异常自律性作用较强,对正常窦房结则影响微弱。

(2) 减慢传导速度:奎尼丁可阻滞 0 相 Na^+ 内流,降低心房、心室、浦肯野纤维等的 0 相除极的速度和幅度,因而减慢传导速度。这种作用可使病理情况下的单向传导阻滞变为双向阻滞,从而终止折返。

(3) 延长不应期:奎尼丁能阻滞 3 相 K^+ 外流,延长心房、心室、浦肯野纤维的 ERP 和 APD。延长 APD 是其减慢、减少 K^+ 外流所致,ERP 的延长更为明显,因而可以终止折返。此外,在心脏局部病变时,常因某些浦肯野纤维末梢部位 ERP 缩短,造成邻近细胞复极不均一而形成折返,此时奎尼丁使这些末梢部位 ERP 延长而趋向均一化,从而减少折返的形成。

(4) 其他:奎尼丁阻滞 Ca^{2+} 内流,能抑制心肌收缩力,还有较明显的抗胆碱作用及阻断 α 受体的作用,使血管舒张、血压下降而反射性兴奋交感神经。

【临床应用】 奎尼丁是广谱抗心律失常药,用于心房颤动、心房扑动、室上性及室性心动过速治疗。对心房颤动目前虽多采用电转律术,但奎尼丁仍有应用价值,转律后用奎尼丁维持窦性节律。预激综合征时,用奎尼丁可以终止室性心动过速或用以抑制反复发作的室性心动过速。

【不良反应】 奎尼丁应用过程中约有 1/3 患者出现各种不良反应,使其应用受到限制。

(1) 金鸡纳反应:常见的有胃肠道反应,多见于用药早期,久用后有耳鸣、听力障碍、眩晕、精神失常等。

(2) 过敏反应:表现为药热、血小板减少、皮疹、血管神经性水肿。

(3) 心脏毒性:较为严重,治疗浓度可致心室内传导减慢(Q—T 间期延长),延长超过 50% 表明是中毒症状,必须减量。高浓度可致窦房结功能阻滞、房室传导阻滞、室性心动过速等,室性心动过速是传导阻滞而浦肯野纤维出现异常自律性所致。

奎尼丁治疗心房颤动或心房扑动时,应先用强心苷抑制房室传导,否则可引起心室频率加快,甚至心室纤颤。因奎尼丁的抗胆碱作用和反射性兴奋交感神经均可使房室传导速度加快。

(4) 奎尼丁晕厥:是偶见而严重的毒性反应。发作时患者意识丧失,四肢抽搐,呼吸停止,出现阵发性室上性心动过速,甚至心室纤颤而死。一旦出现应立即进行人工呼吸、胸外心脏按压、电除颤等抢救措施。药物抢救可用乳酸钠,提高血液 pH,能促 K^+ 进入细胞内,降低血钾浓度,减少 K^+ 对心肌的不利影响。同时,血液偏于碱性可增加奎尼丁与血浆蛋白的结合而减少游离奎尼丁的浓度,从而减低毒性。

【用药指导】 药酶诱导剂苯巴比妥能减弱奎尼丁的作用。奎尼丁有 α 受体阻断作用,合用血管舒张药应注意诱发严重直立性低血压。

普鲁卡因胺

【体内过程】 普鲁卡因胺(procainamide)口服吸收快而完全,吸收率达 75%~95%,生物利用度达 80%,血浆蛋白结合率约 20%,30%~60% 以原形经肾排泄。$t_{1/2}$ 3~4h。当肝、肾功能不全,$t_{1/2}$ 延长,并易出现毒性反应。

【药理作用及临床应用】 作用与奎尼丁相似而较弱,适用于阵发性心动过速、频发期前收缩(对室性期前收缩疗效较好)、心房颤动和心房扑动,常与奎尼丁交替使用。

【不良反应】 长期口服应用,有厌食、呕吐、恶心及腹泻等消化道反应。特异体质患者可有发冷、发热、关节痛、肌痛、皮疹及粒细胞减少症等;偶有幻视、幻听、精神抑郁等症状出现;静脉滴注可使血压下降,发生虚脱,应严密观察血压、心率和心律变化。久用,严重者可出现红斑狼疮样综合征。

2. ⅠB 类药 这类药物能轻度降低 0 相上升最大速率,略能减慢传导速度,在特定条件下能促进传导;也能抑制 4 相 Na^+ 内流,降低自律性,还有促进 K^+ 外流的作用,而缩短复极过程,缩短 APD 更显著。

利 多 卡 因

【体内过程】 利多卡因(lidocaine)口服吸收良好,但首关消除明显,生物利用度低,且口服易致恶心呕吐,因此常静脉给药。血浆蛋白结合率约 70%,在体内分布广泛,表观分布容积为 1L/kg,心肌中浓度为血药浓度的 3 倍。在肝脏中迅速代谢,仅 10% 以原形经肾排泄。

【药理作用】 利多卡因对心脏的直接作用是轻度阻滞 Na^+ 内流,促进 K^+ 外流,主要作用于浦肯野纤维和心室肌,对心房组织及自主神经几乎无作用。

(1) 降低自律性:治疗量能降低心室内浦肯野纤维的自律性,降低 4 相除极速率而提高阈电位,提高致颤阈。治疗量对正常窦房结无明显影响,而对病态窦房结综合征或老年患者可有抑制现象。

(2) 影响传导速度:利多卡因对传导速度的影响比较复杂。治疗量对希-浦系统的传导速度没有影响,高浓度(10μg/ml)的利多卡因则明显抑制 0 相上升速率而减慢传导。在细胞外 K^+ 浓度较高时则能减慢传导,血液趋于酸性时将增强这一作用。心肌缺血部位细胞外 K^+ 浓度升高而血液偏于酸性,因此利多卡因对之有明显的减慢传导作用,这可能是其防止急性心肌梗死后心室纤颤的原因之一。

(3) 相对延长 ERP:利多卡因能缩短浦肯野纤维及心室肌的 APD 和 ERP,由于缩短 APD 比 ERP 明显,故为相对延长 ERP,有利终止折返形成。

【临床应用】 利多卡因主要用于室性心律失常,特别适用于危急病例。如急性心肌梗死及强心苷所致的室性心律失常治疗疗效明显。是防治急性心肌梗死所致室性心律失常首选药。

【不良反应】 较少也较轻微。常见的不良反应主要是中枢神经系统症状,有嗜睡、眩晕、感觉障碍,大剂量引起语言障碍、惊厥,甚至呼吸抑制,偶见窦性过缓、房室阻滞等心脏毒性。剂量过大时可引起惊厥及心搏骤停。严重房室传导阻滞、室内传导阻滞者禁用。

苯 妥 因 钠

苯妥英钠(phenytoin sodium,大仑丁,二苯乙内酰脲,diphenylhydantoin)原为抗癫痫药。20 世纪 50 年代初发现其有抗心律失常作用,1958 年以其治疗耐奎尼丁的室性心动过速获得成功。作用与利多卡因相似,可促进 K^+ 外流,主要作用浦氏纤维系统,增加最大舒张电位,降低浦肯野纤维自律性,缩短 APD,相对延长 ERP。在低钾状况下,苯妥英钠能增加 0

相上升速度,加快房室传导和心室内传导,而终止单向传导阻滞。

本药主要适用室性心律失常,是强心苷中毒所致的室性心律失常的首选药。对利多卡因无效的心律失常可用。静脉注射过快可出现低血压、心动过缓、房室传导阻滞,甚至心搏骤停、呼吸抑制。其他不良反应见抗癫痫药。

3. IC 类药 这类药物阻滞钠通道作用明显,能较强降低 0 相上升最大速率而减慢传导速度,主要影响希-浦系统;也抑制 4 相 Na^+ 内流而降低自律性;对复极过程影响很小。近年报道这类药有致心律失常作用,增高病死率,应予以注意。

普罗帕酮

普罗帕酮(proparenone)能降低浦肯野纤维自律性,而明显减慢传导,轻度延长 APD 和 ERP,还有较弱 β 受体阻断和钙通道阻滞作用。临床上用于治疗室上性心动过速和室性心律失常。

不良反应较少,主要为口干、舌、唇麻木、头痛、头晕;恶心、呕吐、便秘等。个别患者出现房室传导阻滞,Q—T 间期延长,宜减少剂量或停药。

氟 卡 尼

氟卡尼(flecainide)抑制希-浦系统的传导速度,降低自律性;能缩短其 APD,对 ERP 则低浓度时缩短,增加浓度又恢复正常;能减慢心室肌的传导,延长其 ERP、APD。这种对浦肯野纤维和心肌 ERP、APD 作用的不同可能是氟卡尼的致心律失常作用的基础。氟卡尼用于治疗室性期前收缩、室性心动过速收到良好效果,但可致严重心律失常。

(二) Ⅱ类——β 受体阻断药

这类药物主要阻断 β 受体而影响心脏电生理,高浓度时还有膜稳定作用。表现为减慢窦房结、房室结的 4 相除极而降低自律性;也能减慢 0 相上升最大速率而减慢传导速度;延长或相对延长 ERP。

普 萘 洛 尔

【药理作用】 交感神经兴奋或儿茶酚胺释放增多时,心肌自律性增高,传导速度增快,不应期缩短,心率加快,易引起快速型心律失常。普萘洛尔则能阻止这些反应。

(1) 降低自律性:阻滞窦房结、心房传导束及浦肯野纤维 4 相 Na^+ 内流,从而降低自律性。在运动及情绪激动时作用明显,也能降低儿茶酚胺所致的迟后除极幅度而防止触发活动。

(2) 减慢传导速度:治疗量能轻度抑制房室传导,大剂量则能明显减慢房室结及浦肯野纤维的传导速度,可能与膜稳定作用有关。

(3) 延长有效不应期:治疗浓度缩短浦肯野纤维 APD 和 ERP,高浓度则延长之。

【临床应用】 临床上用于治疗多种原因所致的心律失常,如顽固窦性心动过速。尤对运动或情绪激动等诱发交感神经兴奋及儿茶酚胺释放过多、甲亢等引起的心律失常更为有效;对各种室上性心律失常及强心苷中毒所引起的快速型心律失常也适用;对麻醉药或心肌缺氧或原发性心肌肥厚而致室性心律失常疗效显著;对心脏外科手术后即时出现心动过速疗效甚佳;对嗜铬细胞瘤引发的心律失常(尤其在手术中)有特异作用,故可用于术前准备。

【不良反应】 本品忌用于哮喘、窦性心动过缓、重度房室传导阻滞、心源性休克、低血压症患者。副作用可见乏力、嗜睡、头晕、失眠、恶心、腹胀、皮疹、晕厥、低血压、心动过缓等,须注意。

(三) Ⅲ类——钾通道阻滞药

这类药物能选择性地延长心房肌、心室肌和浦肯野纤维细胞的 APD 和 ERP，而少影响传导速度。

胺 碘 酮

【体内过程】 胺碘酮(amiodaron,乙胺碘呋酮)口服吸收缓慢而不完全,且个体差异大,生物利用度约50%,血浆蛋白结合率为95%,广泛分布于组织中,尤以脂肪组织及血流量较高的器官为多。长期口服后需要一个月左右才能达稳态血药浓度。$t_{1/2}$平均14~26天,全部清除需时4个月。主要经胆汁由肠道排泄,经肾排泄者仅1%,故肾功能减退者不需减量应用。

【药理作用及临床应用】 本品为广谱抗心律失常药,可用于室性和室上性心动过速和期前收缩、阵发性心房扑动和颤动、预激综合征等,也可用于伴有充血性心力衰竭和急性心肌梗死的心律失常患者。

【不良反应】 主要有胃肠道反应(食欲不振、恶心、腹胀、便秘等)及角膜色素沉着(占20%~90%),偶见皮疹及皮肤色素沉着,但停药后可自行消失。房室传导阻滞、心动过缓、甲状腺功能障碍及对碘过敏者禁用。偶致严重的肺间质纤维化。

索 他 洛 尔

索他洛尔(sotalol)原为β受体阻断药,后因明显延长 APD 而作为抗心律失常药使用。它能降低自律性,是其阻断β受体的作用所致;减慢房室结传导;明显延长 ERP,使折返激动停止;也延长 APD,是阻滞 K^+ 通道所致。临床用于各种严重程度的室性心律失常,也治疗阵发性室上性心动过速及心房颤动。其不良反应较少,但也可出现心功能不全、心律失常、心动过缓等。

(四) Ⅳ类——钙通道阻滞药

通过阻滞细胞膜的钙通道,降低窦房结、房室结动作电位4相坡度,而降低自律性;减慢0相除极速率和振幅,而抑制传导。

维 拉 帕 米

【体内过程】 维拉帕米(verapamil,异搏定,戊脉安,凡拉帕米,异搏停)口服吸收快而完全,30~45min 血药浓度达峰值,维持6h。口服量的85%经肝灭活,故口服剂量较静脉注射者大10倍。与血浆蛋白结合90%。静脉注射后1~2min开始作用,作用持续时间约20min。

【药理作用及临床应用】 由于抑制钙内流可降低心脏舒张期自动除极化速率,而使窦房结的发放冲动减慢,也可减慢传导。能延长房室结 APD 和 ERP,消除阻滞折返。此外有扩张外周血管作用,使血压下降,但较弱。

本药可用于抗心律失常及抗心绞痛,对于阵发性室上性心动过速最有效,为首选药;对房室交界区心动过速疗效也很好;也可用于心房颤动、心房扑动、房性期前收缩。

【不良反应】 常见胃肠道反应和中枢神经系统症状。若与β受体阻滞药合用,易引起低血压、心动过缓、传导阻滞,甚至停搏。支气管哮喘患者慎用。低血压、传导阻滞及心源性休克患者禁用。

三、心律失常的药物治疗学基础

心律失常可使心脏的泵血功能发生障碍,导致全身组织器官的供血不足,出现严重症状,甚至危及生命。

【药物治疗原则】 在明确心律失常发生的病因、基础心脏病变和严重程度的基础上,消除诱因,合理选用药物,消除或减少心律失常的发生。

【药物治疗方案】 临床上应根据不同类型的心律失常制定不同的治疗方案。

(1) 窦性心动过速:常见的心律失常之一,一般在发热、甲状腺功能亢进、贫血、休克、心肌缺血、充血性心力衰竭及应用肾上腺素、阿托品等药物时均可发生。首先应针对原发病治疗及消除诱发因素,必要时,选用普萘洛尔等β受体阻断药以减慢心率。

(2) 房性心动过速:一般无需紧急治疗,如心室率在140次/分,有心力衰竭或休克征象,则要紧急治疗,可选用洋地黄类药物、β受体阻断药或钙通道阻滞药治疗,如上述药物仍不能使其恢复窦性心律,可加用ⅠA、ⅠC或Ⅲ类抗心律失常药物。

(3) 心房颤动:是指不能产生心房有效收缩的快速(350~600次/分)、不规则的心房颤动。治疗时首先应使心室率降低,使之安静时保持在60~80次/分,轻微运动后不超过100次/分,一般首选洋地黄类药物治疗,静脉注射去乙酰毛花苷C 0.4~0.8mg,或口服地高辛,对伴有心力衰竭者尤其适合;也可选用β受体阻断药或钙通道阻滞药治疗。中止房颤可选用奎尼丁、普鲁卡因胺、胺碘酮等治疗。

(4) 室性心动过速:可首选静脉注射利多卡因或普鲁卡因胺,或同时静脉持续滴注,也可选用普罗帕酮静脉注射。当其他药物无效时,可选用胺碘酮或改用电复律。

(5) 心室纤颤与心室扑动:在生命支持、持续心肺复苏、电除颤的基础上,可静脉滴注利多卡因 1mg/kg。对难治性心室纤颤可使用胺碘酮。

【用药注意事项】
(1) 首先要注意基础心脏病的治疗、病因的消除和诱因的纠正。
(2) 注意掌握抗心律失常药物的特点及适应证,合理选用治疗药物。
(3) 注意抗心律失常药物的不良反应,避免诱发和加重心律失常。

【小结】

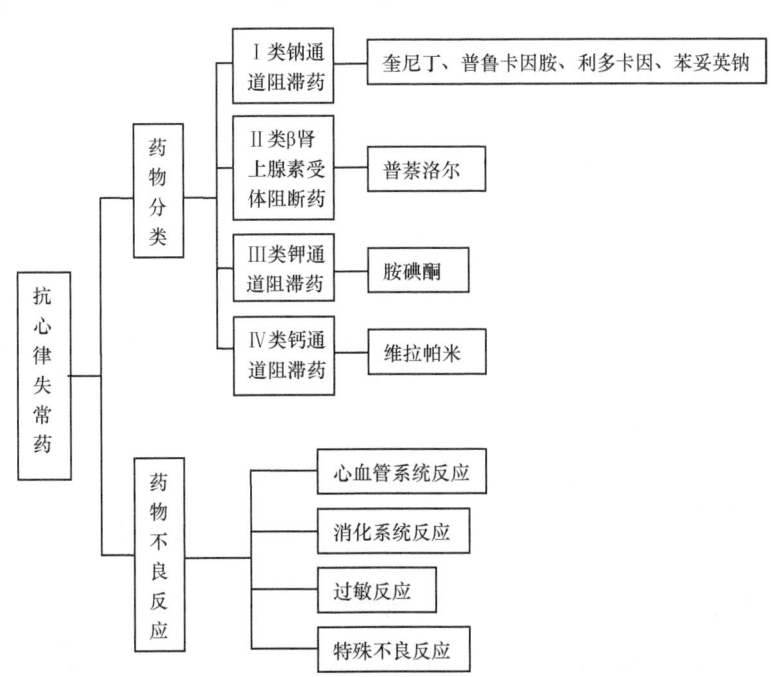

第三节 抗心功能不全药

一、心功能不全的概述及治疗药物分类

慢性心功能不全是指心脏在多种病因作用下,长期负荷过重,心肌收缩与舒张功能障碍,心脏泵血功能减退,导致动脉系统缺血和静脉系统淤血的临床综合征。因静脉系统淤血症状和体征明显,故又称充血性心力衰竭(congestive heart failure,CHF)(图9-6)。其病理生理学特征主要表现在以下三个方面:①血流动力学异常,动脉系统供血不足,静脉系统淤血。②神经内分泌的激活,主要是交感神经系统、肾素-血管紧张素-醛固酮系统活性和血管升压素水平的升高。③心肌损害和心室重构。

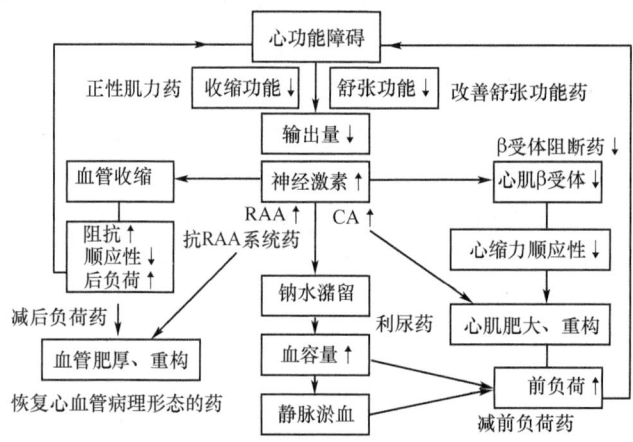

图9-6 慢性心功能不全的生理病理过程及药物的作用环节

相关链接	慢性心功能不全分级

1. 心功能一级 (心功能有代偿期)无症状,体力活动不受到限制。
2. 心功能二级 (一度心功能不全)轻度体力活动无不适感,较重体力活动有呼吸困难、疲劳和心悸症状。体力活动受到限制。
3. 心功能三级 (二度心功能不全)轻度体力活动有呼吸困难、疲劳和心悸症状。体征:肺底部有少量湿性音,肝大,凹性水肿,休息后减轻,体力活动大受限制。
4. 心功能四级 (三度心功能不全)在安静休息时有明显呼吸困难、心悸症状。体征:肺底部有湿性音,肝有中度肿大,皮下有明显凹性水肿。体力活动完全受到限制。

目前药物治疗仍是治疗CHF的主要手段,但治疗目标已从缓解症状发展为防止并逆转心室肥厚,提高患者生活质量。当前用于治疗CHF药物包括正性肌力作用药、减轻心脏负荷药和其他类等(表9-3)。

表9-3 抗慢性心功能不全药物的分类

类别	代表药物
正性肌力药	
强心苷类正性肌力药	地高辛、去乙酰毛花苷
非苷类正性肌力药	米力农、多巴酚丁胺、美托洛尔

续表

类别	代表药物
减轻心脏负荷药	
利尿药	氢氯噻嗪、呋塞米
血管扩张药	硝普钠、哌唑嗪
肾素-血管紧张素系统抑制药	卡托普利、依那普利
其他	
β受体阻断药	硝苯地平

二、常用抗心功能不全药物

案例 9-3

患者,女,23 岁。患者每天家务劳动 1~2h 就感疲倦、乏力、心悸、气促,时有咳嗽,泡沫痰带血色,口唇青紫,声音嘶哑,卧位呈呼吸困难,入睡要增加 2 个枕头或端坐呼吸方能减轻。常感极度胸闷,站在窗口呼吸。体检:体温 37.5℃,呼吸 30 次/分,脉搏 109 次/分,心率 130 次/分,脉律不规则,血压 110/85mmHg。口唇青紫,半卧位,慢性病容,颈软,颈静脉怒张,腹部平软,胸部检查除发现气喘及叩响过度外,可闻及两肺底部水泡音及哮鸣音。心脏听诊心前区Ⅱ级收缩期杂音,患者左侧卧位,做深呼气可闻及舒张期奔马律。X 线检查发现左心增大、肺门阴影加深增宽、肺野不透明性增加。诊断:充血性心力衰竭(左心衰竭)。

问题:

1. 充血性心力衰竭一般治疗原则有哪些?
2. 充血性心力衰竭常选择何种药物治疗?并指出该种药物理论依据。
3. 该种药物在治疗充血性心力衰竭可能有哪些不良反应症状出现?这些不良反应如何防治?

(一) 正性肌力药

1. 强心苷类正性肌力药

强心苷是一类选择性作用于心脏,增强心肌收缩力的苷类化合物,系从洋地黄等植物中提取的有效成分。临床常用的药物有洋地黄毒苷(digitoxin)、地高辛(digoxin)、毛花苷 C(cedilanide C)、毒毛花苷 K(strophanthin K)等。

各种强心苷的药理作用、作用机制和不良反应基本相同,但在作用强弱、快慢、持续时间长短有所不同,这是由于它们体内过程的差异所造成。根据药物的起效速度、持续时间将强心苷类药物分为三类(表 9-4)。

表 9-4 常用强心苷类药物的分类及特点

类别	药物名称	口服吸收率(%)	给药途径	显效时间	高峰时间	主要消除方式	半衰期
慢效	洋地黄毒苷	90~100	口服	2h	8~12h	肝代谢	5~7 天
中效	地高辛	60~85	口服	1~2h	4~8h	肾排泄	36h
	去乙酰毛花苷	20~30	静脉注射	10~30min	1~2h	肾排泄	23h
速效	毒毛花苷 K	2~5	静脉注射	5~10min	0.5~2h	肾排泄	12~19h

【体内过程】

(1) 吸收：强心苷的口服吸收率与其脂溶性大小成正比。洋地黄毒苷脂溶性最大，其口服吸收率达90%以上，适宜口服给药。毒毛花苷K脂溶性最小，其口服吸收率小于5%，只能静脉给药。地高辛片剂的口服吸收率有很大的个体差异，不同批号片剂的生物利用度差异也很大，因此口服强心苷应注意剂量个体化。口服强心苷均有不同程度的肝肠循环，洋地黄毒苷的肝肠循环率较高，是其消除缓慢、持续时间长的原因。

(2) 分布：强心苷进入血液后可与血浆蛋白发生可逆性结合。强心苷与血浆蛋白有不同程度的结合，结合率高的药物起效慢、持续时间长。强心苷在心肌中的分布较血浆浓度高，在肝、肾、骨骼肌、视网膜中也有分布，这可能与其导致视觉异常有关。地高辛可透过胎盘进入胎儿体内，也可进入乳汁，使用时应注意。

(3) 消除：洋地黄毒苷大部分经肝代谢，肝药酶诱导剂可加速其代谢；少量原形经肾排泄。地高辛少量经肝代谢，大部分原形经肾排泄。毒毛花苷K全部以原形经肾排泄。

【药理作用】

(1) 正性肌力作用（增强心肌收缩力）：强心苷对心脏具有高度的选择性，能明显加强心力衰竭患者的心肌收缩力。

1) 提高心肌收缩效能：强心苷能提高心肌收缩的最大速度和最大张力，使心脏收缩更敏捷、更有力，这对衰竭心脏恢复泵血功能十分有利。加快心肌收缩速度，使收缩期缩短，舒张期相对延长，有利于衰竭心脏充分休息，增加静脉血回流及冠状动脉供血。

2) 增加衰竭心脏的输出量：心功能不全时，心排血量不足，血压降低，通过降压反射，交感神经张力提高，血管收缩，外周阻力加大，心脏后负荷加大，使心排血量进一步减少。强心苷提高心肌收缩性，直接增加心排血量，同时血压回升，血管反射舒张，心脏后负荷减小，使心排血量更大。强心苷对正常人不增加心脏的每搏输出量，因为对正常人还有收缩血管提高外周阻力的作用，由此限制了心排血量的增加。

3) 降低衰竭心脏的耗氧量：决定心肌耗氧量的主要因素为心肌收缩力、心率及心室壁张力，后者尤为重要。衰竭心脏因心室舒张末期容积增大，心室壁张力增加，加之心率加快，外周血管阻力增高，心脏前、后负荷增加，故心肌耗氧量明显增多。强心苷增强心肌收缩力，心排血量增加，心室充盈压降低，心室舒张末期容积减小，使心室壁张力减轻，加之使心率减慢，心脏前、后负荷减轻，使心肌的耗氧量减少，抵消或超过因增强心肌收缩力造成的心肌耗氧量增加，故总耗氧量减少。

(2) 负性频率作用（减慢心率）：慢性心功能不全患者心排血量减少，通过颈动脉窦、主动脉弓压力感受器的反射，增强交感神经张力而使心率加快。强心苷使心收缩力加强所产生的强有力的动脉搏动，增强了对主动脉弓和颈动脉窦压力感受器的刺激，从而提高了迷走神经的兴奋性，使得对心脏的抑制作用增强，从而引起心率减慢。心率减慢对缓解CHF的症状是有利的，可使心肌耗氧量减少，静脉回心血量增加，从而改善冠脉的灌注和供氧。

(3) 负性传导作用（减慢传导）：治疗量强心苷通过兴奋迷走神经而使房室结和浦肯野纤维传导减慢。大剂量可直接抑制窦房结、房室结和浦肯野纤维传导，使部分心房冲动不能到达心室。

(4) 对肾的作用：CHF患者用强心苷后利尿明显，是因为强心苷直接抑制肾小管细胞Na^+-K^+-ATP酶，减少肾小管对Na^+的重吸收作用，也是正性肌力作用使肾血流增加所致。对正常人或非心性水肿患者也有轻度利尿作用。

(5) 对神经系统的作用:治疗量的强心苷对中枢神经系统无明显的影响。中毒量则可兴奋延脑极后区催吐化学感受区而引起呕吐,可以用氯丙嗪对抗。严重中毒时还引起中枢神经兴奋症状,如行为失常、精神失常、谵妄,甚至惊厥。

【作用机制】 目前认为强心苷的受体就是心肌细胞膜上的 Na^+-K^+-ATP 酶,强心苷与 Na^+-K^+-ATP 酶结合并抑制 Na^+-K^+-ATP 酶的活性,结果 Na^+-K^+ 交换减少,细胞内 Na^+ 量增多,K^+ 量减少。胞内 Na^+ 量增多后,再通过 Na^+-Ca^{2+} 交换体,使 Na^+ 外流增加,Ca^{2+} 内流增加,结果使细胞内 Ca^{2+} 量增加,Ca^{2+} 还能增加细胞外 Ca^{2+} 通过钙通道内流以及促使肌浆网内储存的 Ca^{2+} 释放("以钙释钙")。因而,心肌细胞内可利用的 Ca^{2+} 进一步增多,激动心肌收缩蛋白使心肌收缩力增强。

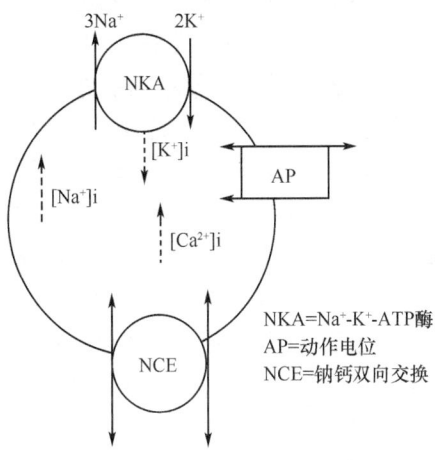

图 9-7 强心苷作用机制示意图

【临床应用】 主要用于治疗慢性心功能不全和某些快速型室上性心律失常。

(1) 慢性心功能不全:强心苷加强心肌收缩力,使心排血量和回心血量增多,增强迷走神经活性使心率减慢,使心肌耗氧量减少,最终减轻或解除动脉供血不足和静脉系淤血等心衰的症状和体征。由于心功能不全引起的原因不一,强心苷疗效也不一致。①对伴有心房颤动或心室率过快的心功能不全疗效最好;对瓣膜病、风湿性心脏病、冠状动脉硬化性心脏病也有较好的疗效。②对继发于严重贫血、甲亢及维生素 B_1 缺乏症的心功能不全则疗效较差,因为是心肌能量供应障碍,而强心苷不能改善能量的供应。③对肺源性心脏病、严重心肌损伤或活动性心肌炎的心功能不全,强心苷疗效也差,因为此时心肌缺氧,又有能量的供应障碍,而且易发生强心苷中毒,使用强心苷药物量也受到限制,难以发挥疗效。④对严重二尖瓣狭窄及缩窄性心包炎,强心苷疗效更差,因心脏舒张及血液充盈受限,所以药物难以改善心功能不全时血流动力学改变。

(2) 某些心律失常

1) 心房颤动:是心房发生极快而细弱的颤动,心房率每分钟可达 400~600 次,过多的冲动可能下传到心室,引起心室频率过快,妨碍心室排血而致循环障碍。强心苷通过直接和间接增强迷走神经活性而抑制房室结的传导性,从而阻止引起心房颤动的细小冲动进入心室,从而保护心室率,用药后多数患者的房颤仍存在,而循环障碍得以纠正。少数患者用强心苷后,由于循环障碍得以纠正,心脏功能本身供血良好,心房颤动也可停止。

2) 心房扑动:是快速而规律的心房异位节律,心房率每分钟可达 250~300 次,心房扑动时冲动虽然较少,但较强,容易传入心室,故心室率较快,而且难控制。强心苷通过缩短心房不应期,使心房扑动转为心房颤动,停用强心苷药后,心房不应期延长,有些患者可恢复窦性心律。

3) 阵发性室上性心动过速:强心苷通过兴奋迷走神经,减慢房室传导而终止房性或房室结性心动过速发作。

【不良反应及其防治】

(1) 不良反应:强心苷安全范围较小,一般治疗量已接近中毒量的 60%,且个体差异大,加之中毒症状与心功能不全的症状不易鉴别,不良反应发生率较高。常见的不良反应可归纳为三方面:

1) 胃肠道反应：最常见，表现为厌食、恶心、呕吐和腹泻等，应注意与强心苷用量不足心衰未受控制所致的胃肠道症状相鉴别，后者由胃肠道淤血所引起。

2) 中枢神经系统反应和视觉障碍：中枢神经系统反应有眩晕、头痛、乏力、失眠、谵妄等症状。视觉障碍有黄视、绿视症及视物模糊等，可能与强心苷分布在视网膜或与电解质紊乱有关。

3) 心脏毒性：是强心苷最严重最危险的不良反应，可出现各种类型的心律失常，表现为：①快速型心律失常：室性期前收缩，房性、房室交界性或室性心动过速；严重者可发生心室纤颤。②房室传导阻滞。③窦性心动过缓。

（2）不良反应防治

1) 预防：①用药剂量个体化，根据患者年龄、体重、肾功能状态及临床合并症，做到用药剂量的个体化是预防强心苷中毒的关键。②及早发现和纠正诱发强心苷中毒的各种危险因素，低血钾、高血钙、低镁血症、心肌缺血、肝肾功能不良等患者应慎用。③警惕中毒的先兆症状，如出现视觉障碍、室性期前收缩、二联律、三联律、室性心动过速、房室传导阻滞、窦性心动过缓等。一旦出现应立即停用强心苷药物。对严重的室性心动过速，则需积极治疗。

2) 治疗：一旦确诊为强心苷类药物中毒应立即停用，并根据中毒症状的类型和严重程度，及时采取相应措施。

A. 钾盐：对强心苷中毒所致心律失常，补钾是常用的治疗手段。K^+可阻止强心苷与Na^+-K^+-ATP酶结合恢复细胞膜的静息电位，降低细胞的自律性和兴奋性，减轻或阻止强心苷毒性发展。强心苷中毒患者，轻者可口服氯化钾，对过速型心律失常者可用钾盐静脉滴注，切忌将氯化钾静脉注射。补钾不应过量，有肾衰竭状况、高钾血症患者，绝对禁用钾盐。当心功能不全伴有二度房室传导阻滞、高度或完全房室传导阻滞者，也禁用钾盐，因钾盐可抑制房室传导。

B. 抗心律失常药：对强心苷中毒所致室性心动过速可选用苯妥英钠、利多卡因等药物治疗。对强心苷中毒引起的房室传导阻滞或窦性心动过缓，可用阿托品治疗。

C. 强心苷抗体：特异性抗体Fab片段和强心苷有很高的亲和力，静脉注射后能与强心苷迅速结合，使血液游离型强心苷浓度大大降低，进而导致与心肌结合的强心苷解离，Fab-强心苷复合物很快由肾脏排出，可迅速纠正强心苷中毒引起的严重心律失常。

【给药方法】

（1）传统的给药方法：传统的给药方法分两步进行，即先获全效量基本控制心力衰竭症状而后维持疗效。为获全效，常在短期内给足强心苷，所用剂量称为全效量，又称负荷量、"洋地黄化量"。获全效后，逐日给予维持量。全效量又分速给法和缓给法。速给法即在24小时内给足全效剂量。缓给法即在3~4天内给足全效剂量。临床实践证明传统的给药方法引起强心苷中毒发生率高。

（2）逐日维持量给药法：对慢性心功能不全的轻中度患者，给予中效的地高辛，可不必先给全效量，而是每天给予维持量，经过4~5个半衰期后，达到稳态血药浓度，而充分发挥疗效。这种给药的方法既能达到治疗目的又能明显减少药物的不良反应，是目前常用的给药法，但不适用于危急患者治疗。

2. 非苷类正性肌力药 本类药物有磷酸二酯酶抑制药、多巴胺受体激动药和β受体激动药。

（1）磷酸二酯酶抑制药

氨力农

氨力农(amrinone)是磷酸二酯酶抑制药的代表药物。磷酸二酯酶是 cAMP 降解酶,氨力农抑制此酶活性可增加细胞内的 cAMP 含量,发挥正性肌力作用和舒张血管作用。临床证明,该药物能增加心排血量,减轻心脏负荷,降低心肌耗氧量,缓解心力衰竭的症状。临床发现氨力农长期口服用药不良反应多,约 15% 的患者出现血小板减少,可致死亡。另有心律失常、肝功能减退。现仅偶用于急性心功能不全短期静脉滴注用。

米力农

米力农(milrinone)是氨力农替代品。抑酶作用较前者强 20 倍,临床应用有效,能缓解症状、提高运动耐力,不良反应较少,未见引起血小板减少。但有报道长期用药后病死率较对照组为高,用后疗效并不优于地高辛,反更多引起心律失常,也仅供短期静脉给药用。

匹罗昔酮(piroximone)、匹莫苯(pimobendan)、维司力农(vesnarinone)等药物除抑制磷酸二酯酶外,也增加细胞内 Na^+ 量,抑制 K^+ 外流,还兼有增强肌钙蛋白对 Ca^{2+} 敏感性的作用,即不用增加细胞内 Ca^{2+} 量也能加强心肌收缩性,这种作用具有特定意义,受到重视。目前正待研制具有选择性的"钙增敏药"。

(2)多巴胺受体激动药

异布帕胺

异布帕胺(ibopamine)通过激动多巴胺受体和 β 受体,产生舒张肾血管,增加肾血流量而产生明显利尿作用;正性肌力作用,增加心排血量;舒张外周血管,减轻心脏后负荷。用于缓解心力衰竭的症状,提高运动耐受力,是多巴胺类中较有应用前景的药物。

(3)β 受体激动药

多巴酚丁胺

多巴酚丁胺(dobutamine)主要兴奋 $β_1$ 受体,能增加心肌收缩力,增加心排血量,降低外周血管阻力,尿量增加,对心率影响较小。本药用于急性心肌梗死或心脏外科手术并发心功能不全及慢性难治性心力衰竭。

(二)减轻心脏负荷药

1. 利尿药 是缓解 CHF 引起的水肿最有效的药物。本类药物通过排钠利尿减少血容量和回心血量,降低心室舒张末期的容量和压力,即减轻心脏前负荷;又因排钠作用,使血管壁平滑肌细胞内 Na^+ 浓度下降,Na^+-Ca^{2+} 交换减少,使血管平滑肌张力和收缩程度降低,即减轻心脏后负荷。由于心脏前、后负荷降低,使心脏泵血功能改善,心排血量增加,从而减轻或消除心功能不全的一系列症状和体征。

2. 血管扩张药 这类药物通过扩张动脉和静脉,降低心脏前、后负荷,改善心脏功能,改善血流动力学变化,提高运动耐力和改善生活质量,缓解心力衰竭的症状。

(1)硝普钠为最常用的静脉滴注制剂。同时扩张小动脉和静脉,减轻心脏前、后负荷,迅速改善心功能,主要用于急性心肌梗死及高血压所致的 CHF。

(2)硝酸酯类主要扩张静脉和肺小动脉,对外周小动脉扩张作用较弱,减轻心脏前负荷,用药后可明显减轻患者呼吸急促和呼吸困难等症状。临床适用于伴有心肌缺血的 CHF 患者。

(3)肼屈嗪主要扩张小动脉,减轻心脏后负荷,增加心排血量,但容易引起反射性心率加快,长期单独应用难以持续有效。对外周血管阻力明显增高,心排血量明显减少的 CHF

患者效果较好。

3. 肾素-血管紧张素系统抑制药　血管紧张素转化酶抑制药(ACEI)和血管紧张素Ⅱ受体阻断药疗效显著,不仅能缓解或消除 CHF 患者的症状,改善血流动力学变化及左室功能,提高运动耐力,逆转左心室肥厚,更为突出的是 ACEI 能降低病死率。现已广泛用于 CHF 的治疗,常与强心苷、利尿剂合用,成为治疗 CHF 的核心药物。

(三) 其他类

β 受体阻断药

长期以来β受体阻断药一直被认为是治疗心力衰竭的禁忌。经过大量的临床研究证实这类药物对改善心力衰竭症状作用肯定,有可能成为今后治疗心力衰竭的常用药。其作用可能与下列因素有关:①上调 β 受体。②降低 RAAS 兴奋性。③抗心律失常,降低死亡率。④抗心肌和血管增生、抗氧自由基。

三、心功能不全的药物治疗学基础

【药物治疗原则】　通过应用强心药物增强心肌收缩力;应用扩张静脉药物和利尿药减少血容量,减轻心脏前负荷;应用扩张动脉药,降低外周阻力,减轻心脏的后负荷,改善心力衰竭患者的临床症状和长期预后,降低死亡率。

【药物治疗方案】　根据心力衰竭的类型和临床表现,制订合理的治疗方案。

(1) 左心衰竭:在针对病因治疗的同时,可选用去乙酰毛花苷 C,首剂 0.6~0.8mg,以葡萄糖注射液稀释后静脉注射,必要时 2~4h 再注射 0.4mg,以后每日用 0.2~0.4mg 维持。同时,可配合使用硝酸甘油等血管扩张药、呋塞米或氢氯噻嗪等利尿药。对急性肺水肿者,为消除患者紧张情绪,可皮下或肌内注射吗啡 3~5mg,或肌内注射哌替啶 50mg。病情稳定后,用地高辛一日 0.25mg,口服维持。

(2) 右心衰竭:多数由左心衰竭发展而来,但在急性肺栓塞、慢性肺源性心脏病、肺动脉高血压或(且)动脉狭窄时,也可直接引起右心衰竭。轻症可选用地高辛首日口服 0.25mg;较重者,口服地高辛 0.25mg,一日 3 次,2 天后给 0.25mg,一日 1 次维持;重症者用去乙酰毛花苷 C 0.6~0.8mg,以葡萄糖注射液稀释后静脉注射,必要时 2~4h 再注射 0.4mg,以后每日用 0.2~0.4mg 维持。同时,可配合使用硝酸甘油等血管扩张药、呋塞米或氢氯噻嗪等利尿药。

(3) 顽固性心力衰竭:主要指通过各种治疗心力衰竭仍不见好转,甚至还有进展者。药物治疗方案一般为:①以洋地黄、利尿药和 ACEI 联合应用作为治疗基础,适当选用血管扩张药。②以多巴酚丁胺 2.5~5μg/(kg·min)静脉滴注或米力农 50μg/kg 静脉注射,短期内取代洋地黄。③利尿消肿效果不好者,选用呋塞米 1~5mg/h,静脉滴注。

(4) 急性心力衰竭:因急性心脏病变导致的心输出量急骤降低,组织器官供血不足,静脉系统淤血综合征。治疗方案:①去乙酰毛花苷 C 静脉给药,首剂 0.6~0.8mg,2h 后可酌情再注射 0.2~0.4mg。②选用强效利尿药呋塞米 20~40mg,静脉注射,4h 后可重复一次。③可选用硝普钠、硝酸甘油扩张静脉血管、降低回心血量,也可选用 α 受体阻断药扩张小动脉,减轻心脏后负荷。

【用药注意事项】

(1) 治疗心力衰竭的药物较多,应当充分了解每一类药物的特点,合理配伍,相互提高疗效,纠正不良反应。

(2) 不同类别药物对不同病因所致的心力衰竭效果不尽相同,应注意选择用药,还要充分考虑个体差异,提倡制订个体化给药方案。

(3) 强心苷类药因安全范围小、个体差异大易产生中毒反应,应注意消除诱发中毒的因素、观察中毒表现,一旦产生中毒应及时、合理的处理。

【小结】

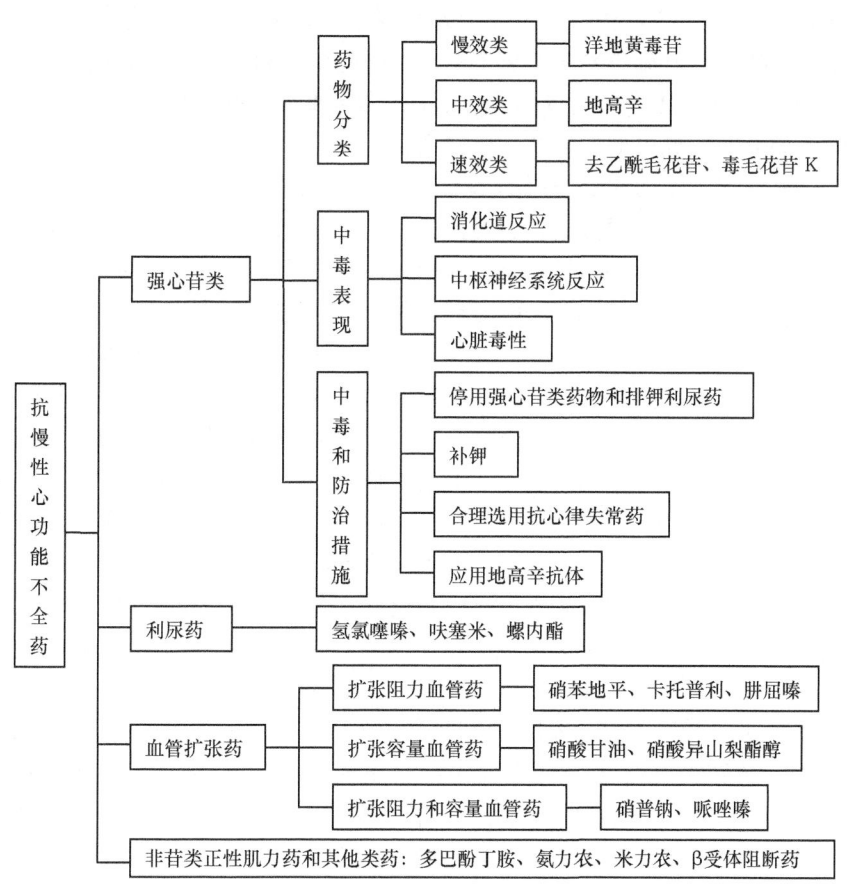

第四节 抗心绞痛药

一、心绞痛的概述及治疗药物分类

心绞痛是冠状动脉粥样硬化性心脏病(冠心病)的常见症状,是因冠状动脉供血不足,导致心肌急剧的、暂时性缺血和缺氧所引起临床综合征。发作时胸骨后部及心前区出现阵发性绞痛或闷痛,并可放射至左上肢,疼痛是由缺血、缺氧的代谢产物乳酸、丙酮酸、K^+、组胺或类似激肽的多肽类物质等所引起。

参照世界卫生组织有关意见,根据临床表现及病理基础的不同,将心绞痛分为以下类型:

1. 稳定型(劳累型)心绞痛 最常见,多在劳累和情绪波动时发病,与冠状动脉内斑块形成有关。

2. 不稳定型心绞痛 不定时的频繁发作,常由冠状动脉内斑块破溃、血小板聚集、血栓形成引起,有可能发展为心肌梗死或猝死,也可逐渐恢复为稳定型心绞痛。

3. 变异型心绞痛 属于自发性心绞痛,为冠状动脉痉挛所诱发,多发生于休息或安静状态,发作时症重,持续时间长。

心绞痛的主要病理生理基础是心肌组织血氧的供需失衡。

心肌的氧供应决定于动、静脉的氧张力差及冠状动脉的血流量。通常情况下心肌细胞只能通过增加冠状动脉血流量来摄取更多的氧,而冠状动脉的血流量又取决于冠状动脉阻力、灌流压、侧支循环及舒张时间等因素。因此,药物通过舒张冠状动脉、解除冠状动脉痉挛或促进侧支循环的形成可增加冠状动脉供血供氧。

影响心肌氧耗的主要因素是心肌的基本代谢、心室壁张力、分钟射血时间、心率和收缩性。其中,基本代谢的氧耗较稳定,较少受药物作用影响;而心室容积与心室壁张力和心室腔内压力成正比,张力越高耗氧越多;分钟射血时间=每搏射血时间×心率,射血时室壁肌张力最高,因此,射血时间越久,耗氧越多;心肌收缩性越强亦氧耗多。临床上将"三项乘积"(收缩压×心率×左心室射血时间)或"二项乘积"(收缩压×心率)作为粗略估计心肌耗氧量的指标。因此,药物通过舒张静脉、减少回心血量、降低前负荷;舒张外周小动脉、降低血压、减轻后负荷;降低心室壁张力;减慢心率及抑制心肌收缩性等可降低心肌对氧的需求(图9-8)。

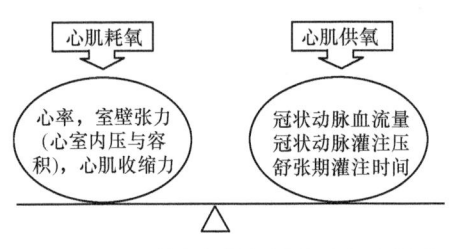

图9-8 心肌供氧与耗氧影响因素示意图

此外,冠状动脉粥样硬化斑块变化、血小板聚集和血栓形成是诱发不稳定型心绞痛的重要因素,应用抗血小板药、抗血栓药,也有助于心绞痛的防治。

抗心绞痛药是一类能调节心肌需氧与供氧平衡失调的药物,增加心肌供氧降低心肌耗氧是其作用的基础。目前常用抗心绞痛药物主要包括以下几类:①硝酸酯类,如硝酸甘油、硝酸异山梨酯、单硝酸异山梨酯等。②β受体阻滞剂,如普萘洛尔、阿替洛尔、美托洛尔等。③钙通道阻滞剂,包括硝苯地平及其他二氢吡啶类药、维拉帕米及其衍生物、地尔硫䓬等。

案例9-4

患者,女,28岁。因反复胸闷、心悸1年,曾数次住院,经临床诊断为家族性肥厚性心肌病。自确诊后即给予普萘洛尔口服治疗,长期门诊随访,剂量自30mg/d,逐渐增至200mg/d,以心率不低于55次、能缓解临床症状为最适宜剂量。医生反复告诫其不可突然停药。患者用药后胸闷、心悸及心前区疼痛症状逐渐缓解。近日患者因外出旅游忘记携带而停药,于停药第三天下午,在景区游览时突然昏厥,急送医院抢救无效死亡。

问题:

1. 患者最可能的死亡原因是什么?
2. 为何普萘洛尔长期用药不能突然停药?
3. 为什么医生让该患者用本药治疗的方法是逐渐增加剂量?

二、常用抗心绞痛药

硝酸酯类药物有硝酸甘油、硝酸异山梨酯、单硝酸异山梨酯、戊四硝酯等。此类药作用相似,只是起效快慢和持续时间有所不同。

(一) 硝酸酯类

硝 酸 甘 油

硝酸甘油(nitroglycerin)为硝酸酯类的代表药,在防治心绞痛中最常用。

相关链接　　　　　　　索伯雷、诺贝尔和硝酸甘油

硝酸甘油应用的历史已有130多年。在硝酸甘油发现以前,心绞痛的标准治疗方法是采用白兰地酒、鸦片、乙醚或者氯仿,这些麻醉剂可以暂时产生局部麻醉状态以减轻疼痛。1847年,意大利化学家A·索伯雷(Ascanio Sobrero,1812—1888)用硝酸和硫酸的冷混合液对甘油进行硝基化反应,首次合成了硝化甘油(后称硝酸甘油)。他发现如果反应中容器未加冷却,硝酸甘油很容易发生爆炸。索伯雷的脸也因一次实验不慎发生爆炸而留下严重的伤疤。在索伯雷发现硝酸甘油4年以后,瑞士化学家阿尔弗雷德·诺贝尔(Alfred Nobel,1833—1896)和他的父亲伊曼纽尔(Immanuel)开始尝试找到控制硝酸甘油爆炸的方法,经过无数次失败和事故之后,他们用多孔硅胶吸收不稳定的硝酸甘油并终于成功地制成了炸药。取得炸药发明专利后,诺贝尔并没有忘记索伯雷,他把自己的财富归功于索伯雷。诺贝尔晚年也患有心绞痛,在他去世前的七个星期,他给朋友的信中写到:"这难道不是命运的讽刺吗?医生给我开的处方居然是内服硝化甘油!"。根据诺贝尔的遗愿,他用自己的财富设立了诺贝尔奖,用来表彰和奖励世界各国在科学上做出卓越创造和杰出成绩的科学家。

【体内过程】 硝酸甘油脂溶性大,口服易吸收,但首关效应重,生物利用度仅为10%,故不宜采用口服。舌下含服易经口腔黏膜吸收,且可避免首关消除的影响,含服后1~2min起效,3~10min作用达峰值,维持20~30min,生物利用度为80%,舌下含服为硝酸甘油最常用的给药方法。本药也可经皮肤吸收,将硝酸甘油软膏或贴膜剂涂抹或贴在皮肤上,作用持续时间较长。

【药理作用】

(1) 降低心肌耗氧量:硝酸甘油能使静脉血管扩张,回心血量减少、心室容积缩小,室壁张力降低,射血时间缩短,从而降低前负荷;在较大剂量时也扩张动脉血管,使左心室舒张末期压力下降,射血阻力减轻而降低后负荷,从而降低心肌耗氧量。

(2) 扩张冠状动脉,增加缺血区血液供应:硝酸甘油能明显舒张较大的心外膜血管及狭窄的冠状血管以及侧支血管,增加心肌供血和供氧,但对阻力血管的舒张作用微弱。当冠状动脉因粥样硬化或痉挛而发生狭窄时,缺血区的阻力血管已因缺氧而处于舒张状态。这样,非缺血区阻力就比缺血区为大,用药后将迫使血液从输送血管经侧支血管流向缺血区,而改善缺血区的血流供应(图9-9)。

(3) 增加心内膜下层的血液供应:由于心内膜下血管是由心外膜血管垂直穿过心肌而来,所以心内膜下血管的血流量最易受到心室壁张力和心室内压的影响。在心绞痛急性发作时,由于左心室舒张末期压力增高,心内膜下区域血管受到压迫缺血最为严重。硝酸甘油能舒张心外膜血管及侧支血管,减少回心血流量,降低左心室舒张末压和室壁张力,减轻对心肌壁层血管的压迫,使血液易从心外膜区域向心内膜下缺血区流动,从而增加缺血区的血液供应。

【作用机制】 硝酸甘油的基本作用是松弛平滑肌,但以松弛血管平滑肌作用最为明显,对容量血管(静脉)扩张作用强。对其他平滑肌也有松弛作用,尚可用于解除胆绞痛、幽门痉挛、肾绞痛等,但作用短暂,临床意义不大。其舒张血管作用的机制与一氧化氮(nitric

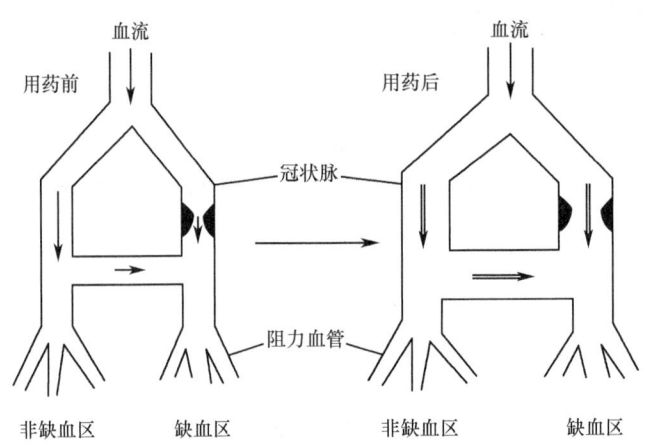

图 9-9 硝酸甘油对冠状动脉血流分布的影响
血流从阻力较大的非缺血区经扩张的侧支血管流向阻力较小的缺血区

oxide,NO)有关。研究证明,血管内皮细胞能释放血管内皮舒张因子(endothelium derived relaxing factor,EDRF,即 NO),由内皮细胞中的 L-精氨酸-NO 合成途径产生,并从内皮细胞弥散到血管平滑肌细胞。NO 能激活鸟苷酸环化酶(GC),增加细胞内 cGMP 的含量,从而激活依赖于 cGMP 的蛋白激酶,促使肌球蛋白轻链去磷酸化而松弛血管平滑肌。硝酸酯类能与平滑肌细胞内硝酸酯受体结合,并经谷胱甘肽转移酶的催化生成 NO 而舒张血管,此作用无需依赖血管内皮细胞,故对内皮有病变的血管仍有舒张作用。此外,释出的 NO 还能抑制血小板聚集和黏附,防止血栓形成;NO 还能促进内源性 PGI_2、降钙素基因相关肽(calcitonin gene related peptide,CGRP)等物质释放,对缺血性心肌具有直接保护作用,这些都有利于心绞痛的治疗。

相关链接　　　　　　穆拉德、佛契哥特、伊格纳罗与一氧化氮

硝酸甘油成功地用于治疗心绞痛虽然有 130 多年历史,但它的作用机制直到 20 世纪 80 年代才弄清楚。这是由药理学家 F·穆拉德(Ferid Murad)、R·佛契哥特(Robert Furchgott)和 L·伊格纳罗(Louis Ignarro)共同发现的。

在 20 世纪 70 年代,穆拉德在美国休斯敦的得克萨斯医学院研究硝酸甘油等扩血管物质的作用机制以及它们对鸟苷酸环化酶的影响。到了 80 年代,纽约州立大学健康科学中心的佛契哥特认识到可溶的鸟苷酸环化酶可以被自由基如一氧化氮等激活。同时位于洛杉矶的加利福尼亚大学医学院的伊格罗纳确认了内皮细胞舒张因子(EDRF)就是 NO。1988 年的诺贝尔医学或生理学奖授予了这三位科学家,以表彰"他们发现了一氧化氮是心血管系统的信号分子"这一重要科学贡献。NO 扩张血管机制的阐明已为许多生命过程与病理现象增添了新的认识。如辉瑞药厂率先对西地那非(sildenafil,伟哥)的开发应用,也是基于对 NO 生理功能的认识而获得巨大成功的。

【临床用途】

(1) 心绞痛:舌下含服硝酸甘油能迅速缓解各种类型心绞痛。在预计可能发作前用药也可预防发作,效果确实可靠,常作为首选。

(2) 急性心肌梗死:及早小剂量、短时间静脉注射硝酸甘油,不仅能降低心肌耗氧量、增加缺血区供血,还可抑制血小板聚集和黏附,从而缩小梗死范围。但应限制用量,以免过度降压。

(3) 心功能不全:由于硝酸甘油可降低心脏前、后负荷,用于治疗重度和难治性心功能不全。

【不良反应】

(1) 血管舒张反应:多数不良反应是其血管舒张作用所继发,如短时的面颊部皮肤发红;而搏动性头痛则是脑膜血管舒张、颅内压升高所引起;大剂量出现直立性低血压及晕厥;眼内血管扩张则可升高眼压。剂量过大因血压过度下降,冠状动脉灌注压过低,反射性兴奋交感神经、增加心率、加强心肌收缩性反使耗氧量增加而加重心绞痛发作(治疗矛盾)。

(2) 高铁血红蛋白血症:常发生于用药量过大或频繁用药时。

(3) 耐受性:连续用药2~3周后可出现耐受性,停药1~2周后,耐受性可消失。采用小剂量和间歇给药,可延缓耐受性的产生。每天不用药的间歇期必须在8h以上。

硝酸异山梨酯和单硝酸异山梨酯

硝酸异山梨酯(isosorbide dinitrate,消心痛)作用与硝酸甘油相似,作用较弱,但较持久(能维持4h以上),口服后半小时见效,含服2~3min见效。因此,舌下含服用于急性心绞痛发作,口服用于预防发作。常与普萘洛尔合用。因不易在空气中变性,故便于保管和携带。

单硝酸异山梨酯(isosorbite mononitrite)口服吸收迅速,生物利用度为100%,无肝脏首关消除,消除$t_{1/2}$为4~5h。作用与应用同硝酸异山梨酯。

(二) β受体阻断药

β受体阻断药如普萘洛尔、吲哚洛尔、噻吗洛尔及选择性$β_1$受体阻断药如阿替洛尔、美托洛尔、醋丁洛尔等均可用于心绞痛,能使多数患者心绞痛发作次数减少,硝酸甘油用量减少,并增加运动耐量,改善缺血区状态,缩小心肌梗死范围。

普 萘 洛 尔

普萘洛尔(Propranolol,心得安)为非选择性β受体阻断药,对$β_1$、$β_2$受体都有阻断作用。

【药理作用及作用机制】

(1) 降低心肌耗氧量:心绞痛发作时,交感神经兴奋,心肌局部和血液中儿茶酚胺含量均显著增加,从而激动β受体,使心肌收缩力加强,心率加快,心肌耗氧量增加。心率加快又使心舒张期相对缩短,使冠状动脉血流量减少,进一步加重心肌缺血缺氧。普萘洛尔等药物阻断β受体,使心肌收缩力减弱、心率减慢,降低心脏做功,明显降低心肌耗氧量而缓解心绞痛。

(2) 改善心肌缺血区供血供氧:阻断$β_1$受体,由于心率减慢,心舒张期相对延长,有利于穿壁血管减少压迫,促使血液从心外膜血管流向易缺血的心内膜区。阻断$β_2$受体,使非缺血区阻力血管收缩,而缺血区则由于缺氧呈代偿性舒张状态,促使血液从非缺血区流向缺血区。此外,药物阻断β受体还能抑制脂肪分解酶的活性,减少心肌游离脂肪酸含量;改善缺血心肌对葡萄糖的摄取利用,并促进氧合血红蛋白氧的解离而增加心肌组织的供氧。

【临床应用】 治疗稳定及不稳定型心绞痛,可减少发作次数,对兼患高血压或心律失常者更为适用。对心肌梗死也有效,能缩小梗死范围。普萘洛尔不宜用于与冠状动脉痉挛有关的变异型心绞痛,因冠状动脉上的$β_2$受体被阻断后,α受体占优势,易致冠状动脉收缩。

【不良反应】 可见乏力、嗜睡、头晕、失眠、恶心、腹胀、皮疹、晕厥、低血压、心动过缓等,须注意。伴有支气管哮喘、房室传导阻滞、严重心力衰竭、有外周血管痉挛病(雷诺病)

的患者禁用。

【用药指导】

(1) 普萘洛尔有效剂量的个体差异较大,一般宜从小量开始,逐渐增加用药剂量,直至达到能控制发作的目标剂量。久用停药时,应逐渐缓慢减量,切不可突然停药,否则会加剧心绞痛的发作,引起心肌梗死或突然死亡。因长期用药后β受体上调(受体增敏),突然停药时会对内源性儿茶酚胺的反应性明显增强。长期应用后对血脂也有影响,本类药物禁用于血脂异常的患者。

(2) 普萘洛尔抗心绞痛有两方面不利影响,一是抑制心肌收缩力,减少心排血量可使心室容积增大,室壁张力提高、射血时间延长而增加心肌耗氧量;二是阻断$β_2$受体,易使冠状动脉收缩,减少冠状动脉供血供氧。普萘洛尔和硝酸酯类药物合用可相互取长补短,如普萘洛尔可取消硝酸酯类所引起的反射性心率加快和心肌收缩力加强;硝酸酯类却可对抗普萘洛尔所致的心室容积扩大和射血时间延长,使两药对心肌耗氧量降低发挥协同作用,因合用剂量减少,不良反应也相应减少。但因两类药物都可降压,合用不宜剂量过大,以防血压降低过多、冠脉血流量减少而对心绞痛的治疗不利。

(三) 钙通道阻滞药

抗心绞痛常用的钙通道阻滞药有硝苯地平(nifedipine,心痛定)、维拉帕米(verapamil,戊脉安)、地尔硫䓬(diltiazem,硫氮酮)等。

硝苯地平

【药理作用】

(1) 降低心肌耗氧量:通过阻滞钙通道,降低Ca^{2+}内流而扩张冠状动脉和外周动脉,并能使心肌收缩力下降、心率减慢,减轻心脏负荷,从而降低心肌耗氧量。

(2) 增加缺血区血流量:因舒张冠状动脉血管作用强,特别是对处于痉挛状态的冠状血管有显著的解痉作用,也能促进侧支循环开放,故能增加冠状动脉流量而改善缺血区的心肌供血。

(3) 保护缺血心肌:心肌缺血时可使Ca^{2+}在细胞内聚集,导致细胞内钙超负荷,使线粒体肿胀而失去氧化磷酸化的功能。钙通道阻滞药阻滞Ca^{2+}内流,保护了线粒体的结构与功能,减轻缺血对心肌细胞的损害。也能降低血小板内的Ca^{2+}浓度,抑制血小板聚集,能缩小梗死范围。

【临床用途】 钙通道阻滞药对冠状动脉痉挛所致的变异型心绞痛最有效,也可用于稳定型及不稳定型心绞痛。因对支气管有一定舒张作用,对伴有哮喘和阻塞性肺部疾病的患者,伴有高血压和外周血管痉挛病的患者也适用。但二氢吡啶类药物硝苯地平对稳定型心绞痛的治疗不如β受体阻滞药,因其扩张外周血管作用强,能引起反射性心率加快而增加心肌耗氧量。两类药合用能增强疗效,降低不良反应。

三、心绞痛的药物治疗学基础

【药物治疗原则】 通过减少心肌耗氧量,增加心肌供血供氧,恢复心肌氧的供需平衡,缓解或消除心绞痛,防止发展为心肌梗死,改善患者生活质量。

【药物治疗方案】 根据临床上不同类型的心绞痛制定不同的治疗方案。

(1) 稳定型心绞痛:控制发作和快速预防应首选硝酸甘油0.3~0.6mg,置于舌下含化,

1~2min 即开始起作用;或舌下含化硝酸异山醇酯 5~10mg,缓解期可选用长效硝酸酯、钙通道阻滞药和 β 受体阻断药维持治疗。戊四硝酯(长效硝酸甘油片)2.5mg,每 8h 服用一次,作用可持续 8~12h。

(2) 不稳定型心绞痛:一般治疗方案是每隔 5min,舌下含化硝酸甘油或硝酸异山醇酯,共用 3 次。再用硝酸甘油或硝酸异山醇酯以 10μg/min 进行持续静脉滴注或微泵输注,每 3~5min 增加 10μg/min,直至症状缓解。烦躁不安、剧烈疼痛者可给予吗啡 5~10mg,皮下注射。

硝酸酯类药物静脉注射疗效不佳或不能应用 β 受体阻断药者,可用非二氢吡啶类钙通道阻滞药。

(3) 变异型心绞痛:钙通道阻滞药能有效缓解,可口服或舌下含服硝苯地平片,一次 10~20mg,一日 3 次;或选用维拉帕米片口服,开始一次 40~80mg,一日 3 次,逐渐递增到一日 240~360mg。

【用药注意事项】

(1) 对于心绞痛的治疗必须在正确诊断的基础上,合理选用不同类型的药物;否则,不但无效甚至可加重症状或增加发作。

(2) 对变异型心绞痛不宜使用 β 受体阻断药治疗,因其可致冠状动脉收缩。

(3) 应注意不同类型的抗心绞痛药物的联合应用,可取长补短、增强疗效,如硝酸酯类药与 β 受体阻断药合用。但应注意血压的变化,防止直立性低血压的发生。

【小结】

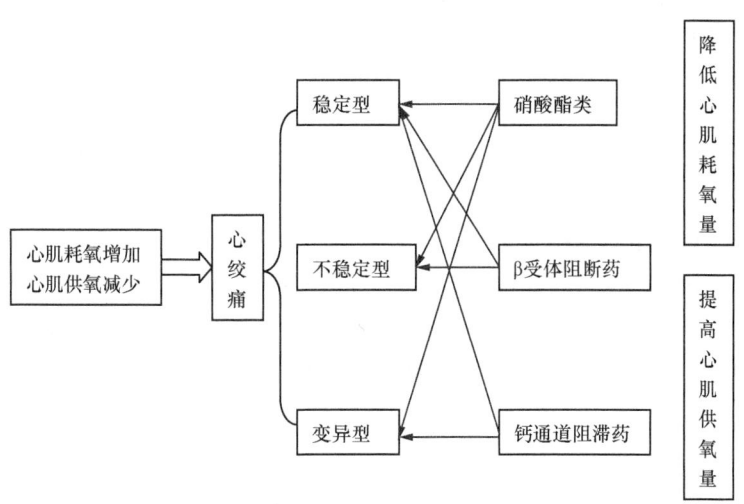

第五节 抗动脉粥样硬化药

一、动脉粥样硬化概述及抗动脉粥样硬化药分类

动脉粥样硬化(atherosclerosis,AS)是心脑血管病的主要病理基础。动脉粥样硬化主要发生在大、中动脉,特别是冠状动脉、脑动脉和主动脉。此时,动脉可呈现不同程度的内膜增厚、脂质沉着、纤维组织增生、形成脂肪条纹及斑块、管腔狭窄、阻塞,甚至形成栓塞。所支配的器官也可发生缺血性病变、动脉壁硬化、弹性减弱易于破裂而造成出血。如果斑块破裂和血栓形成,则可能发展为急性心脑血管事件。防治动脉粥样硬化则是防治心脑血管

疾病的重要措施。

根据药物的作用机制,临床上将抗动脉粥样硬化药物主要分为调血脂药、抗氧化剂、其他类等。

相关链接　　　　　动脉粥样硬化可能是一种炎症反应

近年来越来越多的资料证明,AS 是一种炎症反应,是多种遗传基因与环境危险因素相互作用的结果。其中,内皮细胞功能紊乱是 AS 发生的始动因素。老龄、脂代谢紊乱、高血压、糖尿病、吸烟、肥胖等危险因素,都可能损伤血管内皮细胞,使以单核细胞为主的白细胞沿血管壁滚动,并黏附于血管内皮,移向内皮下间隙,转化为巨噬细胞。后者无限制地吞噬摄取修饰的 LDL,特别是氧化型低密度脂蛋白(ox-LDL),形成泡沫细胞。受损的血管内皮细胞也可以摄取 ox-LDL,成为泡沫细胞。久之泡沫细胞发生坏死,其中的胆固醇酯被释放出来,脂质逐渐累积形成脂质条纹,这种反应持续发生和发作最终形成 AS。因此,提倡健康的生活方式,注意避免危险因素,就可能防止或推迟 AS 的发生。

二、常用抗动脉粥样硬化药

（一）调血脂药

高脂蛋白血症是动脉粥样硬化的重要危险因素,所以防治动脉粥样硬化以调血脂药物为主。血脂即血浆或血清中所含的脂质,是以胆固醇酯(CE)和三酰甘油(TG)为核心,外包胆固醇(Ch)和磷脂(PL)构成的球形颗粒,再与载脂蛋白(apo)相结合,形成脂蛋白溶于血浆进行转运与代谢。血浆中的脂蛋白可分为乳糜微粒(CM)、极低密度脂蛋白(VLDL)、中间密度脂蛋白(IDL)、低密度脂蛋白(LDL)和高密度脂蛋白(HDL)等。凡血浆中 VLDL、IDL、LDL 及 apo B 浓度高出正常,或者 HDL、apo A 浓度低于正常,均易导致动脉粥样硬化。血脂代谢紊乱(俗称高脂蛋白血症)主要是指血浆 LDL-C(低密度脂蛋白胆固醇)、TC(总胆固醇)、TG 或 VLDL 增加。故凡能使 LDL、VLDL、TC、TG、apo B 降低,或使 HDL、apo A 升高的药物,都有抗动脉粥样硬化作用。

1. 降低 TC 和 LDL 的药物

（1）HMG-CoA 还原酶抑制药：代表药物为洛伐他汀。

（2）胆汁酸结合树脂类药：胆汁酸结合树脂包括考来烯胺(cholestyramine,消胆胺、降胆敏)和考来替泊(colestipol,降胆宁),此类药物为碱性阴离子交换树脂。

洛 伐 他 汀

洛伐他汀(lovastatin)系由霉菌发酵液提取的天然药物,辛伐他汀(simvastatin)、普伐他汀(pravastatin)为半合成他汀类化合物,而阿伐他汀(atorvastatin)及氟伐他汀(fluvastatin)等药为全合成他汀类。

相关链接　　　　　研制心血管药物的巨大市场潜力

1961 年,美里尔制药公司经 FDA 批准将抗胆固醇新药曲帕拉醇(triparanol)投放市场,但很快在人身上发现了白内障等严重毒副作用。人们发现曲帕拉醇仅仅是抑制胆固醇复杂合成过程的最后一步反应,其白内障的形成是由角膜不可代谢麦固醇的沉积引起的。这促使人们思考,应在胆固醇合成早期就对合成途径进行抑制,这才很有可能是抑制胆固醇合成的一种安全方法。1971 年开始,日本学者远藤彰(Akira Endo)认为许多微生物的生长都需要胆固醇,他受弗莱明发明青霉素的鼓舞,和他在日本三共公司的同事们用两年多时间测试了 6800 多种菌种抑制脂合成的能力,在一种与产生青霉素的青霉菌同类菌种中找到了能够抑制胆固醇合成的物质,发现了第一个有活性的他汀类药物——美伐他汀。后普伐他汀、洛伐他汀、氟伐他汀等一系列他汀类药物相继问世，成为制药工业最赚钱的药品品种。1985年合成的阿伐他汀比当时已有的任何他汀类药物都更有效。2004年阿伐他汀（辉瑞公司商品名"立普妥"）成为世界药物销售冠军，销售额达109亿美元，成为第一个销售额超过100亿美元的药物。

【体内过程】 口服吸收迅速，除氟伐他汀生物利用度稍高外，多数药物首关消除作用明显。洛伐他汀和辛伐他汀均为前体药物，需在肝脏内将内酯打开才转化成活性物质。除普伐他汀外，大多数他汀类与血浆蛋白结合率较高。药物大多经肝脏肝药酶代谢转化，主要经胆汁从粪便排泄，少量经肾排泄。

【药理作用及作用机制】

(1) 调血脂作用：他汀类药物为当前临床上降低 TC 和 LDL-C 的首选药物。治疗剂量下，他汀类对 LDL-C 的降低作用最强，TC 次之，降 TG 作用较弱，而对高密度脂蛋白胆固醇（HDL-C）还略有升高。调血脂作用呈剂量依赖性，一般用药2周后显效，4~6周作用达高峰。羟甲基戊二酸单酰辅酶 A（HMG-CoA）还原酶是肝细胞合成胆固醇过程中的关键限速酶，催化 HMG-CoA 生成甲羟戊酸（mevalonic acid，MVA）。他汀类药物与 HMG-CoA 结构非常相似，与 HMG-CoA 还原酶的亲和力较 HMG-CoA 高数千倍，能竞争性抑制 HMG-CoA 还原酶，从而减少肝脏胆固醇合成。胆固醇合成的减少，可触发肝脏代偿性地增加 LDL 受体的合成，增加肝脏对血浆内 LDL 的摄取，这就使血浆 LDL-C 下降，从而降低血浆 TC、LDL 及 VLDL 的水平，也能降低 TG 的水平，增加 HDL 水平。

(2) 非调血脂作用：本类药物还有改善血管内皮，抑制血管平滑肌细胞的增殖和迁移，促进其凋亡；减少动脉壁巨噬细胞及泡沫细胞的形成，减轻动脉粥样硬化过程的炎症反应；抑制血小板聚集和提高纤溶系统活性等作用，均有助于抗动脉粥样硬化。

【临床应用】 本品主要用于Ⅱa、Ⅱb型和Ⅲ型高脂蛋白血症患者，也可用于合并2型糖尿病和肾病综合征引起的高胆固醇血症患者。病情较重者，可与胆汁酸结合树脂合用。

【不良反应】 不良反应较少、轻且短暂。大剂量应用时偶可出现胃肠反应、皮肤潮红、头痛等。偶见无症状性转氨酶升高，肌酸磷酸激酶（CPK）升高，但停药后即恢复正常。极少数人如出现全身性肌肉疼痛、僵硬、乏力时应警惕肌病（横纹肌溶解症）的发生，与贝特类药物、烟酸、环孢素A、红霉素等合用可能增加肌病的发生率。用药期间应定期检查肝功能，有肌痛者应检测 CPK，必要时停药。孕妇、哺乳妇、对本品过敏者及持续肝功能异常者禁用。

相关链接　　　　　　　　　　拜斯亭事件的教训

2001年8月8日，德国拜尔公司宣布停止销售拜斯亭（西立伐他汀钠），原因是美国有31例、其他国家有21例因服用该药导致横纹肌溶解症而死亡。横纹肌溶解症（rhabdomyolysis，RL）是指横纹肌细胞受损后使细胞膜的完整性发生改变，细胞内物质，如蛋白、离子、酶等溶解释放入血，最后从尿中排出。其临床特征是肌痛、肌紧张、肌肉注水感，尿色异常（黑红或可乐色），血清肌酸磷酸激酶（CPK）显著增高，可超过正常10倍以上。血、尿肌红蛋白阳性，甚至导致急性肾衰竭死亡。拜斯亭事件说明新药上市前必须有较长时间的临床药理试验，较大的人群样本量，才能准确客观地评价一个药物的安全性和有效性。

考来烯胺

【药理作用及作用机制】 胆汁酸是胆固醇的代谢产物，正常时95%在空肠和回肠被重吸收。胆汁酸结合树脂进入肠道不被吸收，却能与胆汁酸牢固结合，阻止胆汁酸的肝肠循环和反复利用，使胆汁酸的排泄率提高10倍以上。由于胆汁酸清除率增加，促使肝中胆固醇经7α羟化酶向胆汁酸转化，使肝内 TC 水平下降。肝胆固醇水平降低，肝细胞表面 LDL

受体增敏,HMG-CoA 还原酶活性增加,促进血浆中 LDL 向肝中转移并加快分解代谢,从而减少血浆 TC 和 LDL-C 水平。本类药物对 TG 和 VLDL 影响较小。

【临床应用】 临床主要用于治疗Ⅱa 型高脂蛋白血症,如与他汀类药物合用,作用显著增强。考来烯胺与普罗布考合用有协同降低 TC 和 LDL-C 的作用,还可互相减轻便秘和腹泻的不良反应。对Ⅱb 型高脂蛋白血症者,应与贝特类药物联合应用。

【不良反应】 本类药物不吸收,毒性不大。缺点是用量大,有特殊的臭味(考来烯胺)和一定的刺激性。约 2% 的患者产生胃肠道反应,可致恶心、腹胀和便秘等消化道症状,其中便秘最常见。长期服用可使肠内结合胆盐减少,脂肪吸收不良,引起脂肪痢,并增加出血可能。应适当补充维生素 A、维生素 D、维生素 K 等脂溶性维生素及钙盐;偶尔可出现短时的转氨酶升高和高氯酸血症。因胆汁酸结合树脂会影响多种药物的吸收,特别是酸性药物。因此,必需使用时,其他药物应在服树脂类药物前 1h 或后 3~4h 服用。

2. 降低 TG 和 VLDL 的药物 包括贝特类药物、烟酸及衍生物。

贝特类(苯氧酸类)

氯贝丁酯(clofibrate,安妥明)是最早应用的贝特类药物,调血脂作用明显,但不良反应多而严重,已限制它的应用。新型贝特类疗效高,毒性低,临床应用广泛。主要药物有:吉非贝齐(gemfibrozil,诺衡,吉非罗齐)、苯扎贝特(benzafibrate,必降脂)、非诺贝特(fenofibrate,力平脂)、环丙贝特(ciprofibrate,环丙降脂酸)等。吉非贝齐和苯扎贝特具有活性酸形式,吸收快而完全,发挥作用快,持续时间短,氯贝特和非诺贝特为前体药,吸收后需先水解成活性酸形式才能发挥作用,起效稍慢,$t_{1/2}$ 长 13~20h。

【药理作用及临床应用】 贝特类既有调血脂作用也有非调血脂作用。主要降低血浆 TG、VLDL,对 TC 和 LDL-C 在一定程度上也能降低,并能升高 HDL-C。非调血脂方面有抗血小板聚集、抗血栓、降低血液黏度和抗炎作用等,共同发挥抗 AS 效应。

临床上是血清 TG 增高为主的高脂蛋白血症的首选药,主要用于高 TG 和 VLDL 为主的Ⅱb 型高脂蛋白血症,对Ⅲ型和Ⅳ型高脂蛋白血症也有较好疗效,也用于有 2 型糖尿病的高脂血症患者。非诺贝特尚可降低血尿酸水平,可用于伴有高尿酸血症的患者,苯扎贝特能改善糖代谢,适合于伴有糖尿病的高 TG 患者。

【不良反应】 氯贝丁酯可促进胆道结石的发生,使胆石症的发病率提高 2~4 倍,对冠心病的死亡无预防作用,现已少用。新型贝特类不良反应较轻。个别患者有恶心、呕吐、食欲不振等胃肠道症状;其次为乏力、头痛、失眠。偶有皮疹、视物模糊、血象及肝功能异常等。有肝、胆系统疾病者、孕妇、儿童、肾功能不全者禁用。

【用药指导】 因本品有降低凝血作用,与抗凝剂合用时,要调整后者的剂量。与他汀类药物合用,有增加肌病发生的可能性。

烟 酸

【药理作用及临床应用】 烟酸(nicotinic acid)是 B 族维生素之一。药理剂量对多种类型高脂蛋白血症均有效,大剂量可通过降低 VLDL 水平迅速降低血浆中三酰甘油的浓度,长期用药也可降低 LDL 和胆固醇水平。与胆汁酸结合树脂合用,疗效增加,若再加用他汀类药物作用还可增强。烟酸还有升高 HDL 的作用和抗血小板聚集及扩张血管的作用。

烟酸属广谱调血脂药,可作为一线治疗药,适合于除Ⅰ型高脂蛋白血症以外的各型高脂蛋白血症,对Ⅱb 和Ⅳ型疗效最好。与他汀类或贝特类药物合用可以提高疗效。已经证明长期应用烟酸或烟酸加胆汁酸结合树脂有稳定和消退 AS 的作用,可降低冠心病事件发生率和死亡率。

【不良反应】 较多,最常见的为治疗开始时,因扩张血管常致面红和皮肤瘙痒,用药前 30min 服用阿司匹林或吲哚美辛可以减轻,还可刺激胃肠道引起恶心、呕吐、腹泻,甚至溃疡。大剂量可引起血糖升高、尿酸增加、肝功能异常。与 HMG-CoA 还原酶抑制剂合用,有 2% 患者发生肌病,有潜在引起横纹肌溶解症的危险,故合用应慎重。糖尿病、痛风、肝功能不全及消化性溃疡患者禁用,肾功能不全患者慎用。

阿昔莫司

阿昔莫司(acipimox,氧甲吡嗪)为烟酸衍生物,能强而持久地抑制脂肪组织的分解,减少游离脂肪酸自脂肪组织释放,抑制 VLDL 及 LDL 的合成,明显降低 TG 在血浆中的浓度。与胆汁酸结合树脂合用可以加强降低 LDL-C 的作用。本品还可抑制肝脂肪酶的活性,提高血浆 HDL 的浓度,还能降低血浆纤维蛋白原浓度和全血黏滞度。本药可用于Ⅱ~Ⅴ型高脂蛋白血症,因能改善糖尿病患者的空腹血糖和糖耐量,故可用于伴有 2 型糖尿病的高脂血症患者。不良反应较少较轻,开始服用时由于皮肤血管扩张而出现红斑、热感和瘙痒。偶见上腹不适、头痛、乏力等,消化性溃疡者禁用。孕妇及哺乳期妇女慎用;肾功能不全者酌减用量。

(二) 抗氧化剂

氧自由基(oxygen free radical,OFR)在 AS 的发生、发展过程中发挥着重要作用。OFR 是体内氧代谢的产物,有极强的氧化性。当血管内皮及白细胞等受到刺激时可产生大量的 OFR,OFR 能损伤生物膜,导致细胞功能障碍,同时 OFR 氧化修饰脂蛋白,特别是形成 ox-LDL,有助于促进 AS 病变的形成。

普罗布考

【体内过程】 普罗布考(probucol,丙丁酚)口服吸收不完全,饭后服用可增加吸收。服药后 24h 血药浓度达峰值,1~3 天作用才达高峰。血清中药物主要分布于脂蛋白的疏水核,药物大部分经粪便排出。

【药理作用及临床应用】 抗氧化作用为 α-维生素 E 的 5~6 倍。能阻断脂质过氧化,减少脂质过氧化物(LPO)的产生,并能抑制 ox-LDL 的生成以及所引起的一系列细胞病变过程,延缓动脉粥样硬化。还能抑制 HMG-CoA 还原酶,使胆固醇合成减少。用药后使 TC 和 LDL-C 下降,但 HDL-C 及 apo-A 也明显下降。对血浆 TG 和 VLDL 一般无影响。长期应用可使冠心病发病率明显降低,已形成的 AS 停止发展或消退,黄色瘤明显缩小或消除。

本药主要用于各型 LDL 升高的高胆固醇血症,若与他汀类、胆汁酸结合树脂合用,可增强其调血脂作用。

【不良反应】 少而轻,常见恶心、腹痛、腹胀、腹泻等胃肠道反应。偶有嗜酸粒细胞增多、肝功能异常、高尿酸血症、高血糖、肌痛、感觉异常等。个别患者心电图 Q—T 间期延长,有室性心律失常和近期有心肌损伤者、孕妇及小儿禁用,用药期间应定期监测心电图。

维生素 E

维生素 E(vitamin E,生育酚)为植物油分离出的成分,口服易吸收,在体内分布于细胞膜及脂蛋白,自身能被氧化为生育醌,再被维生素 C 或氧化还原系统复原,能产生很强的抗氧化作用,清除体内氧自由基和过氧化物,或抑制磷脂酶 A_2 和脂氧酶,减少白三烯类的合成,并促进 PGI_2 的释放。能防止脂蛋白的氧化修饰,抑制 AS 的发展过程,降低缺血性心脏病的发病率及死亡率。

（三）其他类

1. 多烯脂肪酸类 又称多不饱和脂肪酸类(polyunsatureted fatty acid,PUFAs)。根据第一个不饱和键位置不同,可分为 n-3(或 ω-3)及 n-6(或 ω-6)型两大类。n-6 型 PUFAs 主要存在于植物油如月见草油中,成分为亚油酸、γ-亚麻酸等,调血脂作用较弱。n-3 型 PUFAs 主要包括二十碳五烯酸(EPA)、二十二碳六烯酸(DHA),主要含于海洋生物藻类、鱼及贝壳类中。大量食用海洋鱼类的爱斯基摩人及北极居民冠心病发病率很低。常用制剂有含 n-3 型 PUFAs 的浓缩鱼油多烯康胶丸、脉乐康、鱼油烯康等。

临床试验结果表明 EPA 和 DHA 能通过调血脂和非调血脂机制发挥抗 AS 作用,因药理作用较弱,可作为调血脂药的辅助用药。其作用机制为:①降低血浆 TG 及 TC,升高 HDL-C。②抗血小板聚集防止血栓形成,降低血液黏滞度,改善血液流变学。③减少血管平滑肌细胞增殖,防止 AS 发生。

本药适用于高 TG 血症,对心肌梗死患者的预后有改善作用。亦可用于糖尿病并发高脂蛋白血症等。

2. 黏多糖和多糖类 黏多糖类的典型代表物质是肝素。肝素具有降低 TC、LDL、TG、VLDL,升高 HDL 的作用。肝素还能保护血管内皮、抗血栓形成,抑制血管平滑肌细胞增生和迁移等抗 AS 效应。但因抗凝血活性太强,且口服无效,故不便应用。而低分子肝素(low moleculer haparin,LMWH)因分子量低,生物利用度高,与血浆、血小板、血管壁蛋白结合的亲和力较低,抗凝血因子Ⅹa活力大于抗凝血因子Ⅱa活力,抗凝血作用较弱,抗血栓形成作用强,可用于不稳定型心绞痛、急性心肌梗死等。

天然类肝素是存在于生物体类似肝素结构的一类物质,如硫酸乙酰肝素(heparan sulfate)、硫酸皮肤素(dermatan sulfate)及硫酸软骨素 A(chondroitine sulfate A,康得灵,CSA),亦为酸性黏多糖成分。本药具有调血脂、降低心肌耗氧量、抗血小板、保护血管内皮、阻滞动脉粥样斑块形成等作用。抗凝血作用较弱,对心肌细胞有抗感染、修复作用。本药用于心脑缺血性疾病,在防治动脉粥样硬化、冠心病心绞痛上有一定疗效,但见效较缓慢。在较大剂量下,对供血不足的心电图有明显改善,血脂亦有所降低。

酸性糖酯类如糖酐酯(dextran,sulfate sodium,右旋糖酐硫酸酯钠,DS-Na)和海洋酸性糖酯类藻酸双酯钠(polysaccharids sulfate)等也具有肝素样的药理特性,能调血脂,降低血清 TC 和 TG,升高 HDL-C,还有抗血栓形成,降低血液黏滞度,保护动脉内皮,阻止 AS 病变发展的作用。临床上也可用于缺血性心脑血管疾病的防治。

3. 其他类 临床上还有一些药物主要通过抑制血小板聚集或黏附,用于防治血栓形成及动脉粥样硬化,如阿司匹林、双嘧达莫、噻氯匹定和氯吡格雷等。

三、动脉粥样硬化的药物治疗学基础

动脉粥样硬化的发生与高脂血症有直接关系,因此调血脂药是重要的抗动脉粥样硬化药物。

【药物治疗原则】 根据高脂血症的类型合理使用调血脂药,减轻或延缓主动脉、冠状动脉、肾动脉、四肢动脉和肠系膜动脉粥样硬化的发生和进程。

【药物治疗方案】 根据临床上高脂血症的类型,合理选药制订治疗方案。

(1) 降低总胆固醇:①胆汁酸螯合药考来烯胺是治疗Ⅱa型高脂血症的理想药物,一般进餐时同时口服较为方便。②HMG-CoA还原酶抑制药洛伐他汀等是治疗原发性高胆固醇、杂合子家庭性高胆固醇、Ⅲ型高脂血症、糖尿病性和肾性高脂血症的首选药物。洛伐他汀20~40mg/次,一日1次,晚餐时服用,必要时4周内可增至40mg/天,分2次服用。

(2) 降低甘油三酯兼降低总胆固醇:①烟酸和阿昔莫司,其中烟酸可使甘油三酯、胆固醇水平下降,并可降低血浆Lp(a)的浓度,可用于Ⅱ、Ⅲ、Ⅳ、Ⅴ型高脂蛋白血症的治疗,也是目前唯一可降低Lp(a)的调脂药,烟酸常用量为1~2g,一日3次。每次0.25g,一日2~3次。②非诺贝特等药物以降低TG、VLDL及IDL为主,故可用于Ⅱb、Ⅲ、Ⅳ型高脂血症,尤其对家族性Ⅲ型高脂血症疗效最好。非诺贝特一次100mg,一日3次,饭后服用。吉非贝特一次600mg,一日2次,口服。

(3) 抗血小板药物:本类药物有助于防止血管阻塞性病变病情的发展,用于预防冠状动脉和脑动脉血栓栓塞。①阿司匹林0.05~0.3g,一日1次。②噻氯匹定250mg,一日1~2次。氯吡格雷75mg,一日1次。

【用药注意事项】

(1) 对高脂血症的治疗非药物治疗是治疗的基础,必须贯彻于治疗的全过程。要控制总热卡的摄入量,减低脂肪,尤其是胆固醇和饱和脂肪酸的摄入量。戒烟限酒,增加体力活动,有效减肥。

(2) 在应用治疗高脂血症时应注意监测肝、肾功能,血常规、心肌酶等,防止不良反应的产生。

(3) 高脂血症常并发冠心病、急性心肌梗死、心绞痛等,应注意综合治疗。

【附】

常用制剂及用法

氢氯噻嗪　片剂:25mg。一次12.5~25mg,一日1~2次。

硝苯地平　片剂:10mg。一次5~10mg,一日3次。

氨氯地平　片剂:5mg。一次5~10mg,一日1次。

盐酸普萘洛尔　片剂:10mg,一次10~20mg,一日3~4次,以后每周增加剂量10~20mg,直至达到满意疗效,每日用量以不超过300mg为宜。遮光、密闭保存。

卡托普利　片剂:25mg,50mg,100mg。开始时,一次25mg,一日3次,饭前服,逐步增至一次50mg,一日3次。最大剂量:一日450mg。

马来酸依那普利　片剂:2.5mg,5mg。开始一次2.5~5mg,一日1次。渐增至一日10~40mg,分1~2次服。

氯沙坦　片剂:25mg,50mg。一次25mg,一日2次。

硝普钠　注射剂:50mg。一次50~100mg,临用时以5%葡萄糖注射液2~3ml溶解后再用同一溶液500ml稀释,缓慢静脉滴注(容器避光),速度每分钟不超过3μg/kg。配制时间超过4小时的溶液不宜使用。

盐酸利多卡因　注射剂:0.1g/5ml,0.4g/20ml。先以1~2mg/kg,静脉注射,继以0.1%溶液静脉滴注,每小时不超过100mg。

苯妥英钠　片剂:50mg,100mg。一次50~100mg,一日2~3次。极量:一次300mg,一日500mg。注射剂:0.25g/5ml。一次0.125~0.25g,以注射用水20~40ml稀释后缓慢静脉注射,一日总量不超过0.5g。

胺碘酮　片剂:0.2g。一次0.1~0.2g,一日1~4次。注射剂:0.15g/3ml。一日0.3~0.45g静脉注射;或0.3g加入250ml 0.9%氯化钠注射液中静脉滴注,于30分钟内滴完。

地高辛　片剂:0.25mg。一般首剂 0.25~0.75mg,以后每隔 6 小时 0.25~0.5mg 直至洋地黄化,再改用维持量(每日 0.25~0.5mg)。轻型慢性病例:一日 0.5mg。

去乙酰毛花苷　注射剂:0.4mg/2ml。一次 0.4~0.8mg,以 25% 或 50% 葡萄糖注射液稀释后缓慢静脉注射。全效量 1~1.2mg,于 24 小时内分次静脉注射。

盐酸多巴酚丁胺　注射剂:250mg/5ml。一次 250mg 用 5% 葡萄糖注射液 500ml 稀释后,按每分钟 2.5~10μg/kg 的速度滴注。

硝酸甘油　片剂:0.3mg、0.6mg。一次 0.3~0.6mg,舌下含服。喷雾剂:发作时喷于口腔黏膜或舌面 1~2 次。贴剂,一日 1 次,贴皮肤时间不超过 8h。

硝酸异山梨酯　片剂:5mg。一次 5~10mg,舌下含化。口服,一次 5~10mg,一日 2~3 次。

辛伐他汀　片剂:10mg、20mg。一次 10mg,一日 1 次。

考来烯胺　粉剂:口服,一次 4~5g,一日 3 次。因有异味,可加用调味剂伴服。

吉非贝齐　片剂:600mg。口服,一次 600mg,一日 2 次,早晚餐前 30 分钟各一次。

苯扎贝特　糖衣片:200mg;缓释片 400mg。口服,一次 200mg,一日 3 次。

烟酸　片剂:50mg、100mg。口服,一次 50~200mg,一日 3~4 次。注射液:20mg/2ml、50mg/2ml、100mg/2ml、50mg/5ml。静脉滴注,一次 50~200mg,溶于 5%~10% 葡萄糖溶液 100~200ml 中,一日 1 次。

多稀康胶囊　胶囊剂:300mg(含 EPA 和 DHA 甲酯或乙酯 210mg)、450mg(含 EPA 和 DHA 甲酯或乙酯 315mg)。一次 900~1800mg,一日 3 次。

亚油酸　胶丸:0.2g。一次 1~2 粒,一日 3 次。

【小结】

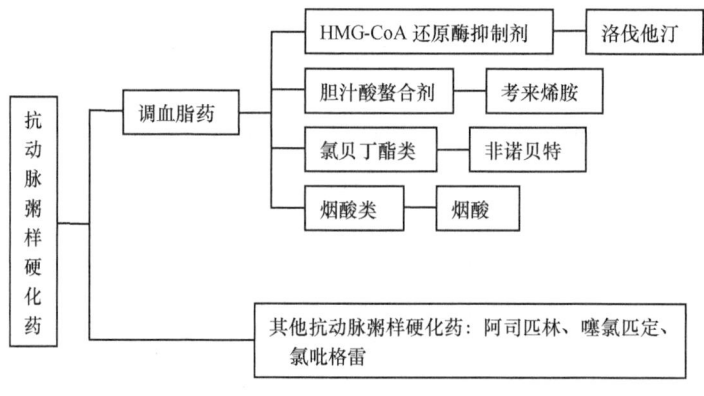

目标检测

一、选择题

【A 型题】

1. 利尿药初期降压机制可能是(　　)
   A. 降低血管对缩血管物质的敏感性
   B. 提高血管对扩血管物质的反应性
   C. 降低动脉壁细胞 Na^+ 离子含量
   D. 排钠利尿,减少血容量
   E. 诱导动脉壁产生扩血管物质

2. ACEI 的主要不良反应为(　　)
   A. 低血钾　　　B. 干咳
   C. 过敏反应　　D. 阻断 β 受体,诱发哮喘
   E. 血管性水肿

3. 能阻断 β 受体,并可使血浆肾素水平明显降低的降压药是(　　)
   A. 氢氯噻嗪　　B. 哌唑嗪
   C. 普萘洛尔　　D. 硝苯地平
   E. 肼屈嗪

4. 能改善糖尿病肾病,降低胰岛素抵抗、抗心血管重构的降压药物是(　　)
   A. 卡托普利　　B. 普萘洛尔
   C. 硝普钠　　　D. 哌唑嗪
   E. 肼屈嗪

5. AT_1 受体阻断药的可能不良反应为(   )
   A. 高钾血症　　　B. 刺激性干咳
   C. 味觉异常　　　D. 水钠潴留
   E. 呼吸抑制
6. 伴高血脂的老年性高血压患者应慎用(   )
   A. 氯沙坦　　　　B. 噻嗪类药物
   C. 哌唑嗪　　　　D. 硝苯地平
   E. 卡托普利
7. 对静脉和动脉舒张能力均较强的扩血管药物是(   )
   A. 硝苯地平　　　B. 硝普钠
   C. 肼屈嗪　　　　D. 米诺地尔
   E. 哌唑嗪
8. 氯沙坦属于(   )
   A. 钙通道阻滞剂　B. ACEI
   C. AT_1 受体阻断剂　D. α受体阻断剂
   E. 利尿剂
9. 易引起"首剂现象"的降压药是(   )
   A. 氢氯噻嗪　　　B. 二氮䓬
   C. 哌唑嗪　　　　D. β受体阻断药
   E. 硝苯地平
10. 卡托普利的降压作用与下列哪一作用有关(   )
    A. 抑制血管内皮释放 NO
    B. 抑制血管紧张素Ⅰ生成
    C. 抑制血管紧张素Ⅰ转化酶
    D. 促进缓激肽的降解
    E. 抑制 PGI_2 生成
11. 高血压危象伴有急性心肌梗死或左心衰竭的患者宜立即选用(   )
    A. 二氮䓬　　　　B. 肼屈嗪
    C. 硝苯地平　　　D. 硝普钠
    E. 哌唑嗪
12. 用于阵发性室上速疗效最佳的是(   )
    A. 维拉帕米　　　B. 苯妥英钠
    C. 利多卡因　　　D. 普萘洛尔
    E. 奎尼丁
13. 对室性心动过速疗效最好的药是(   )
    A. 维拉帕米　　　B. 利多卡因
    C. 普萘洛尔　　　D. 地高辛
    E. 苯妥英钠
14. 治疗窦性心动过速最宜选用(   )
    A. 苯妥英钠　　　B. 利多卡因
    C. 地尔硫䓬　　　D. 普萘洛尔
    E. 奎尼丁
15. 苯妥英钠最佳的适应证是(   )
    A. 房颤　　　　　B. 房室传导阻滞
    C. 窦性心动过速　D. 室上速
    E. 强心苷中毒引起的过速型心律失常
16. 强心苷提高心肌收缩力作用机制是(   )
    A. 激活心肌细胞上的 Na^+-K^+-ATP 酶,提高细胞内钙离子浓度
    B. 激活心肌β受体,提高细胞内 cAMP 浓度
    C. 抑制心肌细胞上的 Na^+-K^+-ATP 酶,提高细胞内钙离子浓度
    D. 提高交感神经活性
    E. 阻止细胞外钙离子内流
17. 在静脉给药时起效最快的强心苷(   )
    A. 毛花苷 C　　　B. 洋地黄毒苷
    C. 铃兰毒苷　　　D. 地高辛
    E. 毒毛花苷 K
18. 不适于治疗慢性心力衰竭的药物是(   )
    A. 酚妥拉明　　　B. 硝普钠
    C. 哌唑嗪　　　　D. 卡托普利
    E. 异丙肾上腺素
19. 强心苷中毒时出现室性心动过速,应选用(   )
    A. 氯化钙　　　　B. 苯妥英钠
    C. 异丙肾上腺素　D. 奎尼丁
    E. 阿托品
20. 强心苷中毒所引起的心动过缓或房室传导阻滞,可用(   )
    A. 利多卡因　　　B. 钾盐口服
    C. 阿托品　　　　D. 苯妥英钠
    E. 钾盐静脉注射
21. 强心苷可治疗阵发性室上速,是因为(   )
    A. 延长心房不应期
    B. 增强心肌收缩力
    C. 兴奋迷走神经,减慢房室传导
    D. 提高窦房结自律性
    E. 降低浦肯野纤维的自律性
22. 使用强心苷期间禁忌(   )
    A. 镁盐静脉注射　B. 钾盐静脉滴注
    C. 钠盐静脉滴注　D. 葡萄糖静脉滴注
    E. 钙盐静脉注射
23. 强心苷类的不良反应,错误的是(   )
    A. 胃肠道反应　　B. 神经症状
    C. 黄视、绿视　　D. 各种心律失常
    E. 肺纤维化

24. 硝酸酯类舒张血管的作用机制是（ ）
    A. 直接作用于血管平滑肌
    B. 阻断 α 受体
    C. 促进 PGI_2 形成
    D. 形成一氧化氮
    E. 阻断 Ca^{2+} 通道
25. 普萘洛尔抗心绞痛作用的发挥主要通过（ ）
    A. 心室容积缩小
    B. 射血时间缩短
    C. 扩张冠状动脉,增加心肌血供
    D. 降低心肌收缩力,减慢心率
    E. 扩张静脉,降低心脏前负荷
26. 普萘洛尔、硝酸甘油、硝苯地平治疗心绞痛共有的作用是（ ）
    A. 减慢心率   B. 缩小心室容积
    C. 扩张冠状动脉 D. 抑制心肌收缩力
    E. 降低心肌耗氧量
27. 不宜用于变异型心绞痛的药物是（ ）
    A. 普萘洛尔   B. 硝苯地平
    C. 地尔硫䓬   D. 硝酸异山梨酯
    E. 硝酸甘油
28. 下列联合用药不合适的一组是（ ）
    A. 维拉帕米+普萘洛尔
    B. 硝苯地平+普萘洛尔
    C. 硝酸甘油+普萘洛尔
    D. 硝酸甘油+维拉帕米
    E. 硝酸异山梨酯+硝苯地平
29. 下列哪种药物可以阻断胆汁酸的肝肠循环,降低 TC（ ）
    A. 烟酸   B. 考来烯胺
    C. 普罗布考   D. 苯扎贝特
    E. 氟伐他汀
30. HMG-CoA 还原酶抑制剂是（ ）
    A. 烟酸   B. 考来替泊
    C. 硫酸软骨素 A D. 吉非贝齐
    E. 辛伐他汀

【B 型题】

（第 31~34 题备选答案）
    A. 哌唑嗪   B. 可乐定
    C. 普萘洛尔   D. 硝苯地平
    E. 硝普钠
31. 促进 NO 释放,扩张血管的药物是（ ）
32. 阻断 $α_1$ 受体,扩张外周血管的药物是（ ）
33. 作用机制与激动咪唑啉 I_1 受体和激动中枢 $α_2$ 受体有关（ ）
34. 适用于伴有消化性溃疡的高血压患者的药物（ ）

（第 35~39 题备选答案）
    A. 奎尼丁   B. 利多卡因
    C. 普萘洛尔   D. 维拉帕米
    E. 阿托品
35. 窦性心动过缓、房室传导阻滞宜选用（ ）
36. 窦性心动过速宜选用（ ）
37. 室性心律失常危急病例的抢救可选用（ ）
38. 房颤的转律宜选用（ ）
39. 阵发性室上性心动过速宜选用（ ）

（第 40~43 题备选答案）
    A. 抑制房室传导,减慢心室率
    B. 加强心肌收缩力
    C. 抑制窦房结
    D. 缩短心房肌的 ERP
    E. 增加房室结的隐匿性传导
40. 强心苷治疗心力衰竭的药理基础是（ ）
41. 强心苷治疗房颤的药理基础是（ ）
42. 强心苷治疗房扑的药理基础是（ ）
43. 强心苷中毒导致窦性心动过缓的原因是（ ）

（第 44、45 题备选答案）
    A. 硝苯地平   B. 硝酸甘油
    C. 维拉帕米   D. 地尔硫䓬
    E. 普萘洛尔
44. 伴有支气管哮喘的心绞痛患者不能使用的药物是（ ）
45. 首关消除明显,一般不采用口服给药方式的药物是（ ）

（第 46~48 题备选答案）
    A. 考来烯胺   B. 吉非贝齐
    C. 维拉帕米   D. 洛伐他汀
    E. 烟酸
46. 能与胆汁酸牢固结合降低胆固醇的药物是（ ）
47. 可抑制 HMG-CoA 还原酶降低胆固醇的药物是（ ）
48. 广谱调血脂药物是（ ）

【X 型题】

49. 卡托普利的不良反应有（ ）
    A. 低血钾   B. 血管神经性水肿
    C. 首剂低血压 D. 味觉、嗅觉缺损
    E. 顽固性干咳
50. 直接作用于血管平滑肌的降压药物有（ ）

A. 哌唑嗪　　　B. 普萘洛尔
C. 肼屈嗪　　　D. 硝普钠
E. 米诺地尔

51. 治疗高血压的一线常用药物有(　　)
    A. ACEI　　　　B. AT₁ 受体激动药
    C. 钙通道阻断药　D. 利尿降压药
    E. β受体阻断药

52. 利多卡因(　　)
    A. 属于ⅠB类药
    B. 能抑制钠离子内流和促进钾离子外流
    C. 相对延长有效不应期
    D. 常用静脉给药
    E. 也是局部麻醉药

53. 强心苷的临床应用有(　　)
    A. 心房颤动　　B. 心房扑动
    C. 心室纤颤　　D. 慢性心功能不全
    E. 室性心动过速

54. 强心苷的主要不良反应有(　　)
    A. 胃肠道反应　B. 过敏反应
    C. 视觉异常　　D. 心脏毒性
    E. 粒细胞减少

55. 硝苯地平的适应证包括(　　)
    A. 治疗稳定型心绞痛
    B. 治疗变异型心绞痛
    C. 治疗高血压
    D. 治疗阵发性室上性心动过速
    E. 脑血管病

56. 普萘洛尔与硝酸甘油合用抗心绞痛的优点为(　　)
    A. 协同降低心肌耗氧量
    B. 消除反射性心率加快
    C. 缩小增加的心室容积
    D. 共同降低血压
    E. 增加缺血区的血液灌流

57. 硝酸甘油的不良反应有(　　)
    A. 颜面潮红、头痛
    B. 直立性低血压、晕厥
    C. 心率减慢
    D. 使冠状动脉痉挛，缺血加重
    E. 代偿性心率加快、心肌收缩力加强，疗效减弱

58. 普萘洛尔用于心绞痛的注意事项包括(　　)
    A. 个体差异大，宜从小剂量开始，逐渐增加并调整剂量

B. 适用于伴有高血压、快速型心律失常的患者
C. 长期用药不可突然停药
D. 老年人有气道阻力增高者慎用
E. 不宜用于有变异型心绞痛的患者

59. 考来烯胺的调血脂机制为(　　)
    A. 与胆汁酸络合而减少胆汁酸吸收
    B. 增加胆固醇向胆汁酸转化
    C. 影响胆固醇吸收
    D. 使 HMG-CoA 还原酶活性减弱
    E. 降低血浆 LDL

60. 大剂量服用烟酸的主要不良反应有(　　)
    A. 皮肤潮红及瘙痒　B. 胃肠道刺激
    C. 血尿酸增加　　　D. 血糖升高
    E. 肾功能不全

二、简答题

1. 抗高血压药有哪几类？哪些是常用一线降压药物？请写出代表药物。
2. 试述噻嗪类药物的降压机制及降压应用注意事项。
3. 普萘洛尔的降压作用特点有哪些？降压的适应证和禁忌证有哪些？
4. 试述钙通道阻断药扩张血管的作用机制及其降压特点。
5. 试从降压机制、降压特点、临床应用和不良反应上比较 ACEI 和 AT₁ 受体阻断剂的异同点。
6. 临床上抗心律失常药物可分哪几类？请写出各类代表药物名称。
7. 请用药理学知识讲出利多卡因、胺碘酮、维拉帕米、普萘洛尔是如何抗心律失常？
8. 请说出用非药物手段治疗心律失常的方法。
9. 试述强心苷治疗慢性心功能不全的药理基础和作用机制。
10. 简述强心苷中毒表现。
11. 简述硝酸甘油抗心绞痛的作用机制。
12. 试述硝酸酯类与普萘洛尔合用抗心绞痛能相互取长补短的药理基础。
13. 试述钙通道阻滞药抗心绞痛作用机制和临床应用。
14. 主要降低血浆总胆固醇和 LDL-C 的药物有哪些？
15. 主要降低三酰甘油和 VLDL 的药物有哪些？
16. 他汀类药物有何不良反应？有何用药注意事项？
17. 简述考来烯胺和他汀类药物调血脂的作用机制。

第十章 作用于血液和造血系统药物

内容提要

血液和造血系统常见有血栓栓塞性疾病和出血性、贫血病症,它们发病机制复杂、发生率较高、对人类身体健康危害较大。目前临床治疗最有效的方法之一为药物治疗,本章重点介绍治疗血栓栓塞性疾病、出血性和贫血病症药物的作用特点、临床应用、不良反应和用药指导。

学习目标

识记血液和造血系统药物分类,并能按类别列举出2~3个代表药物通用名称,针对常见血液和造血系统疾病,能根据疾病症状选用正确的治疗药物,并能准确解释出选用该药的主要依据,且能列举出用药期间可能出现的主要不良反应及常见应对措施。

重点难点

本章重点是抗凝血药物、纤维蛋白溶解药、促凝血药和抗贫血药物的作用用途、不良反应和用药指导;本章难点为各类药物作用机制和血容量维持药的作用特点、临床应用。

课时数

理论6,实践1

第一节 抗凝血药、抗血小板药和纤维蛋白溶解药

案例10-1

患者,男,25岁。患流行性脑脊髓炎且发生弥散性血管内凝血(DIC),用肝素抗凝治疗,出现严重的自发性出血。

问题:

1. 为什么选用肝素治疗会出现自发性出血?
2. 针对此出血,宜使用的抢救药物是什么?
3. 肝素的抗凝机制是什么?

一、抗凝血药

血栓栓塞性疾病是危害人类身体健康的常见病和多发病,药物治疗为这类疾病目前主要的治疗措施,而且疗效肯定。抗凝血药是通过影响凝血过程(图10-1)中的不同环节而阻止血液凝固,目的为预防血栓的形成及扩大,从而减少并发症,提高患者的生活质量。常用的有肝素类和香豆素类药物。

(一)体内、外抗凝血药

肝 素

肝素(heparin)是一种硫酸化的酸性糖胺聚糖混合物,结构中含有大量硫酸基(占40%)和羧基,带大量阴电荷,呈强酸性。药用肝素是从猪小肠和牛肺中提取而得。

【体内过程】 肝素分子量大,不易透过生物膜,口服给药无效。皮下注射血浆浓度低,肌内注射易致局部血肿,故临床多静脉给药。静脉注射后,60%集中于血管内皮,大部分经网状内皮系统破坏,极少以原形从尿排出。肺栓塞、肝硬化患者 $t_{1/2}$ 延长。一般维持时间在3~4h。

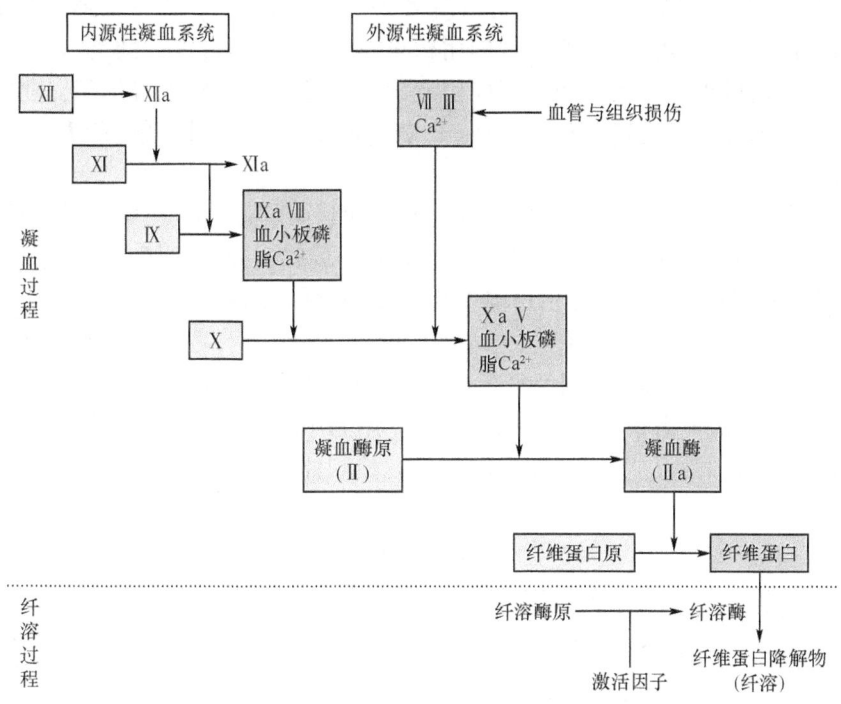

图 10-1 血液凝固及纤维蛋白溶解过程示意图

【药理作用】 肝素在体内、体外均有强大抗凝作用。肝素主要通过激活抗凝血酶Ⅲ(antithrombin Ⅲ,AT Ⅲ)来发挥作用的。AT Ⅲ与凝血酶及凝血因子Ⅻa、Ⅺa、Ⅸa、Ⅹa相结合,形成稳定的复合物而使凝血因子灭活。肝素还能抑制血小板的聚集和释放。此外,肝素也有降脂作用,因它能使血管内皮释放脂蛋白酯酶,水解乳糜微粒及VLDL。但停药后会引起"反跳",使血脂回升。

【临床用途】

（1）血栓栓塞性疾病:主要用于防止血栓形成与扩大,如深静脉血栓、肺栓塞、脑栓塞以及急性心肌梗死。对已形成的栓塞则无溶解作用。

（2）弥散性血管内凝血(DIC):应早期应用,防止因纤维蛋白原及其他凝血因子耗竭而发生继发性出血。

（3）体外抗凝:用于心血管手术、心导管检查、血液透析等,防止血液凝固。

（4）缺血性心脏病:有些心绞痛在抗心绞痛药基础上可加用抗凝血药预防急性冠脉栓塞的发生。

【不良反应】 应用过量易引起自发性出血,表现为各种黏膜出血、关节腔积血和伤口出血等。部分患者应用肝素2~14天期间可出现血小板缺乏,有非免疫型和免疫型两种原因。

连续应用肝素3~6个月,可引起骨质疏松,产生自发性骨折,也可引起皮疹、药热等过敏反应。

【用药指导】

（1）在应用肝素之前首先明确诊断,血栓栓塞性疾病患者急性期用肝素治疗有明显疗效,常选肝素钠注射剂5000U/2ml、首次5000~10 000U,用5%葡萄糖注射液100ml稀释后静脉滴注,每分20~30滴,3~4h 1次,每日总量25000U,目的防止血栓的形成和扩大,但对已形成的血栓无溶解作用;要了解患者的用药史,如是否应用过水杨酸类、口服抗凝剂、肾上腺皮质激素等,肝素与上述药物合用能引起出血的危险。易感人群慎用,避免发生肝素过敏反应;有出血性疾病及有出血倾向者、肝、肾功能不全、消化性溃疡、严重高血压的患者及孕妇禁用。

(2)肝素防止急性血栓栓塞性疾病具有起效快、作用强等特点,给药后病情可得到控制或症状缓解。静脉注射给药,剂量按凝血活酶时间调整,使凝血时间控制在治疗前1.5~3.0倍,部分凝血活酶时间保持在治疗前1.5~2.5倍,随时调整剂量和间隔时间。用药期间检查有无出血情况,切忌大剂量给药,老人用药更要注意观察。一旦出现鼻出血、牙龈出血等现象应及时就诊,而且静脉注射鱼精蛋白对抗(1mg中和100U肝素钠)。

(3)症状控制后如需长期抗凝治疗时,在肝素应用的同时加口服抗凝药,2天停肝素继续用口服抗凝药巩固治疗。同时注意锻炼身体、控制体重和低脂饮食,这些均有助血栓栓塞性疾病恢复。

低分子量肝素

低分子量肝素(low molecular weight heparins,LMWHs)是20世纪70年代发展起来的一种新型抗凝血药物,相对分子质量低于6.5kDa,可由普通肝素分离或由普通肝素降解后再分离而得。临床应用的低分子量肝素制剂有依诺肝素(enoxaparin)、替地肝素(tedelparin)等。

本类药物具有选择性高、抗凝作用强、生物利用度较高、相对比较安全等特点。如引起出血,也可用鱼精蛋白对抗。

(二)体内抗凝血药

华 法 林

华法林(warfarin)为香豆素类口服抗凝药的代表药。同类药物还有双香豆素、醋硝香豆素(新抗凝)、苯丙香豆素等。

【体内过程】 华法林口服吸收完全,1h后血浆中即能测到,2~8h达高峰。与血浆蛋白结合率为99%以上。$t_{1/2}$约40h。本药主要在肝中代谢,由肾排出。

【药理作用及机制】 华法林的化学结构与维生素K相似。在肝脏中能竞争性抑制维生素K的作用,影响含有谷氨酸残基的凝血因子Ⅱ、Ⅶ、Ⅸ、Ⅹ的羧化作用,使这些因子停留于无凝血活性的前体阶段,从而影响凝血过程。对已形成的上述因子无抑制作用,因此抗凝作用起效较慢,作用持久。一般需8~12h后发挥作用,1~3天达到高峰,停药后抗凝作用尚可维持数天。无体外抗凝作用。

【临床用途】 用途与肝素同,可防止血栓形成与发展。本药也可作为心肌梗死辅助用药。口服有效,作用时间较长,但作用出现缓慢,且作用过于持久,不易控制。对需快速抗凝者则应先用肝素发挥治疗作用后再用华法林药物维持疗效。本药也用于风湿性心脏病、髋关节固定术、人工置换心脏瓣膜等手术后防止静脉血栓发生。

【不良反应】 剂量应根据凝血酶原时间控制在25~30s(正常值12s)进行调节。过量易发生出血,如消化道、尿道、口鼻腔、宫腔、皮下出血等,最严重者为颅内出血。

【用药指导】 华法林为口服防止血栓形成或发展的常规药物,华法林片剂5mg,首日突击量5~20mg,之后给维持量2.5~7.5mg/d,因起效缓慢,持续时间长,对急性血栓栓塞性疾病早期须与肝素合用。应用时受很多药物的影响,如与非甾体抗炎药(阿司匹林)、水合氯醛、磺胺类药、甲硝唑、肾上腺皮质激素、链激酶及肝药酶抑制药(氯霉素等)等配伍用可增强本类药物的抗凝作用,合用时适当减少香豆素类药物的用量以免中毒;如与肝药酶诱导剂(苯巴比妥、苯妥英钠等)合用可减弱其抗凝作用,配伍用时应适当增加香豆素类药的药量以达到预期的疗效。禁忌证同肝素。

用药期间定期测定凝血酶原时间,及时调整用量。同时避免容易造成机体损伤的活动,出现自发性出血立即停药,并用维生素 K 对抗。

(三)体外抗凝血药

枸橼酸钠

枸橼酸钠(sodium citrate)为体外抗凝药,其酸根与血液中的 Ca^{2+} 可形成难解离的可溶性络合物,使血中 Ca^{2+} 浓度降低,从而产生抗凝作用。如果大量枸橼酸钠进入体内,可干扰体内正常的 Ca^{2+} 浓度,故不用于体内抗凝。本药仅适用于体外抗凝,如输血时每 100ml 全血中加入 2.5% 枸橼酸钠 10ml 可保持血液不凝固。当大量输血(超过 1000ml)或输血速度过快时,机体不能及时氧化枸橼酸钠,可引起血钙下降,导致手足抽搐、心功能不全、血压骤降,新生儿及幼儿因缺少枸橼酸钠氧化酶,更易发生,必要时可静脉注射钙盐解救。

二、抗血小板药

血小板的黏附、聚集、释放功能在止血、血栓形成、动脉粥样硬化等过程中起着重要作用,药物主要通过抑制花生四烯酸(AA)代谢,增加血小板内 cAMP 浓度等机制而抑制血小板功能,防止血栓形成。

双嘧达莫

双嘧达莫(dipyridamole)又名潘生丁(persantin),对血小板有抑制作用。通过抑制血小板内的磷酸二酯酶,使 cAMP 增高,也能抑制腺苷摄取,进而激活血小板腺苷环化酶使 cAMP 浓度增高。本药主要用于治疗血栓栓塞性疾病,单独应用作用较弱,与华法林合用防止心脏瓣膜置换术后血栓形成。

阿司匹林

阿司匹林(aspirin)又名乙酰水杨酸,属解热镇痛药,通过不可逆抑制环氧酶,减少对血小板有强大促聚集作用的血栓素 A_2(TXA_2)的产生,使血小板功能抑制。小剂量用于预防脑血栓,也用于心绞痛和心肌梗死的预防和治疗。

前列环素

前列环素(prostacyclin,PGI_2),又名依前列醇,是目前活性最强的内源性血小板聚集抑制剂,具有强大的抗血小板聚集及松弛血管平滑肌作用。还能阻抑血小板在血管内皮细胞上黏附,对体外旁路循环中形成的血小板聚集体有解聚作用。临床上用于急性心肌梗死、外周闭塞性血管疾病等,还可用于体外循环以防止微血栓形成。

三、纤维蛋白溶解药

纤维蛋白溶解药激活纤溶酶而促进纤溶,也称溶栓药,用于治疗急性血栓栓塞性疾病。

对形成已久并已机化的血栓难以发挥作用。

链 激 酶

链激酶(streptokinase,SK)是β溶血性链球菌培养液中提取的一种蛋白质,能与纤溶酶原结合,形成SK纤溶酶原复合物后,促使游离的纤溶酶原转变成纤溶酶,迅速水解血栓中纤维蛋白,使血栓溶解。

【药理作用】 能激活体内纤维蛋白溶解系统,使血栓表面纤溶酶原转化成纤溶酶,直接溶解血栓,对急性期(6h内)血栓效果好。

【临床用途】 用于治疗血栓栓塞性疾病,如急性心肌梗死、脑梗死、肺梗死等的早期。

【不良反应】 大量、快速注射可引起自发性出血,少数人对链激酶产生过敏反应。

【用药指导】 溶栓药在血栓栓塞性疾病的急性期有效,用药越早效果越好,对24h后的血栓基本无效。有活动性出血者禁用。链激酶有抗原性,有链球菌感染或亚急性心内膜炎患者禁用,链激酶粉针剂10万U,30万U,首次剂量50U,溶于100ml 0.9%氯化钠注射液或5%葡萄糖注射液中静脉滴注,约30min滴完,维持剂量取60万U溶于500ml 5%葡萄糖注射液中,加地塞米松(防过敏)2.5mg静脉滴注,约6h滴完,4次/日。

尿 激 酶

尿激酶(urokinase,UK)为健康人新鲜尿液中提取的蛋白质酶,抗原性低,极少发生过敏反应。临床应用同SK,用于脑栓塞疗效明显。因价格昂贵,仅用于SK过敏或耐受者。不良反应为出血及发热,较SK少。禁忌证同SK。

组织型纤溶酶原激活因子

组织型纤溶酶原激活因子(tissuse plasminogen activator,t-PA)含有527个氨基酸,其溶栓机制是激活内源性纤溶酶原转变为纤溶酶。t-PA主要在肝中代谢,$t_{1/2}$约5min。本药用于治疗肺栓塞和急性心肌梗死,使阻塞血管再通率比链激酶高,且不良反应小,是较好的第二代溶栓药。

四、血栓栓塞性疾病的药物治疗学基础

随着人们生活水平的提高,血栓性疾病在临床上发病率越来越高,如心肌梗死、脑梗死、肺栓塞以及其他静脉或动脉血栓栓塞性疾病;同时它们也可能是许多疾病的病因或并发症,如动脉粥样硬化、冠状动脉心脏病、脑血管病等。因而防止血栓形成的药物日益受到重视并进展很快。

抗凝药用药目的是防止血栓的形成和扩大。肝素类药起效快、作用强,用于血栓栓塞性疾病急性期,如需长期抗凝治疗时应加香豆素类口服抗凝药,病情好转后先停肝素继续用口服抗凝药巩固治疗。抗血小板药临床主要用于防治动脉血栓栓塞性疾病,阿司匹林应用最广。临床上用的第一、二、三代溶栓药物应用于血栓形成的急性期,溶解血栓,治疗血栓塞性疾病,用药越早效果越好。

上述药物应用不当均可以引起自发性出血的不良反应,一旦出现立即停药并用各自的对抗药治疗。肝素和香豆素类药物与许多药物合用如水杨酸类、口服抗凝药、肾上腺皮质激素等能加重出血的危险,配伍用时注意。有出血性疾病及有出血倾向者、肝功能不全、严重高血压患者及孕妇禁用。

第二节 促凝血药

出血是机体凝血功能出现障碍的一种临床表现。止血是个复杂的过程,受血管壁功能、凝血因子和血小板功能等多种因素的影响;促凝血药的作用机制不同,分促凝血因子生成药、抗纤维蛋白溶解药、血管收缩药和促血小板生成药等,由于各类药物止血机制各异,临床应用也不同,所以要针对出血的病因和药物作用机制来选择恰当药物,才能收到良好止血效果。

一、促凝血因子生成药

维生素 K

维生素 K(vitamin K)分两类:①脂溶性:植物中提取的维生素 K_1 和肠道微生物产生的维生素 K_2。②水溶性:人工合成的维生素 K_3 和维生素 K_4。

【药理作用及机制】 维生素 K 作为羧化酶的辅酶参与凝血因子Ⅱ、Ⅶ、Ⅸ、Ⅹ的合成。维生素 K 缺乏可导致上述凝血因子合成停留于前体状态,凝血时间延长,引起出血。

【临床用途】 用于维生素 K 缺乏引起的出血,如梗阻性黄疸、胆瘘、慢性腹泻所致出血;因肠道胆汁减少,维生素 K 吸收障碍所致的出血;早产儿、新生儿或长期应用广谱抗生素者,因肠道缺乏正常菌群,维生素 K 合成不足所致的出血;长期应用抗凝药香豆素类、水杨酸类或其他原因导致凝血酶原过低所致的出血。临床还用于胆石症、胆道蛔虫症所致胆绞痛的镇痛。

【不良反应】 维生素 K_1 静脉注射太快可产生面部潮红、呼吸困难、胸痛、虚脱。较大剂量维生素 K_3 对新生儿、早产儿可引起溶血及高铁血红蛋白症。葡萄糖-6-磷酸脱氢酶缺乏患者也可诱发溶血。

【用药指导】

(1) 用药物前首先要明确诊断是什么原因引起的出血。维生素 K 只能防治凝血因子缺乏引起的出血,而且不同情况选择的剂型也不同。胆汁缺乏引起的出血不能选用脂溶性维生素 K,应选用维生素 K_3、维生素 K_4;慢性腹泻等贫血者要选注射制剂,如维生素 K_1 注射剂,肌注或缓慢静脉注射;其他一般的出血可以用维生素 K_4 片剂。

(2) 用药期间应定期测定凝血酶原时间以调整用药和给药次数,确保疗效和避免不良反应的发生。孕妇、新生儿、早产儿、溶血性贫血及阻塞性黄疸患者慎用 K_4;G-6-PD 缺乏的患者不宜使用 K_3、K_4,因易发生溶血性贫血;告诉患者遵医嘱用药。

(3) 出血症状控制后,避免可能引起出血各种原因,如口服广谱抗菌药和水杨酸类药物时间不能太长,改善饮食结构,多摄入含有维生素 K 食物,直至彻底纠正出血症状。

二、抗纤维蛋白溶解药

抗纤维蛋白溶解药是一类竞争性对抗纤溶酶原激活因子,高浓度也抑制纤溶酶活性的物质。临床常用的有氨甲苯酸(paminomethylbenzoic acid,PAMBA)、氨甲环酸(tranexamic acid,AMCA)等。用量过大可致血栓形成,诱发心肌梗死。

氨甲苯酸

氨甲苯酸(paminomethylbenzoic acid,PAMBA)又名止血芳酸、对羧基苄胺、抗血纤溶芳酸。

【药理作用】 低剂量竞争性抑制纤溶酶原激活因子,导致纤溶酶原不能转变为纤溶酶,从而抑制纤维蛋白的溶解,产生止血效果。大剂量直接抑制纤溶酶的活性,抑制纤维蛋白原和纤维蛋白的降解而止血。

【临床用途】 临床上主要用于治疗纤维蛋白溶解过程亢进所致出血,如肺、肝、胰、前列腺、甲状腺、肾上腺等手术时的异常出血,妇产科和产后出血及肺结核咯血或痰中带血、血尿、前列腺肥大出血、上消化道出血等,对一般慢性渗血效果较显著,但对癌症出血及创伤出血无止血作用。此外,尚可用于链激酶或尿激酶过量引起的出血。

【不良反应】 偶见腹泻、头晕、恶心、胸闷等不良反应。用量过大可促进血栓形成,甚至诱发心肌梗死。

【用药指导】 只适用于纤溶亢进性出血的治疗,有血栓形成倾向或有血栓栓塞病史者慎用或禁用。氨甲苯酸注射剂 0.1g/10ml,一次 0.1~0.3g,稀释后缓慢注射或静脉滴注,每日最大用量 0.6g。大量用药期间应定期测定凝血酶原时间,监护患者及调整剂量,以降低血栓形成的并发症,确保用药安全。

凝 血 酶

凝血酶(thrombin)是从牛、猪血提取和精制而成的凝血酶无菌制剂。本药可直接作用于血液中纤维蛋白原,使其转变为纤维蛋白,加速血液凝固而迅速发挥止血作用。此外,还能促进上皮细胞的有丝分裂,加速创伤愈合。局部应用 1~2min 即可止血。

本药适用于结扎困难的小血管出血、毛细血管以及实质性脏器的出血;也用于外伤、手术、口腔、泌尿道以及消化道等部位的出血。因其具有抗原性,可产生过敏反应。消化道止血药口服或灌注。严禁注射给药,否则可导致血栓形成,引起局部坏死而危及生命。

三、血管收缩药

垂体后叶素

垂体后叶素(pituitrin)是脑垂体后叶分泌的含氮激素,包括缩宫素和血管升压素。

【药理作用】 缩宫素是子宫兴奋药,详见生殖系统药。血管升压素可直接作用于血管平滑肌,收缩毛细血管、小动脉和小静脉,对内脏血管特别是肺和肠系膜血管收缩作用强,可降低肺及门静脉的血流量和压力,利于血管破裂处的血栓形成而止血。

【临床用途】 用于肺咯血、肝硬化食管静脉曲张破裂出血、产后大出血。血管升压素还可增加肾远曲小管和集合管对水的重吸收,减少尿量,而具有抗利尿作用,可治疗尿崩症。

【不良反应】 静脉注射过快可引起面色苍白、心悸、腹痛、血压升高、过敏反应等。

【用药指导】 垂体后叶素治疗内脏血管因素引起的出血,口服易被破坏,常静脉给药。注射剂 5U/ml,5~10U/次,溶于 20% 葡萄糖注射液 20ml 中缓慢静脉注射,或加入 5% 葡萄糖注射液 500ml 中静脉滴注,极量为 20U/次。用药物前询问病史,且要测量血压,高血压、冠心病、动脉硬化患者禁用。用药期间随时为患者测量血压,发现血压有升高的趋势立即停药,避免发生心绞痛等。

四、促血小板生成药

酚磺乙胺

酚磺乙胺(etamsylate,止血敏)能增加毛细血管的抵抗力,降低其通透性,还能增加血小板的数量并增强血小板聚集和黏附性,促使凝血活性物释放,缩短凝血时间,但止血作用较弱。本药主要用于防止毛细血管脆性增加所致出血、血小板功能不足等原因引起的出血,也用于预防和治疗外科手术出血过多,可与其他类型止血药如维生素K、氨甲苯酸并用。不良反应偶见恶心头痛等,静脉注射可见过敏反应。

五、出血性疾病的药物治疗学基础

出血是许多疾病的一种临床表现,较常见。急性大出血可引起血压急剧下降甚至休克,此时应输入血制品及溶液等补充血容量,防止低血压。多数的出血,常先采用按压、缝合结扎等措施,当这些措施不能有效控制出血时可给予止血药。

止血药使用时应特别注意:①明确诊断、消除病因。肝脏受损将影响维生素K的利用及凝血因子的合成而引起出血时,应积极治疗肝病及补充凝血因子,此时维生素K只作为辅助治疗。②针对机制正确选药。凝血过程复杂,受多种因素的影响如血管因素、凝血系统、纤溶系统、血小板功能等,药物作用机制不同,适应证也有差异,应针对病因和药物的作用机制来选药,才能起到有效止血的效果。

维生素K主要用于防治维生素K缺乏引起的出血。①维生素K吸收障碍引起的出血(如梗阻黄疸、胆瘘等)。②合成减少引起的出血(如新生儿等)。③拮抗药(阿司匹林、香豆素)过量所引起的出血。抗纤维蛋白溶解药氨甲环酸、氨甲苯酸治疗原发性或继发性纤溶过程亢进性出血;血管收缩药垂体后叶素应用于内脏血管因素出血(如肺咯血、门静脉高压引起的上消化道出血)。由于各止血药作用有一定限度,出血又常有各种因素参与,对于难以控制的出血可选多种止血药联合使用。

第三节 抗贫血药

一、贫血的分类及发病机制

循环血液中红细胞数或血红蛋白量低于正常称为贫血。治疗贫血首先是根除病因,根据不同的病因选用不同的抗贫血药。临床上几种常见的贫血类型:①缺铁性贫血,因慢性失血、铁需要量增加而摄入不足及胃肠道吸收铁不良等引起铁质缺乏,而不能满足机体造血用铁量所致;患者血红蛋白量下降,红细胞呈小细胞低色素性,需用铁制剂治疗。②巨幼细胞贫血,由于叶酸或维生素B_{12}缺乏所致,需用叶酸或维生素B_{12}治疗。③再生障碍性贫血:由于骨髓造血功能障碍引起红细胞、白细胞和血小板减少所致,目前治疗比较困难,须进行综合治疗。

二、常用抗贫血药

铁 剂

常用的铁制剂有硫酸亚铁(ferrous sulfate)、枸橼酸铁铵(ferric ammonium citrate)和右旋

糖酐铁(iron dextran)等。

【体内过程】 口服铁剂或食物中外源性铁都以亚铁形式在十二指肠和空肠上段吸收。铁的吸收与体内储存铁多少有关。吸收进入肠黏膜的铁根据机体需要，或直接进入骨髓供造血使用，或与肠黏膜去铁蛋白结合以铁蛋白形式储存其中。铁的排泄主要通过肠黏膜细胞脱落以及胆汁、尿液、汗液而排出体外，每日约1mg。大量出汗可增加铁的排泄，未被吸收的铁全部由粪便排出。

【药理作用】 铁是红细胞合成血红蛋白必不可少的物质，体内的一些生化反应也需要铁，如线粒体的电子传递、儿茶酚胺代谢及DNA的合成等。多种酶也需要铁作辅基，如细胞色素c还原酶、过氧化酶、黄嘌呤氧化酶等。当铁缺乏时，不仅血红蛋白合成减少引起贫血，且影响细胞及组织的氧化还原能力，造成多方面功能紊乱。

【临床用途】 临床主要用于治疗失铁过多(月经过多、消化性溃疡、痔出血、子宫肌瘤、钩虫病等急慢性失血)、需铁增加(妊娠、哺乳期及儿童生长期等)、铁吸收障碍(如萎缩性胃炎、胃癌、慢性腹泻等)和红细胞大量破坏(如疟疾、溶血)等情况下引起的缺铁性贫血。

【不良反应】 口服铁剂对胃肠道有刺激性，可引起恶心、腹痛、腹泻。使用本药也可引起便秘，因铁与肠腔中硫化氢结合，减少了硫化氢对肠壁的刺激作用。小儿误服1g以上铁剂可引起急性中毒，表现为坏死性胃肠炎、呕吐、腹痛、血性腹泻、休克、呼吸困难、死亡。

【用药指导】
(1) 抗酸药、钙剂、高磷酸盐食物、茶叶或某些含鞣酸的植物、四环素类抗生素等可减少铁剂吸收，应避免同时服用。
(2) 口服铁剂有轻度胃肠道反应，餐后服用可减轻胃部刺激。不适合口服患者选用右旋糖酐铁注射剂。
(3) 如发生服用过量中毒，应立即催吐、用1%碳酸氢钠溶液洗胃，并用特殊解毒药去铁胺灌胃来结合残存的铁，同时采用抗休克治疗。
(4) 服用铁剂必须坚持足够的疗程。

叶 酸

叶酸(folic acid)属B族维生素，广泛存在于动、植物食品中，现已人工合成。

【体内过程】 正常机体每日最低需要叶酸50μg，食物中每天有50~200μg叶酸在十二指肠和空肠上段吸收，妊娠妇女可增至300~400μg。食物中叶酸及叶酸制剂吸收后被还原为四氢叶酸，广泛分布于体内。经尿和胆汁排出。

【药理作用】 叶酸吸收后经叶酸还原酶和二氢叶酸还原酶的作用生成四氢叶酸，后者能与多种一碳单位结合成四氢叶酸类辅酶，传递一碳单位，参与核酸合成和氨基酸代谢，促进红细胞的生长和成熟。当叶酸缺乏时，DNA和蛋白质合成障碍，红细胞发育和成熟停滞，出现巨幼细胞贫血。消化道上皮增殖受抑制，出现舌炎、腹泻。

【临床用途】 用于各种原因所致巨幼细胞贫血。对于营养不良或婴儿期、妊娠期对叶酸的需要量增加所致的营养性巨幼细胞贫血，治疗以叶酸为主，辅以维生素B_{12}，效果更好。对于二氢叶酸还原酶抑制药甲氨蝶呤、乙胺嘧啶、甲氧苄啶等所致巨幼红细胞性贫血，应用叶酸无效，需用甲酰四氢叶酸治疗。对维生素B_{12}缺乏所致"恶性贫血"，大剂量叶酸治疗可纠正血象，但不能改善神经症状。

【不良反应】 不良反应少见，罕见过敏反应。

【用药指导】 巨幼细胞贫血以叶酸为主,辅助应用维生素 B_{12} 可提高疗效。叶酸可以口服也可肌内注射。二氢叶酸还原酶抑制药引起巨幼红细胞性贫血用甲酰四氢叶酸注射剂,肌内注射。癫痫患者慎用。告诉患者大量服用叶酸时,可使尿呈黄色。观察贫血症状有无缓解,应定期查血象。纠正不良饮食习惯,多食用含叶酸高的绿色蔬菜及动物性蛋白质。

维 生 素 B_{12}

维生素 B_{12}(vitamin B_{12})是一组含钴 B 族维生素的总称,有氰钴胺、羟钴胺和甲基钴胺等。动物肝、牛奶、蛋黄含维生素 B_{12} 较多。

【体内过程】 维生素 B_{12} 必须与胃壁细胞分泌的糖蛋白即"内因子"结合才能免受胃液消化而进入空肠吸收。胃黏膜萎缩、胃切除等致"内因子"缺乏可影响维生素 B_{12} 吸收,引起"恶性贫血"。吸收后 90% 贮存于肝。

【药理作用】 维生素 B_{12} 为细胞分裂和维持神经组织髓鞘完整所必需。体内维生素 B_{12} 主要参与下列两种代谢过程。

(1) 促进体内叶酸的循环利用,使 5-甲基四氢叶酸转变成四氢叶酸,促进 DNA 和蛋白质的合成。缺乏时,导致 DNA 合成障碍,影响红细胞的成熟,引起与叶酸缺乏相似的巨幼细胞贫血。

(2) 促进甲基丙二酰辅酶 A 转化为琥珀酰辅酶 A,参与三羧酸循环,该过程关系到神经髓鞘脂质的合成。维生素 B_{12} 缺乏时,合成异常脂肪酸,影响正常神经髓鞘磷脂的合成,神经髓鞘结构缺损而出现神经病变。

【临床用途】 主要用于恶性贫血和其他巨幼细胞贫血,也可作为神经系统疾病、肝脏疾病、白细胞减少症、再生障碍性贫血等辅助治疗。

【不良反应】 偶发过敏反应,甚至过敏性休克。

【用药指导】 治疗恶性贫血以维生素 B_{12} 为主,辅助应用叶酸纠正贫血症状可提高疗效。维生素 B_{12} 必须与胃壁细胞分泌的"内因子"结合形成复合物才能被吸收,故机体"内因子"缺乏者口服无效,应肌内注射给药。要按照医嘱用药,不能任意加大剂量。治疗神经系统疾病时可适当增加药量,维生素 B_{12} 片剂口服。过敏体质慎用。用药期间监测红细胞、白细胞、血小板等血象变化情况以观疗效;一旦出现过敏症状,应立即停药。告诉患者要合理调整饮食结构,养成正确饮食习惯。

促红细胞生成素

促红细胞生成素(erythropoietin,EPO)是由肾皮质近曲小管管壁细胞分泌的糖蛋白,在贫血和低氧血症时,肾合成和分泌 EPO 迅速增加。现临床应用的是用 DNA 重组技术制备的促红细胞生成素。

【药理作用】 EPO 能与红系干细胞的 EPO 受体结合,刺激红系干细胞增生和成熟,并促使网织红细胞入血,增加红细胞数和血红蛋白含量。

【临床用途】 临床对多种原因引起的贫血有效,尤其是慢性肾衰竭所致的贫血,对尿毒症血液透析所致的贫血疗效显著,有效率达 95% 以上。对骨髓造血功能低下、肿瘤化学治疗及艾滋病药物治疗引起的贫血也有效。

【不良反应】 主要是因红细胞快速增长,血黏度增高而引起的高血压,偶可诱发脑血管意外或癫痫发作等。此外还可有流感样症状。

【用药指导】 用药前勿振摇否则使糖蛋白变性影响疗效。未控制的高血压患者慎用，对白蛋白过敏者禁用。临床上注射给药静脉注射或皮下注射，用量应个体化。一旦出现血压升高，应减量并加用抗高血压药物。

三、贫血的药物治疗学基础

（一）缺铁性贫血

当铁的摄入不足或需求增加，吸收障碍，慢性失血时，循环血液中红细胞数或血红蛋白含量低于正常值，出现一系列症状。

在明确诊断及纠正病因的同时应给予铁剂治疗。铁剂为治疗缺铁性贫血的有效措施，口服铁剂，安全且疗效可靠。一般在去除原发病的同时科学规律用药，常选硫酸亚铁片，0.3g/次，3次/日，口服；也可用硫酸亚铁控释片，1片/次，1次/周。不能耐受口服、或肠道吸收障碍的患者选右旋糖酐铁深部肌内注射，因不良反应多，过量易中毒，必须严格掌握应用指征及剂量。经有效的病因治疗后，一般均可治愈。应用铁制剂时同时服用维生素C、果糖、半胱氨酸等还原物质有助于Fe^{3+}还原为Fe^{2+}，能促进铁的吸收；避免与抗酸药、高钙、磷酸盐类、茶叶及某些含鞣质的食物或药物如四环素类药同时应用影响铁的吸收，达不到治疗效果。注意补充含铁丰富的食物，如动、植物蛋白质及绿色蔬菜等。

（二）巨幼红细胞性贫血

由于叶酸、维生素B_{12}缺乏引起细胞核脱氧核糖核酸（DNA）合成障碍所致的贫血。对以维生素B_{12}缺乏的恶性贫血还有四肢发麻、软弱无力、感觉障碍、共济失调等神经系统症状。巨幼细胞贫血首先纠正偏食及不良烹调习惯，对孕妇及小儿发育期尤应注意食用叶酸含量高的绿色蔬菜及动物性蛋白质等。药物治疗如下。

1. 营养性巨幼细胞贫血 用叶酸治疗为主，可口服叶酸片5mg/次，3次/d，通常1~2个月血象和骨髓可恢复正常，同时用维生素B_{12}辅助治疗。抗叶酸药可以影响叶酸的吸收，应用时注意。

2. 恶性贫血 当人体缺乏内因子引起维生素B_{12}缺乏引起恶性贫血，可使用维生素B_{12}肌内注射，100ug/次，1次/日，2周后改为隔日1次，渐次延长间歇期达每月1次，直至贫血纠正。在单纯维生素B_{12}缺乏特别是恶性贫血时，必须加叶酸辅助治疗，这样贫血症状和神经症状均可以纠正。

3. 药物性巨幼细胞贫血 如甲氧苄啶、乙胺嘧啶、甲氨蝶呤抑制叶酸还原酶，使用普通叶酸不能发挥作用，需用甲酰四氢叶酸治疗。

第四节 促白细胞生成药

一、常用促白细胞生成药

粒细胞集落刺激因子

粒细胞集落刺激因子（granulocyte colony sitmulating factor，G-CSF）是血管内皮细胞、单核细胞和成纤维细胞合成的糖蛋白。重组人G-CSF非格司亭（filgrastim）是由175个氨基酸残基组成的糖蛋白。它能促进中性粒细胞成熟；刺激成熟的粒细胞从骨髓释出；增强中性粒细胞趋化及吞噬功能；对巨噬细胞、巨核细胞影响很小。1987年起用于肿瘤化疗、放疗引起的骨髓抑制，也用于自体骨髓移植。对再生障碍性贫血、骨髓再生不良和艾滋病也有应用，可升高中性粒细胞，减少感染发生率。患者耐受良好，略有轻度骨骼疼痛，长期静脉滴注可引起静脉炎。应在化疗药物应用前或后24h应用。

粒细胞-巨噬细胞集落刺激因子

粒细胞/巨噬细胞集落刺激因子（granulocyte macrophage colony stimulating factor, GM-CSF）在T淋巴细胞、单核细胞、成纤维细胞、血管内皮细胞均有合成。它与白细胞介素-3共同作用于多向干细胞和多向祖细胞等细胞分化较原始部位，因此可刺激粒细胞、单核细胞、巨噬细胞和巨核细胞等多种细胞的集落形成和增生；对红细胞增生也有间接影响；对成熟中性粒细胞可增加其吞噬功能和细胞毒性作用，但降低其能动性。

临床应用的为基因重组产品，有莫拉司亭和沙格司亭。临床用于骨髓移植、肿瘤化疗、骨髓衰竭及艾滋病有关的中性粒细胞缺乏症，也可用于血小板减少症。不良反应有皮疹、发热、骨及肌肉疼痛、皮下注射部位红斑。首次静脉滴注时可出现潮红、低血压、呼吸急促、呕吐等症状，应以吸氧及输液处理。

其他促白细胞增生药见表10-1。

表10-1 其他促白细胞增生药

药名	药理作用和临床应用	不良反应及注意事项
维生素 B_4（Vitamin B_4）	是核酸和某些辅酶的成分，参与RNA和DNA合成，促进白细胞增生，尤其白细胞低下时作用更明显。主要用于放疗、化疗及氯霉素、苯中毒所致的粒细胞减少症	治疗量未见明显不良反应
鲨肝醇（batylalcohol）	对放疗及化疗引起的骨髓抑制有拮抗作用，对苯中毒所致的白细胞减少有一定疗效。主要用于放疗、化疗及苯中毒所致的白细胞减少症	用药期间应定期检查白细胞数
白血生（pentoxyl）	促进骨髓造血功能，刺激抗体产生。主要用于各种原因所致的白细胞减少症	骨髓恶性肿瘤和淋巴肉芽肿患者禁用
肌苷（inosin）	进入细胞后转变为肌苷酸及磷酸腺苷，参与体内蛋白质合成，促进肌细胞能量代谢，提高多种酶尤其是辅酶A的活性，促进缺氧状态下的细胞代谢。主要用于白细胞减少症及血小板减少症	有胃部不适。静脉注射可引起颜面潮红
升白新（cleistanthin-B）	能促进骨髓细胞增生，使外周白细胞升高。临床主要用于放疗、化疗所致的白细胞减少症。其他升白细胞药物无效时本药仍有一定作用	长期大剂量应用可致肝、肾损害，应定期检查肝、肾功能
利血生（eucogen）	增强造血功能。用于防治各种原因引起的白细胞、血小板减少和再生障碍性贫血	

二、白细胞减少症的药物治疗学基础

正常人外周血液中白细胞计数持续低于 $4.0 \times 10.0^9/L$，称白细胞减少症，由于白细胞减少引起细菌感染最常见。

治疗原则：首先去除病因，停止一切可以诱发的因素，如接触放射性物质和一些特殊的化学物质等;用抗生素控制感染;适当选用促进白细胞生成药。目前在临床应用较多、疗效较好的有重组人粒细胞集落刺激因子(非格司亭)和重组人粒细胞/巨噬细胞集落刺激因子,二者均为粉针剂,皮下注射或静脉滴注(用5%葡萄糖注射液稀释),疗效良好。

第五节 血容量维持药、电解质和酸碱平衡调节药

一、血容量维持药

大量失血或失血浆(如烧伤)可引起血容量降低,导致休克。此时,迅速补足血容量是抗休克的基本疗法。除全血和血浆外,也可应用人工合成的血容量扩充药。目前最常用的是右旋糖酐、706代血浆等。

右旋糖酐

右旋糖酐(dextran)是高分子葡萄糖聚合物,由于聚合的葡萄糖数目不同,可得不同分子量的产物。临床应用的有右旋糖酐70(中分子量),右旋糖酐40(低分子量)和右旋糖酐10(小分子量)。分子质量低者改善微循环的效果好。

【药理作用】 中分子右旋糖酐分子量较大,不易渗出血管,可提高血浆胶体渗透压,从而扩充血容量,维持血压;低分子和小分子右旋糖酐能抑制红细胞和血小板聚集,降低血液黏滞性,防止血栓形成和改善微循环,还有渗透性利尿作用。

【临床用途】 中分子右旋糖酐临床用于严重烧伤、手术出血等引发的低血容量性休克;低分子和小分子右旋糖酐常用于血栓栓塞性疾病及防治急性肾衰竭。

【不良反应】 少数人出现皮肤过敏反应,极少数人可出现过敏性休克。

【用药指导】 右旋糖酐分子量不同的三种制剂,其药理作用和应用均有差异,不能相互代替。中分子右旋糖酐主要用于扩充血容量;低分子右旋糖酐和小分子右旋糖酐主要用于利尿和防血栓形成。三种剂型的右旋糖酐在临床使用时均需要静脉注射给药,药量均视病情而定。右旋糖酐70葡萄糖注射液静脉滴注,用量1000ml/d;右旋糖酐40注射液每日极限20ml/kg;右旋糖酐10葡萄糖注射液静脉滴注,每日不宜超过1500ml。充血性心力衰竭、严重血小板减少及肝、肾功能障碍者禁用。

小分子右旋糖酐与肝素有协同作用会增加出血;与庆大霉素、巴龙霉素合用可增加肾毒性。大剂量应用会使出血时间延长,应控制用量及滴速。注意用药初期患者的反应情况,发现过敏征兆立即停药,并对症处理。出血性疾病的患者用药后可延长出血时间,注意观察。

羟乙基淀粉

羟乙基淀粉(hydroxyethylamyl)又名淀粉代血浆、706代血浆。由玉米淀粉制成,为葡萄糖聚合物,相对分子质量在2.5万~4.5万之间。作用、应用与右旋糖酐相同。

二、电解质平衡调节药

(一) 钠盐

氯化钠

氯化钠(sodium chloride)是由普通食盐加以精制而得。Na^+是人体细胞外液的主要阳

离子,是维持血容量和细胞外液渗透压的重要成分,也是维持细胞兴奋性、神经肌肉应激性的必要离子。Na^+大量丢失可引起低钠综合征,表现为全身虚弱、表情淡漠、肌肉阵挛、循环障碍等,重则谵妄、昏迷甚至死亡。

本药用于低钠综合征、大出血时的紧急救助、溶解和稀释药物、冲洗伤口等。

过量输入可致高钠血症,引起组织水肿。对已有酸中毒者如大量应用,可引起高氯性酸中毒,此时宜采用碳酸氢钠生理盐水或乳酸钠生理盐水。夏季开瓶24小时后不宜再继续使用。心、脑、肾功能不全及血浆蛋白过低者慎用;肺水肿患者禁用。

(二) 钾盐

氯 化 钾

氯化钾(potassium chloride)味咸、涩,易溶于水。K^+为细胞内液主要阳离子,是维持细胞内渗透压的重要成分,是维持神经肌肉和心肌正常生理功能所必需的离子,还参与糖、蛋白质、能量代谢及调节酸碱平衡。当钾摄入不足或损失过多可引起低钾血症,表现为肌无力、腱反射减退或消失、肠麻痹、心律失常等。

本药主要用于防治低钾血症,也可用于强心苷中毒引起的过速型心律失常。

口服氯化钾溶液或无糖衣片,对胃肠道有较强的刺激性,宜饭后服,如选用氯化钾控释片可减少刺激性。静脉给药禁忌推注,宜静脉滴注。滴速过快可引起心律失常甚至心脏停搏,故速度宜慢,溶液浓度一般不超过0.3%,每小时进入量不超过1g。静脉滴注过程中应监测患者心率和血钾浓度。严重肾功能不全、无尿或血钾过高者禁用。

口服补液盐

口服补液盐(oral rehydration salt)用于补充Na^+、K^+、HCO_3^-、糖和液体,称为口服补液疗法。

本药主要用于腹泻和呕吐引起的急性脱水和电解质紊乱,尤其对急性腹泻脱水疗效显著,也常用于静脉补液后的维持疗法。

腹泻停止,立即停用,以防出现高钠血症。心功能不全、高钾血症、急慢性肾衰竭患者禁用。

(三) 钙盐

临床常用的钙剂有氯化钙(calcium chloride)、葡萄糖酸钙(calcium gluconate)、乳酸钙(calcium lactate)等。其中乳酸钙主要是口服给药,葡萄糖酸钙比氯化钙刺激性小、安全性好。

【药理作用和临床应用】

(1) 增加毛细血管致密度:降低毛细血管的通透性,减少渗出,发挥抗感染、抗过敏作用,可用于荨麻疹、血管神经性水肿、接触性皮炎和湿疹等,一般采用静脉给药。

(2) 促进软骨和牙齿发育:钙是构成骨骼和牙齿的主要成分。体内缺钙可引起佝偻病或软骨病,补充钙盐可防治。维生素D可增加钙的吸收、促进骨骼的正常钙化,故口服钙剂常同时配伍使用维生素D。

(3) 维持神经肌肉正常兴奋性:正常人血清钙含量90~100mg/L,当血清钙含量低于70mg/L时,神经肌肉的兴奋性升高,出现手足搐搦症,婴幼儿可见喉痉挛或惊厥,此时应静脉注射钙剂以迅速缓解症状,待症状较轻或惊厥控制后可采用口服给药。

(4) 拮抗镁离子作用：由于钙与镁的化学性质相似，可以相互竞争同一结合部位而产生对抗作用，故注射硫酸镁过量引起中毒时，可静脉注射氯化钙或葡萄糖酸钙解救。

(5) 其他：钙是凝血因子Ⅳ，参与凝血过程；可对抗氨基糖苷类抗生素引起的呼吸肌麻痹。

【不良反应】 静脉注射有全身发热感，注射过快可引起心律失常甚至心脏骤停，故应缓慢静脉注射；也可增加强心苷的毒性，应用强心苷期间以及停用强心苷1周内禁用钙盐静脉注射。该药有强烈刺激性，不可做皮下或肌内注射，并避免漏出血管外而引起剧痛及组织坏死。

三、酸碱平衡调节药

(一) 纠正酸血症药

碳酸氢钠

碳酸氢钠(sodium bicarbonate，小苏打，重碳酸钠)静脉滴注后可碱化体液和尿液，用于防治代谢性酸中毒及巴比妥类、阿司匹林等弱酸性药物中毒的解救；与磺胺药同服，可减少磺胺结晶析出，防止肾损害。口服后能迅速中和过多的胃酸，可与其他碱性药组成复方用于治疗消化性溃疡。

过量使用可引起代谢性碱中毒。可加重水钠潴留、缺钾等，充血性心力衰竭、肾衰竭、缺钾患者使用本药应十分慎重。不宜与胃蛋白酶合剂、维生素C等酸性药物合用，否则导致各自作用减弱。由于可产生沉淀或分解反应，本药不宜与重酒石酸间羟胺、庆大霉素、四环素、肾上腺素、多巴酚丁胺、钙盐等同瓶静脉滴注。

乳 酸 钠

乳酸钠(sodium lactate)进入体内后，其乳酸根经肝转化成碳酸氢根离子，纠正血中过高的酸度，用于治疗代谢性酸中毒。由于作用不及碳酸氢钠迅速，现已逐渐少用，但对高钾血症、普鲁卡因胺等引起的心律失常伴有酸中毒者，则适合选用乳酸钠治疗。

过量使用可引起碱血症。肝功能不全、休克缺氧及乳酸性酸中毒者禁用。本药不宜用氯化钠溶液稀释，以免成为高渗溶液。

氨 丁 三 醇

氨丁三醇(trometamol，三羟甲基氨基甲烷)为氨基缓冲剂，能摄取H^+而纠正酸中毒。作用较强，常用于急性代谢性及呼吸性酸中毒。本药不含钠，可用于忌钠情况下的酸中毒。

本药可引起恶心、呕吐、低血糖、低血压，严重者可抑制呼吸甚至使呼吸停止，应注意避免剂量过大、滴速过快。注射时应避免药液漏出血管外，以免引起局部组织坏死，可使肺泡通气量显著减少，用于呼吸性酸中毒时，必须同时给氧。慢性呼吸性酸中毒及肾性酸中毒患者禁用。

(二) 纠正碱血症药

氯 化 铵

氯化铵(ammonium chloride)口服吸收完全，在体内几乎全部转化降解，仅极少量随粪便排出。

【药理作用】

(1) 祛痰作用：本药口服后刺激胃黏膜，引起轻度的恶心，反射性地使呼吸道腺体分泌增加，痰液变稀，易于咳出。此外，少量氯化铵被吸收后，经呼吸道排出，因渗透压作用而带出水分，可使痰液进一步稀释。

(2) 酸化血液和尿液：本药为酸性无机盐，吸收后能酸化体液和尿液。

【临床用途】 用于急、慢性呼吸道炎症痰液黏稠不易咳出的患者及某些碱血症的治疗。

【不良反应】 大剂量使用可致恶心、呕吐、胃痛等。本药可增加血氨浓度，肝功能不全易诱发肝性脑病。长期大量使用还可致高氯性酸中毒。

【用药指导】 溃疡、肝、肾功能不全及代谢性酸血症患者禁用。氯化铵片：一次 0.3~0.6g，一日 3 次，用水溶解后服用。本药不良反应与剂量密切相关，大剂量或空腹使用胃肠刺激症状较重，应餐后服用。

【附】

常用制剂及用法

肝素钠　注射剂，静脉注射或静脉滴注，500~10000U/次，稀释后用，1 次/3~4h，总量为 25000U/d，过敏体质者先试用 1000U，如无反应，可用至足量。

依诺肝素　注射剂，20~40mg/次，1 次/d，皮下注射。用于血液透析，1mg/kg，动脉导管中注入。

替地肝素　2500U/d，皮下注射。

重组水蛭素　粉针剂，0.05~0.16mg/kg，静脉注射，0.1mg/kg，皮下注射。

华法林钠　片剂，首次 6~20mg，以后每日 2~8mg。

双香豆素　片剂，0.1g/次。第一天 2~3 次/d，第二天 1~2 次/d，以后 0.05~0.1g/d。

醋酸香豆素　片剂，第一天 16~28mg/次，第二天起 2~10mg/次，1 次/d。

阿司匹林　片剂，50~75mg/次，1 次/d。

链激酶　粉针剂，初导剂量，50 万 U 溶于生理盐水或 5% 葡萄糖液中，静脉滴注，30min 滴完。维持剂量，每小时 60 万 U，静脉滴注。疗程一般 24~72h。为防止过敏反应可给糖皮质激素。

尿激酶　粉针剂，以注射用水 3~5ml 溶解后，加于 10% 葡萄糖液 20~40ml 静脉注射，15000~20000U/次，2 次/d，第四天起改为 10000~20 000U/次，1 次/d，一般 7~10 天。静脉滴注则先以负荷剂量 2000~4000U/30min，继以 2000~4000U/h，维持 12h。

组织纤溶酶原激活物(t-PA)　粉针剂，首剂 10mg，静脉注射。以后第 1 小时 50mg，第 2、3h 各 20mg 静脉滴注。

维生素 K_1　肌内或静脉注射，10mg/次，2~3 次/d。

维生素 K_3　肌内注射，4mg/次，2~3 次/d。

维生素 K_4　2~4mg/次，3 次/d。

硫酸亚铁　片剂，0.3~0.6g/次，3 次/d。

枸橼酸铁铵　糖浆，1~2ml/(kg·d)，分 3 次服。

右旋糖酐铁　深部肌内注射，25~50mg/次，1 次/d，总剂量(g)=〔血红蛋白正常值(g/100ml)—患者血红蛋白值(g/100ml)〕×0.255

叶酸　口服，5~10mg/次，3 次/d。肌内注射，15~30mg/次，1 次/d。

维生素 B_{12}　肌内注射，50~500ug/次，1~2 次/d。

重组人红细胞生成素　注射剂，开始 50~100U/kg，皮下或静脉注射，每周 3 次。2 周后视红细胞比容增减剂量。

非格司亭　注射用冻干粉针 1~20μg/kg 或 5μg/kg，以 50%葡萄糖溶解，皮下或静脉快速注射，连用 14~20 d。

沙格司亭　干粉注射剂 5~10μg/kg，1 次/d，皮下注射，于化疗停止一天后使用，连用 7~10 天。

右旋糖酐　6%、10%、12%溶液，视病情选用，静脉滴注。

【小结】

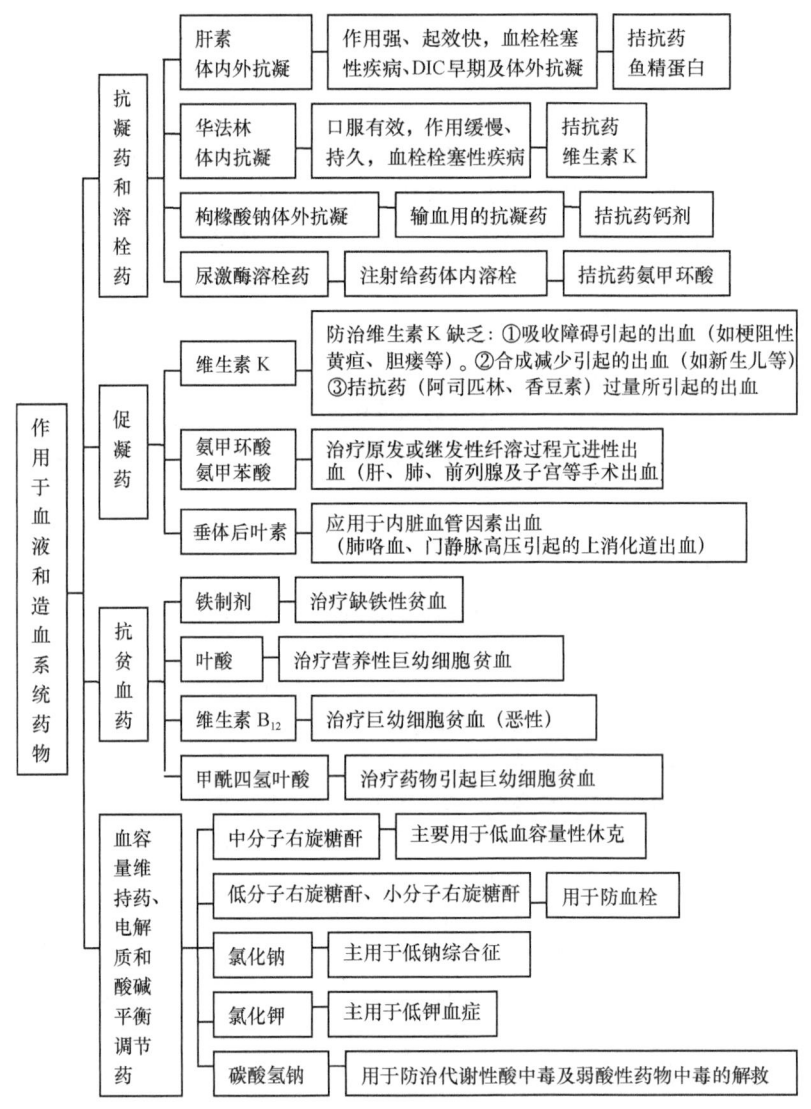

目标检测

一、选择题

【A 型题】

1. 口服下列哪种物质有利于铁剂的吸收（　　）
   A. 维生素 C　　B. 牛奶　　C. 茶
   D. 咖啡　　　　E. 氢氧化铝

2. 叶酸用于治疗恶性贫血必须合用哪个药物
   （　　）
   A. 硫酸亚铁　　　B. 维生素 B_{12}
   C. 华法林　　　　D. 肝素
   E. 维生素 K

3. 维生素 K 属于哪一类药物（　　）
   A. 抗凝血药　　　B. 促凝血药
   C. 抗高血压药　　D. 纤维蛋白溶解药
   E. 血容量扩充药

4. 可用于香豆素类过量引起的自发性出血的对抗药是( )
   A. 维生素 K   B. 鱼精蛋白
   C. 氨甲苯酸   D. 氨甲环酸
   E. 叶酸
5. 关于香豆素类药物的抗凝作用机制的叙述,正确的是( )
   A. 妨碍肝脏对 Ⅱ、Ⅶ、Ⅸ、Ⅹ凝血因子活化
   B. 激活血浆中的 AT-Ⅲ
   C. 耗竭体内的凝血因子
   D. 激活纤溶酶原
   E. 抑制凝血酶原转变为凝血酶
6. 仅能用于体外抗凝的药物是( )
   A. 尿激酶   B. 华法林   C. 肝素
   D. 双香豆素   E. 枸橼酸钠
7. 氨甲环酸的促凝机制是( )
   A. 抑制纤溶酶   B. 促进血小板聚集
   C. 促进凝血酶原合成 D. 抑制二氢叶酸合成酶
   E. 减少血栓素的生成
8. 肝素过量引起的自发性出血可选用( )
   A. 右旋糖酐   B. 阿司匹林
   C. 鱼精蛋白   D. 垂体后叶素
   E. 维生素 K

【X型题】
9. 维生素 B_{12} 可用于治疗( )
   A. 恶性贫血   B. 巨幼细胞贫血
   C. 神经炎   D. 哮喘
   E. 肝脏疾病
10. 右旋糖酐的药理作用是( )
    A. 扩充血容量   B. 防止血栓形成
    C. 改善微循环   D. 渗透性利尿
    E. 收缩血管
11. 过量或长期应用可引起出血的药物有( )
    A. 肝素   B. 华法林
    C. 链激酶   D. 氨甲环酸
    E. 低、小分子右旋糖酐

二、简答题
1. 简述维生素 K 的作用和用途。
2. 简述肝素与香豆素类药理作用与临床应用上的区别,过量中毒时分别如何抢救。
3. 简述影响铁剂吸收的因素。

第十一章 作用于生殖系统药物

内容提要

早产、难产、产后出血、前列腺良性增生症是生殖系统常见疾病。本章主要介绍子宫平滑肌兴奋药和抑制药的作用、用途、不良反应及用药指导,并简要介绍治疗前列腺良性增生症的药物特点。

学习目标

识记生殖系统药物分类,并能列举出各类2~3个代表药物通用名称。针对常见生殖系统疾病,能根据疾病症状选用正确的治疗药物,并能准确解释出选用该药的主要依据,且能列举出用药期间可能会出现的主要不良反应及常见应对措施。

重点难点

本章重点是子宫平滑肌兴奋药的作用特点;本章难点是治疗良性前列腺增生症药物作用机制。

课时数

理论 2

第一节 子宫平滑肌兴奋药和抑制药

案例 11-1

患者,女,45岁。孕7产3,本孕17^{+1}周。3天前行羊膜腔注射依沙吖啶引产术,胎儿未娩出。1小时前出现下腹疼痛、阴道流血,遂急诊入院。查体:阴道通畅,有较多鲜红色血流出,宫颈开大2cm,可触及少量柔软组织,子宫底在脐耻之间,阵发性子宫收缩。给予缩宫素5U静脉滴注,每分钟10~15滴,间隔6h重复1次,共滴缩宫素10U,患者腹痛加剧,仍未见胎儿娩出。此期间无详细病程记录。后行剖腹探查术,术后诊断:①孕7产3,孕17^{+1}周宫内孕,死胎。②子宫下段不完全破裂。术后经抗炎止血支持治疗,痊愈出院。

问题:

本案例的用药及护理有什么问题?

一、子宫平滑肌兴奋药

子宫平滑肌兴奋药是一类能选择性兴奋子宫平滑肌的药物,如缩宫素、麦角新碱、前列腺素等。它们的作用性质随着子宫的生理状态、用药种类和剂量的大小而改变,使子宫产生节律性收缩和强直性收缩。因此,根据产程进展和治疗目的,正确选用药物及其制剂是获得良好疗效的关键。

(一)垂体后叶素类

缩 宫 素

缩宫素(oxytocin)又名催产素,可由猪、牛的神经垂体后叶中提取,也可人工合成。

【体内过程】 口服后在消化道易被酸、碱和消化酶破坏,口服无效,须注射给药。其作用快速、短暂,肌内注射3~5min内起效,维持20~30min,静脉给药起效更快,但因作用维持时间短,需静脉滴注以维持疗效。

【药理作用】

(1)兴奋子宫平滑肌:直接兴奋子宫平滑肌的缩宫素受体,使子宫收缩力加强,收缩频

率加快。缩宫素对子宫平滑肌的作用有三个特点:

1) 剂量不同,子宫收缩的性质及强度不同。小剂量(2~5U)可引起子宫体节律性收缩,其性质类似正常分娩,有利于胎儿娩出;大剂量(10U)可引起子宫强直性收缩,不利于胎儿娩出,并有导致胎儿窒息甚至子宫破裂的危险。

2) 对子宫不同部位平滑肌的作用不同。小剂量缩宫素可使子宫体部和底部平滑肌产生节律性收缩,而使子宫颈平滑肌松弛,利于胎儿娩出。

3) 对子宫平滑肌的作用受女性激素水平的影响。雌激素可提高子宫对缩宫素的敏感性,孕激素则降低其敏感性。妊娠早期,体内孕激素水平高,子宫对缩宫素不敏感,可保证胎儿安全发育;妊娠中、后期,孕激素水平逐渐下降,雌激素水平逐渐上升,子宫对缩宫素的敏感性逐渐增高,临产时达到高峰;分娩后,子宫对缩宫素的敏感性又逐渐降低。

(2) 促进排乳:本药可兴奋乳腺上的缩宫素受体,引起乳腺腺泡周围的肌上皮细胞收缩,促进排乳,但不能增加排乳总量。

(3) 其他:大剂量还能短暂松弛血管平滑肌,引起血压下降,并有抗利尿作用。

【临床用途】

(1) 催产和引产:对于胎位及产道正常而宫缩乏力的产妇,可用小剂量(2~5U)缩宫素催产,以加强子宫节律性收缩,促进分娩;对于死胎、过期妊娠及妊娠合并严重疾病(如心脏病、肺结核等)需提前终止妊娠者,可用小剂量缩宫素作引产。

(2) 产后止血:产后出血时,应立即肌内注射或皮下注射较大剂量(5~10U)缩宫素,以迅速引起子宫强直性收缩,压迫肌层内血管而达到止血。但因缩宫素作用持续时间短暂,常需加用作用快而持久的麦角制剂使子宫维持收缩状态。

(3) 催乳:在哺乳前2~3min,以滴鼻剂滴鼻,每次3滴,可促进乳汁排出。也可肌内注射2~5U催乳。

【不良反应】

(1) 偶见恶心、呕吐、心律失常及过敏反应等。

(2) 缩宫素剂量过大或滴速过快均可导致子宫持续性强直性收缩,引起胎儿宫内窒息,甚至子宫破裂。

【用药指导】 用于催产、引产时必须注意以下几点:

(1) 严格掌握剂量:应严格控制静脉滴注速度,滴注过程中密切监测产妇血压、心率、宫缩和胎儿心音情况,根据宫缩及胎心情况及时调整静脉滴注速度,避免子宫的强直性收缩。

(2) 严格掌握禁忌证:产道异常、胎位不正、头盆不称、前置胎盘、三胎以上经产妇及有剖宫产史者禁用,以防子宫破裂或胎儿宫内窒息。

催产或引产:每次2.5~5U,用5%葡萄糖液500ml稀释后,先以每分钟8~10滴的速度静脉滴注,密切观察并根据宫缩和胎心情况调整滴速,但最快不超过每分钟40滴,若有宫缩过强,立即停药;治疗产后子宫出血,肌内注射每次5~10U。

(二) 前列腺素类

前列腺素(prostaglandins,PGs)是一类广泛存在于身体各组织和体液中的自体活性物质,可人工合成。本类药物对心血管、呼吸、消化及生殖系统等有广泛的生理和药理作用。作为子宫兴奋药,常用的主要有地诺前列酮、地诺前列素、硫前列酮、卡前列素等。

地诺前列酮

地诺前列酮(dinoprostone,PGE_2),又名前列腺素 E_2,在分娩中具有重要意义,它对妊娠各期子宫均有显著的兴奋作用,临产前的子宫尤为敏感。引起子宫收缩的性质类似正常分娩,在增强子宫平滑肌节律性收缩的同时,也能使子宫颈部肌肉松弛。

临床主要用于足月妊娠引产和终止早、中期妊娠,也可用于宫缩无力导致的顽固性产后出血。给药方法有静脉滴注、阴道内、宫腔内或羊膜腔内给药。

本类药物可引起恶心、呕吐、腹痛、腹泻等胃肠反应,此乃前列腺素兴奋胃肠平滑肌所致;少数人还有头晕、发热、血压下降等不良反应,并诱发哮喘和青光眼,故青光眼、哮喘及过敏体质者不宜使用。过量还可引起子宫强直性收缩,故用药时应密切观察,以防宫缩过强而致子宫破裂。

(三) 麦角生物碱类

麦角是寄生在黑麦及其他禾本科植物上的一种麦角菌的干燥菌核,因其在麦穗上突出似角,故名麦角,目前已可用人工培养方法生产。其有效成分是多种麦角生物碱,包括麦角新碱、双氢麦角碱和麦角胺等。

麦 角 新 碱

麦角新碱(ergometrine)是麦角中一种生物碱,易溶于水,口服、肌内或皮下注射均易吸收,作用迅速,兴奋子宫的作用明显,为妇产科常用药。

【体内过程】 麦角新碱口服、皮下注射或肌内注射吸收快而完全,代谢和排泄较快,维持时间短暂。

【药理作用】 麦角新碱能选择性兴奋子宫平滑肌,其作用强度与子宫的功能状态有关,妊娠子宫比未孕子宫敏感,尤以临产时和新产后的子宫最敏感。与缩宫素比较,麦角新碱的特点是:兴奋子宫作用迅速、强大而持久,剂量稍大即可引起子宫强直性收缩。

【临床用途】

(1) 子宫出血:用于产后、刮宫术后、月经过多等原因引起的子宫出血,均可口服或肌内注射麦角新碱,引起子宫平滑肌强直性收缩,机械地压迫子宫肌层内的血管而达到止血。

(2) 产后子宫复原:若产后子宫复原缓慢易致子宫出血或感染。口服麦角新碱可促进子宫收缩而复原。

【不良反应】 部分患者有恶心、呕吐、头晕、冷汗、面色苍白及血压升高等反应,偶见过敏反应,严重者出现呼吸困难、血压下降。

【用药指导】

(1) 因对宫体和宫颈均有很强的收缩作用,禁用于催产引产、胎儿及胎盘娩出之前,以免引起子宫破裂、胎儿宫内窒息及胎盘滞留宫内;禁用于血管硬化、冠心病患者,伴妊娠高血压综合征的孕妇慎用。治疗产后子宫复原不全:一次 0.2~0.5mg,一日 2~3 次,连用 2~3 日。产后或流产后止血:子宫颈注射 0.2mg(注射子宫颈左右两侧)。

(2) 用药时要随时监控血压、脉率和子宫活动情况,如出现血压突然升高、子宫过度出血、子宫张力不足或子宫过度痉挛等情况应调整剂量。

(3) 静脉给药可致恶心、呕吐、头晕、耳鸣、胸痛、腹痛、心律失常和严重高血压等,故静脉注射不宜常规使用。

二、子宫平滑肌抑制药

子宫平滑肌抑制药又称子宫舒张药、抗早产药,可抑制子宫平滑肌收缩,减少子宫活动,主要用于痛经和防止早产。

利 托 君

【体内过程】 利托君(ritodrine,安宝)口服易吸收,但首关消除明显,生物利用度低,能通过胎盘屏障,经肝脏代谢后其产物及部分原形随尿排出。

【药理作用】 利托君为选择性肾上腺素 $β_2$ 受体激动药,可兴奋子宫平滑肌 $β_2$ 受体,使子宫平滑肌松弛,降低子宫收缩的频率和强度,对子宫自发性收缩或由缩宫素引起的收缩均有抑制作用,可减少子宫活动,延长妊娠期,推迟分娩,有利于胎儿发育成熟。

【临床用途】 临床上主要用于防治妊娠 20~37 周内的早产。

【不良反应】 本品也可激动 $β_1$ 受体,故可发生心率加快、心悸、胸闷及心律失常等;静脉给药时还可见恶心、呕吐、震颤、头痛、焦虑不安等;还可升高血糖,降低血钾。

【用药指导】 有严重心血管疾病者及妊娠不足 20 周的孕妇禁用,糖尿病患者及使用排钾利尿药者慎用,对本药过敏者也不宜使用。应用时先静脉滴注,然后改口服维持。静脉滴注时,应严密监测母亲及胎儿的心率、母亲的血压等情况,及时调整滴速或停药。

硫 酸 镁

硫酸镁(magnesium sulfate)主要通过拮抗 Ca^{2+} 的作用,使子宫平滑肌松弛,并降低子宫对缩宫素的敏感性,从而抑制子宫收缩。可用于防治早产、妊娠高血压综合征及子痫的发作。

第二节 治疗前列腺良性增生症药

前列腺良性增生症(benign prostatic hyperplasia,BPH),也称前列腺肥大(prostatic hyperplasia,PH),是指增生的前列腺压迫前列腺尿道或引起膀胱尿道口梗阻,出现尿频、尿急、排尿困难,甚至尿液无法排出。BPH 是男性老年人的常见病,通常在 50 岁左右发病。目前认为 BPH 的发生与雄激素密切相关,另外,还与遗传、吸烟、饮酒、高血压、性生活及多种激素有关。

目前治疗前列腺良性增生药物主要有以下几类。

一、α受体阻断药

本类药物主要是通过阻断前列腺体及膀胱颈部的 α 受体,使前列腺平滑肌松弛,从而降低排尿阻力,迅速缓解排尿困难。

常用药物及其特点见表 11-1。

表 11-1 α受体阻断药特点

药物	用法	用药注意事项
酚苄明(phenoxybenzamine)	一次10mg,一日2~3次,连用2周	有直立性低血压、头晕、视物障碍、性功能减退及致癌可能等不良反应,临床现已少用
哌唑嗪(prazosin)	首剂0.5mg,无反应改为1mg,一日3次,作用持续6~8h	可引起直立性低血压、头晕、心悸、嗜睡等不良反应,对性功能无影响
特拉唑嗪(terazosin,高特灵)	首剂0.5mg,无反应改为1mg,一日3次,作用持续6~8h	治疗开始时避免突然改变姿势,以免发生头晕、无力。对本药过敏者禁用
坦洛新(tamsulosin)	一次0.2mg,一日1次,饭后服用	偶见头晕、呕吐、血压下降、心率加快、血清氨基转移酶升高及吞咽困难等。对本品过敏者及肾功能不全者禁用
阿夫唑嗪(alfuzosin)	一次2.5mg,一日3次	剂量过大可致直立性低血压。对本品过敏者及直立性低血压史者禁用

二、抗雄性激素作用药

非 那 雄 胺

非那雄胺(finasteride,保列治)通过对抗雄激素作用,阻止前列腺继续增生,长期用药可使前列腺体积缩小,改善排尿困难。一次5mg,一日1次,疗程至少6个月,本药副作用轻,少数患者可引起性功能障碍。

三、其　他

多是天然植物或(和)花粉提取物,作用机制尚未完全阐明,主要药物有前列康、前列通、护前列、保前列、伯泌松等。

【附】

常用制剂及用法

缩宫素　注射剂:10U/1ml。用于引产或催产:2.5~5U,加入5%葡萄糖注射液500ml中静脉滴注,从每分钟8滴的速度开始,以后根据宫缩及胎心情况而定,最快不超过每分钟40滴,也可用鼻腔给药法。

麦角新碱　片剂:0.2mg、0.5mg。口服:0.2~0.5mg,一日1~2次。注射剂:0.2mg/1ml,0.5mg/2ml。0.2~0.5mg,肌内注射,必要时半小时后可重复1次。极量:口服,一次1mg,一日2mg;肌内注射,一次0.5mg,一日1mg。

双氢麦角碱　片剂:0.25mg、0.5mg。0.5~2mg,一日4~6次,舌下给药。注射剂:0.3mg/1ml。0.3~0.6mg,肌内或皮下注射,一日1次或隔日1次。

酚苄明　一次10mg,一日2~3次,连用2周。

哌唑嗪　首剂0.5mg,无反应改为1mg,一日3次,作用持续6~8h。

特拉唑嗪　首剂1mg,逐渐增加剂量,一般一日5~10mg。

坦洛新　一次0.2mg,一日1次,饭后服用。

非那雄胺　一次5mg,一日1次。

【小结】

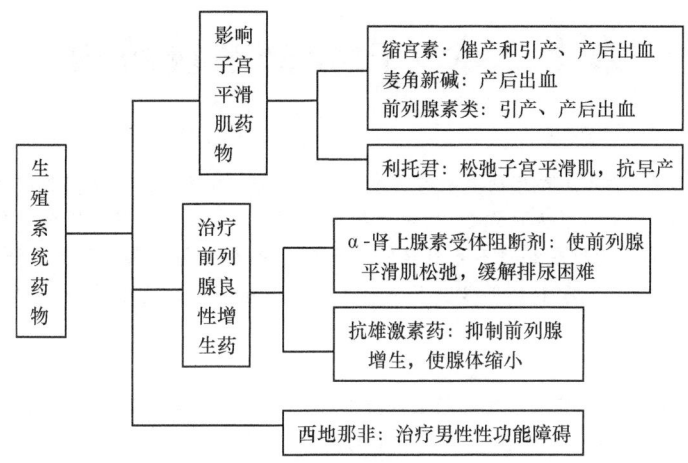

目标检测

一、选择题

【A 型题】

1. 缩宫素对子宫平滑肌的作用表现为（　）
   A. 直接兴奋子宫平滑肌
   B. 与体内性激素水平无关
   C. 妊娠子宫对缩宫素的敏感性无个体差异
   D. 对子宫平滑肌的收缩性质与剂量无关
   E. 对不同时期妊娠子宫的收缩作用无差异

2. 能提高子宫对缩宫素敏感性的药物是（　）
   A. 糖皮质激素　　B. 胰岛素
   C. 雌激素　　　　D. 孕激素
   E. 甲状腺激素

3. 在下列何种情况下可使用缩宫素催产（　）
   A. 头盆不称　　　B. 前置胎盘
   C. 多胎妊娠　　　D. 低张性宫缩无力
   E. 产道异常

4. 麦角新碱禁用于催产和引产的原因是（　）
   A. 维持时间短
   B. 收缩子宫平滑肌弱
   C. 抑制胎儿呼吸
   D. 孕妇血压升高
   E. 子宫强直性收缩

【X 型题】

5. 麦角生物碱临床用于（　）
   A. 子宫出血　　　B. 产后子宫复旧
   C. 降血压　　　　D. 引产
   E. 偏头痛

6. 治疗良性前列腺增生症药物有（　）
   A. 酚苄明　　　　B. 普萘洛尔
   C. 美托洛尔　　　D. 哌唑嗪
   E. 坦洛新

7. 缩宫素的作用强度与以下哪些因素有关（　）
   A. 剂量大小　　　B. 女性激素水平
   C. 子宫作用部位　D. 个体差异
   E. 作用时间

8. 缩宫素的不良反应有（　）
   A. 恶心、呕吐　　B. 头晕
   C. 血压升高　　　D. 心律失常
   E. 过敏反应

二、简答题

1. 简述缩宫素用于催产和引产的理论依据及用药指导。
2. 简述麦角新碱的临床用途及用药指导。

第十二章 内分泌系统药物

内容提要

肾上腺素皮质激素、尤其是糖皮质激素的临床应用广泛,是很多严重疾病的抢救用药。甲状腺是机体重要的内分泌器官,分泌的甲状腺素过少,致甲状腺功能低下;过多则引起甲状腺功能亢进。糖尿病是由于机体分泌的胰岛素绝对或相对不足引起的以血糖升高为主要临床表现的代谢性疾病,药物治疗可控制症状,预防并发症。本章主要介绍治疗内分泌系统疾病药物的药理作用、临床应用、不良反应和用药指导。

学习目标

识记体内主要的内分泌器官及其释放的主要激素,能根据识记的内容对内分泌系统药物进行分类,并能列举出各类2~3个代表药物通用名称;针对常见的内分泌系统疾病,能根据疾病症状选用正确的治疗药物,并能准确解释出选用该药的主要依据,且能列举出用药期间可能出现的主要不良反应及常见应对措施。

重点难点

本章重点是糖皮质激素、抗甲状腺药、胰岛素及口服降糖药的临床用途、不良反应、用药指导;本章难点是糖皮质激素的临床应用和不良反应的预防、监测及各类降血糖药物的降糖作用机制。

课时数

理论8,实践1

第一节 性激素类药及抗生育药

案例 12-1

患者,女,24岁,已婚,产1子,平时月经规律,月经周期28~30天,本次月经逾期12天,无其他不适体征,自行购买妊娠试纸测定为阳性,遂去医院就诊,测血液HCG呈阳性,诊断为早期妊娠,患者要求尽快终止妊娠,医生根据患者的整体情况及妊娠时间,决定采取药物流产,处方如下:①米非司酮一次25mg,早晚各1次,共服3天。米索前列醇片一次0.6mg,早晨空腹顿服。

问题:

请分析该患者用药的合理性,应注意哪些问题?

一、性激素的分泌、调节及作用机制

性激素是性腺分泌的激素,包括雌激素、孕激素和雄激素,属甾体化合物。临床应用的大多为人工合成的衍生物。

【性激素的分泌及调节】 性激素的分泌受下丘脑-垂体前叶的调节。下丘脑分泌促性腺激素释放激素(gonadotropin-releasing hormone,GnRH),它促进垂体前叶分泌促卵泡素(follicle stimulating hormone,FSH)和黄体生成素(luteinizing hormone,LH)。FSH刺激卵巢滤泡的发育与成熟,并使其分泌雌激素,对男性则促进睾丸中精子的生成。LH促进卵巢黄体生成,并使其分泌孕激素,对男性可促进睾丸间质细胞分泌雄激素。

性激素对下丘脑及垂体前叶的分泌具有正反馈和负反馈两方面的调节作用,这取决于药物剂量和机体性周期。例如在排卵前,雌激素水平较高可直接或通过下丘脑促进垂体分泌 LH,导致排卵(正反馈)。在月经周期的黄体期,由于血中雌激素、孕激素都高,从而减少 GnRH 的分泌,抑制排卵(负反馈)。常用的甾体避孕药就是根据这一负反馈而设计的。以上的反馈途径称"长反馈"。垂体促性腺激素的水平也能影响下丘脑 GnRH 的释放,这种反馈途径称"短反馈"(图 12-1)。

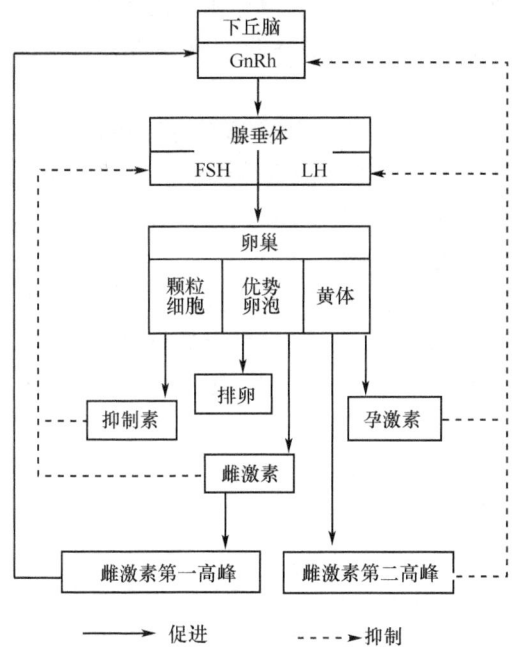

图 12-1　女性激素的分泌与调节示意图

【性激素的作用机制】　性激素属甾体激素,其受体位于细胞核内,作用于 DNA,影响 mRNA 转录和蛋白质合成,产生不同效应。

二、常用性激素类药

(一)雌激素类药与抗雌激素类药

1. 雌激素类药　卵巢分泌的雌激素主要是雌二醇(estradiol)。雌酮(estrone)和雌三醇(estriol)等为雌二醇的肝脏代谢产物。天然雌激素活性较低,目前临床常用的雌激素类药物多系以雌二醇为母体,人工合成的高效衍生物,主要有炔雌醇(ethinyl estradiol)、炔雌醚(quinestrol)、戊酸雌二醇(valerate)、环戊酸雌二醇(cypionate)、替勃龙(tibolone,利维爱)等,另有合成的非甾体类同型物己烯雌酚(diethylstilbestrol)等。

雌 二 醇

【体内过程】　雌二醇(estradiol)可经消化道吸收,但易在肝破坏,生物利用度低,口服效果远较注射差。其代谢产物大部分形成葡萄糖醛酸或硫酸酯,随尿排出,部分通过胆汁排出,形成肝肠循环。

【药理作用】

(1)女性成熟:促使女性第二性征和性器官发育成熟,如子宫发育、乳腺腺管增生及脂肪分布变化等。

(2) 子宫内膜反应:促进子宫肌层和内膜增殖变厚;和孕激素共同影响子宫内膜的周期性变化形成月经周期;使子宫平滑肌对缩宫素的敏感性增强及阴道上皮增生等。

(3) 抑制促性腺激素分泌:较大剂量时,可影响下丘脑-垂体系统,使促性腺激素释放激素的分泌减少而抑制排卵和泌乳,且减少月经期后雌酮的产生。

(4) 其他:在代谢方面,有轻度水、钠潴留作用。能增加骨骼钙盐沉积,加速骨骺闭合。大剂量可使三酰甘油和磷脂升高而胆固醇降低,也使糖耐量降低。尚有促进凝血作用。

【临床用途】

(1) 绝经期综合征:是更年期妇女因雌激素分泌减少而垂体促性腺激素分泌增多,造成内分泌平衡失调的现象。雌激素可抑制垂体促性腺激素的分泌从而减轻各种症状。绝经期和老年性骨质疏松症可用雌激素与雄激素合并治疗。除绝经期综合征外,老年性阴道炎及女阴干枯症等,局部用药也能奏效。

(2) 卵巢功能不全和闭经:原发性或继发性卵巢功能低下患者以雌激素替代治疗,可促进外生殖器、子宫及第二性征的发育。与孕激素类合用,可产生人工月经周期。

(3) 功能性子宫出血:雌激素可促进子宫内膜增生,修复出血创面,也可适当配伍孕激素,以调整月经周期。

(4) 乳房胀痛:部分妇女停止授乳后可发生乳房胀痛,可用大剂量雌激素制剂抑制乳汁分泌,克服胀痛,俗称回奶。由于此时垂体分泌的催乳素并不减少,故认为大剂量雌激素类抑制泌乳主要是在乳腺水平干扰催乳素的作用。

(5) 晚期乳腺癌:绝经五年以上的乳腺癌可用雌激素制剂治疗,缓解率可达40%左右。但绝经期以前的患者禁用,因这时反可能促进肿瘤的生长。

(6) 前列腺癌:大剂量雌激素类可使症状改善,肿瘤病灶退化。这是其抑制垂体促性腺激素分泌,使睾丸萎缩而抑制雄激素的产生所致,也有抗雄激素的作用参与。

(7) 痤疮:青春期痤疮是由于雄激素分泌过多所致,故可用雌激素类治疗。

(8) 避孕:与孕激素合用可避孕。

【不良反应】 常见恶心、食欲不振、头晕等;长期大量应用可引起子宫内膜过度增生及子宫出血;可引起高血压、水肿,加重心力衰竭;长期服用有增加乳腺癌的危险性;妊娠期使用,可引起胎儿发育异常。

【用药指导】 外源性补充雌激素,可干扰自身性激素的分泌,导致内分泌紊乱,故需在医生的指导下合理用药,不可滥用;用药期间应密切观察女性阴道出血情况,定期检查子宫、乳房等;雌激素主要在肝内代谢,故用药期间应定期检查肝功能;有子宫出血倾向者及子宫内膜炎、高血压患者慎用;妊娠期不宜使用。

炔 雌 醇

人工合成的炔雌醇(ethinyl estradiol)在肝内代谢缓慢,且吸收后储存于体内脂肪组织中,故口服效果好,作用较持久。其他同天然雌激素。

2. 抗雌激素类药 抗雌激素类药物是指能竞争性地与雌激素受体结合,从而拮抗雌激素作用的一类药物。本类药物常用的有氯米芬、他莫昔芬、雷洛昔芬等。临床用于功能性不孕症、功能性子宫出血、月经不调、晚期乳腺癌及长期应用避孕药后发生的闭经等。

氯 米 芬

氯米芬(clomiphene,氯酞酚胺,克罗米酚)为三苯乙烯衍生物,化学结构与己烯雌酚相似。

本品有较弱的雌激素活性,能与雌激素受体结合,发挥竞争性拮抗雌激素的作用。它能促进人的垂体前叶分泌促性腺激素,从而诱使排卵。用于不孕症和闭经、乳房纤维囊性疾病和晚期乳腺癌等。连续服用大剂量可引起卵巢肥大,故卵巢囊肿患者禁用。

他莫西芬

他莫西芬(tamoxifen)为雌二醇竞争性拮抗剂,能与乳腺细胞的雌激素受体结合,抑制依赖雌激素才能生长的肿瘤细胞,临床用于绝经期后晚期乳腺肿瘤患者。

(二) 孕激素类药与抗孕激素类药

1. 孕激素类药 天然孕激素主要是由卵巢黄体分泌的黄体酮(孕酮,progesterone),临床应用的是人工合成品及其衍生物,常用的有两类,即 17α-羟孕酮类如醋酸甲羟孕酮(安宫黄体酮,medroxyprogesterone)、氯地孕酮(chlormadinone)和 19-去甲睾酮类如炔诺酮(norethisterone)、双醋炔诺酮(etynodiol diacetate)、炔诺孕酮(norgestrel)等。

黄 体 酮

【体内过程】 黄体酮(progesterone)经口服后在胃肠及肝迅速破坏,效果差,故采用注射给药。其血浆蛋白结合率高,在肝脏代谢,代谢产物多与葡萄糖醛酸结合,从肾排出。

【药理作用】

(1) 生殖系统

1) 当月经后期,在雌激素作用的基础上,使子宫内膜继续增厚、充血,腺体增生并分支,由增殖期转为分泌期,有利于孕卵的着床和胚胎发育。

2) 抑制子宫的收缩,并降低子宫对缩宫素的敏感性。

3) 一定剂量可抑制垂体前叶 LH 的分泌,从而抑制卵巢的排卵过程。

4) 可促使乳腺腺泡发育,为哺乳做准备。

(2) 代谢:竞争性地对抗醛固酮,从而促进 Na^+ 和 Cl^- 的排泄并利尿。

(3) 升温:有轻度升高体温作用,使月经周期的黄体相基础体温较高。

【临床用途】

(1) 功能性子宫出血:黄体功能不足时,可致子宫内膜不规则地成熟与脱落而引起子宫出血,应用孕激素类可使子宫内膜协调一致地转为分泌期,故可维持正常的月经。

(2) 痛经和子宫内膜异位症:可抑制排卵并减轻子宫痉挛性收缩从而止痛,也可使异位的子宫内膜退化。与雌激素制剂合用,疗效更好。

(3) 先兆流产与习惯性流产:用于黄体功能不足所致的先兆流产与习惯性流产。黄体酮有时也可能引起生殖性畸形,须注意。

(4) 子宫内膜腺癌、前列腺肥大或癌症,还可用于避孕。

【不良反应】 不良反应较少,偶见头晕、恶心及乳房胀痛等。长期应用可引起子宫内膜萎缩,月经量减少。妊娠期妇女可引起女性胎儿男性化及胎儿生殖器畸形。

【用药指导】 肝肾功能不良者慎用。受药酶诱导剂的影响,与苯巴比妥合用,可减弱孕激素的作用。调整月经周期可与雌激素配合,自月经第 21 天起,用黄体酮一日 20mg,肌内注射。

甲羟孕酮

甲羟孕酮(medroxyprogesterone)是从黄体酮衍生而得,其在肝破坏较慢,作用较强,可以口服,是避孕药的主要成分。其他同黄体酮。

2. 抗孕激素类药 抗孕激素类药物可干扰孕酮的合成和影响孕酮的代谢。

米 非 司 酮

米非司酮(mifepristone)是一种合成的类固醇化合物,其结构类似炔诺酮。米非司酮对孕激素受体的亲和力比黄体酮高 5 倍,而无孕激素活性,能与黄体酮竞争孕激素受体,从而阻断黄体酮对子宫内膜的作用而终止妊娠。主要用于终止 7 周以内的妊娠,其方法简便,安全流产率高,不需宫内操作,无创伤性,避免手术操作可能造成的穿孔、损伤、粘连等一系列并发症。与前列腺素类药物合用可提高完全流产率,减少不良反应发生率。

不良反应可见恶心、呕吐、头晕、腹痛等,也可出现不完全流产,造成阴道大出血,故应密切观察用药后反应。对本品过敏者禁用,35 岁以上孕妇避免使用。

(三) 雄激素类药、同化激素类药与抗雄激素类药

1. 雄激素类药 天然雄激素主要是睾丸间质细胞分泌的睾酮(睾丸素,testosterone)。临床应用的是人工合成品及其衍生物,常用的有甲睾酮(methyltestosterone)、丙酸睾酮(testosterone propionate)和苯乙酸睾酮(testosterone phenylacetate)。

睾 酮

【体内过程】 睾酮(testosterone)口服易吸收,但在肝脏被迅速破坏,生物利用度低,因此口服无效。大部分与蛋白结合,代谢物与葡萄糖醛酸或硫酸结合失去活性,经尿排泄。睾酮的酯类化合物吸收缓慢,持续时间也较长,如植于皮下,作用可长达 6 周。

【药理作用】

(1) 生殖系统:促进男性性征和生殖器官发育,睾酮还可抑制垂体前叶分泌促性腺激素(负反馈),对女性可减少雌激素分泌。尚有抗雌激素作用。

(2) 同化作用:雄激素能明显地促进蛋白质合成(同化作用),减少氨基酸分解(异化作用),使肌肉增长,体重增加,降低氮质血症,同时出现水、钠、钙、磷潴留现象。

(3) 骨髓造血功能:在骨髓功能低下时,大剂量雄激素可促进肾脏分泌红细胞生成素(EPO),也可以直接刺激骨髓造血功能,使红细胞和血红蛋白增加。

【临床用途】

(1) 睾丸功能不全:无睾症或类无睾症(睾丸功能不全)时,作替代疗法。

(2) 功能性子宫出血:利用其抗雌激素作用使子宫平滑肌及其血管收缩,内膜萎缩而止血。

(3) 晚期乳腺癌:对晚期乳腺癌或乳腺癌转移者,采用雄激素治疗可使部分病例的病情得到缓解。这可能与其抗雌激素作用有关,也可能通过抑制垂体促性腺激素的分泌,减少卵巢分泌雌激素。

【不良反应】 女性患者如长期应用可能引起痤疮、多毛、声音变粗、闭经、乳腺退化、性欲改变等男性化现象。多数雄激素均能干扰肝内毛细胆管的排泄功能,引起胆汁淤积性黄疸。应用时若发现黄疸或肝功能障碍时,则应停药。

【用药指导】 对孕妇及前列腺癌患者禁用。因有水、钠潴留作用,对肾炎、肾病综合征、肝功能不良、高血压及心力衰竭患者也应慎用。

甲 睾 酮

甲睾酮(methyltestosterone)为其人工合成品,不易被肝脏破坏,可口服,也可舌下给药。甲睾酮可显著改善骨髓造血功能,因而可用于再生障碍性贫血及其他贫血。其他同睾酮。

2. 同化激素类药 临床应用雄性激素虽有较强的同化作用,但用于女性或非性腺功能不全的男性常可出现雄激素作用,因而限制了它的临床应用;人们为此尝试合成同化作用较好,而雄激素样作用较弱的睾酮的衍生物,即同化激素(anabolic steroids),如苯丙酸诺龙(南诺龙,nandrolonphenylpropionate)、司坦唑(stanozolol,康力龙)及美雄酮(methandienone,去氢甲基睾丸素)等。

苯丙酸诺龙

临床上主要用于蛋白质同化或吸收不足,以及蛋白质分解亢进或损失过多等情况,如严重烧伤、手术后慢性消耗性疾病、老年骨质疏松和肿瘤恶病质等患者。服用时应同时增加食物中的蛋白质成分。本药是体育竞赛的一类违禁药。

长期应用可引起水钠潴留及女性轻微男性化现象。有时引起肝内毛细胆管胆汁淤积而发生黄疸。肾炎、心力衰竭和肝功能不良者慎用,孕妇及前列腺癌患者禁用。

3. 抗雄激素类药

环丙孕酮

环丙孕酮(cyproterone)可阻断雄激素受体,还有较强的孕激素类作用,用于抑制严重的男性功能亢进。在前列腺癌治疗中,当其他药物无效或患者无法耐受时,可服用环丙孕酮治疗。与雌激素合用治疗女性严重痤疮和特发性多毛。

禁用于未成年人;用药期间应密切观察肝功能、糖代谢、肾上腺皮质功能。

三、常用抗生育药

抗生育药是一类能阻碍受孕和终止妊娠的药物,生殖过程是一个复杂的生理过程,包括精子和卵子的形成与成熟、排卵、受精、着床以及胚胎发育等多个环节,阻断其中任何一个环节都可以达到避孕和终止妊娠的目的。这些环节多发生在女性体内,这使女性避孕药较男性避孕药发展为快。

(一)主要抑制排卵药

主要抑制排卵药详见表12-1。

表12-1 常用抑制排卵制剂

制剂名称	成分		临床应用
	孕激素(mg)	雌激素(mg)	
短效口服避孕药			从月经周期第5天开始,每晚服药1片,连服22天,不能间断。一般于停药后2~4天就可以发生撤退性出血,形成人工月经周期。下次服药仍从月经来潮第5天开始。如停药7天仍未来月经,则应立即开始服下一周期的药物。偶尔漏服时,应于24小时内补服1片
复方炔诺酮片	炔诺酮 0.6	炔雌醇 0.035	
复方甲地孕酮片	甲地孕酮 1.0	炔雌醇 0.035	
复方炔诺孕酮片	炔诺孕酮 0.3	炔雌醇 0.03	
长效口服避孕药			服法是从月经来潮当天算起,第5天服1片,最初两次间隔20天,以后每月服1次,每次1片
复方炔诺孕酮乙片	炔诺孕酮 12.0	炔雌醚 3.0	
复方氯地孕酮片	氯地孕酮 12.0	炔雌醚 3.0	
复方次甲氯地孕酮片	16-次甲氯地孕酮 12.0	炔雌醚 3.0	

续表

制剂名称	成分		临床应用
	孕激素(mg)	雌激素(mg)	
长效注射避孕药 　复方己酸孕酮注射液 　复方甲地孕酮注射液	己酸孕酮 250.0 甲地孕酮 25.0	戊酸雌二醇 5.0 雌二醇 3.5	第一次于月经周期的第 5 日深部肌内注射 2 支,以后每隔 28 日或于每次月经周期的第 11~12 天注射一次,每次 1 支。注射后一般于 14 天左右月经来潮。如发生闭经,仍应按期给药,不能间断

【药理作用】 现应用的女性避孕药以此类为主。它们由不同类型的雌激素和孕激素类组成,主要避孕机制是抑制排卵。一般认为雌激素通过负反馈机制抑制下丘脑 GnRH 的释放,从而减少 FSH 分泌,使卵泡的生长成熟过程受到抑制,同时孕激素又抑制 LH 释放,两者协同作用而抑制排卵。停药后,垂体前叶产生和释放 FSH 和 LH 以及卵巢排卵功能都可以很快恢复。

除以上作用外,此类药物还可干扰生殖过程的其他环节,例如,可能使子宫内膜的正常增殖受到抑制,腺体少而内膜萎缩,因此不适宜受精卵的着床;还可能影响子宫和输卵管平滑肌的正常活动,改变受精卵在输卵管的运行速度,以致受精卵不能适时地到达子宫。此外,宫颈黏液变得更黏稠,使精子不易进入子宫腔等。

【分类及用途】

(1) 短效口服避孕药:如复方炔诺酮片、复方甲地孕酮片及复方炔诺孕酮片等。从月经周期第 5 天开始,每晚服药 1 片,连服 22 天,不能间断。一般于停药后 2~4 天就可以发生撤退性出血,形成人工月经周期。下次服药仍从月经来潮第 5 天开始。如停药 7 天仍未来月经,则应立即开始服下一周期的药物。偶尔漏服时,应于 24h 内补服一片。

(2) 长效口服避孕药:是以长效雌激素类药物炔雌醚与不同孕激素类如炔诺孕酮或氯地孕酮等配伍而成的复方片剂。每月服一次,成功率为 98.3%。服法是从月经来潮当天算起,第 5 天服一片,最初两次间隔 20 天,以后每月服一次,每次一片。

(3) 长效注射避孕药:如复方己酸孕酮注射液(即避孕针 1 号),第一次于月经周期的第 5 日深部肌内注射 2 支,以后每隔 28 日或于每次月经周期的第 11~12 天注射一次,每次 1 支。注射后一般于 14 天左右月经来潮。如发生闭经,仍应按期给药,不能间断。

【不良反应】

(1) 类早孕反应:少数妇女在用药初期可出现轻微的类早孕反应,如恶心、呕吐及择食等。一般坚持用药 2~3 个月后可减轻或消失。

(2) 子宫不规则出血:较常见于用药后最初几个周期中,如出现不规则出血,可加服炔雌醇。

(3) 闭经:1%~2% 服药妇女发生闭经,有不正常月经史者较易发生。如连续两个月闭经,应予停药。

(4) 乳汁减少:少数哺乳妇女乳汁减少。长效口服避孕药可通过乳汁影响乳儿,使其乳房肿大。

(5) 凝血功能亢进:国外报道本类药物可诱发血栓性静脉炎、肺栓塞或脑血管栓塞等。国内虽尚未见报道,但仍应注意。

(6) 其他:可能出现痤疮、皮肤色素沉着,个别人可能血压升高。

(二) 干扰孕卵着床药

详见表 12-2。

表 12-2 常用干扰受卵着床制剂

制剂名称	孕激素(mg)	临床应用
探亲避孕药		
甲地孕酮片	甲地孕酮 2.0	甲地孕酮片:探亲当日中午服1片,当晚加服1片,以后每晚1片,直至分居,次日晨再服1片
炔诺酮片	炔诺酮 5.0	
双炔失碳酯片	双炔失碳酯 7.5	炔诺酮片:同居当晚服1片,同居14日内,每晚服1片,连服14日;超过14日,服完14片后,应接服复方炔诺酮片或复发甲地孕酮片
		双炔失碳酯片:房事后即服1片

此类药物也称探亲避孕药,主要使子宫内膜发生各种功能和形态变化,使之不利于孕卵着床。我国多用大剂量炔诺酮(5mg/次)或甲地孕酮(2mg/片);此外还研制成一种新型抗着床药双炔失碳酯。本类药物主要优点是应用不受月经周期的限制,无论在排卵前、排卵期或排卵后服用,都可影响孕卵着床。

(三) 杀精子药

棉 酚

棉酚(gossypol)是棉花根、茎和种子中所含的一种黄色酚类物质。其作用部位在睾丸细精管的生精上皮,可使精子数量减少,直至无精子。停药后可逐渐恢复。经健康男子试用,每天20mg,连服两个月即可达节育标准,有效率达90%以上。

不良反应有乏力、食欲减退、恶心、呕吐、心悸及肝功能改变等。服药者如发生低血钾肌无力症状,应加以处理。

苯 醇 醚

苯醇醚为外用避孕药。具有较强杀精作用,可制成胶浆、片剂或栓剂,植入阴道内,药物自行溶解,发挥杀精作用而避孕。副作用小,很少有全身反应。

(四) 抗早孕药

米 非 司 酮

米非司酮(mifepristone)是一种合成的类固醇化合物,其结构类似炔诺酮,是抗早孕药的代表药,其他详见抗孕激素类药。

第二节 肾上腺皮质激素类药

一、肾上腺皮质激素的分泌、调节及分类

肾上腺皮质激素是肾上腺皮质所分泌的激素的总称,其分泌受促皮质素(ACTH)调节,属甾体类化合物。可分为三类:①盐皮质激素,由球状带分泌,有醛固酮和去氧皮质酮等。②糖皮质激素,由束状带分泌,有氢化可的松和可的松等。③性激素,由网状带分泌。通常所指肾上腺皮质激素,不包括性激素,临床常用的皮质激素是指糖皮质激素。肾上腺皮质激素的分泌和生成受促肾上腺素皮质激素(corticotrophin,ACTH)

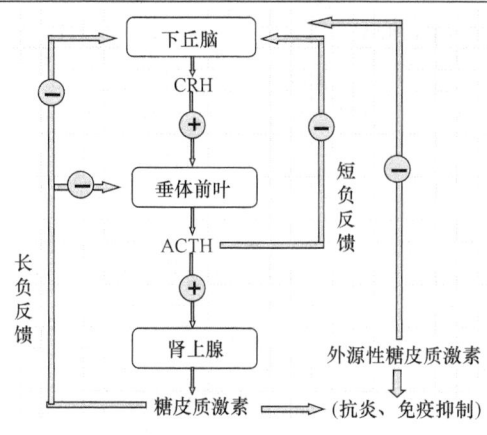

图12-2 肾上腺皮质激素分泌的调节
+：促进；-：反馈性抑制

的调节,而ACTH的分泌受昼夜节律的影响(图12-2)。

二、常用肾上腺皮质激素类药

(一) 糖皮质激素类药

糖皮质激素的作用广泛而复杂,且随剂量不同而变化。在生理情况下所分泌的皮质激素主要影响正常物质代谢过程。缺乏时,将引起代谢失调以致死亡。超生理量(药理剂量)时,糖皮质激素除影响物质代谢外,还有抗炎、抗免疫和抗休克等药理作用。常用糖皮质激素类药物见表12-3。

表12-3 常用糖皮质激素类药物作用特点比较

分类	常用药物	抗炎作用(比值)	水盐代谢(比值)	血浆半衰期(h)	生物半衰期(h)	等效剂量(mg)
短效	氢化可的松(hydrocortisone)	1.0	1.0	1.5	8~12	20
	可的松(cortisone)	0.8	0.8	1.5	8~12	25
中效	泼尼松(prednisone)	3.5	0.6	>3.3	12~36	5
	泼尼松龙(prednisolone)	4.0	0.6	>3.3	12~36	5
	曲安西龙(triamcinolone)	5.0	0	>3.3	12~36	4
	曲安奈德(triamcinolone acetonide)	5.0	0	>3.3	12~36	4
长效	地塞米松(dexamethasone)	30	0	>5.0	36~54	0.75
	倍他米松(betamethasone)	25~35	0	>5.0	36~54	0.6
外用	氟氢可的松(fludrocortisone)	12				
	氟轻松(fluocinolone)	40				

【体内过程】 糖皮质激素类药物口服、注射均可吸收,也可关节腔内注射和皮肤黏膜局部用药;药物吸收后部分与血浆中的皮质激素转运蛋白和白蛋白结合,不同药物的结合率高低不同,故作用强度不同;可分布于全身,肝中含量最高;主要经肝脏代谢,肾脏排泄。可的松和泼尼松需经肝脏转化为氢化可的松和泼尼松龙才有活性,严重肝功能不全者,不宜选用可的松和泼尼松。

【药理作用】
(1)抗炎作用:抗炎作用非常强大,被称为甾体类抗炎药物。其特点是:①对各种原因引起的炎症都有明显抑制作用。②对炎症各阶段均有作用:可缓解炎症早期的红、肿、热、痛等局部症状和全身症状;在炎症后期或对慢性炎症,能减少肉芽组织的生成,抑制瘢痕和粘连形成。③抗炎不抗菌:药物在抗炎的同时降低了机体的防御功能,不但不能消除感染原,反而可引起感染扩散。

(2)抗内毒素作用:糖皮质激素能提高机体对内毒素的耐受力,减轻细菌内毒素对机体的损害。可抑制机体体温调节中枢,降低机体对致热原的敏感性,同时还减少因内毒素引起的内热原的释放,产生明显的退热作用,减轻毒血症状,但不能中和及破坏细菌内毒素,对细菌外毒素无作用。

(3) 抗免疫作用:糖皮质激素可抑制免疫过程的许多环节,小剂量主要抑制细胞免疫;大剂量也能抑制体液免疫。糖皮质激素的抗免疫作用可削弱机体的免疫力,但不能改变个体的过敏体质。

(4) 抗休克作用:超大剂量的糖皮质激素具有抗休克作用。其原因除抗炎、抗毒及抗免疫作用外,还可能与下列因素有关:①加强心脏收缩。②降低血管对某些缩血管活性物质的敏感性,使微循环血流动力学恢复正常,改善休克状态。③稳定溶酶体膜,减少水解酶的释放,可减轻组织细胞的损害;同时减少心肌抑制因子的形成,增强心肌收缩力,增加心排血量,阻断休克时的恶性循环。

(5) 影响血液:可刺激骨髓造血功能,使循环血液中红细胞、血小板、中性粒细胞数和血红蛋白、纤维蛋白原含量增加;使淋巴细胞、单核细胞、嗜酸性粒细胞数降低。

(6) 影响代谢:促进糖原合成,抑制机体组织对糖的利用,因而增加肝糖原、肌糖原含量,并升高血糖;促进蛋白质分解,抑制合成;促进脂肪分解,抑制合成;影响水盐代谢,产生保钠、排钾、排钙作用。对代谢的影响是糖皮质激素的生理作用,有利于保障机体供能及应激;当超生理剂量应用时,则大多表现为副作用。

(7) 影响骨骼:干扰骨质形成的多个环节,且促进排钙,减少骨盐,导致骨质疏松及儿童骨骼发育障碍。

(8) 影响消化:糖皮质激素能使胃酸和胃蛋白酶分泌增多,提高食欲,促进消化;阻碍胃黏液分泌,降低胃黏膜抵抗力,大剂量或长期应用可诱发或加重溃疡病。

(9) 兴奋中枢:可致欣快、失眠、激动等反应,偶可诱发精神病和癫痫,大剂量可诱发儿童惊厥。

【临床用途】

(1) 严重感染性疾病和炎症:①细菌感染:如中毒性菌痢、暴发型流行性脑膜炎、中毒性肺炎、重症伤寒、急性粟粒性肺结核、猩红热及败血症等。通过其抗炎、抗毒、抗休克等作用,可迅速缓解症状,并增强机体对有害刺激的耐受力,有助于帮助患者度过危险期,但必须合用足量、有效的抗菌药物。②病毒感染:因缺乏特效抗病毒药,原则上不宜使用,但危重疾病,如严重传染性肝炎、非典型性肺炎(SARS)、流行性腮腺炎、乙型脑炎等,则必须用糖皮质激素迅速控制症状,防止和减轻并发症和后遗症。③重要器官和特殊部位的炎症:如结核性脑膜炎、脑炎、心包炎、胸膜炎、风湿性心瓣膜炎、睾丸炎、关节韧带损伤性炎症、烧伤等,早期应用糖皮质激素可减轻粘连和瘢痕的形成,预防或减轻后遗症。糖皮质激素也是眼科常用药物,对各种非特异性眼炎能迅速消炎、止痛,防止因角膜混浊和瘢痕粘连而影响视力,但角膜溃疡禁用。

(2) 免疫性疾病和过敏性疾病

1) 自身免疫性疾病:如多发性皮肌炎、风湿热、风湿性或类风湿关节炎、肾病综合征、系统性红斑狼疮等,应用糖皮质激素后可缓解症状,抑制病理过程的发展,但不能根治,且很多疾病在停药后易复发,一般采用综合疗法,不宜单用,以免引起不良反应。

2) 过敏性疾病:如血清病、药物过敏性皮炎、荨麻疹、血管神经性水肿、过敏性鼻炎、顽固性支气管哮喘和严重输血反应等,主要用抗组胺药等抗过敏药治疗,病情严重或无效时,可用糖皮质激素治疗。

3) 器官移植:糖皮质激素是很强的免疫抑制剂,可防治异体植皮和器官移植手术后机体的免疫排斥反应,有助于移植成功。

(3) 休克:感染性休克,早期、大剂量、突击使用,并配合足量有效的抗菌药,疗效最好;过敏性休克,在应用肾上腺素的基础上加用糖皮质激素,有良好协同作用;心源性休克和低血容量性休克,必须同时进行病因治疗。

(4) 替代疗法:用于急、慢性肾上腺皮质功能减退症,脑垂体前叶功能减退及肾上腺次全切除术后的治疗。

(5) 血液病:可用于再生障碍性贫血、粒细胞减少症、血小板减少症和过敏性紫癜等的治疗,但停药后易复发。

(6) 恶性肿瘤:对儿童急性淋巴细胞性白血病有较好疗效,也可用于晚期和转移性乳腺癌及前列腺癌术后。

(7) 皮肤病:局部用药治疗接触性皮炎、湿疹、肛门瘙痒、牛皮癣等;全身用药治疗天疱疮及脱皮性皮炎等较严重的皮肤病。

(8) 其他严重疾病:如脑水肿、严重心肌梗死、顽固性心力衰竭、重症中毒性心肌炎、完全性房室传导阻滞等,辅助应用糖皮质激素,能降低机体的反应性,改善临床症状。

【不良反应】

(1) 长期大量应用引起的不良反应

1) 药源性肾上腺皮质功能亢进症:长期大剂量应用后引起糖、蛋白质、脂肪和水电解质代谢紊乱,表现为向心性肥胖(满月脸、水牛背、蛙腹、四肢消瘦)、痤疮、多毛、肌无力、水肿、低血钾、高血压、糖尿病等(图12-3),停药后可自行消退,必要时采取对症治疗。

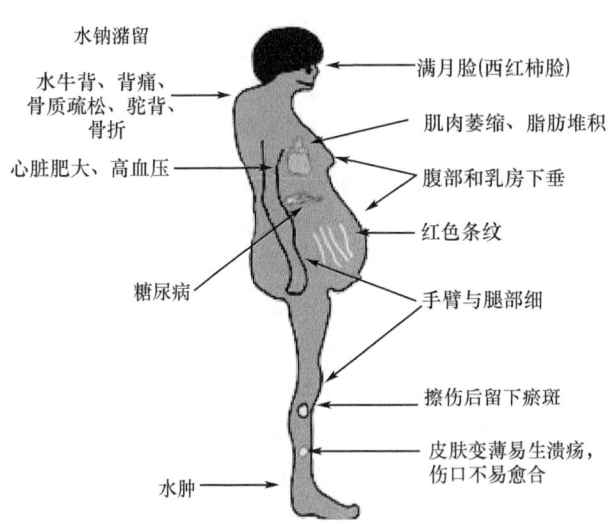

图 12-3 药源性肾上腺糖皮质功能亢进症典型表现

2) 诱发或加重感染:因皮质激素抑制机体防御功能所致。长期应用常可诱发感染或使体内的潜在病灶扩散,特别是在原有疾病已使抵抗力降低的情况下更易产生,如肾病综合征者,还可使原来静止的结核病灶扩散、恶化,故结核病患者必要时应合用抗结核药。护理时应注意有无延迟不愈的伤口、皮肤破损、炎症等,还须保持皮肤清洁,做好口腔、会阴护理。

3)消化系统并发症:使胃酸、胃蛋白酶分泌增加,抑制胃黏液分泌,降低胃肠黏膜的抵抗力,故可诱发或加剧胃、十二指肠溃疡,甚至造成消化道出血或穿孔。对少数患者还可诱发胰腺炎。护理时应注意有无上腹部疼痛、柏油样大便等症状。

4)骨质疏松:与此类激素可增加钙、磷排泄有关。骨质疏松多见于儿童、老人和绝经妇女,严重者可有自发性骨折。注意检查血钙、X线片,有无背痛、腰痛或其他部位骨痛等。

5)其他:亦可造成精神失常;因抑制生长素分泌和造成负氮平衡,还可影响生长发育;孕妇偶可引起畸胎。

(2)停药反应

1)药源性肾上腺皮质功能减退征:长期应用糖皮质激素能反馈性抑制脑垂体前叶ACTH的分泌,使内源性肾上腺皮质激素分泌功能减退,甚至造成肾上腺皮质萎缩,此时一旦减量过快或突然停药,即可引起肾上腺皮质功能不全。在停药后患者遇到严重应激状态如感染、创伤、手术时,可发生肾上腺危象,如恶心、呕吐、乏力、低血压、休克等,需及时抢救。这种皮质功能不全症状需半年甚至1~2年才能恢复。

2)反跳现象:因患者对激素产生了依赖性或病情尚未完全得到控制,即突然停药或减量过快而导致原病复发或恶化。常需加大剂量再进行治疗,待症状缓解后再逐渐减量、停药。

【用药指导】 严格掌握适应证和禁忌证,不可滥用,当适应证和禁忌证并存时,应全面分析,权衡利弊,谨慎使用,一旦病情控制,应及时停药或减量。长期用药停药时须逐渐减量至停药,并适时辅以促皮质激素,以预防停药后皮质出现失用性萎缩。

糖皮质激素禁用于缺乏有效对因治疗的感染如麻疹、水痘、真菌感染,活动性消化性溃疡病,新近做过胃肠吻合术,骨折、创伤修复期,角膜溃疡,严重高血压、糖尿病,孕妇,严重精神病、癫痫,肾上腺皮质功能亢进症等。应用糖皮质激素前应注意排除潜在感染,用药过程中应警惕诱发感染,必要时合用抗菌药;长期全身用药时,应定期检查血压、心率、体重,测量血钾、血钙、血糖和血脂浓度;用药期间应给予低盐、低糖、低脂、高蛋白饮食,并注意补充维生素D、钙剂、钾盐。

(二)盐皮质激素类药

盐皮质激素包括醛固酮和去氧皮质酮,能促进肾小管和远曲小管对Na^+、Cl^-的重吸收和促进K^+、H^+排出,产生保钠排钾作用。临床主要用于替代治疗慢性肾上腺皮质功能减退症和治疗低钠血症。用药过量可引起水钠潴留,导致高血压、水肿、低血钾,严重者可致心力衰竭。

(三)性激素类药

性激素为性腺分泌的激素,包括雌激素、孕激素和雄激素,均属甾体激素,其基本结构是甾核。目前临床应用的是人工合成品及其衍生物。常用的避孕药大多属于性激素制剂,详见本章第一节。

三、促皮质素与皮质激素抑制药

(一)促皮质素

促肾上腺皮质激素

促肾上腺皮质激素(adreno-corticotropic hormone,ACTH)是由脑垂体前叶分泌的激素。它具有刺激肾上腺皮质发育的功能。主要作用于肾上腺皮质束状带,刺激糖皮质类固醇的分泌。

(二) 皮质激素抑制药

米 托 坦

米托坦(mitotan,双氯苯二氯乙烷)为杀虫剂滴滴涕(DDT)一类化合物。它能选择性地使肾上腺皮质束状带及网状带细胞萎缩、坏死,但不影响球状带,故醛固酮分泌不受影响。用药后血、尿中氢化可的松及其代谢物迅速减少。主要用于不可切除的皮质癌、切除后复发癌以及皮质癌术后辅助治疗。可有厌食、恶心、腹泻、皮疹、嗜睡、头痛、眩晕、乏力、中枢抑制及运动失调等反应。

第三节 甲状腺激素类药及抗甲状腺药

一、甲状腺激素的合成、分泌与调节

甲状腺是人体内最大的内分泌器官,合成和分泌甲状腺激素。甲状腺激素为碘化酪氨酸的衍生物,是维持机体正常代谢和生长发育所必需的活性物质。主要有两种,分别是甲状腺素(thyroxin,T_4,四碘甲状腺原氨酸)和三碘甲状腺原氨酸(triiodothyronine,T_3)。T_3、T_4的生理作用相同,T_3比T_4的生物活性高。临床所用的制剂均是人工合成品。

【甲状腺激素的合成、储存、分泌与调节】 T_3、T_4在体内的合成与储存是在甲状腺球蛋白上(TG)进行的,过程如下(图12-4):

(1) 血液循环中的碘化物被甲状腺细胞通过碘泵主动摄取。

(2) 碘化物在过氧化物酶的作用下被氧化成活性碘(I^0)。活性碘与TG上的酪氨酸残基结合,生成单碘酪氨酸(MIT)和双碘酪氨酸(DIT);在过氧化物酶催化下,一分子MIT和一分子DIT缩合生成T_3,两分子DIT缩合生成T_4。

(3) 合成的T_3、T_4储存于滤泡腔内的胶质中。

(4) 在蛋白水解酶作用下,TG分解并释放出T_3、T_4进入血液。

(5) 甲状腺激素的分泌受下丘脑-腺垂体调节。下丘脑分泌促甲状腺激素释放激素(TRH),促进垂体前叶分泌促甲状腺激素(TSH),TSH可促进甲状腺细胞增生及T_3、T_4的合成。当血中游离的T_3、T_4浓度过高时,又对下丘脑和腺垂体起负反馈抑制作用。

二、常用甲状腺激素类药

甲状腺激素

【体内过程】 T_3、T_4口服易吸收,两者与血浆蛋白的结合率均高达99%,T_3的生理活性是T_4的3~4倍,甲状腺激素的生理作用主要来自T_3,每日产生的T_4有1/4~1/2在外周组织脱碘酶作用下,转化为T_3才发挥生物效应。

【药理作用】

(1) 维持机体的生长发育:甲状腺激素为人体正常生长发育所必需,其分泌不足或过量都可引起疾病。儿童甲状腺功能不足时,躯体与智力发育均受影响,可致呆小病(克汀病),表现为智力低下、身材矮小;成人甲状腺功能不全时,则可引起黏液性水肿,表现为神情淡漠、记忆力减退等。

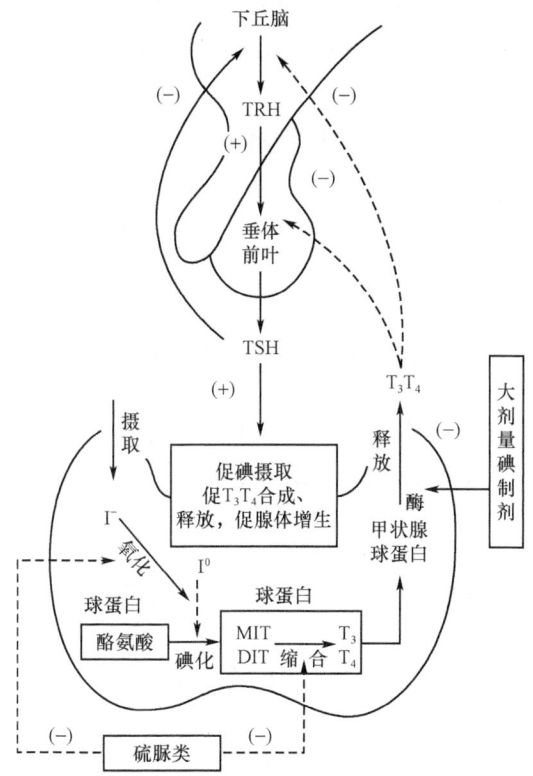

图 12-4　甲状腺激素合成和释放的调节及抗甲状腺药物作用环节示意图

(2) 促进机体的新陈代谢：甲状腺激素能促进物质氧化，增加氧耗，提高基础代谢率，使产热增多，而又不能很好利用。甲状腺功能亢进时有怕热、多汗、易饥饿等症状。成人甲低时有畏寒、其他代谢活动降低等现象。

(3) 提高中枢及心血管系统对儿茶酚胺的敏感性：甲亢患者表现的情绪激动、失眠、心率加快和收缩压增高等症状与此有关。

【临床用途】　甲状腺激素主要用于甲状腺功能低下的替代补充疗法。

(1) 呆小病：甲状腺功能减退始于胎儿或新生儿，确诊后应尽早治疗，则发育仍可正常。若治疗过晚，即使躯体能正常发育，智力仍然低下。

(2) 黏液性水肿：一般服用甲状腺片，从小量开始，逐渐增大至足量，2～3周后如基础代谢率恢复正常，可逐渐减为维持量。黏液性水肿昏迷者必须立即静脉注射大量 T_3，直至清醒后改为口服，同时给予足量氢化可的松。

(3) 单纯性甲状腺肿：由于缺碘所致者应补碘。临床上无明显原因发病可给予适量甲状腺激素，以补充内源性激素的不足，并可抑制促甲状腺激素过多分泌，以缓解甲状腺组织代偿性增生肥大。

【不良反应】　过量可引起甲状腺功能亢进症状，临床表现如多汗、心悸、消瘦、兴奋、失眠等，在老人和心脏病患者中，可发生心绞痛和心肌梗死，宜用β受体阻断药对抗，并应停用甲状腺激素。

【用药指导】　糖尿病、冠心病、快速型心律失常患者禁用，用药前应了解患者有无禁忌证。对甲状腺功能低下的幼婴，治疗越早，疗效越好，可预防发生呆小病；治疗过晚者，不能逆转其智力障碍。常用甲状腺素片口服，从小剂量开始逐渐加量，至有效控制症状后以此量维持。对黏液性水肿者，应先从小剂量开始，逐渐增量，待症状减轻，再逐渐减量至维持量，长期服用。

左甲状腺素

左甲状腺素(levothyroxine)为人工合成的甲状腺素，作用、临床应用、不良反应与天然甲状腺素相同，但显效慢，作用弱，维持时间长。黏液性水肿昏迷患者可静脉注射，症状改善后改用口服制剂。

三、常用抗甲状腺药

抗甲状腺药是指能阻止或减少甲状腺激素的合成与释放，消除甲状腺功能亢进症的药物，有硫脲类、碘化物、放射性碘及 β 受体阻断药四类。

（一）硫脲类

硫脲类可分为两类：①硫氧嘧啶类，包括甲硫氧嘧啶(methylthiouracil)，丙硫氧嘧啶(propylthiouracil)；②咪唑类，包括甲巯咪唑(thiamazole，他巴唑)，卡比马唑(carbimazole，甲亢平)。各药的作用基本相同，但作用强度和持续时间不同。

1. 硫氧嘧啶类

甲硫氧嘧啶

【药理作用及机制】

（1）抑制甲状腺激素的合成：通过抑制甲状腺过氧化物酶的活性，使进入甲状腺内的碘离子不能氧化，进而阻止酪氨酸的碘化及 MIT、DIT 的偶联，而抑制甲状腺激素的生物合成。对已合成的甲状腺激素无效，亦不能干扰其释放。

（2）抑制外周组织 T_4 转化为 T_3：能抑制外周组织 T_4 转化为 T_3，迅速控制血清中生物活性较强的 T_3 水平。

（3）抑制免疫作用：轻度抑制免疫球蛋白的生成，使血中甲状腺刺激性免疫球蛋白含量减少，故对甲亢患者除能控制高代谢症状外，亦能起到一定的病因治疗作用。

【临床用途】

（1）甲亢内科治疗：适用于不宜手术或术后复发及不适于 ^{131}I 治疗的轻、中度甲亢患者，症状缓解后逐渐减量，待基础代谢率接近正常时用维持量，疗程 1~2 年。

（2）甲亢手术治疗的术前准备：术前缓解症状，并使甲状腺组织中储存的甲状腺素减少，防止出现手术并发症及发生甲状腺危象。但长期应用后，甲状腺激素水平下降，促甲状腺激素分泌增加，使甲状腺组织和血管增生，增加手术难度。故术前两周需加服碘剂。

（3）甲状腺危象的治疗：大剂量碘剂与大剂量硫脲类联合应用，可快速控制症状。大剂量硫脲类快速降低血中 T_3 水平，同时还阻断甲状腺素的合成，是重要的综合抢救措施之一。

【不良反应】 常见的不良反应有皮疹、瘙痒、荨麻疹等过敏反应及厌食、恶心、呕吐、腹痛、腹泻等消化道反应，多数情况下不需停药也可消失。严重不良反应有粒细胞缺乏症，一般发生在治疗后的 2~3 个月内。

【用药指导】 孕妇、甲状腺肿瘤患者禁用,用药前应了解患者有无禁忌证;应告诉患者遵医嘱坚持按疗程服药。用药过程中出现皮肤、巩膜黄染、低热、咽痛等症状应及时就诊。用药期间应注意监测基础代谢率、心率、血压、体重,定期查血象、肝功能及血中 T_3、T_4、TSH 水平。

2. 咪唑类

甲巯咪唑

甲巯咪唑为咪唑类硫脲类抗甲状腺药,其作用、临床应用、不良反应与甲硫氧嘧啶相似。

(二) 碘及碘化物

碘 化 钾

【药理作用及用途】 甲状腺组织具有高度的摄碘能力,体内总碘量的 80% 被甲状腺浓集。碘剂的作用随剂量不同而有质的差异。

(1) 促进甲状腺素合成:小剂量碘是合成甲状腺激素的必要原料,可防治单纯性甲状腺肿。对早期病例疗效较好,晚期病例则肿大不易完全消退。在食盐中加入适量碘化物可有效预防该病发生。

(2) 抗甲状腺作用:大剂量碘通过抑制甲状腺球蛋白水解酶而抑制 T_3、T_4 释放入血,作用快而强;抑制促甲状腺激素(TSH)的分泌,使腺体缩小、变硬、血管减少,有利于手术的顺利进行。与硫脲类合用于甲亢手术治疗的术前准备及甲状腺危象的治疗。

【不良反应】

(1) 急性反应:用药后立即或几小时后发生,主要表现为血管神经性水肿、上呼吸道水肿及严重喉头水肿,可引起窒息。原因为碘过敏引起呼吸道黏膜充血,即所谓"碘感冒"。

(2) 慢性碘中毒:表现为口腔及咽喉烧灼感、唾液分泌增多、眼刺激症状等。这是部分碘从腺体中排泄时引起的局部刺激,停药后即可消失。

(3) 诱发甲状腺功能紊乱:长期应用可诱发甲亢;通过胎盘和乳汁影响胎儿和婴幼儿甲状腺功能,导致新生儿、婴幼儿甲状腺肿。

【用药指导】 过敏体质及孕妇、哺乳期妇女慎用,碘过敏者禁用,用药前应了解患者有无禁忌证;应告诉患者用药过程中可能出现的不适,提高用药的依从性。用药期间注意监测甲状腺功能,如基础体温、血 T_3、T_4 水平,心率,血压等;监测甲状腺的大小、硬度及血管杂音的改变;注意观察患者的呼吸情况,及时发现碘过敏征兆;大剂量的碘长期应用会引起甲状腺的摄碘能力下降,丧失抗甲状腺作用,甚至诱发甲状腺危象,故不可长期应用,且不用于甲亢的内科治疗。

(三) 放射性碘

^{131}I

临床应用的放射性碘是 ^{131}I,其 $t_{1/2}$ 为 8 天。利用甲状腺高度摄碘能力,^{131}I 可被甲状腺摄取,并可产生 β 射线(占 99%),β 射线在组织内的射程仅约 2mm,因此其辐射作用只限于甲状腺内,破坏甲状腺实质,而很少波及周围组织。故可用于甲亢的治疗,适用于不宜手术或手术后复发及硫脲类无效或过敏者。^{131}I 还产生 γ 射线(占 1%),可在体外测得,故可用作甲状腺摄碘功能的测定。

本品易致甲状腺功能低下,故应严格掌握剂量和密切观察有无不良反应,一旦发生甲状腺功能低下可补充甲状腺激素对抗之。

(四) β 受体阻断药

普萘洛尔

普萘洛尔(propranolol)是甲亢及甲状腺危象时有价值的辅助治疗药,用于不宜用抗甲状腺药,不宜手术及^{131}I治疗的甲亢患者。主要通过其阻断 β 受体的作用而改善甲亢患者的交感神经兴奋症状,又可适当减少甲状腺激素的分泌。此外还能抑制外周 T_4 脱碘成为 T_3,因 T_3 是主要的外周激素,故这一作用有助于控制甲亢。

四、甲状腺功能亢进症的药物治疗学基础

甲状腺功能亢进症简称甲亢,是由多种原因引起的甲状腺组织分泌甲状腺激素过多,导致代谢率增高的一种内分泌疾病。有多种类型,但以弥漫性毒性甲状腺肿(Graves 病)最常见,一般临床所说的甲亢指这种类型。主要病因是由精神刺激等应激因素诱发的自身免疫反应。发病与遗传因素有关,有明显的家族性。可发生于任何年龄,青年女性最多见。临床主要表现为:①怕热、多汗、饥饿、多食、体重下降、易疲乏等高代谢综合征。②紧张、焦虑、易怒、失眠、多言好动、手和眼睑震颤等精神、神经症状。③心动过速、血压增高等心血管系统症状,合并甲亢性心脏病时可出现心律失常、心力衰竭。④程度不等的甲状腺肿大,有震颤和血管杂音。⑤突眼。⑥胫前黏液性水肿等。

【治疗原则】 治疗目的是控制甲亢症状,使血液中的甲状腺激素降到正常水平,促进免疫功能恢复正常。治疗的主要措施是:①内科治疗:用硫脲类药物抑制甲状腺素的合成,降低血中 T_3、T_4 水平;用 β 受体阻断药(普萘洛尔)缓解心血管系统症状和精神症状;配合适当休息、补充营养、避免精神刺激和过度劳累等综合措施。②外科治疗:在充分术前准备的基础上,行甲状腺次全切除术。③放射治疗:用放射性同位素^{131}I破坏甲状腺组织。

【药物治疗方案】

(1) 轻、中度甲亢的药物治疗:主要选用硫脲类药物抑制甲状腺素的合成,使储存的甲状腺素逐渐减少而发挥疗效;用药初期,可联合应用普萘洛尔,快速消除甲亢患者的心血管系统症状和精神症状。可选用丙硫氧嘧啶一日 300~400mg,分 3~4 次口服,至症状消失,T_3、T_4 恢复正常后逐渐减量,每 4 周左右减量一次,每次减少丙硫氧嘧啶 50~100mg,直至最小维持量,丙硫氧嘧啶一日 50~100mg,维持治疗 1~1.5 年。普萘洛尔一日 20~60mg,分 2~3 次口服。

(2) 甲状腺危象的药物治疗:甲状腺危象是甲状腺最严重的并发症,发展快,死亡率高,一旦确诊,必须立即抢救。常用大剂量的碘快速抑制甲状腺素的释放,并联合应用硫脲类、糖皮质激素、β 受体阻断药等,可迅速控制症状,并具有减少甲状腺素的合成、增强机体对疾病的耐受力等作用。常选用碘化钠 0.5~1.0g 加入 500ml 葡萄糖注射液中静脉滴注,或碘溶液每次 5~10 滴,每 6~8h 一次,口服,2 周内逐渐停用;丙硫氧嘧啶 200mg,每 6h 一次,口服或胃管内注入,病情稳定后改一般剂量;氢化可的松一日 200~300mg,静脉滴注,病情好转后逐渐减量停药;普萘洛尔一日 20~60mg,分 2~3 次口服。

【用药注意事项】 联合用药时应注意各药的用药剂量和药物的相互作用,磺脲类与β受体阻断药联合应用时,应注意监测心率和血压。

第四节 胰岛素及口服降血糖药

一、糖尿病的概述

糖尿病是一种病因十分复杂的以慢性高血糖为特征的代谢紊乱症群,它是由于体内胰岛素绝对或相对不足所造成。随着物质文明的发达和人口老龄化的加剧,糖尿病发病率有迅速增长的趋势。临床上将糖尿病主要分为1型糖尿病和2型糖尿病。1型糖尿病是由于胰岛β-细胞严重或完全破坏,胰岛素分泌不足引起的,也称胰岛素依赖型糖尿病(insulin dependent diabetis mellitus,IDDM)。2型糖尿病主要是由于胰岛素相对缺乏和机体对胰岛素的敏感性下降即胰岛素抵抗引起的,也称非胰岛素依赖型糖尿病(noninsulin dependent diabetis mellitus,NIDDM)。目前,大部分糖尿病患者都属于2型糖尿病。

糖尿病如得不到满意治疗,极易引起各种并发症,如心血管疾病、脑血管病、肾病、视网膜病变等,这些并发症严重威胁糖尿病患者的生命。目前,治疗糖尿病的药物主要有胰岛素和口服降血糖药物。

二、胰岛素

胰岛素(insulin)是由胰腺β细胞生成和分泌的一种激素,临床所用的胰岛素多由动物胰脏提取制备而成。目前可通过重组DNA技术人工合成胰岛素,还可将猪胰岛素B链第30位的丙氨酸用苏氨酸代替而获得人胰岛素。

【体内过程】 胰岛素是一种酸性蛋白质,普通制剂易被消化酶所破坏,口服无效,因此必须注射给药。皮下注射吸收快,代谢快,作用时间短,$t_{1/2}$为9~10min,但作用可维持数小时。主要在肝、肾灭活,经谷胱甘肽转氨酶还原二硫键,再由蛋白水解酶水解成短肽或氨基酸,也可被肾胰岛素酶直接水解。严重肝肾功能不良者能影响其灭活。

为延长胰岛素的作用时间,可制成中效及长效制剂,这类制剂经皮下及肌内注射后,在注射部位发生沉淀,再缓慢释放、吸收。所有中、长效制剂均为混悬剂,不可静脉注射(表12-4)。

表12-4 胰岛素制剂及其作用时间

分类	药物	注射途径	作用时间(h)			给药时间
			开始	高峰	维持	
短效	正规胰岛素	静脉	立即	0.5	2	急救
		皮下	0.5~1	2~3	6~8	餐前0.5h,3~4次/日
中效	低精蛋白锌胰岛素	皮下	2~4	8~12	18~24	早餐或晚餐前1h,1~2次/日
	珠蛋白锌胰岛素	皮下	2~4	6~10	12~18	
长效	精蛋白锌胰岛素	皮下	3~6	16~18	24~36	早或晚餐前1h,1次/日

【药理作用】

(1) 降低血糖:胰岛素使血糖的去路增加,来源减少而降低血糖。其降血糖的机制主要有:①促进血中葡萄糖进入组织细胞,并加速其酵解和氧化利用。②促进血中葡萄糖进入肝细胞,合成肝糖原。③减少糖原的异生。④抑制糖原分解。

(2) 抑制脂肪分解,促进脂肪合成和储存:使血中游离脂肪酸和酮体生成减少。

(3) 增加氨基酸的转运和蛋白质的合成,同时又能抑制蛋白质的分解。

(4) 促进钾离子进入细胞内:能激活细胞膜上 Na^+-K^+-ATP 酶,使血钾浓度降低。

【临床用途】

(1) 糖尿病

1) 1 型糖尿病:需终身使用胰岛素。

2) 2 型糖尿病:当饮食疗法及口服降糖药失效或出现口服药物使用的禁忌证时,仍需要使用胰岛素控制高血糖,以减少糖尿病急、慢性并发症的发生。

3) 糖尿病继发各种急性或严重并发症,如酮症酸中毒、非酮症高渗性昏迷和乳酸性酸中毒等的急救应选用短效胰岛素静脉滴注。

4) 糖尿病合并高热、严重感染等严重疾病或糖尿病患者处于妊娠、创伤、手术等各种应激状态时。

胰岛素不能恢复胰岛功能,故对糖尿病无根治作用。

(2) 纠正细胞内缺钾:用普通胰岛素 10U 和 10% 氯化钾 10ml 加入 10% 葡萄糖液注射 500ml 中组成极化液(GIK 液)静脉滴注,能使病态的心肌细胞恢复细胞膜的极化状态,对保护缺血损伤的心肌、改善窦房和房室传导,防止心肌梗死并发心律失常有一定作用。

【不良反应】

(1) 低血糖症:最常见,为胰岛素过量或未按时进餐等所致,轻者可出现饥饿感、出汗、心慌、精神不安、震颤等症状,严重者可引起昏迷、惊厥及休克,甚至脑损伤及死亡。

(2) 变态反应:与制剂不纯有关,表现为荨麻疹及血管神经性水肿,偶可发生过敏性休克。

(3) 胰岛素耐受性(胰岛素抵抗):机体对胰岛素的敏感性降低的现象称胰岛素耐受性,可分为急性和慢性两种类型。急性耐受性可由创伤、感染、手术、情绪激动等原因引起,此时需消除诱因,并加大胰岛素用量。慢性耐受性可能与体内产生了抗胰岛素的抗体或胰岛素受体数量下调有关,应采取更换制剂或改用口服降血糖药、合用免疫抑制剂等方法处理。

(4) 局部反应:注射局部可出现皮肤发红、皮下结节和皮下脂肪萎缩等。

(5) 其他:体重增加、胰岛素水肿、屈光不正等。

【用药指导】 糖尿病的治疗以控制饮食为基础,使用胰岛素必须严格遵医嘱。用药前应掌握自我检测手段(检查尿糖、血糖、尿酮),据此来调整饮食和药物用量。应告诉患者,用药后若出现头晕、乏力、出冷汗、饥饿等症状,是低血糖反应,需立即进食或喝糖水缓解。严重者应立即静脉注射 50% 葡萄糖注射液。自行注射用药的患者,应嘱其精确抽取药液,注意经常更换注射部位和预防感染。用药期间应定期检查尿糖、血糖、肾功能、视力、眼底视网膜血管、血压及心电图等。

糖尿病是终身疾病,应帮助患者树立战胜疾病的信心,正确认识糖尿病。坚持长期药物治疗,结合饮食、运动疗法,以达到控制病情、稳定血糖、保证生活质量、延年益寿的目的。

用药剂量和给药次数视病情而定,根据所用制剂的不同,于餐前 30~60min 皮下注射,必要时静脉或肌内注射。

三、常用口服降血糖药

目前,临床应用的胰岛素制剂以注射剂为主,患者的依从性差。胰岛素增敏药、磺酰脲类、双胍类、α-葡萄糖苷酶抑制药、促胰岛素分泌药等人工合成的口服降血糖药,因具有用药方便、无创伤性等优点而得到广泛应用。

(一)胰岛素增敏药

罗格列酮

罗格列酮(rosiglitazone)属噻唑烷二酮类化合物,是一类新型的胰岛素增敏药。该药物能显著改善胰岛素抵抗及相关代谢紊乱,同时对心血管疾病的各种危险因子均有一定的改善作用,能降低血压,增强心肌功能,改善血管内皮细胞功能,增强纤溶活性,抑制血管平滑肌细胞增殖,对2型糖尿病及其心血管并发症均有明显疗效。

该药物具有良好的安全性和耐受性,低血糖发生率低,不良反应主要有嗜睡、水肿、肌肉和骨骼痛、头痛、消化道症状等。

吡格列酮

吡格列酮(pioglitazone)同属噻唑烷二酮类化合物,能增强干细胞、骨骼肌对胰岛素的敏感性,降低血浆胆固醇水平并改善脂蛋白比例。该药口服吸收良好。临床用于NIDDM,可使患者高血糖、高血胰岛素及血浆高三酰甘油状态得到明显改善,并显著提高患者对胰岛素的敏感性。本药耐受性较好,未见相关肝毒性的报道,但易出现上呼吸道感染、头痛及肌痛等不良反应。

(二)磺酰脲类

本类药物具有磺酰脲结构,目前已发展到第三代。第一代以甲苯磺丁脲(tolbutamide,D860,甲糖宁)、氯磺丙脲(chlorpropamide)为代表,因不良反应大,现已少用;第二代磺酰脲类有格列本脲(glibenclamide,优降糖)、格列吡嗪(glipizide,吡磺环己脲)、格列美脲(Glimepiride)等,作用明显增强,且不良反应较少发生;第三代以格列齐特(gliclazide,达美康)为代表。

格 列 本 脲

【体内过程】 格列本脲(glibenclamide)在胃肠道吸收迅速而完全,与血浆蛋白结合率很高。其中多数药物在肝内氧化成羟基化合物,并迅速从尿中排出。

【药理作用及作用机制】

(1)降血糖作用:格列本脲对正常人和胰岛功能尚未完全丧失(至少保留30%以上)的糖尿病患者均有降血糖作用,作用机制主要是:①直接刺激胰岛β细胞释放胰岛素;②使靶细胞胰岛素受体数量增加或对胰岛素的敏感性增强;③促进葡萄糖的利用以及糖原和脂肪的合成。

(2)抗利尿作用:格列本脲有一定的抗利尿作用,与其促进血管升压素的分泌、增强其作用,从而减少水的排泄有关。

【临床用途】 主要用于胰岛β-细胞功能尚存且单用饮食控制无效的轻、中度2型糖尿病患者,对1型或严重糖尿病患者及切除胰腺者无作用。与胰岛素或双胍类降血糖药合用产生协同作用。同时,还可用于治疗尿崩症。

【不良反应】

(1) 低血糖反应:为最常见的副作用,可诱发冠心病患者心绞痛发作和心肌梗死,也可引起脑血管意外。严重而持久的低血糖反应可引起昏迷、死亡。

(2) 消化道反应:表现为食欲不振、恶心、腹泻、肝功能损害、胆汁淤积性黄疸,偶见中毒性肝炎。

(3) 过敏反应:引起皮疹、药热、荨麻疹、皮肤瘙痒等,罕见严重过敏反应。

【用药指导】 老年人、肝肾功能不良、慢性心功能不全、有酮症倾向及对磺胺类药物过敏者禁用。由于磺酰脲类有较高的血浆蛋白结合率,因此在蛋白结合上能与其他药物(如保泰松、水杨酸钠、吲哚美辛、青霉素、双香豆素等)发生竞争,使游离药物浓度上升而引起低血糖反应。此外,氯丙嗪、糖皮质激素、噻嗪类利尿药、口服避孕药均可降低磺酰脲类药物的降血糖作用。

格列齐特

格列齐特(gliclazide)属第三代磺酰脲类降糖药,它的结构即在磺酰脲的尿素部分加了一个二环杂环,不仅可降血糖,且能改变血小板功能。因此,药理作用还具有抗凝血作用,能减弱血小板黏附力,刺激纤溶酶原的合成而影响凝血功能,对糖尿病患者伴有凝血和血管栓塞有一定的防治作用。其他同格列本脲。

(三) 双胍类

双胍类的降血糖作用与胰岛功能无关,对胰岛功能完全丧失的糖尿病仍有降血糖作用,但对正常人无降血糖作用,降糖作用机制可能是:①抑制肝糖原的异生。②抑制肠道对葡萄糖的吸收。③抑制胰高血糖素的释放。④加速外周组织对葡萄糖的摄取和利用。

二甲双胍

二甲双胍(metformin,甲福明)主要用于轻症2型糖尿病患者,尤适用于肥胖者、单用饮食控制无效者。不良反应为呕吐、恶心、腹泻、口中有金属味等胃肠道反应及抑制维生素B_{12}在肠道的吸收引起巨幼红细胞性贫血症。与苯乙双胍相比,二甲双胍一般不引起乳酸血症,应用较广。

苯乙双胍

苯乙双胍(phenformin,降糖灵),临床用途、不良反应等与二甲双胍相似,但苯乙双胍易致乳酸血症,现已不用或少用。

(四) α-葡萄糖苷酶抑制药

α-葡萄糖苷酶抑制药通过抑制糖类在小肠上部的吸收,降低餐后血糖,并通过对餐后糖负荷的改善而降低空腹血糖。用于轻、中度2型糖尿病,尤其适用于老年患者。常用的药物有阿卡波糖(acarbose,拜糖平)和伏格列波糖(voglibose)。用药期间应增加饮食中碳水化合物的比例,减少单糖的摄入量。

(五) 促胰岛素分泌药

格列奈类为一种新型促胰岛素分泌的药物,现用于临床的有瑞格列奈(repaglinide)、那格列奈(nateglinide)、米格列奈(mitiglinide)等。本类药物可快速促进胰岛β细胞释放胰岛素,其作用机制与磺酰脲类不同,故作用更迅速,而且代谢极快,可以灵活地与食物同进服用,对改善餐后高血糖非常有效,因此被称为"餐时血糖调节剂"。

临床用于2型糖尿病患者,尤适合餐后高血糖,亦适用于糖尿病肾病患者。不良反应轻而短暂,常见的是低血糖反应和头痛、腹泻等。

四、糖尿病的药物治疗学基础

糖尿病是一种常见的慢性代谢性疾病。我国目前已有糖尿病患者4000万。糖尿病的病因尚未完全阐明,目前认为有关的主要因素是遗传因素、自身免疫、精神因素、饮食过量和肥胖等,后者是我国糖尿病发病剧增的主要原因。典型的临床表现为"三多、一少",即多尿、多饮、多食和体重减轻。糖尿病的并发症多,如酮症酸中毒、非酮症性高渗性昏迷、糖尿病肾病、多发性神经病变、冠心病、脑血管病、肢体动脉病变、视网膜病变等,严重危害人体健康,影响生活质量,应引起高度重视。

【治疗原则】 由于对糖尿病的病因及发病机制尚未完全明了,故缺乏病因治疗。目前强调早期治疗、长期治疗、综合治疗、治疗措施个体化的原则。治疗目的是纠正代谢紊乱,恢复血糖水平,消除症状,防止或延缓并发症的发生,保障儿童生长发育,延长寿命,降低病死率,提高生活质量。治疗的要点是饮食控制、运动疗法、血糖监测、药物治疗和糖尿病教育。

【药物治疗方案】

(1) 1型糖尿病的药物治疗:需终身使用胰岛素,以补充胰岛素分泌的不足。开始时胰岛素约20U/d,分三次餐前注射,以后根据空腹血糖及餐后血糖水平进行调整,3~5天调整一次。

(2) 2型糖尿病的药物治疗:2型糖尿病根据体重可分为肥胖和非肥胖两型。肥胖的2型糖尿病如有明显的胰岛素抵抗和高胰岛素血症,治疗时应首选增加胰岛素敏感性的药物,如二甲双胍、阿卡波糖、罗格列酮等,尽量少用磺酰脲类和胰岛素,否则易加重胰岛素抵抗,形成恶性循环。对非肥胖的2型糖尿病,经控制饮食和适当的运动后血糖控制不佳时,可选用磺酰脲类,如血糖仍不能控制在正常水平,可加用二甲双胍或葡萄糖苷酶抑制剂,症状严重者应尽早用胰岛素。

【用药注意事项】 糖尿病的治疗必须坚持剂量个体化,应根据患者的血糖、尿糖水平进行调节;联合用药时易发生低血糖反应,应注意预防;长期应用胰岛素的患者,可采用更换胰岛素制剂和选用新型胰岛素制剂等措施,避免发生胰岛素抵抗。

【附】

常用制剂及用法

苯甲酸雌二醇 肌内注射,1~2mg/次,每周2~3次。

黄体酮 肌内注射,先兆流产或习惯性流产:10~20mg/d。检查闭经的原因:10mg/d,共3~5日,停药后2~3日若见子宫出血,说明闭经并非由于妊娠。

醋酸甲羟孕酮 口服,2~10mg/d。

甲睾酮 舌下给药或口服,5~10mg/次,1~2次/d。醋酸可的松 替代疗法:口服,12.5~37.5mg/d,分两次;药理治疗:口服,开始75~300mg/d,分3~4次,维持量25~50mg/d。肌内注射25~125mg/次,2~3

次/d。

氢化可的松 替代疗法:口服,20~30mg/d,分两次;药理治疗:口服,开始60~120mg/d,分3~4次,维持量20~40mg/d。静脉滴注,100~200mg/次或更多,1~2次/d,临用时以等渗氯化钠溶液或5%葡萄糖溶液500ml稀释。0.5%~2.5%软膏外用。

泼尼松 一般开始剂量5~15mg/次,3~4次/d,维持量5~10mg。

泼尼松龙 口服,开始20~40mg/d,分3~4次,维持量5mg/d。静脉滴注,10~20mg/次,加入5%葡萄糖液50~500ml中应用。

地塞米松 口服,开始0.75~1.5mg/次,3~4次/d,维持量0.5~0.75mg/d。皮下、肌内或静脉注射,5~10mg/次,2次/d。

甲状腺素钠 本品0.1mg相当于甲状腺片60mg,口服0.1~0.2mg/d,静脉注射0.3~0.5mg/d。

甲硫氧嘧啶 开始剂量300~600mg/d,分3~4次;维持量25~100mg/d,分1~2次服用。

甲巯咪唑 开始剂量20~60mg/d,分3次服,维持量5~10mg/d,服药最短不能少于1年。

碘化钾 治疗单纯性甲状腺肿开始剂量宜小,10mg/d,20日为一疗程,连用2疗程,疗程间隔30~40日,1~2个月后,剂量可渐增大至20~25mg/d,总疗程3~6个月。

胰岛素 注射剂,400U/10ml,800U/10ml。中度糖尿患者每日需给5~10U,重度者每日用量在40U以上。一般饭前半小时皮下注射,一日3~4次,必要时可作静脉滴注。

门冬胰岛素 注射笔芯,300U/3ml。餐前5~10min皮下注射。

赖脯胰岛素 注射剂,400U/10ml,1000U/10ml。注射笔芯,300U/3ml。餐前15min皮下注射。

低精蛋白锌胰岛素 注射剂,400U/10ml,800U/10ml。剂量视病情而定,早饭或晚饭前30~60min皮下注射。

精蛋白锌胰岛素 注射剂,400U/10ml,800U/10ml。剂量视病情而定,早饭前30~60min皮下注射,一日1次。

格列苯脲 片剂,2.5mg,5mg。开始2.5mg,早餐前或早餐及午餐前各1次,7日后每日递增2.5mg,最大用量每日不超过15mg,待增至一日10mg时,应分早、晚2次服,至出现疗效后,逐渐减量至一日2.5~5mg。

格列齐特 片剂,40mg,80mg。开始时一日40mg,一日1次;随后按情况递增至一日160~320mg。日剂量超过160mg时,需分2次服。

格列吡嗪 片剂或胶囊剂,2.5mg,5mg,控释片,5mg。剂量因人而异,一般推荐剂量一日2.5~20mg,早餐前30分钟服用。以后根据血糖和尿糖情况增减剂量,每次增减2.5~5.0mg。日剂量超过15mg时,宜在早、中、晚分三次餐前服用。

格列喹酮 片剂,30mg。开始时一日15mg,早餐前30min 1次;随后可按情况递增一日15mg时,直至一日45~60mg时,分2~3次服。

瑞格列奈 片剂,0.5mg。开始时一次0.5mg,渐增至一次4mg,一日3次,餐前服。

那格列奈 片剂,120mg。一次120mg,一日3次,餐前服。

二甲双胍 片剂,250mg。一般开始剂量250mg,一日2次,进餐时或餐后服用,约一周后,如病情控制不满意,可加至一日3次,一次250mg,以后视疗效适当调整用量,每日量不宜超过1500mg。

罗格列酮 片剂,4mg。开始时一次4mg,一日1次,经12周治疗后,如有需要,可加量至一日8mg,一日1次或分2次服用。

吡格列酮 片剂,15mg。开始时一次15~30mg,一日1次,早餐前或早餐后服用。

阿卡波糖 片剂,50mg。用餐前即刻整片吞服或与前几口食物一起咀嚼服用,开始时一次50mg,一日

1 次。以后逐渐增加至一次 0.1g,一日 3 次。个别情况下,可增至一次 0.2g,一日 3 次。

【小结】

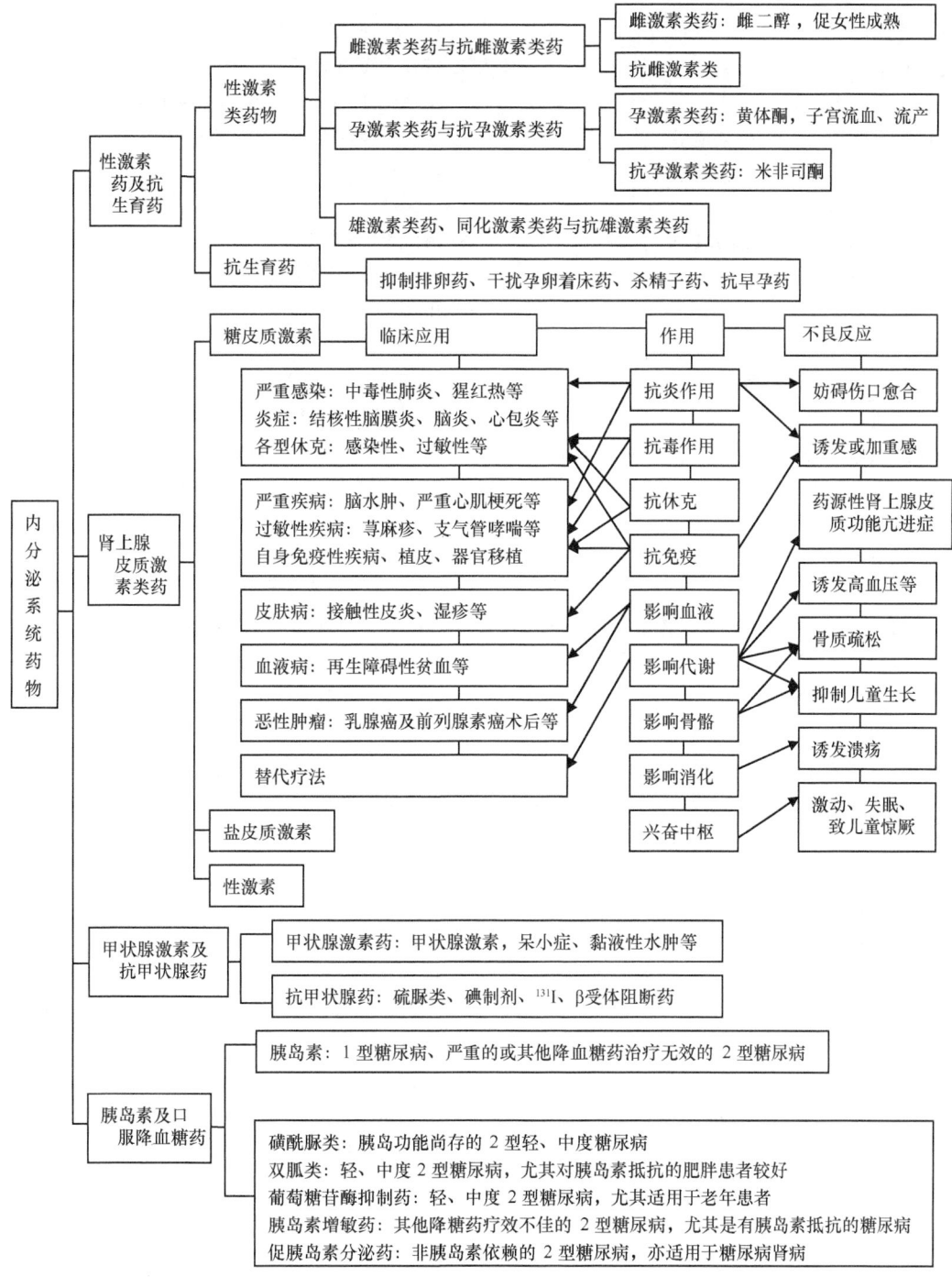

目标检测

一、选择题

【A 型题】

1. 天然的雌激素是（　　）
   A. 雌二醇　　　B. 炔雌醇
   C. 戊酸雌二醇　D. 炔雌醚
   E. 己烯雌酚
2. 糖皮质激素用于严重感染是因为（　　）
   A. 增强抗菌作用
   B. 维持血糖水平
   C. 抗炎、抗毒
   D. 增强中性粒细胞数量
   E. 促进蛋白质合成
3. 糖皮质激素诱发和加重感染的主要原因是（　　）
   A. 选择激素不当
   B. 用量不足
   C. 疗程短
   D. 激素抑制免疫功能降低机体抵抗力
   E. 降低抗菌药物活性
4. 硫脲类抗甲状腺药最严重的不良反应是（　　）
   A. 出血　　　　B. 溶血性贫血
   C. 粒细胞缺乏症　D. 过敏
   E. 再生障碍性贫血
5. 可以静脉注射的胰岛素制剂是（　　）
   A. 胰岛素
   B. 低精蛋白锌胰岛素
   C. 珠蛋白锌胰岛素
   D. 精蛋白锌胰岛素
   E. 以上都不是
6. 胰岛素对糖代谢的影响是（　　）
   A. 抑制葡萄糖向组织细胞内转移
   B. 抑制葡萄糖的氧化和酵解
   C. 抑制糖原的合成和储存
   D. 促进糖原的分解和异生
   E. 降低血糖
7. 胰岛素可以纠正（　　）
   A. 细胞内缺钾　B. 细胞内缺钠
   C. 细胞内缺钙　D. 细胞内高钾
   E. 细胞内高钠

【X 型题】

8. 雌激素的作用有（　　）
   A. 参与月经周期形成
   B. 维持女性性征
   C. 水钠潴留
   D. 抑制乳汁分泌
   E. 抑制子宫收缩
9. 长效糖皮质激素包括（　　）
   A. 地塞米松　　B. 氢化可的松
   C. 泼尼松　　　D. 倍他米松
   E. 可的松
10. 胰岛素的不良反应有（　　）
    A. 淤积性黄疸　B. 变态反应
    C. 反应性高血压　D. 血糖过低
    E. 胰岛素耐受性
11. 口服降血糖的药物有（　　）
    A. 精蛋白锌胰岛素
    B. 格列本脲
    C. 格列齐特
    D. 苯乙双胍
    E. 阿卡波糖

二、简答题

1. 胰岛素治疗糖尿病的主要适应证包括哪些？
2. 试比较胰岛素和口服降糖药的降糖作用及其优缺点。
3. 试述糖皮质激素的主要药理作用与临床应用。
4. 糖皮质激素类药物长期用药为何不能突然停药？应如何停药？

第十三章 抗微生物药

内容提要

感染是由各种病原微生物及寄生虫感染机体引起的局部或全身性疾病,发病率较高。防治感染性疾病主要依靠抗微生物药,包括抗生素、化学合成药物、消毒防腐药等。本章主要介绍上述药物的抗菌作用、临床用途、主要不良反应及防治,并从预防用药、选药原则、使用方法、联合用药等方面介绍抗感染药物治疗学基础知识。

学习目标

识记抗微生物药的分类及相关基本概念,并能列举出各类2~3个代表药物通用名称;能根据具体感染性疾病情况选用正确合理的治疗药物,并清晰解释出选用该药的主要依据,且能列举出用药期间可能出现的主要不良反应及防治措施。

重点难点

本章应重点学习各类药物的抗菌作用特点、临床应用及用药指导,抗微生物药的选药原则以及联合用药、预防用药的指征。本章的难点是药物抗菌作用机制和耐药机制及抗感染药物相关的临床内容。

课时数

理论 16,实践 3

第一节 概　　述

案例 13-1

患者,男,40岁,诊断为感染性荨麻疹。

处方:①左氧氟沙星注射液 100ml:0.3g,静脉滴注,每日 1 次,共 4 天;②阿奇霉素 0.25g 加 10% 葡萄糖注射液 250ml,静脉滴注,每日 1 次,共 4 天;③培氟沙星葡萄糖注射液 100ml:0.4g 加地塞米松注射液 15mg,静脉滴注,每日 1 次,共 4 天;④10% 葡萄糖注射液 100ml 加 10% 葡萄糖酸钙注射液 10ml 和维生素 C 注射液 1g,静脉滴注,每日 1 次,共 4 天。

问题:

此用药方案是否合理,为什么?

抗微生物药是指能够抑制或杀灭病原微生物,用于防治感染性疾病的药物,主要包括抗菌药物、抗病毒药物和抗真菌药物等,其中抗菌药物又包括抗生素和人工合成抗菌药物。

细菌、真菌、病毒、支原体、衣原体、螺旋体、立克次体等病原微生物及寄生虫感染人体所引起的局部或全身性疾病,称为感染性疾病。各种感染性疾病多具有传染性,也常是其他疾病的并发症,所以一直是危害人类健康的多发病和常见病。临床上将抗微生物药、抗寄生虫药、抗肿瘤药统称为化学治疗药,其治疗方法称为化学治疗,简称化疗。

在应用抗微生物药物时,要注意机体、病原微生物和药物三者之间的相互关系(图 13-1)。既要调动机体对病原微生物的免疫防御能力,与药物共同发挥抗病原微生物作用,也要注意药物对机体产生的不良反应和用药不当可能造成病原微生物产生耐药性,同时良好的体内过程也是药物充分发挥作用的保障。总之,理想的抗微生物药应具备以下特点:①对致病微生物具有高度选择性;②对人体无毒或低毒;③病原体对其不易产生耐药;④具有良好的药动学特性;⑤性状稳定,不易被酸、碱、光、热及酶破坏;⑥使用方便,价格低廉等。

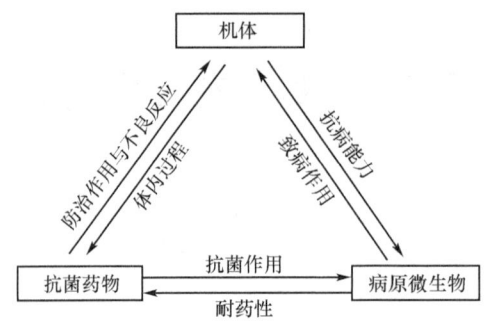

图 13-1 机体、病原体与抗微生物药三者之间的关系

一、抗微生物药的常用概念

1. 抗生素 指某些微生物在代谢过程中产生的具有抑制或杀灭病原微生物作用的化学物质,包括天然抗生素和人工半合成抗生素。

2. 抑菌药和杀菌药 仅抑制病原菌生长繁殖而无杀灭病原菌作用的药物称为抑菌药;不仅抑制病原菌的生长繁殖,而且具有杀灭病原菌作用的药物称为杀菌药。

3. 抗菌谱 指抗菌药物的抗菌范围。根据抗菌范围的大小可将抗菌药物分为窄谱抗菌药和广谱抗菌药。前者仅对单一菌种或菌属细菌有效;后者不仅作用于革兰阳性、革兰阴性细菌,对衣原体、支原体、立克次体等也有作用。

4. 抗菌活性 指抗菌药物抑制或杀灭病原菌的能力。常以最低抑菌浓度(MIC)及最低杀菌浓度(MBC)表示。MIC 指在体外试验中能抑制培养基内细菌生长的最低药物浓度;MBC 指能杀灭培养基内细菌的最低药物浓度。

5. 化疗指数(chemotherapeutic index,CI) 是评价化疗药物安全性的重要指标。一般用动物的半数致死量(LD_{50})与半数有效量(ED_{50})之比表示,即 LD_{50}/ED_{50}。化疗指数越大,表明药物毒性越小,相对越安全,但也并非绝对安全,如青霉素化疗指数大,对人体几乎无毒,但有发生过敏性休克致死的危险。因此,仅从评价药物安全性的确切意义而言,安全指数(safety index,SI)及安全范围较化疗指数更具临床价值,$SI=LD_5/ED_{95}$。

6. 耐药性 又称抗药性,系指病原微生物、寄生虫以及肿瘤细胞对于药物作用的耐受性,特别是经长期或反复用药后对抗微生物药的敏感性降低或消失的现象称为耐药性。耐药性一旦产生,药物的治疗作用就明显下降或消失。

7. 抗菌后效应(post antibiotic effect,PAE) 指抗菌药物发挥抗菌作用后,血药浓度低于最低抑菌浓度或抗菌药物被消除之后,细菌生长仍受到持续抑制的现象。抗菌后效应对制订给药方案有重要指导意义。

二、抗微生物药的作用机制

抗微生物药主要通过干扰病原体的生物化学代谢过程,影响其结构与功能,从而呈现抑菌或杀菌作用。其作用机制见图 13-2。

(一)抑制细菌细胞壁的合成

细菌细胞壁的基础成分是黏肽,青霉素类和头孢菌素类抗生素与细菌细胞壁上的青霉

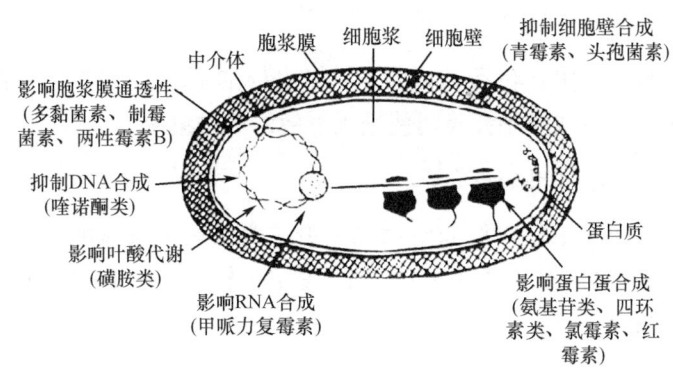

图 13-2 细菌结构与抗菌药物作用部位示意图

素结合蛋白(penicillin binding protein,PBPs)结合,抑制转肽酶的转肽作用,妨碍细菌细胞壁黏肽的合成,使之不能交联,导致细胞壁的缺损,丧失屏障作用而使细菌破裂、溶解、死亡。

(二)影响胞浆膜的通透性

有些抗菌药可影响胞浆膜的功能,如多黏菌素具有表面活性作用,能选择性地与革兰阴性细菌胞浆膜中的磷脂结合,使膜功能受损;而制霉菌素、两性霉素 B 则与真菌胞浆膜上的固醇类物质结合,从而使胞浆膜通透性增加,菌体内的蛋白质、氨基酸、核苷酸等重要成分外漏,导致细菌死亡。

(三)抑制细菌蛋白质合成

氨基糖苷类抗生素可影响细菌蛋白质合成的多个环节,致使细菌核糖体循环受阻,合成不正常或无功能的肽链而起到杀菌作用;四环素类可与核糖体 30s 亚基结合;大环内酯类、氯霉素和林可霉素可与 50s 亚基结合,阻碍了肽链的形成,产生抑菌作用。

(四)影响叶酸及核酸代谢

磺胺类与甲氧苄啶可妨碍细菌叶酸代谢,由于叶酸缺乏,细菌体内核苷酸合成受阻,导致细菌生长繁殖受到抑制。喹诺酮类抑制细菌 DNA 回旋酶,从而抑制细菌的 DNA 复制产生杀菌作用。利福霉素类特异地抑制细菌 DNA 依赖的 RNA 多聚糖,阻碍 mRNA 的合成而杀灭细菌。

三、病原微生物耐药性产生的机制

细菌的耐药性是指长期应用抗菌药物后,病原体对药物的敏感性下降甚至消失的现象。一种病原体仅对一种抗菌药产生耐药称单药耐药,一种病原体同时对两种以上抗菌药产生耐药称多重耐药。随着抗菌药的广泛应用,细菌的耐药性也日趋严重。细菌产生耐药性的机制如下。

(一)细菌产生灭活酶

细菌可产生破坏抗菌药物结构的酶,包括水解酶和合成酶。如金黄色葡萄球菌产生 β-内酰胺酶可使青霉素类和头孢菌素类抗生素的 β-内酰胺环水解而失活;合成酶可使氨基糖苷类抗生素的化学结构发生改变,从而引起耐药。

（二）细菌胞浆膜通透性发生改变

细菌可通过多种方式阻止抗菌药透过胞浆膜进入菌体内。如革兰阴性菌可通过减少细胞膜上的膜孔蛋白数量或减小孔径而使进入细菌的药物量减少。

（三）细菌改变药物作用的靶位

蛋白细菌可通过改变靶位蛋白的结构和数量来降低进入菌体的药物量。如链霉素在30s亚基上的作用靶位P10蛋白质的构象变化、青霉素作用靶位PBPs的改变，均使药物不易与之结合而产生耐药。

（四）细菌代谢途径的改变

细菌通过改变自身代谢途径而产生耐药。如细菌可通过直接利用外源性的叶酸而对磺胺类药物产生耐药。

（五）影响主动流出系统

有些细菌能将进入菌体内的药物泵出体外，因为泵需要能量，故称主动流出系统。流出系统是一组跨膜蛋白，主要由三种蛋白组成：转运子、附加蛋白和外膜蛋白，又称三联外排系统。细菌可以通过此组跨膜蛋白主动外排药物，从而形成了低水平的非特异性、多重耐药。

第二节 抗 生 素

案例 13-2

患者，女，26岁，上呼吸道感染伴发热，拟给予青霉素治疗。无青霉素过敏史。青霉素皮试30s后，患者全身发痒、四肢发麻。1min后皮试处有红斑伪足，面部及两臂呈橘皮样肿胀。3min后口唇发绀，呈痉挛性咳嗽，呼吸带哮鸣音。继而神志不清，四肢厥冷，呼吸浅表、脉搏细弱。查体：血压40/0mmHg，心率110次/分，心音弱而快速，四肢肌肉松弛。

问题：

1. 患者的青霉素过敏反应有什么特点？
2. 可用什么药物治疗？
3. 除药物治疗外，还可采取哪些措施？

抗生素是指某些微生物（包括细菌、放线菌、真菌）在代谢过程中产生的具有抑制或杀灭其他病原微生物作用的化学物质，也包括以天然抗生素为母核进行化学结构改造而得到的半合成或全合成抗生素。

一、β-内酰胺类抗生素

β-内酰胺类抗生素是指化学结构中含有β-内酰胺环的一类抗生素，主要包括青霉素类、头孢菌素类、非典型β-内酰胺类以及β-内酰胺酶抑制剂。

β-内酰胺类抗生素作用机制主要是作用于细菌菌体内的青霉素结合蛋白，抑制细菌细胞壁合成，使菌体失去渗透屏障而膨胀、裂解，同时借助细菌的自溶酶，溶解菌体而产生抗菌作用。

（一）青霉素类

相关链接　　　　　　　　青霉素的发现

20世纪40年代以前，人类一直未能发现高效治疗细菌性感染且副作用小的药物。1928年2月13日，英国伦敦大学圣玛莉医学院细菌学教授弗莱明在一间简陋的实验室里研究导致人体发热的葡萄球菌。由于盖子没有盖好，他发现培养细菌用的琼脂上附了一层青霉菌。这是从楼上研究青霉菌的窗口飘落进来的。使弗莱明感到惊讶的是，在青霉菌的近旁，葡萄球菌忽然不见了。这个偶然的发现深深吸引了他，他设法培养这种霉菌进行多次试验，证明青霉素可以在几小时内将葡萄球菌全部杀死。弗莱明据此发明了葡萄球菌的克星——青霉素。1940年，青霉素开始投入临床使用。

本类药物由于高效、低毒，临床价值很高。按来源分为天然青霉素和半合成青霉素，其基本化学结构是由主核6-氨基青霉烷酸(6-APA)及侧链组成（图13-3），其中β-内酰胺环为抗菌活性中心，一旦破裂即抗菌活性消失。侧链则主要与抗菌谱、耐酸、耐酶等药理特性有关，侧链上的R被不同基团取代，可获得不同品种的半合成青霉素。

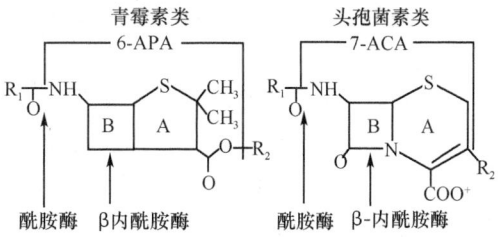

图13-3　青霉素类及头孢菌素类药物基本结构及酶作用部位
A. 噻唑环；B. β-内酰胺环

1. 天然青霉素

青霉素G

青霉素G(penicillin G)又名苄青霉素(Benzylpenicillin)，属有机酸，其钠盐或钾盐易溶于水，水溶液不稳定，在室温放置24h大部分分解失效，并产生具有抗原性的青霉烯酸和青霉噻唑。常将其制成性质稳定的固体制剂，如粉针剂等，现配现用。不耐热，也易被酸、碱、醇、氧化剂、重金属等破坏。

【体内过程】　青霉素G口服易被胃酸和消化酶破坏，吸收少且不规则，故不宜口服。肌内注射吸收快且完全，约30min血药浓度达峰值。$t_{1/2}$为0.5~1h。不易通过血-脑屏障，但在脑膜炎时，青霉素可在脑脊液中达有效浓度。约90%由肾小管分泌排泄。因抗菌后效应等原因，有效作用时间可维持4~6h，故一般感染每日注射两次即可。

本药亦可采用油溶剂或混悬剂，肌内注射后在注射部位缓慢溶解吸收，延长作用时间，如普鲁卡因青霉素、苄星青霉素。一次注射可维持24h至15天不等，但血药浓度很低，仅限轻症或预防感染使用。

【作用机制】　青霉素为杀菌药，能与敏感细菌胞浆膜上的青霉素结合蛋白结合，抑制转肽酶的活性，阻止细菌细胞壁的重要成分黏肽的合成，造成细胞壁的缺损，水分顺渗透压梯度进入菌体内，使细菌肿胀，在细菌自溶酶的作用下，细菌溶解、破裂、死亡。

【药理作用】　青霉素抗菌作用强大，对大多数革兰阳性球菌如溶血性链球菌、肺炎球菌、草绿色链球菌、不产生β-内酰胺酶的金黄色葡萄球菌及多数表皮葡萄球菌等作用强；对革兰阳性杆菌如白喉杆菌、炭疽杆菌、产气荚膜杆菌、破伤风杆菌等敏感；对革兰阴性球菌如脑膜炎球菌和淋球菌也较敏感；对梅毒螺旋体、钩端螺旋体等高度敏感；对大多数革兰阴性杆菌作用较弱，对肠球菌不敏感，对阿米巴原虫、立克次体、真菌、病毒无效。金黄色葡萄球菌、淋病奈瑟菌肺炎球菌、脑膜炎奈瑟菌等对本药极易产生耐药性。

【临床用途】

临床主要用于敏感的革兰阳性球菌、革兰阴性球菌、螺旋体感染的首选药。

(1) 溶血性链球菌感染:如咽炎、扁桃体炎、猩红热、丹毒、蜂窝织炎和产褥热、草绿色链球菌引起的心内膜炎。

(2) 肺炎链球菌感染:如肺炎、中耳炎、脑膜炎和菌血症等。

(3) 螺旋体感染:钩端螺旋体病、梅毒,亦可治疗螺旋体引起的回归热等。

(4) 革兰阳性杆菌感染:如破伤风、气性坏疽、白喉等。

(5) 革兰阴性球菌感染:脑膜炎球菌引起的流行性脑脊髓膜炎,青霉素 G 与 SD 合用为首选药。

(6) 放线菌感染:需要大剂量、长疗程用药,如局部肉芽肿样炎症、脓肿等。

【不良反应】

(1) 过敏反应:青霉素类抗生素的毒性很小,但少数患者可发生过敏反应,表现为皮疹、血管性水肿。最严重者为过敏性休克,多在注射后数分钟内发生,症状为呼吸困难、发绀、血压下降、昏迷、肢体强直,最后惊厥,抢救不及时可造成死亡。因此在使用青霉素时应采取以下措施:①详细询问药物过敏史,凡是有药物过敏史者禁用。②皮试:凡初次注射、3 日以上未用、用药过程更换批号均需做皮试。皮试为阳性应禁用青霉素。皮试阴性者注射青霉素也可发生过敏性休克,故注射后应留观 30min,没有反应后方可离院。③避免在饥饿状态下注射青霉素,避免局部应用,避免在不具备抢救条件下使用。④必须现用现配,青霉素 G 最适 pH 为 5~7.5,过高或过低都会加速青霉素的降解,故静脉滴注时最好置于 0.9% 氯化钠注射液中。⑤一旦发生过敏性休克,立即皮下或肌内注射肾上腺素 0.5~1.0mg,危重者可加入 25% 葡萄糖注射液 20ml 稀释后缓慢静脉注射。

(2) 青霉素脑病:青霉素脑病是青霉素的一种少见中枢神经系统毒性反应,鞘内注射或静脉大剂量快速给药时,可引起头痛、反射性肌肉震颤、昏迷等神经系统症状,称为青霉素脑病,有诱发癫痫的可能,应予注意。

(3) 局部刺激反应:肌内注射时可出现疼痛、局部红肿、硬结等局部刺激症状,钾盐尤甚,宜深部肌内注射或定期更换注射部位。

(4) 赫氏反应:治疗螺旋体感染初期,可出现症状加重的现象,表现为全身不适、寒战、发热、肌痛、咽痛、心跳加快等,称之赫氏反应。其原因是大量螺旋体被青霉素杀死后释放的物质所导致的变态反应。

【用药指导】

(1) 用药前应明确为青霉素类药物敏感菌感染,了解患者感染程度、症状和体征,重点是有无青霉素过敏史及禁忌证。备好抢救过敏的药物。

(2) 合理选择剂型和给药方法,预防感染可采用长效青霉素如普鲁卡因青霉素、苄星青霉素肌内注射。一般感染采用青霉素 G 钠盐或钾盐肌内注射,严重感染则采用静脉给药。

(3) 静脉给予大剂量青霉素钾盐可出现高钾血症,肾功能不全或心功能不全者容易发生心律失常等,故钾盐禁止静脉推注,静脉滴注时也应注意血钾的改变。

(4) 嘱咐患者用药后停留 30min 后离去,如有胸闷、心悸、出汗及呼吸困难现象,应及时告知医护人员。

(5) 氨基酸营养液可增强 β-内酰胺类抗生素的抗原性,属配伍禁忌。

(6) 磺胺类、红霉素类、四环素类、氯霉素类等抑菌剂与 β-内酰胺类抗生素合用时可产生拮抗作用。

2. 半合成青霉素 半合成青霉素是在青霉素母核 6-APA 的基础上引入不同侧链而得到的一类青霉素。其抗菌机制和不良反应与天然青霉素相同,克服了天然青霉素不耐酸、不耐酶及抗菌谱较窄的缺点,形成了耐酸、耐酶、广谱的半合成青霉素(表 13-1)。本类药物与天然青霉素有交叉过敏性,故使用前应作皮试。

表 13-1 半合成青霉素的分类和作用特点

类别	药品	作用特点及用途
耐酸青霉素	青霉素 V(penicillinV)	①耐酸可口服,但不耐酶 ②抗菌谱与青霉素相似但活性不及青霉素 ③用于预防感染或轻度感染
耐酸耐酶青霉素	苯唑西林(oxacillin) 氯唑西林(cloxacillin) 氟氯西林(flucloxacllin)	①耐酸可口服,不能透过血-脑屏障 ②耐酶,可用于耐青霉素的金葡菌感染 ③抗菌谱与青霉素相似对革兰阳性菌作用不及青霉素,但对产生 β-内酰胺酶的金葡菌有效
广谱青霉素	氨苄西林(ampicillin) 阿莫西林(amoxicillin)	①耐酸可口服,但不耐酶,对耐药金葡菌无效 ②抗菌谱广,对革兰阳性和革兰阴性菌均有杀灭作用,特点是对革兰阴性菌作用优于青霉素 G ③用于各种敏感菌所致的伤寒、副伤寒、呼吸道、泌尿道和胆道等感染
抗铜绿假单胞菌青霉素	羧苄西林(carbenicillin) 哌拉西林(piperacillin) 呋布西林(furbucillin) 替卡西林(ticarcillin)	①不耐酸,均需注射给药 ②不耐酶,对耐青霉素的金葡菌感染无效 ③抗菌谱广,对革兰阳性菌和革兰阴性菌均有作用,对铜绿假单胞菌作用强,主要用于铜绿假单胞菌感染、变形杆菌及大肠埃希菌感染
抗革兰阴性杆菌青霉素	美西林(mecillinam) 匹美西林(pivmecillinam) 替莫西林(temocillin)	对革兰阴性杆菌作用强,但对铜绿假单胞菌无效,对革兰阳性菌作用弱。主要用于革兰阴性杆菌所致的泌尿道感染等

(二)头孢菌素类

头孢菌素类抗生素是由其母核 7-氨基头孢烷酸(7-ACA)连接不同侧链而成的半合成抗生素,具有抗菌谱广、杀菌力强、可口服、对 β-内酰胺酶稳定、过敏反应较青霉素少等优点。根据临床应用先后及抗菌性能不同可分为四代,见表 13-2。

表 13-2 头孢菌素类抗生素作用特点及用途

分类	常用药名	作用特点及用途
第一代	头孢噻吩(cefalotin) 头孢噻啶(cefaloridine) 头孢氨苄(cefalexin) 头孢唑啉(cefazolin) 头孢拉啶(cefradine)	对革兰阳性菌作用强,对 β-内酰胺酶较稳定。主要用于治疗耐青霉素的金黄色葡萄球菌感染及敏感菌所致呼吸道和泌尿道、皮肤和软组织感染。有一定肾毒性,较二、三代大
第二代	头孢孟多(cefamandole) 头孢呋辛(cefuroxime) 头孢克洛(cefaclor)	对革兰阴性菌作用明显加强,对厌氧菌有一定作用,对铜绿假单胞菌无效。对多种 β-内酰胺酶稳定,可用于治疗敏感菌所致肺炎、胆道感染、尿路感染和菌血症等。肾毒性低于一代头孢菌素

续表

分类	常用药名	作用特点及用途
第三代	头孢噻肟(cefotaxime) 头孢曲松(ceftriaxone) 头孢他定(ceftazidime) 头孢哌酮(cefoperazone)	对革兰阳性菌的作用不及第一代、第二代,对革兰阴性菌包括铜绿假单胞菌作用增强,对厌氧菌有效。对β-内酰胺酶的稳定性进一步增强。可用于治疗敏感菌引起的严重甚至危及生命的败血症、脑膜炎等感染
第四代	头孢匹罗(cefpirome) 头孢吡肟(cefepime) 头孢利定(cefolidin) 头孢噻利(cefoselis)	对革兰阴性菌作用与第三代头孢菌素相似,对革兰阳性菌的作用比第三代增强。对β-内酰胺酶高度稳定,无肾脏毒性。主要用于重症耐药革兰阴性杆菌感染,特别是威胁生命的严重革兰阴性杆菌感染及免疫功能低下的重症患者。为提高疗效,铜绿假单胞菌感染时,可合用抗铜绿假单胞菌的广谱青霉素或氨基糖苷类抗生素。厌氧菌混合感染时,可合用甲硝唑

【不良反应】

(1) 过敏反应:常见皮疹、药热、血管神经性水肿或血清病样反应等,严重者可出现过敏性休克。防治方法与青霉素相似。

(2) 肾损害:第一代头孢菌素肾毒性较强,表现为间质性肾炎、肾小管坏死、血中尿素氮和肌酐升高。肾功能不全者慎用。

【用药指导】

(1) 应建议通过药敏试验确定为本类药物敏感菌感染,并确定具体种类,了解患者的感染程度、症状和体征,有无头孢菌素类药物过敏史及禁忌证,前期抗感染治疗史对合理使用本类药物有重要的参考价值。

(2) 用药期间应注意观察尿量及尿液的颜色改变,尿少、血尿可能与第一代头孢菌素类的肾毒性有关,应避免合用同样有肾毒性的氨基糖苷类抗生素、强效利尿剂,定期做血液尿酸氨、肌酐和尿液检查。

(3) 本类药物中的第三代和第四代多用于严重感染,要注意感染是否得到控制,有无耐药性出现和严重不良反应发生,一般给药 2 至 3 天症状无改善,应配合药敏试验,及时修正给药方案。

(4) 头孢哌酮、头孢孟多可引起低凝血酶原血症而致出血,补充维生素 K 可防治。

(5) 与乙醇同时应用可产生"酒醉样"反应(双硫仑样反应),故本类药物在治疗期间或在停药 3 天内应忌酒。

(三) 非典型 β-内酰胺类

本类抗生素的化学结构中虽有 β-内酰胺环,但无青霉素类和头孢菌素类的基本结构,包括碳青霉烯类、头霉素类、氧头孢烯类、单环类等。

1. 碳青霉烯类 具有广谱、高效、耐酶的特点,常用药物有亚胺培南(imipenem)和美罗培南(meropenem)。该药可由特殊的外膜通道快速进入靶位,抗菌机制与青霉素相似。亚胺培南在体内可被肾脱氢肽酶灭活而失效,故需与抑制肾脱氢肽酶的西司他丁(cilastatin)以 1:1 的比例(泰能)联合应用才能发挥作用。可用于所有需氧和厌氧革兰阳性菌和革兰阴性菌引起的重症感染。大剂量可引起惊厥、抽搐、头痛等中枢神经系统不良反应。

2. 头霉素类 头霉素类(cephamycin)的化学结构与头孢菌素相似。头孢西丁(cefoxitin)为该类药的代表药。其抗菌谱广,对革兰阴性菌作用较强,对革兰阳性菌作用较头孢噻吩弱,对厌氧菌有高效。主要用于敏感菌所致的泌尿道、呼吸道、盆腔、腹腔感染及败血症、心内膜炎等。常见不良反应有皮疹、静脉炎、蛋白尿等。本类药物还有头孢美唑(cefmetazole)、头孢替坦钠(cefotetan)、头孢拉宗(cefbuperazone)等。

3. 氧头孢烯类 氧头孢烯类包括拉氧头孢(latamoxef)和氟氧头孢(flomoxef)。本类药物抗菌谱广,对革兰阳性球菌、革兰阴性杆菌、厌氧菌和脆弱类杆菌均有较强抗菌作用,对多种β-内酰胺酶稳定。可用于敏感菌所致呼吸道、胆道、泌尿道感染及败血症、脑膜炎等。不良反应以皮疹多见,偶见低凝血酶原血症和出血症状。

4. 单环β-内酰胺类 氨曲南(aztreonam)是第一个应用于临床的单环类药物。主要对革兰阴性菌如大肠埃希菌、肺炎克雷伯菌、奇异变形菌、流感嗜血杆菌、铜绿假单胞菌、淋病奈瑟菌等具有强大抗菌活性,对革兰阳性菌作用弱。主要用于敏感菌引起的泌尿道、胆道、呼吸道、脑膜炎、败血症和术后感染的治疗。可见轻度消化道反应、皮疹等不良反应。

(四)β-内酰胺酶抑制剂

克拉维酸(clavulanic acid,棒酸)为氧青霉烷类广谱β-内酰胺酶抑制剂,抗菌谱广,但抗菌活性低。与多种β-内酰胺类抗生素合用时,抗菌作用明显增强。口服吸收好,且不受食物、牛奶和氢氧化铝等的影响。临床使用克拉维酸分别和阿莫西林、替卡西林组成复方制剂。

舒巴坦(sulbactam,青霉烷砜)为半合成β-内酰胺酶抑制剂,化学稳定性优于克拉维酸。该药抗菌谱广、活性低、毒性低、抑酶谱广。对金葡菌与革兰阴性杆菌产生的β-内酰胺酶有很强且不可逆的抑制作用,抗菌作用略强于克拉维酸,与其他β-内酰胺类抗生素合用,有明显的抗菌协同作用。常与头孢噻肟、头孢哌酮等组成复方制剂用于临床。

二、大环内酯类、林可霉素类及多肽类抗生素

案例13-3

患者,男,2岁。因感冒、发热、咽痛2天前来就诊。医嘱予青霉素治疗。

问题:
1. 此方案是否合理?为什么?
2. 还可选用哪些药物?

(一)大环内酯类

本类药物均具有共同的多元大环内酯类结构,可按类别分为三代。

第一代大环内酯类包括红霉素、麦迪霉素、乙酰螺旋霉素等,主要用于治疗耐青霉素G金黄色葡萄球菌引起的感染和对β-内酰胺类抗生素过敏的患者,疗效肯定且无严重不良反应。第二代大环内酯类包括罗红霉素、克拉霉素、阿奇霉素和氟红霉素等,口服吸收好,抗菌活性较强,不良反应较少,广泛用于呼吸道、泌尿道等感染。第三代:近年开发的第三代大环内酯类不仅抗菌活性强大,且对许多耐大环内酯类抗生素的菌株仍然有效,如泰利霉素等。

本类药物通过抑制细菌蛋白质合成而起到快速抑制细菌生长的作用,可与细菌核糖体50s亚基呈不可逆地结合,抑制转肽酶,阻止肽链的延长,抑制细菌蛋白质的合成,呈现快速抑菌作用。高浓度时有杀菌作用。

红霉素

红霉素(erythromycin)是从链丝菌培养液中提取的碱性抗生素,在酸性环境下易被破坏,碱性条件下抗菌作用增强。口服易被胃酸破坏,并受到食物干扰,为避免胃酸破坏,常采用肠溶片或制成酯类及酯化合物的盐类,如红霉素肠溶片、硬脂酸红霉素(erythromycin stearate)、琥乙红霉素(erythromycin ethylsuccinate)、依托红霉素(erythromycin estolate)和可供静脉滴注的乳糖酸红霉素(erythromycin lactobionate)等。

【药理作用】 红霉素为速效抑菌剂,抗菌谱与青霉素相似且稍广。对革兰阳性菌有较强的作用,对革兰阴性菌如脑膜炎奈瑟菌、淋病奈瑟菌、百日咳鲍特菌、流感嗜血杆菌、弯曲杆菌及军团菌、支原体、衣原体、厌氧菌均有效。

【临床用途】

(1) 主要用于对青霉素耐药的革兰阳性菌感染和青霉素过敏患者。

(2) 本药也可作为军团菌肺炎、支原体肺炎、白喉带菌者、新生儿弯曲杆菌肠炎、泌尿生殖系统衣原体感染等的首选药。

(3) 本药还可用于风湿热及心内膜炎的预防。

【不良反应】

(1) 局部刺激:以胃肠反应多见,可引起恶心、呕吐、腹痛、腹泻等。

(2) 肝毒性:大剂量或长期使用时(尤其是酯化红霉素),可致胆汁淤积、肝肿大和转氨酶升高等。

(3) 耳毒性:每日剂量超过 4g 时,数天后可出现耳鸣、听觉障碍。

(4) 过敏反应:偶见药热,荨麻疹等。

乙酰螺旋霉素

乙酰螺旋霉素(acetylspiramycin)是螺旋霉素的乙酰化物,口服吸收好,抗菌谱与红霉素相似,但作用较弱。临床主要用于敏感菌引起的呼吸道、软组织和泌尿道感染。不良反应较红霉素轻。

罗红霉素

罗红霉素(roxithromycin)对胃酸稳定,口服生物利用度高。体内分布较广,在扁桃体、中耳、肺、前列腺及泌尿生殖道中均可达有效治疗浓度。抗菌谱、抗菌作用与红霉素相似,抗菌活性较红霉素强。主要适应证为敏感菌所致的五官、呼吸道、生殖系统及皮肤感染。

阿奇霉素

阿奇霉素(azithromycin)是唯一半合成的大环内酯类抗生素,主要特点是抗菌谱较红霉素广,增加了对革兰阴性菌的抗菌作用,特别对肺炎链球菌及流感嗜血杆菌等革兰阴性菌有更高的抗菌活性,对肺炎支原体的作用为大环内酯类中最强。口服吸收迅速,生物利用度高。组织及细胞内浓度高,$t_{1/2}$长达 35~48h,为大环内酯类中最长者,有明显的抗菌后效应,每日仅需给药一次。临床用于敏感菌所致呼吸道、皮肤、软组织感染。不良反应轻,多数患者均可耐受,轻、中度肝肾功能不良者可以应用。

泰利霉素

泰利霉素(telithromycin)是将大环内酯进行结构改造得到一类被称为酮内酯类抗生素,其作用机制同红霉素。主要对肺炎球菌、嗜血流感杆菌、莫拉菌有强力活性。此外,对副流感杆菌、链球菌、衣原体、支原体、军团菌等也有较高的活性。不良反应少且轻,最常见的是腹泻、恶心、头晕和呕吐等。

【用药指导】

(1) 红霉素、乳糖酸红霉素粉针剂忌用0.9%氯化钠注射液溶解,可先用少量灭菌注射用水溶解成5%溶液后,再添加到5%葡萄糖注射液500ml中缓慢静脉滴注。

(2) 食物可影响红霉素的吸收,故红霉素应在饭前或饭后1h口服,且服用时不宜进食酸性食物和饮料,否则会降低疗效。

(3) 红霉素与氨茶碱、辅酶A、细胞色素C、青霉素G、氨苄西林、头孢噻吩、氯霉素、四环素等不宜在注射器中混合使用。

(4) 应用红霉素期间应定期做肝功检查,并注意有无皮肤和巩膜黄染、全身不适、恶心、呕吐、厌食等症状。一旦出现应及时停药。

(二) 林可霉素类

林可霉素和克林霉素

林可霉素类抗生素包括林可霉素(lincomycin)和克林霉素(clindamycin)。抗菌谱和抗菌机制均相同,由于克林霉素口服吸收量为林可霉素的2~3倍、抗菌作用较强且副作用较小,故临床较常用。

【体内过程】 两药均可口服给药,吸收后在体内分布广泛,易渗入骨组织、关节等部位。主要在肝内代谢,原型药物及代谢物主要经胆汁排泄,小部分经肾排泄。$t_{1/2}$为3~5h。

【药理作用】 两药的抗菌谱与红霉素类似,克林霉素的抗菌活性比林可霉素强4~8倍。最主要特点是对各类厌氧菌有强大抗菌作用。对葡萄球菌、各型链球菌、肺炎球菌等革兰阳性菌作用显著,对部分需氧革兰阴性球菌、人型支原体和沙眼衣原体也有抑制作用。抗菌机制是与核糖体50s亚基呈不可逆结合,阻止肽链延伸,抑制蛋白质合成。两药之间有交叉耐药,是金黄色葡萄球菌引起的骨髓炎的首选药,也可用于厌氧菌引起的口腔、腹腔和妇科感染。

【不良反应】 可致胃肠道反应,表现为恶心、呕吐、腹泻,口服给药比注射给药多见。林可霉素的腹泻发生率为10%~15%,克林霉素为4%。长期用药也可引起二重感染、假膜性肠炎等。可用万古霉素和甲硝唑治疗。大剂量静脉注射或静脉滴注过快均可引起血压下降,甚至心跳、呼吸暂停。

【用药指导】 林可霉素类能与红霉素、氯霉素竞争细菌核糖体的结合部位而相互拮抗,故不宜同用。

相关链接   **假膜性肠炎**

假膜性肠炎是一种急性肠道炎症,因在小肠或结肠的坏死黏膜表面覆有一层假膜而得名,是抗菌药所致的一种二重感染,多在抗菌药应用过程中或停药2~3周内发生。临床表现为大量水泻,每日10次以上,大便常有黏液,部分出现血便,少数可排出斑块状假膜,伴腹痛、腹胀、恶心、呕吐及发热,重症病人可出现脱水、电解质紊乱、循环衰竭等,病死率约为30%。目前认为病原菌多为难辨梭状芽孢杆菌,可用万古霉素治疗。

(三) 多肽类

1. 万古霉素类 是由链霉菌培养液中提取出的一种糖肽类抗生素,包括万古霉素

(vancomycin)和去甲万古霉素(demethylvancomycin)。

万古霉素和去甲万古霉素

【体内过程】 口服难以吸收,肌内注射可致局部剧痛和组织坏死,故只能静脉给药。体内分布广,但难以透过血-脑屏障和血-眼屏障,主要经肾排泄,$t_{1/2}$约为6h。

【抗菌作用】 对革兰阳性菌有强大杀菌作用,尤其对耐甲氧西林金黄色葡萄球菌(MRSA)和耐甲氧西林表皮葡萄球菌(MRSE)作用强大,对难辨梭状芽孢杆菌敏感。抗菌机制是与细胞壁前体肽聚糖结合阻断细菌细胞壁的合成,致使细胞壁缺陷而杀灭细菌。

【临床应用】 临床用于严重革兰阳性菌感染,特别是MRSA、MRSE和肠球菌属所致感染,如败血症、心内膜炎、骨髓炎、呼吸道感染等。口服给药用于治疗假膜性肠炎和消化道感染。

【不良反应】

(1) 耳毒性:血药浓度超过800mg/L且持续数天,可引起耳鸣、听力减退甚至耳聋,及时停药可恢复正常,但少数患者停药后仍有致聋危险。

(2) 肾毒性:主要损伤肾小管,表现为蛋白尿、管型尿、少尿、血尿和氮质血症,甚至出现肾衰竭。用药期间应注意观察尿液及肾功能的变化,避免与有肾毒性的药物如氨基糖苷类合用。

(3) 过敏反应:可引起皮疹,严重者可出现过敏性休克。快速静脉注射万古霉素时,会出现皮肤潮红、红斑、荨麻疹、心动过速和低血压等症状,称为"红人综合征",故输液浓度不宜过高,滴注速度不宜过快。

(4) 其他:口服可引起恶心、呕吐、异味感等。

【用药指导】

(1) 使用万古霉素类药物期间注意记录出入水量,定期做尿液和血液检查,必要时遵医嘱减量或停药。

(2) 忌与氨基糖苷类药物合用,否则会加重耳、肾毒性。

(3) 老年人、孕妇、哺乳妇女、听力障碍和肾功能不全者慎用。

2. 多黏菌素类 多黏菌素(polymyxins)是多黏杆菌培养液中提得的一组多肽类抗生素,有5种成分(A、B、C、D、E),临床常用的是多黏菌素B(polymyxin B)和多黏菌素E(polymyxin E,抗敌素)。

多黏菌素B和多黏菌素E

口服吸收少,肌内注射后2h左右达峰浓度。体内代谢较慢,主要经肾脏排泄。本类药物对多数革兰阴性杆菌如铜绿假单胞菌、大肠埃希菌、流感嗜血杆菌、沙门菌属等有强大的杀灭作用;对革兰阴性球菌、革兰阳性菌和真菌无作用。其中,多黏菌素B的抗菌作用强度较多黏菌素E略高。因毒性较大,临床多局部用于敏感菌引起的眼、耳、皮肤、黏膜感染及烧伤后铜绿假单胞菌感染。

不良反应主要为肾损害及神经系统毒性。肾损害表现为蛋白尿、血尿等,故肾功能不全者应减量或禁用。神经系统的毒性表现为眩晕、手足麻木、共济失调等,也可因神经肌肉阻滞而出现呼吸困难。用药期间应注意监测,一旦发现上述症状,应立即停药或调整用药剂量,并给予吸氧和葡萄糖酸钙等进行急救。

3. 杆菌肽类

杆 菌 肽

杆菌肽(bacitracin)是从枯草杆菌培养液中分离获得。该药作用机制是选择性地抑制细菌细胞壁合成过程中的脱磷酸化，阻碍细胞壁合成。杆菌肽属于慢性杀菌药，本药口服不吸收，局部应用也很少吸收，故只能注射给药，注射后主要经肾排泄。由于该药可造成严重的肾损害，临床仅用于局部抗感染。其优点是刺激性小，过敏反应少，不易产生耐药性，其锌盐制剂可增加抗菌作用。

三、氨基糖苷类抗生素

案例 13-4

患者，女，20 岁，低热、咳嗽 3 天。诊断为上呼吸道感染。医嘱为庆大霉素 24 万 U，肌内注射，一日 2 次。

问题：

此治疗方案是否合理？应如何治疗？

（一）氨基糖苷类抗生素的共性

氨基糖苷类抗生素结构相似，由氨基糖分子与非糖的苷元组成，水溶性好，性质稳定。目前常用的药物有阿米卡星、庆大霉素、妥布霉素、奈替米星、链霉素及大观霉素等。新霉素因毒性大，主要供局部应用。该类抗生素具有以下共同特点：

1. 理化性质　为强有机碱，易溶于水，性质稳定，解离度大，脂溶性小。在碱性环境中抗菌活性增强。

2. 体内过程　口服难吸收，宜注射给药。本药主要分布在细胞外液，脑脊液、胆汁及组织中浓度很低，但在肾皮质及内耳淋巴液中容易蓄积，这与其肾毒性及耳毒性直接相关。可透过胎盘，故孕妇慎用。约 90% 以原形由肾排泄，故有利于泌尿道感染的治疗。同服碳酸氢钠以碱化尿液，可增强其抗菌活性。

3. 抗菌作用　氨基糖苷类抗生素属于静止期杀菌药。该类药物主要作用于革兰阴性杆菌。对需氧革兰阴性杆菌如大肠埃希菌、克雷伯菌属、肠杆菌属、变形杆菌属、志贺菌属等具有强大抗菌作用，对枸橼酸菌属、沙雷菌属、沙门菌属、产碱杆菌属、不动杆菌属、分枝杆菌属等也有一定抗菌作用；对链球菌作用强；结核分枝杆菌对链霉素敏感。本类药物之间存在部分或完全交叉耐药性。

4. 作用机制　本类药物可增强细菌外膜通透性，使更多的药物分子进入菌体细胞内。药物进一步不可逆地抑制细菌蛋白质合成，还能破坏细菌胞质膜的完整性。其环节包括：①起始阶段，抑制 70s 始动复合物形成。②肽链延长阶段，选择性与 30s 亚基靶蛋白结合，使 mRNA 上的遗传密码错译，合成无功能的异常蛋白质。③终止阶段，阻碍终止因子进入核糖体，使已形成的肽链不能释放，并阻止 70s 核糖体解离而耗竭核糖体。通过上述综合作用机制最终使细菌死亡。

相关链接　　　　　　　　　　　**药源性耳聋**

药源性耳聋是因为用药不当所引起的听力损害，已成为发展中国家致耳聋的主要原因之一。在我国 7 岁以下的耳聋患儿中，有 30%~40% 为药物所引起。有耳毒性的药物如氨基糖苷类及万古霉素类抗生素、强效利尿剂等，其中最严重的是氨基糖苷类抗生素。药源性耳聋的治疗较困难，听力下降通常是不可逆转的，目前主要是通过佩戴助听器进行听力康复。

5. 不良反应

（1）肾毒性：氨基糖苷类抗生素蓄积于肾皮质后可损伤近曲小管上皮细胞，引起肾小管肿胀，严重者可产生急性坏死。临床可见蛋白尿、血尿、肾小球滤过减少等，甚至发生少尿、急性肾坏死。损伤一般是可逆的，连续用药较间歇给药发生率高。常用剂量肾毒性的大小顺序为庆大霉素>阿米卡星>妥布霉素>链霉素>奈替米星。为防止肾毒性的发生，用药期间应注意尿液变化，定期检查肾功能，有条件者可进行血药浓度监测。一旦出现肾功能损害，应调整用量或停药。老人及肾功能不全者禁用。

（2）耳毒性：包括前庭神经和耳蜗神经损害。前庭功能损害表现为眩晕、恶心、呕吐、眼球震颤和平衡失调等；耳蜗功能损害表现为耳鸣或不同程度的听力减退，严重者可致耳聋。前庭神经损害发生率依次为新霉素>卡那霉素>链霉素>西索米星>阿米卡星>庆大霉素≥妥布霉素≥奈替米星。耳毒性发生率依次为新霉素>卡那霉素>阿米卡星>西索米星>庆大霉素>妥布霉素>奈替米星>链霉素。

（3）过敏反应：可引起皮疹、发热、口周发麻等。其中链霉素可引起过敏性休克，发生率仅次于青霉素，防止措施同青霉素。

（4）神经肌肉麻痹：大剂量静脉注射或腹腔给药，可阻断神经肌肉接头，出现四肢软弱无力、呼吸困难甚至呼吸停止。一旦发生，可用新斯的明和葡萄糖酸钙进行抢救。儿童、老年人对本类药物反应特别敏感，应慎用，妊娠哺乳期妇女禁用。

（二）常用氨基糖苷类抗生素

链 霉 素

链霉素（streptomycin）由链丝菌培养液中提取获得并用于临床的第一种氨基糖苷类抗生素。其水溶液的药效在室温下可保持一周。

【作用和用途】　本药对铜绿假单胞菌和其他革兰阴性菌的抗菌活性最低，加上不良反应发生率高、耐药菌株增多，链霉素的应用范围日渐缩小。目前临床主要用于：

（1）治疗结核病的一线药物，常与利福平、异烟肼等合用，以增强疗效并延缓耐药性的产生。

（2）对鼠疫和兔热病有特效，常为首选药。

（3）与青霉素合用可治疗溶血性链球菌、草绿色链球菌及肠球菌引起感染性心内膜炎。

【不良反应】

（1）过敏反应：本类药物中发生率最高，以皮疹、药热、血管神经性水肿较常见。偶见过敏性休克，但死亡率比青霉素高。用药前需作皮试。

（2）毒性反应：较少引起，最常见的是耳毒性，前庭神经损害出现早，且发生率高。其次是神经肌肉麻痹。肾毒性较其他氨基糖苷类抗生素少而轻。

庆 大 霉 素

庆大霉素（gentamicin）水溶液性质稳定，口服吸收少，肌内注射吸收迅速而完全。不易透过血-脑屏障。主要以原形经肾排泄，$t_{1/2}$为2~3h，肾功能不全时可明显延长。该药对大肠埃希菌、奇异变形菌、肺炎克雷伯菌、流感嗜血杆菌、沙雷菌属，尤其是铜绿假单胞菌等多数需氧革兰阴性杆菌有杀灭作用，对革兰阳性菌如耐青霉素的金黄色葡萄球菌及肺炎支原体也有效。

庆大霉素耐药性产生较慢，停药后可恢复敏感性。临床主要用于革兰阴性杆菌感染引起的败血症、骨髓炎、肺炎、腹腔感染等，也可与β-内酰胺类抗生素联用治疗心内膜炎及烧伤患者合并铜绿假单胞菌感染,口服用于菌痢、伤寒等肠道感染。结肠手术术前准备,与克林霉素、甲硝唑合用可减少结肠手术后的感染率。不良反应主要有前庭功能损害,偶有听力损害,严重者出现不可逆耳聋,也可发生可逆性肾损害;偶见过敏反应。

常用氨基糖苷类抗生素特点见表13-3。

表13-3 常用氨基糖苷类抗生素的特点比较

药品名	临床特点和应用
阿米卡星（amikacin）	抗菌谱与庆大霉素相似,突出优点是对多种氨基糖苷类抗生素钝化酶稳定。主要用于对其他氨基糖苷类抗生素耐药菌株所致的泌尿道感染、肺部感染,以及铜绿假单胞菌、变形杆菌所致的菌血症;也可与羧苄西林或头孢噻吩合用,治疗中性粒细胞减少或其他免疫缺陷者感染。不良反应发生率低,但听力损害较常见,偶见过敏反应
妥布霉素（tobramycin）	抗菌谱与庆大霉素相似,对大多数肠杆菌属细菌及葡萄球菌均有良好的抗菌作用,对铜绿假单胞菌的作用比庆大霉素强2~4倍。临床主要用于治疗铜绿假单胞菌引起的心内膜炎、烧伤、败血症、骨髓炎等,对其他敏感革兰阴性杆菌所致的感染也可应用。有一定肾毒性,耳毒性以前庭神经损害为多见,但比庆大霉素轻
奈替米星（netilmicin）	抗菌谱与庆大霉素相似,能杀灭多种革兰阴性杆菌如大肠埃希菌、克雷伯菌属、肠杆菌属、流感嗜血杆菌等。酶的稳定性强,对某些耐其他氨基糖苷类的革兰阴性杆菌及耐青霉素的金黄色葡萄球菌也有效。主要用于敏感菌所致的呼吸道、泌尿道、消化道、皮肤、软组织、骨和关节、腹腔及创伤部位的感染。本品的肾、耳毒性在氨基糖苷类抗生素中最小,但仍需注意。孕妇禁用
大观霉素（spectinomycin）	仅对淋病奈瑟菌有强大的杀灭作用,用于淋病的治疗。由于容易产生耐药性,仅限于对青霉素耐药或对青霉素过敏的淋病患者应用,可见注射部位疼痛、荨麻疹、眩晕、恶心、发热、寒战等不良反应。孕妇、新生儿、肾功能不全者禁用

【用药指导】

（1）确定为氨基糖苷类药物敏感菌感染,了解感染程度、症状。应用氨基糖苷类药物疗程一般不超过7天。用药前准备好抢救药物葡萄糖酸钙、肾上腺素、糖皮质激素等。若出现胸闷、心慌、呼吸困难等与过敏性休克或神经肌肉阻滞有关症状时应及时抢救。

（2）用药期间注意听力检测,一旦出现耳聋先兆如眩晕、耳鸣、听力减退等,应遵循医嘱及时停药。

（3）本类药物之间禁止合用。氨基糖苷类抗生素与强效类利尿药、两性霉素B、磺胺药、甘露醇、止吐药、万古霉素等合用可增强耳毒性,而抗组胺药苯海拉明、美克洛嗪、布克力嗪等则可掩盖耳毒性。

四、四环素类和氯霉素类抗生素

案例13-5

患者,女,30岁,因伤寒杆菌感染,给予氯霉素治疗。10余天后复诊,面容苍白,皮肤有少量瘀点,血常规显示白细胞、中性粒细胞、血小板都低于正常值,立即停药观察,后血象恢复正常。

问题：

患者血常规异常可能是什么原因？为什么？

（一）四环素类

根据来源不同，四环素类抗生素分为天然品和人工半合成品。天然品有四环素（tetracycline）、土霉素（oxytetracycline）等。半合成品有美他环素（metacychline，甲烯土霉素）、多西环素（doxycycline，强力霉素）和米诺环素（minocycline，二甲胺四环素）。半合成四环素较天然品抗菌活性强，耐药菌株少，不良反应轻。

四环素和土霉素

四环素（tetracycline）和土霉素（oxytetracycline）对常见致病菌疗效差、耐药菌株多，临床已少用。

【体内过程】 口服易吸收，广泛分布于各组织和体液中，也可沉积于骨及牙组织内，胆汁浓度为血药浓度的 10～20 倍，但不易透过血-脑屏障。主要以原形经肾脏排泄，故尿中药浓度较高，有利于治疗泌尿系统感染。酸性药物如维生素 C 等可促进其吸收，但与 Ca^{2+}、Mg^{2+}、Al^{3+}、Fe^{3+} 等多价金属离子能形成螯合物，可妨碍其吸收。

【作用机制】 可与细菌核糖体 30s 亚基特异性结合，阻碍肽链延长，抑制细菌蛋白质合成。细菌对本类药物的耐药性日渐增强，特别是金黄色葡萄球菌、大肠埃希菌、志贺菌属较为明显且严重。天然品之间存在交叉耐药，但与半合成品之间无完全交叉耐药。

【药理作用】 抗菌谱广，对革兰阳性菌、革兰阴性菌、立克次体、支原体、衣原体、螺旋体及放线菌均有抗菌作用。对革兰阳性菌作用强度不如青霉素和头孢菌素类，对革兰阴性菌作用强度则不如氨基糖苷类和氯霉素。此外，四环素还能间接抑制阿米巴原虫病。

【临床用途】 主要用于立克次体引起的地方性流行性斑疹伤寒和恙虫病，是支原体肺炎、衣原体和螺旋体感染的首选药，还可用于布氏菌及其他敏感菌所致的呼吸道、胆道与泌尿道感染等。

【不良反应】
（1）局部刺激症状：可引起恶心、呕吐、上腹不适、腹胀、腹泻等胃肠道刺激症状，饭后服药可减轻。大剂量静脉滴注可引起血栓性静脉炎。

（2）二重感染：长期应用，可破坏体内正常菌群平衡，使敏感菌受到抑制，不敏感菌乘机大量繁殖，造成新的感染，称二重感染或菌群交替症。

（3）对骨骼、牙齿生长的影响：四环素类能沉积在骨、牙组织中，影响牙齿和骨骼的生长，可使牙釉质变黄和抑制骨骼生长。孕妇、哺乳期妇女及 8 岁以下的小儿禁用。

（4）肝、肾损害：长期大量使用可引起严重肝、肾损害。

（5）过敏反应：偶见药热、皮疹、光敏性皮炎等。

多西环素

多西环素（doxycycline，强力霉素，脱氧土霉素）口服吸收迅速且完全，受食物影响小。主要由胆汁排泄，可形成肝肠循环，只有少部分经肾排泄，故肾功能不全者仍可应用。抗菌谱和四环素相似，但抗菌作用较四环素强，具有长效、速效、高效的特点。对耐天然四环素类和耐青霉素的金黄色葡萄球菌、化脓性链球菌、大肠埃希菌等敏感。主要用于呼吸道感染，如老年慢性气管炎、肺炎等；也可用于泌尿生殖道、胆道感染和斑疹伤寒、恙虫病等。不良反应与四环素相似但较轻。常见胃肠道刺激症状如恶心、呕吐、腹泻，二重感染少。

【用药指导】

（1）服用四环素类药物期间不宜与含多价阳离子的食物、药物同服，否则易形成难溶难吸收的络合物。

（2）注意观察患者口腔黏膜改变和是否有真菌感染等二重感染的迹象，一旦出现应及时停药并给予敏感的抗菌药物。常见的二重感染为真菌和厌氧菌感染，可用抗真菌药和万古霉素或甲硝唑治疗。年老、体弱、免疫功能低下及合用糖皮质激素和抗肿瘤药者慎用。

（二）氯霉素类

氯 霉 素

【体内过程】 氯霉素（chloramphenicol）口服吸收快而完全，可广泛分布至全身各组织和体液中，脑脊液中分布浓度较其他抗生素均高，约90%的药物在肝脏内与葡萄糖醛酸结合生成无活性产物，约10%原型药物经肾排泄，在尿中达到有效治疗浓度。

【药理作用】 本品属广谱抗生素，为速效抑菌剂。对革兰阳性和革兰阴性菌均有抑制作用，对后者作用较强，尤其对伤寒沙门菌、流感嗜血杆菌作用最强，在高浓度时有杀菌作用；对脆弱类杆菌、百日咳杆菌、布氏菌作用也较强；对立克次体和沙眼衣原体、肺炎衣原体等亦有效。抗菌机制是与敏感菌核糖体50s亚基结合，阻止肽链延伸，使蛋白质合成受阻。

【临床用途】

（1）细菌性脑膜炎，由于氯霉素可在脑脊液中达到较高浓度而具有杀菌作用，可治疗脑膜炎奈瑟菌、肺炎链球菌及流感嗜血杆菌等引起的细菌性脑膜炎。

（2）对伤寒杆菌、副伤寒杆菌及其他沙门菌属感染，氯霉素可做首选。常采用口服给药，待体温下降至正常后继续用药10天。

（3）眼部感染，氯霉素易透过血-眼屏障，是治疗敏感菌引起的外眼感染、眼内感染、全眼球感染及沙眼的有效药物。

（4）可用于立克次体感染，疗效与四环素类相当。

【不良反应】

（1）抑制骨髓造血功能为氯霉素最严重的毒性反应，表现为红细胞、粒细胞及血小板减少。有两种类型：一种是可逆性抑制，与剂量和疗程有关，停药后即可逐渐恢复；另一种是不可逆的再生障碍性贫血，与剂量和疗程无关，发生率虽低，但一旦发生常难逆转，死亡率高，少数存活者也易发展为粒细胞性白血病。妇女、儿童及肝肾功能不全者较易发生。

（2）新生儿、早产儿用药可致灰婴综合征，也可出现胃肠反应、二重感染、中毒性精神病、皮疹、药热等。故有精神病史者、新生儿、早产儿、孕妇、哺乳期妇女及肝功能不全者禁用。

甲 砜 霉 素

甲砜霉素（thiamphenicol，别名硫霉素，甲砜氯霉素）。本品比氯霉素有更高水溶性和稳定性，口服吸收完全。抗菌谱和抗菌活性与氯霉素相仿，其抗菌机制、主要适应证及主要不良反应与氯霉素相同。

【用药指导】 应用氯霉素期间应勤查血象，密切观察患者有无咽痛、发热、极度疲乏等骨髓造血功能损伤与骨髓造血功能抑制的症状。

【小结】

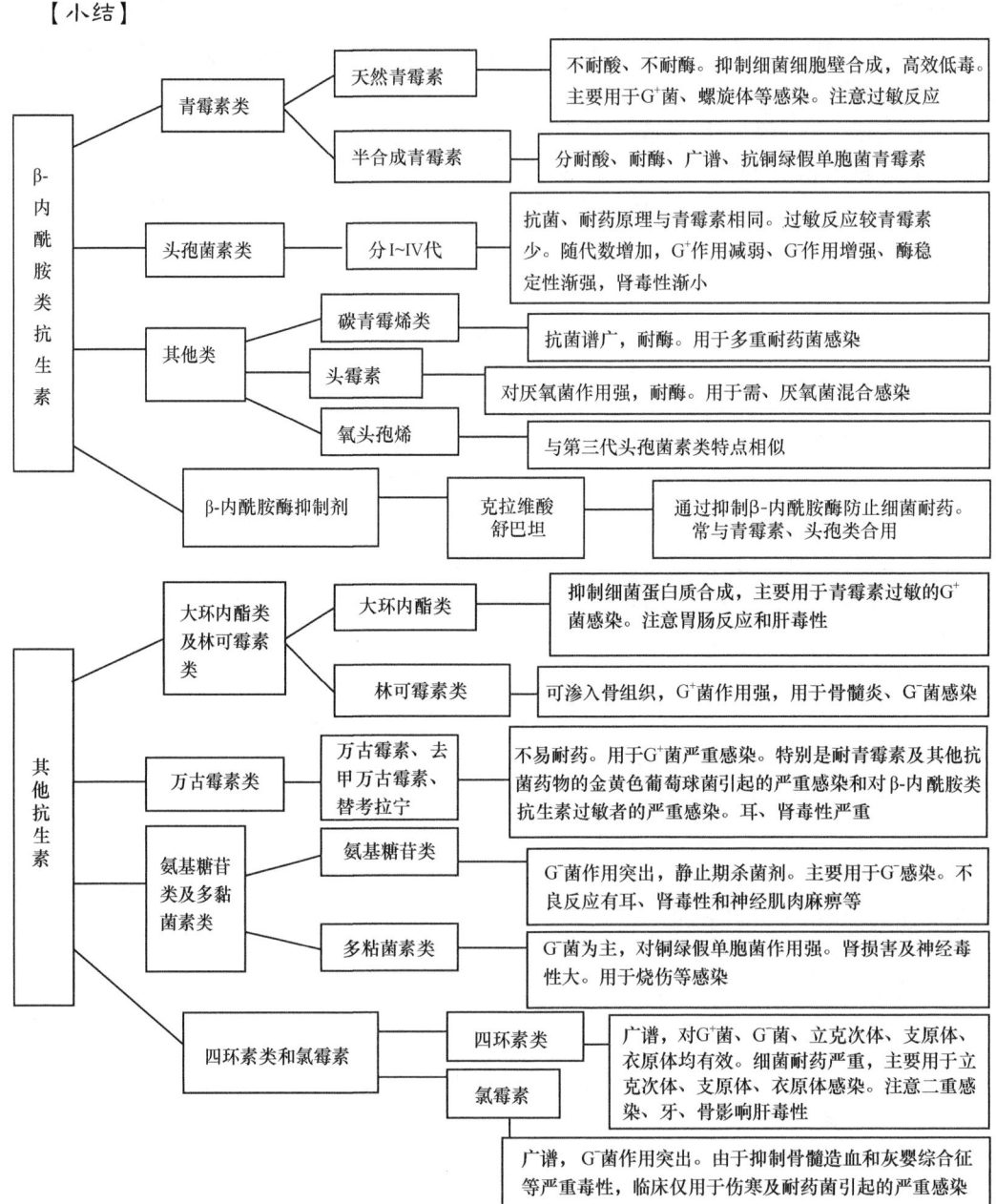

第三节 化学合成抗微生物药

案例13-6

患者,女,68岁,诊断为陈旧性右跟腱断裂伴感染,行跟腱清创、翻转重建、邻近皮瓣转移术。

处方:①头孢哌酮钠 3g 加氯化钠注射液 100ml,静脉滴注,每日 2 次,共 20 天;②左氧氟沙星注射液 100ml:0.2g,静脉滴注,每日 2 次,共 20 天。

问题:

1. 该处方抗生素选择是否恰当?
2. 你有何合理建议?

一、喹诺酮类

（一）喹诺酮类抗微生物药的概述

喹诺酮类是一类含有 4-喹诺酮母核的人工合成抗菌药。自 1962 年问世以来，发展迅速，先后有三代产品用于临床。第一代药物为萘啶酸，因较强的不良反应已被淘汰。第二代药物以吡哌酸（pipemidic acid，PPA）为代表，主要用于消化道和泌尿道感染，第三代为一系列含氟药物，又称氟喹诺酮类，包括诺氟沙星、环丙沙星、氧氟沙星、左氧氟沙星等，其抗菌谱进一步扩大，抗菌作用更强，可口服，与其他抗生素之间交叉耐药少，临床应用广泛。

【药理作用】 氟喹诺酮类抗菌谱广，抗菌性强，对革兰阴性杆菌如铜绿假单胞菌、大肠埃希菌、伤寒沙门菌、流感嗜血杆菌、军团杆菌属及革兰阴性球菌如淋病奈瑟菌等均有强大的抗菌作用；对革兰阳性球菌如金黄色葡萄球菌、肺炎链球菌及厌氧菌也有较强的抗菌作用；其中某些品种对结核分枝杆菌、支原体、衣原体也有作用。

本类药物抗菌机制是通过抑制细菌 DNA 回旋酶和拓扑异构酶 IV，阻碍 DNA 的合成而导致细菌死亡。但长期应用本类药物，耐药菌株呈增长趋势，以金黄色葡萄球菌、肺炎链球菌、大肠埃希菌、铜绿假单胞菌等耐药菌株多见。本类药物之间有交叉耐药性，但与其他抗菌药之间无交叉耐药性。

【临床用途】 广泛用于泌尿生殖系统感染、呼吸系统感染、消化道感染，以及皮肤软组织感染。也可替代用 β-内酰胺类抗生素用于全身感染。骨组织中浓度超过其他药物，可首选用于急、慢性骨髓炎和化脓性关节炎，还可用于伤寒、副伤寒以及支原体或衣原体嗜肺军团菌所致的军团病。

【不良反应】
(1) 胃肠道反应：可见恶心、呕吐、腹泻等。溃疡病史者应慎用。
(2) 中枢神经系统反应：表现为头痛、失眠、眩晕等，并可致精神症状。多见于用量过大时，有中枢神经系统疾患或癫痫史者慎用。
(3) 光敏反应：在紫外线激发下，药物氧化生成活性氧，引起皮肤炎症，出现瘙痒性红斑，严重者出现皮肤糜烂、脱落。因此用药期间应避免阳光及紫外线照射。
(4) 软骨损害：本类药物可影响软骨发育，故孕妇及 14 岁以下儿童禁用。
(5) 其他：包括肝功能异常、跟腱炎、心脏毒性等，停药后可恢复。

（二）常用喹诺酮类抗微生物药

诺氟沙星

诺氟沙星（norfloxacin）又名氟哌酸。口服易吸收，可受食物影响，空腹服药比饭后服药的血药浓度高 2~3 倍。抗菌谱广、抗菌作用强。主要用于敏感菌引起的泌尿生殖系统、肠道、呼吸道、皮肤、黏膜、耳鼻喉、口腔等感染。

氧氟沙星

氧氟沙星（ofloxacin）又名氟嗪酸。口服吸收快而完全，血浆浓度高，维持时间长，尤以痰中浓度较高。对革兰阳性菌和革兰阴性菌如耐药金黄色葡萄球菌、铜绿假单胞菌、厌氧菌、奈瑟菌属及结核分枝杆菌等均有较强的抗菌作用。主要用于呼吸道、泌尿道、胆管、皮肤软组织和耳鼻咽喉等部位的感染,也可与异烟肼、利福平合用治疗结核病。

左氧氟沙星

左氧氟沙星(levofloxacin)口服易吸收,生物利用度接近100%。抗菌活性是氧氟沙星的2倍,对耐甲氧西林金黄色葡萄球菌、表皮葡萄球菌、链球菌和肠球菌的抗菌活性强于环丙沙星,对厌氧菌、支原体、衣原体及军团菌也有较强的杀灭作用。临床用于治疗敏感菌引起的各种急慢性感染、难治性感染,效果良好。在第4代以外的喹诺酮类药物中,其不良反应发生率相对较少且轻微。

莫西沙星

莫西沙星(moxifloxacin)抗菌谱广,对多数革兰阳性和阴性细菌均有抗菌作用,特别对肺炎链球菌、金黄色葡萄球菌、厌氧菌、支原体、衣原体的作用较强。临床可用于上述细菌所致的急慢性支气管炎和上呼吸道感染,也可用于泌尿生殖系统和皮肤软组织感染等。本品毒副反应发生率较低,特别是几乎没有光敏反应,因此服用更可靠、更安全。

【用药指导】 喹诺酮类药物不宜同服含钙、镁、锌等二三价金属阳离子的食物,以免与其螯合而影响生物利用度。应用喹诺酮类药物期间,应避免阳光直射,以免引起光敏反应;密切注意是否出现关节肿胀等软骨组织损害和肌腱炎症状,必要时遵医嘱停药。孕妇及14岁以下儿童禁用。用药期间对药物引起的胃肠刺激症状,可多喝水,饭后服药。

二、磺 胺 类

> **案例 13-7**
>
> 患者,男,18岁,因高热、头痛伴喷射性呕吐入院。查体发现颈项强直,皮肤有大量出血点。病原学检查发现脑膜炎双球菌。诊断为流行性脑脊髓膜炎,应用磺胺嘧啶治疗。
>
> **问题**:
> 1. 上述给药是否正确?为什么?
> 2. 若有不妥,可调换何药?
> 3. 如何进行用药护理?

(一)磺胺类抗微生物药的概述

磺胺类药物是最早应用的人工合成抗菌药,由于其性质稳定、使用方便、价格低廉、抗菌谱广、对某些感染性疾病具有特殊疗效,特别是与甲氧苄啶合用后,耐药性降低,抗菌谱扩大,疗效显著增强,故在抗感染治疗中仍占有一定地位。多数磺胺类药口服易吸收,可用于全身感染,少数难吸收药物适用于肠道感染。

磺胺类药物根据应用范围可分为用于全身感染的磺胺药和局部应用的磺胺药,局部应用的磺胺药又分为治疗肠道感染的磺胺类药和局部外用磺胺类药。用于全身感染的磺胺药主要有磺胺嘧啶(sulfadiazine,SD)和磺胺甲噁唑(sulfamethoxazole,SMZ),局部应用的磺胺药主要有柳氮磺吡啶(suffasalazine,SASP)、磺胺米隆(mafenide,SML)、磺胺醋酰钠(sulfacetamide sodium,SA-Na)等。

【体内过程】 肠道易吸收类药物体内分布广泛,血浆蛋白结合率为25%~95%。肠道难吸收药物必须在肠腔内水解。磺胺类药物主要在肝内乙酰化代谢而失活,以原形或乙酰化代谢产物从肾脏排出。

【作用机制】 本类药物通过干扰细菌叶酸代谢过程产生抗菌作用(图 13-4)。敏感细菌在生长繁殖时,必须利用对氨苯甲酸(PABA)和二氢蝶啶,在二氢叶酸合成酶催化下,生成二氢叶酸,再经二氢叶酸还原酶的作用生成四氢叶酸,进而参与细菌核酸的合成。磺胺类药物由于结构与对氨苯甲酸相似,能通过竞争抑制二氢叶酸合成酶,干扰细菌四氢叶酸的合成,进一步影响细菌核酸的形成,从而产生抗菌作用。人和哺乳动物能直接利用外源性叶酸,故不受影响。细菌对磺胺药易产生耐药性,尤其在用量不足时更易发生。磺胺药之间有交叉耐药性。

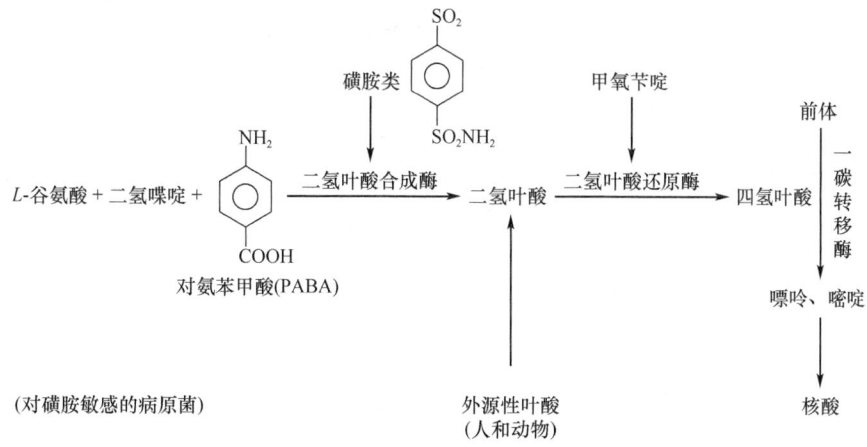

图 13-4 磺胺药和甲氧苄啶抗菌作用机制示意图

【药理作用】 抗菌谱广,可抑制细菌生长。对化脓性链球菌、脑膜炎奈瑟菌、肺炎链球菌、痢疾志贺菌等较为敏感,对金黄色葡萄球菌、鼠疫耶尔森菌、大肠埃希菌、流感嗜血杆菌、沙眼衣原体也有效。但对立克次体无效,甚至会刺激立克次体生长。此外,磺胺甲噁唑对伤寒沙门菌、磺胺嘧啶银对铜绿假单胞菌也有较强抑制作用。

【不良反应】

(1) 泌尿系统损害:磺胺药及其乙酰化代谢产物,在尿中溶解度较低,易析出结晶损伤肾脏,出现结晶尿、血尿、尿痛、尿路阻塞和尿闭等,尿液呈酸性时尤甚。

(2) 过敏反应:可出现药热、皮疹等,严重者可出现剥脱性皮炎。

(3) 造血系统损害:可引起白细胞减少,偶见粒细胞缺乏、再生障碍性贫血及血小板减少症。

(4) 中枢神经反应:可见头晕、头痛、乏力、精神不振等,服药期间不宜从事驾驶及高空作业。

(5) 其他:还可引起恶心、呕吐等消化系统反应。新生儿可引起胆红素脑病和溶血,药物也可进入乳汁中,故新生儿、临产妇及哺乳期妇女禁用。

(二) 常用磺胺类抗微生物药

常见磺胺类抗微生物药见表 13-4。

表 13-4　常用磺胺类药的分类、作用和特点及应用

分类	药品名	临床特点及应用
肠道易吸收类	磺胺嘧啶(sulfadiazine, SD)	口服易吸收,在血浆内的 $t_{1/2}$ 为 10～13h。血浆蛋白结合率为 45%,脂溶性高,易透过血-脑屏障,脑脊液浓度可达血浆浓度的 40%～80%。抗菌力强,是治疗流行性脑脊髓膜炎的首选药物之一,也适用于治疗尿路感染
肠道易吸收类	磺胺甲噁唑(sulfamethoxazole, SMZ)	口服易吸收,血浆 $t_{1/2}$ 为 10～12h。脑脊液浓度不及磺胺嘧啶,尿中浓度较高,常与甲氧苄啶组成复方制剂用于泌尿道、呼吸道、消化道等感染
肠道难吸收类	柳氮磺吡啶(sulfasalazine, SASP)	口服吸收较少,在肠道内分解释放出磺胺吡啶和 5-氨基水杨酸。前者有抗菌作用,后者有抗炎和免疫抑制作用。主要用于肠道感染,特别是溃疡性结肠炎
肠道难吸收类	磺胺米隆(mafenide, SML)	对铜绿假单胞菌、金黄色葡萄球菌及破伤风芽孢梭菌有效。能迅速渗入创面及焦痂中,抗菌作用不受脓液和坏死组织的影响,并能促进创面上皮组织生长。适用于烧伤和大面积创伤后感染
外用类	磺胺嘧啶银(SD Ag)	抗菌谱广,对铜绿假单胞菌抑制作用强大,银盐还有收敛作用,能促进创面愈合。适用于烧伤、烫伤创面的感染
外用类	磺胺醋酰钠(SA-Na)	局部应用穿透力强,可透入眼内组织,几乎无刺激性。可用于沙眼、结膜炎和角膜炎等

三、甲氧苄啶

甲氧苄啶(trimethoprim,TMP)又名磺胺增效剂。口服吸收迅速、完全,体内分布广泛,脑脊液中药物浓度较高,炎症时接近血药浓度。

【作用和用途】　抗菌谱与磺胺药相似,抗菌机制是抑制二氢叶酸还原酶,使二氢叶酸不能还原为四氢叶酸,从而阻止细菌核酸的合成。单用时,抗菌作用弱,与磺胺药同用可使磺胺药的抗菌作用增强数倍至数十倍,甚至呈现杀菌作用。临床用甲氧苄啶和磺胺甲噁唑组成的复方制剂可产生协同效应。其理论基础为:①可使细菌叶酸代谢受到双重阻断,大大增强磺胺药的抗菌作用。②两药半衰期相似,联用可同时达到较高的血药浓度。③联合应用可延缓细菌耐药性的产生。如复方磺胺甲噁唑主要用于呼吸道、泌尿道及肠道感染,也可用于伤寒、副伤寒治疗。

【不良反应】　不良反应较少。大剂量长期应用,可影响人体叶酸代谢,出现中性粒细胞减少、巨幼红细胞性贫血等。应注意检查血象,必要时可用亚叶酸钙治疗。可能致畸,故妊娠早期禁用。早产儿、新生儿、哺乳期妇女、骨髓造血功能不全及严重肝、肾功能不全者禁用。

【用药指导】

(1)磺胺类药竞争二氢叶酸能力较 PABA 差很远,常采用首剂加倍的给药方法以保证疗效。局麻药普鲁卡因、丁卡因等在体内水解释出 PABA,可降低磺胺药疗效,故不宜合用。脓液和坏死组织中亦含有大量 PABA,需排脓清创后方可使用磺胺类药。

(2)用药期间患者如出现皮炎、皮疹等过敏反应症状,应及时停药并给予抗过敏治疗。

(3)定期检查尿液,嘱咐病人多喝水,可同服等量碳酸氢钠以碱化尿液,增加磺胺药的溶解度,防止肾损伤。

(4)密切观察病人有无咽痛、发热、疲乏等症状,并定期做血常规检查,以防发生骨髓造血功能损伤。

四、硝基咪唑类

甲硝唑

甲硝唑(metronidazole)又名灭滴灵,是硝基咪唑类的代表药,具有疗效确切、价廉物美

的特点。

【作用和用途】 具有抗厌氧菌、抗阴道滴虫、抗阿米巴原虫和抗贾第鞭毛虫作用。临床用途为：

(1) 厌氧菌引起的口腔、腹腔、女性生殖器、骨和关节等部位感染的首选药。
(2) 阴道滴虫病的首选药。
(3) 肠内、外阿米巴病的首选药。
(4) 治疗贾第鞭毛虫最有效的药物。

【不良反应】 主要有胃肠反应、过敏反应和神经系统反应，如食欲不振、恶心、呕吐、腹痛、腹泻、舌炎、口腔金属味等，一般不影响治疗。少数患者出现荨麻疹、红斑、瘙痒等症状，停药后即可恢复。若出现头痛、眩晕、共济失调、肢体麻木及惊厥等症状应立即停药。因能干扰乙醇代谢，故用药期间及停药一周内应禁酒。妊娠早期、哺乳期妇女禁用。

替 硝 唑

替硝唑(tinidazole)较甲硝唑半衰期长，口服一次，有效血药浓度可维持72h，对阿米巴痢疾和肠外阿米巴病的疗效与甲硝唑相似而毒性较低，也可用于治疗阴道滴虫病。不良反应少而轻，偶有消化道症状、皮疹等。

五、硝基呋喃类

呋喃妥因和呋喃唑酮

本类药物主要有呋喃妥因(nitrofurantoin)、呋喃唑酮(furazolidone)等。抗菌谱广，对革兰阳性菌和阴性菌均有效。抗菌机制是抑制乙酰辅酶A，干扰菌体代谢而呈现作用。呋喃妥因口服吸收完全，血药浓度低，40%原形由肾排出，尿中浓度高，故仅用于泌尿道感染；呋喃唑酮口服吸收少，肠腔浓度高，适用于肠炎、痢疾、伤寒、副伤寒及胃、十二指肠溃疡。主要不良反应有胃肠道反应，如恶心、呕吐、食欲不振；周围神经炎，表现为手足麻木、感觉异常等；偶见过敏反应。

【小结】

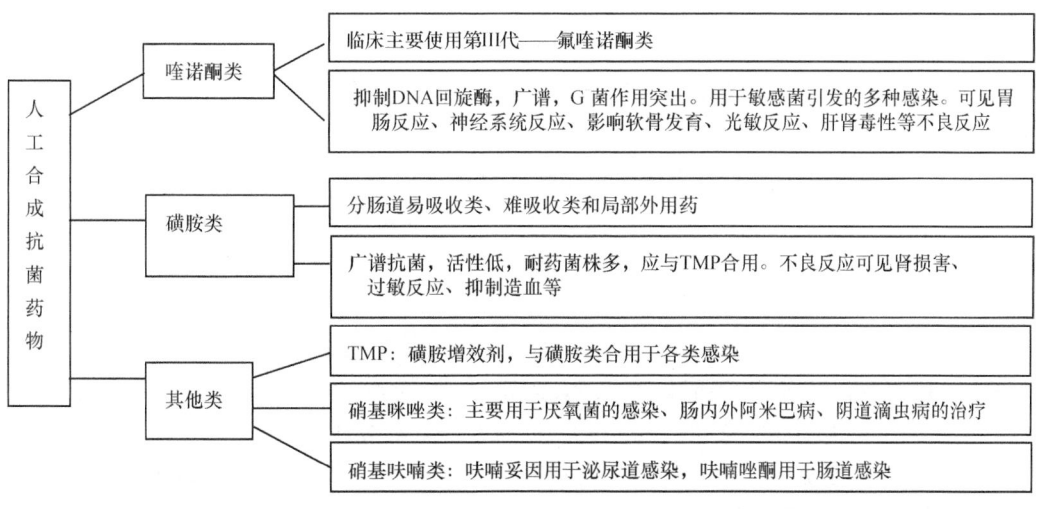

第四节 抗结核杆菌药

结核病由结核分枝杆菌感染引起,可累及全身各个组织和器官,是全球面临的公共卫生和社会问题,其中最常见的是肺结核。抗结核病药通过抑制或杀灭结核分枝杆菌而产生病原治疗作用,分为一线抗结核病药和二线抗结核病药。前者包括异烟肼、利福平、链霉素、乙胺丁醇和吡嗪酰胺等,其特点是疗效高、不良反应少、患者较易耐受;后者包括对氨基水杨酸钠、丙硫异烟胺和氧氟沙星等,主要用于对一线药物产生耐药的结核病的治疗。

抗结核药的作用机制主要为:
(1) 阻碍细菌细胞壁合成的药物,如乙硫异烟胺。
(2) 干扰结核杆菌代谢的药物,如对氨基水杨酸钠。
(3) 抑制 RNA 合成的药物,如利福平。
(4) 抑制结核杆菌蛋白合成的药,如链霉素。
(5) 多种作用机制共存或机制未明的药物,如异烟肼、乙胺丁醇。

案例 13-8

患者,男,45 岁,因肺结核用异烟肼、利福平、乙胺丁醇、吡嗪酰胺四联疗法。1 个月后出现恶心、纳差、腹胀、皮肤黄染且肝区隐痛,查肝功能出现转氨酶升高。

问题:

该患者在抗结核治疗过程中出现了什么不良反应?应如何防治?

一、常用抗结核杆菌药

异 烟 肼

【体内过程】 异烟肼(isoniazid)又名雷米封,口服吸收快而完全,分布广,穿透力强,易透过血-脑屏障和浆膜腔,也可进入巨噬细胞、纤维化或干酪样病灶中,主要在肝内被乙酰化而灭活。受遗传因素影响,乙酰化速度有明显的种族和个体差异,分快、慢两种代谢类型。代谢产物及部分原形药物均从尿中排泄。

【药理作用】 异烟肼对结核分枝杆菌具有高度的选择性,低浓度抑菌,高浓度有杀菌作用。抗菌机制可能与抑制细菌分枝菌酸的合成有关,具有疗效高、毒性小、口服方便、价格低廉等优点。单用易产生耐药性,与其他抗结核药联用,可延缓其耐药性的产生。

【临床用途】 异烟肼对各种类型的结核病患者均为首选药物,对早期轻症肺结核或预防用药时可单独使用,规范化治疗时必须联合使用其他抗结核病药,以防止或延缓耐药性的产生。对急性粟粒性结核和结核性脑膜炎需增大剂量,必要时采用静脉滴注。

【不良反应】

(1) 神经系统毒性:长期或大剂量应用可引起周围神经炎和中枢神经症状,表现为肌肉痉挛、四肢麻木、烧灼感、刺痛以及头痛、兴奋、精神异常、惊厥等,多见于慢乙酰化型患者,其发生原因可能与维生素 B_6 缺乏有关,可同服维生素 B_6 防治。

(2) 肝毒性:可见转氨酶升高、黄疸,甚至肝细胞坏死。多见于 50 岁以上患者、快代谢型和嗜酒者。与利福平合用可增加肝毒性。

(3) 其他:偶见皮疹、药热、粒细胞缺乏等。

利福平

利福平(rifampicin)又名甲哌利福霉素,为人工合成的口服广谱抗菌药。口服吸收迅速,但食物易影响其吸收,宜空腹服用。本药穿透力强,可分布于全身各组织和体液中。主要经肝代谢,从胆汁排泄,其代谢产物可使尿、粪、泪液、痰液和汗液等排泄物呈橘红色。

【药理作用】 本药对结核分枝杆菌有强大的抗菌作用,其抗菌作用与异烟肼相似;对革兰阳性菌特别是耐药的金黄色葡萄球菌也有很强的抗菌作用,对麻风分枝杆菌、革兰阴性菌如大肠埃希菌、变形杆菌、流感嗜血杆菌及沙眼衣原体也有效。抗菌机制是抑制细菌依赖DNA的RNA多聚酶,阻碍mRNA的合成,从而产生抗菌作用。单用易产生耐药性,与异烟肼、乙胺丁醇合用有协同作用,并能延缓耐药性的产生。

【临床用途】
(1) 与其他抗结核病药合用,治疗各种类型的结核病。
(2) 治疗麻风病和耐药金黄色葡萄球菌及其他敏感菌所致的感染。
(3) 因利福平在胆汁中浓度较高,也可用于重症胆道感染。
(4) 局部用药可用于沙眼、急性结膜炎及病毒性角膜炎的治疗。

【不良反应】
(1) 胃肠反应:是最常见的不良反应,表现为恶心、呕吐、腹胀等。
(2) 肝损害:少数患者可出现黄疸、转氨酶升高、肝肿大等,原有肝病患者、嗜酒者或与异烟肼合用时较易发生。用药期间应定期检查肝功能。
(3) 过敏反应:少数患者可出现皮疹、药热,偶见白细胞减少和血小板减少等。
(4) 其他:可见发热、头痛、全身酸痛等类似感冒样症状,又称"流感综合征"。

链霉素

链霉素(streptomycin)是第一个抗结核病药。抗结核分枝杆菌作用和穿透力均较异烟肼和利福平弱。单用易产生耐药性,长期用药耳毒性发病率高,与其他抗结核病药联合应用可延缓耐药性产生和降低耳毒性,主要用于结核病急性期联合用药。

乙胺丁醇

乙胺丁醇(ethambutol)对结核分枝杆菌有较强的抗菌作用,对其他细菌则无效。抗菌机制可能与干扰菌体RNA的合成有关。单用也可产生耐药性,与其他抗结核病药无交叉耐药性,与异烟肼、利福平联用可增强疗效、延缓耐药性产生,用于治疗各种类型的结核病。因其安全有效,不良反应发生率低,耐药性产生慢,目前已取代对氨基水杨酸钠成为一线抗结核药。大剂量长期应用时,可致球后视神经炎,表现为视力下降、视野缩小、辨色力减弱、红绿色盲等,及时停药可恢复,也可出现胃肠道反应如恶心、呕吐、腹泻等。偶见过敏反应、肝功能损害、周围神经炎及精神症状等。

吡嗪酰胺

吡嗪酰胺(pyrazinamide)口服吸收迅速,可广泛分布于全身各组织与体液中,经肝脏代谢,肾脏排泄。在酸性环境中抗菌作用增强,故对细胞内生长缓慢的结核分枝杆菌有作用。作用较异烟肼、利福平、链霉素弱,单用易产生耐药性,与其他抗结核病药之间无交叉耐药性。常与其他抗结核病药联用,以缩短疗程。长期或大量使用可产生严重肝损害,可见转氨酶升高、黄疸等,用药期间应定期检查肝功能。肝功能不全者慎用,孕妇禁用。

对氨基水杨酸钠

对氨基水杨酸钠(aminosalicylic sodium)为二线抗结核病药,仅对结核分枝杆菌有较弱的抑制作用,对其他细菌无效。与利福平联合应用时应分开服用,两药用药间隔应大于6h。耐药性产生缓慢,可与异烟肼等其他抗结核病药合用,以延缓耐药性产生。

二、结核病的药物治疗学基础

抗结核病药的临床应用原则:

(1)早期用药:早期用药可提高药物疗效,缩短病程。结核病早期多为渗出性反应,病灶区域血液循环良好,药物易渗入,此时机体的抗病能力和修复能力也较强,且细菌正处于繁殖期,对药物敏感,故疗效显著。

(2)联合用药:为了增强疗效、延缓耐药性的产生,临床常将两种或两种以上抗结核病药联合应用。一般在异烟肼基础上加用利福平、乙胺丁醇、吡嗪酰胺等药物。

(3)规律用药:目前广泛采用的是短程疗法(6~9个月),是一种强化疗法。主要采用异烟肼和利福平联合,大多用于单纯性结核病的初治。若病灶广泛、病情严重者,则采用三联或四联。目前常用的方案有:前2个月每日给予异烟肼(H)、利福平(R)与吡嗪酰胺(Z),后4个月每日给予异烟肼和利福平(即2HRZ/4HR方案)。对异烟肼耐药地区在以上三联或二联的基础上分别增加链霉素(S)与乙胺丁醇(E)(即2SHRZ/4HRE方案)。对营养不良者、恶性病致免疫功能低下者、复发且有并发症者等情况,可适当延长用药时间。

(4)全程督导:即患者的病情、用药、复查等都应在医务人员的督察之下,这是WHO提出的当今控制结核病的首要策略,有利于患者的规范治疗,促进患者痊愈。

【小结】

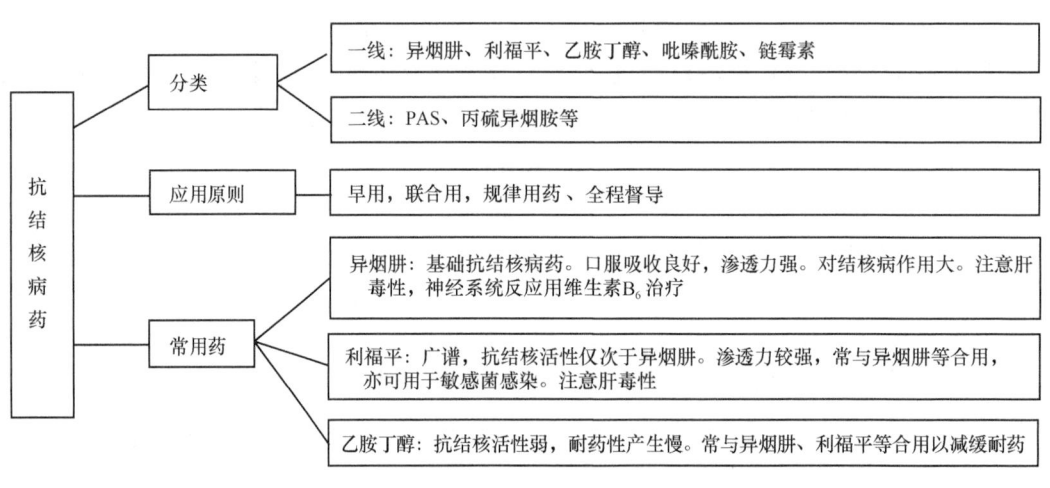

第五节 抗真菌药

案例13-9

患者,男,65岁,患有糖尿病,因合并感染,联合应用两种广谱抗菌药15天后,口腔出现白色薄膜,细菌学检查为白色念珠菌感染。诊断为鹅口疮,医嘱用制霉菌素治疗。

问题:

请问该方案是否合理?为什么?

真菌感染可分为浅表真菌感染和深部真菌感染。浅表真菌感染较多见,常侵犯皮肤、毛发、指(趾)甲,引起各种癣症;深部真菌感染常由白色念珠菌和新型隐球菌等引起,主要侵犯内脏器官和深部组织,发病率低,但危害性大。近年,深部真菌感染的发病率呈持续上升趋势,这与长期不合理使用广谱抗菌药、抗恶性肿瘤药、免疫抑制剂、肾上腺皮质激素等有关。

抗真菌药是指能抑制真菌生长繁殖或杀死真菌的药物。根据化学结构分为四类:抗生素类、唑类、丙烯胺类、嘧啶类。

一、抗生素类抗真菌药

两性霉素 B

两性霉素 B(amphotercin B)又名庐山霉素。几乎对所有真菌均有抗菌活性,为广谱抗真菌药。因口服和肌内注射吸收差,一般采用静脉滴注给药。不易透过血-脑屏障,故脑膜炎时需鞘内注射。本药对多种深部真菌如新型隐球菌、荚膜组织胞浆菌、粗球孢子菌及白色念珠菌等均有强大抗菌作用,但对浅表真菌无效。主要用于真菌性肺炎、心包膜炎、脑膜炎、败血症及尿道感染等。不良反应较多见且严重,静脉滴注时可出现寒战、高热、头痛、恶心、呕吐、眩晕等;有肾毒性,表现为蛋白尿、管型尿、无尿、血尿素氮升高等;还可出现白细胞减少、肝损害、复视、皮疹等。故用药期间应定期作血钾、血常规、尿常规、肝功能、肾功能和心电图检查。

制霉菌素

制霉菌素(nystatin)抗菌作用与两性霉素 B 基本相同,但毒性更大,故不能注射给药;口服难吸收,可用于防治消化道念珠菌病,主要局部外用,可治疗口腔、皮肤、阴道念珠菌感染。不良反应可致恶心、呕吐等胃肠反应,阴道用药可致白带增多。

二、唑类抗真菌药

克 霉 唑

克霉唑(clotfimazole)又名三苯甲咪唑,对皮肤真菌作用较强,但对头癣无效;对深部真菌作用强度不及两性霉素 B。主要供外用,治疗体癣、手足癣和外耳道、阴道真菌感染。因毒性较大,仅局部用药,故无明显不良反应。

咪 康 唑

咪康唑(miconazole)又名双氯苯咪唑,为广谱抗真菌药。口服难吸收,深部真菌感染需静脉给药。对皮肤真菌感染和念珠菌感染作用优于克霉唑,对阴道念珠菌病作用优于制霉菌素。当两性霉素 B 不能耐受或疗效差时,可作为替代药物治疗多种深部真菌感染。目前临床主要应用于治疗皮肤、阴道、黏膜或指甲的真菌感染。本品可引起血栓性静脉炎、恶心、呕吐及过敏反应等不良反应。

酮 康 唑

酮康唑(ketoconazole)为新型口服广谱抗真菌药,口服可有效地治疗深部、皮下及浅表真菌感染。对多种深部真菌和浅表真菌均有强大抗菌活性,疗效相当或优于两性霉素 B。主要用于白色念珠菌病的治疗,也可用于皮肤癣菌感染。不良反应有胃肠反应、肝功能异常等。有胃肠疾病或有肝功能不全者应慎用。

氟康唑

氟康唑(fluconazole)抗菌谱似酮康唑,抗菌作用比酮康唑强 10~20 倍。主要用于:①白色念珠菌感染、球孢子菌感染和新型隐球菌性脑膜炎;②各种皮肤癣及甲癣;③预防器官移植、白血病、白细胞减少等患者发生真菌感染。不良反应在本类药物中最少,可见轻度消化道反应、皮疹及无症状的转氨酶升高。过敏者禁用,孕妇慎用,肾功能不全者减量。

伊曲康唑

伊曲康唑(itraconazole)抗真菌谱较酮康唑广,体内外抗真菌活性较酮康唑强 5~100 倍,可有效治疗深部、皮下及浅表真菌感染,已成为治疗罕见真菌如组织胞浆菌感染和芽生菌感染的首选药物。口服吸收好,生物利用度约 55%。不良反应发生率低,主要为胃肠道反应、头痛、头晕、低血钾、高血压、水肿、皮肤瘙痒等。

三、丙烯胺类抗真菌药

特比萘芬

特比萘芬(terbinafine)是通过对萘替芬结构改造发现的活性更高、毒性更低和口服有效的丙烯胺类衍生物。对曲霉菌、镰孢和其他丝状真菌具有良好抗菌活性。口服吸收快速良好,在毛囊、毛发、皮肤和甲板等处长时间维持较高浓度。不良反应轻微,常见胃肠道反应,较少发生肝炎和皮疹。

四、嘧啶类抗真菌药

氟胞嘧啶

氟胞嘧啶(flucytosine)是人工合成的广谱抗真菌药,主要用于隐球菌感染、念珠菌感染和着色霉菌感染,疗效不如两性霉素 B,常与两性霉素 B 合用。口服吸收良好,生物利用度 82%。不良反应为恶心、呕吐、腹泻、皮疹、发热、转氨酶升高、黄疸、贫血、血细胞减少、血小板减少、尿素氮升高等。孕妇禁用。

【用药指导】

(1) 唑类抗真菌药种类较多,注意根据不同感染按侵害部位选择抗浅部真菌、抗深部真菌的药物。

(2) 酮康唑在酸性环境中易溶解吸收,故不能与抗酸药、抗胆碱药和 H_2 受体阻断药同服,必要时至少间隔 2h 以上。

(3) 抗浅部真菌可选用制霉菌素、克霉唑等。抗深部真菌感染可采用伊曲康唑、咪康唑、两性霉素 B 注射剂。静脉滴注两性霉素 B 可引起发热和疼痛,故静脉滴注浓度不超过 0.1mg/ml,静脉滴注前预防性应用解热镇痛药和抗组织胺药,或于滴注液中加入生理剂量的氢化可的松或地塞米松。

(4) 用两性霉素 B、酮康唑等多种抗真菌药期间,应定期做血钾、血常规、尿常规、肝肾功能和心电图检查,并密切观察用药后的反应,以防出现肝肾损伤。

第六节 抗病毒药

病毒属非细胞型微生物,结构简单,具有严格的宿主细胞寄生特点,并借助宿主细胞的代谢系统而进行繁殖。抗病毒药可通过干扰病毒吸附、阻止病毒穿入和脱壳、阻碍病毒在细胞内复制、抑制病毒释放或增强宿主抗病毒能力等方式呈现作用。

一、常用抗病毒药

阿昔洛韦

阿昔洛韦(acyclovir)又名无环鸟苷。具有广谱抗病毒作用,对单纯性疱疹病毒、带状疱疹病毒、巨细胞病毒等均有较强的抑制作用,对乙型肝炎病毒也有一定作用。目前为单纯疱疹病毒(HSV)感染的首选药。局部应用治疗疱疹性角膜炎、单纯疱疹和带状疱疹,口服或静脉注射可有效治疗单纯疱疹脑炎、生殖器疱疹、免疫缺陷患者单纯疱疹病毒感染等,也可用于乙型肝炎。不良反应较少,可见皮疹、恶心、厌食等;静脉给药者可见静脉炎。肾功能不全、小儿及哺乳期妇女慎用,孕妇禁用。

伐昔洛韦

伐昔洛韦(valaciclovir)是鸟嘌呤类似物类抗病毒药物,它是阿昔洛韦的前药,在体内可转化为阿昔洛韦,血药浓度是口服阿昔洛韦后的5倍,对单纯疱疹和带状疱疹有效。临床用于治疗水痘带状疱疹及Ⅰ型、Ⅱ型单纯疱疹病毒感染,包括初发和复发的生殖器疱疹病毒感染。本药可用于阿昔洛韦的所有适应证。

利巴韦林

利巴韦林(ribavirin 又名病毒唑、三氮唑核苷)是一种人工合成的鸟苷类衍生物。为广谱抗病毒药,对流感病毒、单纯疱疹病毒、腺病毒、肠病毒、鼻病毒和痘病毒以及甲型肝炎病毒、丙型肝炎病毒等均有抑制作用。主要用于防治流感、腺病毒肺炎、疱疹病毒引起的角膜炎、结膜炎、疱疹性口腔炎、带状疱疹等,对甲型、乙型肝炎及麻疹也有效。口服可引起食欲不振、呕吐、腹泻等,用量过大可致心脏损害。有较强的致畸作用,故孕妇禁用。

阿糖腺苷

阿糖腺苷(vidarabine)对多种病毒均有抑制作用。主要用于单纯疱疹病毒引起的感染、免疫缺陷合并带状疱疹病毒感染及慢性乙型病毒性肝炎。不良反应有恶心、呕吐、腹泻、眩晕和体重减轻,也可致白细胞减少、血小板减少等,肝、肾功能不全者及孕妇禁用。

碘 苷

碘苷(Idoxuridine)别名疱疹净,可抑制单纯疱疹病毒和水痘病毒,对 RNA 病毒无效。由于亦能影响宿主细胞 DNA,故全身应用毒性较大。目前仅限于局部给药用于单纯疱疹病毒所导致的急性疱疹性角膜炎、结膜炎。局部反应有眼部刺痛、痒、水肿等。

金刚烷胺

金刚烷胺(amantadine)干扰病毒进入宿主细胞并抑制其复制。主要用于亚洲A-Ⅱ型流感的预防和早期治疗,可使50%用药者免于此病毒感染,已发病者可改善症状。金刚烷胺尚具有抗震颤麻痹作用,亦用于帕金森病的治疗。

干 扰 素

干扰素(interferon,IFN)是机体细胞受病毒感染或其他诱导剂刺激而产生的一类具有生物活性的糖蛋白,具有高度的种属特异性。药用的干扰素是从人的白细胞、成纤维细胞、免疫淋巴细胞中提取出来或基因工程生产的。干扰素具有广谱抗病毒作用,通过使未受感染的细胞产生抗病毒蛋白而干扰病毒的复制和增殖,对 RNA 和 DNA 病毒均有效。此外,还有免疫调节和抗恶性肿瘤作用。临床主要用于呼吸道病毒感染、疱疹性角膜炎、带状疱疹、单纯疱疹、乙型肝炎、巨细胞病毒感染、恶性肿瘤等的治疗。不良反应少,注射部位可出现硬结,偶见可逆性骨髓抑制。

聚 肌 胞

聚肌胞(polyinosinic acid)为聚肌苷酸、聚胞苷酸的共聚物。在体内诱生干扰素而发挥抗病毒和免疫调节作用。局部用药用于治疗疱疹性角膜炎、带状疱疹和扁平苔藓;滴鼻用于预防流感;肌内注射用于流行性出血热、乙型脑炎、肝炎。此外,聚肌胞对鼻咽癌及妇科肿瘤等也有一定的疗效。因具有抗原性,故可引起过敏反应。孕妇禁用。

二、抗人类免疫缺陷病毒药

由人类免疫缺陷病毒(HIV)感染导致的传染病称为获得性免疫缺陷综合征,即艾滋病。患病后,由于免疫功能缺陷而易于发生机会性感染和肿瘤等并发症,病死率极高。

HIV 属反转录病毒,进入人体后,特异性破坏 $CD4^+$ 细胞。当 HIV 病毒进入 $CD4^+$ 细胞后,以病毒 RNA 为模板,在 RNA 依赖性 DNA 多聚酶的催化下,产生互补双螺旋 DNA 并进入宿主细胞核,进而在 HIV 整合酶催化下掺入宿主基因组。HIV 病毒最后转录和翻译成一种大分子非功能肽,后者再经 HIV 蛋白酶裂解成小分子功能蛋白。

目前,临床抗 HIV 药物有反转录酶抑制药和蛋白酶抑制药两类,前者又分为核苷类和非核苷类反转录酶抑制药。

相关链接 "世纪癌症"艾滋病

自从 1981 年发现首例艾滋病以来,全球已有数以万计的 HIV 感染者,由于缺乏针对 HIV 的特效治疗方法,绝大多数感染者在发病后难逃死亡的厄运。如果不加以控制,预计至 2020 年,将有 2 亿人感染 HIV。因此,艾滋病被称为"世纪癌症"。为了战胜艾滋病,世界各国的科学家研制出了许多治疗药物,这些药物可以大致分为抗 HIV 病毒药物、免疫调节药物和治疗机会性感染药物。

(一) 反转录酶抑制药

反转录酶抑制药为最早使用的抗 HIV 药物。本类药物主要有齐多夫定、扎西他滨、司坦夫定、拉米夫定、阿巴卡韦等。

1. 核苷类反转录酶抑制药

齐 多 夫 定

齐多夫定(zidovudine,AZT)为胸腺嘧啶核苷酸衍生物,1987 年被美国食品药品监督管理局批准为第一个抗 HIV 药。其进入细胞后经逐步磷酸化,生成单磷酸、二磷酸和三磷酸 AZT,后者竞争性抑制 RNA 反转录酶,并能插入到病毒 DNA 链中而抑制 DNA 链的延长。该药为治疗艾滋病的首选药,且常与其他 HIV 反转录酶抑制剂合用。不良反应主要为骨髓抑制,表现为贫血、白细胞减少等,发生率与剂量和疗程有关;也可出现咽痛、无力、发热、恶心、头痛、皮疹、失眠、肝功能异常及味觉改变等。

扎西他滨

扎西他滨(zalcItabine)为脱氧胞苷衍生物,与其他多种抗 HIV 感染药物有协同抗 HIV-1 作用。可有效治疗 HIV 感染,单用时疗效不如齐多夫定,更低于联合用药疗效,常被推荐与齐多夫定和一种蛋白酶抑制剂三药合用。主要不良反应是剂量依耐性外周神经炎,发生率为 10%~20%,停药后能逐渐恢复。

拉米夫定

拉米夫定(lalnivudine)为胞嘧啶衍生物,抗病毒作用及机制与抗 HIV 药物齐多夫定相似。在被 HIV 和 HBV(乙型肝炎病毒)感染的细胞和正常细胞内,均可生成活性代谢产物——拉米夫定三磷酸(3TC-TP),后者与正常底物脱氧胞苷三磷酸竞争与酶的结合而抑制 HIV、HBV 的反转录酶,并插入到病毒 DNA 链中而抑制 DNA 链的延长,为 DNA 终止药。可与齐多夫定联合用于治疗 HIV 感染;也能抑制 HBV 的复制,有效治疗慢性 HBV 感染,成为目前治疗 HBV 感染最有效的药物之一。用于乙型肝炎时干扰素(IFN)合用有协同作用。不良反应主要有乏力、疲倦、发热、头痛、恶心、腹痛、腹泻、咽部和扁桃体疼痛等。

2. 非核苷类反转录酶抑制药 通过与反转录酶的非底物结合部位结合而抑制 HIV 反转录酶的活性。该类药物主要有奈韦拉平、地拉韦啶、依非韦伦等。

(二) HIV 蛋白酶抑制药

蛋白酶抑制药阻止 HIV 感染的细胞分裂为新的 HIV 感染细胞,并抑制病毒复制,在急性感染的淋巴干细胞中显示出较强的抗 HIV-1、HIV-2 活性,对齐多夫定耐药的 HIV-1 亦有效。代表药物有沙奎那韦、利托那韦、奈非那韦、安普那韦等。该类药物与核苷类联用可有效抑制 HIV 复制,并减少不良反应。

【用药指导】

临床多将作用于 HIV 不同环节的药物联合使用(俗称鸡尾酒疗法),即把包括反转录酶抑制剂和蛋白酶抑制剂在内的两种或多种药物联合长期使用,治疗艾滋病(AIDS)取得了显著疗效。用药期间应重点监测中枢神经系统、血液系统、肝肾功能等。注意患者是否出现疲乏、眩晕、共济失调等症状。

第七节 消毒防腐药

案例 13-10

患者,女,70 岁,因股骨颈骨折需长期卧床休息治疗,医嘱用 45% 乙醇局部按摩以预防压疮。

问题:

此医嘱是否合理,为什么?

消毒药指能够杀灭病原微生物的药物,防腐药指能抑制病原微生物生长繁殖的药物。但低浓度的消毒药只有防腐作用,高浓度的防腐药也能产生消毒作用,两药之间无严格界限,故总称为消毒防腐药。本类药物对病原体与人体组织的作用无选择性差异,对微生物和机体组织细胞均有影响,故不能作全身用药。主要用于皮肤、黏膜、创面、器械、排泄物和周围环境的消毒。常用消毒防腐药可分为醇类、酚类、醛类、酸类、卤素类、氧化剂、表面活性剂等(表 13-5)。

表 13-5　常用消毒防腐药

类别	药物	作用	主要用途
酚类	苯酚	对细菌和真菌有效，对芽孢和病毒无效	手术器械和房屋消毒，也可用于皮肤止痒
	甲酚	与苯酚相似而略强，腐蚀性及毒性较苯酚小	皮肤、医疗器械和用具、排泄物、环境消毒
	鱼石脂	有温和的防腐和刺激作用，有抑菌、消炎、止痒、抑制分泌及消肿等作用	用于疖肿、丹毒等
	乙醇	对芽孢无效，对病毒效果差，对真菌作用不稳定。浓度为75%(V/V)时杀菌力最强	主要用于注射、手术等皮肤部位以及医疗器械等消毒
	苯氧乙醇	对铜绿假单胞菌有较强的杀灭作用	1%~2%的溶液或乳剂治疗铜绿假单胞菌感染的表面创伤，灼伤和脓疡
醛类	甲醛	对细菌、芽孢、真菌及病毒均有效	固定标本、器械消毒、房屋空气消毒等
	戊二醛	对细菌、芽孢、真菌及病毒均有效，毒性和腐蚀性较甲醛低	医疗器械、用品浸泡消毒
酸类	苯甲酸	有抑制真菌、细菌生长的作用，酸性环境中作用较强	通常涂在皮肤上，用以治疗癣类的皮肤疾病
	硼酸	对细菌、真菌有较弱的抑制作用，刺激性小	主要用于皮肤、黏膜、伤口和角膜的冲洗消毒
	乳酸	抑菌作用较弱	冲洗阴道
卤素类	聚维酮碘	具有广谱杀菌作用，可杀灭细菌繁殖体、芽孢、真菌、原虫和病毒	在医疗上用作杀菌消毒剂，可用于皮肤、黏膜的消毒，也可处理烫伤、治疗滴虫性阴道炎、皮肤真菌感染等
	碘酊	有强大的杀灭病原体作用，它可以使病原体的蛋白质发生变性	手术野皮肤消毒，也可用于毛囊炎、甲癣、传染性软疣的治疗
	碘甘油	使菌体蛋白质变性、死亡，对细菌、真菌、病毒均有杀灭作用	用于口腔黏膜溃疡、牙龈炎、冠周炎等五官科局部感染
	含氯石灰	该药抗菌谱广，对细菌、病毒、真菌孢子及细菌芽孢都有杀灭作用	非金属用具和无色衣物、饮水消毒；化脓性创面、脓疡冲洗；排泄物消毒等
氧化剂类	过氧乙酸	对病毒、细菌、真菌及芽孢均能迅速杀灭	洗手消毒；医疗器械、衣服、被单、食具、环境及垃圾的消毒
	高锰酸钾	为强氧化剂，有较强的杀菌、收敛、止血、除臭等作用	蔬菜、水果消毒；膀胱、创面洗涤等
	过氧化氢溶液	有抗菌和除臭作用	冲洗创面、溃疡、五官科局部感染等
表面活性剂类	苯扎溴铵	杀菌、去污，毒性低，无刺激性	术前洗手、餐具或器械消毒
	氯己定	同苯扎溴铵，作用更强	术前洗手、餐具或器械消毒，烧烫伤表面消毒
染料类	甲紫	对革兰阳性菌、念珠菌、皮肤真菌有杀灭作用，对铜绿假单胞菌也有效	皮肤、黏膜感染及溃疡消毒
	依沙丫啶	对革兰阳性菌和某些阴性菌有较强的抗菌作用，无刺激性	用于创伤、皮肤黏膜化脓性感染的冲洗和湿敷，也可用于引产
重金属类	红汞	抗菌作用较弱	用于伤口、黏膜及皮肤消毒
	硝酸银	杀菌力强，腐蚀力强	常用棒剂腐蚀黏膜溃疡、出血点、肉芽组织过度增生及疣等

【用药指导】 消毒防腐药种类很多,用药时应根据药物作用特点及消毒防腐对象加以选择。

(1) 皮肤消毒宜选择作用快而强、刺激性小的药物,如乙醇、碘酊、清洁剂等。黏膜、创面感染宜选用刺激性很小、吸收少、不受脓液和分泌物影响的药物,如硼酸、氯胺、甲紫、依沙丫啶、红汞、清洁剂、高锰酸钾、过氧化氢等。

(2) 环境消毒应用消毒能力强、便于喷洒、熏蒸的药物,如甲醛、酚类、氯己定等。金属器械消毒应用消毒力强、对金属无腐蚀性的药物,如酚类、醇类、苯扎溴铵等。排泄物消毒要求价廉、不受有机物影响,如漂白粉、石灰等。

第八节 感染性疾病的药物治疗学基础

当致病微生物引起炎症或器官功能障碍的症状时,就称为感染性疾病。感染性疾病是由于患者体质和抵抗病菌能力较差,而被病原微生物感染的其他疾病。如刚做过手术的患者,不注意对刀口消毒和保护,容易被感染而不易愈合。

一、抗菌药物选药原则

首先根据临床诊断初步确定感染的病原体,再根据抗菌药物的抗菌谱、耐药性、适应证、不良反应、药动学特点以及感染部位等综合情况选择恰当的抗菌药物。

选择抗菌药物,还应充分考虑被感染机体的生理、病理特点。如新生儿肝功能尚未发育完全,肝药酶活性较低,加上肾功能也尚未发育完善,消除药物速度较慢。而老年人肝肾功能减退,使药物代谢与排泄能力下降,血浆蛋白结合率较青壮年低,血中抗菌药物游离型增多,易发生药物中毒。妊娠妇女用药则禁忌较多。哺乳期妇女应考虑某些抗菌药物可通过乳汁分泌给乳儿带来的不良反应。

二、抗菌药的预防性应用

预防使用抗菌药物的目的是为了防止细菌可能引起的感染,目前占了抗菌药物使用量的 30%~40%。不适当的预防用药可引起病原菌高度耐药,发生继发感染而难以控制。因此应严格控制使用。目前,比较公认的预防用药有:

(1) 风湿心脏病患者采用长效青霉素防止链球菌感染。

(2) 某些心脏病患者进行口腔、尿路、心脏手术之前,采用青霉素 G 或氨苄西林防止感染。

(3) 青霉素防止气性坏疽;庆大霉素加上甲硝唑用于结肠手术前防止厌氧菌感染。

(4) 接触过流脑、结核病、白喉患者自身免疫力较差者,可采用相应抗菌药物以防止接触性感染。

(5) 若在流行性脑膜炎发病的季节,可用磺胺嘧啶作为预防用药口服。

(6) 胃肠道、胸腹部手术后用药 1~3 天。

三、抗菌药物的联合应用

联合用药的目的是为了扩大抗菌谱,发挥药物的协同抗菌作用,延缓或减少耐药性的产生,提高疗效,降低毒性反应。如果联合用药不当,则适得其反。值得注意的是,目前临床上采用的很多联合用药方案是没有依据的,大多数感染用单一抗菌药即可有效。

联合用药的适应证:

(1) 病因未明的严重感染:为扩大抗菌范围,可选联合用药。如化脓性脑膜炎、粒细胞缺乏症或免疫缺陷患者合并严重感染。

(2) 单一抗菌药不能有效控制的混合感染:如胃肠穿孔引起的腹膜炎,应联合应用对需氧菌和对厌氧菌有效的药物进行治疗。

(3) 单一抗菌药不能有效控制的严重感染:如用青霉素加链霉素治疗草绿色链球菌或肠球菌引起的亚急性心内膜炎,治愈率比单用青霉素更高、复发率更低,疗程更短。

(4) 长期用药易产生耐药性的顽固感染:如临床治疗结核病常采用抗结核药三联甚至四联的方法,以减少并延缓耐药性的产生,从而确保疗效。

(5) 减少药物的毒性反应:如两性霉素 B 与氟胞嘧啶联合应用治疗深部真菌感染,使毒性较大的两性霉素 B 用量减少,毒性反应降低。

联合用药的可能效果:抗菌药按其对细菌的作用可分为四大类:第一类为繁殖期杀菌药①,如 β-内酰胺类抗生素;第二类为静止期杀菌药②,如氨基糖苷类、多黏菌素类、喹诺酮类;第三类为快效抑菌药③,如大环内酯类、四环素类;第四类为慢效抑菌药④,如磺胺类。四类抗菌药可能的合用效果是:①+② = 协同;①+③ = 拮抗;①+④ = 无关或相加;③+④ = 相加。注意作用机制相同的抗菌药物常不宜合用(如合用两种氨基糖苷类药物),因共同竞争作用的靶位而出现拮抗,合用效果不一定比单用其中的一种强,反而增加药物的毒性反应。

四、严格控制抗菌药应用的几种情况

1. 病毒感染 目前除少数药物可能对某些病毒有效外,大多数抗菌药都对病毒无效。

2. 发热原因未明 对发热原因未明者不要轻易使用抗菌药,否则可能会使患者临床症状不典型而掩盖病情,导致诊断延误。

3. 局部应用抗菌药 应尽量避免局部应用抗菌药,皮肤、黏膜等局部应用抗菌药易导致变态反应和细菌产生耐药性。

4. 剂量要适宜,疗程要足够 剂量过小达不到治疗目的且易产生耐药性,剂量过大易产生严重的不良反应。

五、抗菌药物的用法与疗程

应用抗菌药物应注意选用恰当的给药方法。一般轻度感染可口服给药,中度感染可肌内注射给药,严重感染则应静脉给药,病情缓解后再改为口服给药。在治疗急性感染过程中应密切注意治疗效果。如果用药 48~72h 病情仍未改善,应及时调整用药方案。

用抗菌药治疗细菌感染疗程的长短应视感染的种类、程度及患者的体质而定。一般的急性感染者,经治疗后体温恢复正常、症状消失 3 至 4 天即可停药,而治疗严重感染者,则应在体温正常 7 至 10 天才能停药。治疗急性骨髓炎、急性或亚急性细菌性心内膜炎的疗程为 4 至 8 周,治疗浸润性肺结核的疗程则长达几个月甚至更长。

六、患者的其他因素与抗菌药物的应用

1. 肾功能减退 应避免使用主要经肾排泄,对肾有损害的抗菌药物。
2. 肝功能减退 避免使用主要经肝代谢对肝脏有损害的抗菌药物。
3. 新生儿、儿童、孕妇和哺乳妇女用药要谨慎,一定要选用安全的抗菌药物。

【附】

常用制剂与用法

红霉素 肠溶片剂:0.125g、0.25g。口服:0.25~0.5g,一日3~4次;小儿一日30~50mg/kg,分3~4次服。注射剂(乳糖酸盐):0.25g、0.3g。一日1~2g;小儿一日30~50mg/kg,分3~4次静脉滴注。

依托红霉素 片剂:0.125g(按红霉素计)。胶囊剂:0.05g、0.125g(按红霉素计)。一日1~2g;小儿一日30~50mg/kg,分3~4次服。

琥乙红霉素 片剂:0.1g、0.125g(按红霉素计)。口服:0.25~0.5g,一日4次;小儿一日30~40mg/kg,分3~4次服。

乙酰螺旋霉素 片剂或胶囊剂:0.1g、0.2g。口服:0.2~0.3g,一日4次;小儿一日20~30mg/kg,分4次服。

罗红霉素 片剂:0.15g。餐前服:0.15g,一日2次。颗粒剂、悬浮剂:0.05g。口服:0.15g,一日2次;小儿2.5~5 mg/kg,一日2次。

阿奇霉素 片剂:125mg、250mg。口服:0.5g,一日1次;小儿10mg/kg,一日1次。

盐酸林可霉素 片剂或胶囊剂:0.25g、0.5g。饭后服:0.5g,一日3~4次;小儿一日30~60mg/kg,分3~4次服。注射剂:0.2g、0.6g。0.6g,肌内注射,一日2~3次;或0.6g溶于100~200ml输液中缓慢静脉滴注,一日2~3次;小儿一日15~40mg/kg,分2~3次肌内注射或静脉滴注。

盐酸克林霉素 胶囊剂:0.075g、0.15g。口服:0.15~0.3g,一日3~4次;小儿一日10~20mg/kg,分3~4次服。注射剂:0.15g。一日0.6~1.8g,分2~4次肌内注射或静脉滴注。

万古霉素 粉针剂:0.5g。一日1~2g,分3~4次静脉注射或静脉滴注。每日量不超过4g;小儿一日40mg/kg,分3~4次静脉注射或静脉推注。静脉滴注速度应慢,持续时间不少于1小时。

硫酸链霉素 注射剂:肌内注射,一日2次,或0.75g,肌内注射,一日1次。小儿一日15~25mg/kg,分2次肌内注射。

硫酸庆大霉素 片剂:2万U、4万U。口服:8万~16万U,一日3~4次。注射剂:2万U、4万U、8万U。一日16万~24万U;小儿一日3000~5000U/kg,分2~3次肌内注射或静脉滴注。滴眼液:4万U/8ml,滴眼:1~2滴,一日3~4次。

硫酸阿米卡星 注射剂:0.1g、0.2g。一日0.2~0.4g;小儿一日4~8mg/kg,分1~2次肌内注射或静脉滴注。

硫酸妥布霉素 注射剂:40mg、80mg。1.5mg/kg,肌内注射或静脉滴注,每8小时1次,疗程一般不超过7~10日。

硫酸奈替米星 注射剂:150mg。肌内注射或静脉滴注;每次4~6mg/kg,1次/天。大观霉素注射剂:2g。2g溶于0.9%苯甲醇溶液3.2ml中,深部肌内注射,一日1~2次。

硫酸黏菌素 片剂:50万U、100万U、300万U。一日150万~300万U,分3~4次服。

黏菌素B 注射剂:50万U、100万U。一日100万~150万U;小儿一日1.5万~2.5万U/kg,分2~3次肌内注射。或一日50万~100万U;小儿一日1.5万~2.5万U/kg,分1~2次静脉滴注。

盐酸四环素 片剂或胶囊剂:0.25g。口服:0.5g,一日3~4次。软膏剂:5g。眼膏剂:2.5g、10g。外用。

多西环素 片剂或胶囊剂:0.1g。口服:首次0.2g,以后一日0.1~0.2g,分1~2次服;8岁以上小儿首

剂 4mg/kg,以后一次 2~4mg/kg,一日 1~2 次。

米诺环素　片剂:0.1g。口服:0.1g,一日 2 次,首剂加倍。

氯霉素　片剂或胶囊剂:0.25g。口服:0.25~0.5g,一日 3~4 次。眼膏、滴眼液、滴耳液:局部外用。

诺氟沙星　片剂或胶囊剂:0.1g。口服:0.1~0.2g,一日 3~4 次。1% 软膏剂:10g/支。外用。0.3% 眼药水:8ml/支。滴眼。

氧氟沙星　片剂:0.1g。一日 0.2~0.6g,分 2 次服。注射剂:0.4g。0.4g,静脉滴注,一日 2 次。

左氧氟沙星　片剂:0.1g。口服:0.1g,一日 3 次。

培氟沙星　片剂:0.1g、0.4g。口服:0.4g,一日 2 次。注射剂:0.4g。0.4g 稀释于 5% 葡萄糖注射液 250ml 中,静脉滴注,一日 2 次。

氟罗沙星　胶囊剂:0.2g、0.4g。口服:0.4g,一日 1 次。

磺胺甲噁唑　片剂:0.5g。口服:0.5~1g,一日 2 次,首次剂量加倍。大剂量长期应用时,需同服等量的碳酸氢钠。小儿 25mg/kg,一日 2 次。

磺胺嘧啶　片剂:0.5g。口服:1g,一日 2 次。治疗脑膜炎:1g,一日 4 次。注射剂:0.4g、1g。1~1.5g,深部肌内注射,一日 3 次。小儿一般感染一日 50~75mg/kg,分 2 次用;流行性脑脊髓膜炎按一日 100~150mg/kg 用。

磺胺嘧啶银　软膏(乳膏)、散剂:涂敷创面或用软膏油纱布包扎创面。散剂可直接撒布于创面。

磺胺嘧啶锌　软膏、散剂:用法同磺胺嘧啶银。

复方磺胺甲噁(复方新诺明)　片剂:每片含 SMZ 0.4g,TMP 0.08g。口服:2 片,一日 2 次,首剂 2~4 片;儿童用片:每片含 SMZ 0.1g,TMP 0.02g。口服:2~6 岁,1~2 片,6~12 岁,2~4 片,一日 2 次,服药期间多饮水。

甲硝唑　片剂:0.2g。阿米巴病:口服:0.4~0.8g,一日 3 次,5~7 日为一疗程。滴虫病:口服:0.2g,一日 3 次,7 日为一疗程。厌氧菌感染:口服:0.2~0.4g,一日 3 次。注射剂:50mg/10ml、100mg/20ml、500mg/100ml、500mg/250ml。厌氧菌感染:500mg,静脉滴注,于 20~30min 内滴完,8 小时一次,7 日为一疗程。小儿一次 75mg/kg。

替硝唑　片剂:0.5g。阿米巴病:口服:2g,一日 1 次,连服 2~3 日;小儿一日 50~60mg/kg,连服 5 日。滴虫病:口服:0.2g,一日 1 次,必要时重复 1 次;或 0.15g,一日 3 次,连用 5 日。须男女同治以防再次感染;小儿一次 50~75mg/kg,必要时重复 1 次。厌氧菌感染:口服:2g,一日 1 次。非特异性阴道炎:口服:2g,一日 1 次,连服 2 日。梨形鞭毛虫病:口服:2g,一日 1 次。注射剂:400mg/200ml、800mg/400ml。重症厌氧菌感染:一日 1.6g,分 1~2 次静脉滴注,于 20~30min 内滴完。

异烟肼　片剂:0.05g、0.1g、0.3g。口服:0.1~0.3g,一日 2 次;小儿一日 10~20mg/kg,分 3~4 次服。急性粟粒性肺结核或结核性脑膜炎:口服:0.2~0.3g,一日 3 次。注射剂:0.1g。0.3~0.6g,缓慢静脉注射或静脉滴注,一日 1 次。

利福平　片剂或胶囊剂:0.15g、0.3g、0.45g、0.6g。0.45~0.6g,清晨空腹顿服;小儿一日 20mg/kg,分 2 次服。滴眼液:10ml/支。滴眼。

利福定　胶囊剂:0.1g、0.15g。0.15~0.2g,清晨空腹顿服;小儿一日 3~4mg/kg,分 2 次服。

利福喷汀　片剂或胶囊剂:0.15g、0.3g。0.6g,清晨空腹服用,一周 1~2 次。

乙胺丁醇　片剂:0.25g。口服:0.25g,一日 2~3 次;小儿一日 15~20mg/kg,分 2~3 次服。

吡嗪酰胺　片剂或胶囊剂:0.25g、0.5g。一日 35mg/kg,分 3~4 次服。

两性霉素 B　注射剂:5mg、25mg、50mg。从 0.1mg/kg 开始渐增至一日 1mg/kg,静脉滴注,一日 1 次。鞘内注射:首剂:0.05~0.1mg,渐增至一次 0.5mg,浓度不超过 0.3mg/ml。

制霉菌素　片剂:25 万 U、50 万 U。口服:50 万~100 万 U,一日 3 次,7 日为一疗程;小儿一日 5 万~10 万 U/kg,分 3~4 次服。软膏剂:10 万 U/g;阴道栓剂:10 万 U;混悬剂:10 万 U/ml,供局部外用。

克霉唑　软膏:1%、3%。外用。口腔药膜:4mg。4mg,贴于口腔,一日 3 次。栓剂:0.15g。0.15g,阴道给药,一日 1 次。溶液剂:1.5%。涂患处,一日 2~3 次。

咪康唑　注射剂:0.2g。0.2~0.4g,静脉滴注,一日3次,一日最大量为2g。霜剂:2%,外用。栓剂:0.1g,阴道用。

酮康唑　片剂:0.2g。口服:0.2~0.4g,一日1次。深部真菌感染连服1~6个月;浅表真菌感染连服1~6周。

氟康唑　片剂或胶囊剂:50mg、100mg、150mg、200mg。口服:50~100mg,一日1~3次。注射剂:100mg/50ml,200mg/100ml。100~200mg,静脉滴注,一日1次。

伊曲康唑　胶囊剂:100mg。口服:100~200mg,一日1次。

利巴韦林　片剂:0.1g、0.2g。一日0.8~1g,分3~4次服。注射剂:0.1g。一日10~15mg/kg,分2次肌内注射或静脉注射。

阿糖腺苷　注射剂:1g。一日10~15mg/kg,静脉滴注。眼膏剂:3%,局部用。

干扰素　注射剂:100万U、300万U。100万~300万U,肌内注射,一日1次,5~10日为一疗程。

聚肌胞　注射剂:1mg、2mg。1~2mg,肌内注射,2~3日1次。治疗肝炎:1~2mg,肌内注射,一周2次,2~3个月为一疗程。滴眼液:0.1%。一日8~14次。滴鼻液:0.1%。一日3~5次,用于预防流感。

拉米夫定　片剂:0.1g。慢性肝炎:口服:0.1g,一日1次,疗程52周。

目 标 检 测

一、名词解释

1. 抗菌谱　2. 抗菌活性　3. 抗生素　4. 耐药性
5. 抗菌后效应

二、填空题

1. 梅毒的首选药是_____,青霉素最严重的不良反应是_____。
2. 氨苄西林抗菌谱比青霉素G要广,还具有_____、_____等优点。
3. 常用的半合成青霉素有_____、_____、_____、_____。
4. 氨基糖苷类治疗全身性感染必须采用_____或_____给药,因口服_____。
5. 长期大量应用TMP可致叶酸缺乏,引起_____,可用_____治疗。
6. 写出下列药物的抗菌作用机制:磺胺类_____甲氧苄啶_____头孢菌素类_____四环素类_____氯霉素_____诺氟沙星_____。
7. 写出以下药物的主要不良反应:四环素_____林可霉素_____氯霉素_____复方新诺明_____异烟肼_____庆大霉素_____。

三、选择题

【A型题】

1. 青霉素类共同具有(　　)
   A. 耐酸、口服可吸收
   B. 耐β-内酰胺酶
   C. 抗菌谱广
   D. 主要用于革兰阴性菌感染
   E. 可能发生过敏性休克,并有交叉过敏反应

2. 丁胺卡那霉素又称(　　)
   A. 庆大霉素　　　B. 小诺霉素
   C. 卡那霉素　　　D. 阿米卡星
   E. 淋必治

3. 用前不需要患者做皮肤过敏实验的药物是(　　)
   A. 青霉素　　　　B. 阿莫西林
   C. 普鲁卡因青霉素　D. 链霉素
   E. 胰岛素

4. 新生儿应用抗菌药物,易引起灰婴综合征的药物是(　　)
   A. 磺胺类　　　　B. 四环素类
   C. 氟喹诺酮类　　D. 氨基糖苷类
   E. 氯霉素

5. 可导致耳毒性,主要表现为耳聋的药物是(　　)
   A. 环孢素　　　　B. 利福平
   C. 阿米卡星　　　D. 银杏叶制剂
   E. 硫酸软骨素

6. 下列药物最易导致肾损害的是(　　)
   A. 红霉素　　　　B. 林可霉素
   C. 青霉素　　　　D. 链霉素
   E. 头孢菌素

7. 与氨基糖苷类有药理协同作用,但是有理化配伍禁忌的药物是(　　)
   A. 钙离子　　　　B. 青霉素类
   C. 氨基糖苷类　　D. 葡萄糖注射液
   E. 氯化钠注射液

8. 铜绿假单胞菌引起的肺炎宜选用（ ）
   A. 氟康唑　　　　　B. 万古霉素
   C. 克林霉素　　　　D. 阿奇霉素
   E. 头孢哌酮
9. 溶血性链球菌感染首选（ ）
   A. 磺胺嘧啶　　　　B. 红霉素
   C. 青霉素　　　　　D. 哌拉西林
   E. 氯霉素
10. 因长期使用广谱抗菌药、肾上腺皮质激素而诱发的腹泻称为（ ）
    A. 菌群失调性腹泻　B. 肠易激综合征
    C. 激素性腹泻　　　D. 功能性腹泻
    E. 炎症性肠病
11. 对细菌感染的急性腹泻者宜用（ ）
    A. 胰酶　　　　　　B. 山莨菪碱
    C. 双歧三联活菌制剂　D. 匹维溴铵
    E. 左氧氟沙星
12. 艾滋病的治疗必须采用（ ）
    A. 单一用药
    B. 鸡尾酒疗法或高活性抗反转录酶病毒联合疗法（HAART）
    C. 应足量、反复用药
    D. 2 种以上免疫调节剂合用即可
    E. 以上都正确
13. 下列哪种药物可与 PABA 竞争,抑制二氢叶酸合成酶,阻止细菌合成叶酸,使细菌缺乏叶酸的合成而死亡（ ）
    A. 利福平　　　　　B. 红霉素
    C. 酞丁安　　　　　D. 磺胺醋酰钠
    E. 硫酸锌
14. 使用头孢唑啉钠进行手术预防用药的最佳给药时间是术前（ ）
    A. 30min　　　　　B. 2h
    C. 3h　　　　　　 D. 4h
    E. 24h
15. 服用左氧氟沙星的患者不宜用（ ）
    A. 维生素 C　　　　B. 乳酸菌素
    C. 非诺贝特　　　　D. 胰酶
    E. 活性双歧杆菌
16. 流行性结膜炎患者,可选用（ ）
    A. 2%色甘酸钠
    B. 0.1%碘苷滴眼剂
    C. 金霉素眼膏
    D. 醋酸可的松滴眼剂和眼膏
    E. 0.1%利巴韦林滴眼剂
17. 关于抗结核药合理应用说法错误的是（ ）
    A. 结核病的药物治疗原则即"早期、联合、适量、规律和全程"
    B. 完全杀灭病原菌是治疗成功的关键
    C. 采用全程督导服药,提高用药的依从性
    D. 提倡联合用药,单一给药治疗常常因耐药性导致失败
    E. 近年 WHO 推荐推广短程疗法
18. 预防磺胺嘧啶所致的肾脏损害,应该（ ）
    A.大量喝水
    B.服用等量小苏打
    C.采用静脉滴注
    D.与维生素 B_6 合用
    E.A+B
19. 肝脏疾病时,需要减量慎用的抗菌药是（ ）
    A. 庆大霉素　　　　B. 美洛西林
    C. 林可霉素　　　　D. 氯霉素
    E. 阿托品
20. 与磺胺类同用可造成尿道结晶的是（ ）
    A. 各种白酒　　　　B. 吸烟
    C. 食醋　　　　　　D. 食盐
    E. 茶叶
21. 妊娠 5 个月后服用可致婴儿牙齿黄染的药品是（ ）
    A. 四环素　　　　　B. 维生素 A
    C. 氯喹　　　　　　D. 硫糖铝
    E. 氯霉素
22. 与甲硝唑合用会出现呼吸困难、头疼、恶心的是（ ）
    A. 各种白酒　　　　B. 乳酪食品
    C. 葡萄柚汁　　　　D. 盐腌海鱼
    E. 茶叶
23. 第三代头孢菌素的特点（ ）
    A. 对革兰阳性菌强于第一代
    B. 对β-内酰胺稳定性差
    C. 肾毒性大
    D. 对革兰阴性菌强于第一代(特别是铜绿假单胞菌属及肠杆菌属)
    E. A+B
24. 一线抗结核药不包括（ ）
    A. 利福平　　　　　B. 乙硫异烟胺
    C. 吡嗪酰胺　　　　D. 链霉素
    E. 异烟肼

25. 患者,男,18岁。打篮球后淋雨,晚上突然寒战,高热,自觉全身肌肉酸痛,右胸疼痛,深呼吸时加重,吐少量铁锈色痰。诊断为大叶性肺炎。宜首选的药物是( )
   A. 利福平   B. 红霉素
   C. 庆大霉素   D. 青霉素 G
   E. 万古霉素

26. 患者,男,23岁。剧烈运动后大汗淋漓,为图凉快脱去上身吹凉风,并用别人的杯子喝水,第二天即感不适,嗓子疼,浑身无力,经诊断为流感。那么他最好用哪种药( )
   A. 青霉素   B. 红霉素
   C. 哌替啶   D. 喹诺酮
   E. 金刚烷胺

27. 患者,女,34岁。自诉外阴瘙痒、白带增多;怀疑有滴虫病,取阴道分泌物镜检可见滴虫活动,对此,一般可用哪种药物治疗( )
   A. 依米丁   B. 二氯尼特
   C. 青霉素   D. 甲硝唑
   E. 氯喹

28. 患者,女,55岁。因患骨结核就诊,医师推荐三联疗法。若采纳,患者该用何种药( )
   A. 异烟肼、利福平、环丝氨酸
   B. 利福平、链霉素、卷曲霉素
   C. 利福定、乙胺丁醇、对氨水杨酸
   D. 异烟肼、乙胺丁醇、链霉素
   E. 利福平、利福定、丙硫异烟胺

29. 患者,男,35岁。3天前开始发热,体温38℃左右,伴咽喉痛、鼻塞及咳嗽,无呕吐与腹泻。体检:体温 38.2℃,咽部充血。心律齐,心率 90 次/分,无杂音闻及。诊断为上呼吸道感染。可选用下列哪个组合的药物治疗( )
   A. 灰黄霉素 + 磺胺嘧啶
   B. 制霉菌素 + 阿莫西林
   C. 利巴韦林 + 氨苄西林
   D. 阿昔洛韦 + 伊曲康唑
   E. 酮康唑 + 金刚烷胺

30. 患者,女,35岁。因尿频、尿急、尿痛 3 天而来就诊。查体:T38℃;实验室检查:WBC11×10⁹/L,中性粒细胞0.85,尿液不清,尿蛋白阳性,镜检白细胞满视野,诊断为急性肾盂肾炎。首选的抗生素是( )
   A. 阿莫西林   B. 青霉素类
   C. 氨基糖苷类   D. 诺氟沙星
   E. 克林霉素

(第31~33题题干)
患者,男,17岁。拔牙两天后,出现寒战,高热,伴咳嗽、咳痰,迁延未愈,12天后突然咳出大量脓臭痰及坏死组织,并有咯血来诊。查体:T39℃,脉搏 89 次/分,右肺部叩诊呈浊音,可于右肺底听到湿啰音;实验室检查:WBC28×10⁹/L,中性粒细胞0.92,核左移明显,并有毒性颗粒,痰液留置可分层。

31. 该患者应考虑为( )
   A. 大叶性肺炎   B. 肺结核
   C. 支气管扩张   D. 支气管肺癌
   E. 肺脓肿

32. 如欲明确是何种致病菌,宜做的检查是( )
   A. 痰细胞学检查
   B. 咳出的痰直接涂片
   C. 咳出的痰进行细菌检查
   D. 通过环甲膜穿刺吸取痰液,进行痰涂片和需氧、厌氧菌检查
   E. 以上都不对

33. 如青霉素过敏,改用其他类抗菌药物时宜选用( )
   A. 庆大霉素   B. 林可霉素类
   C. 氯霉素   D. 头孢曲松
   E. 头孢哌酮

(第34~37题题干)
患者,女,50岁。午后发热,伴咳嗽,痰中带血 1 周。体检:左肩胛间区有湿啰音,红细胞沉降率50mm/h,血白细胞10.0×10⁹,中性粒细胞 0.78,胸片示左上肺斑片阴影伴1cm×1cm 透光区。

34. 最可能的诊断是( )
   A. 支原体肺炎   B. 肺炎球菌肺炎
   C. 肺结核   D. 肺真菌病
   E. 支气管肺癌

35. 诊断的首选检查是( )
   A. 胸部 CT   B. 胸部核磁共振
   C. 结核菌素试验 D. 痰涂片找抗酸杆菌
   E. 痰细胞学检查

36. 抗结核的一线药是( )
   A. 异烟肼、利福平、对氨基水杨酸
   B. 异烟肼、链霉素、对氨基水杨酸
   C. 异烟肼、乙胺丁醇、对氨基水杨酸
   D. 异烟肼、链霉素、乙硫异烟胺
   E. 异烟肼、利福平、链霉素

37. 乙胺丁醇与利福平合用目的在于（　　）
    A. 加快药物的排泄速度
    B. 有利于药物进入结核感染病灶
    C. 有协同作用，并能延缓耐药性的产生
    D. 延长利福平作用时间
    E. 减轻注射时的疼痛

【B型题】
（第38~41题备选答案）
    A. 双氯西林　　　　B. 青霉素V
    C. 美西林　　　　　D. 阿莫西林
    E. 羧苄西林
38. 可用于革兰阴性杆菌所致泌尿道感染（　　）
39. 可用于耐青霉素的金葡菌感染（　　）
40. 可用于铜绿假单细胞菌感染（　　）
41. 对幽门螺旋菌作用较强（　　）
（第42、43题备选答案）
    A. 克拉霉素　　　　B. 阿奇霉素
    C. 克林霉素　　　　D. 头孢他啶
    E. 阿莫西林
42. 严重的革兰阴性菌感染选用（　　）
43. 金葡菌引起的骨髓炎选用（　　）
（第44~46题备选答案）
    A. 异烟肼　　　　　B. 两性霉素
    C. 诺氟沙星　　　　D. 罗红霉素
    E. 青霉素G
44. 抑制细胞膜功能（　　）
45. 抑制或干扰蛋白质合成（　　）
46. 影响核酸代谢（　　）
（47~49题备选答案）
    A. 环丙沙星　　　　B. 磺胺嘧啶银
    C. 甲氧苄啶　　　　D. 诺氟沙星
    E. 磺胺异噁唑
47. 体外抗菌作用强，适用于预防烧伤感染的是（　　）
48. 在尿中不易析出结晶，适用于泌尿道感染的磺胺药是（　　）
49. 抗菌谱与磺胺药相似，可增强磺胺药疗效的是（　　）
（50~53题备选答案）
    A. 链霉素　　　　　B. 青霉素G
    C. 头孢他啶　　　　D. 四环素
    E. 氯霉素
50. 梅毒治疗首选药物是（　　）
51. 治疗伤寒的首选药物是（　　）
52. 抗结核病的药是（　　）
53. 治疗铜绿假单细胞菌引起的败血症宜选用药物是（　　）
（第54~56题备选答案）
    A. 影响叶酸代谢
    B. 影响胞浆膜的通透性
    C. 抑制细菌细胞壁的合成
    D. 抑制蛋白质合成的全过程
    E. 抑制核酸合成
54. 磺胺类药物的抗菌机制是（　　）
55. 氨基苷类抗生素的抗菌机制是（　　）
56. β-内酰胺类抗生素的抗菌制剂是（　　）
（第57~60题备选答案）
    A. 链霉素　　　　　B. 对氨基水杨酸
    C. 利福平　　　　　D. 乙胺丁醇
    E. 异烟肼
57. 有耳毒性，可致永久性耳聋的是（　　）
58. 视神经炎为主要毒性反应的是（　　）
59. 需与维生素B6合用以预防外周神经炎（　　）
60. 有肝病或与异烟肼合用易引起肝损害的是（　　）
（61~65题备选答案）
    A. 多西环素　　　　B. 红霉素
    C. 磺胺嘧啶　　　　D. 庆大霉素
    E. 两性霉素B
61. 治疗流行性脑脊髓膜炎选用（　　）
62. 治疗立克次体感染选用（　　）
63. 治疗真菌所致深部感染选用（　　）
64. 治疗铜绿假单细胞菌感染选用（　　）
65. 治疗支原体肺炎选用（　　）
（第66、67题备选答案）
    A. 两性霉素　　　　B. 氟胞嘧啶
    C. 氟康唑　　　　　D. 特比萘芬
    E. 咪康唑
66. 口服吸收好的抗浅部真菌感染药（　　）
67. 对中枢神经系统真菌感染疗效好（　　）

四、简答题
1. 青霉素G有哪些优点及缺点？
2. 简述防止青霉素引起过敏性休克的措施。
3. 氨基糖苷类抗生素有哪些共同特点？
4. 简述磺胺药与甲氧苄啶合用的意义与机制。
5. 简述磺胺类常见的不良反应及防治措施。

第十四章 抗寄生虫药

内容提要

近年来寄生虫病发病率有增高趋势,流行区域也发生了改变。本章主要讲授常见寄生虫病治疗药物的作用、用途、不良反应及用药指导。

学习目标

识记抗寄生虫类药物分类,并能列举出各类1~2个代表药物通用名称;能根据寄生虫感染情况选用正确的治疗药物,并清晰解释出选用该药的主要依据,且能列举出用药期间可能出现的主要不良反应及防治措施。

重点难点

本章的重点是抗疟药及抗肠蠕虫药的作用特点、合理选用。本章难点是疟原虫生活史与抗疟药作用的关系。

课时数

理论 4

第一节 抗 疟 药

案例 14-1

患者,女,41岁,一月前到非洲旅游,归来后即出现寒战、高热,寒战持续10min至2h,而后体温迅速上升,可达40℃,持续2~6h后,全身大汗淋漓后体温降至正常。经过一段间歇期后,又开始重复上述发作过程。

问题:
1. 对此患者应做何诊断?
2. 应如何治疗及护理?

疟疾是由疟原虫感染引起、经雌性按蚊叮咬传播的一种寄生虫性传染病。疟疾分间日疟、三日疟、恶性疟和卵形疟四种,分别由间日疟原虫、三日疟原虫、恶性疟原虫和卵形疟原虫感染引起。临床以间歇性寒战、高热,继之大汗后缓解为特点。抗疟药是防治疟疾的重要药物。

一、疟原虫生活史及抗疟药的作用环节

疟原虫的生活史可分为人体内的无性生殖和蚊体内的有性生殖两个阶段。抗疟药可作用于疟原虫生活史的不同环节,以达到预防和治疗疟疾的目的(图14-1)。

(一)人体内的发育阶段

1. 红细胞外期 受感染的雌性按蚊叮咬人时,子孢子随其唾液进入人体,并随人体血流侵入肝细胞内发育、裂体增殖,形成大量裂殖体。此时期无临床症状,为疟疾的潜伏期,一般为10~14天。乙胺嘧啶对此期疟原虫有杀灭作用,可发挥病因性预防作用。

间日疟原虫和卵形疟原虫有一部分子孢子在侵入肝脏后,可进入数月或年余的休眠期成为休眠子,可再被激活,是疟疾复发的根源。恶性疟原虫和三日疟原虫无休眠子,故不复

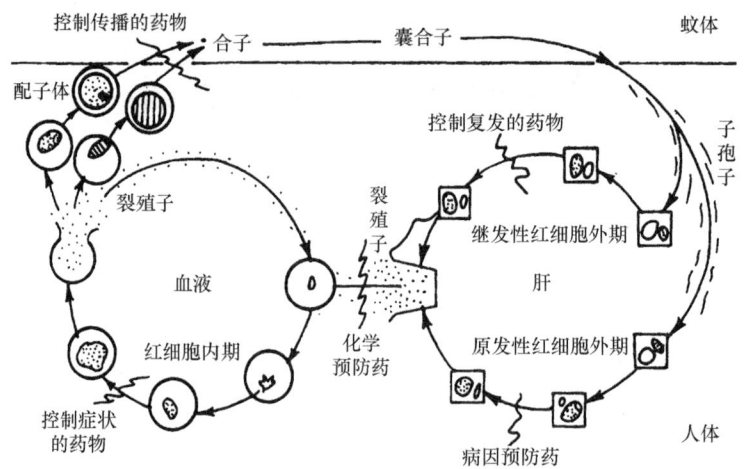

图 14-1 疟原虫生活史和各类抗疟药的作用部位

发。伯氨喹能杀灭休眠子,控制疟疾的远期复发。

2. 红细胞内期 红细胞外期的裂殖体涨破肝细胞后释出,随血液侵入红细胞,相继发育成滋养体、裂殖体,并破坏红细胞,释出大量裂殖子、疟色素及其他代谢产物,刺激机体,引起寒战、高热等症状。释出的裂殖子再侵入新的红细胞进行新一轮的裂体增殖,如此反复循环,引起临床症状反复发作。氯喹、奎宁、青蒿素对此期疟原虫有杀灭作用,发挥控制症状发作和症状抑制性预防作用。

(二) 蚊体内的发育阶段

按蚊在刺吸疟原虫感染者的血液时,人体红细胞内发育的各期疟原虫随血液入蚊胃,仅雌、雄配子体继续发育,两者结合成合子,进一步发育产生有感染力的子孢子,移行至蚊唾液腺内,成为感染人的直接感染源。伯氨喹能杀灭配子体,控制疟疾传播;乙胺嘧啶能随血液进入蚊体内抑制子孢子的发育,防止疟疾的传播。

二、抗疟药的分类

由于不同发育阶段的疟原虫对药物的敏感性不同,所以抗疟药一般分为三类。

1. 主要用于控制症状的抗疟药 通过杀灭红细胞内期的裂殖体,中断疟原虫的无性生殖周期,发挥控制症状发作和症状抑制性预防作用,如氯喹、奎宁、青蒿素等。

2. 主要用于控制复发和传播的抗疟药 通过杀灭间日疟继发性红细胞外期的子孢子及各种疟原虫的配子体,控制疟疾的复发和传播,如伯氨喹等。

3. 主要用于病因性预防的抗疟药 通过杀灭原发性红细胞外期的疟原虫,发挥病因性预防作用,如乙胺嘧啶、磺胺类等。

三、常用抗疟药

(一) 主要用于控制症状的抗疟药

氯 喹

氯喹(chloroquine)是人工合成的 4-氨基喹啉类衍生物。口服吸收快而完全,抗酸药可干扰其吸收。

【药理作用与临床应用】

(1) 抗疟作用:能杀灭各种疟原虫的红细胞内期裂殖体,迅速有效地控制疟疾的临床发作,具有起效快、疗效高、作用持久的特点。一般用药 24~48h 内临床症状消退,48~72h 血中疟原虫消失,是临床用于控制各型疟疾症状的首选药物。氯喹对子孢子、休眠子和配子体均无效,故不能用于病因预防以及控制远期复发和传播。

(2) 抗肠外阿米巴病作用:氯喹对阿米巴滋养体有强大的杀灭作用,口服后肝脏内药物浓度比血浆药物浓度高 200~700 倍,但肠壁分布少,故仅用于肠外阿米巴感染,如阿米巴肝脓肿或肝炎的治疗。

(3) 免疫抑制作用:大剂量氯喹具有免疫抑制作用,可用于治疗类风湿性关节炎、系统性红斑狼疮等免疫功能紊乱疾病。

【不良反应】 氯喹用于化学预防时,不良反应少而轻微。用于治疗疟疾急性发作时可引起恶心、呕吐、头痛、头晕、目眩及荨麻疹等症状,停药后可自行消退。大剂量、长期应用可损害角膜和视网膜,导致视力障碍。心脏毒性表现为过缓型心律失常,甚至引起猝死,故禁止静脉推注。此外,对听力,肝、肾功能,造血系统等也有较严重的毒性。所以应定期检查视力、听力、肝肾功能、心电图和血象,发现异常后立即停药。

奎　宁

奎宁(quinine)为奎尼丁的左旋体,是从金鸡纳树皮中提取的一种生物碱。

【药理作用与临床应用】 奎宁对各种疟原虫的红细胞内期裂殖体均有杀灭作用,能有效控制临床症状,是最早用于控制症状的抗疟药,但疗效不及氯喹。近年来由于氯喹耐药性的出现,奎宁成为治疗恶性疟的主要药物。此外,奎宁具有减弱心肌收缩力、兴奋子宫平滑肌和微弱的解热镇痛作用。

【不良反应】

(1) 金鸡纳反应:血药浓度超过 30~60μmol/L 时,会出现恶心、呕吐、头痛和视力、听力下降等反应,停药后可恢复。

(2) 心血管反应:用药过量或静脉滴注过快,可致低血压、心律失常及严重的中枢神经系统紊乱,故奎宁静脉滴注应缓慢,并密切观察患者心脏和血压变化。

(3) 特异质反应:少数先天性葡萄糖-6-磷酸脱氢酶缺乏的患者,应用奎宁可诱发严重的急性溶血。用药期间发现黑尿、严重贫血时应立即停药。

(4) 其他:还可发生过敏反应、低血糖,诱发早产、流产,故孕妇禁用,月经期慎用。一次剂量超过 6g 即可中毒,致死量约为 8g。

青 蒿 素

青蒿素(artemisinin)是从黄花蒿及其变种大头黄花蒿中提取的萜类物质。是我国科技工作者根据"青蒿截疟"的记载而发掘出的新型抗疟药。对各种疟原虫红细胞内期裂殖体均有快速的杀灭作用,但对红细胞外期疟原虫无效。其优点是高效、速效、低毒且易透过血-脑脊液屏障。临床主要用于间日疟和恶性疟,特别是抢救脑型疟,对氯喹耐药的疟原虫感染患者仍有良好疗效。该药的主要不足是近期复发率高。不良反应少见,少数患者出现恶心、呕吐、腹泻、四肢麻木、血清转氨酶轻度升高、一过性心脏传导阻滞等。注射部位较浅时,易引起局部疼痛和硬结,故宜深部肌内注射。

(二) 主要用于控制复发和传播的抗疟药

伯 氨 喹

伯氨喹(primaquine)是人工合成的 8-氨基喹啉类衍生物。对继发性红外期疟原虫和各种疟原虫的配子体均有较强的杀灭作用,是根治间日疟和控制疟疾传播的首选药物。对红内期疟原虫无效,不能用于控制疟疾症状的发作。治疗量的伯氨喹不良反应较少,可引起胃肠道反应,停药后逐渐消失。大剂量时,可致高铁血红蛋白血症,特异体质者可发生严重的急性溶血。葡萄糖-6-磷酸脱氢酶缺乏的患者禁用。

(三) 主要用于病因性预防的抗疟药

乙 胺 嘧 啶

乙胺嘧啶(pyrimethamine)口服吸收慢而完全,$t_{1/2}$ 为 80~95h,服药一次有效药物浓度维持两周左右。乙胺嘧啶为二氢叶酸还原酶抑制药,通过阻止二氢叶酸还原为四氢叶酸,阻碍核酸的合成,抑制了疟原虫的增殖,但对已发育成熟的裂殖体无效。不能控制本次疟疾发作,只对下一个周期有效,故不能用于疟疾发作期的治疗,而常用于病因性预防。乙胺嘧啶一般不单独使用,常与磺胺药或砜类合用,在叶酸代谢的环节上起到双重阻断作用,疗效明显增强。治疗量时不良反应少,偶见皮疹。长期大剂量应用时,干扰人体叶酸代谢,引起巨幼红细胞性贫血、粒细胞减少,应及时停药或应用甲酰四氢叶酸治疗。乙胺嘧啶过量可中毒,表现为恶心、呕吐、发热、发绀、惊厥甚至死亡。严重肝肾功能不全的患者慎用,孕妇禁用。

四、疟疾的药物治疗学基础

疟疾广泛流行于世界各地,近几年来我国疟疾疫情出现回升,其中云南、海南两省疟疾流行仍较为严重。为有效控制疟疾的感染和发病率,应针对不同类型的疟区采取防蚊灭蚊、根治传染源和药物预防的综合性灭疟措施。

(一) 药物治疗原则

抗疟药的使用应遵循安全、有效、合理、规范的原则。根据流行地区和疟原虫虫种及其对抗疟药物的敏感性和患者的临床表现,合理选择药物,严格掌握剂量、疗程和给药途径,以保证治疗效果和延缓抗药性的产生。

(二) 药物治疗方案

用药目的是既要控制症状,又要防止复发和传播。但由于现有抗疟药往往只作用于疟原虫生活史的某个发育阶段,因而一种药物难以达到既控制症状、又能根治并杜绝传播的目的。因此,在临床上应根据不同的用药目的,进行联合用药(表 14-1)。

表 14-1 抗疟药的合理应用

适用情况	选用药物	用药依据
脑型恶性疟	奎宁或青蒿素类	脑型恶性疟患者常有昏迷现象,宜采用注射给药
各型疟疾急性发作	氯喹+伯氨喹	氯喹能控制症状、根治恶性疟;伯氨喹能根治良性疟,并防止传播
耐氯喹恶性疟	奎宁或青蒿素类	奎宁及青蒿素类对耐氯喹的疟原虫感染仍有效

续表

适用情况	选用药物	用药依据
休止期	乙胺嘧啶+伯氨喹	乙胺嘧啶能杀灭血中未成熟裂殖体,防止症状发作;伯氨喹能杀灭迟发型红外期疟原虫,防止复发和传播
预防用药	乙胺嘧啶或氯喹	乙胺嘧啶可作病因性预防;氯喹可作症状性预防

第二节 抗阿米巴病药及抗滴虫病药

一、抗阿米巴病药

阿米巴病是由溶组织阿米巴原虫感染人体所致的疾病,包括肠内阿米巴病和肠外阿米巴病。溶组织阿米巴原虫的发育过程分为小滋养体、包囊和大滋养体三个阶段。阿米巴包囊在消化道发育成滋养体,滋养体可溶解宿主细胞,侵袭黏膜下层组织,引起阿米巴病。目前应用的抗阿米巴病药主要是通过杀灭滋养体来发挥作用,常用的有甲硝唑、依米丁、氯喹、二氯尼特等(图14-2)。

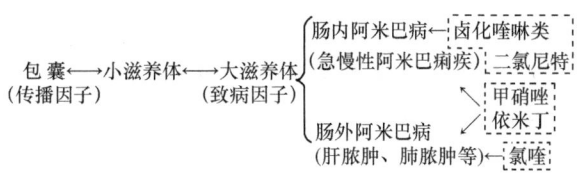

图14-2 阿米巴原虫生活史与抗阿米巴药物作用点

(一) 常用抗阿米巴病药

甲 硝 唑

甲硝唑(metronidazole,灭滴灵)为人工合成硝基咪唑类衍生物。

【作用和用途】

(1) 抗阿米巴作用:甲硝唑对肠内、肠外阿米巴滋养体均有强大的杀灭作用,具有高效、低毒的特点,是治疗急性阿米巴痢疾和肠外阿米巴病的首选药。但对肠腔内阿米巴原虫和包囊无明显作用,因此单独治疗肠道阿米巴痢疾时复发率高,且无根治作用。

(2) 抗毛滴虫作用:甲硝唑口服后可分布于阴道分泌物、精液和尿液中,对阴道内毛滴虫有强大的杀灭作用,是治疗阴道毛滴虫感染的首选药。

(3) 抗厌氧菌作用:甲硝唑对革兰阳性或革兰阴性厌氧菌都有较强的杀灭作用,是治疗厌氧菌感染引起的产后盆腔炎、败血症和骨髓炎的常用药。

(4) 抗贾第鞭毛虫作用:甲硝唑是治疗贾第鞭毛虫病的有效药物,治愈率达90%。

【不良反应】

(1) 偶有食欲减退、恶心、呕吐、腹痛、腹泻、荨麻疹、皮炎、舌炎、口腔炎、口中有金属味、膀胱炎、排尿困难、白细胞轻度减少等,一般不影响治疗,停药后可恢复。

(2) 神经系统症状有头痛、头晕,偶有感觉异常、肢体麻木、共济失调、多发性神经炎等,超量或延长治疗时可能出现癫痫发作等严重不良反应。

(3) 静脉给药,可形成血栓性静脉炎。

(4) 可发生真菌的二重感染(表14-2)。

表14-2 其他抗阿米巴病药特点比较

药物	作用特点和用途	主要不良反应
依米丁 (emetine)	又名吐根碱,对溶组织阿米巴滋养体有直接杀灭作用,可治疗阿米巴痢疾和阿米巴肝脓肿。但对心脏有严重毒性,仅在甲硝唑治疗无效时使用	对心脏有严重毒性;孕妇、儿童和患有心、肝、肾疾病者禁用。该药局部刺激强,只能深部肌内注射
二氯尼特 (diloxanide)	是二氯乙酰胺类衍生物,为目前最有效的杀阿米巴包囊药。用甲硝唑控制症状后,再用本品可肃清肠内包囊,有效防止复发。对肠外阿米巴感染无效	偶有恶心、呕吐等;治疗量时不良反应轻微,大剂量时可致流产
巴龙霉素 (paromomycin)	为氨基糖苷类抗生素。可直接杀灭阿米巴滋养体,也可抑制肠道共生菌群的代谢,从而间接抑制阿米巴原虫的生存和繁殖。用于治疗急性阿米巴痢疾	偶有胃肠不适、腹泻;少数病人有皮疹
双碘喹啉 (diiodohydroxyquinoline)	口服吸收少,在肠腔内浓度较高;主要用于慢性阿米巴痢疾及无症状排包囊者;对肠外阿米巴病无效	长期大量应用可引起严重的视觉障碍,许多国家已禁用或限用;甲亢、肝肾功能不良及对碘过敏者禁用
氯喹 (chloroeuine)	口服吸收迅速完全,肝脏药物浓度高,肠壁浓度很低;对肠内阿米巴病无效,仅用于甲硝唑无效或禁忌的阿米巴肝脓肿	长期大量应用可引起严重的视觉障碍,应定期进行眼科检查;肝肾功能不良者慎用,孕妇禁用

(二) 阿米巴病的药物治疗学基础

阿米巴病是由溶组织阿米巴原虫侵入结肠壁后所致的以痢疾症状为主的消化道传染病,我国感染率0.5%~3.0%,以东北和华北较高,主要分布在农村。

阿米巴病的一般治疗措施包括:急性患者应卧床休息;给予高蛋白、低糖饮食辅以足量维生素;如有失水,必要时应静脉补液;患者应肠道隔离。药物的选择主要根据感染部位和感染类型。急性阿米巴痢疾和肠外阿米巴病首选甲硝唑,在控制急性症状后再加用抗肠内阿米巴病药,如二氯尼特或双碘喹啉等,以达到根治的目的。氯喹仅用于甲硝唑治疗无效或禁用甲硝唑的肠外阿米巴病患者。轻症或慢性阿米巴病首选甲硝唑加二氯尼特或双碘喹啉、巴龙霉素。无症状排包囊者首选二氯尼特,次选双碘喹啉或巴龙霉素。

二、抗滴虫病药

(一) 常用抗滴虫病药

乙 酰 胂 胺

乙酰胂胺(acetarsol)为五价砷,对阴道滴虫及阿米巴原虫有抑制作用。常制成滴维净片(每片含乙酸胂胺0.25g,硼酸0.03g)用于滴虫病。局部有轻度刺激,可使分泌物增多。

(二) 滴虫病的药物治疗学基础

滴虫病由阴道毛滴虫所引起,导致滴虫性阴道炎、尿道炎和前列腺炎,是一种最常见的性传播疾病。传播方式有两种:①直接传染:往往通过性交引起。②间接传染:通过浴盆、泳池、马桶、脚盆等传播。

治疗滴虫病最好采用口服给药,常用药物有:甲硝唑、替硝唑等,其中甲硝唑是首选药物。成人一日3次,每次服200mg,也可每晚以200mg栓剂放入阴道内,连用7~10日。对耐甲硝唑滴虫感染,可改用乙酰胂胺局部给药。

使用乙酰胂胺时先用稀消毒液洗净阴道,然后把滴维净放入阴道穹隆部。注意个人卫生,每日更换内裤,消毒洗涤用具,防止重复感染。配偶双方同时用药,彻底杀灭滴虫。用药期间禁止性交。

第三节 抗血吸虫病药和抗丝虫病药

一、抗血吸虫病药

(一)常用抗血吸虫病药

吡 喹 酮

吡喹酮(praziquantel)为广谱抗吸虫和绦虫药物。对虫体的糖代谢有明显的抑制作用,影响虫体对葡萄糖的摄入,致使其糖原耗竭,并干扰虫体的钙平衡。适用于各种血吸虫病、华支睾吸虫病、肺并殖吸虫病(肺吸虫病)、姜片虫病、囊虫病(猪囊尾蚴病)、棘球蚴病(包虫病)以及绦虫病和囊虫病。本药治疗血吸虫病的特点为:剂量小(约为现用一般药物剂量的1/10),疗程短(从现用药物的20天或10天缩短为1至2天),不良反应轻,有较高的近期疗效。

(二)血吸虫病的药物治疗学基础

血吸虫病是严重危害人类健康的寄生虫病,是世界卫生组织的重点防治疾病之一。我国流行的是日本血吸虫病,疫区主要分布在长江中下游,钉螺是日本血吸虫的唯一中间宿主。近年来,我国血吸虫病疫情出现反复,钉螺扩散明显,新疫区不断出现。当人和家畜接触含有血吸虫尾蚴的水体10秒钟,血吸虫尾蚴即可侵入皮肤,就有可能患病。消灭钉螺和药物治疗是消灭血吸虫病的两大重要措施。

【药物治疗原则】 病原治疗与对症治疗相结合,预防为主,防治结合,控制感染率和发病率。综合防治的主要措施包括:消灭传染源,切断传播途径,加强健康教育,保护易感人群。

【药物治疗方案】 血吸虫病首选治疗药物是吡喹酮。吡喹酮为广谱抗吸虫药,对各种血吸虫均有良好杀虫作用,对日本血吸虫的作用尤为突出。其优点有:①剂量小、疗程短(急性血吸虫病连服4日,慢性血吸虫病连服2日);②有良好的近期疗效,治疗后半年粪检虫卵转阴率为97.7%~99.4%;③对尾蚴、毛蚴也有杀虫作用,可用于预防血吸虫感染。

氯硝柳胺杀灭日本血吸虫尾蚴及毛蚴,制成涂敷剂,下水前涂于皮肤可防治急性血吸虫感染和稻田皮炎;氯硝柳胺还能杀灭钉螺,用作灭螺剂,防止血吸虫传播。

【用药注意事项】
1. 感染轻重和病程早晚是影响治疗效果的最主要因素,因此应做到早发现、早治疗。
2. 感染较重者经抗血吸虫药物治疗后复发率较高,需要反复治疗。对感染较重及复发患者,应适当增加总剂量和延长疗程。
3. 疗程结束后应检查大便,了解虫卵转阴情况。

二、抗丝虫病药

（一）常用抗丝虫病药

乙胺嗪

乙胺嗪（diethylcarbamazine）对微丝蚴的作用显著，是治疗丝虫病的首选药。口服吸收迅速，毒性小，不良反应主要是胃肠道症状。用本药前应先驱蛔虫，以免引起胆道蛔虫。

（二）丝虫病的药物治疗学基础

丝虫病是由丝虫寄生于人体淋巴系统所引起的疾病，早期表现为淋巴管炎和淋巴结炎，晚期出现淋巴管阻塞症状。丝虫病一般对生命威胁不大，但反复发作的淋巴管炎、淋巴结炎和晚期象皮肿会影响劳动能力。

乙胺嗪是治疗淋巴丝虫病的首选药。呋喃嘧酮为我国研制，可作为乙胺嗪的补充药物使用，主要用于治疗班氏丝虫病和马来丝虫病。伊维菌素20世纪80年代初用于临床，目前是治疗盘尾丝虫病的首选药物，也可用于治疗班氏丝虫病、马来丝虫病，对类圆线虫病也有很好效果。伊维菌素因用量小，副作用很少，有短暂瘙痒、头痛、肌痛、发热、皮疹等。

第四节 抗肠道蠕虫病药

一、常用抗肠道蠕虫病药

肠道蠕虫包括肠道线虫、肠道绦虫、肠道吸虫三大类，我国肠蠕虫病以线虫感染为最多，包括蛔虫、钩虫、蛲虫、鞭虫等。抗肠蠕虫药是能够驱除或杀灭肠蠕虫的药物，目前常用的有阿苯达唑、甲苯达唑、左旋咪唑等（表14-3）。

表14-3 抗肠道蠕虫病药特点比较

药物	作用及用途					主要不良反应及用药须知
	蛔虫	蛲虫	钩虫	鞭虫	绦虫	
阿苯达唑	▲	▲	▲	▲	▲	大剂量偶见白细胞减少和转氨酶升高。孕妇、哺乳妇、2岁以下儿童、肝肾功能不全者禁用
甲苯达唑	▲	▲	▲	▲	▲	大剂量偶见转氨酶升高。孕妇、哺乳妇、2岁以下儿童、肝肾功能不全者禁用
噻嘧啶	▲	▲	▲			偶见转氨酶升高。肝功能不全者慎用；孕妇、2岁以下儿童禁用
左旋咪唑	▲	▲	▲			大剂量偶见粒细胞减少，肝功能减退，妊娠早期、肾功能不全者禁用
哌嗪	▲	▲				大剂量可引起神经症状如嗜睡、眩晕、眼球震颤、共济失调、肌肉痉挛等。孕妇、肝肾功能不全、神经系统疾病者禁用
氯硝柳胺					▲	不良反应少。可引起胃肠道反应

二、肠道蠕虫病的药物治疗学基础

蠕虫病是我国的常见病、多发病，特别在农村及儿童发病率高。在我国肠线虫感染最为普遍,常见的有蛔虫、钩虫、蛲虫和鞭虫。在牧区和少数民族地区绦虫病的发病率也较高。

【药物治疗原则】 病原治疗与对症治疗相结合,预防为主,防治结合,控制感染率和发病率。

【药物治疗方案】 根据病人感染肠虫的种类、病情的轻重、药物疗效、药物毒性大小、个人或是集体治疗等情况,合理选择驱虫药物。抗肠蠕虫药的合理选择可参考表14-4。

表14-4 常用抗肠道蠕虫病药的适应证与合理选用

适应证	首选药物	次选药物
蛔虫感染	甲苯达唑、阿苯达唑	噻嘧啶、哌嗪、左旋咪唑
蛲虫感染	甲苯达唑、阿苯达唑	噻嘧啶、哌嗪、左旋咪唑
钩虫感染	甲苯达唑、阿苯达唑	噻嘧啶、左旋咪唑
鞭虫感染	甲苯达唑	阿苯达唑
绦虫感染	吡喹酮	氯硝柳胺

【用药指导】

(1) 为使药物与虫体充分接触而发挥疗效,多采用半空腹服用。

(2) 服药期间不宜饮酒及进食过多脂肪性食物,以减少药物吸收,降低毒性,提高疗效。

(3) 严重蛔虫感染合并肠道其他寄生虫感染时,一般先驱蛔虫或采用广谱驱虫药。

(4) 一般情况下不必同服泻药,有便秘或久未排便者,可酌情给予泻药,以促使虫体排出体外。

(5) 配合支持疗法和对症治疗,如贫血症状明显者,须给予补血药物。

(6) 疗程结束后应检查大便,了解虫卵转阴情况。未能根治者需进行第二疗程的治疗。

【附】

常用制剂及用法

磷酸氯喹 片剂:0.25g、0.5g。治疗疟疾:口服:首剂1.0g,6h后再服0.5g,第2、3天各0.5g。预防:0.5g,一周1次。治疗阿米巴病:口服:一日1g。2天后改为一日0.5g,连服2~3周。极量1次1g,一日2g。

青蒿素 片剂:0.1g。胶囊剂:0.25g。口服:首剂1g,6~8h后再服0.5g,第2、3天各服0.5g。

甲硝唑 片剂:0.2g;注射剂:50mg、100mg、500mg、1.25g。口服:阿米巴病:0.5g,一日2次,每疗程5~7日;滴虫病:0.2g,一日3次,连服7日。静脉注射:厌氧菌感染:7.5mg/kg,6h一次,首剂加倍,连用7~10日。

去氢依米丁 注射剂:30mg、60mg。成人:一日1~1.5mg/kg,极量90mg,深部肌注,连用5日;儿童:按上述方法计算剂量,每12h各给半量。重复疗程应间隔30日。

阿苯达唑 片剂:0.1g、0.2g。口服:蛔虫、蛲虫感染:0.4g,顿服;钩虫、鞭虫感染:0.4g,一日2次,连服3日。绦虫感染:0.3g,一日3次,连服3日。囊虫感染:0.2~0.3g,一日2次,10日为一疗程,共2~3疗程,疗程间隔15~21日。4岁以下儿童剂量减半。

甲苯达唑 片剂:0.1g。口服:蛔虫、蛲虫感染:0.2g,顿服;钩虫、鞭虫感染:0.2g,一日2次,连服3日。绦虫感染:0.3g,一日3次,连服3日。

左旋咪唑　片剂:25mg、50mg。口服:蛔虫感染:0.1~0.2g,顿服;钩虫感染:一日 0.2g,连服 3 日;丝虫感染:一日 0.2~0.3g,分 3 次服,连服 3 天。

枸橼酸哌嗪　片剂:0.25g、0.5g。口服:蛔虫感染:成人:一日 3.5~4g,儿童:0.15g/kg,睡前顿服,连服 2 天;蛲虫感染:成人:1.0~1.2g,一日 2 次,儿童:一日 60mg/kg,分 2 次服,连服 7 天。

【小结】

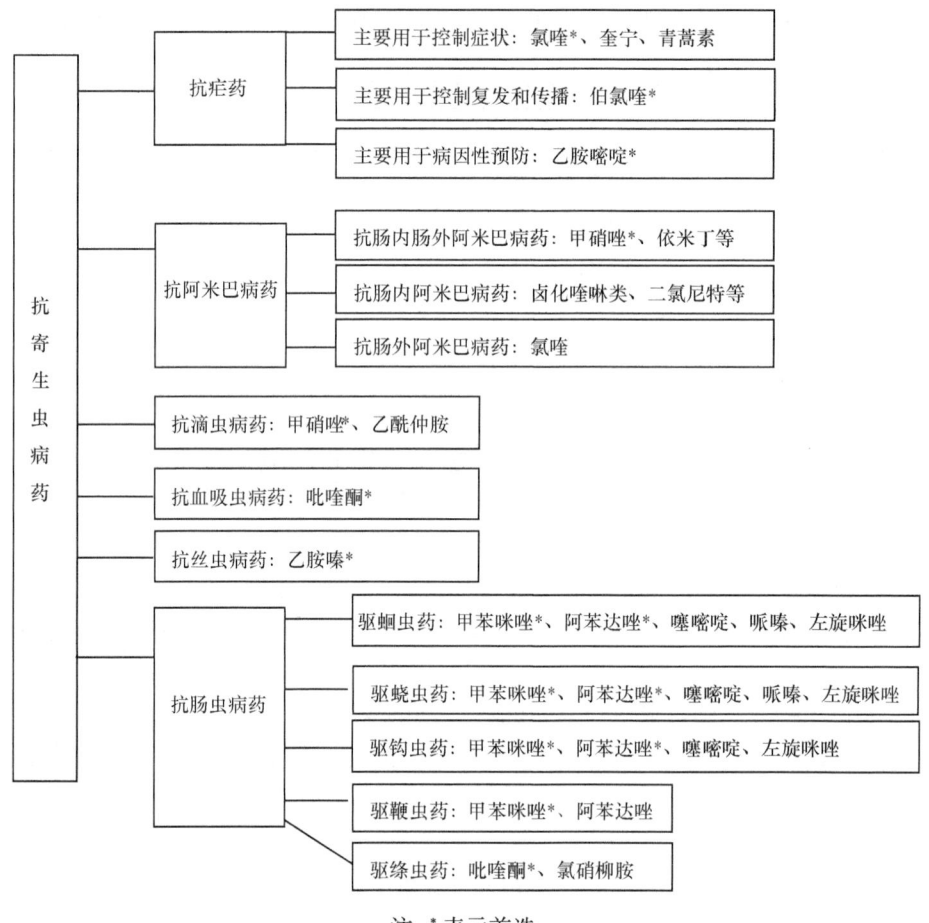

注:*表示首选

目标检测

一、选择题

【A 型题】

1. 对抗疟药,叙述正确的是(　　)
   A. 奎宁根治良性疟
   B. 氯喹对阿米巴囊肿无效
   C. 乙胺嘧啶能引起急性溶血性贫血
   D. 伯氨喹可用作疟疾病因性预防
   E. 青蒿素治疗疟疾最大缺点是复发率高

2. 氯喹的抗疟作用机理是(　　)
   A. 损害疟原虫线粒体
   B. 抑制疟原虫的二氢叶酸还原酶
   C. 干扰疟原虫对宿主血红蛋白的利用
   D. 影响疟原虫 DNA 复制和 RNA 转录
   E. 以上都不是

3. 对红细胞内期裂殖体有杀灭作用兼有抗阿米巴原虫作用的抗疟药是(　　)
   A. 氯喹　　　　B. 伯氨喹
   C. 青蒿素　　　D. 乙胺嘧啶
   E. 以上均不是

4. 杀灭良性疟继发性红细胞外期增殖体和各型疟

原虫配子体的抗疟药是( )
 A. 氯喹   B. 奎宁
 C. 乙胺嘧啶   D. 伯氨喹
 E. 以上都不是

5. 主要用于控制良性疟复发和传播的药物是( )
 A. 氯喹   B. 奎宁
 C. 伯氨喹   D. 青蒿素
 E. 乙胺丁醇

6. 抗阿米巴病的药物毒性最大的是( )
 A. 氯喹   B. 依米丁
 C. 巴龙霉素   D. 双碘喹啉
 E. 氯磺喹林

7. 重症急性阿米巴痢疾首选( )
 A. 氯喹   B. 甲硝唑
 C. 依米丁   D. 喹碘方
 E. 巴龙霉素

8. 阿米巴脓肿及肠外阿米巴病常首选( )
 A. 氯喹   B. 依米丁
 C. 甲硝唑   D. 喹碘方
 E. 巴龙霉素

9. 治疗阴道滴虫病的首选药是( )
 A. 滴维净   B. 吡喹酮
 C. 甲硝唑   D. 乙胺嗪
 E. 磷酸氯喹

10. 广谱驱虫药是( )
 A. 哌嗪   B. 乙胺嗪
 C. 吡喹酮   D. 阿苯达唑
 E. 氯硝柳胺

【B 型题】

(第 11~15 题备选答案)
 A. 氯喹   B. 奎宁
 C. 青蒿素   D. 伯氨喹
 E. 乙胺嘧啶

11. 可引起金鸡纳反应及心肌抑制的药是( )
12. 不良反应少,偶见四肢麻木和心动过速( )
13. 长疗程用药可引起视力障碍及肝、肾功能损害的药物是( )
14. 毒性较大,可引起急性溶血性贫血和高铁血红蛋白血症( )
15. 治疗时基本不发生不良反应,但略带甜味,易被儿童误服中毒( )
 A. 氯喹   B. 甲硝唑
 C. 依米丁   D. 双碘喹啉
 E. 二氯尼特

(第 16~20 题备选答案)

16. 阴道滴虫病的首选药( )
17. 只对肠外阿米巴病有效( )
18. 抗阿米巴病药毒性最大者( )
19. 用于治疗无症状阿米巴排包囊者( )
20. 治疗急性阿米巴痢疾和阿米巴肝炎( )

【X 型题】

21. 氯喹的药理作用包括( )
 A. 抗疟作用
 B. 抗肠外阿米巴病
 C. 免疫抑制作用
 D. 心肌抑制作用
 E. 子宫兴奋作用

22. 对乙胺嘧啶正确的叙述是( )
 A. 用于病因性预防的首选药
 B. 对红内期未成熟裂殖体无效
 C. 对人体血液中配子体有抑制作用
 D. 抑制疟原虫二氢叶酸合成酶的活性
 E. 对恶性疟和间日疟某些虫株的原发性红外期有抑制作用

23. 阿苯达唑可用于治疗肠道的寄生虫是( )
 A. 鞭虫   B. 囊虫病
 C. 疟原虫   D. 牛肉绦虫
 E. 蛔虫、钩虫

24. 钩虫感染宜选用( )
 A. 哌嗪   B. 噻嘧啶
 C. 氯硝柳胺   D. 阿苯达唑
 E. 甲苯达唑

25. 关于甲硝唑正确的是( )
 A. 对肠内外阿米巴病都有效
 B. 也可用于治疗滴虫病
 C. 对无症状排包囊者效果差
 D. 妊娠早期应慎用
 E. 有抗厌氧菌作用

二、简答题

1. 简述阿苯达唑的临床用途及注意事项。
2. 简述甲硝唑的临床用途及不良反应。

第十五章 抗恶性肿瘤药

内容提要

对恶性肿瘤需要采用综合治疗措施,包括手术、化疗、放疗及免疫治疗等。本章主要从抗肿瘤药物的作用机制、作用环节来介绍常用药物的分类、作用、用途、不良反应、用药指导等有关的基础知识。

学习目标

识记细胞增殖周期、抗恶性肿瘤药物的作用环节、抗肿瘤药物的应用原则;能根据识记的内容对抗恶性肿瘤药物进行分类,并列举出各类 1~2 个典型代表药物通用名称;能根据疾病实际情况选用适当的治疗药物,并能清晰解释出选用该药的主要依据,且能列举出用药期间可能出现的主要不良反应及注意事项。

重点难点

本章的重点是学习抗恶性肿瘤药物的作用环节、分类、应用、不良反应和用药指导。难点是序贯疗法的意义。

课时数

理论 4

第一节 概 述

恶性肿瘤是严重威胁人类健康的疾病,手术切除、放射治疗和化学治疗仍为目前临床综合治疗的重要方法。抗恶性肿瘤药对肿瘤细胞和人体正常细胞的选择性小,因而在应用过程中不良反应多而严重。近年来,在分子生物学、细胞动力学、免疫学的理论指导下,抗恶性肿瘤药正从传统的细胞毒类药物向针对致病机制中的多环节作用的新型抗恶性肿瘤药发展,包括生物反应调节剂如干扰素、肿瘤细胞诱导分化剂如维 A 酸、肿瘤细胞凋亡诱导剂如亚砷酸、抗肿瘤侵袭及转移药、新生血管生成抑制剂、肿瘤耐药性逆转剂以及肿瘤基因治疗药物等,使恶性肿瘤化学治疗的疗效有了显著的提高,并明显减少了不良反应及耐药性的发生。

一、细胞增殖周期

细胞增殖周期是指细胞各组成部分在不断发展变化的基础上还要不断增殖,产生新细胞,以代替衰老、死亡和创伤所损失的细胞,这是机体新陈代谢的表现,也是机体不断生长发育、赖以生存和延续种族的基础。

细胞以分裂的方式进行增殖,每次分裂后所产生的新细胞必须经过生长增大,才能再分裂。现在把细胞增殖必须经过生长到分裂的过程称为细胞周期,即细胞从一次分裂结束开始生长,到下一次分裂结束所经历的过程。细胞增殖周期中有丝分裂后产生的子代细胞,经过长短不等的间隙期,也称 DNA 合成前期(G_1 期),进入 DNA 合成期(S 期),完成 DNA 合成倍增后,再经短暂的休止期,也称 DNA 合成后期(G_2 期),细胞又再进入有丝分裂期(M 期)。有时细胞周期明显延长,细胞长期处于静止的非增殖状态,称为 G_0 期(图 15-1)。

二、抗恶性肿瘤药物分类

根据药物作用的生化机制、药物作用的周期或时相特异性以及药物的化学结构和来

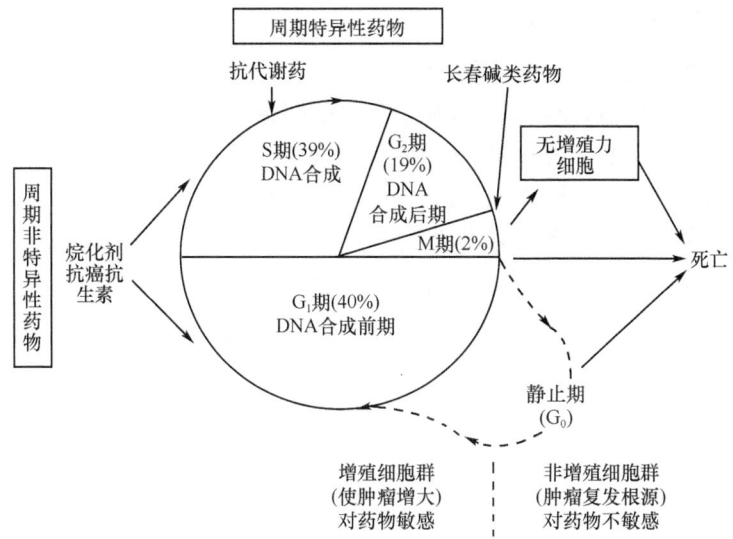

图 15-1 细胞增殖周期及药物作用示意图

源,可将抗恶性肿瘤药物分为不同的种类。

（一）按药物作用的细胞增殖周期分类

肿瘤组织主要由增殖细胞群（G_1 期、S 期、G_2 期、M 期细胞）和静止细胞群（G_0 期细胞）组成。增殖细胞群可不断按指数方式分裂增殖，这部分细胞数与全部肿瘤细胞数之比称为生长比率（GF）。GF 值越大，对化疗药物越敏感，同一种肿瘤，早期的 GF 值较大，药物的疗效也较好。根据对细胞周期不同阶段作用的强弱，抗恶性肿瘤药物可分为：

1. 周期非特异性药物 主要杀灭增殖细胞群中的各期细胞，如烷化剂、抗肿瘤抗生素等。

2. 周期特异性药物 仅对增殖周期中的某一期细胞有较强的杀灭作用。①主要作用于 S 期的药物，如甲氨蝶呤、巯嘌呤、氟尿嘧啶等。②主要作用于 M 期的药物，如长春碱、长春新碱等。

（二）按药物作用的生化机制分类

1. 影响核酸（DNA、RNA）生物合成的药物 ①阻止嘧啶类核苷酸形成的抗代谢药，如氟尿嘧啶等。②阻止嘌呤类核苷酸形成的抗代谢药，如巯嘌呤等。③抑制二氢叶酸还原酶活性的药，如甲氨蝶呤等。④抑制 DNA 多聚酶活性的药，如阿糖胞苷等。⑤抑制核苷酸还原酶活性的药，如羟基脲等。

2. 直接影响 DNA 结构与功能的药物 有烷化剂、丝裂霉素 C、博来霉素等。

3. 干扰转录过程和阻止 RNA 合成的药物 有多种抗癌抗生素，如放线菌素 D、柔红霉素、多柔比星等。

4. 影响蛋白质合成的药物 ①影响纺锤丝形成的药物，如长春碱类和鬼臼毒素类。②干扰核糖体功能的药物，如三尖杉碱。③干扰氨基酸供应的药物，如 L-门冬酰胺酶（图 15-2）。

5. 影响激素平衡的药物 有肾上腺皮质激素、雄激素、雌激素等。

（三）按药物化学结构和来源分类

1. 烷化剂   如环磷酰胺、亚硝脲类等。

2. 抗代谢药   如甲氨蝶呤、氟尿嘧啶、羟基脲、阿糖胞苷等。

3. 抗肿瘤抗生素   如多柔比星、丝裂霉素、柔红霉素等。

4. 抗肿瘤植物药   如长春新碱、羟喜树碱、紫杉醇等。

5. 抗肿瘤激素类药   如肾上腺皮质激素、雌激素、雄激素、他莫昔芬等。

6. 其他抗肿瘤药   如顺铂、卡铂、L-门冬酰胺酶等（图 15-2）。

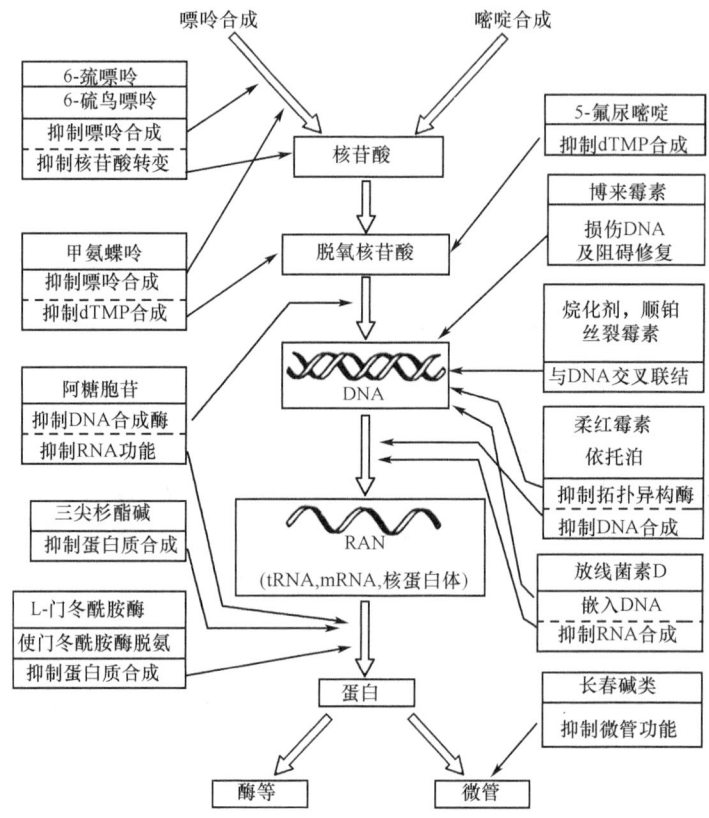

图 15-2 抗肿瘤药物作用机制示意图

三、抗恶性肿瘤药物常见的不良反应

抗恶性肿瘤药物在抑制或杀灭肿瘤细胞的同时，对正常组织细胞特别是增殖旺盛的组织细胞，如骨髓、消化道黏膜、淋巴组织、毛囊等细胞易产生不同程度的损害。

1. 抑制骨髓造血功能   主要表现为白细胞、红细胞、血小板减少及全血细胞下降，甚至发生再生障碍性贫血。因此，用药期间应定期检查血象，同时注意观察出血和继发感染情况，必要时停药。

2. 消化道反应   可出现恶心、呕吐、腹痛、腹泻及口腔黏膜溃疡等，严重者可引起胃肠出血。必要时应用止吐剂，同时注意加强护理，如发生口腔炎、严重溃疡，应立即停药。

3. 抑制免疫功能   大剂量应用时，可抑制机体免疫功能，使机体抵抗力下降，易诱发感染。注意观察病人有无发热、咽痛等免疫功能低下的表现,发现问题及时处理。

4. 肝、肾损害 肝损害表现为肝大、黄疸、肝功能减退等;肾损害表现为蛋白尿、管型尿、血尿甚至肾功能不全等。环磷酰胺可引起急性出血性膀胱炎,尤其在大剂量静脉注射时更易发生。

5. 神经毒性 长春新碱、顺铂有周围神经毒性,可引起手足麻木、腱反射消失及末梢神经感觉障碍;长春新碱还有自主神经毒性,可引起便秘、直立性低血压或肠梗阻等;甲氨蝶呤鞘内注射可引起头痛及延迟性脑膜炎。

6. 其他 还可抑制毛囊,引起脱发、闭经、精子减少、致畸、致癌等。博莱霉素、甲氨蝶呤等可引起肺纤维化,表现为干咳、呼吸困难,严重者可致死;多柔比星、丝裂霉素、顺铂、环磷酰胺等可引起心肌损伤、心肌炎、心肌缺血、心电图改变和充血性心功能不全等。

第二节 常用抗恶性肿瘤药

一、干扰核酸生物合成的药物

干扰核酸生物合成的药物又称抗代谢药,与正常代谢物质(叶酸、嘌呤碱、嘧啶碱等)的化学结构相似,能特异性拮抗有关代谢物质的作用,从而干扰核酸,尤其是 DNA 的生物合成,阻止肿瘤细胞的分裂繁殖。它们是细胞周期特异性药物,主要作用于 S 期。

(一) 二氢叶酸还原酶抑制药

甲氨蝶呤

甲氨蝶呤(methotrexate,MTX)又名氨甲蝶呤,化学结构与叶酸相似,为二氢叶酸还原酶抑制剂。

【体内过程】 口服吸收良好,不易透过血-脑屏障。

【药理作用】 能使肿瘤细胞中四氢叶酸合成障碍,影响 DNA 合成;MTX 也可阻止嘌呤核苷酸的合成,故能干扰 RNA 和蛋白质的合成。

【临床用途】 用于儿童急性白血病和绒毛膜上皮癌,对骨肉瘤也有疗效。

【不良反应】 常见不良反应有消化道反应、骨髓抑制、肝脏损害、脱发、致畸胎或死胎等。

【用药指导】 用药前后应密切观察患者的骨髓象及肝、肾功能,如出现严重黏膜溃疡、腹泻(每日 5 次以上)、血便及白细胞、血小板明显减少等严重反应,应立即停药。大剂量应用时需配合亚叶酸钙作为救援剂,充分水化、碱化尿液;避免同食酸性食物。肝、肾功能不良及孕妇禁用。

(二) 胸苷酸合成酶抑制药

氟尿嘧啶

【体内过程】 氟尿嘧啶(fluorouracil,5-FU)口服吸收不规则,常静脉给药。肿瘤组织中的浓度较高,对多种肿瘤有效,特别是对消化道癌和乳腺癌疗效较好,对卵巢癌、宫颈癌、绒毛膜上皮癌、膀胱癌等也有效。

【药理作用】 氟尿嘧啶在细胞内转变为 5-氟尿嘧啶脱氧核苷酸而抑制脱氧胸苷酸合成酶活性,阻止脱氧尿苷酸(dUMP)甲基化为脱氧胸苷酸(dTMP),从而影响 DNA 的合成,发挥抗肿瘤作用。

【临床用途】 用于消化道癌、乳腺癌、卵巢癌、宫颈癌、绒毛膜上皮癌、膀胱癌等的治疗。

【不良反应】 主要不良反应有消化道反应、骨髓抑制、脱发及肝、肾损害等。部分患者用药后有光敏反应。

【用药指导】 告诉患者服药后应避免暴露于强阳光和紫外线下。

(三) 嘌呤核苷酸互变抑制药

巯 嘌 呤

【体内过程】 巯嘌呤(mercaptopurine,6-MP)口服吸收良好,能分布到各个组织。

【药理作用】 在体内能干扰嘌呤代谢、阻碍核酸合成,对 S 期细胞作用最明显。

【临床用途】 对儿童急性淋巴性白血病疗效好,但因起效慢,多作维持药用;大剂量用于治疗绒毛膜上皮癌。

【不良反应】
(1) 较常见的为骨髓抑制。
(2) 可致肝脏损害。
(3) 消化系统反应多见于服药量过大患者。
(4) 白血病治疗初期易发生高尿酸血症。

【用药指导】 用药时应记录出、入水量,鼓励患者多饮水,以促进药物排泄,防止高尿酸血症,出现尿量过少应及时报告医生。用药期间注意患者肝功能及血象改变。抗痛风药别嘌醇能增强 6-MP 的抗肿瘤作用及毒性,合用时应注意减量。

(四) 核苷酸还原酶抑制药

羟 基 脲

羟基脲(hydroxycarbamide,HU)能抑制核苷酸还原酶的活性,阻止胞苷酸转变为脱氧胞苷酸,从而抑制 DNA 的合成。它能选择性地作用于 S 期细胞。

口服吸收快,对慢性粒细胞白血病有显著疗效,也可用于急性变患者;对转移性黑色素瘤也有暂时缓解作用。用药后可使肿瘤细胞集中于 G_1 期,故常作为同步化药物以提高肿瘤对化疗或放疗的敏感性。

(五) DNA 多聚酶抑制药

阿 糖 胞 苷

阿糖胞苷(cytarabine,Ara-C)是 DNA 多聚酶的抑制剂,因而能影响 DNA 合成;也可掺入 DNA 中干扰其复制,使细胞死亡。S 期细胞对之最敏感,属周期特异性药物。

口服易被破坏,一般静脉给药。作用时间短,为治疗成人急性粒细胞或单核细胞白血病的有效药物。常见不良反应有消化道反应、骨髓抑制、肝损害、脱发、致畸胎或死胎等;肝功能不良者及孕妇禁用。

二、影响 DNA 结构与功能的药物

（一）烷化剂

烷化剂又称烃化剂，是一类化学性质很活泼的化合物。它们具有活泼的烷化基团，能与细胞中 DNA 或蛋白质中的氨基、巯基、羟基和磷酸基等形成交叉联结或引起脱嘌呤作用，使 DNA 链断裂，在下一次复制时，又可使碱基配对错码，造成 DNA 结构和功能的异常，重者可致细胞死亡。属于细胞周期非特异性药物。

环磷酰胺

环磷酰胺（clophosphamide，CTX）在体外无活性，需在体内转化成磷酰胺氮芥，才能与 DNA 发生烷化，形成交叉联结，抑制肿瘤细胞的生长繁殖。环磷酰胺抗肿瘤谱较广，对恶性淋巴瘤疗效显著。对多发性骨髓瘤、急性淋巴细胞白血病、卵巢癌、乳腺癌等也有效。

主要不良反应有骨髓抑制、出血性膀胱炎、消化道反应、脱发、致畸胎等。鼓励患者多饮水，多排尿；密切观察其排尿情况，出现排尿困难或血尿时，应及时报告医生。（免疫抑制作用见第十六章相关内容）。

噻替派

噻替派（thiotepa，TSPA）的分子结构中含三个乙撑亚胺基，能形成有活性的碳三离子，后者能与细胞内 DNA 的碱基结合，从而影响肿瘤细胞的分裂。其选择性较高，抗瘤谱较广，主要用于乳腺癌、卵巢癌、肝癌和恶性黑色素瘤等。

白消安

白消安（busulfan）又名马利兰，在体内解离后起烷化作用。对慢性粒细胞白血病疗效显著（缓解率为 80%~90%）；对慢性粒细胞白血病急性病变及急性白血病无效。用药护理最重要的是要注意防止骨髓抑制；久用还可致闭经、睾丸萎缩等。

（二）铂类配合物

顺铂

【体内过程】 顺铂（cisplatin，DDP）在体内主要聚积在肝、肾及膀胱。

【药理作用】 顺铂进入癌细胞后先将所含之氯解离，形成具有烷化功能的阳离子水化物，与 DNA 形成交叉联结，从而破坏 DNA 的结构和功能。对 RNA 和蛋白质合成的抑制作用较弱，属周期非特异性药物。

【临床用途】 抗瘤谱广，为治疗多种实体瘤的一线用药。与 BLM 及 VLB 联合化疗，可以根治睾丸肿瘤；对卵巢癌、肺癌、鼻咽癌、淋巴瘤、膀胱癌等也有效。

【不良反应】

(1) 消化道反应常见，如恶心、呕吐等。急性呕吐一般发生于给药后 1~2h，可持续一周左右。故用本品时需并用强效止吐剂。

(2) 多次用药或大剂量用药易致肾毒性，主要为肾小管损伤，急性损害一般见于用药后 10~15 天。

(3) 神经损害如听神经损害所致耳鸣、听力下降较常见。

(4) 骨髓抑制（白细胞和/或血小板下降）一般较轻，发生几率与每疗程剂量有关，亦与

联合化疗中其他抗癌药骨髓毒性的重叠有关。

(5) 过敏反应临床也常见。

【用药指导】 用药时需监测末梢血象、肝肾功能、末梢神经毒及听力表现等变化,必要时减少剂量或停药,并进行相应的治疗,避免采用与本品肾毒性或耳毒性叠加的药物。肾损害患者及孕妇禁用。

卡 铂

卡铂(carboplatin)的抗癌作用与顺铂相似。不良反应相对较少,主要是骨髓抑制。

(三) 抗生素类

丝裂霉素 C

丝裂霉素 C(mitomycin C,MMC)的化学结构中有乙撑亚胺及氨甲酰酯基团,具有烷化作用,能与 DNA 的双链交叉联结,可抑制 DNA 复制,也能使部分 DNA 断裂,属周期非特异性药物。抗瘤谱广,可用于胃癌、肺癌、乳腺癌、慢性粒细胞白血病、恶性淋巴瘤等。

博 来 霉 素

博来霉素(bleomycin,BLM)又名平阳霉素,为多种糖肽抗生素的混合物。能与铜或铁离子络合,使氧分子转化为氧自由基,阻止 DNA 复制。主要用于鳞状上皮癌(头、颈、口腔、食管、阴茎、外阴、宫颈等)。对骨髓的抑制作用较轻微,但常见过敏性休克反应,部分患者可引起间质性肺炎和肺纤维化。

(四) 拓扑异构酶抑制剂

依 托 泊 苷

依托泊苷(etoposide,VP-16)是西藏植物鬼臼的有效成分鬼臼毒素(podophyllotoxin)的半合成衍生物,能通过干扰 DNA 拓扑异构酶,阻止 DNA 复制。属于周期非特异性药物。VP-16 单用也有效,但临床上常与顺铂联合用药治疗肺癌及睾丸肿瘤。对恶性淋巴瘤有良好效果。同为鬼臼毒素半合成衍生物的替尼泊苷(teniposide,VM-26)作用强度为 VP-16 的 5~10 倍,对儿童白血病和脑瘤有较好疗效。

三、干扰转录过程和阻止 RNA 合成的药物

放线菌素 D

放线菌素 D(dactinomycin,DACT)又名更生霉素。放线菌素 D 能嵌入到 DNA 双螺旋链中相邻的鸟嘌呤和胞嘧啶(G—C)碱基对之间,与 DNA 结合成复合体,阻碍 RNA 多聚酶的功能,阻止 RNA 特别是 mRNA 的合成,从而妨碍蛋白质合成而抑制肿瘤细胞生长,属周期非特异性药物。

抗瘤谱较窄。对恶性葡萄胎、绒毛膜上皮癌、淋巴瘤、肾母细胞瘤、横纹肌肉瘤及神经母细胞瘤等疗效较好。

多 柔 比 星

多柔比星(doxorubicin)又名阿霉素(ADM),能嵌入 DNA 碱基对之间,阻止转录过程,抑制 RNA 合成,也可阻止 DNA 复制。属周期非特异性药物。临床抗癌谱广,疗效高,可用

于多种药物联合化疗,如非霍奇金淋巴瘤、乳癌、卵巢癌、小细胞肺癌、胃癌、肝癌、膀胱癌等。累积总量不得超过 550mg/m² 体表面积。

柔红霉素

柔红霉素(daunorubicin,DNR)能嵌入 DNA 碱基对中,破坏 DNA 的模板功能,阻止转录过程而抑制 DNA 及 RNA 的合成。主要用于急性淋巴细胞白血病和急性粒细胞白血病。最大总量不得超过 600mg/m² 体表面积。

四、抑制蛋白质合成与功能的药物

(一) 微管蛋白活性抑制药

长春碱类

长春碱类的长春碱(vinblastin,VLB)及长春新碱(vincristin,VCR)可与纺锤丝微管蛋白结合使其变性,从而抑制细胞的有丝分裂,发挥抗肿瘤作用。主要作用于 M 期,都属于细胞周期特异性药。VLB 较 VCR 作用强度高。

VLB 主要用于急性白血病、霍奇金病及绒毛膜上皮癌。VCR 对小儿急性淋巴细胞白血病疗效较好,对淋巴瘤类也有效。主要不良反应为外周神经症状和消化道反应。

(二) 干扰核蛋白体功能的药物

三尖杉碱

三尖杉碱(harringtonine)从三尖杉属植物提取而得。

【药理作用】 抑制蛋白质合成的起始阶段,并使核糖体分解,蛋白质合成及有丝分裂停止。

【临床用途】 对急性粒细胞白血病疗效较好,对急性单核细胞白血病及慢性粒细胞白血病也有效。

(三) 影响氨基酸供应的药物

L-门冬酰胺酶

【药理作用】 L-门冬酰胺是重要氨基酸,某些肿瘤细胞不能自行合成,需从细胞外摄取。L-门冬酰胺酶(L-asparaginase,ASP)可将血清中门冬酰胺水解而使肿瘤细胞缺乏门冬酰胺供应,生长受抑。正常细胞能自行合成门冬酰胺,受影响较小。

【临床用途】 主要用于急性淋巴细胞白血病,缓解率约 60%,但效果不持久。

【不良反应】 常见的有超敏反应,消化道反应等。

【用药指导】 用药前需先皮内注射 10~50U,观察 3h 后,阴性者方可使用。

五、调节体内激素平衡的药物

人们早已注意到乳腺癌、前列腺癌、甲状腺癌、宫颈癌、卵巢肿瘤及睾丸肿瘤等均与相应的激素失调有关,因此应用某些激素或其拮抗药,改变失调状态,可以抑制这些肿瘤细胞的生长,且无骨髓抑制等不良反应。但因激素作用广泛,使用不当也会有害。

糖皮质激素类

糖皮质激素(glucocorticoids)能抑制淋巴组织,使淋巴细胞溶解。对急性淋巴细胞白血病及恶性淋巴瘤的疗效较好,起效快但持效短暂,且易产生耐药性。对慢性淋巴细胞白血病,除可减少淋巴细胞数目外,还可缓解伴发的自身免疫性贫血。对其他肿瘤无效,且可能因抑制免疫功能而助长癌瘤扩展。仅在癌瘤引起发热不退、毒血症状明显时,可少量短期应用以改善症状(应合用抗肿瘤药及抗菌药)。常用的有泼尼松、泼尼松龙、地塞米松等。

雌激素类

雌激素(estrogens)因可抑制下丘脑及垂体,减少促间质细胞激素的分泌,从而可以减少睾丸间质细胞分泌睾酮,还可减少肾上腺皮质分泌雄激素。用于前列腺癌及绝经 7 年以上的乳腺癌伴内脏或软组织转移患者。

雄激素类

雄激素(androgens)可抑制促卵泡激素的分泌,在肿瘤细胞中,可对抗乳腺促进激素(或催乳素)的促进作用,不利于乳腺癌生长。对晚期乳腺癌,尤其是骨转移者效果佳。

他莫昔芬

他莫昔芬(tamoxifen,TAM)为雌激素受体部分激动药,在体内雌激素水平较高时表现为抗雌激素效应。故可用于治疗晚期乳腺癌,与雄激素的疗效相同,但无后者的男性化副作用。

氨鲁米特

氨鲁米特(aminoglutethimide,AG)为催眠药格鲁米特的衍生物,具有抑制肾上腺皮质激素的合成及阻止雄激素转变为雌激素的作用。主要用于绝经后晚期乳腺癌,对他莫昔芬无效者仍可奏效;对卵巢切除术后恶化者及前列腺癌也有效。

第三节 恶性肿瘤的药物治疗学基础

根据抗肿瘤药物的作用机制和细胞增殖动力学,设计出抗肿瘤联合用药方案,可以提高疗效、延缓耐药性的产生,而毒性增加不多。联合用药有先后使用的序贯疗法,也有同时应用的联合疗法。一般原则如下。

1. 根据细胞增殖动力学规律 用药增长缓慢的实体瘤,其 G_0 期细胞较多,一般先用周期非特异性药物,杀灭增殖期及部分 G_0 期细胞,使瘤体缩小而驱动 G_0 期细胞进入增殖周期,继而用周期特异性药物杀死之。相反,对生长比率高的肿瘤如急性白血病,则先用杀灭 S 期或 M 期的周期特异性药物,以后再用周期非特异性药物杀灭其他各期细胞。待 G_0 期细胞进入增殖周期时,可重复上述疗程。

2. 从抗肿瘤药物的作用机制考虑 不同作用机制的抗肿瘤药合用可增强各自疗效,如甲氨蝶呤和巯嘌呤的合用。

3. 从药物的毒性考虑 多数抗肿瘤药均可抑制骨髓,而泼尼松、长春新碱、博来霉素的骨髓抑制作用较小,可合用以降低毒性并提高疗效。

4. 从抗瘤谱考虑 胃肠道腺癌宜用氟尿嘧啶、噻替派、环磷酰胺、丝裂霉素等;鳞癌可用博来霉素、甲氨蝶呤等;肉瘤可用环磷酰胺、顺铂、多柔比星等。

5. 给药方法 一般均采用机体能耐受的最大剂量,特别是对病期较早、健康状况较好的肿瘤患者应用环磷酰胺、多柔比星、氮芥、甲氨蝶呤等时,大剂量间歇用药法往往较小剂量连续用药法的效果好。因为前者杀灭瘤细胞数较多,而且间歇用药也有利于造血系统等正常组织的修复与补充,有利于提高机体的抗瘤能力及减少耐药性。

【附】

常用制剂及用法

氟尿嘧啶 注射剂:0.25g/10ml。0.25~0.5g,一日或隔日1次,静脉注射,一疗程总量5~10g;或0.25~0.75g,一日或隔日1次,静脉注射,一疗程总量8~10g。

巯嘌呤 片剂:25mg、50mg、100mg。白血病:一日1.5~2.5mg/kg,分2~3次口服,病情缓解后用原量1/3~1/2维持。绒癌:一日6.0~6.5mg/kg,10日为一疗程。

甲氨蝶呤 片剂:2.5mg;注射剂:5mg。白血病:5~10mg,一周2次,总量为50~150mg。绒毛膜上皮癌:10~20mg,静脉滴注,5~10次为一疗程。

盐酸阿糖胞苷 注射剂:50mg/1ml。1~2mg/kg,一日1次,静脉注射或静脉滴注,10~14日为一疗程;或25mg,鞘内注射,一周2~3次,连用3次,6周后重复。

羟基脲 片剂:500mg。胶囊剂:400mg。口服:0.5g,一日2~3次,4~6周为一疗程。

盐酸氮芥 注射剂:5mg/1ml、10mg/2ml。静脉注射或动脉插管灌注,一次0.1mg/kg,1~3日1次,4~6次为一疗程,必要时,间隔4周进行第2疗程。

环磷酰胺 片剂:50mg。口服:50~100mg,一日2~3次,一疗程总量10~5g。粉针剂:100mg、200mg。用前加0.9%氯化钠注射液溶解后立即静脉注射,一次0.2g,一日或隔日一次,一疗程8~10g。大剂量冲击疗法为一次0.6~0.8g,一周1次,8g为一疗程。

噻替哌 注射剂:10mg/1ml。10mg,一日1次,肌内或静脉注射。5日后改为一周3次,总量约200~400mg。20~40mg,一周1~2次,腔内注射。一疗程3~4周。

白消安 片剂:0.5mg、2mg。一日2~8mg,分3次空腹服用,有效后用维持量,一日0.5~2mg,一日1次。

博来霉素 粉针剂:15mg、30mg。15~30mg,一日或隔日1次,缓慢静脉注射,总量450mg。

丝裂霉素 片剂:1mg。一日2~6mg,一疗程总量100~150mg。粉针剂:2mg、4mg。2mg,一日1次,静脉注射;10mg,一周1次,静脉注射,总量为60mg。

顺铂粉 针剂:10mg、20mg、30mg。20mg,一日或隔日1次,静脉注射或静脉滴注,一疗程总量100mg。

放线菌素D 注射剂:0.2mg。0.2~0.4mg,一日1次或隔日1次,静脉注射或静脉滴注,一疗程4~6mg。

柔红霉素 粉针剂:10mg、50mg。开始一日0.2mg/kg,静脉注射或静脉滴注,渐增至一日0.4mg/kg,一日或隔日1次,3~5次为一疗程,间隔5~7日再给下一个疗程,最大总量600mg/m^2。

多柔比星 粉针剂:10mg、50mg。30mg/m^2,静脉注射,连用2日,间隔3周后可重复应用。60~75mg/m^2,每3周应用一次。或30mg/m^2,连用3日,间隔4周可再用。积累总量不得超过550mg/m^2。

长春碱 粉针剂:10mg。10mg,一周1次,静脉注射,一疗程总量60~80mg。

长春新碱 粉针剂:1mg。1~2mg,一周1次,静脉注射,一疗程总量6~10mg。

三尖杉碱 注射剂:1mg/1ml、2mg/2ml。1~4mg,一日1次,静脉滴注,4~6日为一疗程,隔1~2周重复用药。

L-门冬酰胺酶 粉针剂:1000U、2000U。20~200U/kg,用0.9%氯化钠注射液稀释后静脉注射,一日或隔日1次,10~20次为一疗程。

他莫昔芬 片剂:10mg。口服:10~20mg,一日2次,可连续使用。

氨鲁米特 片剂:125mg、250mg。口服:250mg,一日2次,两周后改为一日3~4次,但一日剂量不超过1g。为减轻对肾上腺皮质抑制作用,可与氢化可的松同时服用。开始每日100mg(早晚各20mg,睡前再服60mg),两周后减量,每日40mg(早晚各10mg,睡前再服20mg)。

【小结】

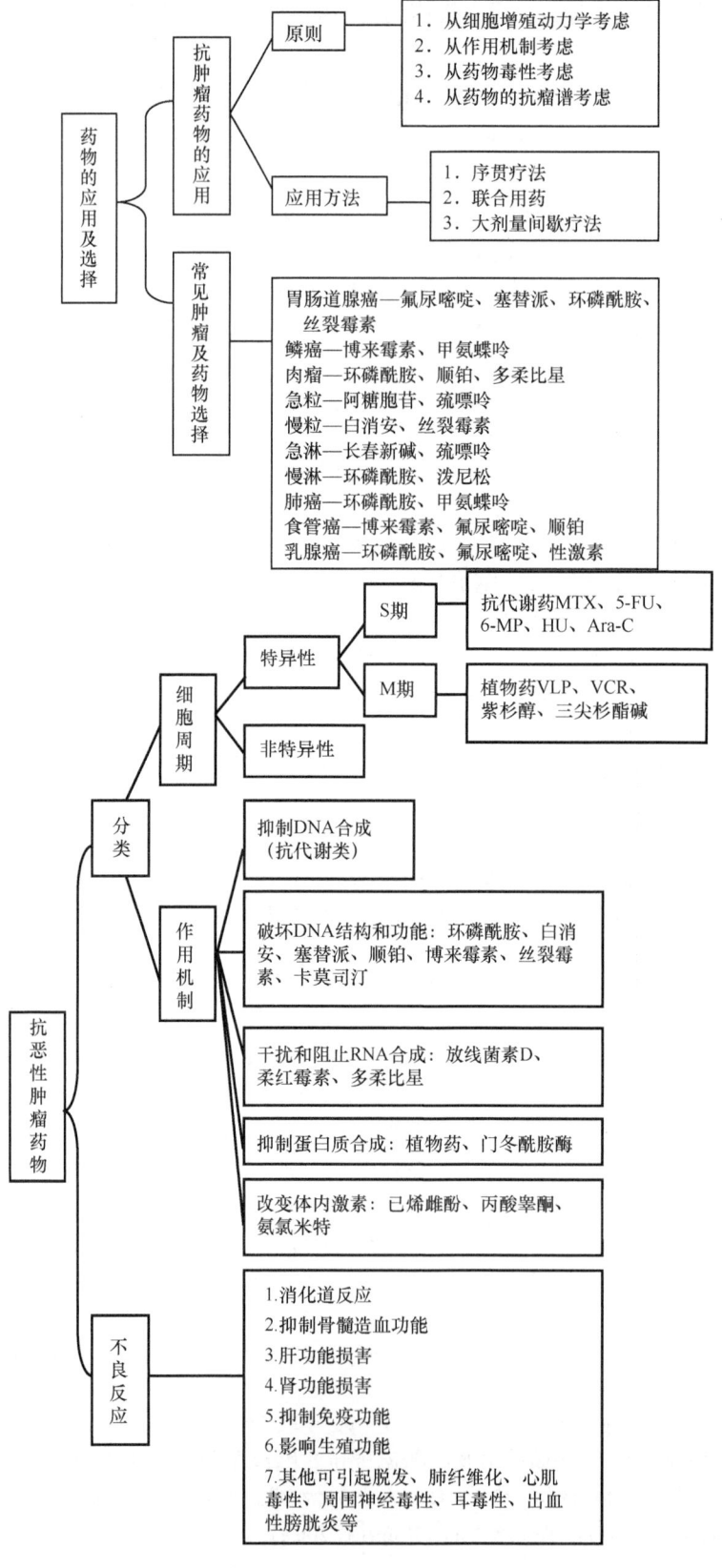

目标检测

一、名词解释

1. 细胞增殖周期　2. 生长比率　3. 周期特异性药物

二、选择题

【A 型题】

1. 使用长春新碱后肿瘤细胞的有丝分裂停止于（　　）
   A. 有丝分裂的初期　　B. M 期的前期
   C. M 期的中期　　　　D. M 期的后期
   E. 有丝分裂的末期

2. 恶性肿瘤化学治疗后易复发的原因是（　　）
   A. G_0 期细胞对化疗不敏感
   B. G_1 期细胞对化疗不敏感
   C. G_2 期细胞对化疗不敏感
   D. S 期细胞对化疗不敏感
   E. M 期细胞对化疗不敏感

3. 限制抗癌药长期大量应用的主要不良反应是（　　）
   A. 胃肠道反应　　　　B. 抑制造血功能
   C. 脱发　　　　　　　D. 周围神经炎
   E. 肾脏毒性

4. 抑制叶酸合成代谢的药物是（　　）
   A. 环磷酰胺　　　　　B. 阿糖胞苷
   C. 硫嘌呤　　　　　　D. 顺铂
   E. 甲氨蝶呤

5. 对骨髓无抑制作用的药物是（　　）
   A. 秋水仙碱　　　　　B. 甲氨蝶呤
   C. 阿糖胞苷　　　　　D. 肾上腺皮质激素
   E. 氟尿嘧啶

6. 在体外无抗癌活性的药物是（　　）
   A. 环磷酰胺　　　　　B. 顺铂
   C. 丝裂霉素　　　　　D. 甲氨蝶呤
   E. 长春新碱

7. 抗嘌呤代谢的抗癌药是（　　）
   A. 噻替派　　　　　　B. 洛莫司汀
   C. 阿糖胞苷　　　　　D. 6-MP
   E. 5-FU

8. 妇女绝经前的乳腺癌禁用的药物是（　　）
   A. 雄激素　　　　　　B. 雌激素
   C. 他莫昔芬　　　　　D. 5-氟尿嘧啶
   E. 秋水仙碱

9. 对前列腺癌疗效较好的药物是（　　）
   A. 甲氨蝶呤　　　　　B. 雌激素
   C. 雄激素　　　　　　D. 肾上腺皮质激素
   E. 三尖杉碱

【X 型题】

10. 抗嘧啶代谢的抗癌药有（　　）
    A. 氟尿嘧啶　　　　　B. 甲氨蝶呤
    C. 阿糖胞苷　　　　　D. 环磷酰胺
    E. 顺铂

11. 抑制肿瘤细胞有丝分裂的药物有（　　）
    A. 长春新碱　　　　　B. 秋水仙碱
    C. 三尖杉碱　　　　　D. 鬼臼乙叉苷
    E. 门冬酰胺酶

12. 烷化剂类抗癌药有（　　）
    A. 顺铂　　　　　　　B. 环磷酰胺
    C. 噻替派　　　　　　D. 白消安
    E. 丝裂霉素 C

13. 用环磷酰胺治疗,疗效显著的恶性肿瘤有（　　）
    A. 恶性淋巴瘤
    B. 急性淋巴细胞性白血病
    C. 肝癌
    D. 食管癌
    E. 儿童神经母细胞瘤

三、简答题

1. 细胞增殖周期可分为哪几期？作用于各期的药物有哪些？
2. 根据药物对增殖周期中各期肿瘤细胞作用不同,抗癌药可分为哪几类？
3. 甲氨蝶呤抗肿瘤的机制是什么？它对哪些肿瘤疗效较好？

第十六章 调节免疫功能的药物

内容提要

影响免疫功能的药物通过影响免疫应答和免疫病理反应而调节机体的免疫功能。

学习目标

识记免疫应答和免疫病理反应的概念及免疫抑制药和免疫增强药的分类,并列举出各类1~2个典型代表药物通用名称、用途及用药期间可能出现的主要不良反应。

重点难点

本章的重点是常用免疫抑制药和免疫增强药的作用、用途、不良反应。难点是免疫应答和免疫病理反应的概念及其过程。

课时数

理论 4

免疫系统包括参与免疫应答反应的各种细胞、组织和器官。这些组分及其正常功能是机体免疫功能的基础,任何因素的异常都可导致免疫功能障碍。当免疫应答反应异常时,可出现免疫病理反应。发生免疫功能缺损或低下时,可引起感染性疾病、免疫缺陷或肿瘤,应用免疫增强剂,能使免疫功能重建、恢复正常或增强,疾病得以痊愈。发生免疫功能亢进时,可引起各种类型的超敏反应、移植排斥、炎症和自身免疫病,应用免疫抑制剂,能降低免疫功能,达到治疗目的。免疫增强剂和免疫抑制剂统称免疫调节剂,针对机体免疫功能低下或亢进的免疫状态,应用免疫调节剂,人为地增强或抑制机体的免疫功能,达到治疗疾病的方法,称为免疫治疗。将正常动物的造血干细胞或淋巴干细胞移植给免疫功能缺陷的患者,使其恢复正常免疫功能的措施,则称为免疫重建。

第一节 免疫应答反应和免疫病理反应

一、免疫应答反应

免疫应答反应是机体免疫系统对抗原刺激所产生的以排除抗原为目的的生理过程。这个过程包括了抗原递呈、淋巴细胞活化、免疫分子形成及免疫效应发生等一系列的生理反应。通过有效的免疫应答反应,机体得以维护内环境的稳定。

(一)免疫应答反应的基本过程

免疫应答的发生、发展和最终效应是一个相当复杂但又规律有序的生理过程,这个过程可以人为地分成三个阶段(图16-1)。

1. 抗原识别阶段 是抗原通过某一途径进入机体,并被免疫细胞(B细胞、T细胞)识别、递呈和诱导细胞活化的开始时期,又称感应期。

2. 淋巴细胞活化阶段 是接受抗原刺激的淋巴细胞活化和增殖的时期。活化后的淋巴细胞迅速分化增殖,变成较大的细胞克隆。分化增殖后的辅助性T细胞可产生多种细胞因子,促进自身和其他免疫细胞的分化增殖,生成大量的免疫效应细胞。B细胞分化增殖变为可产生抗体的浆细胞,浆细胞分泌大量的抗体分子进入血循环。这时机体已进入免疫应激状态,即致敏状态。此阶段又称增殖分化期。

3. 抗原清除阶段 是免疫效应细胞和抗体发挥作用将抗原灭活并从体内清除的时期,也称效应期。

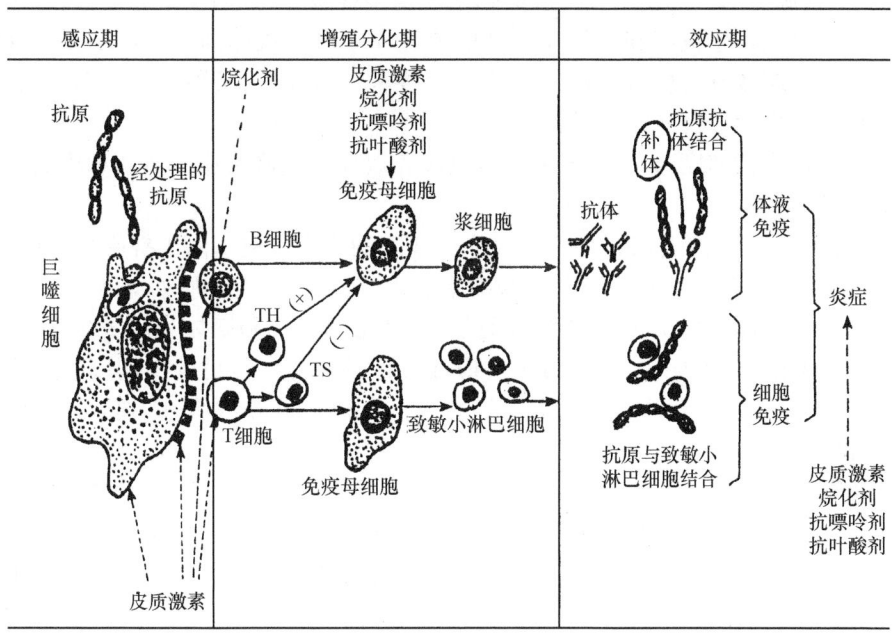

图 16-1 免疫应答反应的基本过程和药物作用环节

(二) 免疫应答反应的类型

根据抗原刺激、参与细胞或应答效果等各方面的差异,免疫应答可以分成不同的类型。

1. 按参与细胞分类 根据主导免疫应答反应的活性细胞类型,可分为细胞介导免疫和体液免疫两大类。细胞介导免疫是T细胞介导的免疫应答反应,简称为细胞免疫。体液免疫是B细胞介导的免疫应答反应,也可称抗体应答,以血清中出现循环抗体为特征。

2. 按抗原刺激顺序分类 某抗原初次刺激机体与一定时期内再次或多次刺激机体可产生不同的应答效果,据此可分为初次应答和再次应答两类。一般地说,不论是细胞免疫还是体液免疫,初次应答比较缓慢柔和,再次应答则较快速激烈。

3. 按应答效果分类 一般情况下,免疫应答的结果是产生免疫分子或效应细胞,具有抗感染、抗肿瘤等对机体有利的效果,称为免疫保护;但在另一些条件下,过度或不适宜的免疫应答也可导致病理损伤,称为超敏反应,包括对自身抗原应答产生的自身免疫病。与此相反,特定条件下的免疫应答可不表现出任何明显效应,称为免疫耐受。

另外,在免疫系统发育不全时,可表现出某一方面或全面的免疫缺陷;而免疫系统的病理性增生则称为免疫增殖病。

二、免疫病理反应

免疫病理反应,指异常的、过高的免疫应答反应,即机体与抗原性物质在一定条件下相互作用,产生致敏淋巴细胞或特异性抗体,如与再次进入的抗原结合,可导致机体生理功能紊乱和组织损害,又称超敏反应、变态反应。引起免疫病理反应的抗原性物质叫变应原。它可以是完全抗原(异种动物血清、组织细胞、微生物、寄生虫、植物花粉、兽类皮毛等);也可以是半抗原(如青霉素、磺胺、非那西丁等药物,或生漆等低分子物质)。可以是外源性的,也可以是内源性的。免疫病理反应的临床表现多种多样,可因变应原的性质、进入机体的途径、参与因素、发生机制和个体反应性的差异而不同。机体因自身稳定作用被破坏而出现针对自身组织成分的抗体(或细胞)介导免疫称自身免疫,又称自身变态反应,如自身免疫性溶血性贫血、系统性红斑狼疮。

根据反应出现的速度,分为速发型超敏反应和迟发型超敏反应。盖尔和库姆斯将超敏反应分为下述4种类型。

1. Ⅰ型超敏反应 又称过敏性变态反应或速发型变态反应。由于抗原与抗体(通常是IgE类)在介质释放细胞上相互作用,引起细胞活化,使一些活性介质如组胺、5-羟色胺等释放。这些介质能引起平滑肌收缩、毛细血管扩张、通透性增加和腺体分泌增多,可发生呼吸道过敏反应、消化道过敏反应、皮肤过敏反应或过敏性休克。常见的Ⅰ型超敏反应有青霉素过敏反应,药物引起的药疹,食物引起的过敏性胃肠炎,花粉或尘埃引起的过敏性鼻炎、支气管哮喘等。

2. Ⅱ型超敏反应 又称细胞溶解型变态反应或细胞毒型变态反应。由IgG或者IgM介导。细胞上的抗原与抗体结合时,由于补体、吞噬细胞或K细胞的作用,导致细胞被破坏。例如血型不符的输血反应、新生儿溶血反应和药物引起的溶血性贫血都属于Ⅱ型超敏反应。

3. Ⅲ型超敏反应 又称免疫复合物型变态反应。它是由中等大小可溶性的抗原抗体复合物沉积到毛细血管壁或组织中,激活补体或进一步招引白细胞而造成的。链球菌感染后的部分肾小球肾炎、外源性哮喘等属于Ⅲ型超敏反应所致疾病。

4. Ⅳ型超敏反应 又称迟发性变态反应。它是由T细胞介导的一种病理反应。如化学药品(例如染料)与皮肤蛋白结合或改变其组成,成为抗原,能使T细胞致敏。再次接触该抗原后,T细胞便成为杀伤细胞或释放淋巴因子引起接触性皮炎。另一个类型称为传染性变态反应,是由某些病原体作为抗原性刺激引起的,见于结核病、梅毒等。此外,器官移植的排斥反应、接种疫苗后的脑脊髓炎、某些自身免疫病等都属于此型(表16-1)。

表16-1 免疫病理反应的类型与表现

特性	Ⅰ型超敏反应	Ⅱ型超敏反应	Ⅲ型超敏反应	Ⅳ型超敏反应
抗体	IgE	IgG、IgM	IgG、IgM	
抗原	外源性	细胞表面	可溶性	细胞内
反应时间	15~30min	几分钟至几小时	3~8h	48~72h
介导因素	抗体	抗体	抗体	Tc
组织学	肥大细胞、嗜碱性细胞、嗜酸性细胞	抗体和补体	中性粒细胞和补体	单核细胞和淋巴细胞
表现	风团及潮红	细胞溶解与坏死	红斑和水肿	红斑和硬化

第二节 免疫抑制药

免疫抑制剂是一类对机体免疫功能具有特异性或非特异性抑制作用的药物。可用于自身免疫病及变态反应性疾病的防治,特别是在组织器官移植时,对于控制免疫排斥反应的发生,效果显著;此类制剂治疗疾病时通常会带来一定的副作用,影响其使用价值,应用时要慎重。本类药物根据药物性质可分为化学合成类免疫抑制剂、生物制品类免疫抑制剂和植物性免疫抑制剂。其中化学合成类免疫抑制剂应用广泛,包括①微生物代谢产物,有环孢素、放线菌素 D 等;②肾上腺皮质激素,有可的松、泼尼松等;③烷化剂,有环磷酰胺(cylophosphamide)、白消安(busulfan)和氮芥(nitrogen mustard)等;④抗代谢药物,有 6-巯基嘌呤(6-mercaptopurine)、氟脲嘧啶(5-fluorouracil)及甲氨蝶呤(amethopterin)等,以下对其作简要介绍。

一、真菌代谢产物

这类免疫抑制剂主要来源于微生物的代谢产物,多为抗生素或抗真菌药物,它们对 T 细胞有选择性抑制作用。

环 孢 素

环孢素(cyclosporin A,CsA)系从真菌培养液中分离出的含 11 个氨基酸的环形多肽。

【体内过程】 环孢素口服吸收个体差异大,生物利用度仅 20%~50%,也可静脉注射。本药分布广泛,在血液中,约 50%集中分布于红细胞,10%~20%分布于白细胞,存在于血浆中的结合型药物占 95%,$t_{1/2}$ 为 10~27h,主要经肝代谢,由胆汁排泄。

【药理作用】 主要是选择性抑制 T 细胞活化,不影响骨髓的正常造血功能,对 B 细胞、粒细胞及巨噬细胞影响小,选择性抑制辅助性 T 细胞产生细胞因子,如抑制 IL-2 的生产和 IL-2 受体的表达,以致不能对 IL-2 起反应。

【作用机制】 作用于感应期和增殖分化期,抑制初次和再次细胞免疫反应;抑制初次体液免疫反应;抑制免疫介导的炎性反应。

【临床用途】 用于器官或组织移植,可使移植后的排异反应与感染率降低。治疗自身免疫性疾病,包括类风湿关节炎、系统性红斑狼疮。

相关链接　　　　　　　　　移植排斥反应的类型

1. 超急性排斥反应　一般在移植后数分钟或数小时内发生。超急性排斥反应无法治疗,只能切除移植物,但它可通过术前严格的 ABO 血型配合及淋巴细胞毒试验而有效地预防。

2. 急性排斥反应　是最常见的类型,多发生在移植术后 1 周以后,绝大多数发生在术后 6 个月之内。急性排斥反应一旦诊断明确,应尽早治疗。大剂量皮质类固醇激素冲击治疗或调整免疫抑制药物及方案对急性排斥反应通常有效。

3. 慢性排斥反应　表现为移植术数月或数年后逐渐出现的同种移植物功能减退直至衰竭,其确切机制尚不清楚。慢性排斥反应用现有的免疫抑制剂治疗一般无效,是目前器官移植的最大障碍之一。

【不良反应】
(1) 胃肠道反应:较常见的有厌食、恶心、呕吐等。
(2) 肾毒性:该药常见的严重不良反应,用药时应控制剂量。
(3) 肝损害:多见于用药早期。
(4) 神经毒性:表现为震颤、惊厥、精神错乱、共济失调、昏迷等,减量或停用后可缓解。
(5) 长期用药可能继发病毒感染。

【用药指导】

(1) 病毒感染时禁用,对环孢素过敏者禁用。

(2) 下列情况慎用:肝功能不全、高钾血症、感染、肠道吸收不良、肾功能不全、对该品不耐受等。

(3) 应避免与有肾毒性的药物共用。

(4) 用药期间不宜哺乳。

(5) 本药常与肾上腺皮质激素等免疫抑制剂联合应用,以提高疗效。

二、肾上腺皮质激素

本类药物作用方式主要有两方面,一是抗炎作用,降低毛细血管的通透性,减轻充血和渗出;稳定吞噬细胞内的溶酶体膜,阻止溶酶体酶释放,缓解炎症反应。二是抑制葡萄糖分解,使淋巴细胞不能利用葡萄糖产生能量,则势必动用细胞内的蛋白质,维持细胞的正常代谢,因此,免疫细胞内储备的能量及蛋白质逐渐耗竭,导致免疫细胞死亡,造成血流及组织中的淋巴细胞明显减少,淋巴组织萎缩,免疫功能被抑制。这类药物在临床上主要用以抗炎,治疗自身免疫性疾病、变态反应性疾病及抑制器官移植发生的排异反应,常用药物如泼尼松、泼尼松龙、地塞米松等。

三、烷　化　剂

环　磷　酰　胺

【体内过程】　环磷酰胺(cyclophosphamide,CTX)口服后吸收完全,迅速分布到全身,少量可通过血-脑屏障。环磷酰胺本身不与白蛋白结合,其代谢物约50%与蛋白结合。静脉注射后血浆 $t_{1/2}$ 为4~6.5h,50%~70%在48h内通过肾脏排泄。

【药理作用】　破坏T、B淋巴细胞DNA的结构与功能,进而抑制DNA的复制及蛋白质合成,使免疫细胞不能正常分裂增殖。对体液免疫和细胞免疫均有抑制作用,但以抑制体液免疫应答为主,其对抗体形成的抑制作用,随着用药剂量的增加而加强。

【临床用途】　主要用于对多种自身免疫性疾病的治疗及器官移植后减少排异反应的发生。

【不良反应】

(1) 骨髓抑制:为最常见的严重不良反应。

(2) 白细胞减少:往往在给药后10~14天最低,多在第21天恢复正常。

(3) 血小板减少。

(4) 胃肠道反应常见,如有恶心、呕吐。严重程度与剂量有关。

(5) 脱发。

(6) 无菌性膀胱炎。

【用药指导】

(1) 本药可使血清尿酸水平增高,与抗痛风药同用时应调整抗痛风药的剂量。

(2) 下列情况应慎用:妊娠期、骨髓抑制、有痛风病史、肝功能损害、感染、肾功能损害、肿瘤细胞浸润骨髓、有泌尿系统结石史、以前曾接受过化疗或放射治疗。

四、抗代谢药

相关链接

抗代谢药主要分为三类,作用原理分别是:①嘌呤类,如6-巯基嘌呤主要是通过给予机体的嘌呤掺入到淋巴细胞的 DNA 中,干扰了淋巴细胞合成 DNA,达到破坏免疫细胞分裂的效力;主要作用于 T 细胞,抑制细胞免疫,对 B 细胞的作用则较小,故对抗体的产生影响不大。②嘧啶类,如5-氟脲嘧啶,能抑制胸腺嘧啶核苷合成酶,影响 DNA 的合成。③叶酸类,如氨甲蝶呤(MTX),是叶酸的同类物,能阻止叶酸被酶还原,使其不能变成具有生物活性的物质,它与叶酸还原酶的亲和力,是自然代谢中间产物与叶酸还原酶亲和力的2万倍,这就阻碍了二氢叶酸至四氢叶酸的反应,所以也阻止免疫细胞的核酸及蛋白质合成。

硫唑嘌呤

【药理作用及机制】 硫唑嘌呤(azathioprine)通过干扰嘌呤代谢的所有环节,抑制嘌呤核苷酸合成,进而抑制细胞 DNA、RNA 及蛋白质的合成而发挥抑制 T、B 淋巴细胞及 NK 细胞的效应,防止细胞的增生,并可引起 DNA 的损害。

【临床用途】 用于肾移植后的排斥反应,以及自身免疫性疾病如红斑狼疮、牛皮癣等治疗。本品单用或与皮质激素类合用对类风湿关节炎也有较好的疗效。

【不良反应】 本品不良反应发生率较低,主要有恶心、呕吐、腹泻、厌食、口腔损伤、皮疹、药热、脱发等,少数可有黄疸、SGPT 升高,停药或减量后可消失。剂量过大可有骨髓抑制等。

【用药指导】 本药的疗效需于治疗数周或数月后才出现。在上消化道内吸收较好。用于类风湿关节炎,口服:每日 50mg,持续用药 3~4 个月,以较长期用药为宜。用于系统性红斑狼疮,常用量为每日 2~2.5mg/kg,维持量为每日 50mg。肝、肾功能不良时慎用,孕妇禁用。

第三节 免疫增强药

免疫增强剂能激活一种或多种免疫活性细胞,主要用于治疗免疫功能低下所致的疾病,如免疫缺陷病、慢性感染性疾病,也常作为肿瘤的辅助治疗药物,如干扰素、左旋咪唑等,应用后可立即引起机体发生短暂而又广泛的免疫增强作用。目前本类药物疗效尚不满意,影响因素主要是剂量、给药方法和机体免疫功能等。以下介绍几种应用较广的免疫增强剂。

一、微生物制剂

卡介苗

卡介苗(Bacillus Calmette-Guérin,BCG)系减毒的牛型结核分枝杆菌菌苗,是预防结核的特异性生物制品,也是一种非特异性免疫增强剂。

【体内过程】 接种后 4~8 周才产生免疫力,免疫可维持 3~4 年。

【药理作用】 可活化巨噬细胞,不仅使单核-吞噬细胞系统的细胞增生,活力加强,提高其杀菌、吞噬及杀肿瘤作用,促进 IL_1、IL_2 及 IL_4 等多种细胞因子的产生,还能刺激骨髓的多能干细胞,发育成具有免疫功能的免疫活性细胞,促使 T、B、K、NK 细胞的分化增生,从而明显地提高机体的免疫力。

【临床用途】 用来预防儿童结核病。

【不良反应】

(1) 淋巴结炎症:接种后 1~2 个月,颈部、腋下、锁骨上下等淋巴结肿大(大于 1.0cm)。反应过强者,淋巴结肿大明显,可形成脓疡或破溃,或在接种处有小脓疱。

(2) 类狼疮反应:与结核菌菌株剩余毒力有关。

(3) 疤痕:因丰富的肉芽组织形成瘢痕突起,有时呈瘢痕瘤。

【用药指导】

(1) 本菌苗严禁皮下或肌内注射。

(2) 免疫抑制剂将导致免疫力降低,施以活菌免疫接种后将导致严重甚至致命的感染。

(3) 患有结核病、急性传染病、心肾脑等疾病、极度营养不良、湿疹及其他皮肤病、HIV 感染者不予接种。使用前须先作结核菌素皮试,呈阴性者方可接种。

短 棒 菌 苗

短小棒状杆菌(corynebacterium parvam,CP)系专性厌氧性革兰阳性小杆菌,经加热或甲醛灭活后制成短棒菌苗,对机体毒性低,安全,无严重副作用。

【药理作用】 非特异地刺激淋巴样组织增生,单核-吞噬细胞系统吞噬活力加强,促进 IL-1、IL-2 等细胞因子的产生,溶酶体酶作用增大,因而对抗原的处理加速,增加 IgM 和 IgG 的生成;还能激活巨噬细胞的 Fc 受体,数量明显增多,吞噬功能显著增强;能激活补体的传统途径和旁路途径,非特异地扩大机体的免疫应答。

【临床用途】 临床用于恶性黑色素瘤、乳腺癌及肺小细胞型未分化癌治疗。腹腔注射对癌性腹水也有治疗作用。

【不良反应】 局部引起肉芽肿发生,但不产生组织坏死溃疡。

【用药指导】 短小棒状杆菌能抑制细胞免疫,使胸腺缩小,脾及淋巴结中的淋巴细胞减少,T 细胞的功能被抑制,延长皮肤移植物生存时间等,故细胞免疫功能低下者,使用时应注意。

二、化 学 制 剂

左 旋 咪 唑

【药理作用】 左旋咪唑(levamisole,LMS)可加强 T 淋巴细胞对蛋白质的合成,促使其分化增殖,转变成致敏淋巴细胞,产生 IL-2、MAF 及 MIF 等淋巴因子;增强 NK 细胞的活性;另外,还可加强吞噬细胞的吞噬活力,促进大、小吞噬细胞的杀菌作用等,以调整降低的免疫功能恢复到正常水平;但 LMS 对正常机体经抗原刺激后发生的反应则相对地保持反应不变。主要是提高细胞免疫,对体液免疫无影响。

【临床用途】 用于肺癌、乳腺癌手术后或急性白血病、恶化淋巴瘤化疗后作为辅助治疗。此外,尚可用于自体免疫性疾病如类风湿关节炎、红斑性狼疮吸道感染、小儿呼吸道感染等。对顽固性支气管哮喘经试用初步证明近期疗效显著。

【不良反应】 偶有头晕、恶心、呕吐、腹痛、食欲不振、发热、嗜睡、乏力、皮疹、发痒等不良反应,停药后能自行缓解。个别病人可有白细胞减少症、剥脱性皮炎及肝功损伤。

转 移 因 子

转移因子(transfer factor,TF)又称传输因子,是从健康人白细胞中提取制得的一种多核苷酸和低分子量多肽。有12个氨基酸,2~4个RNA,分子量700~5000,无抗原性。

【体内过程】 转移因子是小分子物质,活性不被核酸酶和胰蛋白酶破坏,也不会被胃酸破坏,可以口服。使用剂量小,起效快,药效持续时间长。

【药理作用】 转移因子携带有致敏淋巴细胞的特异性免疫信息,能够将特异性免疫信息递呈给受体淋巴细胞,使受体无活性的淋巴细胞转变为特异性致敏淋巴细胞,从而激发受体细胞介导的免疫反应。转移因子具有广泛的免疫学调节活性,一方面可诱导免疫细胞活化,增强机体非特异性免疫能力。另一方面能够将特异性免疫能力传递到其他动物,激发动物产生特异性免疫。

【临床用途】 主要用于先天性或后天性免疫缺陷病,如胸腺发育不全、免疫性血小板减少性紫癜、某些抗微生物药难以控制的病毒性和真菌性感染。对恶性肿瘤可作为辅助治疗剂。

【不良反应】 注射部位有酸胀感,个别出现皮疹、皮肤瘙痒、痤疮增多及一过性发热等反应。

【用药指导】
(1) 禁与热的饮料、食品同服,以免影响疗效。
(2) 变色勿用。

三、免疫系统产物

干 扰 素

干扰素(interferon,IFN)是在特定的诱生剂作用下,由细胞基因组控制产生的一类糖蛋白,可分为α、β、γ三种,现已能采用DNA重组技术生产重组人干扰素,它除对免疫应答有调节作用外,还有抗肿瘤及广谱抗病毒作用。

【药理作用】 干扰素首先作用于细胞的干扰素受体,经信号转导等一系列生化过程,激活细胞基因表达多种抗病毒蛋白,实现对病毒的抑制作用。抗病毒蛋白主要包括2′-5′A合成酶和蛋白激酶等。前者降解病毒 mRNA,后者抑制病毒多肽链的合成,使病毒复制终止。

【作用机制】 ①间接性。通过诱导细胞产生抗病毒蛋白等效应分子抑制病毒。②广谱性。抗病毒蛋白是一类酶,作用无特异性,对多数病毒均有一定抑制作用。③种属特异性。一般在同种细胞中活性高,对异种细胞无活性。④发挥作用迅速。干扰素既能中断受染细胞的病毒感染又能限制病毒扩散。在感染的起始阶段,体液免疫和细胞免疫发生作用之前,干扰素发挥重要作用。

【临床用途】
(1) 可用于疱疹性角膜炎、病毒性眼病、带状疱疹、乙型肝炎等病毒感染性疾病。
(2) 作为放疗、化疗及手术的辅助治疗药物。
(3) 与其他抗肿瘤药物合用治疗多种恶性肿瘤。

【不良反应】
主要有发热、流感样症状及神经系统症状(嗜睡、精神紊乱)、皮疹、肝功能损害。大剂量会导致可逆性白细胞和血小板减少等。

【用药指导】 自身免疫性疾病、精神障碍、癫痫、抑郁病及其他中枢神经功能紊乱的患者不宜使用。

白细胞介素-2

白细胞介素-2(interleukin-2,IL-2)也称体细胞生长因子。与反应细胞的 IL-2 受体结合后产生作用,IL-2 对 β 细胞、NK 细胞、抗体依赖性杀伤细胞和淋巴因子激活的杀伤细胞(LAK 细胞)等具有促进、分化、增殖的作用。还可刺激许多细胞因子产生,在体内外均能增加肿瘤坏死因子、干扰素和白细胞介素的生成。临床主要用于治疗黑色素瘤、肾细胞癌、霍奇金病等。可控制肿瘤发展,减小肿瘤体积和延长生存时间。尚可与抗艾滋病药物合用治疗艾滋病。不良反应有发热、寒颤、恶性、呕吐、厌食、弥漫性红斑等。此外还有心肺反应、肾脏反应、血液系统及神经系统症状等。

胸腺激素

胸腺分泌一系列具有免疫活性的多肽类物质,总称为胸腺激素,其中包括胸腺肽(胸腺素、TM)、血清胸腺因子(STF)、胸腺生成素(TP)及胸腺体液因子(THF)等,它们可诱导 T 细胞分化成熟,调节成熟 T 细胞的多种功能,从而调节胸腺依赖性免疫应答反应。临床用于治疗胸腺依赖性免疫缺陷疾病(包括艾滋病)、肿瘤及某些自身免疫性疾病和病毒感染。常见不良反应为发热,少数出现过敏反应。

【附】

常用制剂及用法

环孢素 软胶囊:10mg。滴眼液 3ml:30mg。注射液 5ml:250mg。口服:一般器官移植术前 4~12 小时口服,首次量为每日 14~17.5mg/kg,此剂量维持到术后 1~2 周,然后根据肌酐和血药浓度,每周减少 5%,直到维持量为每日 5~10mg/kg 止。滴眼:将药物滴入结膜囊内,每日 4~6 次,每次 1~2 滴。静脉滴注:首次每日 5~6mg/kg,此剂量维持到术后可以口服环孢素为止。以 5% 葡萄糖或等渗盐水稀释成 1:20 至 1:100 浓度,2~6 小时内缓慢滴完。

环磷酰胺 片剂:糖衣片 50mg。注射剂 0.2g(粉针)。口服:用于抑制免疫时,成人每日 2~4mg/kg,儿童每日 2~6mg/kg,,连用 10~14 天,休息 1~2 周重复。静脉滴注,每日 4mg/kg。

硫唑嘌呤 片剂:50mg。口服:每日 2mg~5mg/kg,一日 1 次或分次口服。

胸腺肽 注射剂:5mg、10mg、20mg、50mg。皮下或肌内注射:一次 10~20mg,一日 1 次。静脉滴注:一次 20~80mg,一日 1 次或遵医嘱。溶于 500ml 0.9%氯化钠注射液或 5%葡萄糖注射液。

【小结】

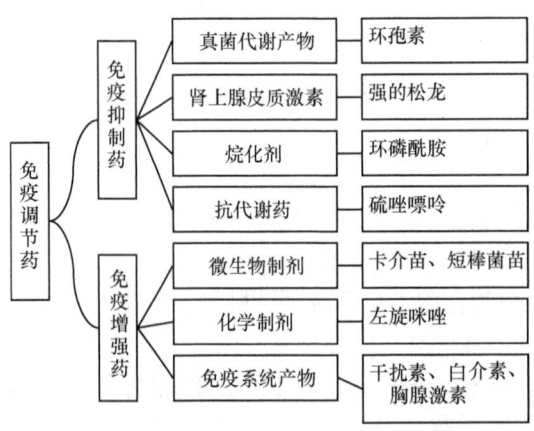

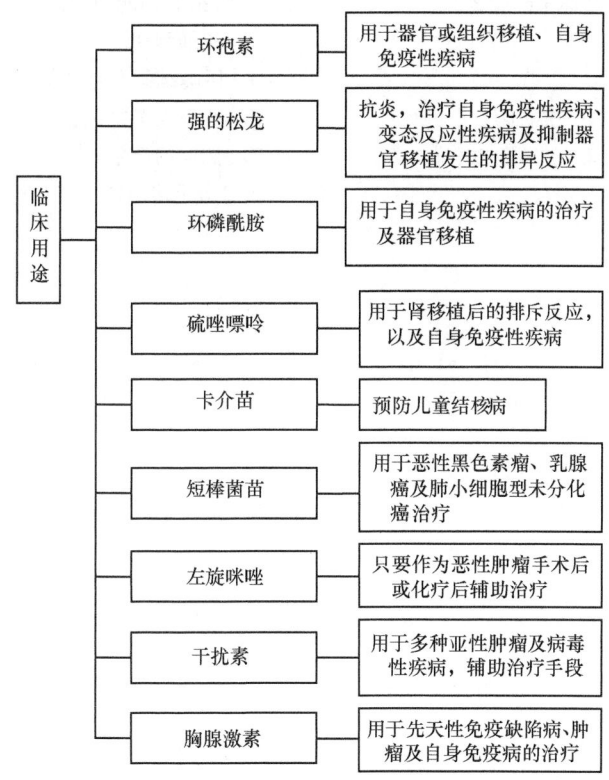

目标检测

一、名词解释

1. 超敏反应　2. 免疫治疗

二、选择题

【A 型题】

1. 环孢素临床用于（　）
   A. 镇静催眠　　　B. 降血糖
   C. 器官移植后的排异反应
   D. 抗菌　　　　　E. 抗肿瘤
2. 环孢素最常见的严重不良反应是（　）
   A. 肾毒性　　　　B. 肝损害
   C. 多毛　　　　　D. 继发感染
   E. 继发肿瘤
3. 环孢素是（　）
   A. 免疫抑制药　　B. 免疫增强药
   C. 抗病毒药　　　D. 抗代谢药
   E. 抗肠虫药
4. 免疫抑制剂量下，环磷酰胺的作用不包括（　）
   A. 杀伤增殖期淋巴细胞
   B. 选择性抑制 B 淋巴细胞
   C. 降低 NK 活性

D. 降低细胞免疫和体液免疫
E. 影响已活化巨噬细胞的细胞毒性

5. 无免疫抑制作用的药物是（　）
   A. 糖皮质激素　　B. 环孢素
   C. 干扰素　　　　D. 硫唑嘌呤
   E. 左旋咪唑
6. 干扰素的药理作用特点是（　）
   A. 小剂量增强免疫，大剂量抑制免疫
   B. 小剂量抑制体液免疫，大剂量抑制细胞免疫
   C. 只抑制细胞免疫，不抑制体液免疫
   D. 既破坏淋巴细胞，又破坏浆细胞
   E. 只抑制体液免疫，不抑制细胞免疫

【B 型题】

   A. 环孢素　　　　B. 糖皮质激素
   C. 环磷酰胺　　　D. 干扰素
   E. 白介素
7. 小剂量增强免疫，大剂量抑制免疫的是（　）
8. 小剂量抑制体液免疫，大剂量抑制细胞免疫的是（　）
9. 只抑制细胞免疫，不抑制体液免疫的是（　）

10. 既破坏淋巴细胞,又破坏浆细胞的是(　　)

【X 型题】

11. 干扰素具有的作用是(　　)
    A. 抗真菌　　B. 抗病菌
    C. 抗肿瘤　　D. 调节免疫
    E. 抑制细胞增殖

12. 免疫抑制剂能抑制(　　)
    A. 粒细胞功能
    B. 巨噬细胞吞噬功能
    C. 血小板聚集功能
    D. 抗体的产生
    E. T 淋巴细胞生产 IL-2

第十七章 维生素类药物

内容提要

维生素是维持机体正常代谢和生理功能所必需的活性物质。正常机体需要量虽然很少,但却能发挥重要的生理功能。如果来源不足或吸收利用障碍或需要量增加时,便会产生维生素缺乏症。

学习目标

识记维生素的分类及作用,能根据疾病情况选用正确的治疗药物,且能列举出,用药期间可能出现的主要不良反应。

重点难点

重点是维生素的分类及不同维生素的用途、不良反应;难点是不同维生素的作用。

课时数

理论 2

第一节 水溶性维生素

水溶性维生素易溶于水,常用的有维生素 C、维生素 B_1、维生素 B_2、维生素 B_6、叶酸、烟酸和烟酰胺等。

维生素 B_1

维生素 B_1(vitamin B_1,硫胺素)在糙米、麦麸、酵母、大豆、瘦肉中含量丰富,药用者为人工合成品。在碱性环境中易破坏失效。

【体内过程】 本品肌内注射,吸收快而完全;口服则在十二指肠吸收,但不完全。吸收后分布于各组织。$t_{1/2}$ 为 0.35h。在肝内代谢,经肾排泄。正常人每日吸收维生素 B_1 5～15mg,增大口服剂量时,并不增加吸收量。

【药理作用】 维生素 B_1 在体内活化形成焦磷酸硫胺素,后者是糖代谢的重要辅酶,可促进糖类的代谢及能量的产生,维持神经系统、心血管系统和消化系统的正常功能。

【临床用途】 主要防治维生素 B_1 缺乏症(脚气病)。用于多发性神经炎、心肌炎、食欲不振、消化不良、高热、感染、甲亢、营养不良等病的辅助治疗。

【不良反应】 口服不良反应少见,注射时偶有过敏反应,甚至过敏性休克。

相关链接 　　　　　　　　　　**脚　气　病**

脚气病常发生在以精白米为主食的地区,常由于对维生素 B_1 摄入不足、需要量增高和吸收利用障碍等原因引起。临床上以消化系统、神经系统及心血管系统的症状为主,其症状表现为多发性神经炎,食欲不振、恶心、呕吐,严重时可出现心力衰竭,称脚气性心脏病;还可出现水肿及浆液渗出,常见于足踝部其后发展至膝、大腿至全身,严重者可有心包、胸腔及腹腔积液。

维生素 B_2

维生素 B_2(vitamin B_2,核黄素)广泛存在于谷物、绿色蔬菜、干酵母、牛奶、鸡蛋及肝、肾、心脏等,遇碱或光易破坏。

【体内过程】 主要在十二指肠吸收,嗜酒可减少维生素 B_2 的吸收,吸收后分布到各种组织及乳汁,仅极少量贮于肝、脾、肾、心组织。半衰期为 66～84min。肝内代谢,经肾排泄。

血液透析可清除维生素 B_2,但比肾排泄慢。

【药理作用】 维生素 B_2 在体内转变为黄素腺嘌呤二核苷酸和黄素单核苷酸,在氧化还原反应中起到辅酶作用,参与糖、蛋白质和脂肪的代谢;维持视网膜正常功能。

【临床用途】 用于维生素 B_2 缺乏引起的口角炎、舌炎、阴囊炎、角膜炎、结膜炎、视网膜炎、脂溢性皮炎等。

【不良反应】 无明显不良反应。

维 生 素 B_6

维生素 B_6(vitamin B_6,吡多辛)广泛存在于鱼、肉、蛋、豆类和谷物中,在自然界以吡多醛、吡多胺、吡多醇三种形式存在,在高温、日照及碱性环境中易破坏。

【药理作用】 在体内生成磷酸吡多醛和磷酸吡多胺,作为氨基酸转氨酶和脱羧酶的辅酶,参与氨基酸、脂肪的代谢及中枢抑制性递质 γ 氨基丁酸的合成。

【临床用途】 临床主要用于维生素 B_6 缺乏症,防治异烟肼引起的中枢神经症状和周围神经炎等,也用于止吐,如妊娠呕吐,抗肿瘤药、口服避孕药及放射病引起的呕吐等。

维 生 素 C

维生素 C(vitamin C,抗坏血酸)广泛存在于新鲜蔬菜和水果中。药用者为人工合成品。遇光、热、氧等易被氧化而失去活性。其半衰期为 16 天,生理需要量为 25mg/d。

【药理作用】 具有强还原性,参与氧化还原反应,参与胶原蛋白和组织细胞间质的合成,降低毛细血管的通透性;提高机体免疫功能,促进抗体生成,提高巨噬细胞和白细胞的吞噬能力;促进血红蛋白的合成;降低血脂,以及具有抗肿瘤作用。

【临床用途】

(1) 坏血病:为维生素 C 缺乏病,表现为全身皮肤黏膜出血、牙齿松动、牙龈炎等。可用维生素 C 防治。

(2) 补充治疗:用于急慢性传染病、病后恢复期、伤口愈合不良、各种贫血、高铁血红蛋白血症等的辅助治疗。

(3) 克山病:大剂量维生素 C 用于治疗克山病引起的心源性休克。

(4) 肝脏损害:用于肝硬化、急慢性肝炎、中毒性肝损害等疾病的辅助治疗,有解毒、改善肝功能的作用。

【不良反应】 很少见。大剂量时尿液酸化可增加结石的发生,口服大剂量可有恶心等消化道症状,并影响对铜、锌等离子的吸收。

相关链接 **抗坏血病与维生素 C**

坏血病由维生素 C 缺乏引起。在 18 世纪,坏血病曾在远航海员中广为流行,患者先是感觉浑身无力,走不动路,接着就会全身出血,然后慢慢地死去。船员们都把这种怪病叫做"海上凶神"。1740 年,英国海军上将乔治·安森率领 2000 人乘坐 6 艘大船,浩浩荡荡进行环球旅行。回来时,仅剩下几百名水手,1000 多名水手死于坏血病,这件事令英国十分难堪。国王命令一名叫詹姆斯·林德的外科医生限期找到治疗这种可怕疾病的方法。1747 年 5 月 20 日,他在"索尔兹伯里"号船上给水手食用新鲜橘子水,结果非常令人吃惊,水手们的症状完全消失,无一人死亡。这是因为新鲜橘子水里含有丰富的维生素 C。1928 年,匈牙利化学家乔尔吉成功地从柠檬中分离出维生素 C,命名为抗坏血酸。乔尔吉因而获得诺贝尔奖。

谷 维 素

谷维素有调节间脑功能,改善自主神经功能失调、内分泌平衡失调、精神神经失调等作用。主要用于周期性精神病、妇女更年期综合征、经前期紧张征、脑震荡后遗症、血管性头痛、植物性神经功能失调及神经官能症等。偶有胃部不适、恶心、呕吐、口干、疲乏、皮疹、乳房肿胀、油脂分泌过多、脱发、体重增加等不良反应。停药后均可消失。

第二节　脂溶性维生素

脂溶性维生素易溶于大多数有机溶剂,不溶于水,在食物中常与脂类共存,脂类吸收不良时影响其吸收,甚至发生缺乏症。常用的有维生素 A、维生素 D、维生素 E、维生素 K 等。

维生素 A

维生素 A(vitamin A,视黄醇)在动物肝、蛋黄、鱼肝油和乳汁中含量丰富,植物如胡萝卜、番茄等含有较多的 β 胡萝卜素,为维生素 A 原,进入人体内转化为维生素 A 发挥作用。

【药理作用】　参与视网膜内杆状细胞中视紫红质的合成,维持暗视觉。缺乏时暗视觉障碍,导致夜盲症。促进骨骼生长发育,维持上皮组织如皮肤、结膜、角膜的正常功能和结构的完整性。缺乏时,则生长减慢;上皮细胞角化,表现为干燥或变厚。此外,具有增强机体免疫力和抵抗力作用。

【临床用途】　主要用于防治夜盲症、眼干燥症、角膜软化、皮肤干燥等维生素 A 缺乏症。在幼儿、妊娠、哺乳妇女等需求增大时可给预防量。也可用于恶性肿瘤的辅助治疗。

【不良反应】　长期大剂量应用可致维生素 A 过多症,甚至引起急性或慢性中毒,6 个月至 3 岁小儿最易发生,表现为食欲不振、皮肤瘙痒、毛发干枯、脱发、颅内压增高等,停药后可自行消失。

维生素 D

天然维生素 D(vitamin D)有维生素 D_2 和维生素 D_3。在鱼肝油、蛋黄、牛奶中含有维生素 D_3(胆骨化醇);植物中含麦角固醇,经紫外线照射转变成维生素 D_2(骨化醇);人体皮肤中含有 7-脱氢胆固醇,经紫外线照射可转变成维生素 D_3,故多晒太阳可预防维生素 D 缺乏。

【药理作用】　维生素 D 无生理活性,需在肝转变成 25-羟维生素 D_2,再经肾转变成 1,25-二羟维生素 D_3 才有活性。其主要作用是参与钙磷代谢:①促进钙磷在小肠的吸收。②促进钙磷在骨组织中沉积,使骨钙化。③促进肾小管对钙磷重吸收。④在甲状旁腺素协同下,促进骨钙入血,维持血钙、血磷的平衡。维生素 D 缺乏时,儿童引起佝偻病,成人引起骨软化症。

【临床用途】　主要用于防治佝偻病、骨软化症、婴儿抽搐症和骨质疏松等。

【不良反应】　长期大剂量应用可引起胃肠道反应,肝、脾肿大,高钙血症,软骨组织钙化、肾损害、高血压等。

【用药指导】　高钙血症、高磷血症伴肾性佝偻病者禁用。肾功能不全者慎用。

维生素 E

维生素 E(vitamin E,生育酚)广泛存在于植物油和绿色蔬菜中,麦胚油和豆油中含量较高。

【药理作用】

(1) 抗氧化作用:是体内重要的抗氧化剂。它能增强细胞的抗氧化能力,减少氧化脂质的形成,维持细胞膜的正常结构和功能。维生素 E 缺乏,生物膜中的脂质易被氧化而受损,引起红细胞破裂而溶血。

(2) 维持和促进生育功能:可使促性腺激素分泌增加,促进精子生成和活动,促进排卵和黄体生成,并能对抗前列腺素兴奋子宫的作用。缺乏时不易受精或引起流产。

(3) 其他:可延缓细胞衰老;增强免疫力;防治动脉粥样硬化;抑制血小板聚集而防止血栓形成等。

【临床用途】

(1) 妇产科疾病:习惯性流产、先兆流产、月经失调、不孕不育症及更年期综合征。

(2) 血液系统疾病:如巨幼红细胞性贫血、早产儿溶血性贫血等。

(3) 心血管疾病:如动脉硬化、冠心病、高脂血症等。

(4) 神经系统疾病:如神经痛、肌营养不良、面部抽搐及肌萎缩性脊髓侧索硬化症等。

(5) 其他:调节免疫功能、抗衰老。

【不良反应】 长期大剂量应用可引起恶心、头痛、疲劳、眩晕、视物模糊、月经过多、闭经等。个别有皮肤皲裂、唇炎、口角炎、胃肠功能紊乱、肌无力。停药后,上述症状可逐渐消失。

【附】

常用制剂及用法

维生素 B_1　片剂:5mg、10mg。一次 10~30mg,一日 3 次。注射剂:50mg(1ml)、100mg(2ml)。50~100mg 肌内或皮下注射,一日 1 次。不宜静脉注射。

维生素 B_2　片剂:5mg、10mg。一次 5~10mg,一日 3 次。注射剂:1mg(2ml)、5mg(2ml)、10mg(2ml)。皮下或肌内注射 5~10mg,一日 1 次。

维生素 B_6　片剂:10mg。一次 10~20mg,一日 3 次。注射剂:25mg(1ml)、50mg(1ml)、100mg(2ml)。一次 50~100mg,一日 1 次。治疗白细胞减少症时,以本品 50~100mg,加入 5% 葡萄糖液 20ml 中,作静脉推注,一日 1 次。

维生素 C　片剂:25mg、50mg、100mg。1 次 0.05~0.1g,1 日 2~3 次,饭后服用。注射剂:0.1g(2ml)、0.25g(2ml)、0.5g(5ml)、2.5g(20ml)。一日 0.25~0.5g(小儿 0.05~0.3g),必要时可酌增剂量。治疗克山病:首剂 5~10g,加入 25% 葡萄糖液中,缓慢静脉注射。治疗口疮:将本品 1 片(0.1g)压碎,撒于溃疡面上,令患者闭口片刻,一日 2 次,一般 3~4 次即可治愈。

维生素 E　片剂:10mg、50mg。一次 10~100mg,一日 2~3 次。胶丸剂:50mg、100mg。注射剂:50mg(1ml)。肌内注射,一次 5~10mg,一日 1 次。

维生素 A　胶丸剂:5000U、2.5 万 U。严重维生素 A 缺乏症:口服成人一日 10 万 U,3 日后改为一日 5 万 U,给药 2 周,然后一日 1 万~2 万 U,再用药 2 月。吸收功能障碍或口服困难者可用肌内注射,成人一日 5~10 万 U,3 日改为一日 5 万 U,给药 2 周;1~8 岁儿童,一日 0.5 万~1.5 万 U,给药 10 日;婴儿,一日 0.5 万~1 万 U,给药 10 日。轻度维生素 A 缺乏症:一日 3 万~5 万 U,分 2~3 次口服,症状改善后减量。补充需要:成人一日 4000U,哺乳妇女一日 4000U,婴儿一日 600~1500U,儿童一日 2000~3000U。

维生素 D_2　胶丸剂:1 万 U。片剂:5000U、10000U。注射剂:15 万 U(0.5ml)、30 万 U(1ml)、60 万 U(1ml)。用前及用时需服钙剂。治疗佝偻病:口服一日 2500~5000U,1~2 个月后待症状开始消失时即改用预防量。若不能口服者、重症的患者,肌内注射一次 30 万~60 万 U,如需要,一个月后再肌内注射 1 次,两次总量不超过 90 万 U。用大剂量维生素 D 时如缺钙,应口服 10% 氯化钙;一次 5~10ml,一日 3 次,用 2~3 日。婴儿手足搐搦症:口服一日 2000~5000U,一个月后改为一日 400U。预防维生素 D 缺乏症:用母乳喂养的婴儿一日 400U,妊娠期必要时一日 400U。

【小结】

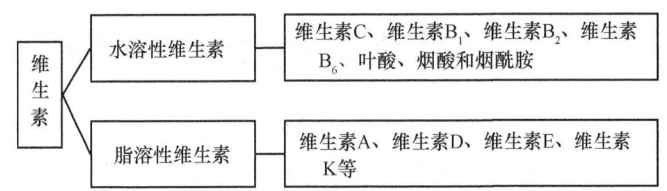

目标检测

选择题

【A 型题】

1. 促进小肠黏膜对钙的吸收及骨组织钙化的维生素是（ ）
   A. 维生素 A　　　　B. 维生素 B_6
   C. 维生素 C　　　　D. 维生素 D
   E. 维生素 E

2. 具有抗氧化作用、防止过氧化脂质形成而延缓衰老的维生素是（ ）
   A. 维生素 B_2　　　B. 维生素 A
   C. 维生素 C　　　　D. 维生素 E
   E. 维生素 D

3. 用以防治异烟肼对神经系统毒性反应的维生素是（ ）
   A. 维生素 B_1　　　B. 维生素 B_2
   C. 维生素 B_6　　　D. 维生素 E
   E. 维生素 B_{12}

4. 患者近来患口角炎伴有舌炎，应补充（ ）
   A. 维生素 B_1　　　B. 维生素 B_2
   C. 维生素 B_6　　　D. 维生素 E
   E. 维生素 A

5. 患者，男，12 岁，因长期玩电脑游戏，眼睛干涩，需要补充的维生素是（ ）
   A. 维生素 B_6　　　B. 维生素 D
   C. 维生素 C　　　　D. 维生素 A
   E. 维生素 E

6. 患者，女 30 岁，因工作紧张，常感疲乏无力，食欲差，消化不良，最应该补充的维生素是（ ）
   A. 维生素 A　　　　B. 维生素 B_2
   C. 维生素 C　　　　D. 维生素 D
   E. 维生素 B_1

7. 具有抗氧化作用，维持生物膜正常结构与功能的维生素是（ ）
   A. 维生素 A　　　　B. 维生素 C
   C. 维生素 E　　　　D. 维生素 D
   E. 维生素 B_1

（第 8~10 题题干）

患儿，男，3 岁。半年前因急性腹泻就诊，经治疗后好转，但常有轻度腹泻，食欲差，夜睡不宁，每至傍晚走路跌跌撞撞，视物不清。经查，头呈方形，枕部头发稀疏，肋缘外翻。医生诊断为夜盲症、佝偻病。

8. 患儿主要缺乏的维生素是（ ）
   A. 维生素 A 和维生素 E
   B. 维生素 A 和维生素 E
   C. 维生素 A 和维生素 D
   D. 维生素 D 和维生素 C
   E. 维生素 D 和维生素 E

9. 夜盲症主要应选用（ ）
   A. 维生素 A　　　　B. 维生素 C
   C. 维生素 B_6　　　D. 维生素 E
   E. 维生素 D

10. 防治佝偻病除补充钙剂外还应（ ）
    A. 补充维生素 C
    B. 补充维生素 E
    C. 应加强日光照射
    D. 增加活动和日光照射并补充适量的鱼肝油
    E. 用紫外线灯照射

第十八章 常见化合物中毒和解救药物

内容提要

药物中毒是社区常见的急症病例,应用解救药物是否合理、及时是影响患者愈后的决定因素。本章主要介绍了常见化合物中毒的机制和解毒药物的应用。

学习目标

识记常见化合物中毒的特效解毒药物及用药期间可能出现的主要不良反应。

重点难点

本章的重点是掌握氰化物中毒的解救;难点是解毒药物的解救机制。

课时数

理论 2

第一节 氰化物中毒解救药物

一、氰化物中毒及解毒机制

常见的氰化物有氰化钠、氰化钾、氢氰酸等,其毒性强烈、作用迅速。杏、桃、樱桃、梅等的核仁和木薯中含有氰苷,氰苷在肠道内水解产生氢氰酸可致中毒。其中毒机制是氰根离子(CN^-)与机体内细胞色素氧化酶结合形成氰化细胞色素氧化酶,使细胞色素氧化酶失去活性,导致组织细胞不能利用血中的氧,出现细胞窒息,严重者可迅速死亡。

二、氰化物中毒解毒药

氰化物中毒的特效解救药为高铁血红蛋白形成剂和供硫剂。首先用高铁血红蛋白形成剂迅速将体内的血红蛋白氧化成高铁血红蛋白,后者能与 CN^- 结合生成氰化高铁血红蛋白,使细胞色素氧化酶复活;然后用供硫剂夺取氰化高铁血红蛋白中的 CN^- 及游离的 CN^-,生成无毒的硫氰酸盐由尿排出,达到彻底解毒的目的。

(一) 高铁血红蛋白形成剂

亚 硝 酸 钠

亚硝酸钠(sodium nitrite)为高铁血红蛋白形成药。

【药理作用】 在体内可迅速将血红蛋白氧化成高铁血红蛋白,从而消除血液中的 CN^-,并可夺取氰化细胞色素氧化酶中的 CN^-,使其恢复活性。

【临床用途】 用于解救急性氰化物中毒。

【不良反应】 不良反应主要是亚硝基扩张血管反应,如恶心、呕吐、头痛、低血压等;剂量过大可致高铁血红蛋白血症,出现发绀、呼吸困难、晕厥、循环衰竭等。

【用药指导】 见硫代硫酸钠。

亚 甲 蓝

亚甲蓝(methylene blue)又名美蓝。本品为氧化还原剂,随体内浓度不同,对血红蛋白有双重作用。低浓度时具有还原性,在还原型辅酶Ⅱ作用下转变为还原型亚甲蓝,将高铁血红蛋白还原成血红蛋白,用于解救亚硝酸盐、硝酸甘油等中毒引起的高铁血红蛋白血症;高浓度时,氧化型亚甲蓝直接将血红蛋白氧化成高铁血红蛋白。用于治疗氰化物中毒,但疗效稍差。静脉注射剂量过大时,可出现恶心、头痛、胸闷、昏迷等。

（二）供硫剂

硫代硫酸钠

硫代硫酸钠(sodium thiosulfate)又名大苏打、海波。该药具有活泼的硫原子,在转硫酶的作用下,与 CN^- 结合生成无毒的硫氰酸盐,随尿液排出体外,用于解救氰化物中毒,与高铁血红蛋白形成药合用可提高疗效;也可与砷、汞等生成毒性低的硫化物,与碘生成碘化钠,与钡结合成亚硫酸钡,故也可用于砷、汞、碘、钡中毒,为钡盐中毒的特效解救药。

【不良反应】 偶见恶心、呕吐、头痛、乏力等不良反应,静脉注射过快可出现血压下降。

【用药指导】 氰化物中毒时应先用作用较快的亚硝酸类化合物,再用硫代硫酸钠,不能混合注射。

给药方案:①立即将亚硝酸异戊醇 1~2 支放在手帕中压碎,给患者吸入 15~30s,间隔 2~3min 再吸 1 支,直至静脉注射亚硝酸钠为止。②立即用 3% 亚硝酸钠 10~15ml 加入 25% 葡萄糖注射液 20ml 中,静脉缓慢注射,不少于 10min。血压下降明显或休克,应停止用药。③用同一针头以相似速度注入 50% 硫代硫酸钠 20~40ml,必要时可在 1h 后重复注射全量或半量。

第二节 金属和类金属中毒及解毒药

一、金属和类金属中毒及解毒机制

金属(铁、铜、铅、汞、锰、银等)和类金属(砷、磷等)可与细胞内某些活性基团(巯基、氨基、羧基等)结合,干扰和破坏酶等大分子物质的活性,导致中毒。

二、常用解毒药

凡能与金属、类金属离子螯合形成无毒或低毒的化合物而实现解毒作用的药物称为金属、类金属中毒解毒药。

二巯丁二钠

二巯丁二钠(sodium dimercaptosuccinate)是我国研制的解毒药。该药含有两个亲和力高的巯基,易与金属离子结合成无毒的螯合物,随尿液排出,还能夺取已与酶结合的金属离子,使酶复活。临床主要用于锑、汞、砷、铅中毒,对铜、钴、镍中毒也有疗效。本药不良反应较少,注射用药时可出现口臭、恶心、头痛、头晕、胸闷及四肢酸痛等,减慢注射速度可减轻症状。偶见超敏反应。其水溶液不稳定,宜现用现配。

二巯丙醇

二巯丙醇(dimercaprol,巴尔)是含巯基的解毒药。

【临床用途】 主要用于治疗砷、汞和金中毒。

【不良反应】 本药有特殊的蒜臭味,一般不良反应常在给药后 10min 出现,30~60min 后消失。常见不良反应依次有恶心、呕吐、头痛、唇和口腔灼热感、咽和胸部紧迫感、流泪、流涕、流涎、多汗、腹痛、肢端麻木和异常感觉、肌肉和关节酸痛。剂量超过 5mg/kg 时出现心动过速、高血压、抽搐和昏迷,持续应用可损伤毛细血管,引起血浆渗出,导致低蛋白血症、代谢性酸中毒、血浆乳酸增高和肾损害。

【用药指导】

(1) 及早给药:最好在接触金属后 1~2h 内给药,4h 内有用,超过 6h 再给本品,作用减弱。

(2) 反复给药:保持本品与金属 2:1 的优势,需要一直用到金属排尽和毒性作用消失为止。

(3) 给药方案:肌内注射,按体重 2~3mg/kg,第一、二天,1 次/4h。第三天改为 1 次/6h,第四天后减少到 1 次/12h。疗程一般 10 天。

依地酸钙钠

依地酸钠钙(calcium disodium edetate)又名依地酸钙钠、解铅乐。

【药理作用】 本药能与多种金属离子形成螯合物,使金属离子失去作用,随尿液排出体外而发挥解毒作用。

【临床用途】 可用于铅、钴、镍、铜、铬等金属离子中毒,其中,对铅中毒有特效。

【不良反应】 不良反应较少,可有短暂头晕、恶心、关节痛等,剂量过大时,可出现严重肾损害,应及时停药。

【用药指导】

(1) 给药方案:每日 1g(小儿 25mg/kg)加入 5% 葡萄糖注射液 250~500ml,静脉滴注 4~8h。连续用药 3 天,停药四天为一疗程。肌内注射,用 0.5g 加 1% 盐酸普鲁卡因注射液 2ml,稀释后作深部肌内注射,每次 1 次,疗程参考静脉注射。

(2) 铅移动试验:成人每次 1g 加入 5% 葡萄糖注射液 500ml,4h 静脉滴注完毕。自用药开始起留 24h 尿。24h 尿铅排泄量超过 2.42μmol(0.5mg),认为体内有过量铅负荷。

(3) 禁忌证:少尿、无尿和肾功能不全的患者禁用。

青 霉 胺

青霉胺(penicillamine)为含巯基的氨基酸,是青霉素的代谢产物。

【药理作用】 本品可与铜、汞、铅、砷等金属离子螯合,形成可溶于水的螯合物,易于随尿液排出体外。

【临床用途】 首选用于治疗铜代谢障碍性疾病(肝豆状核变性),也可治疗铅、汞中毒。

【不良反应】 不良反应较多,可有消化系统、神经系统、血液系统等损害,也可发生超敏反应。

【用药指导】 与青霉素有效过敏反应,使用前须做皮肤过敏试验,对青霉素过敏者禁用。

去 铁 胺

去铁胺(deferoxamine)可与三价铁离子形成螯合物而随尿排出体外。主要用于急性铁中毒。口服吸收差,必须肌内注射或静脉注射。该药静脉注射时可引起面部潮红,注射过快可致惊厥。

【附】

常用制剂及用法

亚硝酸钠 注射剂:0.3g。0.3g,静脉注射。

亚甲蓝 注射剂:20mg、50mg、100mg。治疗高铁血红蛋白血症:1~2mg/kg,静脉注射。治疗氰化物中毒,10~20mg/kg,静脉注射。

硫代硫酸钠　注射剂:0.5g、1g。治疗氰化物中毒:12.5~25g,静脉注射。治疗其他中毒:0.5~1g,静脉注射。

二巯丁二钠　注射剂:0.5g、1g。1g静脉注射,一日1~3次。

二巯丙磺钠　注射剂:250mg。5mg/kg肌内注射,第一日,4~6次,第二日,2~3次,以后视病情减量。

依地酸钙钠　注射剂:1g。治疗铅中毒:0.5~1g静脉滴注,一日2次,连用3~5日为一疗程,停药3~4天再用,一般需连用3~5个疗程。

青霉胺　片剂:125mg。口服:治疗肝豆状核变性:一日1~1.5g,分4次服,症状改善后减量,一疗程6~8周,需6~12个月治疗。治疗铅、汞中毒:0.25g,一日3~4次,一疗程6~7日。

去铁胺　注射剂:0.5g。治疗铁中毒:一日不超过80mg/kg,肌内注射或静脉注射。

【小结】

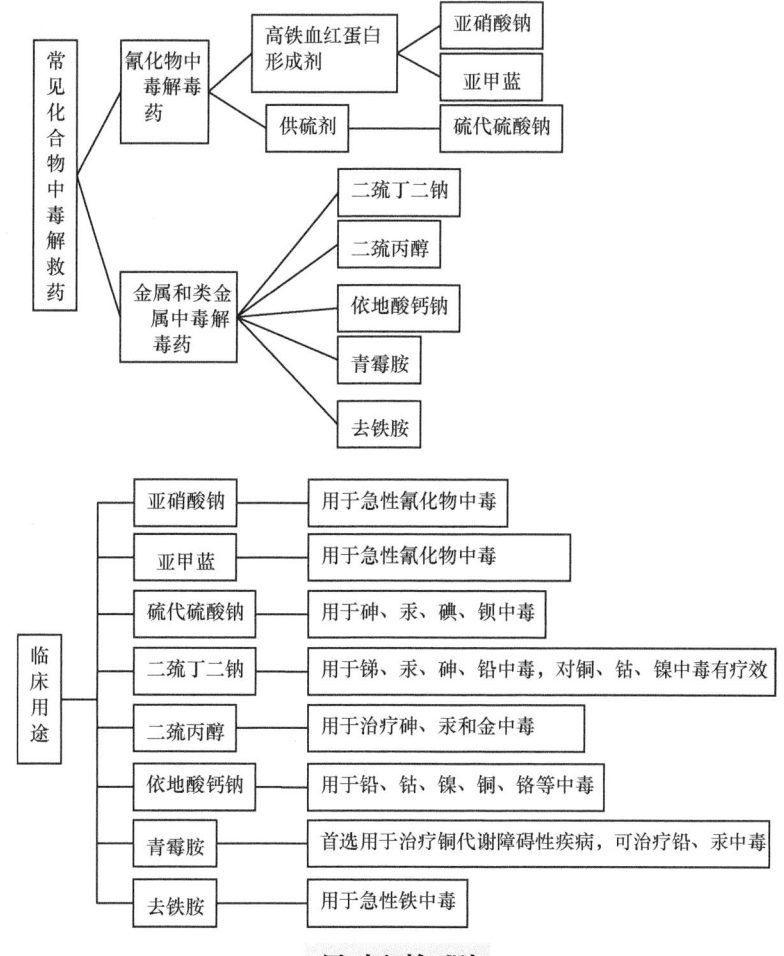

目标检测

选择题
【A型题】
1. 铅中毒治疗首选(　　)
　A. 依地酸钙钠　　B. 二巯丁二钠
　C. 亚硝酸钠　　　D. 硫代硫酸钠
　E. 亚甲蓝
2. 使用前须做皮试的解毒药物是(　　)
　A. 亚甲蓝　　　　B. 青霉胺
　C. 二巯丙醇　　　D. 依地酸钙钠
　E. 二巯丁二钠

3. 治疗砷中毒应首选( )
   A. 依地酸钙钠　　　B. 二巯丙醇
   C. 二巯丁二钠　　　D. 青霉胺
   E. 硫代硫酸钠
4. 治疗锑中毒应首选( )
   A. 依地酸钙钠　　　B. 二巯丙醇
   C. 二巯丁二钠　　　D. 青霉胺
   E. 硫代硫酸钠
5. 能使血红蛋白氧化成高铁血红蛋白的药物是( )
   A. 二巯丙醇　　　　B. 青霉胺
   C. 大剂量亚甲蓝　　D. 依地酸钙钠
   E. 亚硝酸钠
6. 有机磷中毒的原理是( )
   A. 抑制 AChE　　　B. 激活 AChE
   C. 抑制磷酸二酯酶　D. 激活磷酸二酯酶
   E. 抑制腺苷酸环化酶
7. 治疗有机磷中毒,阿托品不能缓解的症状( )
   A. 中枢症状　　　　B. 消化道症状
   C. 骨骼肌震颤　　　D. 呼吸困难
   E. 出汗
8. 治疗铁中毒应首选( )
   A. 依地酸钙钠　　　B. 二巯丙醇
   C. 硫代硫酸钠　　　D. 青霉胺
   E. 去铁胺

第十九章 临床部分科室常用药物和社区合理用药

内容提要

本章主要介绍皮肤科、五官科、放射科等临床科室常用药物的种类和特点,还介绍了如何开展社区合理用药指导与宣传教育的策略和方法,防治药物滥用和药物依赖的原则、措施和基本方案。

学习目标

识记防治药物滥用和药物依赖的措施及开展社区合理用药指导和宣传的目的和方法。

重点难点

本章的重点是学习药物滥用和药物依赖的防治;难点是药物依赖的发生机制。

课时数

理论2,实践2

第一节 皮肤科常用药物

一、皮肤疾病用药原则

1. 药物选择 皮肤疾病种类繁多,所使用的药物也很多,性质和作用差异明显,主要有清洁药、温和保护药、局部麻醉药、止痒药、消毒防腐药、抗生素、抗真菌药、抗病毒药、杀虫药、收敛药等,要针对不同的皮肤疾病和症状使用不同的药物。

2. 剂型选择 皮肤科用药,除掌握药物作用和用途外,还应注意到药物的剂型,常用的有粉剂、水剂、霜剂、软膏或硬膏剂等,其局部作用和吸收作用有明显差异,会带来不同的治疗效果。

3. 用药浓度选择 要注意正确选择药物浓度,皮肤娇嫩和黏膜处用药浓度宜稍低,待耐受后再增加浓度;皮肤病急性期用药宜平和,以免造成刺激;而慢性期用药宜加强,缩短治疗时间。皮损面积过大时,用药浓度应慎重,必要时先局部试用,以防过敏反应和吸收作用。

4. 给药方法选择 外用给药也要注意给药方法,如创面须先清洗后再用药;粉剂或洗剂应一日涂擦数次,要避免因用法不当而降低疗效或增加不良反应的发生率。

二、皮肤科常用药物

皮肤科用药按其用法分为外用和内服两大类,本节仅介绍前者,外用药物是治疗皮肤疾病的主要手段,包括外用抗感染药、外用糖皮质激素类、治疗痤疮的外用药、治疗角化性皮肤病外用药、症状缓解药和其他皮肤科外用药等,其中其他章节涉及的药物本节不再介绍。

过氧化苯甲酰凝胶

过氧化苯甲酰凝胶(benzol peroxids)为强氧化剂,可以释放出新生态氧而具有杀菌作用,因而对痤疮丙酸杆菌有杀灭作用,也能使皮脂腺内脂质和游离脂肪酸减少,减轻痤疮皮损,用于各种痤疮的治疗。

维 A 酸霜剂

维 A 酸霜剂(vitamine A acid)是粉刺溶解药,能加速表皮细胞更替,减少角质细胞蓄积,纠正毛囊角化异常,减少粉刺的形成。此外还能促进角质溶解,有利于药物渗透到角质层,并可抑制皮脂腺分泌,用于各种痤疮的治疗。

阿达帕林凝胶

阿达帕林凝胶(adapalene)是类维 A 酸化合物,有溶解粉刺、纠正表皮细胞异常角化的作用,其抗炎作用较维 A 酸强,能阻止痤疮的形成,还能改善痤疮的炎性皮损,用于各种痤疮的治疗。

煤 馏 油

煤馏油(whole coal tar,煤焦油)是烟煤干馏的副产品,是治疗角化性皮肤病的代表药。能使感觉神经末梢麻痹,发挥止痒、镇痛作用。使用最初 2~3 周内,可刺激基底层细胞增殖,加速形成正常角质层,继续使用可以抑制表皮细胞有丝分裂,到 6 周左右,表皮开始萎缩,使表皮细胞生成速度和皮肤角化速度恢复正常,从而减轻皮损。用于银屑病,尤其对肥厚性斑片损害及大范围孤立病变效果较好。本药 1%~5% 浓度为角质促成剂,10%~20% 浓度为角质离解剂。

卡 泊 三 醇

卡泊三醇(calcipotriol,达力士)是维生素 D 的衍生物,能抑制皮肤细胞(角朊细胞)增生,诱导其分化,使皮损的增生和分化异常趋于正常。用于治疗轻、中度银屑病。重症银屑病可与甲氨蝶呤、维 A 酸或环孢素内服联合应用。本药显效较慢,需两周开始显效,达最佳疗效需 6~8 周。不良反应主要是局部刺激,如潮红和轻度刺痛感,故面部不宜使用。若皮损广泛或急性期患者不宜使用。每日用量不能超过 100g,否则可能导致血钙升高。

肝 素 钠

肝素钠(heparinsodium)具有抗凝血、抗血栓及调节血脂的功能。经皮吸收后,可以增进血管的通透性,增加血流量,改善微循环,促进皮肤新陈代谢。用于浅表性静脉炎、软组织挫伤、冻疮、皲裂、溃疡及慢性湿疹等。有出血倾向患者慎用。

第二节 五官科常用药物

一、眼科常用药物

眼科常见疾病有白内障、青光眼、角膜病、视网膜病、视神经炎等。药物在眼科疾病的诊断、治疗中占据着重要的地位。由于血-眼屏障,药物难以渗入眼球内部。所以眼部疾病的治疗,除了采用口服和注射给药外,常常采用局部冲洗、滴眼药水、涂眼药膏、局部注射(结膜下注射、前房内注射、球后注射、球筋膜下注射)等多种局部用药方法。

眼科局部应用药物的剂型主要有滴眼液、眼膏剂。新研制的长效滴眼液、膜控释药系统、眼用脂质体、眼用凝胶制剂等已逐步在临床上应用。

眼科常用药物主要有抗感染药、传出神经系统药物、糖皮质激素、维生素等,有关内容见相关章节。

二、口腔科常用药物

口腔疾病按其病因可分为感染性、免疫性和创伤性口腔疾病等,除采用手术、修补等手段外,药物也是治疗的重要手段之一。药物的治疗有全身治疗和局部治疗。口腔药物除了溶液剂、散剂等常用剂型外,还有口含片、膜剂、黏附片、凝胶等。本节仅介绍局部应用治疗牙体牙髓病、牙周病的药物(表19-1)和治疗口腔黏膜病药物(表19-2)。

表 19-1　治疗牙体牙髓病、牙周病的药物

药名	作用及特点	用药指导
氟化钠 (sodium fluoride)	增强釉质的抗酸能力,降低其溶解度;促进釉质再矿化;抑菌,抑制酶的酵解,改变口腔生态环境,防止牙菌斑的形成	片剂,口用。0.05%溶液剂,局部涂擦或含漱,不可用玻璃容器放置
樟脑酚液	有消炎镇痛作用,用于消毒窝洞及感染较轻的根管,也可用于牙髓炎的镇痛及牙周脓肿	用线条蘸取药液置牙周袋中
碘甘油 (iodineglycerin)	杀菌,用于治疗牙周病	局部涂擦
甲硝唑凝胶、氯己定片	杀菌,用于治疗牙周病。为缓释制剂,持续时间可达24h以上	放入牙周袋内
牙周塞治剂 (periodontal pack)	杀菌、止血、镇痛、塞治牙周袋	将液体和粉剂混合后,可附着在牙周术后创面上

表 19-2　治疗口腔黏膜病药物

药名	作用及特点	用药指导
溶菌酶含片 (lysozyme buccal tablet)	抗菌、止血、消肿、促进组织修复,用于口腔黏膜溃疡、舌乳头炎症以及急慢性咽喉炎	含化
西地碘含片 (cydiodine buccal tablet)	对厌氧菌、需氧菌和真菌均有杀菌作用,细菌不易产生耐药性,本药刺激性较小,用于口腔黏膜溃疡、舌乳头炎及急慢性咽喉炎	含化
地塞米松黏附片	抗炎、抗过敏,用于口腔黏膜充血、糜烂及溃疡性病损	口腔真菌感染者禁用,注意不能长期使用或较大面积使用,有全身性不良反应
曲安奈德凝胶 (triamcinolone acetonide gel)	抗炎、抗过敏,其作用强而持久,用于口腔黏膜充血、糜烂及溃疡性病损	口腔真菌感染者禁用
复方四环素膜 (compound tetracycline film)	抗炎,抗菌,抗过敏,止痛,扩张血管、改善微循环,促进溃疡愈合。用于口腔黏膜充血、糜烂及溃疡性病损	剪取与病损大小相当的薄膜,贴于患处,一天3次,口腔真菌感染者禁用
克霉唑 (clotrimazole)	抗真菌,适用于鹅口疮、口角炎、口腔真菌等	口腔药膜,其不良反应有局部刺激、烧灼感或过敏反应,长期使用对肝功能有影响,有严重肝损害者慎用

尽管口腔黏膜病多表现为局部损害,但常与全身因素有关,故在治疗过程中,不可忽视全身因素的系统治疗。

三、耳鼻咽喉科常用药物

耳鼻咽喉科疾病种类较多,治疗药物也多,主要包括抗微生物药、糖皮质激素药、抗过敏药、表面麻醉药、鼻黏膜润滑药及部分中药制剂等。常用的给药方法主要包括皮肤黏膜给药(如滴鼻、滴耳、雾化吸入等)、鼻窦穿刺、鼻窦、鼻腔、耳道冲洗、含漱等。局部应用的药物剂型主要有滴剂、软膏剂、油剂、酊剂及喷雾剂等。根据具体病情采用全身用药或局部、全身配合用药。本节仅对一些代表性药物作简要介绍。

1. 耳科代表性药物 见表19-3。

表19-3 耳科代表性病药物

制剂名称	作用和用途	用药指导
氧氟沙星滴耳液(ofloxacin sol)	用于化脓性中耳炎	耳浴,一日1~2次
酚甘油滴耳液(phenol in glycerine sol)	有杀菌、止痛和消肿作用,治疗急性中耳炎和外耳道炎	滴耳,一日1~2次
碳酸氢钠滴耳液(sodium bicarbonate sol)	软化耵聍,用于外耳道耵聍栓塞及外耳道冲洗	滴耳,一日3次,每次用量要大,将药液充满耳内

2. 鼻科代表性药物 见表19-4。

表19-4 鼻科代表性药物

制剂名称	作用和用途	用药指导
呋喃西林麻黄碱溶液(ephedrine and furacillin solution)	清除鼻黏膜肿胀,改善鼻及鼻窦的通气引流,消炎,止血。用于鼻炎、鼻窦炎、鼻出血	滴鼻,一日3次
色甘酸钠滴鼻液(sodium cromoglicat nasal drops)	可以抑制变应性物质的释放,用于变态反应性鼻炎	滴鼻,一日3次
薄荷樟脑滴鼻剂(nebula menthol compositum)	有润滑鼻黏膜、除臭作用,并能刺激神经末梢,促进鼻黏膜恢复功能。用于萎缩性鼻炎的治疗	滴鼻,一日3次
鼻通(bi tong)	具有通气、抑菌的作用,用途:急、慢性鼻炎,鼻窦炎	为1%麻黄碱,1%磺胺噻唑,0.65樟脑制成的复方软膏制剂

3. 咽喉科代表性药物 见表19-5。

表19-5 咽喉科代表性药物

药剂名称	作用及用途	用法
复方硼砂溶液(compound borax solution)	有消毒、防腐、收敛、清洁口腔作用。用于急、慢性咽炎、扁桃体炎等	含漱
度米芬喉片(domiphen bromide buccal tablets)	杀灭葡萄球菌和链球菌、起到局部消炎作用。用于咽喉炎、扁桃体炎等	含化
冰硼散(bingpeng san)	有抗菌、解毒作用,用于急性咽炎、急性扁桃体炎	吹于患处

第三节 诊断用药

诊断用药是指可用于辅助诊断疾病的药物。本类药物主要有X线造影剂和器官功能检查用药。

一、X线造影剂

X线造影剂是指在X线检查中,可使无明显密度差别的组织或器官显示出有差别影像的物质。

(一)钡造影剂

硫 酸 钡

硫酸钡(bariun、sulfate)为无味的白色粉末,性质稳定,不溶于水和有机溶剂。

口服或灌肠不被吸收,全部以原形随粪便排出。口服用于食管、胃、十二指肠和肠道的造影,灌肠用于结肠或直肠的造影检查。应注意检查前24h禁用泻药、阿托品、钙剂等药物,检查前一天晚餐后禁食;钡剂灌肠者应在检查前一天晚上和当日清晨清洁灌肠各一次。食管大出血或破裂、急性胃肠出血或穿孔者禁用,有气管-食管瘘或结肠梗阻、可疑先天性食管闭锁者不宜用。

(二)碘造影剂

碘造影剂根据其性质、排泄途径和用途可分为四类(表19-6)。碘造影剂的主要不良反应是对碘过敏。应用该类药物时需要注意:①肝、肾功能不良、甲状腺功能亢进、活动性肺结核及对碘过敏者禁用。②用药前要进行外观检查,并注意失效期,若溶液变黄,不可应用。③用药前必须做碘过敏试验。④静脉推注时速度宜缓慢。

表19-6 常用碘造影剂分类、用途、不良反应

药名	分类	主要用途	不良反应及用药指导
泛影酸钠(sodium diatrizoate)	主要经肾排泄的造影剂	泌尿系(肾盂、膀胱、尿道)造影,心脏大血管、周围血管造影,瘘管、手术中、手术后胆道造影	静脉注射。因副作用强而不宜做脑血管造影。有恶心、呕吐、眩晕、荨麻疹等反应,出现过敏反应及低血压时可用肾上腺素解救。肝肾功能障碍、甲亢、活动性结核及对碘过敏者禁用
胆影葡胺(meglumine Adipiodone)	主要经胆道排泄的造影剂	胆囊造影及胆囊切除后的胆管造影	缓慢静脉注射,注意血压,肝、肾功能障碍、甲亢及对碘过敏者禁用
碘化油(iodinated oil)	碘化油脂类造影剂	气管、子宫、输卵管、鼻旁窦、瘘管和某些腔道造影	有局部刺激,可产生呛咳、头痛。注意避光保存,药物变棕色后不能应用。腔道内注入给药
甲泛葡胺(metrizamide)	脑室及椎管造影剂	脑室、脑池、椎管、神经根鞘造影,或脑血管、脊髓动脉、冠状动脉及CT检查的增强剂	直接注射于病灶部位下方或蛛网膜下隙。中枢神经系统炎症者禁用,注意有头痛、背痛、下肢疼和体温轻度升高

(三)气体造影剂

因空气、氧气、二氧化碳等密度远远低于人体软组织,可使充盈的器官显影密度降低,故又称为阴性造影剂。主要用于气腹、盆腔充气造影、腹膜后充气造影,特别是对观察子宫、卵巢的病变具有独特的价值。

二、器官功能检查用药

在常用剂量下,本类药物并无明显的药理活性,它可以通过某些组织或器官排泄或染色,或使功能发生变化,借此来判断组织或器官的功能是否正常,作为临床诊断疾病的参考。常见的器官检查用药见表 19-7。

表 19-7 常见器官检查用药作用、用途、不良反应

药物	作用和用途	不良反应及用药指导
五肽促胃液素(pentagastrin)	促进胃酸、胃蛋白酶及内因子的分泌,用于胃酸分泌功能的检查	恶心、腹痛、皮肤潮红、头痛、眩晕、嗜睡、低血压等不良反应,急性消化性溃疡和对该药过敏者禁用
荧光素钠(fluorescein sodium)	用于测定血液循环时间、眼科检查角膜有无溃疡或眼内异物等	恶心、呕吐、荨麻疹。需在紫外线灯下观察,测定血液循环时间时静脉注射,观察内唇黏膜;检查角膜损伤或眼内异物时滴眼,观察局部
磺溴酞钠(sulfobromo-phthalein sodium,BSP)	静脉注射后大部分由肝胆排泄,通过测定血中含量用于检查肝功能	本品可引起过敏性休克,用前需做过敏试验。因局部刺激性强,故注射速度宜慢,勿漏出血管。黄疸、脂肪肝、肝硬化、肝癌患者禁用
酚红(phenol red,PSP)	静脉注射后以原形从肾排泄,并于碱性尿液中呈明显红色,可反映肾小管排泌功能。主要用于肾功能检查	检查前须规定饮水量

第四节 社区合理用药指导与宣传教育

一、社区合理用药指导的目的和意义

随着我国医疗体制改革和医疗保险体制改革的不断深入,"小病进社区、大病进医院"的观念越来越被广大社区居民所接受。在人们自我药疗意识和健康知识水平增强的同时,对药品的需求将会大幅增加,用药的要求也将从要求保证供给,发展到安全用药,所以要在社区大力开展药学服务,保障病人合理用药,提高用药的安全性、有效性。

(一)社区不合理用药的发生原因

合理用药是人员、药物和环境相互作用的结果,造成不合理用药的原因除了医师、药师、护理人员的行为失当外,患者的药学知识水平、用药遵从性以及一个国家的卫生保健体制、药品政策、经济发展水平、文化传统、社会风气等社会因素也是造成不合理用药的重要原因。

1. 患者的用药主动性 社区卫生的服务对象主要是妇女、儿童、老年人、慢性病人、残疾人等。这些人群中,多数病人不懂药理知识,不知道怎样选择药物,缺乏用药知识。同时由于其病理、生理状况的特殊性,使用药物会产生与一般人不同的药理作用,不良反应及毒副作用发生率会增加。

2. 患者的用药依从性差 病人不依从治疗的原因包括:①客观原因,如文化程度低理解错误,年龄大记忆力差,经济收入低又不享受医保,体质差不能耐受药物不良反应等。②主观原因,如药物治疗急求成,稍有身体不适便使用药品,盲目听从他人或媒体的宣传等。

3. 药品生产和经营企业的不合理促销方式　以赢利为目的的药品推荐和宣传活动容易影响社区人群的用药习惯和消费心理,造成不合理用药的发生。

(二) 药师在社区合理用药中的作用

1. 为社区提供价廉质优的药品　慢性病、老年病、常见病已成为危害社区居民健康的主要因素,老年人、妇女儿童、精神病康复者成为社区卫生服务主要对象。作为社区药师应根据特殊人群的病种特点配备有质量保证、价格合理的药品供居民使用。

2. 开展合理用药咨询与指导,确保治疗效果　在社区卫生服务中药师应积极为患者介绍用药方法、注意事项、可能出现的不良反应及饮食禁忌等有关知识,提高治疗效果,避免因不合理用药导致治疗失败。

3. 进行合理用药知识宣传教育,提高用药依从性　针对社区居民缺乏用药知识的现状,将有关合理用药的知识制成通俗易懂的宣传单、组织一些健康知识讲座以及开展咨询活动,提高社区居民健康意识和用药依从性。

二、社区合理用药指导的主要方法

社区合理用药指导的特点就是直接面对患者,其核心工作是合理用药服务,使药品安全、有效、经济、适当地用于社区居民群众。社区药学服务工作的开展要围绕以下几个方面展开。

1. 普及基本药物知识,提高居民自身合理用药意识　部分居民在患病时,仅凭自己过去就诊的经验进行自我医疗,存在许多不合理用药行为,甚至延误疾病治疗。因此,要提高居民自身的健康意识,发展负责任的自我医疗。社区药师要针对不同人群的具体需要提供相关知识。

2. 建立社区居民用药档案,关注重点人群　要充分认识到为社区居民的健康提供优质药学服务的必要性,保持服务的积极性与主动性,对社区居民建立用药档案,药师除了日常按医师处方正确的提供药品外,还应对患者提供用药指导,特别是特殊人群,从而提高药学服务的效率。

3. 健全社区用药服务　社区用药服务药品配置要满足两个标准:一是要能够满足常见病、多发病和诊断明确的慢性病的治疗需求;二是要把不合理用药控制到最低限度。

4. 提供计算机网络系统,开展药学服务　通过计算机网络可以提供各种咨询服务,加强社区居民与药师的联系、沟通。既可对医师处方进行分析,查找用药时的不合理之处,又可通过网络及时与药师沟通,提高医护人员对合理用药的重视程度。同时不断提供各种相关信息,以保证患者用药安全有效。

三、开展社区合理用药宣传教育的主要方法

1. 利用媒体开展社区合理用药指导知识普及　充分利用电视、广播、报刊等对社区药学服务的意义、形式和内容等进行宣传,让社区居民对社区药学服务有较明确的认识。

2. 提高科普宣传品使用效率　通过制作板报、讲座、小册子、折页等科普宣传品,在社区的协助下完善发放渠道,提高宣传品的使用效率,形成各种传播方式的互补,满足不同层次人群的需求,获得最佳传播效果。

3. 药师通过实际用药指导让患者对药学服务有切身体会 药师要主动到社区为居民提供用药咨询服务及开办药品常识讲座;结合义诊活动,配合医生在公园、广场等公共场所回答用药方面的咨询,指导合理用药;深入敬老院、干休所,宣传老年慢性病的药物治疗知识;深入学校普及药品知识,使学生从小培养合理用药意识。

4. 充分利用社区中的宣传工具,宣传合理用药知识 药师可在药店、社区服务站原有的宣传板报中专门开辟一块药品知识宣传栏,介绍合理用药知识,并定期更新。为社区阅览室提供与合理用药有关的药学书籍、杂志,供居民查阅、参考,形成合理用药的意识。

第五节 药物滥用和药物依赖的防治

一、药物滥用和药物依赖

药物滥用和药物依赖是一个较为严重的医学问题和社会问题,必须高度重视,需采取有效的措施进行防治。

药物滥用主要是指患者非医疗目的、间断或连续地反复使用某些具有依赖性的药物,使用药者对该药物出现依赖状态。目前,按照国际禁毒公约可将有依赖性的药物或物质分为三类。第一类为受国际管制的120种麻醉药品(如鸦片、海洛因、吗啡、可待因、大麻、古柯叶);第二类为111种精神药品(如苯二氮䓬类、巴比妥类、苯丙胺、麻黄碱、咖啡因、麦角二乙胺、苯环利定);第三类为22种其他药物(如氯胺酮、类固醇激素、乙醚、烟草)。

(一) 药物滥用的主要原因

1. 药物方面 药物本身具有依赖性是发生药物滥用的根本原因。具有依赖性的药物大多能带来欣快感、满足感和轻松感,这容易导致心理依赖性的发生;长期用药,机体在药物的作用下发生了生理、生化方面的改变,逐渐出现功能改变,突然停药则会引起戒断症状,这就产生了生理依赖性。

2. 个人方面 滥用药物特别是吸食毒品的一个重要原因是心理因素和性格缺失等。过分的好奇和从众心理,缺乏责任心和毅力,对困难和挫折悲观失望,自暴自弃的逆反心理等都是发生药物滥用的温床。

3. 社会和家庭方面 国家制度与社会治安,国民素质与文明程度,文化背景与风俗习惯都会产生一定的影响。

(二) 常见的药物滥用及对机体的损害

常用药物滥用及危害见表19-8

表19-8 常见的药物滥用及危害

类别	代表药物	滥用方式	对机体的危害
阿片类	海洛因、吗啡、哌替啶、美沙酮、二氢埃托啡、曲马多、可待因	口服、吸入、注射等	消瘦、免疫力低下,易引发各种感染;精神抑郁,肝肾功能损害
可卡因类	可卡因、古柯叶	吸入、外用	神经、精神异常、情绪失控、幻觉等
大麻类	大麻、大麻酚等	口服、抽吸	脑退行性病变,呆板、人格异常、心律失常等

续表

类别	代表药物	滥用方式	对机体的危害
苯丙胺类	苯丙胺(安非他命)、亚甲二氧基甲基苯丙胺(摇头丸)、脱氧麻黄碱(冰毒)等	口服、吸入、抽吸、注射等	精神异常,肝、肾等器官损害等
乙醇	乙醇	口服	精神异常,肝肾等器官损害等
有机溶剂	甲苯、甲醇、亚硝酸异戊酯	吸入	心律失常、骨髓抑制、肝肾功能损害、脑变性等
烟草	焦油和烟碱(尼古丁)	抽吸	心血管疾病、糖尿病、消化性溃疡、慢性肺部疾病、某些癌症
黄嘌呤	咖啡因、苯甲酸钠咖啡因、可可碱、茶碱、氨茶碱	口服、直肠、注射	困倦、抑郁、情绪失控、惊厥、中枢麻痹等
解热镇痛药	复方阿司匹林、去痛片	口服	肝、肾等器官损害
致幻药	麦角二乙胺、苯环利定、麦司卡林、氯胺酮	口服、吸入、抽吸、注射	中毒性精神病、高血压、心律失常、脑血管意外等
镇静药	地西泮、苯巴比妥、水合氯醛等	口服、注射	戒断症

二、药物依赖性的防治

目前药物依赖的有效治疗方法不多,主要是采取脱瘾治疗方案,配合相关药物替代依赖性药物,缓解戒断症状。促进健康人格和良好心理状态的重建,恢复工作能力和生活能力,重返社会。

(一)脱瘾治疗过程

一个完整的脱瘾治疗应包括以下三个阶段。

1. 脱毒治疗阶段 使对药物依赖者顺利度过急性戒断反应期,减轻因生理依赖性而出现的戒断症状,实现无生理上痛苦而戒除药物或毒品。此阶段通常需要2~4周时间。目前常用的方法有如下。

(1)"冷火鸡"法(自然戒断法):是指强制中断药物或毒品供给,使依赖者的戒断症状自然发生、自然消退,达到脱毒目的。此方法患者十分痛苦,不适宜年老体弱者和有严重疾病的成瘾者。

(2)药物脱毒疗法:①递减疗法,继续给予依赖性药物,逐日减少其剂量,直到最后撤药,如乙醇依赖患者,可采取静脉滴注乙醇逐渐减量的方法;②替代疗法,选用依赖性低而作用时间长的同类药物替代成瘾者所用的药物,并逐日减量直到完全脱毒,如海洛因依赖者换用依赖性弱的美沙酮,控制戒断症状的发生,逐渐降低剂量;③亚冬眠疗法,在戒断症状发作期间,给脱瘾者服用地西泮,使患者处于昏睡状态,从而安全度过戒断症状反应的高峰期,此方法危险性较大,需慎用;④对症治疗法和中西医结合疗法,采用可乐定、东莨菪碱等药物减轻戒断症状,帮助患者平稳脱毒。

2. 康复治疗阶段 主要采用思想教育、心理疏导、社会帮助、改善营养、加强体育锻炼等综合措施矫正脱毒后的戒断症状,纠正心理行为障碍,恢复机体生理功能。这一阶段需要6~12个月。此时需继续进行药物治疗,可设计厌恶疗法,巩固脱毒疗效;例如,给酒精依赖者戒酒硫,一旦饮酒就出现不适症状,从而对饮酒产生厌恶。

3. 回归社会阶段 本阶段通过社区康复治疗和干预方案,使戒毒者彻底恢复健全的人格和行为模式。这一阶段是防止复吸的关键时期,它与滥用药物成瘾的形成、生理、心理以及社会等诸方面因素密切相关。因此,脱瘾治疗不同于一般疾病的治疗,需要药物治疗和心理治疗相结合,更需要政府、社会、家庭、个人及医护人员的共同参与。此阶段大体需要1~3个月时间。

(二)脱瘾药物的应用原则

1. 脱瘾药物的给药方案 应根据药物及毒品的种类、滥用的时间和方式,平均每日的滥用量和末次吸毒量,戒断症状及表现程度而定。

2. 加强给药后的监护 鼓励患者多进食,注意劳逸结合。对身体过度虚弱、戒断症状严重、血压异常、有严重疾病史,或正处于严重感染、持续高热、严重呕吐、大量出汗脱水者,需要加强监护,以防意外事件发生。注意在脱瘾期间不宜安排强度较大的体力劳动。

3. 做好抢救准备 要根据发生依赖药物和脱瘾药物的性质,准备好抢救药品和仪器设备。

【小结】

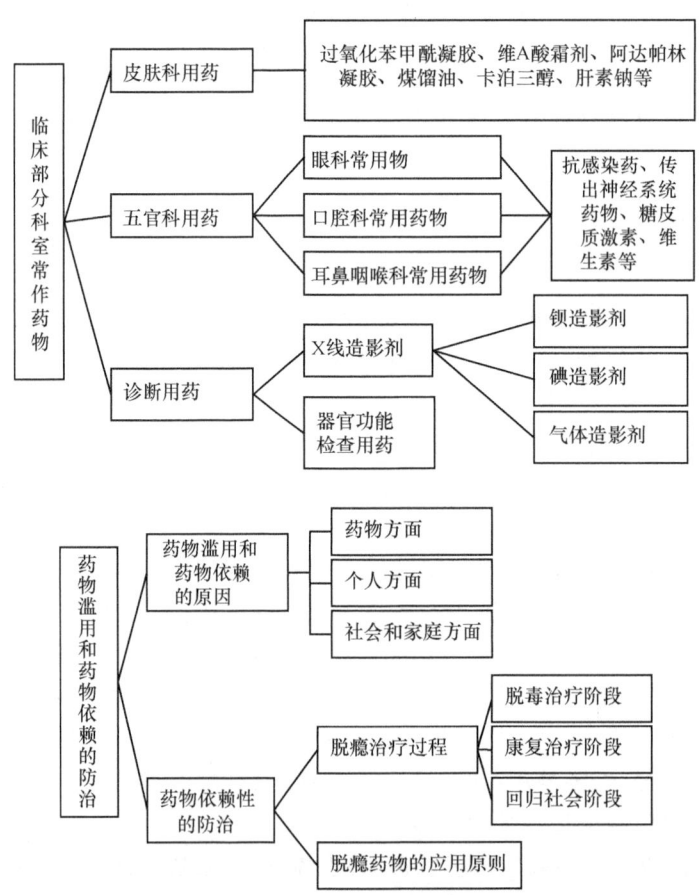

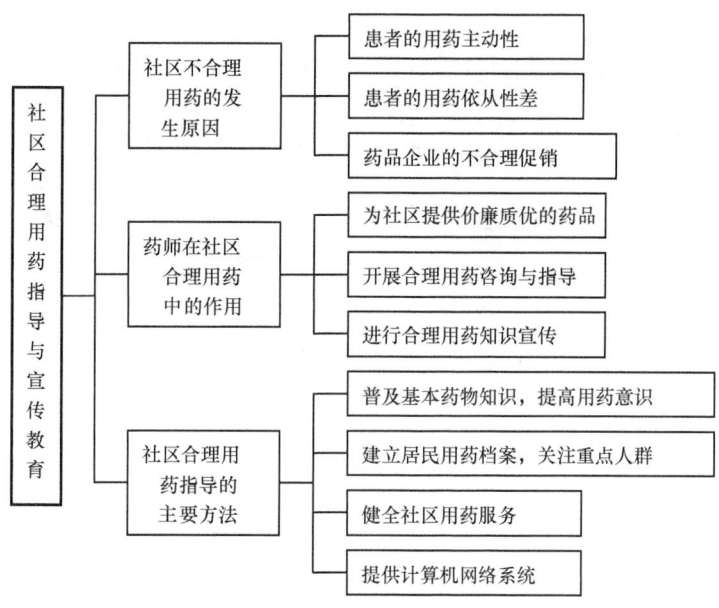

目 标 检 测

选择题

【A 型题】

1. 下列药物中可以治疗浅表性静脉炎的是(　　)
   A. 煤馏油　　　B. 阿达帕林凝胶
   C. 维 A 酸霜剂　D. 卡泊三醇
   E. 肝素钠

2. 下列哪种药物不能用于眼部感染(　　)
   A. 磺胺醋酰钠　B. 碘苷
   C. 利福平　　　D. 阿昔洛韦
   E. 碘甘油

3. 可用于治疗咽炎的药物是(　　)
   A. 复方硼砂溶液　B. 复方碘甘油
   C. 呋喃西林含漱液 D. 度米芬喉片
   E. 以上均可

4. 泛影酸钠不用于以下哪种器官的检查(　　)
   A. 肾盂　　　　B. 膀胱
   C. 心脏大血管　D. 脑血管
   E. 尿道

5. 需要在紫外线灯下观察的诊断用药是(　　)
   A. 酚红　　　　B. 磺溴酞钠
   C. 荧光素钠　　D. 五肽胃液素
   E. 甲泛葡胺

6. 社区合理用药的主要提供者是(　　)
   A. 药师

   B. 医师
   C. 社区卫生服务人员
   D. 护士
   E. 政府工作人员

7. 社区合理用药过程中,药师不承担以下哪项工作(　　)
   A. 帮助患者掌握医药常识
   B. 耐心、热情对待重症患者
   C. 为患者提供合理用药服务
   D. 积极开展用药咨询
   E. 掌握全区患者病情

8. 戒酒硫用于乙醇的脱瘾,是因为可以(　　)
   A. 加速乙醇的代谢
   B. 加速乙醇的排泄
   C. 防止脂肪肝
   D. 防止戒断症状
   E. 使嗜酒者对酒产生厌恶而戒酒

【X 型题】

9. 下列哪些药物可以治疗口腔黏膜病(　　)
   A. 溶菌酶含片　　B. 西地碘含片
   C. 克霉唑　　　　D. 曲安奈德凝胶
   E. 碘甘油

10. 下列哪些药物属于碘造影剂(　　)
    A. 泛影酸钠　　B. 磺溴酞钠

C. 胆影葡胺　　D. 碘番酸
E. 硫酸钡
11. 开展社区合理用药工作的主要方法有(　　)
    A. 普及基本药物知识
    B. 建立社区居民用药档案
    C. 健全社区用药服务
    D. 提供计算机网络系统,开展药学服务
    E. 监护重症患者用药
12. 开展社区合理用药宣传教育的载体有(　　)
    A. 科普宣传品　　B. 广播电视
    C. 社区宣传栏　　D. 药店板报
    E. 学校黑板
13. 苯丙胺类药物包括下列(　　)
    A. 摇头丸　　B. 脱氧麻黄碱
    C. 安非他命　　D. 茶碱
    E. 麻黄碱

第二十章 药源性疾病与不良反应监测

内容提要

本章主要介绍药源性疾病的概念、分类、诊断及处理,对常见的药源性疾病也做了介绍,比如药源性肝脏疾病、药源性肾脏疾病,药源性心血管疾病,最后还介绍了药物不良反应监测的现状和现行方法。

学习目标

识记药源性疾病的概念、分类、处理原则及药物不良反应的监测方法,且能列举常见药源性疾病3~4个发生原因。

重点难点

本章的重点是学习药源性疾病的诊断及处理,药物不良反应监测的方法;本章的难点是常见药源性疾病的特点。

课时数

理论2

第一节 药源性疾病

一、药源性疾病的诊断及处理

(一) 概念

药源性疾病又称药物诱发性疾病,通常指药物作为致病因素,导致机体功能或组织结构损害,出现相应症状或体征的一类疾病。实际上,药源性疾病是药物不良反应的延伸,是药物不良反应在一定条件下产生的不良后果。

(二) 药源性疾病的分类

目前研究认为,导致药源性疾病的主要原因固然与药物本身具有的不良反应有关,但也与人的特异体质和用药方法有密切关系。临床将药源性疾病(以下简称疾病)分为四类。

1. 量效关系密切型 即疾病的程度与用药的剂量有关。本类疾病发病率高,但死亡率相对较低,可事先预测,多数药源性疾病属于此类。如小剂量阿司匹林用于防治心血管疾病是安全有效的,大剂量长期用于风湿和类风湿关节炎,就可能出现严重的水杨酸反应。

2. 量效关系不密切型 即疾病的程度与用药的剂量无关。本类疾病发病率虽低,但后果较严重、死亡率较高,且事先难以预测。如青霉素G引起的过敏性休克,极少数患者甚至可在皮试过程中发生。

3. 长期用药致病型 多见于长期应用某些药物后出现的继发反应,如长期应用广谱抗生素导致的二重感染。

4. 药后效应型 同时或先后应用两种或两种以上药物后,由于药物的相互作用所产生的对人体不利甚至有害的结果。随着对药物临床应用的深入研究,越来越多的本类疾病为人们所认识。如普萘洛尔与胰岛素合用后,可阻断低血糖时的代偿性血糖升高反应,并可掩盖应用胰岛素使心率加快等低血糖的早期症状。

(三) 药源性疾病的诊断

对药源性疾病的诊断,在很大程度上取决于医生的临床经验和药理学知识。一般通过询问病史及家族遗传史,观察相应的症状及体征,以及必要的检查,从中找出药物不良反应与药源性疾病之间的因果关系,诊断即可初步成立。

(四) 药源性疾病的处理

1. 立即停用药物 对已明确是何种药物引起者,应立即停用该药物;如一时难以明确的,应停用所有药物。此方法简单有效,但对停用后可能危及生命的药物应审慎,必要时请相应专科医师会诊决定。

2. 采取对症措施 对一般不严重的症状,可密切观察,暂不做处理;对严重者,除采用相应的对症措施外,尚需继续观察病情的发展。

3. 加速药物排出 根据用药途径的不同,采取不同的方式,以加速药物的清除或排出。如口服用药者,可采取催吐、洗胃、灌肠等;对注射用药者,多采用静脉滴注,加速药物的排出。

4. 使用特异性拮抗剂 对有明确疗效的特异性拮抗剂,可尽早选择。如吗啡过量中毒,可选用纳洛酮;苯二氮䓬类中毒,可用氟马西尼解救。

5. 及时上报 对已明确的药源性疾病,医生应将致病药物记录在册并及时告知患者。同时按"国家实行药品不良反应报告制度"的有关规定,按程序及时报告单位所属不良反应监测中心。

二、常见的药源性疾病

(一) 药源性肝脏疾病

肝脏是人体主要的代谢器官,也是处置包括药物在内的外源性物质的主要场所,肝脏功能的状况如何,直接影响药物在体内生物转化过程和疗效的发挥。药物进入人体经肝脏代谢的同时,有可能对肝脏造成损害,甚至发展成为药源性肝脏疾病。常见药源性肝脏疾病的类别及其发生原因如下。

1. 急性肝损害 包括急性肝细胞毒性肝炎(数百种药物均可引起,以对乙酰氨基酚、异烟肼、氟烷、磺胺类药、非甾体抗炎药、抗抑郁药、酮康唑等最常见)、急性胆汁淤积性肝炎(性激素类药、口服避孕药、吩噻嗪类、红霉素、阿糖胞苷、硫唑嘌呤、阿莫西林/克拉维酸等可引起)和急性混合性肝炎(上述两类症状兼有,主要致病药物有三环类抗抑郁药、磺胺类药、苯妥英钠、大环内酯类、奎尼丁等)。

2. 慢性肝损害 如慢性肝炎和(或)肝硬化(阿司匹林、异烟肼、氟烷、甲氨蝶呤、维生素 A、甲基多巴等可引起)、肝脂肪变性(糖皮质激素、甲氨蝶呤、非甾体类抗炎药、四环素等可引起)、肝肿瘤(性激素类及避孕药等可引起)、硬化性胆管炎(氟尿嘧啶肝动脉内给药可引起)。

(二) 药源性肾脏疾病

肾脏是人体最重要的排泄器官,承担着维持机体内环境相对稳定的重要作用。由于肾脏结构和生理上的特点(如肾脏的毛细血管特别丰富、肾血流量大、肾小管和集合管重吸收的逆流倍增系统等),容易受到来自体内外有害物质(包括药物)的影响而发生药源性肾脏疾病。常见药源性肾脏疾病的类别及其发生原因如下。

1. 急性肾衰竭综合征 许多药物都可引起急性肾小管坏死、急性过敏性间质性肾炎、过敏性休克,严重者会出现急性肾衰竭。常见的相关药物有氨基糖苷类、头孢菌素类抗生素、大剂量青霉素G、磺胺类、噻嗪类、利福平以及非甾体类抗炎药等。

2. 急性过敏性间质性肾炎综合征 青霉素G及其半合成青霉素类、头孢菌素类抗生素、磺胺类等引可引起过敏反应后易发生。

3. 急性肾炎综合征和(或)肾病综合征 生物制品、造影剂、青霉胺、丙磺舒、非甾体类抗炎药、普鲁卡因胺、氯丙嗪等。

4. 梗阻性肾病综合征 磺胺类、噻嗪类、巯嘌呤、氨甲苯酸等。

5. 血尿 磺胺类、环磷酰胺、避孕药、抗凝血药等。

（三）药源性心血管疾病

心血管是机体赖以生存的动力和运输系统。大多数药物需要经过心血管系统转到机体各器官组织才能发挥作用,同时心血管系统也可受到这些药物的影响甚至损害。常见药源性心血管疾病的类别如下。

1. 心力衰竭 胺碘酮、硝苯地平、强心苷类、拟交感胺类、哌唑嗪、氯丙嗪、氨茶碱等可引起。

2. 高血压 拟交感类、糖皮质激素类、性激素与同化激素、口服避孕药、非甾体类抗炎药、三环类抗抑郁药以及麦角胺、麦角新碱等可引起。

3. 低血压 血管扩张剂、全身麻醉药、部分局部麻醉药、中枢神经及周围神经抑制药、抗精神失常药、抗抑郁症药等可引起。

4. 心肌缺血 β受体阻断剂(尤其长期应用突然停药)、钙拮抗剂、β受体激动剂、甲状腺素、硝酸酯类、麦角胺以及某些抗恶性肿瘤药(如氟尿嘧啶、长春碱、长春新碱)等可引起。

5. 心律失常 包括快速性心律失常(强心苷、普鲁卡因胺、β受体激动剂、乙醇、咖啡因等可引起)和缓慢型心律失常(β受体拮抗剂、三环类抗抑郁药、卡马西平、H_2受体阻断剂、甲基多巴等可引起)。

6. 其他 如外周血管痉挛(去甲肾上腺素、麦角胺等可引起)、血栓栓塞性疾病(口服避孕药、肝素等可引起)、心瓣膜损害(麦角胺、二甲麦角新碱等可引起)及心包病变(肼屈嗪、普鲁卡因胺、抗凝血药等可引起)。

（四）其他药源性疾病

1. 消化系统 如吗啡、氨茶碱等引起恶心、呕吐;胍乙啶、甲基多巴引起腹泻;阿片类、抗胆碱药引起便秘;非甾体类抗炎药导致消化性溃疡及出血;长期应用广谱抗生素导致二重感染,表现为假膜性肠炎;磺胺类、利尿剂、替硝唑、红霉素、丙戊酸钠等引起胰腺炎。

2. 造血系统 吲哚美辛、非那西丁等引起血小板减少;磺胺类、头孢哌酮等引起过敏性紫癜;伯氨喹、青霉素等引起溶血性贫血;氯霉素、氯喹等导致再生障碍性贫血;氯丙嗪、磺胺类导致粒细胞缺乏;多种抗肿瘤药物、非甾体类抗炎药等引起白血病。

3. 神经系统 常见的有锥体外系疾病(如氟哌啶醇、氯丙嗪等可引起帕金森病;丁酰苯类、甲氧氯普胺等可引起急性肌张力障碍;吩噻嗪类、左旋多巴等可引起静坐不能;氟哌啶醇、左旋多巴等可引起迟发性运动障碍);癫痫(氯氮平、吩噻嗪类、抗抑郁药等导致);中毒性脑病及昏迷(多种中枢神经抑制剂、甲氨蝶呤、胰岛素、乙醇、水杨酸盐等导致);头痛(血管扩张剂、非甾体类抗炎药、麦角类、咖啡因等导致);重症肌无力(氨基糖苷类、β受体阻断剂、神经肌肉阻滞剂等导致)。

此外,还有药物过敏反应及药物依赖性等。

第二节 不良反应的监测

一、药物不良反应监测现状

自上世纪五十年代后期震惊世界的"海豹肢畸形儿"事件发生后,药物不良反应的严重性受到各国前所未有的重视。WHO 及其成员国对各自过去在药物不良反应监测方面的政策和制度进行了深刻的反思,由此达成共识,即进一步加强对药物不良反应的监测,加强各成员国间的交流与合作。

目前,不少国家都建立了不良反应监测制度,并成立了相应的组织机构,开展对药物不良反应的监测工作。

如美国的食品与药品管理局(FDA)下设的"药品评价研究中心(CDER)",负责对全美上市药品不良事件的收集、分析、监管,以确保人用药物、兽药、生物制品和医疗器械包括放射电子医疗产品使用的安全有效。

我国药品不良反应监测工作开始于上世纪八十年代。1989 年成立了"卫生部药品不良反应监测中心"(下简称中心)。1998 年我国加入 WHO 国际药品监测合作组织。1999 年,中心调整更名为"国家药品监督管理局药品评价中心"(对外交往中使用"国家药品不良反应监测中心"名称),同年,原国家药品监督管理局与卫生部联合发布《药品不良反应监测管理办法(试行)》,标志我国药品不良反应报告制度全面实施。经过近五年的试行,2004 年 3 月,在此基础上重新修订颁布实施了《药品不良反应报告和监测管理办法》,使我国的药物不良反应监测工作步入法制化轨道。与此同时,全国各级药品不良反应监测机构也逐渐完善,到 2002 年底,我国内地各省、自治区,直辖市,全部成立了药品不良反应监测中心,至此,覆盖全国的药品不良反应监测中心网络宣告形成。

二、药物不良反应监测办法

1. 自发呈报系统 是指医务人员将自己在医疗过程中观察到的药物不良反应,通过文献方式报道或直接向相关药品企业和监管机构报告的方法。

2. 集中监测系统 指在一定时间(数月或数年)、一定范围内对某医院或某一地区内发生的药物不良反应及药物利用情况作详细记录,以此寻求不良反应的规律。

3. 记录联结 即利用人一生发生的若干事件所形成的信息、资料,用一种特殊方式(如身份证号等)将其联结起来,从中寻找和发现与药物不良反应有关的事件,计算机技术的广泛普及将使这种方法得以在更大范围内推广。

4. 流行病学方法 常用的包括随机化临床试验、病例对照研究、队列研究、病例报告法等。

5. 计算机技术的应用 日益发展的计算机技术在药物不良反应的监测中发挥着越来越广泛和重要的作用,如不良反应的计算机监测、因果判断以及不良反应报告呈送的计算机化等。本类方法具有科学、安全、高效、便捷等优点,但也存在不少问题,如因果判断的一致性和准确性就有待进一步提高。

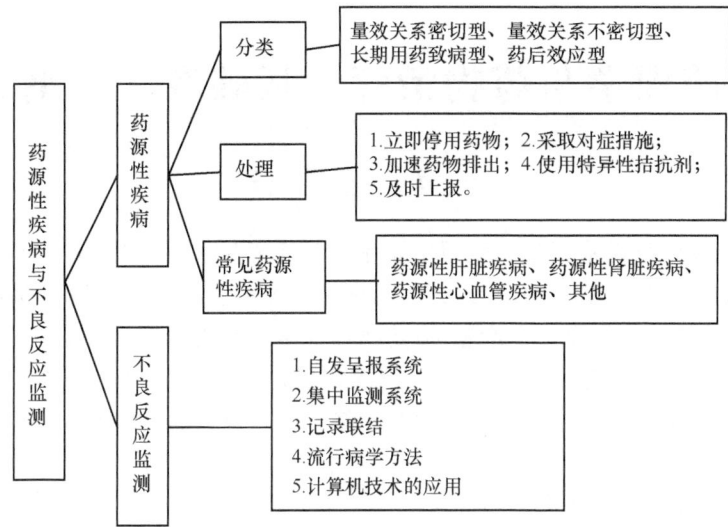

目标检测

选择题

【A 型题】

1. 药源性疾病的概念( )
   A. 指药物用于预防、诊断、治疗疾病过程中,因药物本身的作用、药物相互作用以及药物的使用引起机体组织或器官发生功能性或器质性损害而出现各种临床症状与体征疾病
   B. 指药物用于预防、诊断、治疗疾病过程中,因药物本身的作用引起机体组织或器官发生功能性或器质性损害而出现各种临床症状与体征疾病
   C. 指药物用于治疗疾病过程中,因药物相互作用和药物的使用引起机体组织或器官发生功能性或器质性损害而出现各种临床症状与体征疾病
   D. 指药物用于预防、诊断、治疗疾病过程中,因药物的使用引起机体组织或器官发生功能性或器质性损害而出现各种临床症状与体征疾病

2. 以下对药源性疾病表述正确的是( )
   A. 药源性疾病是药物不良反应
   B. 药物不良反应指药物在正常用法下出现的与用药目的无关的反应,是导致药源性疾病因素之一。
   C. 药源性疾病包括因误用、超剂量应用、错用及应用不合理和药物中毒等情况所引发的疾病。
   D. 药源性疾病与药物不良反应有本质区别

3. 我国药品不良反应监测机构是( )
   A. 卫生部
   B. 国家食品药品监督管理局
   C. 国家药品不良反应监测中心
   D. 国家药品不良反应监测信息网

【X 型题】

4. 目前不合理用药的主要表现( )
   A. 无适应证用药或用药适应证不符
   B. 用药剂量不足或剂量过大,剂量偏低
   C. 用药时间间隔或滴速控制不当
   D. 过度使用输液或注射剂尤其突出

5. 药源性疾病的治疗措施( )
   A. 及时停药,去除病因
   B. 加强排泄,延缓吸收
   C. 利用药物的相互拮抗作用来降低药理活性,减轻药物不良反应
   D. 过敏反应的治疗,对受损器官的治疗,对症处理

药理学与药物治疗学基础教学大纲

一、课程任务

药理学与药物治疗学基础是中等卫生职业教育药剂专业一门重要的专业课程,本课程包括药理学和药物治疗学基础两部分,其中药理学主要内容是介绍药物与机体相互作用规律及其机制,为药物治疗学提供理论基础;药物治疗学主要内容是运用药理学等基础知识,来阐述药物治疗疾病的理论和方法。本课程的任务是使学生掌握药理学和药物治疗学的基本知识和基本技能;掌握常用药物的作用、用途和不良反应,熟悉常见疾病的药物治疗一般原则和基本治疗方案,了解重点药物的作用机制,为指导合理用药,预防和监测药物不良反应,开展药学服务和从事药剂专业岗位工作奠定良好基础。

二、课程目标

1. 掌握药理学和药物治疗学的基本概念和基本理论。
2. 熟悉常用药物的体内过程特点,作用和用途,不良反应和预防处理原则。
3. 熟悉常见疾病的药物治疗一般原则和基本治疗方案。
4. 了解重点药物的作用机制,新药发展趋势和药物间相互作用。
5. 熟练掌握药理学和药物治疗学常用实验动物的捉拿、给药方法,学会一般验证性实验的操作技能。
6. 学会正确解释常用药物效应,不良反应与临床用药间的关系,初步具有开展合理用药宣教和指导非处方药合理应用的能力。
7. 具有从事药剂工作所应有的良好职业道德,科学工作态度,严谨细致的专业学风。

三、教学时间分配

教学内容	学时数		
	理论	实践	合计
一、药理学与药物治疗学总论	12	6	18
二、周围神经系统药物及其临床应用	14	8	22
三、中枢神经系统药物及其临床应用	14	2	16
四、消化、呼吸、泌尿系统药物及其临床应用	14	2	16
五、循环、血液、造血系统药物及其临床应用	20	2	22
六、生殖和内分泌系统药物及其临床应用	10	1	11
七、化学治疗、免疫系统药物及其临床应用	26	3	29
八、维生素类、解毒类药物及其临床应用	4	0	4
九、临床部分科室常用药物和社区合理用药	2	2	4
十、药源性疾病与不良反应监测	2	0	2
合计	118	26	144

四、教学内容和要求

单元	教学内容	教学要求	教学活动参考	参考学时 理论	参考学时 实践
一、药理学与药物治疗学总论	（一）概述		理论讲授	12	
	1. 药物、药理学和药物治疗学的概念及内容	掌握	多媒体演示		
	2. 药理学、药物治疗学的应用价值和意义	熟悉	讨论		
	3. 药理学、药物治疗学学习方法		见习		
	（二）药物对机体的作用——药物效应动力学				
	1. 药物的作用和不良反应	掌握			
	2. 药物的作用机制	熟悉			
	（三）机体对药物的影响——药物代谢动力学				
	1. 药物的体内过程	掌握			
	2. 药物的速率过程	了解			
	（四）影响药物的作用因素	熟悉			
	1. 机体方面的影响因素				
	2. 药物方面的影响因素				
	实践1：影响药物作用因素验证性实验	熟练掌握	技能实践		6
	实践2：药物的相互作用	学会	示教		
二、周围神经系统药物及其临床应用	（一）传出神经系统药物概述		理论讲授	12	
	1. 传出神经系统分类	了解	多媒体演示		
	2. 传出神经受体类型及生理效应	熟悉	讨论		
	3. 传出神经系统药物分类		案例分析		
	（二）拟胆碱药和抗胆碱药	掌握			
	1. 拟胆碱药				
	2. 抗胆碱药				
	（三）肾上腺素受体激动药				
	1. α和β受体激动药	熟悉			
	2. α受体激动药物	掌握			
	3. β受体激动药				
	（四）肾上腺素阻断药				
	1. α受体阻断药	掌握			
	2. β受体阻断药	熟悉			
	（五）休克的药物治疗学基础	掌握			
	实践3：传出神经系统药物作用验证性实验	学会	技能实践		6
	实践4：有机磷农药急性中毒及其解救	掌握	视频演示		
	（六）局部麻醉药	了解	理论讲授	2	
	1. 概述		讨论		
	2. 常用的局部麻醉药				
	实践5：局麻药的作用、毒性比较等	学会	技能实践		2

续表

单元	教学内容	教学要求	教学活动参考	参考学时	
				理论	实践
三、中枢神经系统药物及其临床应用	(一)全身麻醉药	了解	理论讲授	14	
	1. 概述		讨论		
	2. 常用的全身麻醉药		多媒体演示		
	(二)手术麻醉的药物治疗学基础	了解	见习		
	(三)镇静催眠药和抗焦虑药		案例分析		
	1. 苯二氮䓬类	掌握			
	2. 巴比妥类	了解			
	3. 其他镇静催眠药				
	4. 抗焦虑药				
	(四)抗癫痫药和抗惊厥药				
	1. 抗癫痫药	了解			
	2. 抗惊厥药	掌握			
	(五)抗精神失常药	了解			
	1. 抗精神病药				
	2. 抗躁狂症药				
	3. 抗抑郁症药				
	(六)治疗中枢神经系统退行性疾病的药物	了解			
	1. 抗帕金森病药				
	2. 治疗阿尔茨海默病的药物				
	(七)镇痛药				
	1. 阿片受体激动药	掌握			
	2. 阿片受体部分激动药	了解			
	3. 其他镇痛药				
	4. 阿片受体阻断药	熟悉			
	(八)解热镇痛抗炎药和抗痛风药				
	1. 概述	掌握			
	2. 常用解热镇痛抗炎药	熟悉			
	3. 抗痛风药	了解			
	(九)中枢兴奋药				
	1. 主要兴奋大脑皮质的药物	了解			
	2. 主要兴奋延脑呼吸中枢的药物	了解			
	实践6:中枢抑制药药理作用的验证性试验	熟练掌握	技能实践见习		2
	实践7:硫酸镁急性中毒及解救	学会	讨论		

续表

单元	教学内容	教学要求	教学活动参考	参考学时 理论	参考学时 实践
四、消化、呼吸、泌尿系统药物及其临床应用	（一）影响自体活性物质的药物		理论讲授	14	
	1. 组胺和抗组胺药	了解	多媒体演示		
	2. 影响5-羟色胺的药物	了解	讨论		
	（二）作用于呼吸系统的药物		案例分析		
	1. 平喘药	掌握			
	2. 镇咳药	了解			
	3. 祛痰药	了解			
	（三）呼吸系统疾病的药物治疗学基础	掌握			
	（四）作用于消化系统的药物				
	1. 抗消化性溃疡药	掌握			
	2. 消化功能调节药	熟悉			
	3. 肝性脑病治疗药与肝胆疾病辅助用药	了解			
	（五）消化系统疾病的药物治疗学基础	熟悉			
	（六）利尿药和脱水药		理论讲授		
	1. 利尿药	掌握	多媒体演示		
	2. 脱水药	掌握	讨论		
	3. 调节水和电解质平衡的药物	了解	案例分析		
	（七）水肿性疾病的药物治疗学基础				
	实践8：不同药物利尿作用的观察与比较	学会	技能实践 视频演示		2
五、循环、血液、造血系统药物及其临床应用	（一）抗高血压药		理论讲授		
	1. 抗高血压药作用及分类	掌握	多媒体演示	14	
	2. 一线抗高血压药		讨论		
	3. 其他抗高血压药	了解	案例分析		
	（二）抗心律失常药				
	1. 抗心律失常药的基本作用和分类	了解			
	2. 常用抗心律失常药物				
	3. 抗心律失常药的主要不良反应				
	（三）抗慢性心功能不全药				
	1. 强心苷	掌握			
	2. 利尿药	了解			
	3. 血管扩张药				
	4. 非苷类正性肌力药和其他药物				
	（四）抗心绞痛药				
	1. 硝酸酯类	掌握			
	2. β受体阻断药	熟悉			
	3. 钙通道阻滞药	掌握			

续表

单元	教学内容	教学要求	教学活动参考	参考学时 理论	参考学时 实践
	（五）抗动脉粥样硬化药	了解			
	1. 调血脂药				
	2. 其他抗动脉粥样硬化的药物				
	（六）心血管疾病的药物治疗学基础	掌握			
	实践9：亚硝酸异戊酯的扩血管作用	学会	技能实践		1
	（七）影响血液和造血系统的药物		理论讲授	6	
	1. 抗凝血药、抗血小板药和纤维蛋白溶解药	掌握	多媒体演示		
	2. 促凝血药	熟悉	讨论		
	3. 抗贫血药和促进白细胞生成药		案例分析		
	4. 血容量维持药				
	（八）血液和造血系统疾病的药物治疗学基础	了解			
	实践10：不同药物抗凝血作用的比较	学会	技能实践		1
六、生殖、内分泌系统药物及其临床应用	（一）作用于生殖系统的药物		理论讲授	10	
	1. 子宫平滑肌兴奋药和抑制药	熟悉	多媒体演示		
	2. 治疗前列腺良性增生的药物	了解	讨论		
	（二）肾上腺皮质激素类药物	了解	案例分析		
	1. 糖皮质激素				
	2. 盐皮质激素				
	3. 性激素和计划生育用药				
	（三）甲状腺激素和抗甲状腺的药物				
	1. 甲状腺激素	掌握			
	2. 抗甲状腺药	了解			
	（四）胰岛素和其他调节血糖药物				
	1. 胰岛素	掌握			
	2. 其他调节血糖药	熟悉			
	（五）内分泌系统疾病药物治疗学基础	熟悉			
	实践11：激素类药物的药理作用观察比较	熟练掌握	技能实践		1
七、化学治疗、免疫系统药物及其临床应用	（一）抗微生物药		理论讲授	16	
	1. 概述	熟悉	讨论		
	2. 抗生素	掌握	案例分析		
	3. 化学合成抗微生物药	掌握	多媒体演示		
	4. 抗结核药、抗麻风药和抗真菌药	了解	案例分析		
	5. 抗病毒药	熟悉			
	6. 消毒防腐药	了解			
	（二）感染性疾病的药物治疗学基础	掌握			
	实践12：抗生素作用、毒性等验证性实验	学会	技能实践 案例分析		3

续表

单元	教学内容	教学要求	教学活动参考	参考学时 理论	参考学时 实践
	实践13：抗微生物药的耐药性与防治	熟练掌握	多媒体演示		
	（三）抗寄生虫药				
	1. 抗疟药	熟悉	理论讲授	10	
	2. 抗阿米巴原虫药和抗滴虫药	了解	案例分析		
	3. 抗血吸虫病药和抗丝虫药	了解	多媒体演示		
	4. 抗肠道蠕虫病药	了解	讨论		
	（四）寄生虫病的药物治疗学基础	了解			
	（五）抗恶性肿瘤药				
	1. 抗恶性肿瘤药物概述	熟悉			
	2. 常用的抗恶性肿瘤药	了解			
	3. 肿瘤化疗辅助用药				
	（六）恶性肿瘤的药物治疗学基础	熟悉			
	（七）影响免疫功能的药物	了解			
	1. 免疫抑制剂与免疫调节剂				
	2. 计划免疫用药				
八、维生素、解毒类药物及其应用	（一）维生素类	了解	理论讲授 多媒体演示	4	
	1. 水溶性维生素				
	2. 脂溶性维生素				
	（二）常见化合物中毒及解救药物	了解			
	1. 氰化物中毒解救药物				
	2. 金属和类金属中毒及解毒药				
九、临床部分科室常用药物和社区合理用药	（一）皮肤科常用药物	了解	理论讲授	2	
	（二）五官科常用药物		案例分析		
	（三）诊断用药		讨论		
	（四）社区合理用药指导与宣传教育				
	（五）药物滥用和药物依赖的防治	掌握			
	1. 药物滥用和药物依赖				
	2. 药物依赖性的防治				
	实践14：药物依赖性的观察和防治（含禁毒教育）	学会	多媒体演示 案例分析 见习 讨论		2
十、药源性疾病与不良反应监测	（一）药源性疾病	了解	理论讲授 案例分析 讨论	2	
	1. 药源性疾病的诊断及处理				
	2. 常见的药源性疾病				
	（二）不良反应的监测	了解			
	1. 药物不良反应监测现状				
	2. 药物不良反应监测办法				

五、大纲说明

（一）适用对象与参考学时

本教学大纲主要供中等卫生职业教育药剂专业教学使用。总学时为 144 学时，其中理论教学 118 学时，实践教学 26 学时。

（二）教学要求

1. 本课程对理论部分教学要求分为掌握、熟悉、了解 3 个层次。掌握：指对基本知识、基本理论有较深刻的认识，并能综合、灵活地运用所学的知识解决实际问题。熟悉：指能够领会概念、原理的基本含义，解释有关专业现象。了解：指对基本知识、基本理论能有一定的认识，能够记忆所学的知识要点。

2. 本课程重点突出以能力为本位的教学理念，在实践技能方面分为熟练掌握、学会 2 个层次。熟练掌握：能独立、正确、规范地完成工作所必需的实践操作，并能对要点做概括性描述。学会：即在教师的指导下，正确完成基本的实践操作。

（三）教学建议

1. 本课程包括药理学和药物治疗学基础两部分，以前者为主，药物治疗学的基础知识均在相应部分体现，另在每一部分之后专门设计了该系统常见疾病的药物治疗学应用知识，以帮助学生掌握常见疾病的药物治疗原则和一般方案，提高综合运用药物治疗学知识，开展用药指导的能力。教学中，既可以按照本教学大纲的顺序进行，也可以将药物治疗学有关内容独立出来，专门集中讲授。

2. 课堂理论教学应突出药理学和药物治疗学知识特点，注意理论联系实际，积极采用现代化的教学手段，多组织学生开展必要的案例分析、处方讨论等活动，注意采用"启发式"、"互动式"教学手段，以启迪学生思维，加深对教学内容的理解和掌握。

3. 实践教学应着重体现学生专业技能、职业素质和职业意识的培养，充分调动学生学习的主动性、积极性，同时还要训练学生的实验设计意识，分析判断能力和人际沟通能力。

4. 学生的知识水平和能力水平，应通过平时测验提问、情景表演或模拟实践以及统一组织的考试、考核等多种形式综合考评。

目标检测参考答案

第一章

1. D 2. A 3. D 4. D 5. D 6. C 7. C
8. B 9. D 10. D 11. D 12. D 13. D
14. A 15. A 16. C 17. D 18. A 19. B
20. C 21. B 22. E 23. A 24. E 25. A
26. E 27. ABD 28. ACDE 29. CE

第二章

1. C 2. B 3. B 4. E 5. A 6. A 7. D
8. E 9. C 10. A 11. C 12. C 13. B
14. A 15. B 16. B 17. D 18. E 19. E
20. E 21. E 22. D 23. B 24. C 25. A
26. E 27. B 28. C 29. D 30. C 31. A
32. E 33. B 34. C 35. A

第三章

1. A 2. A 3. C 4. C 5. C 6. A 7. D
8. B 9. C 10. E 11. C 12. B 13. E
14. D 15. A 16. ACE 17. BE 18. AC

第四章

1. D 2. B 3. B 4. C 5. C 6. E 7. D
8. B 9. D 10. A 11. B 12. A 13. E
14. D 15. A 16. A 17. B 18. A 19. A
20. A 21. D 22. A 23. A 24. D 25. B
26. B 27. B 28. A 29. E 30. B 31. C
32. B 33. B 34. A 35. D 36. C 37. A
38. B 39. E 40. A 41. B 42. D 43. A
44. C 45. B 46. E 47. C 48. A 49. D
50. A 51. C 52. D 53. ACD 54. ABD
55. ABCD 56. ABCD 57. BCDE
58. ABCDE 59. ABCD 60. ACD
61. BCDE 62. ABCE 63. ABDE 64. ABDE

第五章

1. A 2. A 3. D 4. D 5. D 6. D 7. D
8. C 9. BDE 10. ABCDE

第六章

1. D 2. D 3. C 4. A 5. D 6. ABCD
7. BCDE 8. ABC

第七章

1. C 2. E 3. B 4. B 5. D 6. B 7. B
8. B 9. A 10. C 11. E 12. D 13. AC
14. AB 15. ABC

第八章

1. C 2. D 3. B 4. C 5. B 6. A 7. C
8. A 9. B 10. C 11. D 12. ABD
13. ABC 14. ABC 15. ABCD 16. BDE

第九章

1. D 2. B 3. C 4. A 5. A 6. B 7. B
8. C 9. C 10. C 11. D 12. A 13. D
14. D 15. E 16. C 17. E 18. E 19. B
20. C 21. C 22. E 23. E 24. D 25. D
26. E 27. A 28. A 29. B 30. E 31. E
32. A 33. B 34. B 35. E 36. C 37. B
38. D 39. D 40. B 41. A 42. D 43. C
44. E 45. B 46. A 47. D 48. E 49. BCE
50. CD 51. ACDE 52. ABCDE 53. ABD
54. ACD 55. ABC 56. ABCE 57. ABE
58. ABCDE 59. ABCE 60. CD

第十章

1. A 2. C 3. B 4. A 5. A 6. E 7. A
8. C 9. ABC 10. ABCD 11. ABCE

第十一章

1. A 2. C 3. D 4. E 5. AB 6. ADE
7. ABC 8. ABDE

第十二章

1. A 2. C 3. D 4. C 5. A 6. E 7. A
8. ABCD 9. AD 10. BDE 11. BCDE

第十三章

1. E 2. D 3. E 4. E 5. C 6. D 7. B
8. E 9. C 10. A 11. E 12. B 13. D
14. A 15. E 16. B 17. B 18. E 19. C
20. C 21. A 22. B 23. C 24. B 25. D
26. E 27. D 28. D 29. C 30. D 31. E
32. D 33. B 34. C 35. D 36. E 37. C

· 347 ·

38. C 39. A 40. E 41. D 42. D 43. C
44. B 45. D 46. C 47. B 48. E 49. C
50. B 51. E 52. A 53. C 54. A 55. D
56. C 57. A 58. D 59. E 60. C 61. C
62. A 63. E 64. B 65. B 66. D 67. C

第十四章
1. E 2. D 3. A 4. D 5. C 6. B 7. B
8. C 9. C 10. D 11. B 12. C 13. A
14. D 15. E 16. B 17. A 18. C 19. D
20. B 21. ABC 22. ACE 23. ABDE
24. BDE 25. ABCDE

第十五章
1. C 2. A 3. B 4. E 5. D 6. A 7. D
8. B 9. B 10. AC 11. ABCD 12. BCD
13. AB

第十六章
1. C 2. A 3. A 4. E 5. E 6. A 7. D
8. C 9. A 10. B 11. BCDE 12. BDE

第十七章
1. D 2. D 3. C 4. B 5. D 6. E 7. B
8. C 9. A 10. D

第十八章
1. A 2. B 3. B 4. C 5. C 6. A 7. C
8. E

第十九章
1. E 2. E 3. E 4. D 5. C 6. A 7. E
8. E 9. ABCDE 10. ACD 11. ABCD
12. ABCD 13. ABCDE

第二十章
1. A 2. B 3. C 4. ABCD 5. ABCD

主要参考文献

陈有亮,傅强.2010.全国卫生专业技术资格考试习题丛书.北京:人民卫生出版社
陈有亮.2013.药学(士)习题集.北京:中国医药科技出版社
范志刚.2006.药物学基础.北京:人民卫生出版社
侯晞,武继彪.2010.药理学.北京:人民卫生出版社
焦万田,侯连兵.2010.新编实用医师药物手册.北京:金盾出版社
王树荣.2008.药理学.长沙:湖南科学技术出版社
杨宝峰.2013.药理学.北京:人民卫生出版社
姚宏.2012.药物应用护理.北京:人民卫生出版社
张庆.2011.药理学与药物治疗学基础.北京:人民卫生出版社
朱依谆,殷明.2011.药理学.第7版.北京:人民卫生出版社